KB275848

한 번에 합격, 자격증은 이기적

이렇게 기막힌 적중률

함께 공부하고 특별한 혜택까지!
이기적 스터디 카페

구독자 약 15만 명, 전강 무료!
이기적 유튜브

오직 스터디 카페 멤버에게만 주어지는 특별 혜택!

이기적 스터디 카페

합격을 위한 기적 같은 선물
또기적 합격자료집

혼자 공부하기 외롭다면?
온라인 스터디 참여

모든 궁금증 바로 해결!
전문가와 1:1 질문답변

1년 내내 진행되는
이기적 365 이벤트

도서 증정 & 상품까지!
우수 서평단 도전

간편하게 한눈에
시험 일정 확인

합격까지 모든 순간 이기적과 함께!
이기적 365 EVENT

QR코드를 찍어 이벤트에 참여하고 푸짐한 선물 받아가세요!

1 기출문제 복원하기

이기적 책으로 공부하고 시험을 봤다면 7일 내로 문제를 제보해 주세요!

2 합격 후기 작성하기

당신만의 특별한 합격 스토리와 노하우를 전해 주세요!

3 온라인 서점 리뷰 남기기

온라인 서점에서 책을 구매하고 평점과 리뷰를 남겨 주세요!

4 정오표 이벤트 참여하기

더 완벽한 이기적이 될 수 있게 수험서의 오류를 제보해 주세요!

※ 이벤트별 혜택은 변경될 수 있으므로 자세한 내용은 해당 QR을 참고해 주세요.

기적의 적중률, 여러분의 참여로 완성됩니다
기출 복원 EVENT

1 이기적 수험서로 공부하고 시험에 응시했다면 누구나 참여 가능

2 응시일로부터 7일 이내 복원 문제만 인정(수험표 첨부 필수!)

3 중복, 누락, 허위 문제는 당첨 대상에서 제외

※ 이벤트별 혜택은 변경될 수 있으므로 자세한 내용은 해당 QR을 참고해 주세요.

도서 인증하면 고퀄리티 강의가 따라온다!

100% 무료 강의

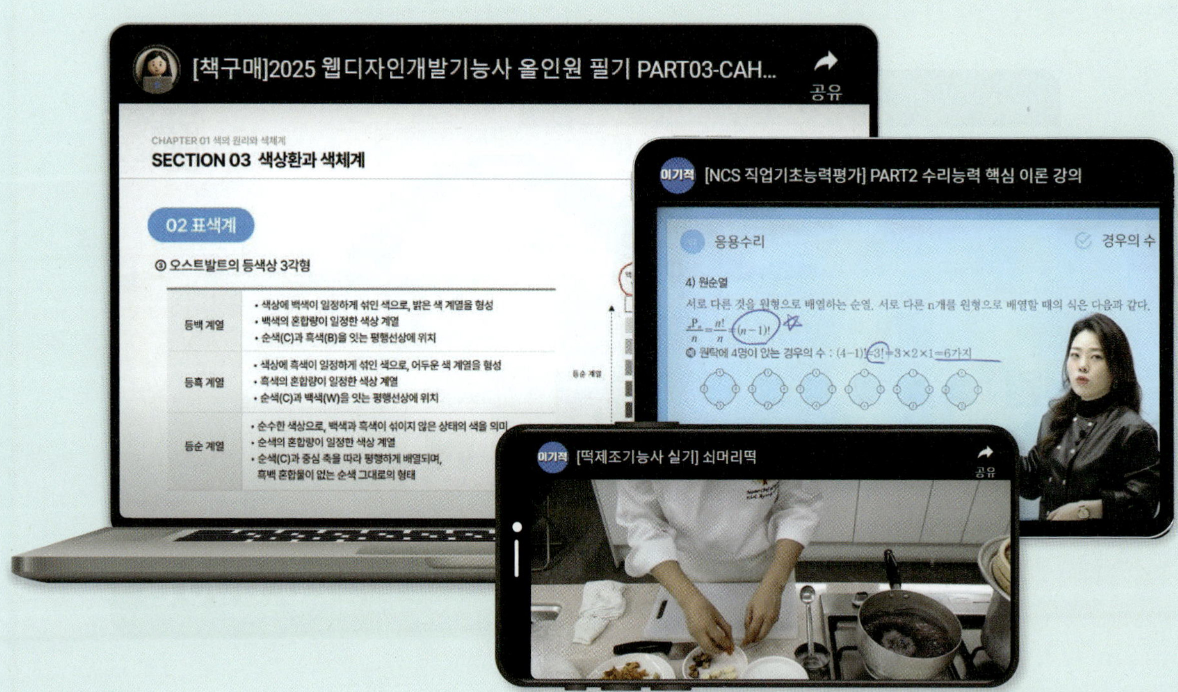

합격을 위해 모두 드려요.
이기적 합격 솔루션!

이기적이 여러분을 위해 준비했어요

저자가 직접 알려주는, 무료 동영상 강의

도서와 연계된 저자 직강을 100% 무료로 제공합니다.
도서 내에 수록된 QR 코드로 바로 접속하여 시청하세요.

도서 구매 인증 시 증정, 추가 기출 유형 문제

이기적 스터디 카페에서 구매를 인증하면 '또기적 합격자료집'을 드립니다.
추가 기출 유형 문제뿐만 아니라 다양한 추가 자료가 준비되어 있습니다.

책과 함께 실제 문제를 풀어볼 수 있는, 실습 자료

이 책의 문제에 사용되는 이미지 및 완성(정답) 파일을 받으실 수 있습니다.
파일을 다운받아 실제 문제를 풀어보고 답을 확인해 보세요.

여기로 물어보세요, 1:1 질문답변

학습하다가 모르는 문제가 있다면 혼자 고민하지 말고 선생님께 질문하세요.
이기적 스터디 카페에서 전문 강사님이 1:1로 답변해 드립니다.

※ 〈2026 이기적 웹디자인개발기능사 실기 기본서〉를 구매하고 인증한 회원에게만 드리는 혜택입니다.

◀ 모든 혜택 한 번에 보기

정오표 바로가기 ▶

웹디자인개발기능사

실기 기본서

PART 04   기출 유형 문제 ▶

기출 유형 문제 01회   148

푸드페스티벌 웹사이트 제작(A형)

기출 유형 문제 02회   214

스포츠클럽 웹사이트 제작(B형)

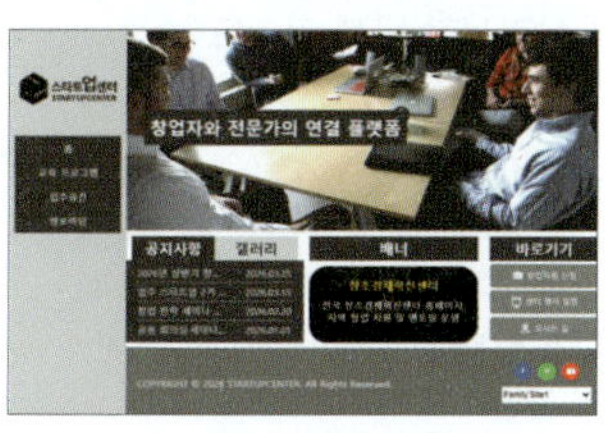

기출 유형 문제 03회   270

스타트업센터 웹사이트 제작(C형)

기출 유형 문제 04회   330

온라인도서관 웹사이트 제작(D형)

기출 유형 문제 05회   384

에코라이프 웹사이트 제작(E형)

기출 유형 문제 06회   442

크리에이티브마켓 웹사이트 제작(F형)

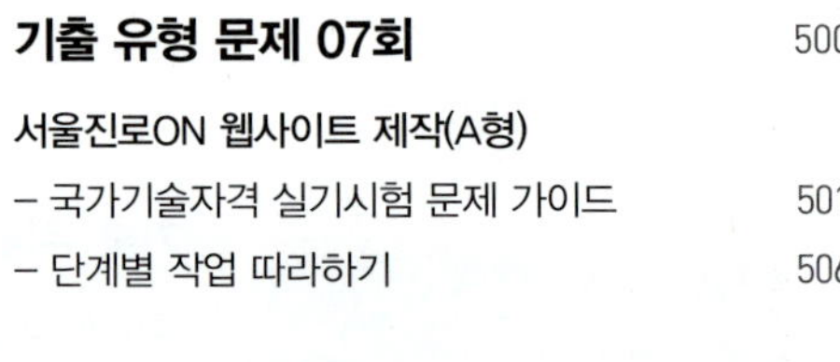

부록   **BONUS**

PDF

또기적 합격자료집

- 시험장 스케치
- 스터디 플래너
- 추가 기출 유형 문제 11회(E형)

※ **참여 방법** : '이기적 스터디 카페' 검색 → 이기적 스터디 카페(cafe.naver.com/yjbooks) 접속 → '구매 인증 PDF 증정' 게시판 → 구매 인증 → 메일로 자료 받기

웹디자인개발기능사 실기 합격에 필요한 자료를 모두 모았습니다.

❶ PART 02~03 폴더
이미지 및 소스 파일

❷ PART 04 폴더
기출 유형 문제별 이미지 및 소스 파일

다운로드 방법

① 이기적 영진닷컴 홈페이지(license.youngjin.com)에 접속하세요.
② [자료실]–[웹디자인] 게시판으로 들어가세요.
③ '[7884] 2026 이기적 웹디자인개발기능사 실기 기본서_부록 자료' 게시글을 클릭하여 첨부파일을 다운로드하세요.

사용 방법

① 다운로드 받은 '7884' 압축 파일에서 마우스 오른쪽 버튼을 눌러 압축을 풀어주세요.
② 압축이 완전히 풀린 후에 '7884' 폴더를 더블 클릭하세요.
③ 압축이 제대로 풀렸다면 위의 그림과 같이 파일이 들어있어야 합니다. 그림의 파일과 다르다면 압축프로그램이 제대로 설치되어 있는지 확인해 주세요(Ex : 알집).

기본 코딩 학습 및 연습하기

실기 필수 기능 익히기

HTML5부터 jQuery까지
핵심 코딩 학습

실기에 필요한 프로그램
확인 및 기능 익히기

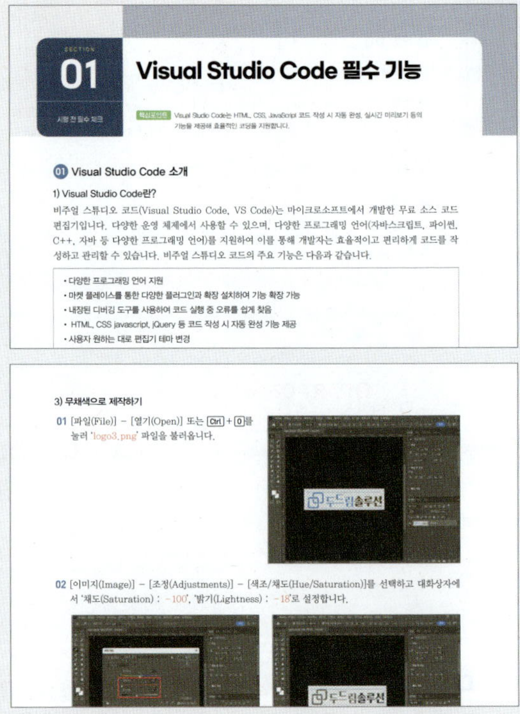

- ✔ 기적의 TIP으로 학습 능률 상승
- ✔ 이해를 돕기 위한 자세한 이미지 자료 표기
- ✔ HTML 문서 및 브라우저 화면 한눈에 확인

- ✔ 기적의 TIP으로 학습 능률 상승
- ✔ 이해를 돕기 위한 자세한 이미지 자료 표기
- ✔ 별색 표기를 통해 적용 부분 한눈에 확인

STEP 3 — 실제 기출 문제 풀이

시험과 동일한 기출 유형 문제 풀이로
마무리 학습

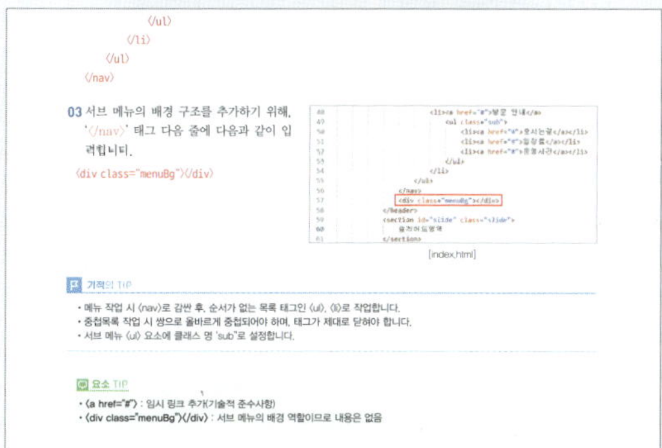

- ✅ QR 코드로 동영상 강의 바로 시청
- ✅ 기적의 TIP으로 학습 능률 상승
- ✅ 이해를 돕기 위한 자세한 이미지 자료 표기

BONUS — 또기적 합격자료집

도서 구매자 특별 제공
스터디 플래너 및 추가 기출 유형 문제

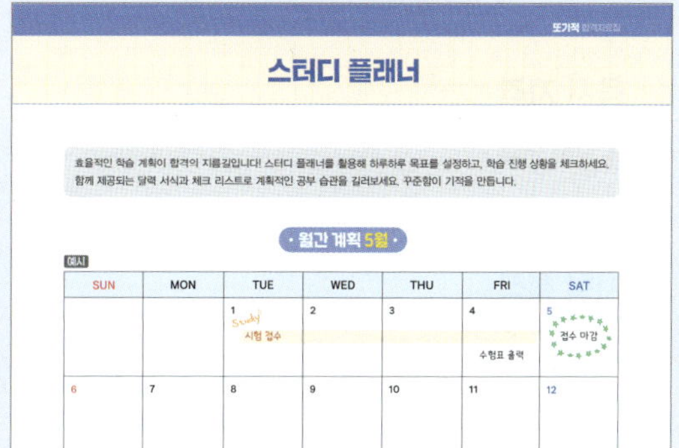

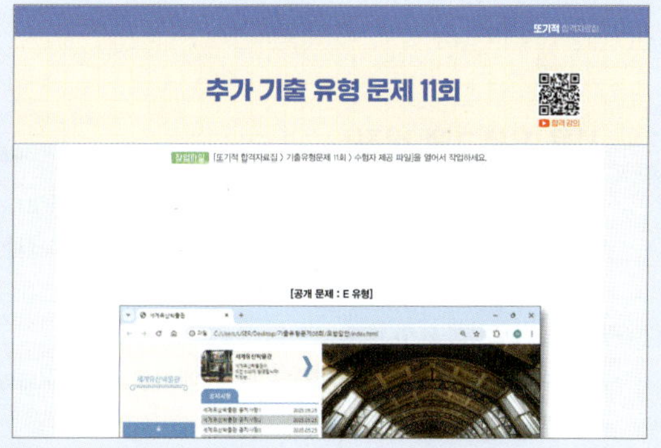

- ✅ 스터디 플래너로 효율적인 학습 계획 진행
- ✅ 추가 기출 유형 문제로 충분한 연습 가능
- ✅ 기출 유형 문제 이미지 및 답안 파일 증정

시험 알아보기

● 자격 소개 및 이슈

웹디자인 지식을 통해 프로젝트의 목적을 효과적으로 달성하고자 분석, 설계, 구현 과정을 거쳐 인터넷 환경에서 활용 가능한 웹페이지를 제작하는 역량을 평가하는 시험

● 응시 자격

자격 제한 없음

● 시험 형식

시험 방법	시험 시간	합격 기준
작업형	180분 (3시간)	100점 만점에 60점 이상 득점자

● 사용 프로그램 버전

- Adobe(Photoshop, Illustrator CS3 이상), EditPlus, Notepad++, Visual Studio Code, Google Chrome : 최신 버전 권장
- HTML5 기준 웹 표준 준수
- Javascript, jQuery, CSS 활용한 애니메이션 구현(jQuery 라이브러리 제공)
- 시험장 기본 시설 이외의 동등한 소프트웨어, 폰트 등(정품에 한함)을 사용하고자 할 경우 수험자가 지참하여 시험 시작 전 감독위원의 입회하에 설치할 수 있음

출제 기준

● 주요 과목

- 적용 기간 : 2025.01.01~2027.12.31
- 웹디자인 실무

출제 기준 상세 보기

프로토타입 기초데이터 수집 및 스케치	• 기초데이터 수집하기 • 레퍼런스 조사 · 분석하기 • 아이디어 스케치하기
프로토타입 제작 및 사용성 테스트	• 프로토타입 제작하기 • 사용성 테스트하기 • 테스트 수정사항 반영하기
디자인 구성요소 설계	• 스토리보드 설계하기 • 심미성 구성요소 설계하기 • 사용성 구성요소 설계하기 • 매체성 구성요소 설계하기
디자인 구성요소 제작	• 스토리보드 제작하기 • 심미성 구성요소 제작하기 • 사용성 구성요소 제작하기 • 매체성 구성요소 제작하기
구현	• 콘텐츠 구현하기 • 기능 요소 구현하기 • 개발 요소 구현하기
구현 응용	• 콘텐츠 구성하기 • 기능 요소 활용하기 • 개발 요소 협업하기

● 분야 안내

직무 분야	중직무 분야
문화 · 예술 · 디자인 · 방송	디자인

접수 및 응시

● 시험 일자

정기 검정 : 1년에 4회

● 시험 접수

- https://www.q-net.or.kr에서 인터넷 접수
- 회원가입 및 로그인 → 자격증 선택 → 시험 회차 및 응시지역 선택 → 사진 등록 → 응시료 결제 → 접수 확인

● 합격 기준

100점 만점에 60점 이상 득점자

● 응시료

20,100원(수수료 포함)
(원서접수 마감일 18시까지 결제, 계좌이체 및 신용카드 결제 가능)

합격 발표

● 합격 발표

해당 발표일 당일 오전 9시 이후 발표
(한국산업인력공단 카카오톡을 통해 안내 진행)

● 자격증 발급

- 상장형 자격증을 원칙으로 하며, 수첩형 자격증도 발급 가능
- 인터넷을 통해 자격증 발급 신청
- 개인회원 기준(수첩형) : 개당 3,100원+발송비 3,290원 =6,390원
- 접수 완료 후 카드제작 기간을 포함하여 상당 기간(2주 이상) 소요 후 수첩형 수령 완료(상장형의 경우, 발급 수수료 무료 및 자가 프린터를 통해 즉시 출력 가능)

● 취득 시 우대 혜택

우대 분야	우대 내용
국가 · 지방 공무원 채용	6급 이하 공무원 채용시험에서 가산점 부여
공무원 수당	일정 직무 수행 시 특수업무수당 지급 대상
군무원 · 군 특기병	군무원 경력경쟁채용, 군 특기별/부사관 지원 시 가산점 및 우대
민간기업 취업	웹디자이너, UI/UX 디자이너, 웹 퍼블리셔 등 채용 시 우대 또는 필수 자격으로 요구
교육 · 훈련 분야	관련 실기교사, 직업능력개발훈련교사 자격 취득 시 요건 충족에 활용

고사장 및 시험 관련 문의

- 시행처 : 한국산업인력공단(HRDK)
- https://www.q-net.or.kr

☎ 1644-8000

Q 실기 시험의 경우, 검정 방법과 시간은 어느정도나 되나요?

A 실기 시험의 경우, 웹디자인 실무작업 방식으로 진행되며, 2025년 바뀐 출제기준을 기준으로 3시간 정도의 시간이 소요됩니다. 현재 시행처 홈페이지를 통해 공개문제를 확인하실 수 있습니다.

Q 원서 접수 시 유의해야 할 사항이 있나요?

A – 원서 접수는 온라인(인터넷)으로만 가능하며, 스마트폰이나 태블릿 PC 사용자는 모바일 앱 프로그램을 설치한 후 접수 및 취소 · 환불 서비스를 이용할 수 있습니다.
– 수험표 출력은 접수 당일부터 시험 시행일까지 출력 가능(이외 기간을 조회 불가)합니다. 출력 장애 등을 대비하여 사전에 출력 후 보관해 주시기 바랍니다.
– 수험 일시와 장소는 접수 즉시 통보됩니다. 본인이 신청한 수험 장소와 종목이 수험표의 기재 사항과 일치하는지 확인하시기 바랍니다.

Q 시험장 기본시설 이외의 다른 프로그램 및 폰트를 설치할 수 있나요?

A 동등한 소프트웨어, 폰트 등(정품에 한함)을 사용하고자 할 경우, 수험자가 지참하여 시험 시작 전 감독위원의 입회하에 설치할 수 있습니다. 단, 그 외 무료 폰트, 프리웨어 소프트웨어(Plug in 포함)는 설치할 수 없습니다.

Q 시험장 내에서는 인터넷을 사용할 수 있나요?

A 시험장은 인터넷이 차단되어 웹사이트 접속 및 클라우드 서버 접속 방식의 프로그램은 설치할 수 없습니다(반드시 정품 라이센스 지참).

Q 개인 입력장치를 가져와서 사용할 수 있나요?

A 수험자 개인이 지참한 마우스 등 입력장치는 사용할 수 없습니다. 수험장에서 임의로 제공되는 입력장치를 이용하시기 바랍니다.

Q 신분증 확인 시, 인정되는 것들로는 무엇이 있나요?

A – 시험에 응시할 때는 신분증이 필요합니다. 신분증으로는 주민등록증, 운전면허증, 공무원증, 장애인등록증, 국가유공자증 등이 가능합니다.
– 초 · 중 · 고 및 만 18세 이하인 자는 학생증, 신분확인증명서, 청소년증, 국가자격증 등이 신분증으로 인정됩니다.

안녕하세요. "2026 웹디자인개발기능사 실기 기본서"를 집필한 저자 이민희입니다. 이 책은 실기 시험 준비에 최적화된 구성과 실무에 바로 적용할 수 있는 웹 디자인 기술을 함께 익힐 수 있도록 기획되었습니다. 기본적인 HTML 구조부터 시작해 CSS 스타일링, JavaScript 및 jQuery 활용까지 실무 중심의 기술을 체계적으로 익히는 것이 중요합니다. 이 책은 다음과 같은 점에 중점을 두어 집필하였습니다.

출제 기준 철저 분석

최신 실기 출제 기준에 따라 기출 유형을 분석하고, 반복 출제되는 문제 유형을 중심으로 실전에 강한 구조로 구성하였습니다.

기초부터 실전까지 한 권에

HTML, CSS, JavaScript, jQuery의 핵심 문법과 실습 예제를 단계별 따라하기 방식으로 설명하여, 초보자도 자연스럽게 웹 구조와 구현 방식을 익힐 수 있도록 하였습니다.

실전 대비 모의 문제 수록

실제 시험과 동일한 조건으로 구성한 실전 대비 프로젝트 문제를 통해 시험에 대한 감각을 익히고, 제한 시간 안에 문제를 해결하는 능력을 기를 수 있도록 도왔습니다.

실무 활용 역량까지 고려한 구성

단순히 시험 합격에만 그치지 않고, 실무에서도 활용 가능한 코드 작성 습관과 레이아웃 구성법, 웹 표준과 접근성까지 고려하여 설명하였습니다.

여러분의 합격과 더불어, 실무에서도 빛을 발할 수 있는 실력을 갖추는 데 이 책이 든든한 길잡이가 되기를 진심으로 바랍니다. 감사합니다.

저자 이민희

https://www.youtube.com/@leeminiT

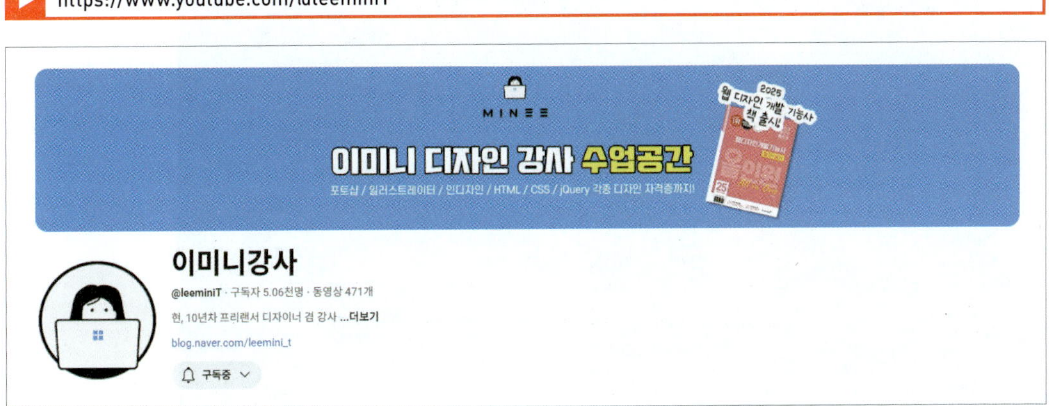

01

웹디자인개발기능사
실기 가이드

웹디자인개발기능사의 직무를 이해하고, 실기 시험의 기준 및 주의사항을 파악하는 데 중점을 둡니다. 실기 시험 시 필요한 준비물과 제공되는 소프트웨어를 확인하고, 합격을 위한 핵심 포인트에 집중하여 작업 순서를 계획할 수 있도록 합니다. 이러한 준비 과정을 통해 철저히 시험에 대비할 수 있습니다.

차례

웹디자인개발기능사의 정의

핵심포인트　웹디자인개발기능사 자격시험에서는 웹디자인 기초 지식 및 S/W 활용 능력을 측정합니다.

01 웹디자인개발기능사 분류

웹디자인개발기능사 자격증은 국가직무능력표준(NCS, National Competency Standards)에서 '문화·예술·디자인·방송' 분야의 '디지털 디자인' 직무에 해당합니다. 디지털 디자인은 다음과 같은 단계를 통해 프로젝트를 수행합니다.

> 1. 프로토타입 기초데이터 및 수집 및 스케치 → 2. 프로토타입 제작 및 사용성 테스트 → 3. 디자인 구성요소 설계
> → 4. 디자인 구성요소 제작 → 5. 구현 → 6. 응용

웹디자인개발기능사는 홈페이지 프로젝트의 목표를 효과적으로 달성하기 위해 데이터 수집 및 스케치, 프로토타입 제작, 디자인, 구현, 응용 등 단계를 거쳐 인터넷 환경에 적합한 홈페이지를 제작하는 역할을 수행합니다. 이 직무는 웹디자인 개발에 필요한 지식, 기술, 태도를 갖춘 전문성을 요구하며, 시스템 자원과 소프트웨어(S/W)를 활용하여 홈페이지를 설계하고 개발하는 데 중점을 둡니다.

01. 사업관리	02. 경영·회계·사무	03. 금융·보험	04. 교육·자연·사회과학	05. 법률·경찰·소방·교도·국방	06. 보건·의료
07. 사회복지·종교	08. 문화·예술·디자인·방송	09. 운전·운송	10. 영업판매	11. 경비·청소	12. 이용·숙박·여행·오락·스포츠
13. 음식서비스	14. 건설	15. 기계	16. 재료	17. 화학·바이오	18. 섬유·의복
19. 전기·전자	20. 정보통신	21. 식품가공	22. 인쇄·목재·가구·공예	23. 환경·에너지·안전	24. 농림어업

▲ NCS 직무 대분류

국가직무능력표준(NCS, National Competency Standards)은 산업현장에서 직무를 수행하는 데 필요한 지식, 기술, 태도와 같은 기본 역량을 체계적으로 정리한 기준입니다. 이는 인재 양성을 통해 국가의 경쟁력을 높이기 위해 마련된 체계입니다.

*국가직무능력표준 사이트 : http://www.ncs.go.kr

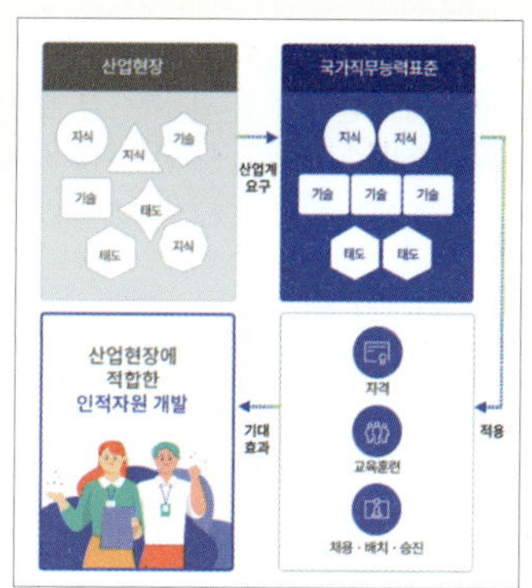

▲ 국가직무능력표준 개념도

02 웹디자인개발기능사 자격기준

웹디자인개발기능사 실기시험에서는 웹디자인에 대한 기초지식을 가지고 프로젝트의 목적에 맞는 웹 페이지를 제작할 수 있는지를 요구합니다. 실기시험에서 수행해야 할 사항은 다음과 같습니다.

1. 도출된 콘셉트에 맞게 프로토타입 제작
2. 프로토타입을 바탕으로 시각적으로 구조화하고 구성요소 디자인
3. 매체의 특성에 맞게 사용 가능한 웹페이지 구현 및 완성

03 웹디자인개발기능사 추천 작업 순서

1) 실기시험 문제 과제명과 요구사항 분석

주어진 실기시험 문제의 주제를 파악하고 요구사항을 분석·확인합니다.

▲ (왼)와이어프레임, (오)컬러 계획

- 와이어 프레임을 통해 메인 화면 구조를 확인합니다.
- 주제에 맞게 메인 컬러, 서브 컬러, 텍스트 컬러 등을 계획합니다.

와이어프레임(Wireframe)
웹사이트의 기본 구조를 시각적으로 표현한 간단한 설계도입니다. 이는 웹 페이지의 레이아웃, 콘텐츠 배치, 인터페이스 요소 등의
위치와 관계를 나타내며, 디자인 작업의 초기 단계에서 사용됩니다.

2) 프로토타입 제작

요구사항정의서를 기반으로 수험자에게 제공되는 수험자 제공 파일이 있습니다. 이를 활용하여 웹사이트
의 기본 구조와 화면 구성 요소인 이미지와 아이콘 등의 콘텐츠를 분류하고, 필요한 로고 및 기타 시각 요
소는 Photoshop과 Illustrator를 이용하여 제작합니다.

3) 디자인 구성요소 설계 및 제작

프로젝트의 목표와 사용자 요구를 기반으로 시각적 요소를 구체화하여 웹 페이지 레이아웃을 설계합니다.
이 과정에서는 사용자 환경을 고려하며, 시각적 요소의 균형과 조화를 통해 디자인과 콘텐츠를 효과적으
로 구성합니다.

웹 페이지 레이아웃
콘텐츠와 디자인 요소를 화면에 체계적으로 배치하여 사용자가 정보를 쉽게 이해하고 접근할 수 있도록 구성하는 방식입니다. 레이
아웃은 사용자 경험(UX)과 시각적 전달력을 높이는 데 중요한 역할을 하며 헤더, 내비게이션바, 본문 콘텐츠, 사이드바, 푸터 등 요소
들의 배치를 결정합니다.

4) 구현

디자인 방향과 매체 특성을 고려하여 콘텐츠를 구현합니다. 매체 특성에 대한 이해를 기반으로 이에 맞게
프로그래밍 가능한 웹 에디터 프로그램을 활용하여 콘텐츠를 구현해 나갑니다.

웹 에디터(웹 편집기)
웹 편집기는 웹 문서를 만들 때 태그, CSS, Javascript, jQuery를 입력하는 프로그램입니다. 대표적인 웹 편집기로는 메모장, 에디
트 플러스, 드림위버, 비주얼 스튜디오 코드 등이 있으며, 우리는 비주얼 스튜디오 코드로 작업을 진행합니다.

5) 완료 및 제출

결과물이 최적화되었는지 웹 브라우저를 활용하여 화면을 확인합니다. 오류가 있다면 다시 보완하여 재검
토 후 완료되었다면 제출합니다.

웹 브라우저
웹 브라우저는 웹 편집기로 작성한 웹 문서를 화면에 표시해주는 프로그램입니다. 대표적으로 구글의 크롬, 마이크로소프트의 엣지,
모질라 재단의 파이어폭스, 애플의 사파리, 오페라소프트웨어의 오페라 등이 있습니다. 국내에서는 크롬과 엣지 브라우저 사용자가
많으며, 우리는 크롬과 엣지 브라우저로 결과물을 확인합니다.

실기 합격 포인트

핵심포인트 웹디자인개발기능사 실기 시험의 경우 신경써야 할 디자인적인 요소가 많습니다. 코딩의 소스
파일부터 오류 검사까지 꼼꼼하게 확인해 보세요.

01 요구사항정의서 분석 및 기본 소스 준비

시험장에서 제공받은 요구사항정의서를 자세히 확인 후 제공된 소스파일을 정리합니다. 수험자는 결과물
을 '비번호'로 된 폴더를 기준으로 메인 페이지 index.html 문서와 하위 폴더 'images', 'css', 'js' 폴더를
생성하여 제공받은 소스 파일을 분류하여 저장하면 더욱 편리하게 작업을 진행할 수 있습니다.

02 레이아웃 유형 익히기

웹디자인개발기능사 실기 시험에는 다양한 레이아웃(A~F유형)이 출제되고 있습니다. 제공받은 요구사항
정의서에 있는 와이어프레임을 보고 제시된 조건에 맞게 HTML로 구조를 구성 후 각 영역에 맞는 스타일
을 CSS로 지정하여 와이어프레임을 제작합니다.
레이아웃 유형에는 크게 1. 가로형 레이아웃, 2. 세로형 레이아웃, 3. 100% 레이아웃으로 구성되어 있으
며 레이아웃을 작업하는 과정은 빠르게 코딩할 수 있도록 잘 익혀두어야 합니다. 그리고 웹 페이지의 전체
레이아웃은 Table 태그가 아닌 CSS를 통한 레이아웃으로 작업해야 합니다.

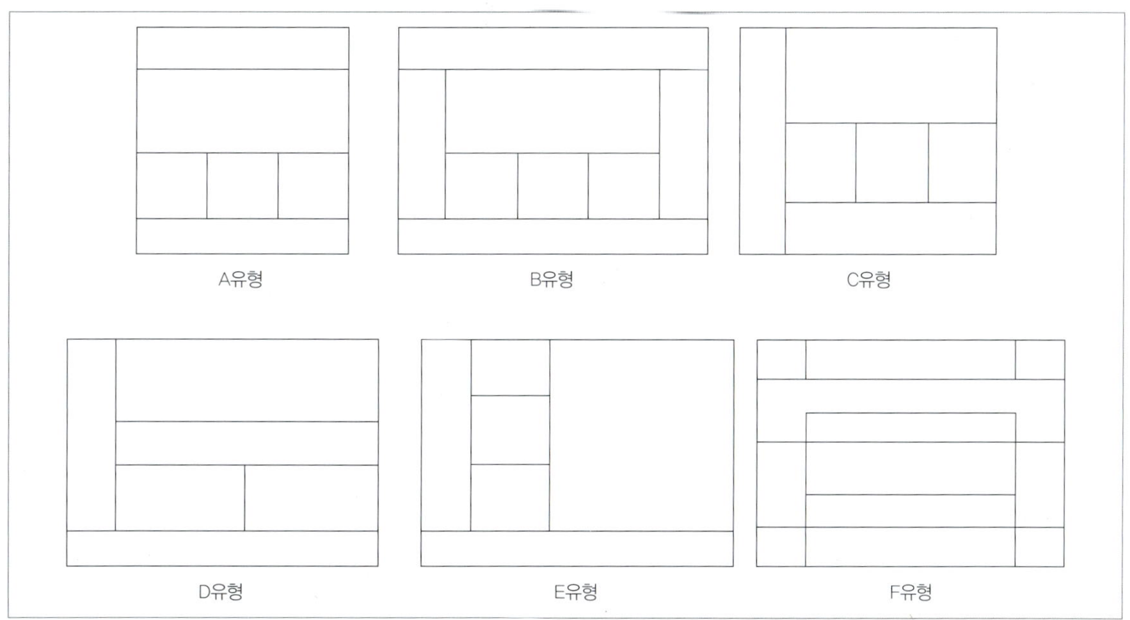

▲ 유형별 와이어프레임

03 동적인 작업 및 기능 구현하기

웹디자인개발기능사 실기 시험에 동적인 작업과 기능을 구현해야 합니다. 동적인 작업 및 기능에는 이미지 슬라이드, 메인-서브 메뉴, 팝업창 기능, 탭 메뉴 기능을 Javascript 또는 jQuery를 이용하여 구현합니다. 단순히 코드를 암기하기에는 어려움이 있을 수 있으므로 이해하고 작성하면 스스로 다양한 스타일로 변형하여 동적인 작업과 기능을 구현할 수 있습니다.

04 웹 표준 준수 및 오류검사 하기

웹디자인개발기능사 실기 시험의 가장 중요한 포인트는 HTML5 웹 표준으로 작성하였는가의 여부와 완성된 웹 문서의 HTML, CSS 오류가 없어야 합니다. HTML, CSS 오류를 확인하는 방법은 HTML 유효성 검사(W3C validator)에서 오류를 확인할 수 있으나 시험장에서는 인터넷으로 HTML 유효성 검사를 제공하지 않으므로 웹 표준에 맞춰 작성을 해야 합니다. 개인적으로 연습할 때 HTML, CSS 유효성 검사를 필히 할 수 있도록 합니다.

▲ (왼)HTML 유효성 검사, (오)CSS 유효성 검사

동적인 작업과 기능에 사용되는 JavaScript와 jQuery의 오류는 브라우저의 개발자 도구를 통해 확인할 수 있습니다. 웹 브라우저에서 F12를 눌러 개발자 도구를 실행한 후, 콘솔(Console) 탭에서 오류 메시지를 확인하고 수정할 수 있습니다.

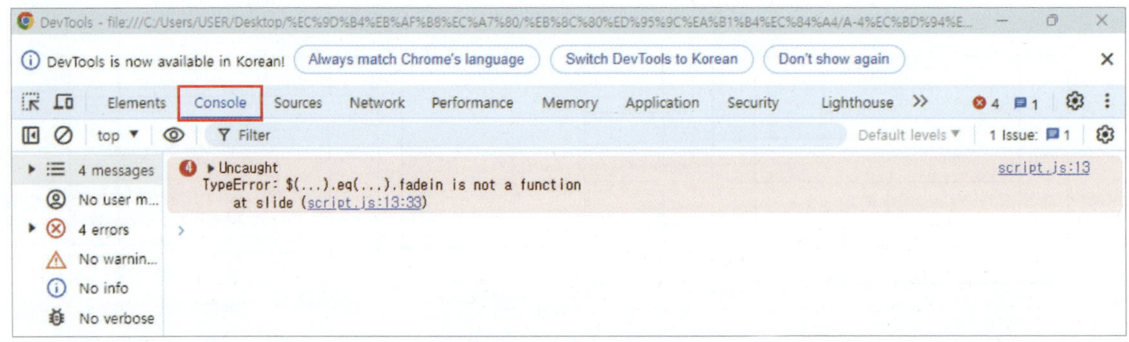

▲ 개발자 도구 오류 메시지

마지막으로, 다양한 화면 해상도에서 일관성 있는 레이아웃이 중요합니다. 브라우저 창의 크기를 조절하면서 레이아웃이 틀어지는 부분이 없는지 반드시 점검하고 이러한 과정을 통해 오류 없이 웹 표준을 준수한 웹사이트를 제작할 수 있습니다.

> **기적**의 TIP
>
> **웹 표준(Web Standards)**
> 웹사이트를 작성하고 표시하는 데 사용되는 기술과 규칙을 정의한 일련의 표준입니다. 이 표준은 월드 와이드 웹 컨소시엄(W3C)과 같은 국제 표준화 기구에서 개발하고 유지합니다. 웹 표준의 주요 목표는 웹 콘텐츠의 일관성과 호환성을 보장하여, 다양한 웹 브라우저와 기기에서 웹 페이지가 올바르게 표시되도록 하는 것입니다.

> **기적**의 TIP
>
> **• HTML 유효성 검사**
> 작성된 HTML 코드가 웹 표준을 준수하는지 확인하는 과정입니다. 이는 웹 페이지의 구조가 올바른지, 태그가 적절하게 사용되었는지, 속성이 정확하게 적용되었는지 등을 검사합니다.
>
> **• CSS 유효성 검사**
> 작성된 CSS 코드가 웹 표준을 준수하는지 확인하는 과정입니다. 올바른 CSS 코드는 웹 페이지의 스타일이 의도한 대로 적용되며, 다양한 브라우저와 기기에서 일관되게 표시됩니다. 유효성 검사는 스타일 시트에 오류가 있는지 확인하고, 잘못된 구문이나 호환성 문제를 찾아내는 데 중요한 역할을 합니다.
> – HTML 유효성 검사 도구 : https://validator.w3.org/
> – CSS 유효성 검사 도구 : https://jigsaw.w3.org/css-validator/

들어가기 전 필수 준비

핵심포인트 웹디자인 개발 시 파일 형식을 정확히 확인하려면 파일 탐색기에서 확장자 보기를 설정해야 합니다. 이는 파일 관리와 오류 방지에 필수적인 과정입니다.

01 파일 확장자 보기 설정

작업에 들어가기 전, 문서 파일의 확장자가 보이도록 설정하여 파일 관리와 작업 효율을 높이는 데 도움이 됩니다.

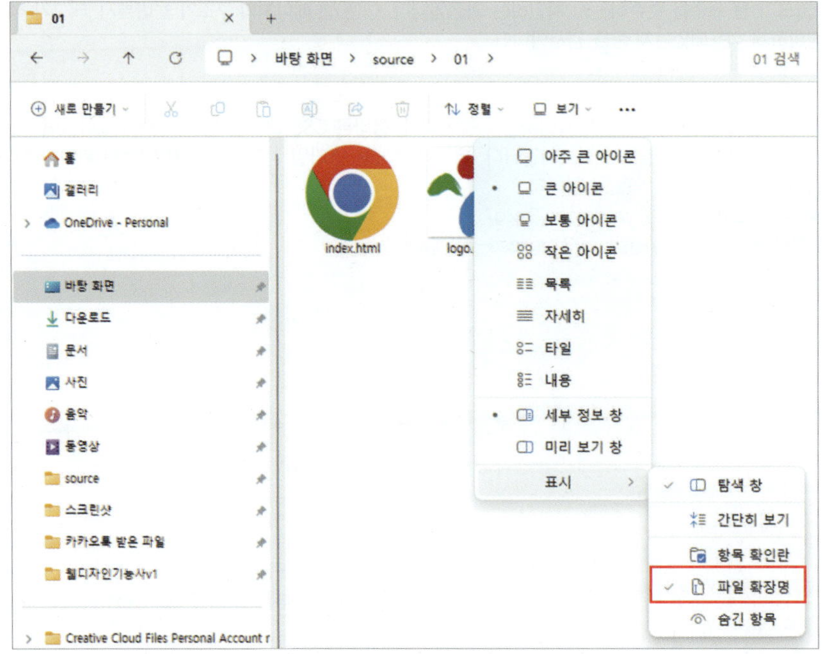

▲ 파일 확장자 보기 설정

① **Windows 탐색기 열기** : 파일 탐색기를 엽니다.
② **보기 탭 선택** : 상단 메뉴에서 '보기' 탭을 클릭합니다.
③ **파일 확장명 표시** : '파일 확장명' 옵션을 체크하여 파일 확장자를 표시합니다.

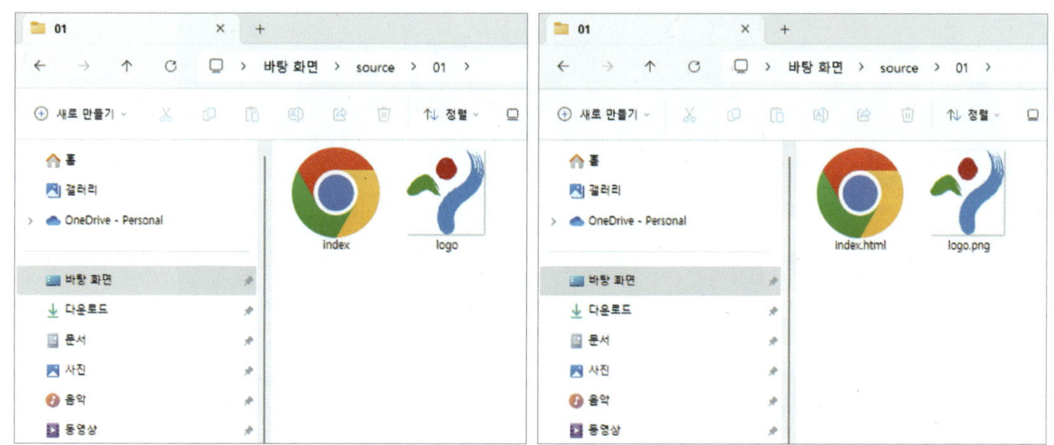

▲ (왼)파일 확장자 미표시, (오)파일 확장자 표시

02 HTML 문서 웹 브라우저로 열기

다음은 HTML 문서를 크롬으로 여는 방법입니다.

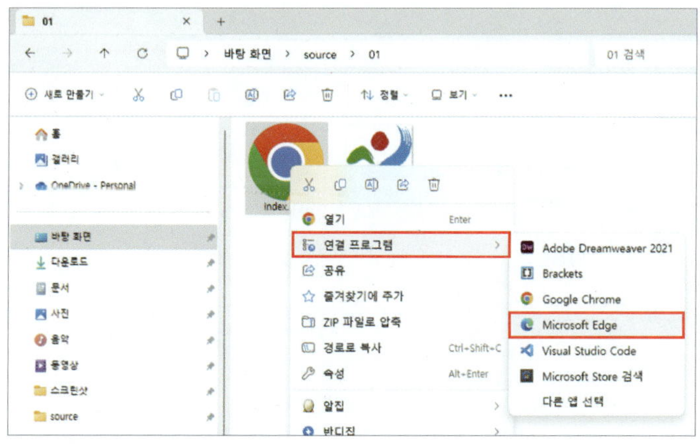

▲ HTML 문서를 웹 브라우저로 여는 방법

① 열고자 하는 HTML 파일을 찾습니다.
② HTML 파일을 마우스 오른쪽 버튼으로 클릭합니다.
③ 연결 프로그램 〉 크롬을 선택하여 HTML 파일을 엽니다.
   이 단계를 따르면, HTML 문서를 크롬 웹 브라우저에서 열어 표시되는 내용을 확인할 수 있습니다. (크롬이 설치되어 있지 않다면, 먼저 설치해야 합니다.)

기본 코딩 다지기

HTML5, CSS, JavaScript, jQuery의 기본 개념과 실습을 진행합니다. 웹표준을 준수하여 HTML5로 웹 페이지를 작성하고, CSS로 스타일을 지정하며, JavaScript와 jQuery를 활용해 동적인 기능을 추가할 수 있습니다. 이를 통해 실기 시험에서 요구하는 기술을 체계적으로 배우고, 응용할 수 있는 능력을 갖추게 됩니다.

차례

HTML5 기본 다지기

반복학습 **1 2 3**

핵심포인트   HTML5는 시맨틱 태그를 활용해 문서 구조를 명확히 설계하고 간소화된 문법으로 효율적인 코드를 작성하며, 최신 브라우저 호환성과 특징을 이해하는 것이 중요합니다.

01 HTML5 기본 문법

1) HTML 정의

HTML(하이퍼텍스트 마크업 언어, HyperText Markup Language)은 웹 페이지를 작성하는 기본 언어입니다. 웹 콘텐츠의 구조(제목, 본문, 링크, 사진 등)를 정의하며, 다양한 요소를 사용하여 텍스트, 이미지, 링크, 비디오 등을 웹 페이지에 삽입할 수 있습니다. 1991년 팀 버너스 리(Tim Berners-Lee)에 의해 처음 제안되었으며, 이후 여러 차례 업데이트를 거쳐 현재, 최신 버전인 HTML5를 사용하고 있습니다. HTML 문서의 확장자는 *.htm 또는 *.html입니다.

2) HTML5 주요 특징

HTML5는 기존의 HTML에 비해 여러 가지 새로운 기능과 요소를 추가하여 웹 개발을 더욱 효율적으로 만들었습니다. 주요 특징은 다음과 같습니다.

① **시맨틱태그** : HTML5는 문서의 구조와 의미를 명확하게 하기 위해 새로운 시맨틱태그를 도입했습니다. 예를 들어 <header>, <footer>, <article>, <section>, <nav> 등이 있습니다. 이러한 태그들은 웹 페이지의 논리적 구조를 더 잘 표현할 수 있게 해줍니다.
> 태그의 이름만으로도 그 안에 어떤 종류의 콘텐츠가 들어갈지 명확하게 나타내기 위해 사용되는 태그

② **폼 태그** : 다양한 새로운 입력 유형과 속성을 추가하여 입력 폼을 더 유연하게 만들었습니다. 예를 들어, type="email", type="date", type="range" 등의 새로운 입력 유형과 required, placeholder 등의 속성이 추가되었습니다.

③ **멀티미디어 지원** : 브라우저 간 호환성 문제를 줄이고, 플러그인 없이 멀티미디어 콘텐츠를 재생할 수 있도록 통합하였습니다.

④ **Canvas와 SVG(Scalable Vector Graphics)** : <canvas> 태그를 사용하여 자바스크립트를 통해 그래픽을 그릴 수 있게 하고, SVG 지원을 통해 벡터 그래픽을 직접 사용할 수 있게 합니다. 이를 통해 그래픽과 애니메이션을 더욱 정교하게 구현할 수 있습니다.

3) HTML 태그

HTML 태그는 요소(Element)라고도 하며, 기본적인 구조는 다음과 같습니다.

① HTML 기본 태그 구조

- HTML 태그는 시작 태그와 종료 태그 쌍으로 이루어져 있습니다. 예 <p>이것은 단락입니다.</p>
- 예외적으로 종료 태그가 필요 없는 자체 종료 태그가 있습니다. 예 <br/>, <img>, <hr/> 등
- HTML 태그와 속성 이름은 소문자로 작성하는 것을 권장합니다.
- 주석은 <!-- 로 시작하고 -->로 끝나며 설명을 추가할 때 사용됩니다.
  └ 코드에 대한 설명이나 메모를 작성하며, 브라우저에서 표시되지 않는 내용

  예 <!--여기부터 header영역 입니다.-->

② HTML 태그 세부 구조

```
<a href="https://www.youngjin.com/" target="_blank">영진닷컴 바로가기</a>
```

💬 **요소 TIP**

- **<a>** : 링크를 의미하는 시작 태그
- **href** : a 태그의 경로를 지정하는 속성
- **https://www.youngjin.com/** : a 태그 속성인 href의 값(연결 페이지 주소)
- **target** : 브라우저가 어디에 링크된 문서를 열 것인지를 지정하는 속성
- **_blank** : 새 탭에서 열도록 지정하는 target 속성의 값
- **</a>** : 링크 요소의 종료 태그

* HTML 속성값은 반드시 따옴표(큰따옴표 또는 작은따옴표)로 묶어야 합니다.

02 HTML5 문서 기본 구조

1) HTML5 문서 구조

```
<!DOCTYPE html>
<html lang="ko">
<head>
    <title>웹 페이지 제목</title>
</head>
<body>
    <h1>여기에 제목을 입력</h1>
    <p>여기에 본문 내용을 작성</p>
</body>
</html>
```

💬 **요소 TIP**

- **<!DOCTYPE html>** : HTML5 문서임을 선언
- **<html>** : HTML 문서의 루트(최상위) 태그. lang 속성을 사용하여 문서의 언어를 지정할 수 있음
- **<head>** : 웹 문서에 대한 정보 포함
- **<title>** : 웹 페이지의 제목 설정
- **<body>** : 실제 웹 페이지의 콘텐츠 포함

* 태그는 쌍으로 올바르게 중첩되어야 하며, 태그가 제대로 닫혀야 합니다.

03 HTML5 태그 알아보기

1) 〈head〉 영역 내 태그

〈head〉 태그는 웹 페이지의 정보를 포함하고 있습니다.

태그	설명
〈title〉...〈/title〉	• 웹 페이지의 제목을 정의 • 웹 브라우저 탭에 표시
〈meta〉...〈/meta〉	• 사용자에게 보이지 않은 웹 페이지에 대한 정보 • 웹 페이지 내용, 작성자, 문자 인코딩, 뷰포트 등을 정의하는 태그
〈link〉	• 외부 스타일 시트(CSS)를 현재 문서에 연결할 때 사용 • 주로 CSS 파일을 연결할 때 사용
〈script〉...〈/script〉	외부 JavaScript 파일을 불러올 때 사용

```
〈head〉
    〈meta charset="UTF-8"〉
    〈meta name="viewport" content="width=device-width, initial-scale=1.0"〉
    〈title〉레이아웃 구조〈/title〉
    〈link href="css/style.css" rel="stylesheet" type="text/css"〉
    〈script src="js/script.js" type="text/javascript"〉〈/script〉
〈/head〉
```

① 〈title〉 태그 – 웹 페이지 제목 표시

〈title〉에 작성한 내용은 웹 페이지 제목 표시줄에 표시되고 검색 엔진 결과에서 페이지의 제목으로 사용됩니다. 〈title〉 태그는 문서당 하나만 사용할 수 있습니다.

```
〈title〉글로버투어스〈/title〉
```

② 〈meta〉 태그 – 웹 페이지 정보

• 문자 세트 지정

```
〈meta charset="UTF-8"〉
```

– UTF-8은 전 세계 대부분의 문자를 표현할 수 있는 유니코드 표준 인코딩 방식으로, 다양한 언어와 기호를 지원하여 웹 페이지의 텍스트가 올바르게 표시되도록 합니다. 잘못된 인코딩을 사용하면 웹 페이지의 텍스트가 깨지거나 손상될 수 있습니다.

• 모바일 장치 최적화

```
〈meta name="viewport" content="width=device-width, initial-scale=1.0"〉
```

– 웹 페이지가 모바일 장치에서 표시를 최적화 시 중요한 역할을 합니다.
– width=device-width 설정은 페이지의 너비를 장치의 너비에 맞추어, 모든 장치에서 일관된 사용자 경험을 제공하고 "initial-scale=1.0" 설정은 페이지가 처음 로드될 때의 확대 수준을 1로 설정하여, 페이지가 원래 크기로 표시되도록 합니다.

③ 〈link〉 태그 – 외부 스타일 시트(CSS) 문서 연결

〈link〉 태그는 현재 문서와 외부 스타일 시트 문서를 연결하는 데 사용됩니다.

```
〈link href="css/style.css" rel="stylesheet" type="text/css"〉
```

• link 태그의 rel 속성은 연결된 문서와의 관계(Relationship)를 정의합니다.
• rel의 값은 "stylesheet"를 사용합니다.
• type="text/css"는 생략할 수 있습니다.

④ 〈script〉 태그 – 외부 자바스크립트(js) 문서 연결

〈script〉 태그는 웹 페이지에 JavaScript 코드를 포함하거나 외부 JavaScript 파일을 불러올 때 사용됩니다. type="text/css"는 생략할 수 있습니다.

```
〈script src="js/jquery-1.12.3.js" type="text/javascript"〉〈/script〉
〈script src="js/script.js" type="text/javascript"〉〈/script〉
```

2) HTML5 기본 태그

태그	설명
<header>...</header>	• 웹 페이지 머리글 정의 • 로고, 내비게이션 메뉴 등 포함
<nav>...</nav>	• 내비게이션 링크 정의 • 주로 메뉴 작업 시 사용
<section>...<section>	• 독립적인 주제를 가진 영역 정의 • 보통 제목과 함께 사용되며, 문서의 여러 부분을 나눌 때 사용
<article>...</article>	• 독립적으로 구분할 수 있는 콘텐츠를 정의 • 블로그 글, 뉴스 기사 등 해당
<aside>...</aside>	• 주 콘텐츠와 관련성이 적은 콘텐츠를 정의 • 사이드바, 광고, 인용문 등을 나타낼 때 사용
<footer>...</footer>	• 웹 페이지의 바닥글 정의 • 저작권 정보, 링크, 연락처 정보 등이 포함
<div>...</div>	• <div> 태그 – 블록 요소 • 문서 내에서 다른 요소들을 그룹화하거나 레이아웃을 구성할 때 사용 • HTML5의 시맨틱 태그가 없을 때 머리글, 바닥글, 메뉴, 컨텐츠 등 <div>로 묶어 사용했으나 HTML5에서 <header>, <footer>, <nav>등 의미 있는 태그로 대체 • 태그 자체적으로 의미를 갖지 않지만, ID나 클래스 속성을 통해 특정 스타일을 지정할 수 있음
<hn>...</hn>	• <hn> 태그 – 블록 요소 • 제목을 정의하는 태그 • <h1> ~ <h6> 작성 가능 • <h1>이 가장 중요한 제목이며 글자 크기가 제일 큼
<p>...</p>	• <p> 태그 – 블록 요소 • 단락을 정의하는 태그로, 텍스트 단락을 구분하는 데 사용
<span>...</span>	• <span> 태그 – 인라인 요소 • 텍스트 일부에 스타일을 정의할 때 사용
<strong>...<strong> <em>...<em>	• <strong>, <em> 태그 – 인라인 요소 • 텍스트를 강조할 때 사용하는 시맨틱 태그 • <strong>은 굵게 표시 • <em>은 텍스트를 기울여 표시
<img>	• <img> 태그 – 인라인 블록 요소 • 웹 페이지에 이미지를 삽입하는 태그 • src 속성 : 이미지 파일의 경로 지정하는 속성 • alt 속성 : 이미지의 대체 텍스트 작성하는 속성
<ol><li>...</li></ol>	• <ol>,<li> 태그 – 블록 요소 • 순서가 있는 목록(ol : Ordered List)을 정의 • 각 항목을 li(li : List Item)태그로 정의 • 목록 항목들은 자동으로 번호가 매겨지며, 이는 순서가 중요한 경우 유용
<ul><li>...</li></ul>	• <ul>,<li> 태그 – 블록 요소 • 순서가 없는 목록(ul : Unordered List)을 정의 • 각 항목을 li(li : List Item)태그로 정의 • 항목이 순서에 상관없이 나열될 때 유용하며, 불릿 포인트로 표시
<table>...</table>	• <table> 태그 – 블록 요소 • 웹 페이지에서 표를 정의하는 데 사용 • 데이터를 행과 열로 정렬하여 체계적으로 표시

태그	설명
⟨tr⟩…⟨tr⟩	• ⟨table⟩ 태그 내 위치 • 표의 행을 정의
⟨th⟩…⟨th⟩	• ⟨table⟩ 태그 내 ⟨tr⟩(행) 태그 안에 위치 • Table Header의 약자로 표의 헤더 셀을 정의 • 기본적으로 굵은 글씨와 중앙 정렬이 적용
⟨td⟩…⟨td⟩	• ⟨table⟩ 태그 내 ⟨tr⟩(행) 태그 안에 위치 • Table Data의 약자로 표의 각 데이터 셀을 정의 • 기본적으로 왼쪽 정렬
⟨a⟩…⟨/a⟩	• ⟨a⟩ 태그 – 인라인 요소 • Anchor의 약자이며 다른 페이지로 연결할 수 있도록 하이퍼링크를 정의 • href 속성 : 링크 대상(URL)을 지정하는 속성 • target 속성 : 링크 대상이 열리는 위치를 지정하는 속성
⟨form⟩…⟨/form⟩	• ⟨form⟩ 태그 – 블록 요소 • 입력 양식을 그룹화
⟨input⟩	• ⟨input⟩ 태그 – 인라인 블록 요소 • 다양한 유형의 사용자 입력 필드를 정의 • type 속성 : 값으로 텍스트, 비밀번호, 이메일, 버튼 등을 지정
⟨button⟩…⟨/button⟩	• ⟨button⟩ 태그 – 인라인 블록 요소 • 클릭 가능한 버튼을 정의하는 데 사용
⟨select⟩ ⟨option⟩…⟨option⟩ ⟨/select⟩	• ⟨select⟩ 태그 – 인라인 블록 요소 • 드롭다운 목록을 정의 • ⟨option⟩ 태그와 함께 사용
⟨textarea⟩…⟨/textar-ea⟩	• ⟨textarea⟩ 태그 – 인라인 블록 요소 • 여러 줄의 텍스트 입력 필드를 정의
⟨br/⟩	• 텍스트 내에서 줄바꿈 시 사용 • 종료 태그가 없음(마지막 슬러시는 생략 가능)
⟨hr/⟩	• 주제의 분리를 나타내는 수평선을 삽입하는 데 사용 • 종료 태그가 없음(마지막 슬러시는 생략 가능)

🏁 기적의 TIP

HTML 태그는 세 가지 주요 디스플레이 타입으로 분류됩니다.
- **블록 요소(Block Elements)**
  - 새로운 줄에서 시작(수직 정렬)
  - 가로 너비, 높이 설정 가능
  - ⟨div⟩, ⟨h1⟩, ⟨p⟩, ⟨ol⟩, ⟨li⟩, ⟨ul⟩, ⟨table⟩, ⟨form⟩, ⟨header⟩, ⟨footer⟩ 등
- **인라인 요소(Inline Elements)**
  - 같은 줄에 나열(수평 정렬)
  - 가로 너비, 높이 설정 불가능
  - ⟨a⟩, ⟨span⟩, ⟨strong⟩, ⟨em⟩ 등
- **인라인 블록 요소(Inline–Block Elements)**
  - 같은 줄에 나열
  - 가로 너비와 높이 설정 가능
  - ⟨img⟩, ⟨input⟩, ⟨button⟩, ⟨select⟩ 등

① 〈div〉, 〈h1〉, 〈p〉, 〈br〉, 〈strong〉 태그 활용 예제

```
〈div〉
    〈h1〉HTML〈/h1〉
    〈h2〉HTML5란?〈/h2〉
    〈p〉HTML5는 최신 웹 표준으로, 〈strong〉구조적 요소와 멀티미디어 지원〈/strong〉을 포함하여〈br〉웹 콘텐츠를
더 효과적으로 표현하고 상호작용할 수 있도록 합니다.〈/p〉
〈/div〉
```

html 문서	브라우저 화면
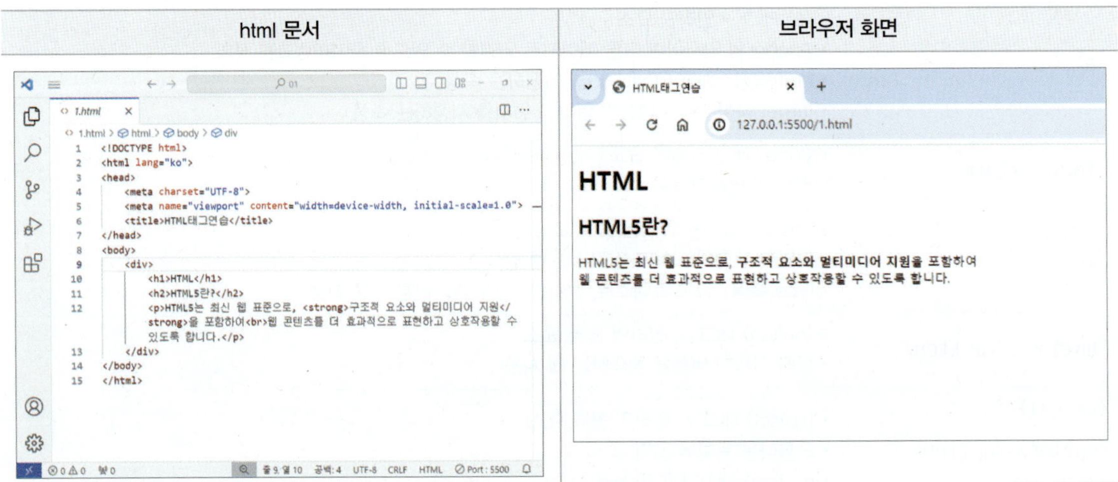	

- HTML 코드 내에서 여러 개의 공백을 넣어도 하나의 공백으로 처리됩니다.
- 〈br〉 태그를 사용하여 텍스트 내에 줄바꿈을 추가합니다.
- HTML 작성 시 `Tab` 을 사용하여 들여쓰기합니다. 이를 통해 코드의 가독성을 높일 수 있습니다.

② 〈a〉, 〈img〉 태그 활용 예제

```
〈a href="#"〉〈img src="img/logo.png" alt="서울시 CI"〉〈/a〉
```

html 문서	브라우저 화면
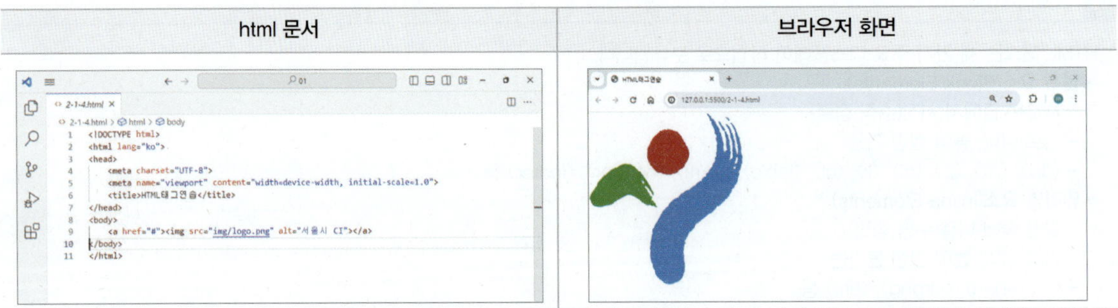	

- a 태그 속성 href 값 #은 '빈 링크' 또는 '임시 링크'로 사용합니다.
- 띄어쓰기 속성 'src'는 이미지 파일 위치를 작성할 수 있습니다.
- img 태그 속성 'alt'는 이미지를 볼 수 없는 경우 이미지에 대한 텍스트를 제공합니다.

상대 경로 작성 방법

경로 유형	설명	예시
동일 폴더	현재 폴더에 있는 파일명 참조	`<img src="logo.jpg">` `<a href="sub01.html">`
자식 폴더	하위 폴더명, 슬래시, 파일명 순으로 작성	`<img src="img/logo.jpg">` `<a href="sub/sub01.html">`
부모 폴더	현재 폴더의 위 폴더를 ..으로 작성 후 슬래시, 파일(폴더)명 작성	`<img src="../img/logo.jpg">` `<a href="../sub/sub01.html">`

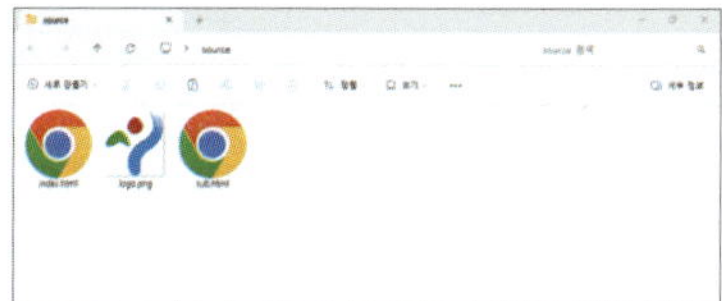

동일 폴더
(index.html기준)

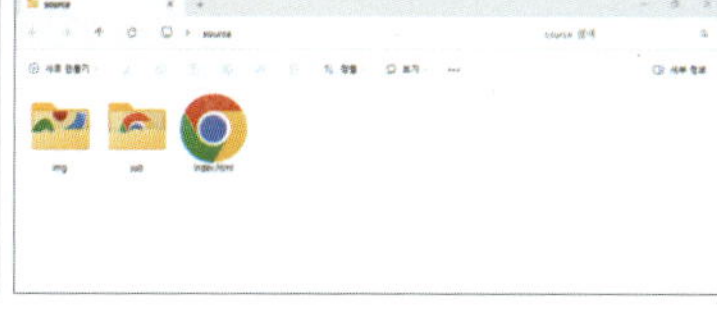

자식 폴더
(index.html기준)

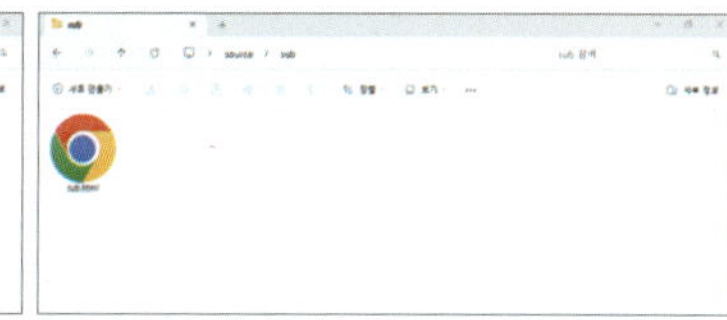

부모 폴더
(sub폴더 내 sub01.html기준)

이미지 파일 포맷

이미지 파일 포맷	설명
JPG(*.jpg)	손실 압축, 고화질 사진에 적합
GIF(*.gif)	간단한 로고나 아이콘에 적합(256색상 제한이 있어 색상 표현이 제한적임) 📖 웹 애니메이션이나 간단한 그래픽
PNG(*.png)	무손실 압축, 고화질, 투명도 지원, 색상 표현 우수

③ `<table>` 태그 활용 예제

```
<table border="1">
    <tr>
        <th>이름</th>
        <th>나이</th>
        <th>직업</th>
    </tr>
    <tr>
        <td>홍길동</td>
        <td>30</td>
        <td>개발자</td>
    </tr>
    <tr>
```

```html
            <td>이순신</td>
            <td>40</td>
            <td>디자이너</td>
        </tr>
        <tr>
            <td>강감찬</td>
            <td>50</td>
            <td>매니저</td>
        </tr>
</table>
```

html 문서	브라우저 화면
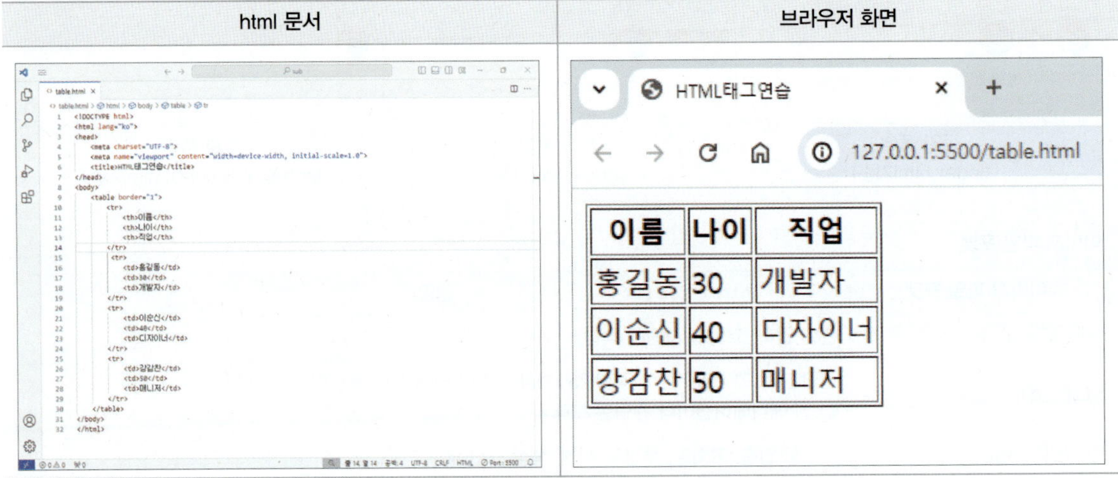	

- 〈table〉 태그의 border 속성은 표의 테두리를 설정하는 데 사용합니다.

④ 〈form〉, 〈table〉, 〈input〉, 〈select〉, 〈button〉 태그 활용 예제

```html
<form>
    <table border="1">
        <tr>
            <th>이름</th>
            <td><input type="text"></td>
        </tr>
        <tr>
            <th>이메일</th>
            <td>
                <input type="text"> @
                <select>
                    <option>직접입력</option>
```

```
                    <option>naver.com</option>
                    <option>hanmail.net</option>
                </select>
            </td>
        </tr>
        <tr>
            <td colspan="2"><button>제출</button></td>
        </tr>
    </table>
</form>
```

html 문서	브라우저 화면

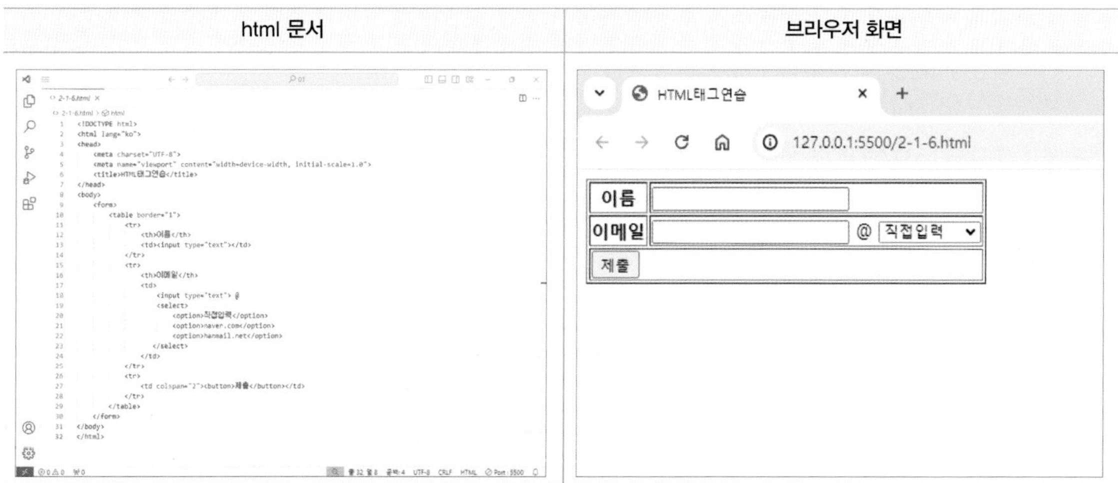

- colspan 속성은 〈td〉 또는 〈th〉 태그에 사용, 가로로 열을 합치는 데 사용합니다.
- rowspan 속성은 〈td〉 또는 〈th〉 태그에 사용, 세로로 행을 합치는 데 사용합니다.

⑤ 〈nav〉, 〈ul〉, 〈li〉, 〈a〉 태그를 활용한 내비게이션 예제

```
<nav>
    <ul>
        <li><a href="#">회사소개</a>
            <ul class="sub">
                <li><a href="#">인사말</a></li>
                <li><a href="#">연혁</a></li>
                <li><a href="#">오시는길</a></li>
            </ul>
        </li>
        <li><a href="#">사업소개</a>
            <ul class="sub">
```

```html
            <li><a href="#">국내사업</a></li>
            <li><a href="#">해외사업</a></li>
            <li><a href="#">교육사업</a></li>
            <li><a href="#">지원사업</a></li>
        </ul>
    </li>
    <li><a href="#">고객지원</a>
        <ul class="sub">
            <li><a href="#">온라인문의</a></li>
            <li><a href="#">자주하는질문</a></li>
        </ul>
    </li>
    <li><a href="#">커뮤니티</a>
        <ul class="sub">
            <li><a href="#">공지사항</a></li>
            <li><a href="#">자료실</a></li>
            <li><a href="#">갤러리</a></li>
        </ul>
    </li>
    <ul>
</nav>
```

html 문서	브라우저 화면

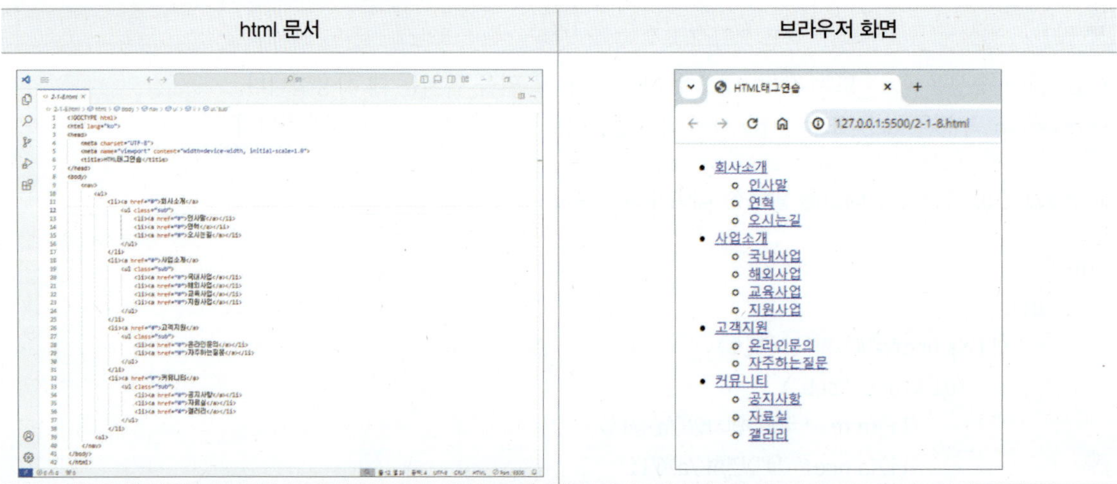

- <li> 태그 사용 시 기본적으로 불릿(목록 기호)이 표시됩니다(기본 스타일 적용).
- <a> 태그 사용 시 글자 색상이 파란색, 밑줄이 표시됩니다(기본 스타일 적용).
- 실전에서는 CSS를 활용해 기본 스타일을 제거하고, 모든 요소가 동일한 스타일을 가지도록 초기화합니다.

⑥ 〈header〉, 〈section〉, 〈article〉, 〈footer〉 태그 활용 예제

웹 페이지 HTML 작업 시, 먼저 구조화를 통해 영역을 구분하는 것이 중요합니다. 이를 위해 〈header〉, 〈section〉, 〈article〉, 〈footer〉, 〈div〉 태그를 활용하여 페이지를 구성합니다.

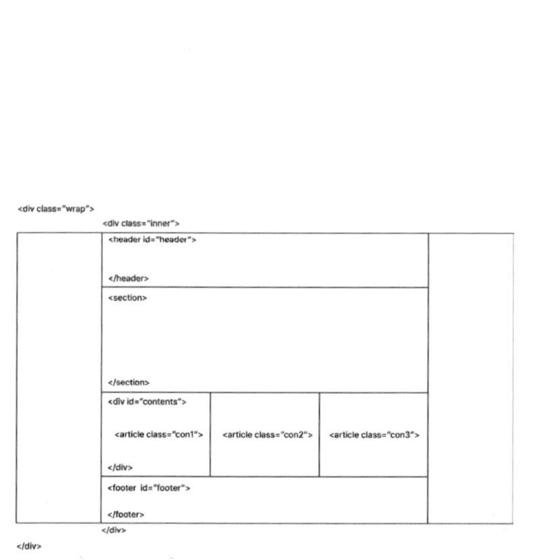

HTML 문서

```html
<div class="wrap">
    <div class="inner">
        <header>
            헤더영역
        </header>
        <section>이미지슬라이드영역</section>
        <div class="contents">
            <article class="con1">콘텐츠1 영역</article>
            <article class="con2">콘텐츠2 영역</article>
            <article class="con3">콘텐츠3 영역</article>
        </div>
        <footer>
            푸터영역
        </footer>
    </div>
</div>
```

HTML 구조화 작업입니다. 이후 CSS를 이용하여 왼쪽 이미지 레이아웃을 구성할 수 있습니다.

html 문서	브라우저 화면

class 속성
문서 내 동일한 스타일이나 동작을 적용하기 위해 사용하며, 중복 사용이 가능합니다.

id 속성
문서 내에서 한 번만 사용할 수 있으며, 특정 요소를 고유하게 식별하고 제어할 때 사용됩니다.

3) HTML 특수 문자

HTML에서 특수 문자를 표시하려면 문자 참조를 사용해야 하며 앰퍼샌드(&)로 시작하고 세미콜론(;)으로 끝납니다.

특수문자	특수 문자 기호	설명
		공백
〈	<	Less than(보다 작다)
〉	>	Greater than(보다 크다)
&	&	Ampersand(엠퍼샌드)
"	"	Double quotation mark(쌍따옴표)
©	©	Copyright symbol(저작권 표시 심볼)

```
〈ul〉
        〈li〉작은 따옴표:&apos;〈/li〉
        〈li〉큰 따옴표:&quot;〈/li〉
        〈li〉작음 부등호:&lt;〈/li〉
        〈li〉큰 부등호:&gt;〈/li〉
        〈li〉앤퍼샌드:&amp;〈/li〉
        〈li〉저작권 기호:&copy;〈/li〉
    〈/ul〉
```

html 문서	브라우저 화면

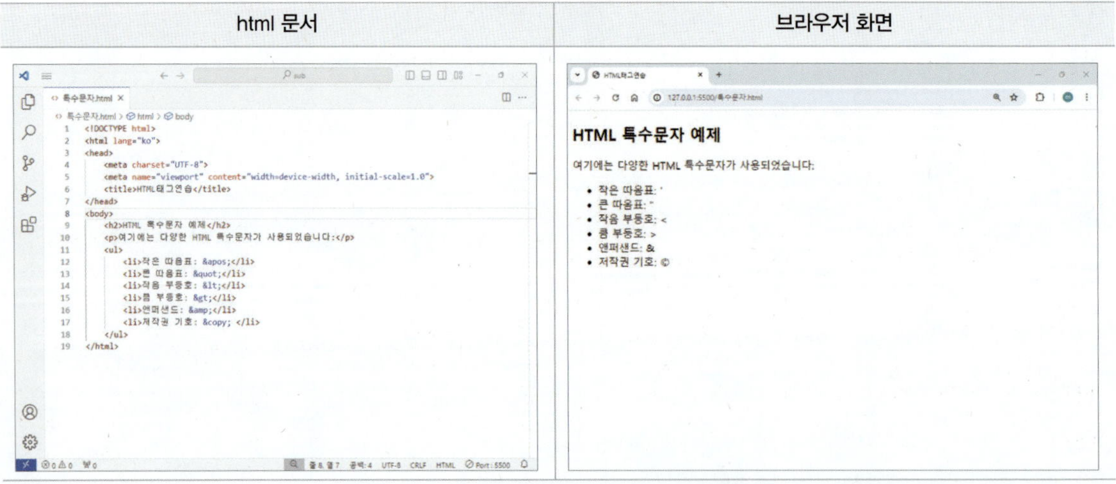

SECTION 02 — CSS 기본 다지기

반복학습 1 2 3

 CSS의 선택자와 우선순위를 이해하고 박스 모델을 활용해 요소의 크기와 여백을 제어하며, 레이아웃을 구성하고 색상과 글꼴 스타일을 적절히 구현합니다.

01 CSS 기본 문법

1) CSS 정의

CSS(Cascading Style Sheets)는 HTML 문서의 스타일을 디자인할 때 사용하는 스타일 시트 언어로 HTML 요소의 디자인, 레이아웃, 애니메이션 등을 제어할 수 있습니다. 최신 버전인 CSS3는 이전 버전보다 많은 새로운 기능과 속성을 포함하고 있습니다. CSS는 HTML 문서 내에 직접 작성할 수 있으며, 별도의 파일을 만들어 작성할 수 있습니다. CSS 문서 파일의 확장명은 *.css입니다.

2) CSS 기본 규칙

선택자   스타일 선언

```
h1    { color : red; }
```

CSS 속성   속성값

- 선택자 : 스타일을 적용할 HTML 요소를 지정합니다.
- 스타일 선언 : 선택자에 적용할 속성과 값을 중괄호({...})안에 작성합니다.
- 콜론(:) : 속성과 값을 구분합니다.

스타일 한 줄 작성	스타일 나누어 작성

h1 {color:blue; font-size:24px;}
스타일 선언 시 빠르게 작성
	h1 {
	   color:blue;
	   font-size:24px;
	}
	스타일을 나누어 선언 시 가독성이 높고, 유지보수가 유리

- 스타일 선언은 여러 개 연이어 작성할 수 있습니다.
- 마지막 CSS 속성의 세미콜론(;)은 생략할 수 있습니다.
- CSS 작성 방식은 한 줄 작성법과 나누어 작성법이 있으며, 편한 방법을 선택해 작성할 수 있습니다.
- CSS 주석은 /*로 시작하고 */로 끝납니다.

3) HTML 문서 CSS 연결 방법

HTML 문서에 CSS를 적용하는 방법은 크게 세 가지가 있습니다. 인라인 스타일, 내부 스타일 시트, 외부 스타일 시트가 있으며, 웹디자인개발기능사 실기시험에서는 외부 스타일 시트를 사용합니다.

① **직접 태그에 스타일 적용(인라인 스타일)**

CSS를 HTML 요소에 직접 적용하는 방법은 인라인 스타일이라고 하며, 스타일을 적용할 요소에 'style' 속성을 사용하여 직접 스타일을 지정합니다. 주로 테스트나 일회성 스타일 적용에 사용됩니다.

```html
<!DOCTYPE html>
<html lang="ko">
<head>
    <meta charset="utf-8">
    <title>인라인 스타일 예제</title>
</head>
<body>
    <h1 style="color:blue; font-size:24px">파란색 제목</h1>
</body>
</html>
```

html 문서	브라우저 화면

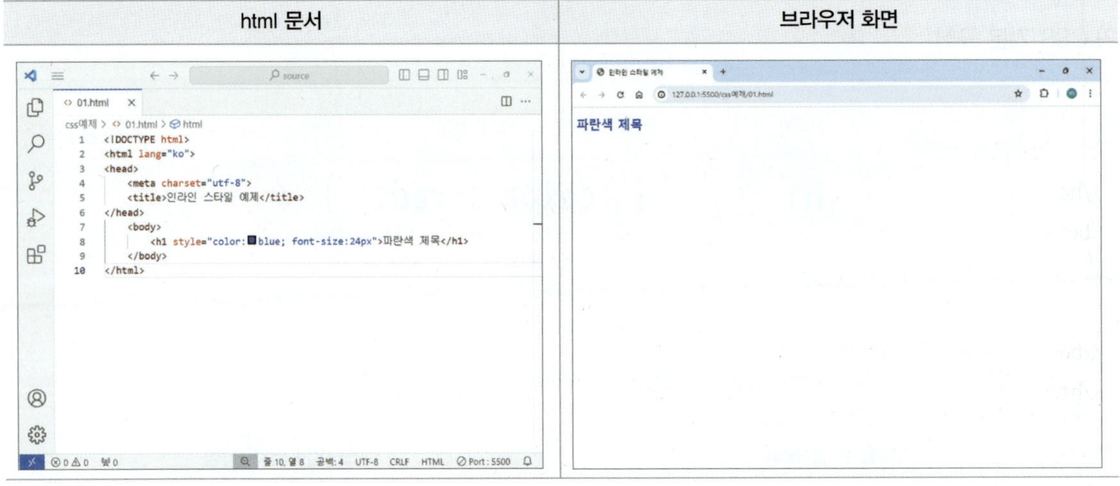

② 내부 스타일 시트 적용

내부 스타일 시트는 HTML 문서의 '〈head〉' 요소 내에 '〈style〉' 태그를 사용하여 스타일을 정의하는 방법입니다.

```
<!DOCTYPE html>
<html lang="ko">
<head>
    <meta charset="UTF-8">
    <title>내부 스타일 시트 예제</title>
    <style>
        h1 {
            color:blue;
            font-size:24px;
        }
        p {
            color:green;
            background-color:yellow;
        }
    </style>
</head>
<body>
    <h1>파란색 제목</h1>
    <p>초록색 텍스트와 노란색 배경</p>
</body>
</html>
```

html 문서	브라우저 화면

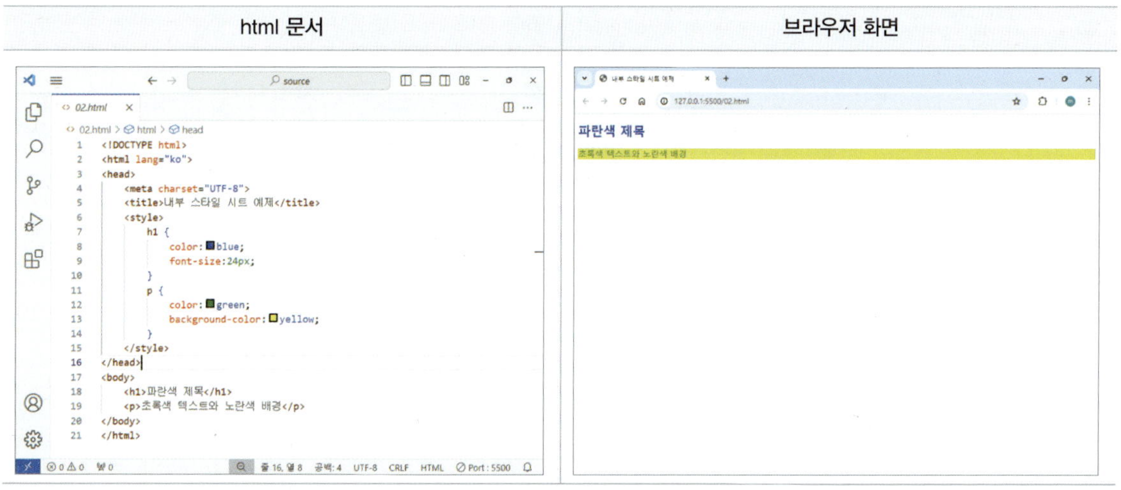

③ 외부 스타일 시트 문서(*.css) 연결

외부 스타일 시트는 별도의 CSS 파일을 생성한 후, HTML 문서의 '〈head〉' 요소 내 '〈link〉' 태그를 사용하여 연결하는 방법입니다. 이 방법을 통해 HTML 문서에 여러 CSS 파일을 연결할 수 있으며, 여러 HTML 문서에서 동일한 스타일을 공유할 수 있어 효율적입니다.

HTML 문서(index.html)	외부 CSS 문서(style.css)

`<!DOCTYPE html>`
`<html lang="ko">`
`<head>`
    `<meta charset="UTF-8">`
    `<title>외부 스타일 시트 예제</title>`
    `<link rel="stylesheet" href="style.css">`
`</head>`
`<body>`
    `<h1>파란색 제목</h1>`
    `<p>초록색 텍스트와 노란색 배경</p>`
`</body>`
`</html>`
	`@charset "utf-8";`
	
	`h1 {`
	    `color:blue;`
	    `font-size:24px;`
	`}`
	`p {`
	    `color:green;`
	    `background-color:yellow;`
	`}`

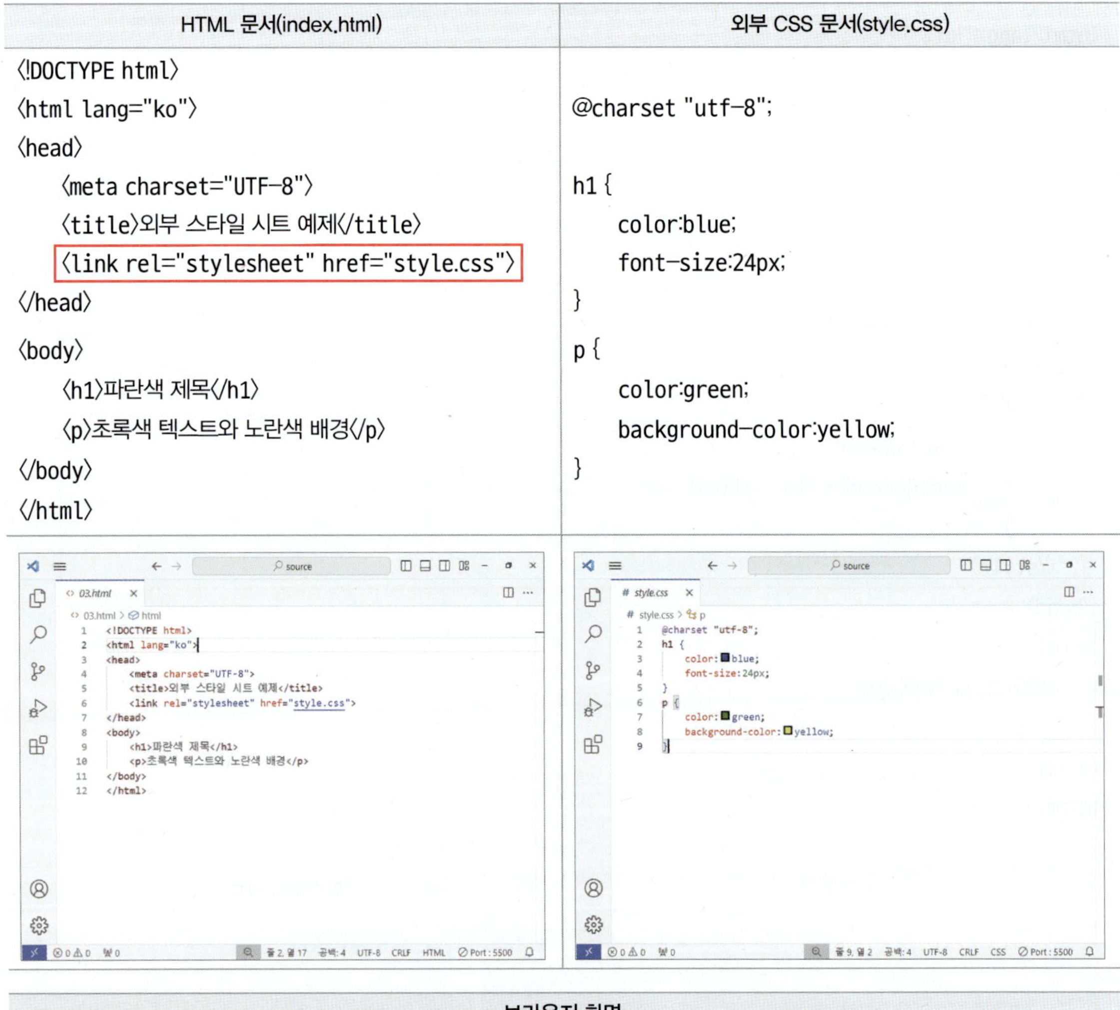

브라우저 화면

- 태그 속성의 순서는 중요하지 않습니다.
- 외부 CSS 문서를 작성할 때 상단에 @charset "UTF-8";을 추가합니다.

기적의 TIP

@charset "utf-8";를 작성하는 이유

CSS 파일의 문자 인코딩을 명시적으로 지정하여 브라우저가 CSS 파일 해석할 때 올바른 문자 인코딩을 사용하도록 합니다. 만약 인코딩이 일치하지 않은 경우, CSS가 제대로 적용되지 않을 수 있습니다.

02 CSS 작성 방법

1) CSS 선택자

CSS 선택자는 HTML 요소를 선택하여 스타일을 적용하는 데 사용됩니다. 선택자에는 여러 가지 유형이 있으며, 이를 통해 다양한 방식으로 요소를 선택하고 스타일을 지정할 수 있습니다. 이제 다양한 선택자 유형에 대해 알아보겠습니다.

① 직접 선택자

전체 선택자 (Universal Selector)	모든 HTML 요소를 선택하여 공통 스타일을 적용합니다. 예 *{color:blue}
요소 선택자 (Type Selector)	특정 HTML 요소를 선택하여 스타일을 적용합니다. 예 p{color:blue}
클래스 선택자 (Class Selector)	• 특정 클래스 이름을 가진 요소를 선택합니다. • 여러 요소에 동일한 클래스를 적용할 수 있습니다. • 마침표(.)를 사용하여 지정합니다. 예 .highlight{background-color:yellow}
ID 선택자 (ID Selector)	• ID는 문서 내에서 유일해야 합니다. • ID 선택자는 샵(#)을 사용하여 지정합니다. 예 #logo{color:blue}

HTML 문서	CSS 문서

`<body>`
  `<h1 id="title">`직접 선택자 예제`</h1>`
  `<p>`이것은 단락입니다.`</p>`
  `<div>`
    `<p class="blue">`이것은 div 안에 있는 단락입니다.`</p>`
  `</div>`
 	
  `<ul>`
    `<li>`첫 번째 항목`</li>`
    `<li>`두 번째 항목`</li>`
    `<li>`세 번째 항목`</li>`
  `</ul>`
`</body>`
	`@charset "utf-8";`
	`/* 전체 선택자 : 모든 요소 선택 */`
	`*{`
	    `text-decoration:underline;/*밑줄*/`
	`}`
	`/* ID 선택자 : 특정 아이디 선택(#id명) */`
	`#title{`
	    `color:red;`
	`}`
	`/* 요소 선택자 : 특정 요소 선택 */`
	`p{`
	    `background-color:yellow;`
	`}`
	`/* Class 선택자 : 특정 Class 선택(.class명) */`
	`.blue{`
	    `color:blue;`
	`}`

<table>
<tr><th>HTML 문서</th><th>CSS 문서</th></tr>
<tr><td>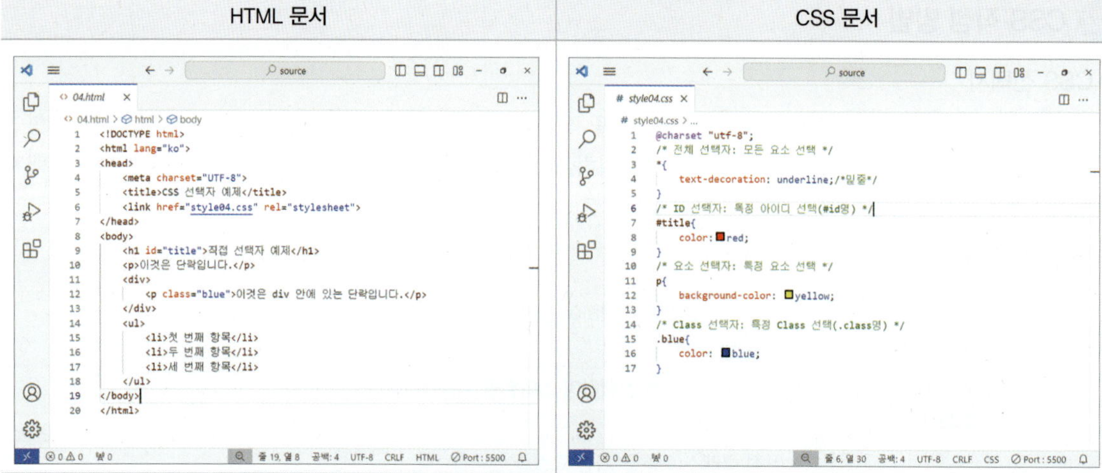</td><td></td></tr>
</table>

브라우저 화면

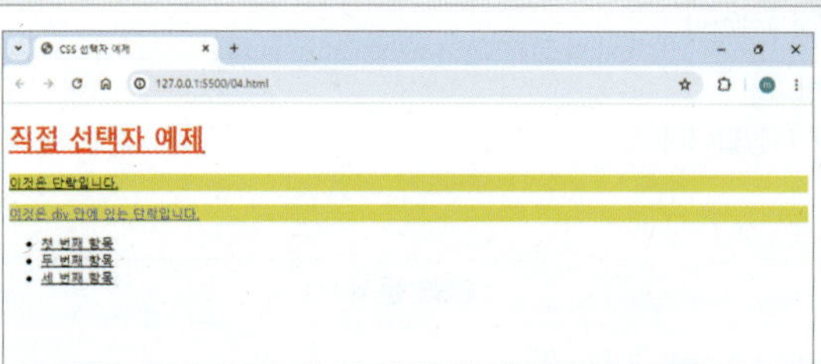

② 속성, 관계 선택자

속성 선택자 (Attribute Selector)	• 특정 속성을 가진 요소를 선택합니다. • 속성 선택자는 대괄호([])를 사용하여 정의됩니다. 　– [속성] : 속성 자체만으로 요소를 선택 　– [속성=값] : 특정 속성의 값이 정확히 일치하는 요소를 선택 예 input[type]{border:2px solid red} 　　input[type="text"]{border:2px solid red}
자손 선택자 (Descendant Selector)	• 특정 요소의 자손 요소를 선택합니다. • 자손 선택자는 공백을 사용하여 정의됩니다. 예 div p{color:blue}
자식 선택자 (Child Selector)	• 특정 요소의 자식 요소를 선택합니다. • 자식 선택자는 ')'을 사용하여 정의됩니다. 예 nav)ul)li{color:blue}

HTML 문서(index.html)	외부 CSS 문서(style.css)

<body>
　<div class="parent">
　　<p>parent의 자식, 자손 요소입니다.</p>
　　<div class="child">
　　　<p>parent의 자손이며, child의 자식 요소
입니다.</p>
	@charset "utf-8";
	/* 자식 선택자()) : .parent 요소의 직계 자식인 p 요소를
	선택 */
	.parent > p {
	　color:blue;
	　font-weight:bold;
	}

```html
    </div>
  </div>
  <a href="https://example.com" target="_blank">
외부 링크</a>
  <a href="#" target="_self">내부 링크</a>
</body>
```

```css
/* 자손 선택자(공백) : .parent 요소의 모든 자손인 p 요소를 선택 */
.parent p {
    font-style:italic;
}

/* 속성 선택자 : target 속성을 가진 a 요소를 선택 */
a[target]{
    color:red;
    text-decoration:none;
}

/* 속성 선택자 : target 속성이 _self인 a 요소를 선택 */
a[target="_self"]{
    color:orange;
    text-decoration:underline;
}
```

HTML 문서	CSS 문서

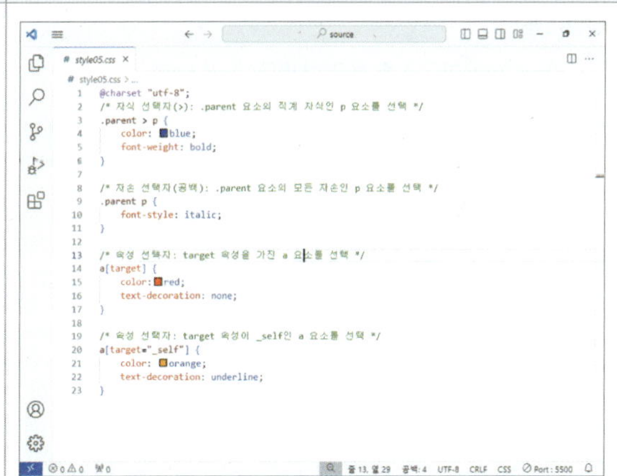

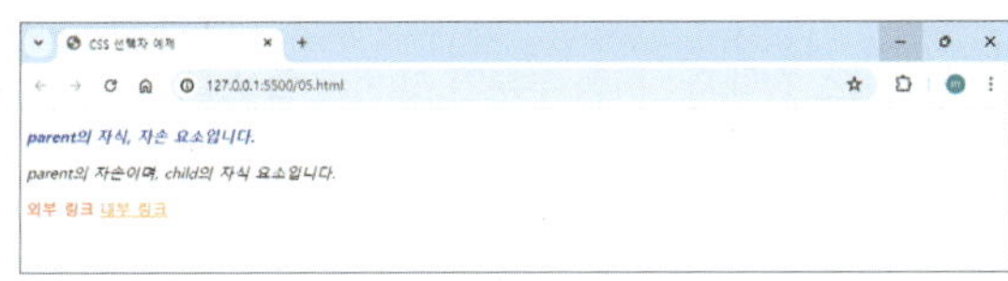

브라우저 화면

③ 그 외 선택자

가상 클래스 선택자 (Pseudo-class Selector)	특정 상태에 있는 요소를 선택합니다. 예 :hover – 사용자가 요소 위 마우스를 올렸을 때 :focus – 요소가 포커스 받았을 때 :nth-child(n) – 요소가 부모의 자식 요소 중 n번째 위치할 때
가상 요소 선택자 (Pseudo-element Selector)	요소의 특정 부분을 선택합니다. 예 p::first-line{color:blue}
다중 선택자 (Multiple Selector)	• 여러 요소에 동일한 스타일을 적용할 때 사용합니다. • 쉼표(,)를 사용하여 여러 선택자를 선택하며, 각 선택자에 동일한 스타일 규칙이 적용됩니다. 예 h1, h2, p{color:blue;}

HTML 문서(index.html)	외부 CSS 문서(style.css)
<pre><body>
    <h1>CSS 선택자 예제</h1>
    <p>이것은 <a href="#">링크</a>입니다.</p>
    <p class="highlight">이것은 강조된 단락입니다.
</p>
    <p>이것은 여러 줄 단락을 표현하였습니다. 첫 번째 줄
은 굵게 파란색으로 표시됩니다. 나머지 텍스트는 기본 스타
일을 따릅니다. 화면을 줄여 텍스트가 줄 바뀔 수 있게 해보
세요! </p>
    <button>마우스를 올려보세요</button>
    <ul>
        <li>첫 번째 항목</li>
        <li class="impo">두 번째 항목</li>
        <li>세 번째 항목</li>
    </ul>
</body></pre> | <pre>@charset "utf-8";

/* 가상 클래스 선택자 : 링크에 마우스를 올렸을 때 밑줄 제
거 */
a:hover {
    text-decoration:none;
}
/* 다중 선택자 : 여러 요소에 동일한 스타일 적용 */
h1,.highlight {
    background-color:yellow;
    padding:10px;
}
/* 다중 선택자, 가상 클래스 선택자 */
button:hover, button:focus {
    background-color:green;
    color:white;
}
/* 가상 클래스 선택자 : 첫 번째 선택자 */
li:first-child {
    font-weight:bold;
    color:red;
}
/* 가상 요소 선택자 : 특정 부분인 첫 번째 줄 선택 */
p::first-line{
    color:blue;
}
/* 결합 선택자 : 태그와 클래스를 결합하여 선택*/
li.impo{
    text-decoration:underline;
}</pre> |

HTML 문서	CSS 문서

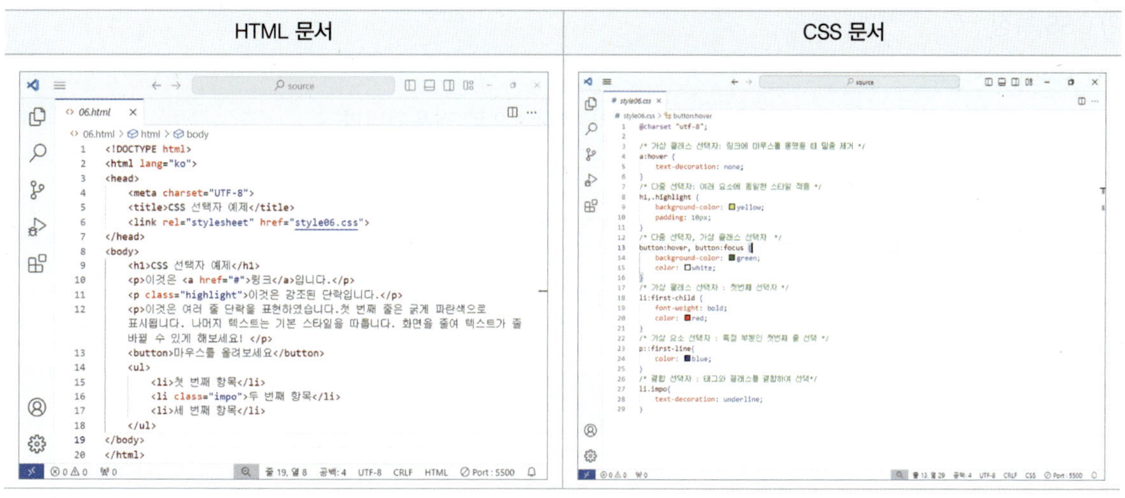

브라우저 화면

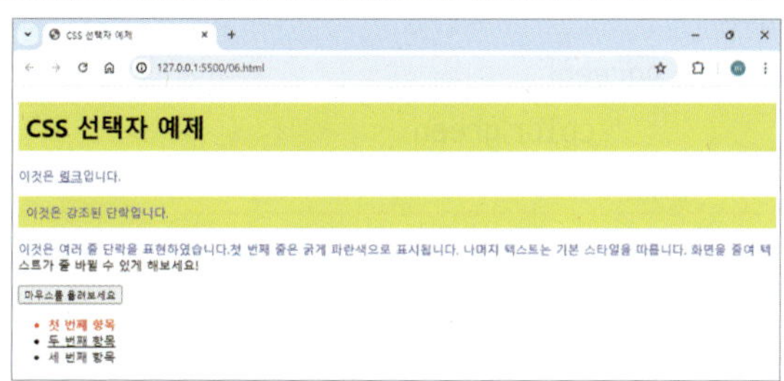

결합 선택자
특정 요소와 클래스를 결합하여 더 구체적인 스타일을 지정할 수 있습니다.

HTML 문서(내부 스타일 시트 적용)	브라우저 화면

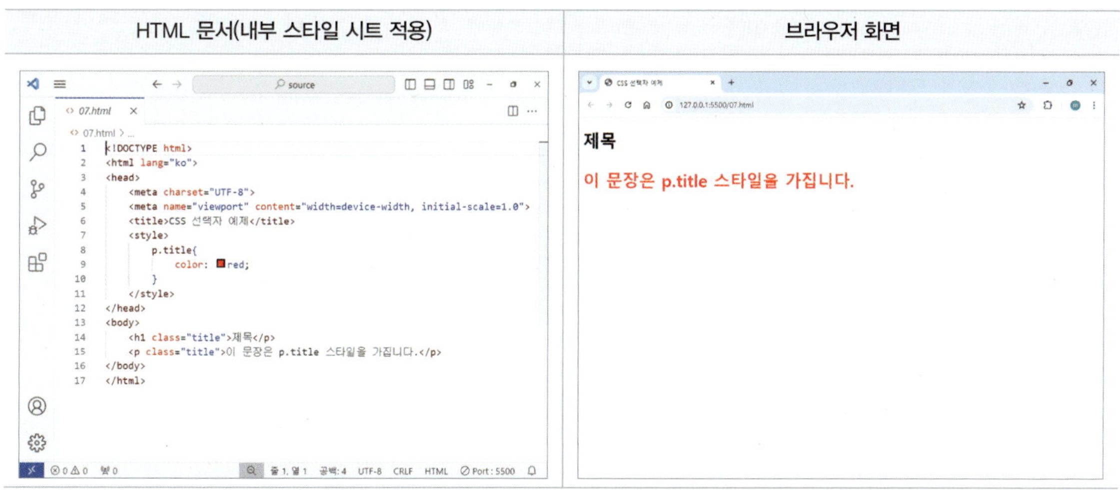

- p.title 선택자는 〈p〉 요소 중에서 class="title"을 가진 요소에만 스타일을 적용합니다.
- 요소 선택자(p)와 클래스 선택자(.title)를 결합하여 더 구체적인 조건을 설정합니다.
- h1은 class의 값이 'title'로 동일하지만 요소가 〈h1〉이므로 적용되지 않습니다.

2) CSS 특징

① CSS의 우선순위

- CSS는 선택자가 구체적으로 작성된 순서에 따라 우선적으로 적용됩니다.

HTML 문서(내부 스타일 시트 적용)	HTML 문서(내부 스타일 시트 적용)

`<head>`
　`<style>`
　　p {
　　　color:blue
　　}
　　/* 구체적으로 선택된 p.red가 적용되어 글자색상이 빨간색입니다. */
　　p.red {
　　　color:red
　　}
　`</style>`
`</head>`
`<body>`
　`<p class="red" id="green">` 텍스트는 무슨 색 일까요?`</p>`
`</body>`
	`<head>`
	　`<style>`
	　　p {
	　　　color:blue
	　　}
	　　p.red {
	　　　color:red
	　　}
	　　/* ID선택자가 우선순위가 높아 글자색이 초록색입니다. */
	　　#green{
	　　　color:green
	　　}
	　`</style>`
	`</head>`
	`<body>`
	　`<p class="red" id="green">` 텍스트는 무슨 색 일까요?`</p>`
	`</body>`

HTML 문서(내부 스타일 시트 적용)	HTML 문서(내부 스타일 시트 적용)
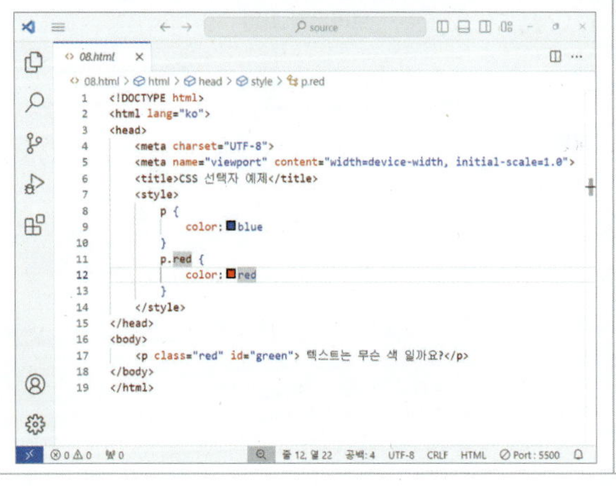	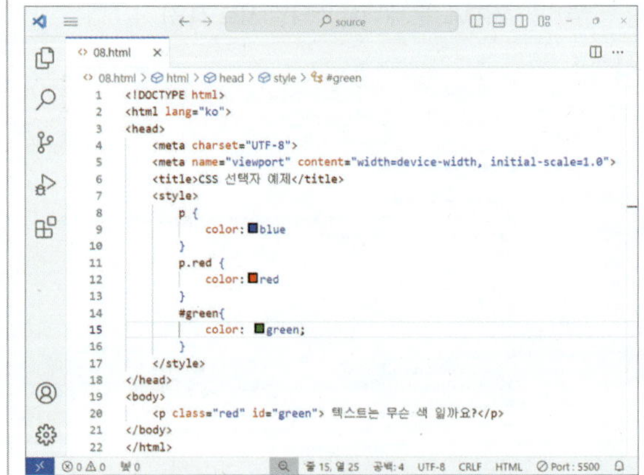

<table>
<tr><th>브라우저 화면</th><th>브라우저 화면</th></tr>
<tr><td>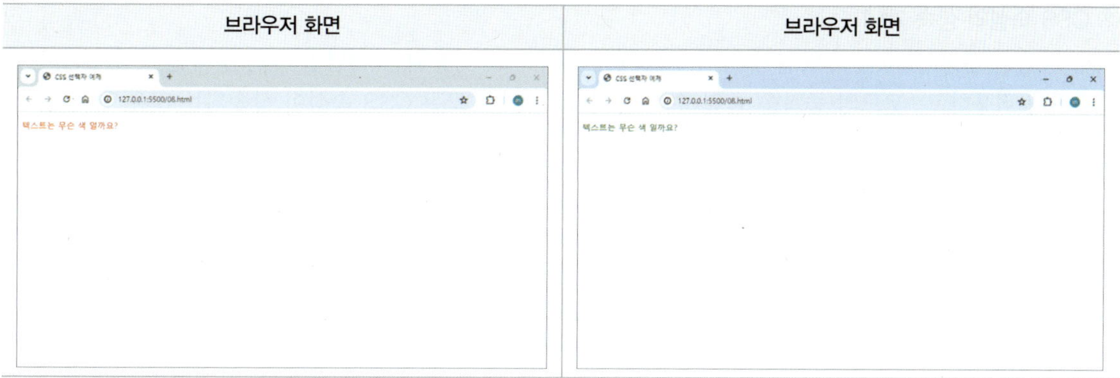</td><td></td></tr>
</table>

*우선순위 : ID 선택자 〉 클래스, 속성, 가상 클래스 선택자 〉 요소 선택자

- 같은 우선순위를 가진 규칙이 여러 개 있을 때, 나중에 선언된 규칙이 적용됩니다.

HTML 문서(내부 스타일 시트 적용)	HTML 문서(내부 스타일 시트 적용)
(아래 코드)	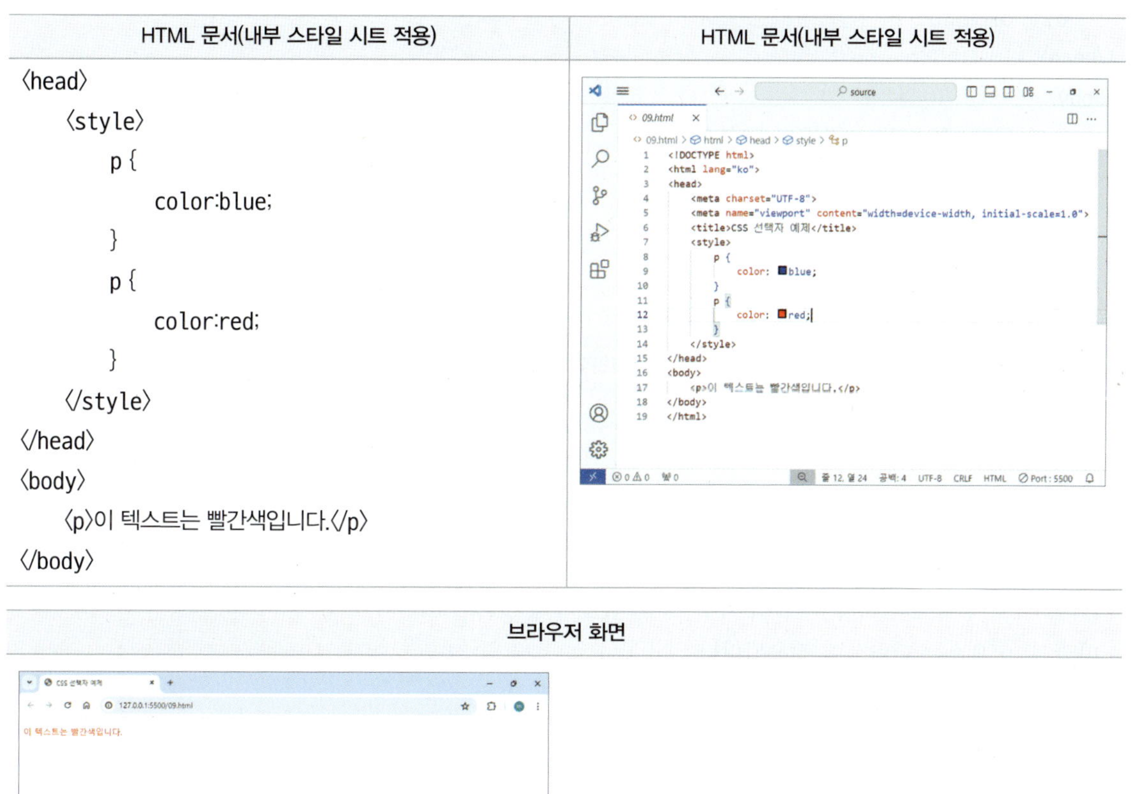

```
〈head〉
    〈style〉
        p {
            color:blue;
        }
        p {
            color:red;
        }
    〈/style〉
〈/head〉
〈body〉
    〈p〉이 텍스트는 빨간색입니다.〈/p〉
〈/body〉
```


브라우저 화면	

② CSS 속성의 상속 개념

CSS 상속은 부모 요소의 스타일이 자식 요소에게 자동으로 적용되는 개념입니다. 상속을 통해 스타일을 일관되게 적용하고, 코드의 중복을 줄일 수 있습니다. 그러나 모든 CSS 속성이 상속되는 것은 아니며, 상속 여부는 각 CSS 속성의 특성에 따라 다릅니다.

- 상속되는 속성
  - 일반적으로 텍스트와 관련된 속성은 상속이 됩니다.

HTML 문서(내부 스타일 시트 적용)	HTML 문서(내부 스타일 시트 적용)

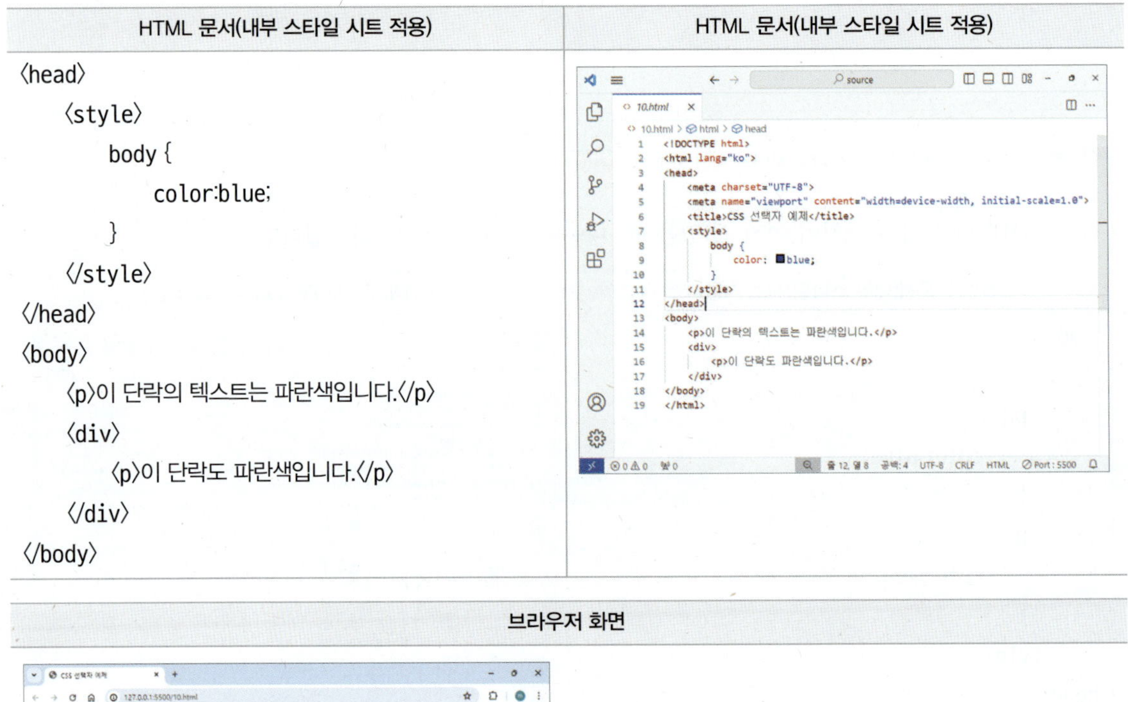

```html
<head>
    <style>
        body {
            color:blue;
        }
    </style>
</head>
<body>
    <p>이 단락의 텍스트는 파란색입니다.</p>
    <div>
        <p>이 단락도 파란색입니다.</p>
    </div>
</body>
```


브라우저 화면

- body 요소의 텍스트 색상 적용 시 자식, 자손 요소에게 상속됩니다.
- 따라서, p 요소는 파란색이 적용됩니다.

• 상속되지 않는 속성
 – 너비, 높이, 테두리, 배경과 관련된 속성들은 일반적으로 상속되지 않습니다.

HTML 문서(내부 스타일 시트 적용)

```
〈head〉
    〈style〉
        div {
            width:200px;
            height:100px;
            background-color:lightgray;
            border:1px solid red;
        }
        p {
            background-color:yellow;
        }
    〈/style〉
〈/head〉
〈body〉
    〈div〉
        〈p〉이 단락은 부모 요소인 div로부터 배경색과 테두리가 상속되지 않습니다.〈/p〉
    〈/div〉
〈/body〉
```

HTML 문서(내부 스타일 시트 적용)

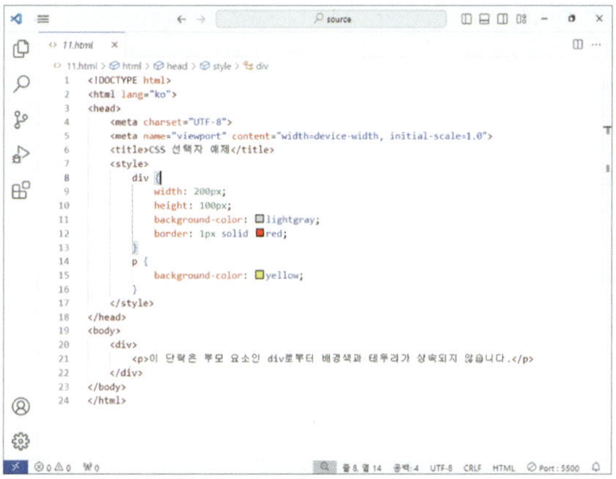

브라우저 화면

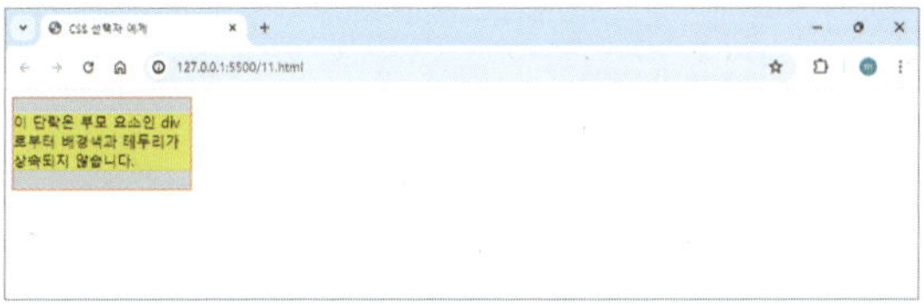

• div 요소의 배경색과 너비, 높이, 테두리는 자식 요소인 p 요소에게 상속되지 않습니다.
• p 요소는 자신의 배경색과 너비, 높이, 테두리를 별도로 정의할 수 있습니다.

• 강제로 상속하기
  – 상속되지 않는 속성도 'inherit' 값을 사용하여 상속을 강제할 수 있습니다.

HTML 문서(내부 스타일 시트 적용)	HTML 문서(내부 스타일 시트 적용)
| ```html
<head>
    <style>
        div {
            color:red
        }
    </style>
</head>
<body>

        이것은 단락입니다.
            <a href="#">링크입니다.</a>

</body>
``` | ```html
<head>
    <style>
        div {
            color:red
        }
        /*a 요소의 글자색을 상속 받겠다.*/
        a{
            color:inherit;
        }
    </style>
</head>
<body>
    <div>
        <p>이것은 단락입니다.
            <a href="#">링크입니다.</a>
        </p>
    </div>
</body>
``` |

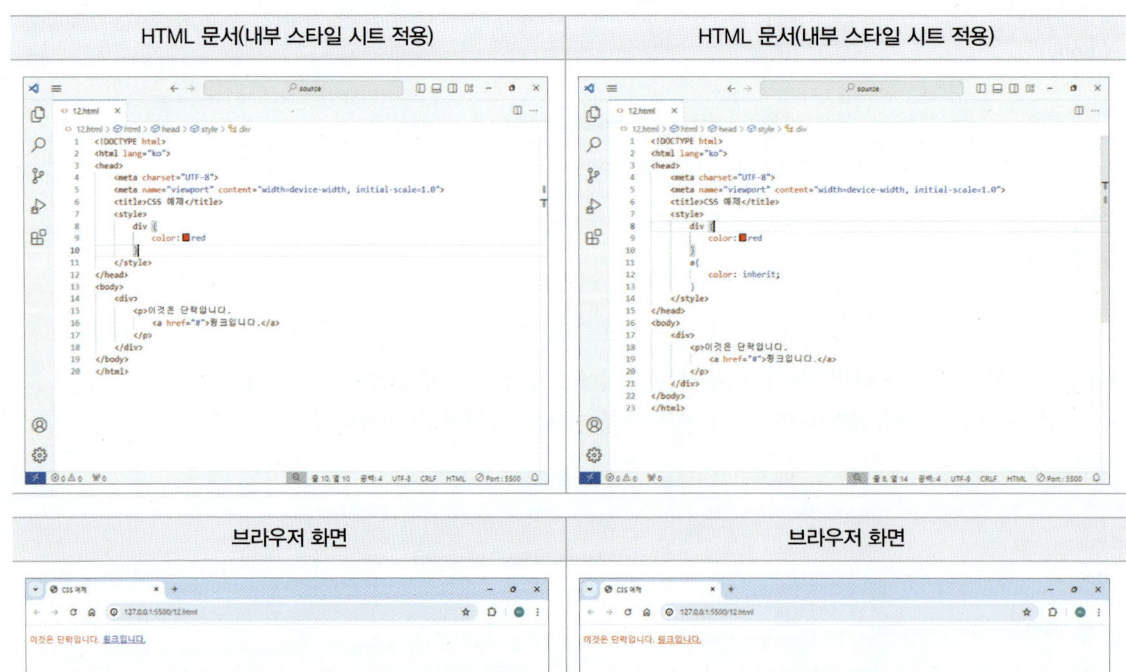

HTML 문서(내부 스타일 시트 적용)	HTML 문서(내부 스타일 시트 적용)

브라우저 화면	브라우저 화면

• a 요소는 직접 선택하여 글자 색을 바꿀 수 있지만, 부모로부터 색상을 상속받지 않습니다.
• color의 값을 inherit으로 사용하면 부모로부터 색상을 상속받을 수 있습니다.

1) 공간/배경 관련 속성

종류	설명
width/height	• 요소의 크기를 설정합니다. • 요소의 너비(width), 높이(height)
margin	• 요소의 바깥 여백을 설정하여 요소 간 간격을 조절합니다. • 네 가지 방향(위, 오른쪽, 아래, 왼쪽)에 대해 개별적으로 설정할 수 있습니다. 예 margin-top:10px; /*위쪽 여백*/, margin-right:20px;/*오른쪽 여백*/ 　margin-bottom:10px;/*아래쪽 여백*/, margin-left:20px;/*왼쪽 여백*/ • 축약형으로 작성할 수 있습니다. 예 margin:10px 20px 30px 40px;/*위, 오른쪽, 아래쪽, 왼쪽 순으로*/ 　margin:10px 20px; /*위/아래 10px 왼/오른쪽 20px */ 　margin:20px /*해당 요소의 사방에 각각 20px 바깥 여백을 줌*/ 　margin:auto /*블록 요소를 가운데 정렬할 때 줌*/
padding	• 요소의 안쪽 여백을 설정하여 테두리와 컨텐츠 사이 간격을 조절합니다. • 네 가지 방향(위, 오른쪽, 아래, 왼쪽)에 대해 개별적으로 설정할 수 있습니다. 예 padding-top:10px; /*위쪽 여백*/, 　padding-right:20px;/*오른쪽 여백*/ 　padding-bottom:10px;/*아래쪽 여백*/, 　padding-left:20px;/*왼쪽 여백*/ • 축약형으로 작성할 수 있습니다. 예 padding:10px 20px 30px 40px;/*위, 오른쪽, 아래쪽, 왼쪽 순으로*/ 　padding:10px 20px; /*위/아래 10px 왼/오른쪽 20px */ 　padding:20px /*해당 요소의 사방에 각각 20px 안쪽 여백을 줌*/
border	• 요소의 테두리를 설정합니다. • 테두리 두께, 스타일, 색상 등을 지정할 수 있습니다. • 테두리를 개별 설정할 수 있습니다. 예 border-top:1px solid red; 　border-right:2px dashed green; 　border-bottom:1px solid blue; 　border-left:2px dotted black; • 축약형으로 작성할 수 있습니다. 예 border:1px solid red; 　1px : 테두리 선 두께 　solid : 테두리 선 스타일 　red : 테두리 선 색상
background	• 요소의 배경색 또는 배경 이미지를 설정할 수 있습니다. • background-color : 배경색(색상 값); • background-image : url(이미지 경로); • background-repeat : 배경이미지 반복 설정 　– no-repeat : 반복 안함 　– repeat-x : 가로 방향으로 반복 　– repeat-y : 세로 방향으로 반복 • background-position : x축 위치 값 y축 위치 값(양, 음수 가능) • background-size : 배경 이미지 크기(cover, contain) • background 함축형 작성 방법 : {background:색상 이미지 반복 위치/크기;}

색상 값 작성 방법
색상 속성은 HTML 요소의 배경, 텍스트, 테두리 등 다양한 부분의 색을 지정하는데 사용할 수 있습니다. 색상 값을 작성하는 방법에는 여러 가지가 있습니다.

종류	설명
색상 이름	색상 이름으로 표시합니다. 예 red, blue, green, skyblue, tomato 등
헥사코드	• red, green, blue의 양을 16진수로 표시합니다. • #RRGGBB 형식으로, 각각의 RR, GG, BB는 빨강, 초록, 파랑의 강도를 나타냅니다. 예 빨간색 → "color:#ff0000;" or "color:#f00;" 　흰색 → "color:#ffffff;" or "color:#fff;" 　검정색 → "color:#000000;" or "color:#000;"
rgb값	• 색상을 rgb(red, green, blue) 형식으로 표시합니다. • 각각의 값은 0에서 255 사이의 정수입니다. 예 color:rgb(0,0,0); /* 검정색 */ 　color:rgb(255,255,255); /* 흰색 */
rgba값	• RGB 값에 투명도(알파 채널)를 추가하여 표시합니다. • 알파 값은 0(완전 투명)에서 1(완전 불투명) 사이의 소수입니다. 예 color:rgba(255, 0, 0, 0.5); /* 반투명 빨강 */

① 공간, 테두리 CSS 활용한 예제

HTML 문서	CSS 문서

<pre><body>
    <div class="box1">
        박스1
    </div>
    <div class="box2">
        박스2
    </div>
    <div class="box3">
        박스3
    </div>
</body></pre>
	<pre>@charset "utf-8";
	
	.box1{
	    width:300px; /*너비 300px*/
	    height:150px;/*높이 150px*/
	    background-color:pink;
	    margin:20px;/*상하좌우 바깥 여백*/
	}
	.box2{
	    width:300px; /*너비 300px*/
	    height:150px; /*높이 150px*/
	    background-color:skyblue;
	    padding:20px;/*상하좌우 안쪽 여백*/
	}
	.box3{
	    width:300px; /*너비 300px*/
	    height:150px;/*높이 150px*/</pre>

```css
border:3px solid tomato;/*상하좌우 테두리*/
border-top:none;/*상단 테두리 제거*/
margin-top:20px;/*상단 바깥 여백 20px*/
}
```

HTML 문서	CSS 문서

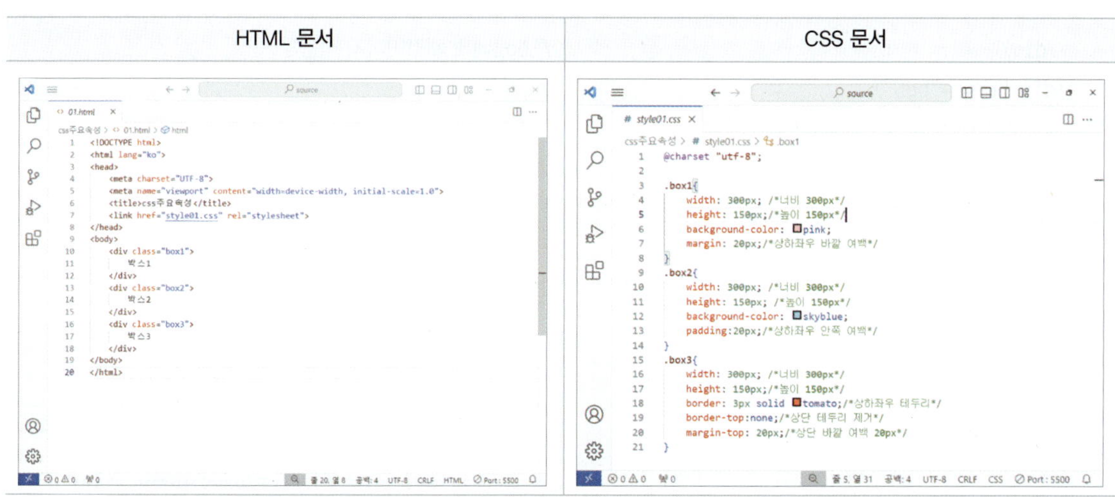

브라우저 화면

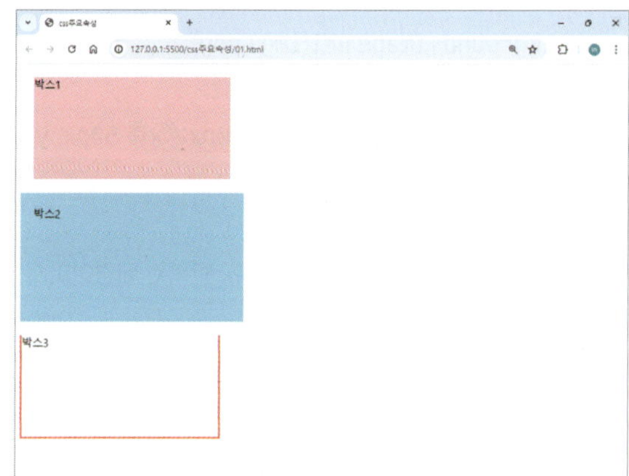

② 배경 CSS 활용한 예제

HTML 문서	CSS 문서

HTML 문서:

```html
<body>
    <div class="bg1">
        박스1
    </div>
    <div class="bg2">
        박스2
    </div>
```

CSS 문서:

```css
@charset "utf-8";

/*모든 div태그에게 너비, 높이, 테두리, 아래쪽 여백 적용*/
div{
    width:200px;
    height:200px;
    border:3px solid #000;
    margin-bottom:10px;
```

```html
<div class="bg3">
    박스3
</div>
<div class="bg4">
    박스4
</div>
<div class="bg5">
    박스5
</div>
<div class="bg6">
    박스6
</div>
</body>
```

```css
}
/*.bg1에게 배경색 적용*/
.bg1{
    background-color:skyblue;
}
/*.bg2에게 배경이미지 적용*/
.bg2{
    background-image:url(img1.png);/*상대경로 – 동일폴더*/
}
/*.bg3에게 배경이미지 적용(자동 반복), 반복X*/
.bg3{
    background-image:url(img1.png);
    background-repeat:no-repeat;/*repeat-x, repeat-y*/
}
/*.bg4에게 배경이미지 적용(자동 반복), 반복X, 배경이미지 위치*/
.bg4{
    background-image:url(img1.png);
    background-repeat:no-repeat;
    background-position:50px 20px;/*x축 50px, y축 20px*/
}
/*.bg5에게 배경이미지 적용(자동 반복), 반복X, 배경이미지 위치*/
.bg5{
    background-image:url(img1.png);
    background-repeat:no-repeat;
    background-size:cover;/*cover:가로 너비 채우기, contain:세로 너비 채우기*/
}
/*.bg6 함축형 : 배경색 url( ) 반복 위치/크기 */
.bg6{
  background:skyblue url(img1.png) no-repeat 50px 20px/50px
}
```

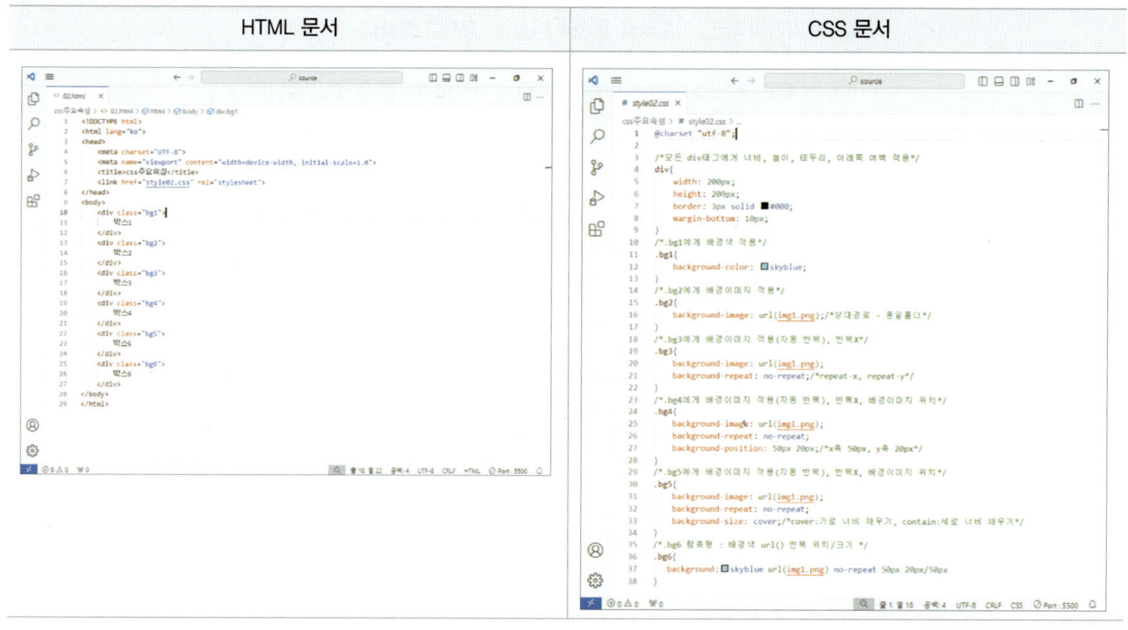

HTML 문서	CSS 문서

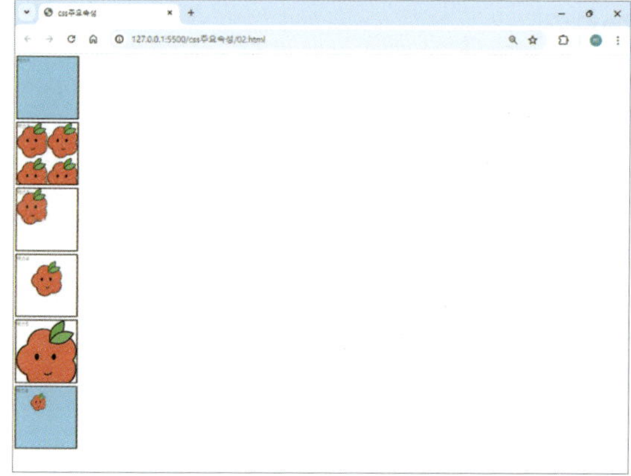

브라우저 화면

2) position 속성

이 속성은 문서 내에 요소의 위치를 지정하는 속성입니다.

종류	설명
static	기본값으로, 요소는 문서의 흐름에 따라 배치됩니다.
relative	• 요소를 원래 위치를 기준으로 이동시킵니다. • 이동 시 좌표 속성(top, right, bottom, left)을 사용하여 이동할 수 있습니다.
absolute	• 요소를 부모 또는 조상에 기준을 설정하여, 공중에 떠 있는 것처럼 배치됩니다. • 기준을 설정하는 방법으로 부모 또는 조상에 position:relative를 작성합니다. • 기준을 설정하지 않으면 html 기준으로 배치됩니다. • 이동 시 좌표 속성(top, right, bottom, left)을 사용하여 이동할 수 있습니다.

fixed	• 뷰포트(기기의 화면) 기준으로 공중에 떠 있는 것처럼 배치됩니다. • 스크롤 시 요소의 위치는 고정됩니다. • 이동 시 좌표 속성(top, right, bottom, left)을 사용하여 이동할 수 있습니다.

HTML 문서	CSS 문서

HTML 문서:

```
<h1>position:relative</h1>
    <div class="box1">
        <p class="box1-1">box1-1</p>
        <p class="box1-2">box1-2</p>
    </div>
    <h1>position:absolute</h1>
    <div class="box2">
        <p class="box2-1">box2-1</p>
        <p class="box2-2">box2-2</p>
    </div>
    <h1>position:fixed</h1>
    <div class="box3">
        <p class="box3-1">box3-1</p>
        <p class="box3-2">box3-21</p>
    </div>
```

CSS 문서:

```
@charset "utf-8";

div{
    background:#ccc;
    width:300px;
}
p{
    width:100px;
    height:100px;
    margin:0;/*기본 스타일을 없애줌*/
    border:1px solid #000;
    background:#fc6;
}
.box1-2{
    position:relative;/*.box1-2 자기자리 기준*/
    top:20px;/*위쪽에서 20px*/
    left:20px;/*왼쪽에서 20px*/
}
.box2{
    position:relative;/*.box2-2의 기준역할(기준은
부모, 조상에게 줄 수 있음)*/
}
.box2-2{
    position:absolute;/*.box2를 기준*/
    top:20px;/*위쪽에서 20px*/
    left:20px;/*왼쪽에서 20px*/
}
.box3-2{
    position:fixed;/*화면을 기준*/
    top:20px;/*위쪽에서 20px*/
    right:20px/*오른쪽에서 20px*/
}
```

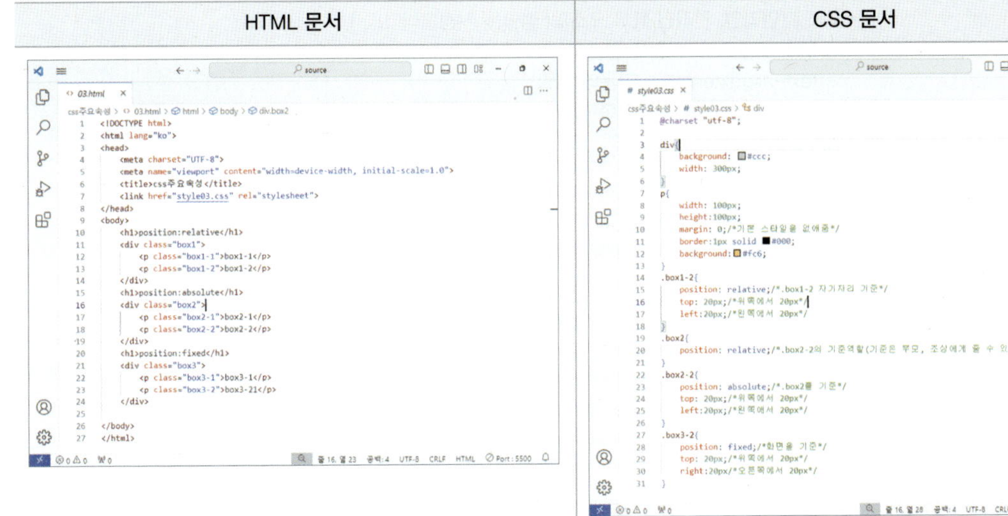

HTML 문서	CSS 문서

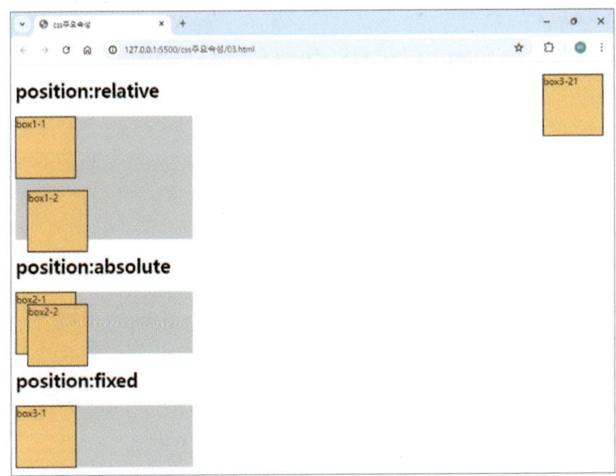

브라우저 화면

3) 텍스트 및 폰트 스타일 속성

종류	설명
font-family	• 텍스트에 사용할 글꼴 패밀리를 지정합니다. • 여러 글꼴을 쉼표로 구분하여 지정할 수 있습니다. 예 font-family:"글꼴1", "대체 글꼴2", 일반 글꼴;
font-size	• 텍스트의 크기를 지정합니다. • 픽셀(px), 퍼센트(%), em, rem 등 다양한 단위를 사용할 수 있습니다.
line-height	텍스트의 줄 간격(행간)을 지정합니다.
letter-spacing	• 텍스트 문자 사이의 간격(자간)을 지정합니다. • 양수 값 작성 시 문자 사이 간격이 멀어지고, 음수 값은 간격을 좁힙니다.
font-weight	• 텍스트의 두께(굵기)를 지정합니다. • 일반적으로 normal, bold 또는 숫자 값(100~900)으로 설정할 수 있습니다.

text–align	• 텍스트(인라인, 인라인 블록 요소)의 정렬을 지정합니다. 　– text-align:left → 왼쪽 정렬 　– text-align:center → 가운데 정렬 　– text-align:right → 오른쪽 정렬
text–decoration	• 텍스트에 장식(밑줄, 윗줄, 취소선 등)을 추가합니다. 　– text-decoration:overline → 윗줄 　– text-decoration:underline → 아래줄 　– text-decoration:line-through → 가운데줄 　– text-decoration:none → 줄 사용안함
text–indent	• 텍스트의 첫 번째 줄의 들여쓰기를 지정합니다. • 양수 값은 오른쪽으로, 음수 값은 왼쪽으로 이동됩니다.

HTML 문서	CSS 문서
| ```html
<body>

        텍스트의 글꼴을 바꿀 수 있습니다.
        텍스트 크기를 지정할 수 있습니다.
        텍스트 자간을 조절할 수 있습니다.
        텍스트 행간을<br> 조절할 수 있습니다.

        <h1>font-weight : 글자 두께</h1>
        <h2 class="t2_1">두꺼운 글자를 얇게 할 수 있습니다.</h2>
        글자를 굵게(bold) 할 수 있습니다.

        <h1>text-decoration : 글자스타일</h1>
        텍스트에 윗줄을 넣을 수 있습니다.
        텍스트에 밑줄을 넣을 수 있습니다.
        텍스트에 가운데줄(취소선)을 넣을 수 있습니다.
        <a href="#">텍스트에 밑줄을 삭제할 수 있습니다.</a>
``` | ```css
@charset "utf-8";
.box1 p{
    background:#fc6;
}
.txt1 .t1_1{
    font-family:'궁서', serif;/*글자 서체*/
}
.txt1 .t1_2{
    font-size:30px;/*글자 사이즈*/
}
.txt1 .t1_3{
    letter-spacing:-2px;/*글자 자간(양,음수 가능)*/
}
.txt1 .t1_4{
    line-height:50px;/*글자 행간(줄간격)*/
    background:#fc6
}

.txt2 .t2_1{
    font-weight:normal;/*글자 두께 두꺼운 것을 얇게*/
}
.txt2 .t2_2{
    font-weight:bold;/*글자 두께 두껍게*/
}

.txt3 .t3_1{
    text-decoration:overline;/*글자 윗줄*/
}
``` |

```html
    </div>
    <div class="txt4">
        <h1>text-indent : 들여쓰기/내어쓰기</h1>
        <p class="t4_1">텍스트에 들여쓰기 할 수 있습
니다.</p>
        <p class="t4_2">텍스트에 내어쓰기 할 수 있습
니다.</p>
    </div>
    <div class="txt5">
        <h1>text-aling:텍스트(인라인요소) 정렬</h1>
        <div class="t5_1">
            <p>text-aling:left</p>
            <img src="img1.png" alt="꽃">
        </div>
        <div class="t5_2">
            <p>text-aling:center</p>
            <img src="img1.png" alt="꽃">
        </div>
        <div class="t5_3">
            <p>text-aling:right</p>
            <img src="img1.png" alt="꽃">
        </div>
    </div>
</body>
```

```css
.txt3 .t3_2{
    text-decoration:underline;/*글자 밑줄*/
}
.txt3 .t3_3{
    text-decoration:line-through;/*글자 가운데줄
(취소선)*/
}
.txt3 a{
    text-decoration:none;/*글자 밑줄 삭제*/
}

.txt4 p{
    background:#fc6
}
.txt4 .t4_1{
    text-indent:20px;/*텍스트 들여쓰기*/
}
.txt4 .t4_2{
    text-indent:-20px;/*텍스트 내어쓰기*/
}

.txt5 div{
    background:#fc6
}
.txt5 .t5_1{
    text-align:left;/*인라인요소 왼쪽 정렬(기본값)*/
}
.txt5 .t5_2{
    text-align:center/*인라인요소 가운쪽 정렬*/
}
.txt5 .t5_3{
    text-align:right/*인라인요소 오른쪽 정렬*/
}
```

HTML 문서	CSS 문서

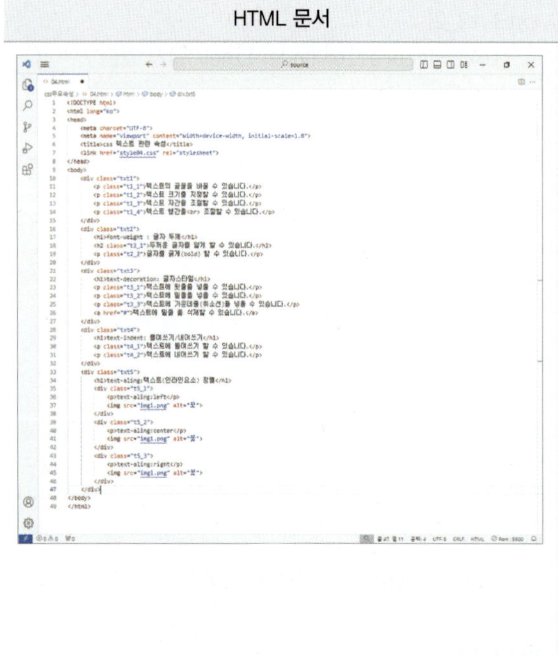

브라우저 화면

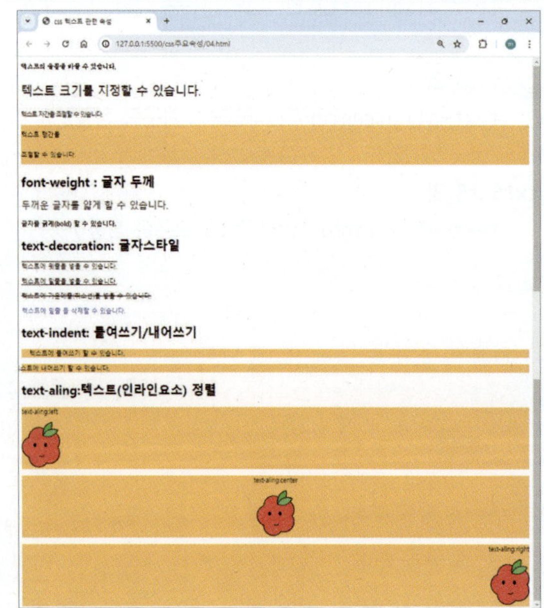

4) display 속성

요소의 성질을 바꿀 수 있으며, 웹 페이지에 어떻게 배치되고 표시될지를 결정하는 중요한 속성입니다.

종류	설명
inline	• 인라인 요소의 성질로 만들어 줍니다. • 인라인 요소 특징 　– 같은 줄에 나열 　– 가로 너비, 높이 설정 불가능
block	• 블록 요소의 성질로 만들어 줍니다. • 블록 요소 특징 　– 새로운 줄에서 시작(수직 정렬) 　– 가로 너비, 높이 설정 가능
inline–block	• 인라인–블록 요소의 성질로 만들어 줍니다. • 인라인–블록 요소 특징 　– 같은 줄에 나열 　– 가로 너비와 높이 설정 가능
none	• 화면에 요소가 보이지 않도록 처리합니다. • 다시 화면에 요소를 보이게 하려면 display:block 또는 display:inline–block 속성을 사용합니다.
flex	요소를 한 줄이나 여러 줄로 정렬하고, 빈 공간을 자동으로 분배하는 데 사용합니다.

HTML 문서	CSS 문서

```html
<body>
    <h1>p태그:블록요소</h1>
    <div class="box1">
        <p>블목요소</p>
        <p>블록요소</p>
        <p>블록요소</p>
    </div>
    <h2>블록요소를 인라인블록요소로 변경</h2>
    <div class="box1_2">
        <p>인라인블록 요소</p>
        <p>인라인블록 요소</p>
        <p>인라인블록 요소</p>
    </div>
    <h2>블록요소를 인라인요소로 변경</h2>
    <div class="box1_3">
        <p>인라인요소</p>
        <p>인라인요소</p>
        <p>인라인요소</p>
    </div>
```

```css
@charset "utf-8";

.box1{
    background:#fc6;
}
.box1 p{
    background:#fab62d;/*블록요소 p 배경색이 전체 채워짐*/
}
.box1_2{
    background:#fc6;
}
.box1_2 p{
    background:#fab62d;
    display:inline-block;/*블록요소 p를 인라인 요소 변경시 가로로 나열*/
    width:150px;/*인라인블록요소 width 설정 가능*/
    height:50px;/*인라인블록요소 height 설정 가능*/
}
.box1_3{
    background:#fc6;
}
```

```html
<h1>span태그:인라인 요소</h1>
<div class="box2">
    <span>인라인요소</span>
    <span>인라인요소</span>
    <span>인라인요소</span>
</div>
<h2>인라인요소를 블록요소로 변경</h2>
<div class="box2_1">
    <span>블록요소</span>
    <span>블록요소</span>
    <span>블록요소</span>
</div>

<div class="box3">
    <span>display:none</span>
    <span>display:none</span>
    <span>display:none</span>
</div>
</body>
```

```css
.box1_3 p{
    background:#fab62d;
    display:inline;/*블록요소로 인라인 요소 변경시
가로로 나열*/
    width:150px;/*인라인요소 width 설정 불가능*/
    height:50px;/*인라인요소 height설정 불가능*/
}

.box2{
    background:#fe9191;
}
.box2 span{
    background:#fcc;/*인라인요소로 가로로 나열,
width,height 설정 불가능*/
}
.box2_1{
    background:#fe9191;
}
.box2_1 span{
    background:#fcc;
    display:block;/*블록요소 변경*/
    width:150px;/*widht 설정 가능*/
    height:50px;/*height 설정 가능*/
}

.box3{
    background:#fc6;
    margin-top:10px;
    height:50px;
}
.box3 span{
    background:#fcc;
    height:50px;
    width:150px;
    display:none;/*안보이게 숨김*/
}
.box3:hover span{/*.box3에 마우스오버시 span태그*/
    display:inline-block;/*보임 , display:block으
로 넣어도 보세요!*/
}
```

HTML 문서	CSS 문서

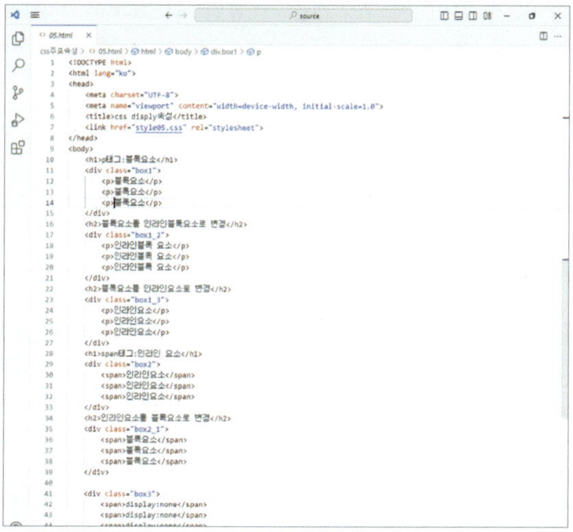

HTML 문서

```html
<!DOCTYPE html>
<html lang="ko">
<head>
    <meta charset="UTF-8">
    <meta name="viewport" content="width=device-width, initial-scale=1.0">
    <title>css display속성</title>
    <link href="style05.css" rel="stylesheet">
</head>
<body>
    <h1>p태그:블록요소</h1>
    <div class="box1">
        <p>블록요소</p>
        <p>블록요소</p>
        <p>블록요소</p>
    </div>
    <h2>블록요소를 인라인블록요소로 변경</h2>
    <div class="box1_2">
        <p>인라인블록 요소</p>
        <p>인라인블록 요소</p>
        <p>인라인블록 요소</p>
    </div>
    <h2>블록요소를 인라인요소로 변경</h2>
    <div class="box1_3">
        <p>인라인요소</p>
        <p>인라인요소</p>
        <p>인라인요소</p>
    </div>
    <h1>span태그:인라인 요소</h1>
    <div class="box2">
        <span>인라인요소</span>
        <span>인라인요소</span>
        <span>인라인요소</span>
    </div>
    <h2>인라인요소를 블록요소로 변경</h2>
    <div class="box2_1">
        <span>블록요소</span>
        <span>블록요소</span>
        <span>블록요소</span>
    </div>

    <div class="box3">
        <span>display:none</span>
        <span>display:none</span>
        <span>display:none</span>
```

CSS 문서

```css
@charset "utf-8";

.box1{
    background: #fc6;
}
.box1 p{
    background: #fab62d;/*블록요소 p 배경색이 전체 채워짐*/
}

.box1_2{
    background: #fc6;
}
.box1_2 p{
    background: #fab62d;
    display: inline-block;/*블록요소 p를 인라인 요소 변경시 가로로 나열*/
    width: 150px;/*인라인블록요소 width 설정 가능*/
    height: 50px;/*인라인블록요소 height 설정 가능*/
}
.box1_3{
    background: #fc6;
}
.box1_3 p{
    background: #fab62d;
    display: inline;/*블록요소로 인라인 요소 변경시 가로로 나열*/
    width: 150px;/*인라인요소 width 설정 불가능*/
    height: 50px;/*인라인요소 height설정 불가능*/
}

.box2{
    background: #fe9191;
}
.box2 span{
    background: #fcc;/*인라인요소로 가로로 나열, width,height 설정 불가능*/
}
.box2_1{
    background: #fe9191;
}
.box2_1 span{
    background: #fcc;
    display:block;/*블록요소 변경*/
    width: 150px;/*widht 설정 가능*/
    height: 50px;/*height 설정 가능*/
}

.box3{
    background: #fc6;
    margin-top: 10px;
    height: 50px;
}
.box3 span{
    background: #fcc;
    height: 50px;
    width: 150px;
    display: none;/*안보이게 숨김*/
}
.box3:hover span{/*.box3에 마우스오버시 span태그*/
    display: inline-block;/*보임 , display:block으로 넣어도 보세요!*/
}
```

브라우저 화면

p태그:블록요소

블록요소
블록요소
블록요소

블록요소를 인라인블록요소로 변경

인라인블록 요소　인라인블록 요소　인라인블록 요소

블록요소를 인라인요소로 변경

인라인요소 인라인요소 인라인요소

span태그:인라인 요소

인라인요소 인라인요소 인라인요소

인라인요소를 블록요소로 변경

블록요소
블록요소
블록요소

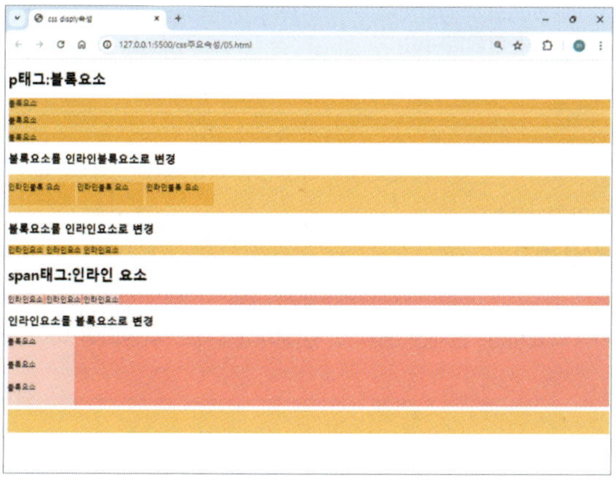

5) flex 속성

flex 속성은 플렉스 컨테이너와 플렉스 아이템을 정의하고, 유연한 레이아웃을 구성할 수 있도록 도와주는 속성입니다.

- 플렉스 컨테이너 속성

종류	설명
flex-direction	• 플렉스 아이템의 방향을 설정합니다. – row(기본값) : 왼쪽에서 오른쪽으로 배치 – row-reverse : 오른쪽에서 왼쪽으로 배치 – column : 위에서 아래로 배치 – column-reverse : 아래에서 위로 배치
flex-wrap	• 플렉스 아이템이 한 줄에 모두 배치되지 않을 경우, 줄바꿈을 설정합니다. – nowrap(기본값) : 줄바꿈 없이 한 줄에 배치 – wrap : 필요에 따라 줄바꿈 – wrap-reverse : 줄바꿈을 반대 방향으로 설정
justify-content	• 플렉스 아이템의 주 축(가로) 정렬을 설정합니다. – flex-start(기본값) : 시작점에 정렬 – flex-end : 끝점에 정렬 – center : 중앙에 정렬 – space-between : 아이템 사이에 동일한 간격 배치 – space-around : 아이템 주위에 동일한 간격 배치 – space-evenly : 아이템 간 동일한 간격 배치
align-items	• 플렉스 아이템의 교차 축(세로) 정렬을 설정합니다. – stretch(기본값) : 컨테이너를 채우도록 아이템을 늘림 – flex-start : 시작점에 정렬 – flex-end : 끝점에 정렬 – center : 중앙에 정렬 – baseline : 텍스트 기준선에 정렬
align-content	• 여러 줄의 플렉스 아이템을 교차 축(세로)을 따라 정렬합니다. – stretch(기본값) : 컨테이너를 채우도록 줄을 늘림 – flex-start : 시작점에 정렬 – flex-end : 끝점에 정렬 – center : 중앙에 정렬 – space-between : 줄 사이에 동일한 간격 배치 – space-around : 줄 주위에 동일한 간격 배치 – space-evenly : 줄 간 동일한 간격 배치
gap	gap 속성은 원래 그리드 레이아웃에서 사용되었지만, 현재는 플렉스 컨테이너에서도 지원되어 아이템 간의 간격을 설정할 수 있습니다.

- 플렉스 아이템 속성
  - 플렉스 아이템은 플렉스 컨테이너의 자식 요소입니다. 플렉스 아이템의 속성은 개별 아이템의 배치와 크기를 조절하는 데 사용됩니다.

종류	설명
flex-grow	플렉스 아이템의 성장 비율을 설정합니다. 남은 공간을 분배받는 비율을 지정합니다.
flex-shrink	플렉스 아이템의 축소 비율을 설정합니다. 공간이 부족할 때 아이템이 축소되는 비율을 지정합니다.
flex-basis	플렉스 아이템의 기본 크기를 설정합니다.

HTML 문서	CSS 문서

```html
<body>
    <h1>플렉스 컨테이너 속성</h1>
    <h2>display:flex 설정</h2>
    <div class="con1">
        <p>item1</p>
        <p>item2</p>
        <p>item3</p>
    </div>
    <h2>flex-direction:플렉스 아이템의 방향</h2>
    <div class="con2">
        <p>item1</p>
        <p>item2</p>
        <p>item3</p>
    </div>
    <h2>flex-wrap : 플렉스 아이템의 줄바꿈</h2>
    <div class="con3">
        <p>item1</p>
        <p>item2</p>
        <p>item3</p>
    </div>
    <h2>justify-content : 플렉스 아이템의 가로 정렬</h2>
    <div class="con4">
        <p>item1</p>
        <p>item2</p>
        <p>item3</p>
    </div>
    <h2>align-items : 플렉스 아이템의 세로 정렬</h2>
    <div class="con5">
        <p>item1</p>
        <p>item2</p>
        <p>item3</p>
    </div>
    <h2>gap : 플렉스 아이템 사이 간격</h2>
```

```css
@charset "utf-8";

*{
    /*기본 CSS 리셋*/
    margin:0;
    padding:0;
}
div{
    background:skyblue;
    width:300px;
    height:100px;
    margin-bottom:20px;
}
div p{
    background:#fc6;
    border:1px solid #fdaa05;
}
h2{margin-bottom:20px;}

/*나열하고자 하는 요소(플렉스 아이템)의 부모에게 dis-
play:flex*/
.con1{
    display:flex;
}

/*flex-direction : 플렉스 아이템 줄바꿈*/
.con2{
    display:flex;
    flex-direction:column;/*row(기본값), column,
row-reverse, column-reverse*/
}
/*flex-direction*/
.con3{
    display:flex;
    flex-wrap:wrap;/*nowrap(기본값), wrap, wrap-re-
verse*/
}
```

```html
<div class="con6">
    <p>item1</p>
    <p>item2</p>
    <p>item3</p>
</div>
<hr>
<h1>플렉스 아이템 속성</h1>
<h2>flex-grow</h2>
<div class="con7">
    <p>item1</p>
    <p>item2</p>
    <p>item3</p>
</div>
<h2>flex-shrink</h2>
<div class="con8">
    <p>item1</p>
    <p>item2</p>
    <p>item3</p>
</div>
<h2>flex-basis</h2>
<div class="con9">
    <p>item1</p>
    <p>
        item2
        <img src="img1.png" alt="꽃">
    </p>
    <p>
        item3
        <img src="img1.png" alt="꽃">
    </p>
</div>
</body>
```

```css
.con3 p{
    width:120px;/*줄바꿀 수 있도록 너비 설정*/
}


/*justify-content : 플렉스 아이템의 가로정렬*/
.con4{
    display:flex;
    justify-content:space-evenly;/*-
flex-start(기본값), flex-end, center, space-be-
tween, space-around, space-evenly*/
}
/*align-items : 플렉스 아이템의 세로정렬*/
.con5{
    display:flex;
    align-items:center;/*stretch(기본값), flex-
start, flex-end, center, baseline*/
}
/*gap : 플렉스 아이템 사이 간격*/
.con6{
    display:flex;
    gap:20px;
}


.con7{
    display:flex;
}
.con7 p{
    flex-grow:1;/*남은 공간을 1:1:1로 분배하여 가짐*/
}


.con8{
    display:flex;
}
.con8 p{
    width:400px;
}

.con8 p:nth-child(1){
    flex-shrink:1;
}
.con8 p:nth-child(2){
    flex-shrink:1;
}
```

```css
.con8 p:nth-child(3){
    flex-shrink:2;/*공간이 부족할 경우 숫자가 클수록
축소된다.*/
}
.con9{
    display:flex;
}
.con9 p:nth-child(1){
    flex-basis:70px;/*초기너비 설정*/
}
.con9 p:nth-child(2){
    flex-basis:70px;/*width와 flex-basis 차이를 알
아보세요!*/
}
.con9 p:nth-child(3){
    width:50px;/*width와 flex-basis 차이를 알아보세
요!*/
}
```

HTML 문서 	CSS 문서 

6) 그 외 많이 사용하는 속성

종류	설명
overflow	• 요소의 콘텐츠가 지정된 영역보다 넘칠 때, 넘친 콘텐츠를 어떻게 처리할지를 설정합니다. 　– visible(기본값) : 콘텐츠 넘친 부분을 그대로 보여줍니다. 　– hidden : 콘텐츠 넘친 부분을 숨겨줍니다. 　– scroll : 콘텐츠 넘친 부분을 스크롤바가 생성되어 보여줍니다. 　– auto : 콘텐츠가 넘치면 스크롤바가 표시되고 넘치지 않으면 스크롤바가 표시되지 않습니다.
border-radius	요소의 모서리를 둥글게 만드는 데 사용됩니다. 예 border-radius:15px /*모든 모서리*/, 　　border-radius:10px 20px 30px 40px;/*각 모서리 값*/,
box-sizing	• 요소의 너비와 높이를 계산하는 방법을 정의합니다. 　– content-box : 기본값으로 너비와 높이에 패딩, 테두리를 크기에 포함하지 않습니다. 　– border-box : 너비와 높이에 패딩과 테두리가 포함됩니다.
z-index	• 요소가 다른 요소 위 쌓이는 순서를 결정할 때 사용합니다. • position 속성값 중 relative, absolute, fixed로 설정된 요소에만 적용됩니다. • 양수, 음수, 0 값을 가질 수 있으며 값이 클수록 더 위에 쌓입니다.

HTML 문서	CSS 문서

HTML 문서

```
<body>
    <h1>overflow : 콘텐츠가 넘칠 때 처리방법</h1>
    <div class="box1">
        <p class="box1_1"><img src="img1.png"
alt= "꽃"></p>
        <p class="box1_2"><img src="img1.png"
alt= "꽃"></p>
        <p class="box1_3"><img src="img1.png"
alt= "꽃"></p>
    </div>
    <h1>border-radius : 모서리 둥글리기</h1>
    <div class="box2">
        <p class="box2_1"></p>
        <p class="box2_2"></p>
        <p class="box2_3"></p>
    </div>
    <h1>box-sizing</h1>
    <div class="box3">
        <p class="box3_1">
            너비 300px, 높이 80px,<br>
            패딩20px, box-sizing:content-box;
<br>
            <strong>총 너비 340px, 높이 120px</
strong></p>
        <p class="box3_2">
            너비 300px, 높이 80px,<br>
            패딩20px, box-sizing:border-box <br>
            <strong>총 너비 300px, 높이 80px</strong>
</p>
    </div>
    <h1>z-index</h1>
    <div class="box4">
        <p class="box4_1"></p>
        <p class="box4_2"></p>
        <p class="box4_3"></p>
    </div>
</body>
```

CSS 문서

```
@charset "utf-8";

*{
    /*기본 CSS 리셋*/
    margin:0;
    padding:0;
}
.box1 p{
    width:80px;
    height:80px;
    background:#fcc;
    margin:30px;
}
.box1 .box1_2{
    overflow:hidden;/*넘치는 이미지 숨김*/
}
.box1 .box1_3{
    overflow:scroll;/*넘치는 이미지만큼 스크롤*/
}
.box2 p{
    width:80px;
    height:80px;
    background:#fcc;
    margin:10px;
}
.box2 .box2_2{
    border-radius:20px;/*모서리 20px 둥글게*/
}
.box2 .box2_3{
    border-radius:20px 0;/*왼쪽 위 , 오른쪽 아래 모서리
20px 둥글게 */
}


.box3 p{
    width:300px;
    height:80px;
    background:#fcc;
    margin:20px;
}
```

```css
.box3 .box3_1{
  padding:20px;
  box-sizing:content-box;
}
.box3 .box3_2{
    padding:20px;
    box-sizing:border-box;
}

.box4{
    background:#ccc;
    width:200px;
    height:200px;
    position:relative;/*.box4 p의 기준역할*/
}
.box4 p{
    width:80px;
    height:80px;
    position:absolute;/*.box4 p를 공중에 띄움*/
}
.box4 .box4_1{
    background:red;
    top:0; left:0;/*.box4기준 위치 배치*/
}
.box4 .box4_2{
    background:yellow;
    top:20px; left:20px;/*.box4기준 위치 배치*/
    z-index:10;/*z-index값이 클수록 위로 올라감*/
}
.box4 .box4_3{
    background:blue;
    top:40px; left:40px;/*.box4기준 위치 배치*/
}
```

HTML 문서

```html
<!DOCTYPE html>
<html lang="ko">
<head>
    <meta charset="UTF-8">
    <meta name="viewport" content="width=device-width, initial-scale=1.0">
    <title>css 그 외 속성</title>
    <link href="style07.css" rel="stylesheet">
</head>
<body>
    <h1>overflow : 콘텐츠가 넘칠 때 처리방법</h1>
    <div class="box1">
        <p class="box1_1"><img src="img1.png" alt="꿀"></p>
        <p class="box1_2"><img src="img1.png" alt="꿀"></p>
        <p class="box1_3"><img src="img1.png" alt="꿀"></p>
    </div>
    <h1>border-radius : 모서리 둥글리기</h1>
    <div class="box2">
        <p class="box2_1"></p>
        <p class="box2_2"></p>
        <p class="box2_3"></p>
    </div>
    <h1>box-sizing</h1>
    <div class="box3">
        <p class="box3_1">
            너비 300px, 높이 80px,<br>
            패딩20px, box-sizing:content-box; <br>
            <strong>총 너비 340px, 높이 120px</strong></p>
        <p class="box3_2">
            너비 300px, 높이 80px,<br>
            패딩20px, box-sizing:border-box <br>
            <strong>총 너비 300px, 높이 80px</strong></p>
    </div>
    <h1>z-index</h1>
    <div class="box4">
        <p class="box4_1"></p>
        <p class="box4_2"></p>
        <p class="box4_3"></p>
    </div>
</body>
</html>
```

CSS 문서

```css
@charset "utf-8";

*{
    /*기본 CSS 리셋*/
    margin: 0;
    padding: 0;
}
.box1 p{
    width: 80px;
    height: 80px;
    background: #fcc;
    margin: 30px;
}
.box1 .box1_2{
    overflow: hidden;/*넘치는 이미지 숨김*/
}
.box1 .box1_3{
    overflow: scroll;/*넘치는 이미지만큼 스크롤*/
}
.box2 p{
    width: 80px;
    height: 80px;
    background: #fcc;
    margin: 10px;
}
.box2 .box2_2{
    border-radius: 20px;/*모서리 20px 둥글게*/
}
.box2 .box2_3{
    border-radius: 20px 0;/*왼쪽 위 , 오른쪽 아래 모서리 20px 둥글게 */
}
.box3 p{
    width: 300px;
    height: 80px;
    background: #fcc;
    margin: 20px;
}
.box3 .box3_1{
    padding: 20px;
    box-sizing: content-box;
}
.box3 .box3_2{
    padding: 20px;
    box-sizing: border-box;
}

.box4{
    background: #ccc;
    width: 200px;
    height: 200px;
    position: relative;/*.box4 p의 기준역할*/
}
.box4 p{
    width: 80px;
    height: 80px;
    position: absolute;/*.box4 p를 공중에 띄움*/
}
.box4 .box4_1{
    background: red;
    top: 0; left: 0;/*.box4기준 위치 배치*/
}
.box4 .box4_2{
    background: yellow;
    top: 20px; left: 20px;/*.box4기준 위치 배치*/
    z-index: 10;/*z-index값이 클수록 위로 올라감*/
}
.box4 .box4_3{
    background: blue;
    top: 40px; left: 40px;/*.box4기준 위치 배치*/
}
```

브라우저 화면

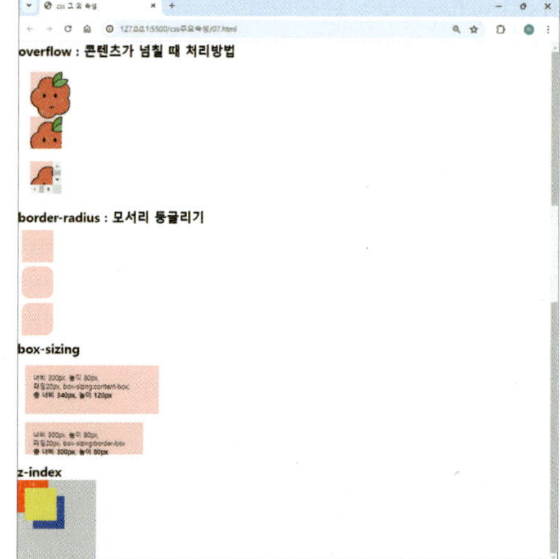

04 HTML과 CSS를 이용하여 레이아웃 만들기

1) 가로형 레이아웃

HTML 문서	CSS 문서

<pre><body>
    <div class="wrap">
        <div class="inner">
            <header></header>
            <section></section>
            <div class="contents">
                <article class="con1"></article>
                <article class="con2"></article>
            </div>
            <footer></footer>
        </div>
    </div>
</body></pre>
	<pre>@charset "utf-8";
	
	*{
	    /*기본 CSS 리셋*/
	    margin:0;
	    padding:0;
	    box-sizing:border-box;
	}
	.inner{
	    width:1200px;
	    margin:auto;/*블록요소 div 가운데 정렬*/
	}
	header{
	    height:100px;
	    background:#6a5ea6;
	}
	section{
	    height:250px;
	    background:#47b749;
	}
	.contents{
	    background:#369;
	    height:200px;
	    display:flex;/*자식 요소 나열*/
	}
	.con1{
	    background:tomato;
	    width:600px;
	}
	footer{
	    background:#333;
	    height:100px;
	}</pre>

<table>
<tr><td align="center">HTML 문서</td><td align="center">CSS 문서</td></tr>
</table>

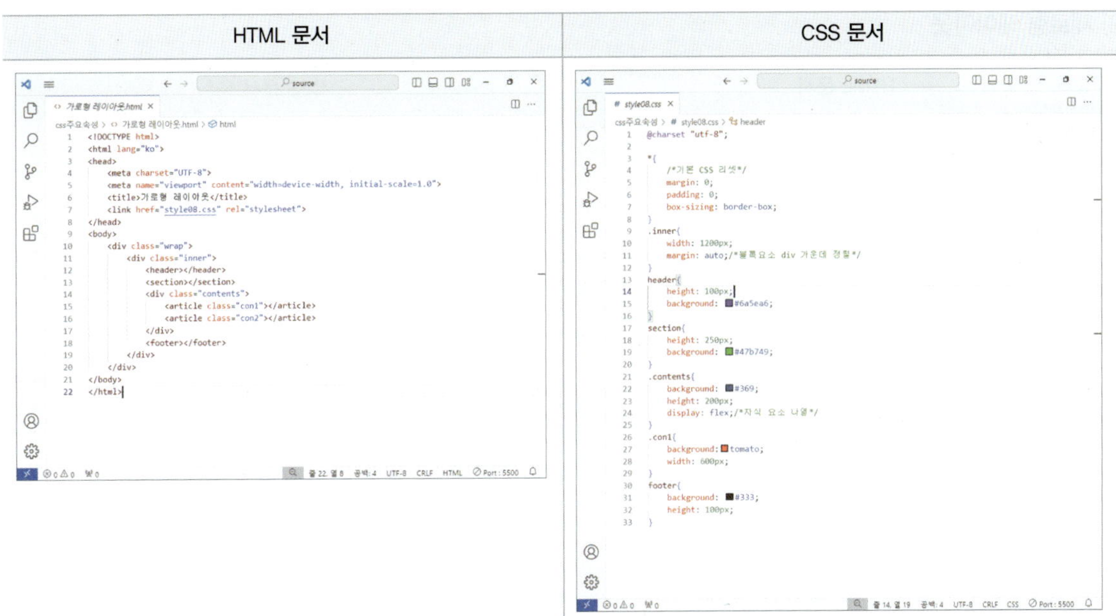

브라우저 화면

2) 세로형 레이아웃

HTML 문서	CSS 문서

<pre><body>
    <div class="wrap">
        <div class="inner">
            <header></header>
            <div class="con">
                <section></section>
                <div class="con1"></div>
                <div class="con2"></div>
                <footer></footer>
            </div>
 	
        </div>
    </div>
</body></pre>
	<pre>@charset "utf-8";
	
	*{
	    /*기본 CSS 리셋*/
	    margin:0;
	    padding:0;
	    box-sizing:border-box;
	}
	.inner{
	    width:1200px;
	    margin:auto;/*블록 요소 가운데 정렬*/
	
	    display:flex;/*자식 요소 나열*/
	    height:800px;
	}
	header{
	    width:300px;
	    background:#6a5ea6;
	}
	.con{
	    width:900px;
	    background:#fc6;
	}
	section{
	    height:300px;
	    background:tomato;
	}
	
	.con1{
	    background:#369;
	    height:200px;
	}
	.con2{
	    background:#47b749;
	    height:200px;
	}
	footer{
	    background:#333;
	    height:100px;
	}</pre>

HTML 문서	CSS 문서

HTML 문서

```html
<!DOCTYPE html>
<html lang="ko">
<head>
    <meta charset="UTF-8">
    <meta name="viewport" content="width=device-width, initial-scale=1.0">
    <title>세로형 레이아웃</title>
    <link href="style09.css" rel="stylesheet">
</head>
<body>
    <div class="wrap">
        <div class="inner">
            <header></header>
            <div class="con">
                <section></section>
                <div class="con1"></div>
                <div class="con2"></div>
                <footer></footer>
            </div>
        </div>
    </div>
</body>
</html>
```

CSS 문서

```css
@charset "utf-8";

*{
    /*기본 CSS 리셋*/
    margin: 0;
    padding: 0;
    box-sizing: border-box;
}
.inner{
    width: 1200px;
    margin: auto;/*블록 요소 가운데 정렬*/
    display: flex;/*자식 요소 나열*/
    height: 800px;
}
header{
    width:300px;
    background: #6a5ea6;
}
.con{
    width:900px;
    background: #fc6;
}
section{
    height: 300px;
    background: tomato;
}

.con1{
    background: #369;
    height: 200px;
}
.con2{
    background: #47b749;
    height: 200px;
}
footer{
    background: #333;
    height: 100px;
}
```

브라우저 화면

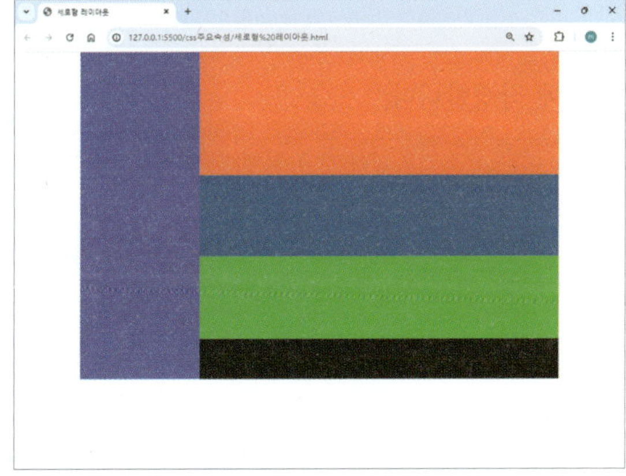

기적의 TIP

브라우저 기본 스타일

모든 HTML 요소는 기본 스타일을 가지고 있습니다. 예를 들어, ⟨a⟩ 태그는 기본적으로 파란색 텍스트와 밑줄이 적용되고, ⟨p⟩ 태그는 상하 여백을 가집니다. 웹 개발 시 브라우저 간 일관된 스타일을 유지하기 위해 HTML의 기본 스타일을 초기화(리셋 CSS)한 후 작업을 진행합니다.

Javascript 기본 다지기

핵심포인트 자바스크립트의 변수와 데이터 타입을 이해하고, 조건문과 반복문을 활용한 논리적 제어를 익히며, 함수와 이벤트를 통해 동적인 웹 기능을 구현합니다.

01 Javascript 기본 문법

1) Javascript 정의

자바스크립트(JavaScript)는 웹 페이지의 동작을 제어하는 데 사용되는 프로그래밍 언어로 넷스케이프(Netscape)에서 개발되었습니다. 이 언어는 HTML 및 CSS와 함께 웹 개발의 핵심 기술로, 브라우저에서 실행되는 클라이언트 측 스크립트 언어입니다. 자바스크립트는 순차적으로 스크립트를 읽으며, 동적인 콘텐츠 업데이트, 사용자 인터랙션 처리, 애니메이션 효과 적용 등 다양한 기능을 제공하며, 자바스크립트 문서 파일의 확장명은 * .js입니다. → 소스 코드를 컴파일(프로그래밍 언어를 컴퓨터가 직접 실행할 수 있는 기계어로 변환)하지 않고 실행할 수 있는 프로그래밍 언어

2) Javascript 기본 규칙

① 자바스크립트 소스 코드는 <script>...</script> 태그 안에 작성합니다.

```
<script>
    document.write("hello!");
</script>
```

② <head> 태그 영역 내 또는 <body> 태그 영역에 작성할 수 있습니다.

```
<head>
    <title>Javascript 예제</title>
    <script>
        document.write("hello!");
    </script>
</head>
```

```
<body>
    <h1>Javascript 예제</h1>
    <script>
        document.write("hello!");
    </script>
</body>
```

③ HTML 파일 내에 직접 작성하거나 외부 파일로 분리하여 작성할 수 있습니다.

내부 스크립트 (HTML 문서 내 작성)	• <script>...</script> 태그 안에 작성합니다. • <head> 태그 영역 내 또는 <body> 태그 영역에 작성합니다.
외부 스크립트 (별도의 js 파일 연결)	• 외부 자바스크립트(*.js) 파일을 생성합니다. • <head> 또는 <body> 태그 내에 <script> 태그를 사용하여 외부 자바스크립트 파일을 연결합니다. • src 속성을 사용하여 외부 파일의 경로를 지정합니다. 예 <script src="script.js"></script>

④ Javascript 주석은 한 줄 주석일 경우 //로 시작하고, 여러 줄 주석은 /* 로 시작하고 */로 끝납니다.

<table>
<tr>
<td>

```
<script>


//이것은 한 줄 주석입니다.


</script>
```

</td>
<td>

```
<script>
/*
 이것은
 여러 줄 주석입니다.
*/
</script>
```

</td>
</tr>
</table>

⑤ 대 · 소문자를 구분하여 작성합니다.

```
<script>
    // 변수 선언
    let myMessage = "Hello";
    let mymessage = "World";
    // 변수 출력
    document.write(myMessage); // 출력 : Hello
    document.write(mymessage); // 출력 : World
</script>
```

⑥ 문장의 끝을 세미콜론(;)으로 구분합니다. 세미콜론은 선택 사항이지만, 명시적으로 사용하는 것을 권장합니다.

1) 자바스크립트의 변수

변수(Variables)는 데이터를 저장하고 관리하기 위한 공간입니다. 변수를 선언하고 값을 할당하여 프로그램에서 필요한 데이터를 저장할 수 있으며, 변수에는 한 번에 하나의 데이터만 저장됩니다.

> - 변수명은 문자, 밑줄(_), 또는 달러 기호($)로 시작해야 하며, 숫자로 시작할 수 없습니다.
> - 변수명에는 알파벳, 숫자, 밑줄(_), 그리고 달러 기호($)만 사용할 수 있습니다.
> - 자바스크립트의 예약어(document, function, var, let, this, if, for, const 등)는 변수명으로 사용할 수 없습니다.
> - 변수명은 해당 변수의 역할이나 의미를 잘 표현할 수 있는 이름을 사용하는 것이 좋습니다.
> - 변수명에 공백은 사용할 수 없습니다.
> - 여러 단어로 이루어진 변수명은 카멜 표기법(camelCase)을 따르는 것이 권장됩니다(예 firstName, userAge).
>
> * 우리는 모든 예제에서 let 키워드를 이용해 변수를 선언할 것입니다.

2) 변수 선언 방법

① 변수 키워드

var 키워드	• 전통적인 변수 선언 방법입니다. • 재할당이 가능합니다.
let 키워드	• 변수를 선언할 수 있습니다. • 재할당이 가능합니다. • 재선언 시 오류가 발생합니다.
const 키워드	• const는 상수로 선언 후 값을 변경할 수 없습니다. • 선언 시 반드시 값을 넣어줍니다. • 재선언 시 오류가 발생합니다.

```
<script>
  // var 키워드로 변수 선언
  var name = "Alice"; //변수명 name 선언 후 Alice 할당
  name = "Olivia"; //name Olivia 재할당
  var name = "Sophia"; //변수 name에 Sophia 재선언
  console.log(name); // 콘솔 창에서 Sophia 출력

  // let 키워드로 변수 선언
  let age = 25; //변수명 age 선언 후 25 할당
  age = 30; //age에 30 재할당
  console.log(age); // 콘솔 창에서 30 출력

  // const 키워드로 상수 선언
  const country = "SouthKorea"; //상수명 country 선언 후 SouthKorea 할당
  console.log(country); // 콘솔 창에서 SouthKorea 출력
</script>
```

콘솔 창
- 웹 브라우저의 개발자 도구 중 하나로 자바스크립트 코드를 입력하고 실행하여 이를 통해 웹 페이지와 상호 작용, 테스트, 오류 메시지 등 코드의 문제를 찾고 해결에 도움을 줍니다.
- 웹 브라우저에서 F12를 누르면 개발자 도구가 열립니다. 상단 메뉴에서 'Console' 탭을 선택하여 콘솔 창을 확인할 수 있습니다.

② 데이터 형태

- 숫자(Number) 데이터
  - 정수와 부동 소수점을 포함한 숫자를 나타냅니다.

```
let age = 30;
let price = 99.99;
```

- 문자형(String) 데이터
  - 텍스트 데이터를 나타냅니다. 작은 따옴표('), 큰 따옴표(")로 감쌉니다. 이때 따옴표가 숫자를 감싸고 있다면 문자형 데이터입니다.

```
let name = "Alice";
let price = "3000";
```

- 논리형(Boolean) 데이터
  - 참(true) 또는 거짓(false) 값을 나타냅니다.

```
let score = 10 > 100  //false
let num = 100 > 10   //true
```

- null/undefined
  - null은 의도적으로 비어 있음을 나타내는 값이며, undefined는 값이 할당되지 않은 변수를 나타냅니다.

⓪⓷ Javascript 핵심 기능

1) 자바스크립트의 연산자

산술 연산자	더하기(+)	a + b	a 더하기 b
	빼기(−)	a − b	a 빼기 b
	곱하기(*)	a * b	a 곱하기 b
	나누기(/)	a / b	a 나누기 b
	나머지(%)	a % b	a를 b로 나눈 나머지
증감 연산자	++	a++	a의 값 할당 후 1 증가
		++a	1 증가 후 a에 할당
	−−	a−−	a의 값 할당 후 1 감소
		−−a	1 감소 후 a에 할당

대입 연산자	=	a = b	a(좌변)에 b(우변)의 값을 할당
복합 대입 연산자	+=	a += b	a = a + b : a+b 계산 후 a에 할당
	−=	a −= b	a = a − b : a−b 계산 후 a에 할당
	*=	a *= b	a = a * b : a*b 계산 후 a에 할당
	/=	a /= b	a = a / b : a/b 계산 후 a에 할당
	%=	a %= b	a = a % b : a%b 계산 후 나머지 a에 할당
비교 연산자	>=	a >= b	좌변이 우변보다 크거나 같으면 true
	<=	a <= b	우변이 좌변보다 크거나 같으면 true
	>	a > b	좌변이 우변보다 크면 true
	<	a < b	우변이 좌변보다 크면 true
	==	a == b	좌변과 우변이 같으면 true
	!=	a != b	좌변이 우변이 다르면 true
논리 연산자	!(Not연산자)	!a	a의 반대 결과(단항 연산자)
	&&(And연산자)	a && b	두 조건 만족시키면 true
	||(Or연산자)	a || b	두 조건 중 하나만 만족시키면 true

HTML 문서

```
<body>
    <script>
        let a = 5; //a 변수 선언 후 숫자 5 할당
        let b = 10; //b변수 선언 후  숫자 10 할당
        let c = 10; //c변수 선언 후 숫자 10할당
        let result; //result변수 선언 생성

        //산술 연산자
        result = a + b; //더하기
        document.write(result + "<br>");//15

        //증감 연산자
        a++; //1씩 증가
        document.write(a + "<br>");//6 a의 값이 6으로 바뀜

        //복합 대입 연산자
        a+=b; // a = a + b  //a의 값 6(위에서 값이 내려옴)
        document.write(a + "<br>");//16

        //비교 연산자
        result = a > b; //16 > 10   //a의 값 16(위에서 값이 내려옴)
        document.write(result + "<br>");//true
        //논리 연산자
        result = a>b && b == c; //16 > 10 && 10 == 10  -> &&연산자는 두 조건 만족시키면 true
        document.write(result + "<br>"); //true
    </script>
</body>
```

<table>
<tr><th>HTML 문서</th><th>브라우저 화면</th></tr>
</table>

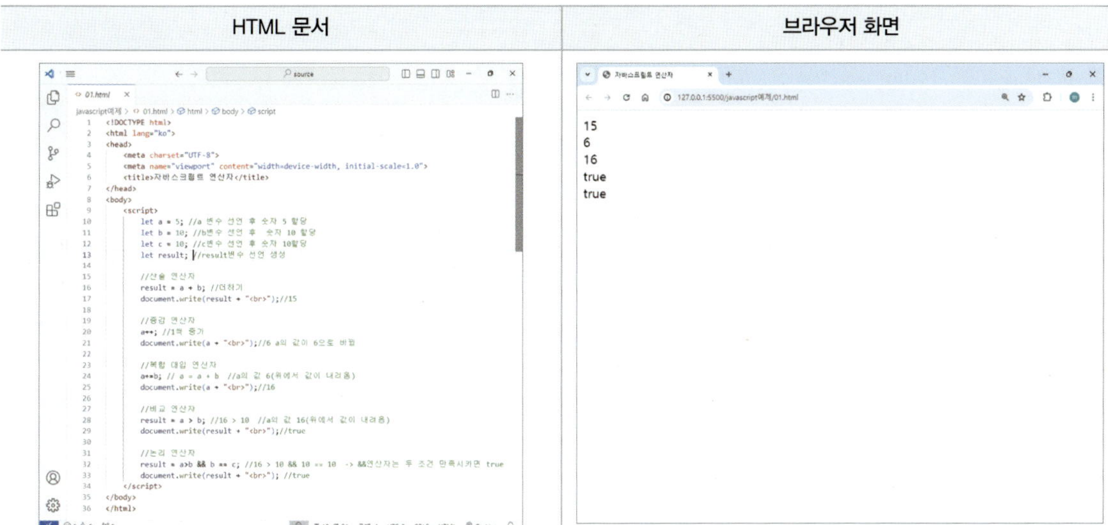

문자형 데이터 결합

'+' 연산자를 이용하여 두 개 이상의 문자열을 하나의 문자열로 합치는 것을 문자형 데이터 결합입니다.

예 문자형 데이터 + 문자형 데이터 = 문자형 데이터
　문자형 데이터 + 숫자형 데이터 = 문자형 데이터

HTML 문서

```
<body>
    <script>
        //문자형 데이터 결합
        let firstName = "홍";
        let lastName = "길동";
        let fullName = firstName +" "+ lastName;//문자형데이터 + "공백" + 문자형데이터
        document.write(fullName + "<br>");

        //문자형+숫자형 데이터 결합
        let age = 20;
        document.write(fullName + " 나이는 " + age + " 입니다.");
    </script>
</body>
```

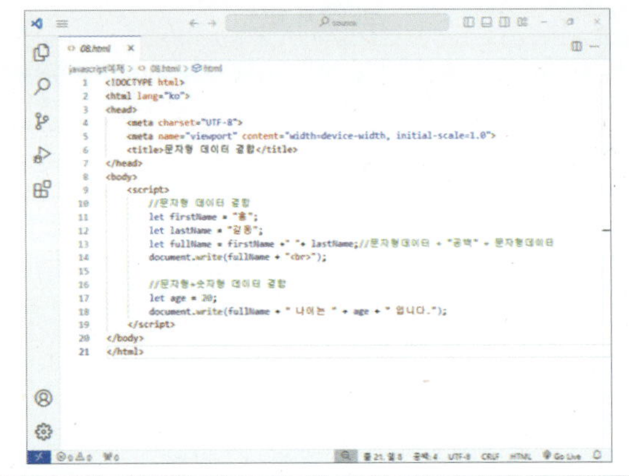 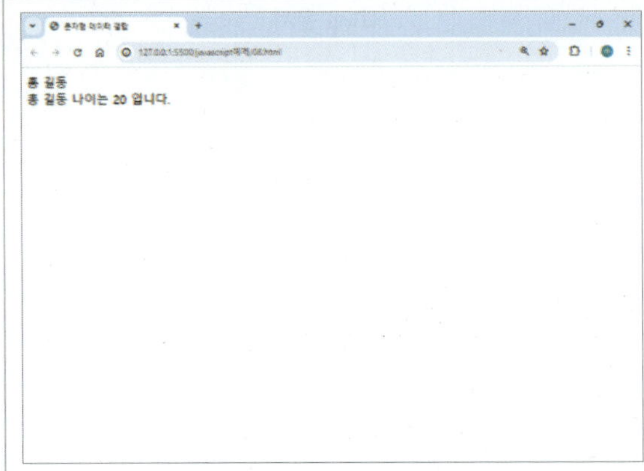

2) 자바스크립트의 제어문

자바스크립트 제어문은 조건문(if, switch)과 반복문(for, while)을 통해 코드의 흐름을 조정하고 원하는 논리적 동작을 수행하도록 만드는 구문입니다.

① 조건문

조건문은 조건에 따라 특정 실행문을 실행할 수 있습니다.

if-else문	if(조건식){
	
	　　자바스크립트 코드1
	
	}else{
	
	　　자바스크립트 코드2
	
	}
		• if의 조건식이 '참'이면 '자바스크립트 코드1'을 실행하고, '거짓'이면 '자바스크립트 코드2'를 실행합니다.
		• 조건식에 사용되는 값은 논리형 데이터로 변환됩니다.
		• 0, null, " "(빈문자열), undefind를 조건식에 입력되면 false가 반환됩니다.

HTML 문서

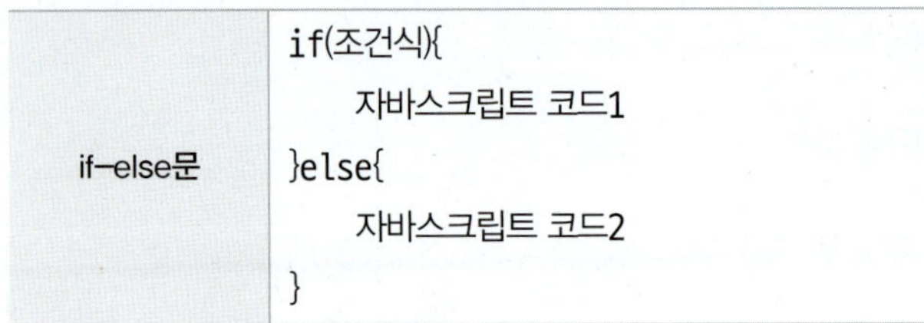

```
〈body〉
    〈script〉
        //변수 num에 숫자 5 할당
        let num = 5;

        if (num % 2 == 0) {//num을 2로 나누었을 때 나머지가 0이면 True
        alert("짝수");//'짝수'로 출력
    } else {//0이 아니면 False
        alert("홀수");//'홀수'로 출력
    }
    〈/script〉
〈/body〉
```

HTML 문서	브라우저 화면

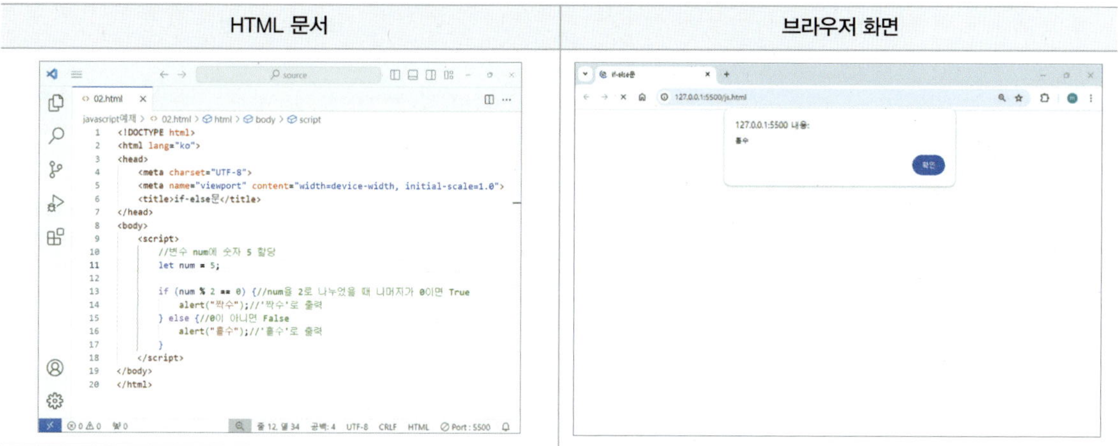

② 반복문

특정 코드를 여러 번 실행할 때 사용되며, 조건이 충족되는 동안 반복을 계속합니다.

while문	`let 변수 = 초깃 값;`
	`while(조건식){`
	　　`자바스크립트 코드;`
	　　`증감식;`
	`}`
		• 조건식 검사 → 코드 실행 → 증감식 진행 → 조건식 재검사
		• 이 과정을 반복하여 조건식이 'false'가 될 때까지 반복문이 실행됩니다.

for문	`for(초깃 값; 조건식; 증감식){`
	　　`자바스크립트 코드;`
	`}`
		• while문과 같지만 for문의 사용 빈도가 더 높습니다.
		• 조건식이 true가 나오면 실행문을 반복합니다.
		• 조건식이 false가 나오면 반복되던 실행문이 멈춥니다.

• while문

HTML 문서

```
<body>
    <script>
        //while문
        let count = 1;// 초깃 값 설정
        while(count <= 5){//조건식 검수 참이면 {...}실행, 거짓이면 끝
            document.write("hello" + count);//"hello"와 변수가 결합되어 출력
            count++;// count 값을 1 증가
        }
    </script>
</body>
```

<table>
<tr><th>HTML 문서</th><th>브라우저 화면</th></tr>
<tr><td>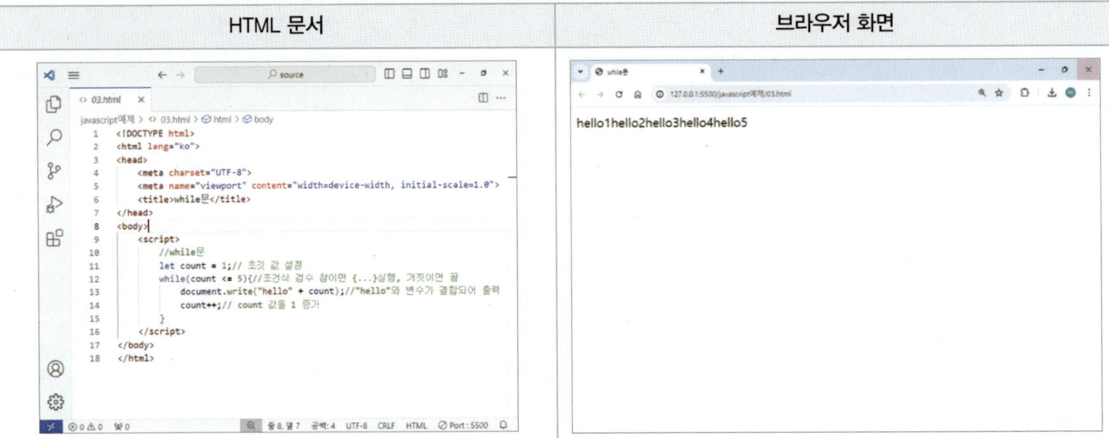</td><td></td></tr>
</table>

- for문

<table>
<tr><th>HTML 문서</th></tr>
</table>

```
<body>
    <script>
        //for문
        for(count=1; count <=5; count++){
            document.write("hello" + count);//"hello"와 변수가 결합되어 출력
        }
    </script>
</body>
```

<table>
<tr><th>HTML 문서</th><th>브라우저 화면</th></tr>
<tr><td>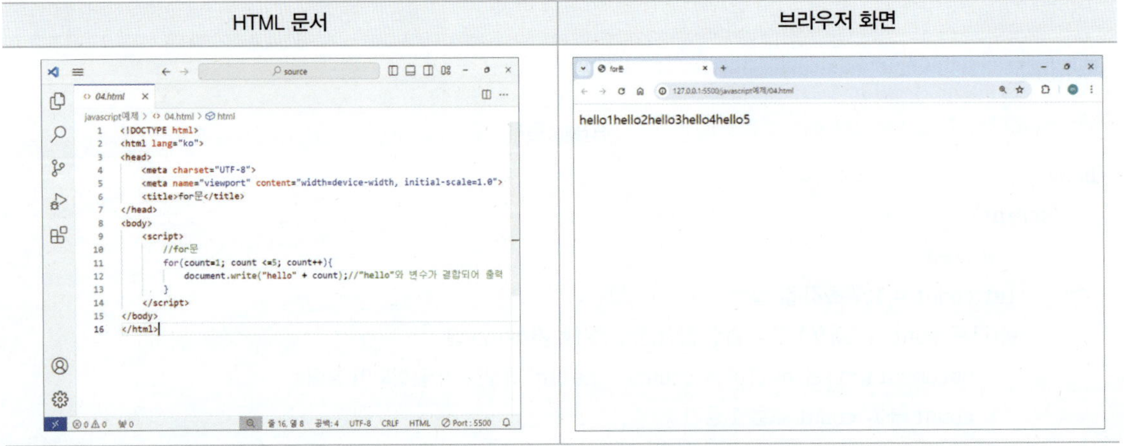</td><td></td></tr>
</table>

3) 함수(function) 이해하기

자바스크립트 함수는 특정 작성을 수행하는 독립된 코드입니다. 함수를 여러 번 재사용할 수 있으며, 필요한 매개변수를 받아 처리한 후 결과를 반환합니다.

```
function 함수명( ){
    자바스크립트 코드;
}
함수명( );//함수 호출을 해야 실행이 됩니다.
```

HTML 문서

```
<body>
    <script>
        //함수구문
        function writeFunction( ){
            document.write("안녕하세요!");
        }
        writeFunction( );//함수 호출
    </script>
</body>
```

HTML 문서	브라우저 화면

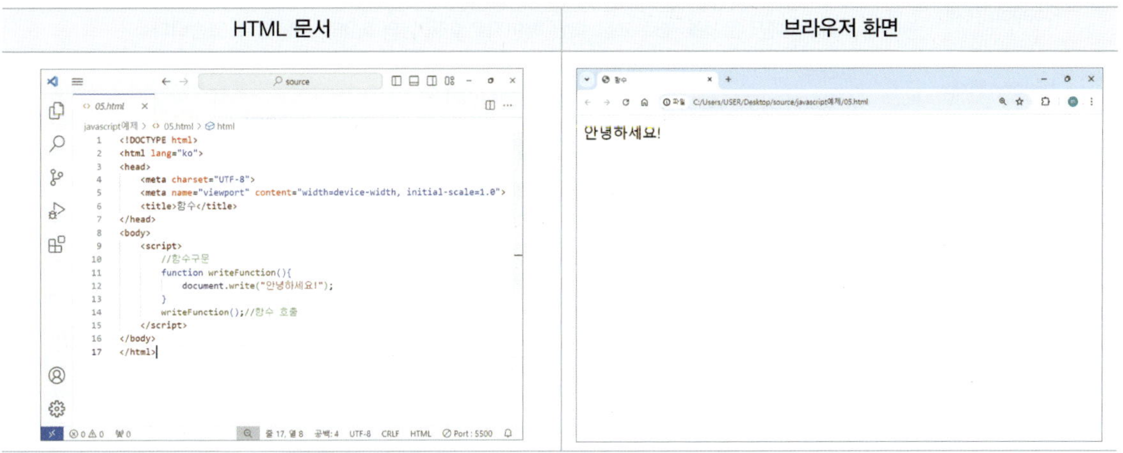

4) 객체 이해하기

자바스크립트 객체는 데이터와 기능(속성, 메서드)을 하나의 단위로 묶은 구조로, 키-값 쌍으로 데이터를 표현하고 관리하는 개념입니다. 속성은 객체가 가진 값을 나타내고, 메서드는 객체에 정의된 함수입니다. 자바스크립트에서는 개발자가 객체를 직접 생성할 수 있으며, 미리 정의된 내장 객체도 제공되어 필요에 따라 사용할 수 있습니다. 자바스크립트에서 객체의 속성과 메서드를 다루는 방법은 다음과 같습니다.

객체.속성;	객체의 속성을 가져옵니다.
객체.속성=값;	객체의 속성에 값을 할당합니다.
객체.메서드( );	객체의 메서드를 실행합니다.

- 내장 객체

Date 객체	날짜와 시간을 처리하기 위한 내장 객체입니다.
Math 객체	수학적 계산을 쉽게 수행할 수 있는 내장 객체입니다.
Array 객체	여러 개의 값을 저장하고 관리할 수 있는 내장 객체입니다.
String 객체	문자의 길이, 검색, 추출, 변환 등 작업을 할 수 있는 내장 객체입니다.

- 브라우저 객체

window 객체	• window 객체는 모든 전역 객체와 함수의 최상위 객체입니다. • 브라우저 창의 크기, 위치, 열기/닫기, 경고 등 작업을 수행할 수 있습니다.
location 객체	• 현재 문서의 URL 정보를 제공합니다. • 브라우저에서 문서를 새로 고침, 다른 페이지로 이동 등의 작업을 수행할 수 있습니다.
history 객체	• 브라우저의 세션 기록을 나타냅니다. • 사용자가 방문한 페이지의 히스토리를 관리합니다.
navigator 객체	브라우저 관련 정보(브라우저 이름, 버전, 플랫폼 등)를 제공합니다.
screen 객체	사용자의 디스플레이 화면에 대한 정보를 제공합니다.

<table>
<tr><th>HTML 문서</th></tr>
</table>

```
〈body〉
    〈h1 id="title"〉빨간색〈/h1〉
    〈!--태그를 꾸미는 script작업 시 태그 아래쪽에 작성해야한다.--〉
    〈script〉
        //window객체 메서드
        window.alert("경고창");//경고창 출력

        //document객체 메서드
        document.write(screen.width);//screen객체 width 속성 출력

        //#title스타일 속성 중 color의 값을 red로 설정
        document.getElementById("title").style.color="red";
    〈/script〉
〈/body〉
```

<table>
<tr><th>HTML 문서</th><th>브라우저 화면</th></tr>
</table>

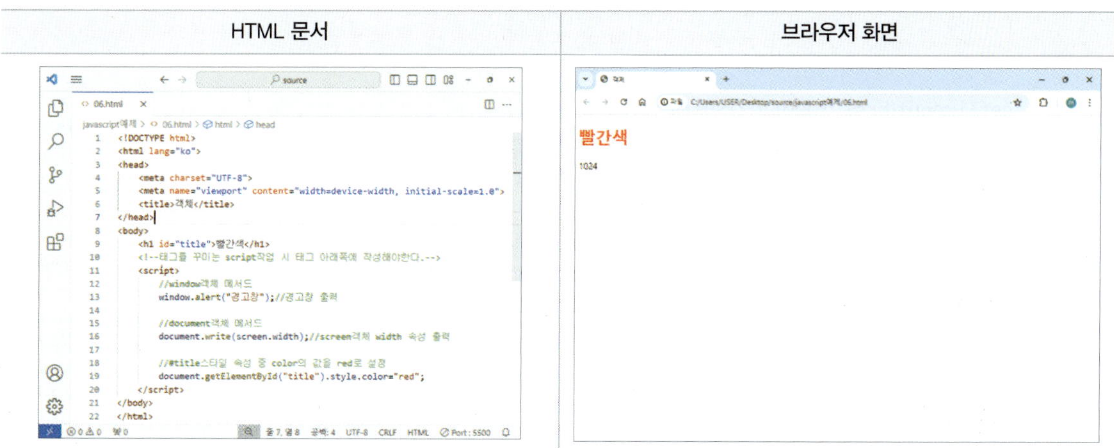

밀리초 단위

밀리초(milliseconds, ms)는 시간의 측정 단위로, 1초의 1/1,000(천분의 일)입니다. 즉, 1초는 1,000밀리초입니다. 자바스크립트에서는 밀리초 단위를 사용하여 시간을 측정하고, 타이머 기능을 구현할 수 있습니다.

예 0.5s = 500ms, 1s = 1,000ms

• window 객체 주요 메서드

alert( )	경고 창이 나타납니다.
confirm( )	확인/취소 창이 나타납니다.
prompt( )	질의응답 창이 나타납니다.
open( )	새 창이 나타납니다.

setInterval( )	• 일정한 시간 간격으로 함수를 호출합니다. • 작성 방법 : setInterval(함수이름, 밀리초)
setTimeout( )	일정한 시간 간격 한 번만 함수를 호출합니다.

HTML 문서

```
<body>
    <script>
        let i = 0;

        function count(){
            i++;
            document.write("hello" + i);
        }
        function first(){
            i++;
            document.write("<h1>" + "bye" +"</h1>" );
        }

        setTimeout(first, 1000); //1초에 first함수 한번만 실행
        setInterval(count, 500);//0.5초마다 count함수 실행
    </script>
</body>
```

HTML 문서	브라우저 화면

```
07.html
javascript예제 > 07.html > html > body > script
 1  <!DOCTYPE html>
 2  <html lang="ko">
 3  <head>
 4      <meta charset="UTF-8">
 5      <meta name="viewport" content="width=device-width, initial-scale=1.0">
 6      <title>setInterval/setTimeout</title>
 7  </head>
 8  <body>
 9      <script>
10          let i = 0;
11
12          function count(){
13              i++;
14              document.write("hello" + i);
15          }
16
17          function first(){
18              i++;
19              document.write("<h1>" + "bye" +"</h1>" );
20          }
21
22          setTimeout(first, 1000); //1초에 first함수 한번만 실행
23          setInterval(count, 500);//0.5초마다 count함수 실행
24      </script>
25  </body>
26  </html>
```

브라우저 화면:

hello1

bye

hello3hello4hello5hello6hello7hello8hello9hello10hello11hello12hello13hello14!

jQuery 기본 다지기

핵심포인트 제이쿼리를 활용해 웹디자인개발기능사에서 요구되는 팝업, 슬라이드, 탭 메뉴, 내비게이션 메뉴, 애니메이션 효과 등을 손쉽게 구현할 수 있도록 합니다.

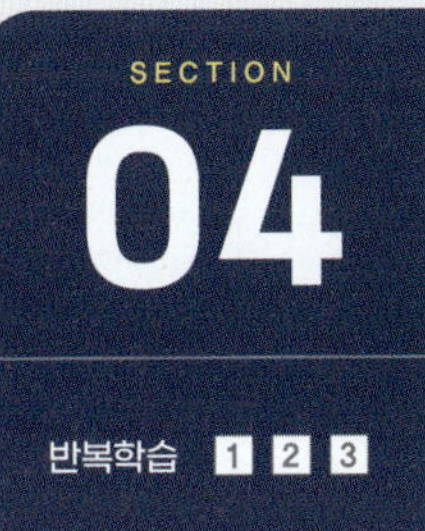

01 jQuery 기본 문법

1) jQuery 정의

jQuery는 자바스크립트의 기능을 간편하게 사용할 수 있도록 도와주는 자바스크립트 라이브러리입니다. 존 레식(John Resig)에 의해 처음 개발된 jQuery는 CSS 선택자를 사용하여 HTML 요소를 쉽게 선택하고 조작할 수 있으며, 이벤트 처리, 애니메이션, Ajax와 같은 복잡한 작업을 간단하게 수행할 수 있도록 도와줍니다.

2) jQuery 라이브러리 연동 방법

① jQuery 라이브러리 직접 다운로드 방식

jQuery 공식 웹사이트(https://jquery.com/)에서 jQuery 라이브러리를 다운로드하여 연결합니다.

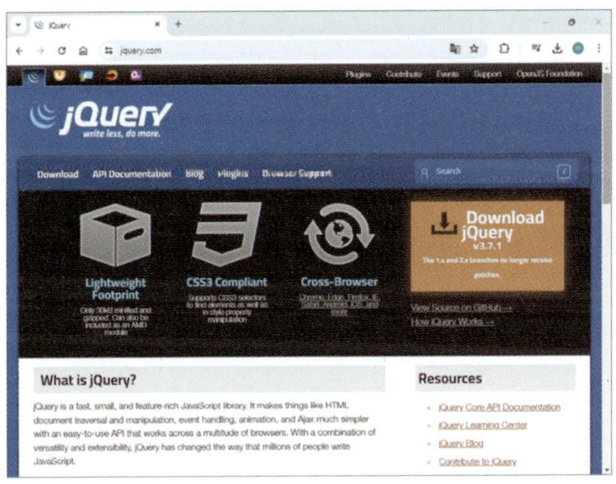

① jQuery 공식 웹사이트(https://jquery.com/) 에 접속하여 상단 Download 클릭

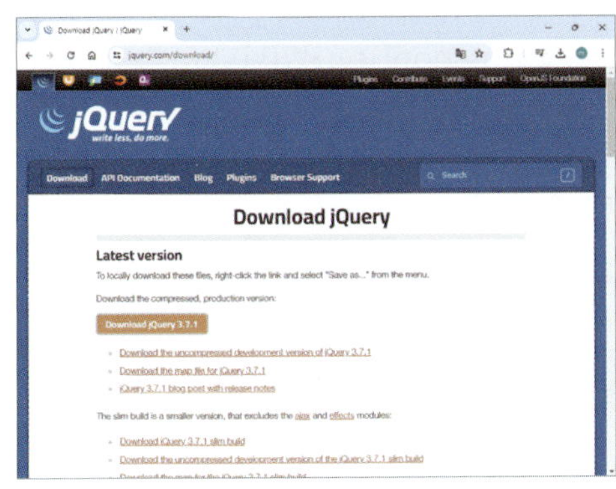

② Download jQuery 3.7.1 버튼 클릭

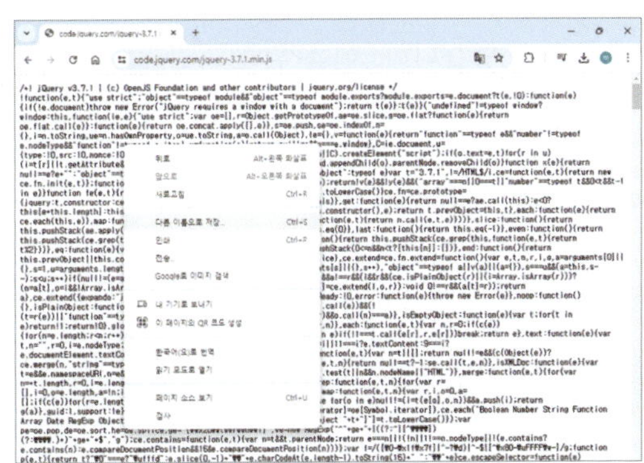

③ 우 클릭 – 다른 이름으로 저장

*웹디자인개발기능사는 수험자 제공 파일에 제이쿼리 라이브러리 파일을 포함하고 있습니다.

② CDN(Content Delivery Network)을 이용한 네트워크 전송 방식

CDN은 전 세계에 분산된 서버 네트워크로, 사용자에게 jQuery 라이브러리를 효율적으로 전달하는 데 사용됩니다.

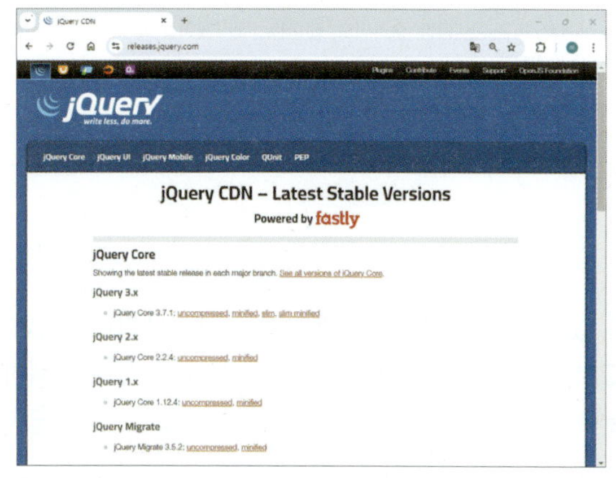

① https://releases.jquery.com/에 접속하여 원하는 jQuery 버전을 선택

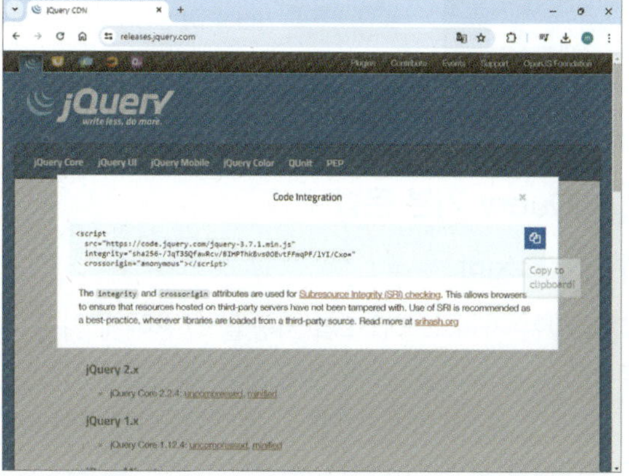

② 팝업창이 뜨면 해당 스크립트 코드를 복사하여 〈head〉 태그 내에 붙여넣기

🏁 **기적**의 TIP

제이쿼리 연결 시 주의사항
내가 작성한 스크립트 문서는 jQuery 라이브러리 연동 후 작성해야 실행할 수 있습니다.

```
〈head〉
    〈meta charset="utf-8"〉
    〈script src="jquery-3.7.1.min.js"〉〈/script〉〈!-- jQuery 라이브러리 --〉
    〈script src="js/script.js"〉〈/script〉〈!-- 내가 작성한 스크립트 --〉
〈/head〉
```

3) jQuery 작성 방법

① $(function(){...}) 사용하기

모든 jQuery 코드는 HTML 문서가 완전히 준비된 후에 실행되어야 합니다. 그래야 DOM 요소를 안전하게 제어할 수 있습니다. 이를 위해 가장 많이 사용하는 방법은 $(function(){...})입니다.

jQuery 문서	

$(document).ready(function(){
    // jQuery 코드
});
	$(function(){
	    // jQuery 코드
	});

*$(document).ready(function(){...})도 같은 기능을 하지만, 간결한 표현으로는 $(function(){...})이 선호됩니다.

HTML 문서

```html
<!DOCTYPE html>
<html lang="ko">
<head>
    <meta charset="UTF-8">
    <meta name="viewport" content="width=device-width, initial-scale=1.0">
    <title>jQuery 라이브러리 연결 방법</title>
    <script src="jquery-3.7.1.min.js"></script><!--jQuery라이브러리-->
    <script src="script/script.js"></script><!--내가 작성한 script-->
</head>
<body>

</body>
</html>
```

jQuery 문서

```javascript
$(function(){//문서 로딩 후 script를 실행해주세요
    alert("경고");//경고창
})
```

HTML 문서	jQuery 문서
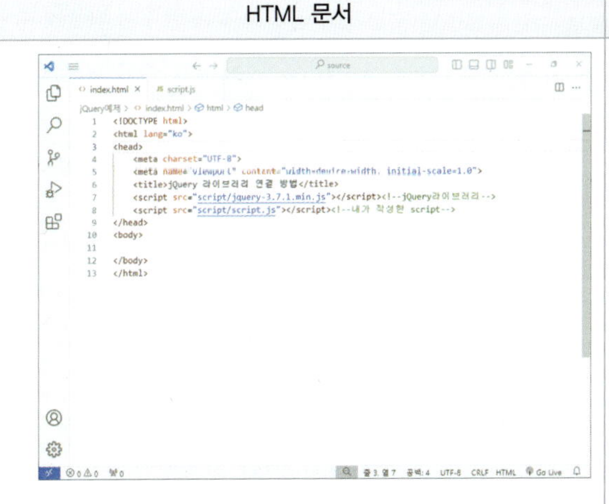	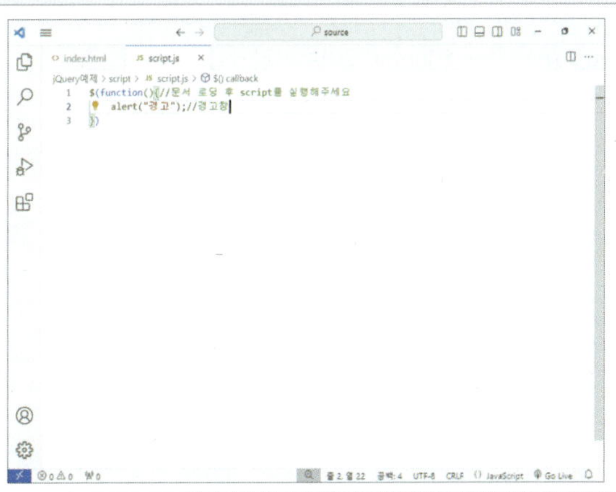

브라우저 화면
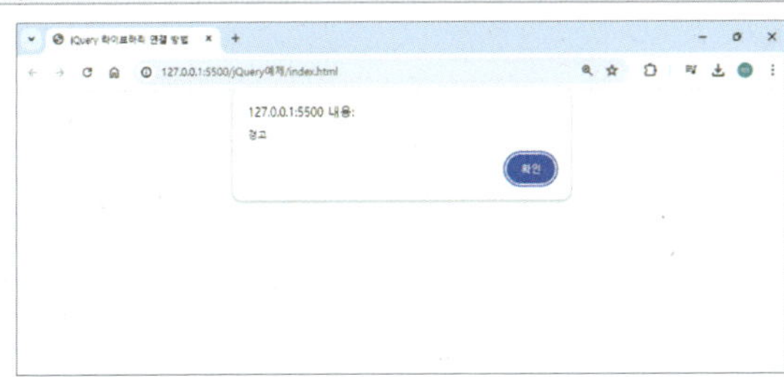

② defer 속성 사용하기

〈script〉 태그에 defer 속성을 추가하면 HTML 문서의 파싱이 끝난 후 스크립트가 자동으로 실행됩니다. 문서 구조와 상관없이 안전하게 DOM에 접근할 수 있다는 점에서 유용합니다.

HTML 문서

```
<head>
   <script src="jquery-3.7.1.min.js" defer></script>
   <script src="script/script.js" defer></script>
</head>
```

*이 경우 script.js 내부에는 굳이 $(function(){})을 쓰지 않아도 됩니다. 브라우저가 문서 파싱이 끝난 뒤 스크립트를 실행하기 때문입니다.

HTML 문서	jQuery 문서

`<!DOCTYPE html>`
`<html lang="ko">`
`<head>`
`   <meta charset="UTF-8">`
`   <meta name="viewport" content="width=device-width, initial-scale=1.0">`
`   <title>jQuery defer 속성 사용</title>`
`   <script src="jquery-3.7.1.min.js" defer></script> <!-- jQuery 라이브러리 -->`
`   <script src="script/script.js" defer></script> <!-- 내가 작성한 스크립트 -->`
`</head>`
`<body>`
 	
`</body>`
`</html>`
 	
	`alert("경고");//경고창`

HTML 문서	jQuery 문서

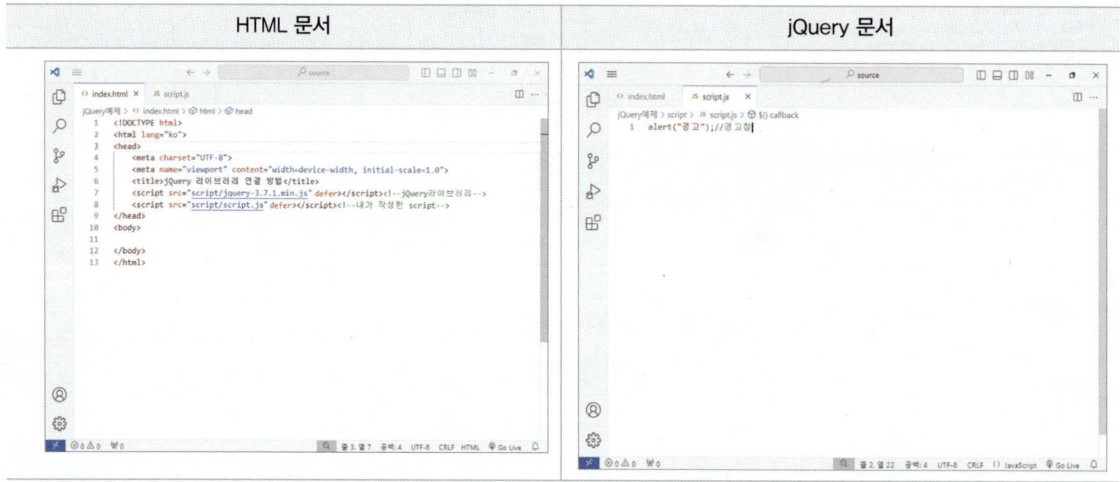

본 예제는 $(function(){}) 방식으로 구성되어 있습니다. 이후 실전 모의고사에서는 defer 속성을 적용한 스크립트 로딩 방식을 사용할 예정이므로, 두 방식의 차이를 함께 익혀두시기 바랍니다.

02 jQuery 선택자

1) 직접 선택자

전체 선택자	$("*")	모든 태그를 선택합니다.
아이디 선택자	$("#아이디명")	특정 ID 값을 가진 요소를 선택합니다.
클래스 선택자	$(".클래스명")	특정 클래스 값을 가진 요소를 선택합니다.
태그 선택자	$("태그명")	특정 태그를 선택합니다.
다중 선택자	$("선택1, 선택2, 선택n")	여러 태그를 다중으로 선택합니다.

HTML 문서	jQuery 문서
| ```html
<body>
    <h2 id="title">직접 선택자 예제</h2>
    이것은 첫 번째 단락입니다.
    이것은 두 번째 단락입니다.
    이것은 세 번째 단락입니다.
    <button>이것은 버튼태그 입니다.</button>
</body>
``` | ```javascript
$(function(){//문서 로딩 후 script를 실행해주세요
    $("*").css("color","red"); //전체 선택자
    $("p").css("text-decoration","underline"); //태그 선택자
    $(".point").css("background","yellow"); //class 선택자
    $("#title").css("color","green"); //id 선택자
    $("p, button").css("font-size","22px"); //다중 선택자
})
``` |

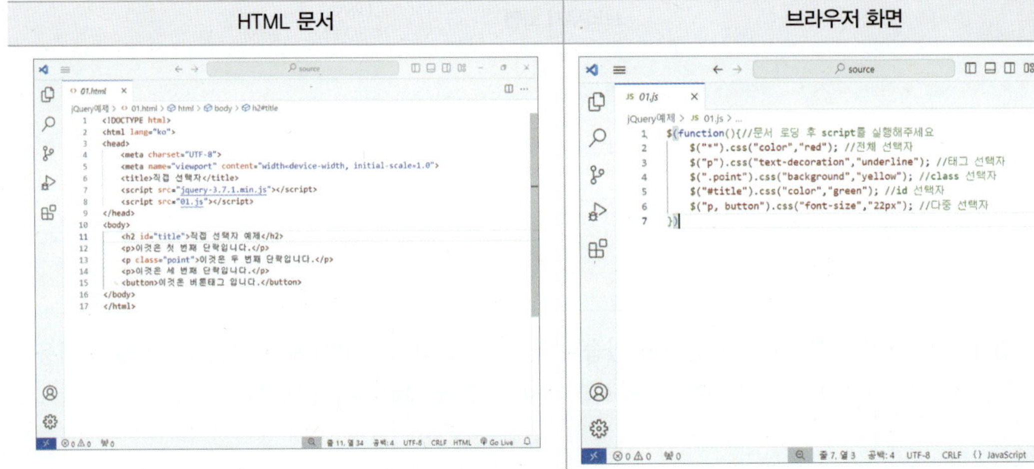

2) 관계 선택자

부모 선택자	$("태그").parent( )	태그의 부모 태그를 선택합니다.
상위 태그 선택자	$("태그").parents( )	태그의 조상 태그를 선택합니다.
하위 태그 선택자	$("태그 하위 태그")	태그의 하위 태그를 선택합니다.
자식 태그 선택자	$("태그 > 자식 태그")	태그의 직계 자식 태그를 선택합니다.
자손 태그 선택자	$("태그").children( )	태그의 자손 태그를 선택합니다.
형제 태그 선택자	$("태그").siblings( )	태그의 형제들을 선택합니다.

HTML 문서	jQuery 문서

``
<body>
    <div class="box1">
        <h1>리스트 제목</h1>
        <ul class="list1">
            <li>첫번째 리스트입니다.</li>
            <li><span class="point">두번째<span>
리스트입니다.</li>
            <li>세번째 리스트입니다.</li>
            <li>네번째 리스트입니다.</li>
        </ul>
        <ul class="list2">
            <li class="first">첫번째 리스트입니다.</li>
            <li>두번째 리스트입니다.</li>
            <li>세번째 리스트입니다.</li>
            <li>네번째 리스트입니다.</li>
        </ul>
    </div>
</body>
``
	``
	$(function(){//문서 로딩 후 script를 실행해주세요
	    $(".point").parent().css("background","yel-
	low");//부모요소 선택
	    $(".point").parents().css("border","1px solid
	blue");//조상요소 선택
	    $(".point").parents(".list1").css("border","3px
	solid blue");//조상요소 중 .list1 선택
	    $(".box1>h1").css("background","yellow");//자식
	요소 선택
	    $(".list2").children().css("text-decoration",
	"underline");//자식요소들 선택자
	    $(".list2").children(".first").css("color","purple")
	//자식요소들 중 .first 선택
	    $(".first").siblings().css("color","green")//.
	first요소 형제들 선택
	})
	``

HTML 문서	jQuery 문서

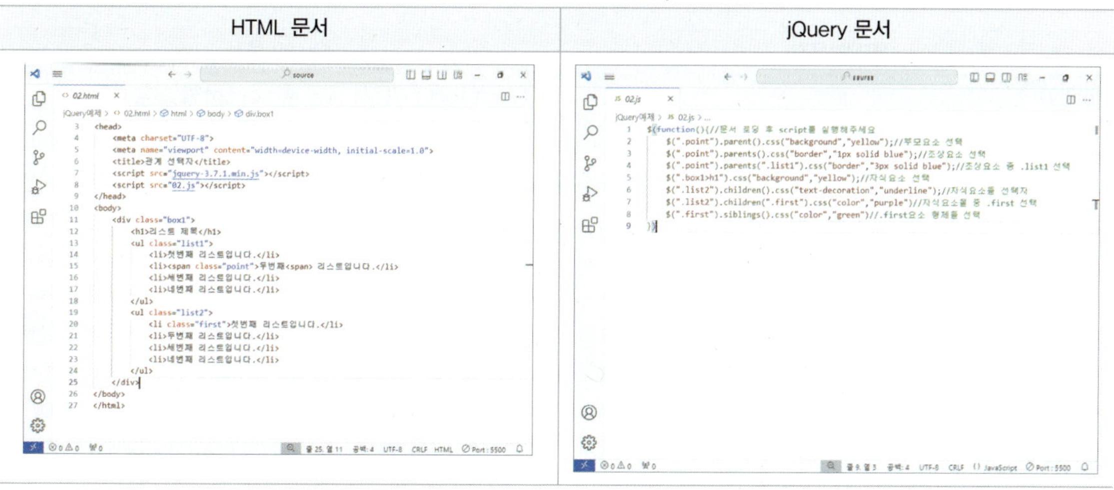

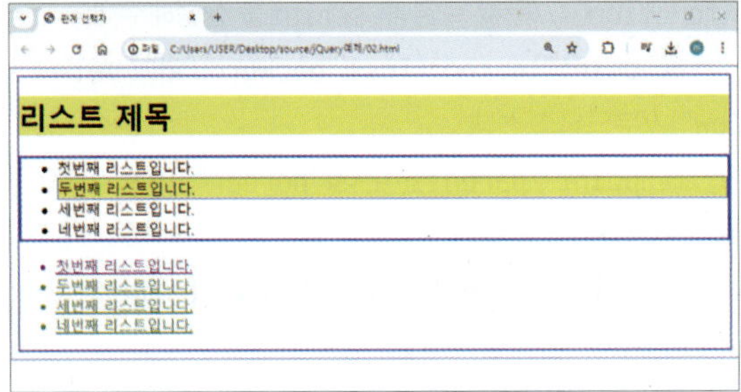

3) 그 외 선택자

$("태그:first") $("태그").first( )	$("li:first") $("li").first( )	형제 태그 중 첫 번째 태그를 선택합니다.
$("태그:last") $("태그").last( )	$("li:last") $("li").last( )	형제 태그 중 마지막 태그를 선택합니다.
$("태그").eq(index)	$("li:first") $("li").first( )	태그 중 인덱스 번호가 같은 태그를 선택합니다.
$("태그").find(태그2)	$("li").find(".sub")	태그의 자손 태그를 직접 선택합니다.
$(this)	현재 선택된 요소 또는 이벤트가 발생한 요소를 참조합니다.	

HTML 문서	jQuery 문서

```html
<body>
    <ul class="list">
        <li class="first">첫번째 리스트입니다.</li>
        <li>두번째 리스트입니다.</li>
        <li>세번째 리스트입니다.</li>
        <li>네번째 리스트입니다.
            <ul class="list2">
                <li>list2-1</li><!--인덱스 0-->
                <li class="sub">list2-2</li><!--
인덱스 1-->
                <li>list2-3</li><!--인덱스 2-->
            </ul>
        </li>
        <li>다섯번째 리스트입니다.</li>
    </ul>
</body>
```

```javascript
$(function( ){//문서 로딩 후 script를 실행해주세요
    $(".list>li:first-child").css("text-decora-
tion","underline");//.list 자식 li 중 첫번째요소 선택
    $(".list>li").first( ).css("background","yel-
low");//.list 자식 li 중 첫번째요소 선택
    $(".list>li:last-child").css("text-decora-
tion","underline");//.list 자식 li 중 마지막요소 선택
    $(".list>li").last( ).css("back-
ground","green");//.list 자식 li 중 마지막요소 선택
    $(".list2 li").eq(0).css("color","red");//.list2
li의 인덱스번호가 0인 요소 선택
    $(".list").find(".sub").css("color","blue");//.
list자손 중 ".sub" 선택

    $("li").click(function( ){//li요소 클릭시
        $(this).css("font-weight","bold");//클릭한
요소(this)
    })
})
```

<table>
<tr><th>HTML 문서</th><th>브라우저 화면</th></tr>
</table>

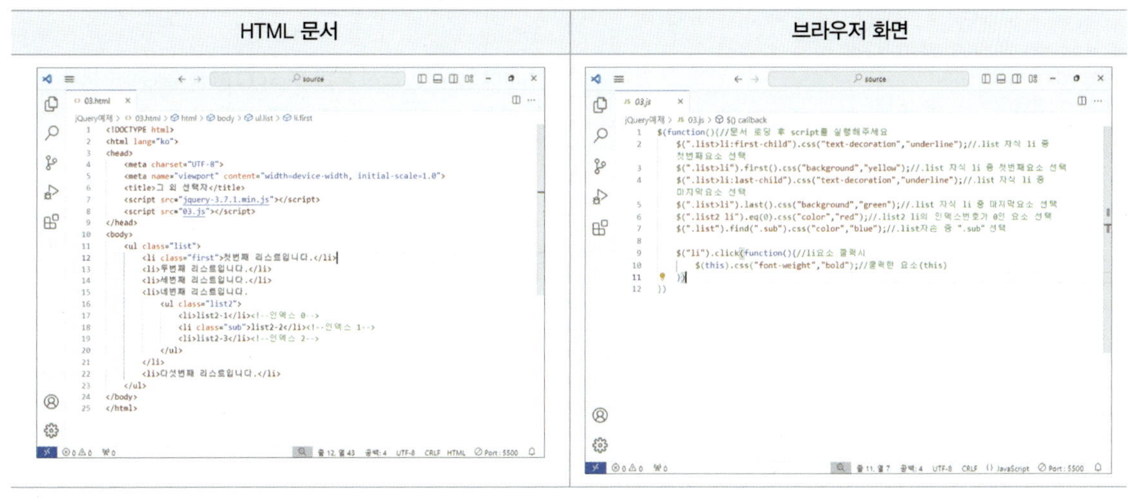

<table>
<tr><th>브라우저 화면</th></tr>
</table>

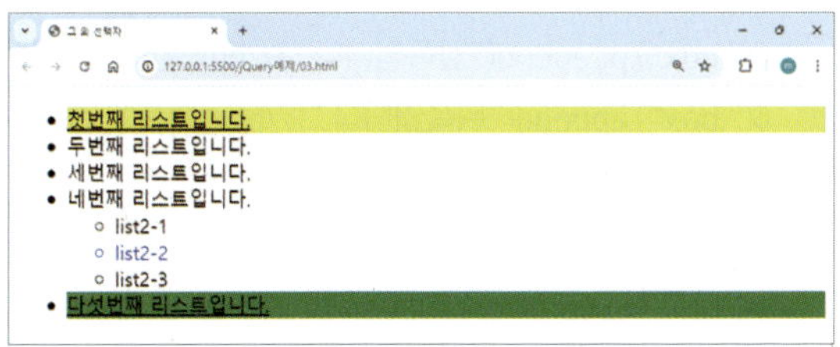

03 jQuery 주요 속성 메서드

css( )	$(선택자).css(속성)	선택한 요소에 css 속성값을 가져올 수 있습니다.
	$(선택자).css(속성,값)	선택한 요소에 css 속성과 값을 지정할 수 있습니다.
text( )	$(선택자).text( )	선택한 요소에 텍스트 콘텐츠를 가져올 수 있습니다.
	$(선택자).text(값)	선택한 요소에 새로운 텍스트 콘텐츠를 설정합니다.
addclass( )	$(선택자).addclass(클래스명);	선택한 요소에 하나 이상의 클래스를 추가합니다.
removeClass( )	$(선택자).removeClass(클래스명);	선택한 요소에 하나 이상의 클래스를 제거합니다.
toggleClass( )	$(선택자).toggleClass(클래스명);	선택한 요소에 해당 클래스가 있으면 제거, 없으면 추가합니다.
append( )	$(선택자).append(콘텐츠);	선택한 요소의 마지막 자식 요소로 새로운 요소를 추가합니다.
prepend( )	$(선택자).prepend(콘텐츠);	선택한 요소의 첫 번째 자식 요소로 새로운 요소를 추가합니다.
index( )	$(선택자).index( )	선택한 요소의 인덱스를 반환합니다(0부터 시작).

HTML 문서	jQuery 문서
<pre><head>
    <style>
        .point{
            background : yellow;
        }
    </style>
</head>
<body>
    <div class="box">
        <h1 class="title">클릭해보세요</h1>
        <ul>
            <li>이것은 첫 번째 단락입니다.</li>
            <li class="point">이것은 두 번째 단락
입니다.</li>
            <li>이것은 세 번째 단락입니다.</li>
            <li class="last">이것은 네 번째 단락입
니다.</li>
        </ul>
    </div>
    <p class="txt"></p>
</body></pre> | <pre>$(function( ){//문서 로딩 후 script를 실행해주세요
    $(".last").css("color","red");//css속성

    $("h1").click(function( ){
        $(this).addClass("point");//addClass속성-
class추가
    })

    $(".point").click(function( ){
        $(this).removeClass("point");//remove-
Class속성-class제거
    })

    $(".box").prepend("앞쪽입니다.");//box 앞쪽에 생성
    $(".box").append("뒤쪽입니다.");//box 뒤쪽에 생성

    let i;//변수i 생성
    $("li").click(function( ){//li요소 클릭 시
        i = $(this).index( );// i변수에 클릭한 li의
index번호 할당
        $(".txt").text(i)//.txt에 i의 값 콘텐츠 설정
    })
})</pre> |

HTML 문서	브라우저 화면
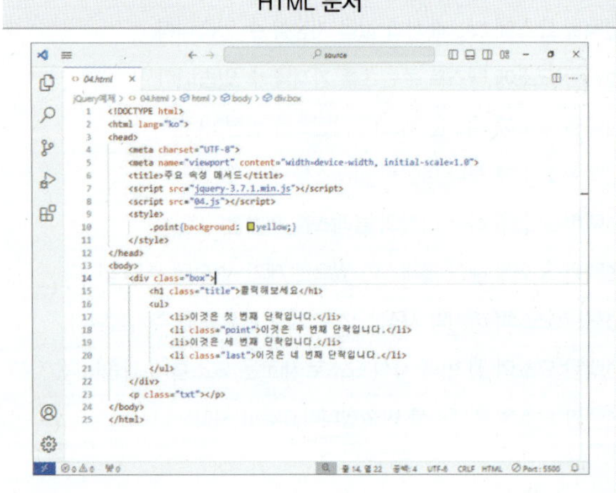	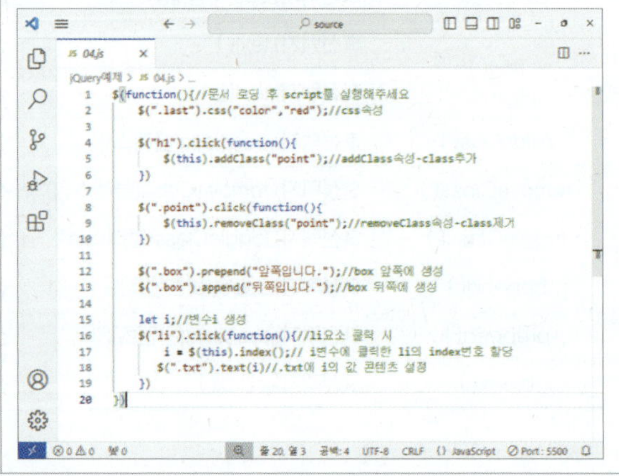

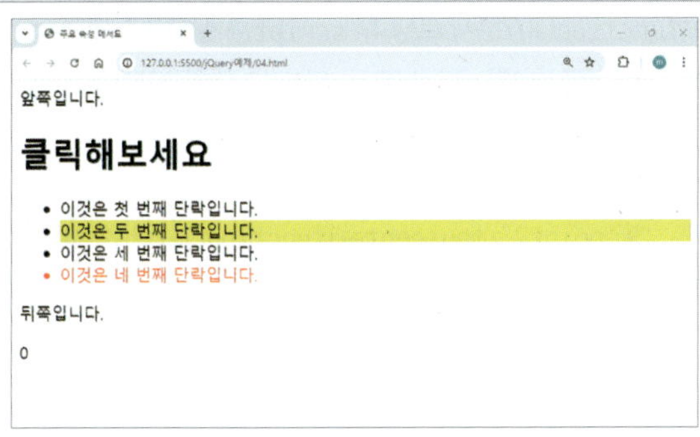

04 jQuery 이벤트 메서드

1) jQuery 이벤트 작성 방법

이벤트란 사용자와 웹 페이지 간의 상호작용을 처리하는 도구로, 클릭, 마우스 이동, 키보드 입력 등 다양한 사용자 동작에 반응하는 코드를 쉽게 작성할 수 있게 해줍니다.

```
$("선택자").click(function(){
  스크립트 실행문;
})
```

2) 주요 이벤트 메서드

click( )	요소(선택자) 클릭 시 실행문이 실행됩니다.
mouseover( )	요소(선택자)에 마우스를 올렸을 때 실행문이 실행됩니다.
mouseout( )	요소(선택자)에 마우스가 벗어났을 때 실행문이 실행됩니다.
hover( )	선택자에 마우스를 올렸을 때, 벗어났을 때 두 개의 이벤트가 등록이 되고 이벤트에 맞게 실행문이 실행됩니다.
mouseenter( )	요소(선택자)에 마우스를 올렸을 때 실행문이 실행됩니다(버블링 발생 안됨).
mouseleave( )	요소(선택자)에 마우스가 벗어났을 때 실행문이 실행됩니다(버블링 발생 안됨).
focusin( )	선택한 요소나 그 자식 요소가 포커스를 받을 때 실행문이 실행됩니다.
focusout( )	선택한 요소나 그 자식 요소가 포커스를 잃었을 때 실행문이 실행됩니다.

HTML 문서	jQuery 문서

`<head>`
　`<style>`
　　.point{
　　　background : yellow;
　　}
　`</style>`
`</head>`
`<body>`
　`<p class="point1">`클릭해보세요`</p>`
　`<p class="point2">`마우스를 올리고 내리세요.`</p>`
　`<p class="point3">`마우스를 올리고 내리세요.(hover이벤트)`</p>`
　`<p class="point4"><a href="#">`탭키로 포커스를 이동시키세요`</a></p>`
`</body>`
`</html>`
	`$(function( ){//문서 로딩 후 script를 실행해주세요`
	　`$(".point1").click(function( ){//클릭이벤트`
	　　`$(this).toggleClass("point");`
	　`})`
	　`$(".point2").mouseenter(function( ){//마우스이벤트`
	　　`$(this).addClass("point");`
	　`})`
	　`$(".point2").mouseleave(function( ){//클릭이벤트`
	　　`$(this).removeClass("point");`
	　`})`
	　`$(".point3").hover(function( ){//마우스이벤트 실행문`
	　　`$(this).addClass("point");`
	　`},function( ){`
	　　`$(this).removeClass("point");`
	　`})`
	　`$(".point4").focusin(function( ){//포커스가`
	　　`$(this).addClass("point");`
	　`})`
	　`$(".point4").focusout(function( ){//포커스가 나갔을 때`
	　　`$(this).removeClass("point");`
	　`})`
	`})`

HTML 문서	브라우저 화면
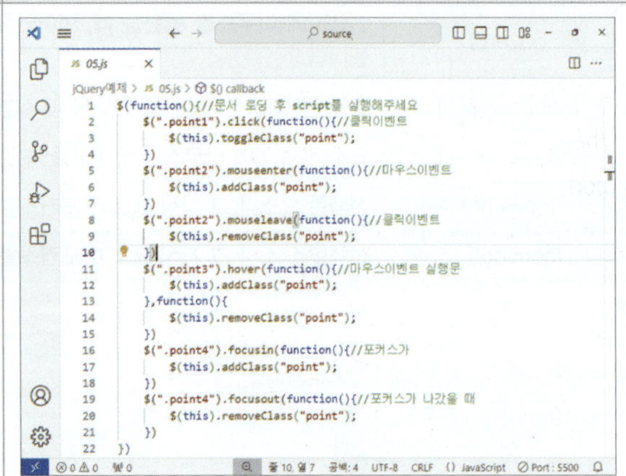	

올릭해보세요

마우스를 올리고 내리세요.

마우스를 올리고 내리세요.(hover이벤트)

탭키로 포커스를 이동시키세요

🏳 **기적**의 TIP

'mouseenter' 와 'mouseover'의 차이
- 둘 다 사용자가 마우스를 특정 요소 위로 이동할 때 발생하는 이벤트이지만, 이 두 이벤트에는 중요한 차이가 있습니다.
- mouseenter는 사용자가 마우스를 요소 위로 처음 올릴 때만 실행됩니다.
- mouseover는 사용자가 마우스를 요소 위로 올릴 때뿐만 아니라, 그 요소의 자식 요소 위로 올릴 때도 실행됩니다.
- 웹브라우저에서 F12를 눌러 개발자 도구 'Console' 탭에서 확인할 수 있습니다.

HTML 문서	jQuery 문서

```
<head>
    <style>
        #box1, #box2 {
            width : 200px;
            height : 200px;
            background-color : lightblue;
            margin-bottom : 20px;
        }
        .child {
            width : 100px;
            height : 100px;
            background-color : lightcoral;
            margin : 20px;
        }
    </style>
</head>
<body>
    <h2>mouseenter와 mouseover 차이</h2>
    <div id="box1">
        <div class="child">box1의 자식</div>
    </div>
    <div id="box2">
        <div class="child">box2의 자식</div>
    </div>
</body>
```

```
$(function(){//문서 로딩 후 script를 실행해주세요
    // mouseenter 이벤트
    $("#box1").mouseenter(function() {
        $(this).css("background-color", "yel-
low");
        console.log("mouseenter");//f12를 눌러 콘
솔창에서 확인하세요!
    })

    // mouseover 이벤트
    $("#box2").mouseover(function() {
        $(this).css("background-color", "green");
        console.log("mouseover"); //f12를 눌러 콘
솔창에서 확인하세요!
    })
})
```

HTML 문서	브라우저 화면
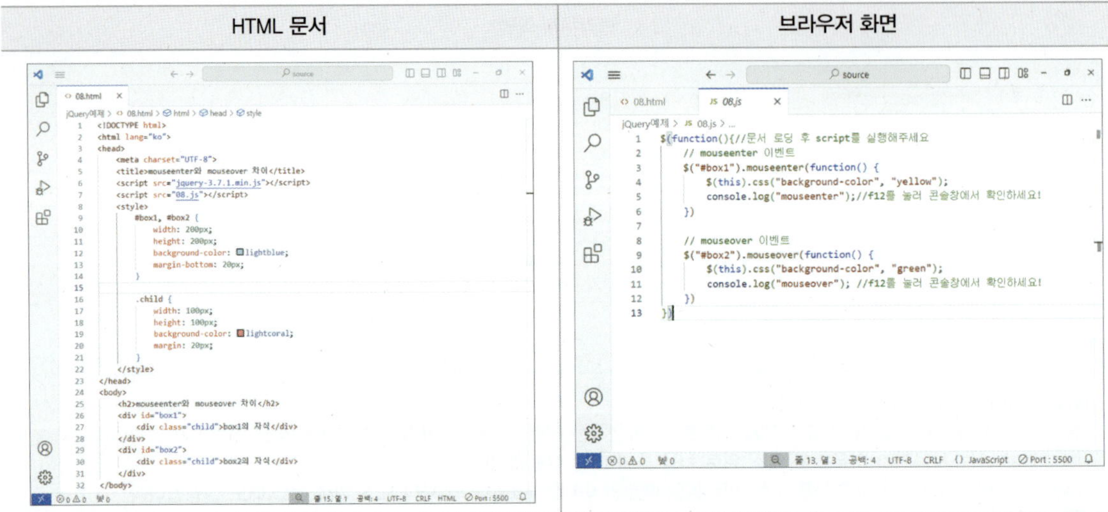	

브라우저 화면

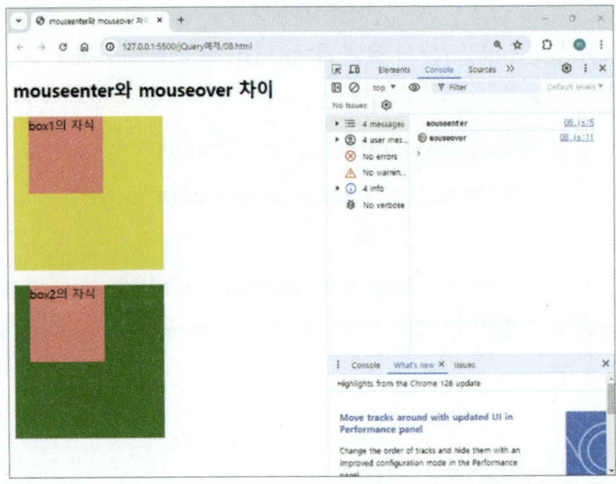

3) 효과 애니메이션

animate( )	확인/취소 창이 나타납니다.
show( )	선택한 요소를 표시합니다.
hide( )	선택한 요소를 숨깁니다.
toggle( )	선택한 요소가 보이면 숨기고, 보이지 않으면 표시합니다.
fadeIn( )	선택한 요소가 서서히 나타납니다.
fadeOut( )	선택한 요소가 서서히 사라집니다.
fadeToggle( )	선택한 요소가 보이면 서서히 숨기고, 보이지 않으면 서서히 표시합니다.
slideUp( )	선택한 요소가 아래로 나타납니다.
slideDown( )	선택한 요소가 위로 사라집니다.
slideToggle( )	선택한 요소가 보이면 위로 숨기고, 보이지 않으면 아래로 표시합니다.

• 효과 작성 방법

$("태그 선택").효과메서드(효과 소요 시간, 가속도, 콜백함수);

HTML 문서	jQuery 문서

<pre><head>
    <style>
        .box{
            background:yellow;
            width:300px;
            height:300px;
        }
    </style>
</head>
<body>
    <button class="btn1">hide</button>
    <button class="btn2">show</button>
    <button class="btn3">hide/show</button>
    <button class="btn4">fadeIn</button>
    <button class="btn5">fadeOut</button>
    <button class="btn6">fadeIn/Out</button>
    <button class="btn7">slideUp</button>
    <button class="btn8">slideDown</button>
    <button class="btn9">slideUp/Down</button>
    <div class="box">
        박스
    </div>
</body></pre>
	<pre>$(function(){//문서 로딩 후 script를 실행해주세요
	    $(".btn1").click(function(){
	        $(".box").hide();//.box를 숨김
	    })
	    $(".btn2").click(function(){
	        $(".box").show();//.box를 부여줌
	    })
	    $(".btn3").click(function(){
	        $(".box").toggle();//.box가 숨겨져 있으면 보이
	게 하고, 보이면 숨김
	    })
	    $(".btn4").click(function(){
	        $(".box").fadeIn("slow");//서서히 나타남. 괄호
	( )안에 속도값을 넣을 수 있음
	    })
	    $(".btn5").click(function(){
	        $(".box").fadeOut();//서서히 사라짐
	    })
	    $(".btn6").click(function(){
	        $(".box").fadeToggle();//.box가 숨겨져 있으면
	서서히 나타나고, 보여지고 있으면 서서히 사라짐
	    })
	    $(".btn7").click(function(){
	        $(".box").slideUp();//위로 올라가면서 사라짐
	    })
	    $(".btn8").click(function(){
	        $(".box").slideDown();//아래로 내려가면서 나타남
	    })
	    $(".btn9").click(function(){
	        $(".box").slideToggle();//.box가 숨겨져 있으
	면 아래로 나타나고, 보여지고 있으면 위로 사라짐
	    })
	})</pre>

HTML 문서	jQuery 문서
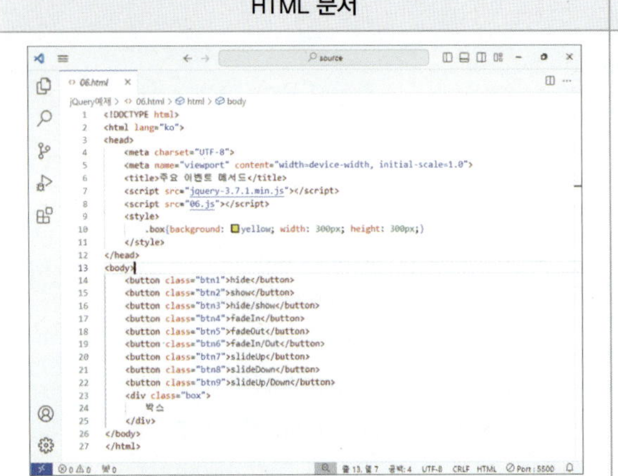	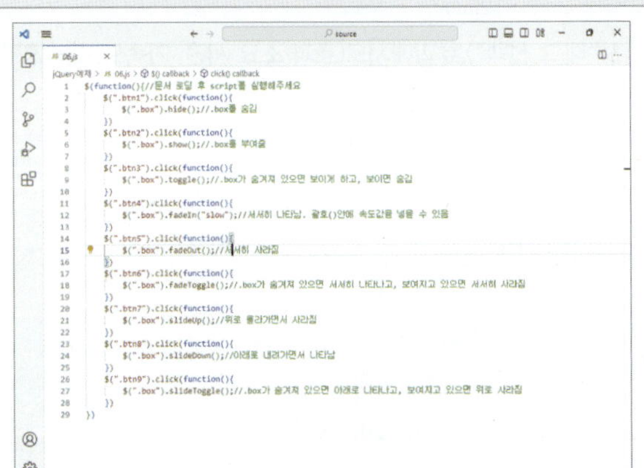

브라우저 화면

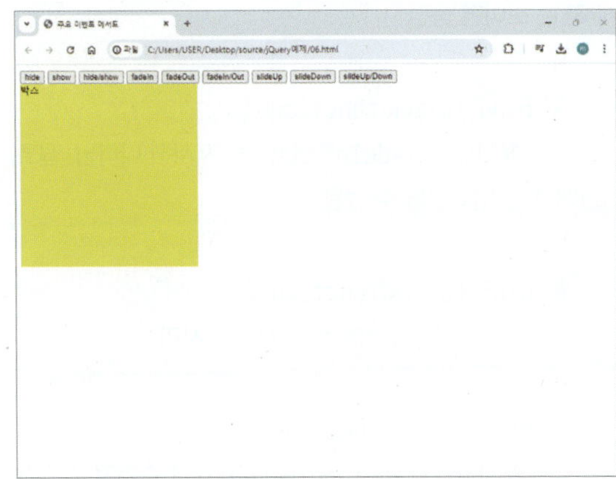

• animate 작성 방법

$("태그").animate({"css속성":"속성값"}, 적용 시간, 가속도, 콜백 함수)

HTML 문서	jQuery 문서

<head>
  <style>
    .box1{
      background:yellow;
      width:100px;
      height:100px;
      position:absolute;
    }
    .box2{
      background:green;

```
$(function(){//문서 로딩 후 script를 실행해주세요
    $(".box1").animate({"left":"600px"},1000);//.box1를 왼쪽에서 600만큼 1초 동안 이동
    $(".box2").animate({"left":"600px"},1000,function(){//.box2를 왼쪽에서 600만큼 1초 동안 이동한 후
        $(".box2").animate({"left":"0px"},1000);//.box2를 왼쪽에서 0만큼 1초 동안 이동
    })
})
```

```html
        width:100px;
        height:100px;
        position:absolute;
        top:120px;
      }
    &lt;/style&gt;
&lt;/head&gt;
&lt;body&gt;
    &lt;div class="box1"&gt;
      박스
    &lt;/div&gt;
    &lt;div class="box2"&gt;
      박스
    &lt;/div&gt;
&lt;/body&gt;
```

HTML 문서	브라우저 화면

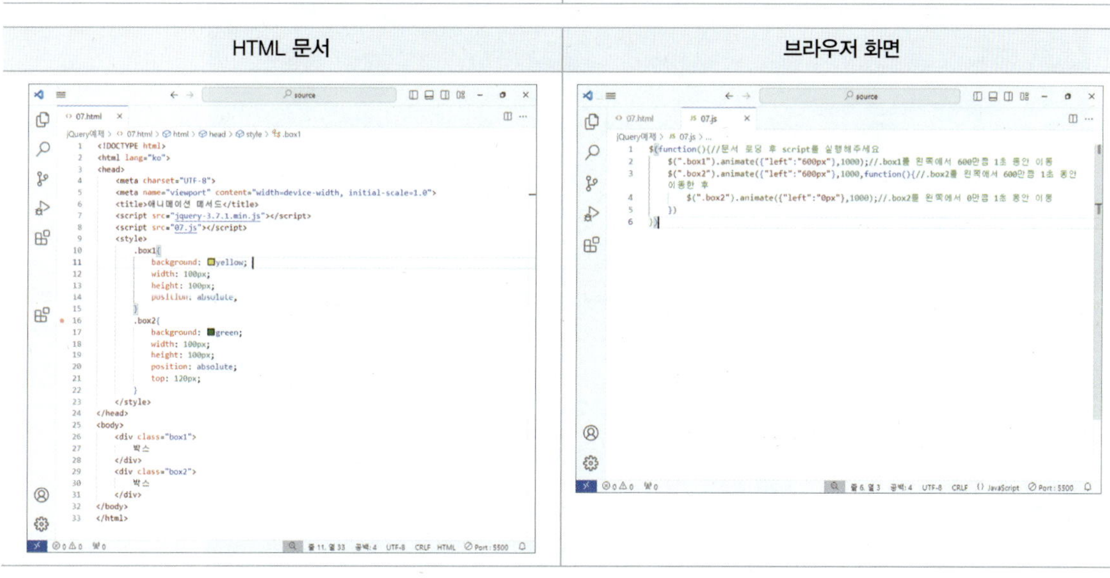

브라우저 화면

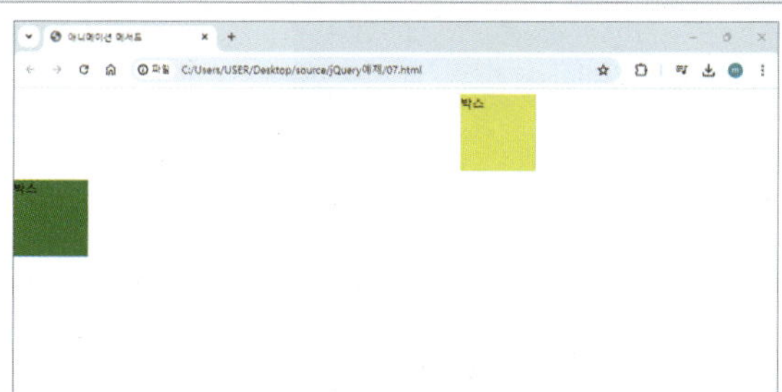

03

실기 필수 기능

학습 방향

비쥬얼 스튜디오 코드 사용법을 숙지하여 프로그램을 다루는 방법과 웹 페이지의 구성에 대해 확인합니다. 이후 포토샵과 일러스트레이터의 기초 기능을 이용하여 시험에서 요구하는 디자인 작업을 수행하고, 필요한 로고 제작 및 수정 작업을 통해 실무적으로 웹 페이지를 제작할 수 있는 역량을 학습합니다.

차례

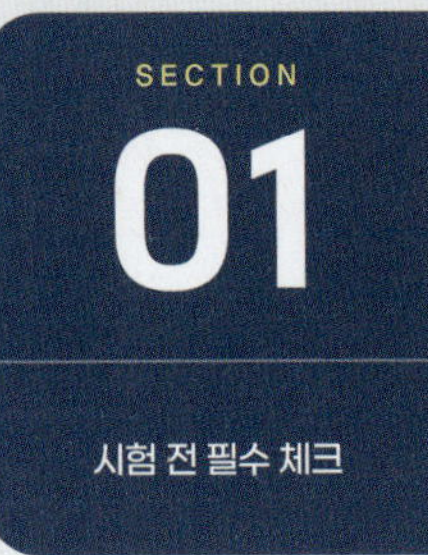

Visual Studio Code 필수 기능

핵심포인트 Visual Studio Code는 HTML, CSS, JavaScript 코드 작성 시 자동 완성, 실시간 미리보기 등의 기능을 제공해 효율적인 코딩을 지원합니다.

01 Visual Studio Code 소개

1) Visual Studio Code란?

비주얼 스튜디오 코드(Visual Studio Code, VS Code)는 마이크로소프트에서 개발한 무료 소스 코드 편집기입니다. 다양한 운영 체제에서 사용할 수 있으며, 다양한 프로그래밍 언어(자바스크립트, 파이썬, C++, 자바 등 다양한 프로그래밍 언어)를 지원하여 이를 통해 개발자는 효율적이고 편리하게 코드를 작성하고 관리할 수 있습니다. 비주얼 스튜디오 코드의 주요 기능은 다음과 같습니다.

- 다양한 프로그래밍 언어 지원
- 마켓 플레이스를 통한 다양한 플러그인과 확장 설치하여 기능 확장 가능
- 내장된 디버깅 도구를 사용하여 코드 실행 중 오류를 쉽게 찾음
- HTML, CSS javascript, jQuery 등 코드 작성 시 자동 완성 기능 제공
- 사용자 원하는 대로 편집기 테마 변경

2) Visual Studio Code 설치 방법

비주얼 스튜디오 코드는 https://code.visualstudio.com/에서 [Download]를 선택한 후 운영 체제에 맞게 다운로드하여 설치합니다.

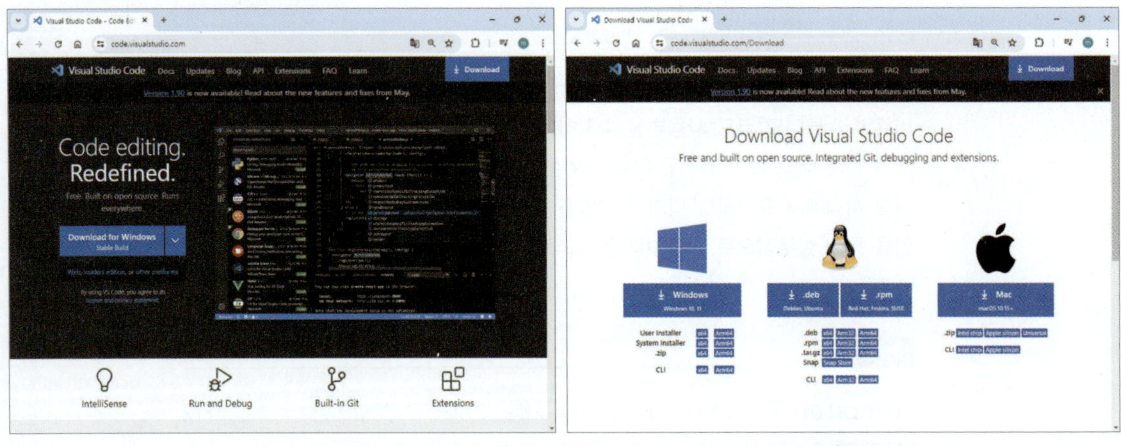

▲ 비주얼 스튜디오 코드 홈페이지(https://code.visualstudio.com/)

3) Visual Studio Code 인터페이스

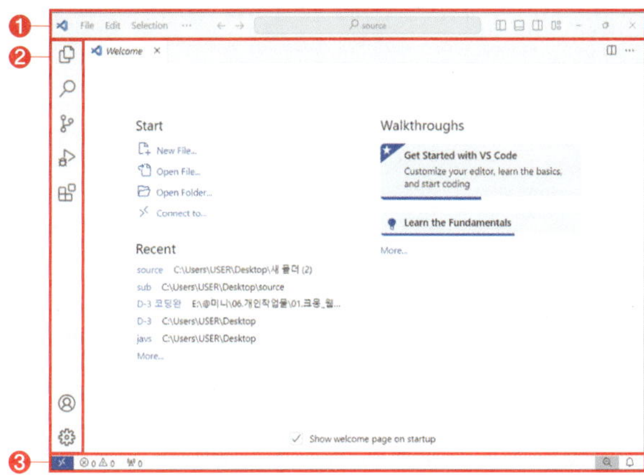

▲ 비주얼 스튜디오 코드 인터페이스

❶ 상단 메뉴 : 파일 관리, 편집, 보기, 탐색, 실행, 터미널, 도움말 등 다양한 작업을 수행할 수 있는 도구와 옵션을 제공합니다(시작화면 : 도움말 – 시작).

❷ 사이드바 : 파일 탐색, 검색, 소스 제어, 디버깅, 확장 등 다양한 도구에 빠르게 접근할 수 있도록 도와줍니다.

❸ 상태표시줄 : 현재 파일의 정보, Git 상태, 작업 공간, 언어 모드 등 다양한 상태와 바로가기 정보를 제공합니다.

02 Visual Studio Code 확장 설치

비주얼 스튜디오 코드 확장은 비주얼 스튜디오 코드의 기능을 추가하여 사용자가 편리하게 사용할 수 있도록 다양한 플러그인을 설치할 수 있습니다.

1) VS Code용 한국어 팩 확장 설치

비주얼 스튜디오 코드는 기본적으로 영어 인터페이스를 제공합니다. 사용하기 편리하게 하려면 한국어 팩을 확장 설치하여 효율적으로 사용할 수 있습니다.

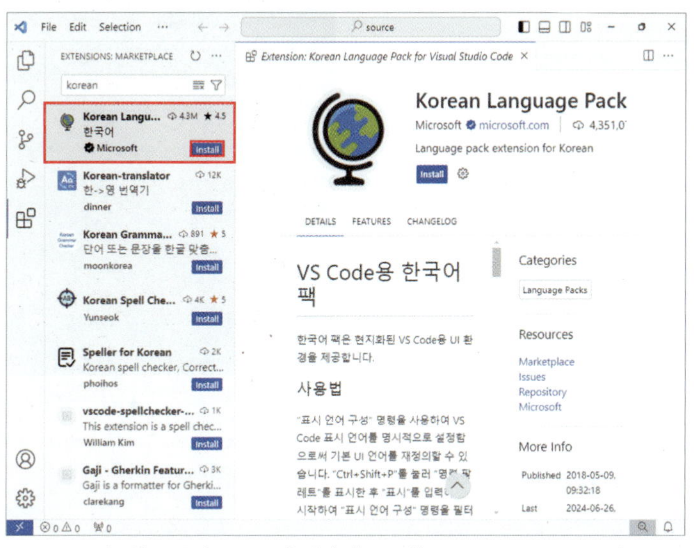

▲ 비주얼 스튜디오 코드 홈페이지(https://code.visualstudio.com/)

[확장 아이콘(⊞)] – Korean 검색 – Korean Language Pack Install – 프로그램 다시 시작

2) 라이브 서버 확장 설치

비주얼 스튜디오 코드의 라이브 서버(Live Server) 확장 기능은 개발 중인 웹 페이지를 실시간으로 편하게 미리보기 할 수 있도록 도와줍니다.

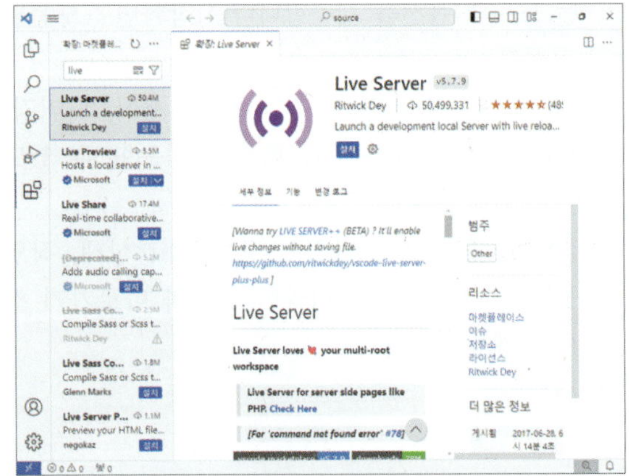

▲ 라이브 서버 확장 설치

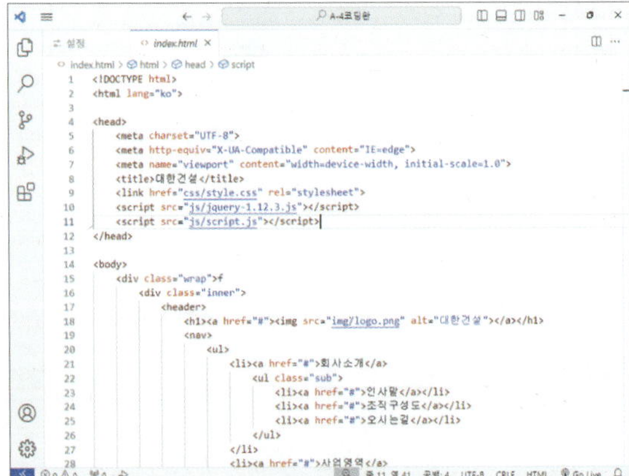

▲ go Live 표시

[확장 아이콘(⊞)] – Live Server 검색 – Live Server 설치

3) 색 테마 변경

비주얼 스튜디오 코드의 색 테마를 변경하여 사용자의 코드 편집기의 색상을 사용자 취향에 맞게 조정할 수 있습니다.

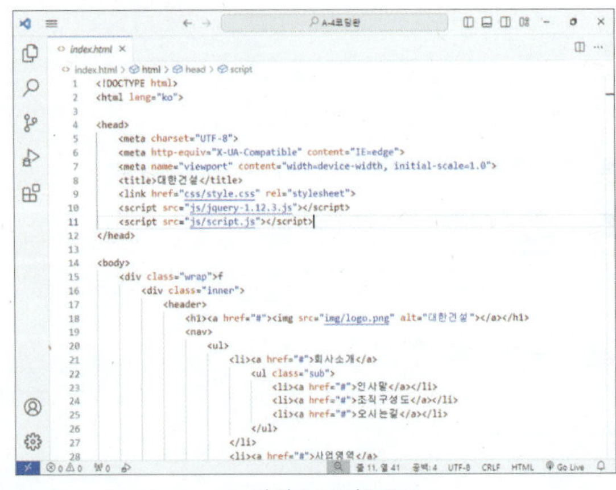

▲ 라이트 모던 모드

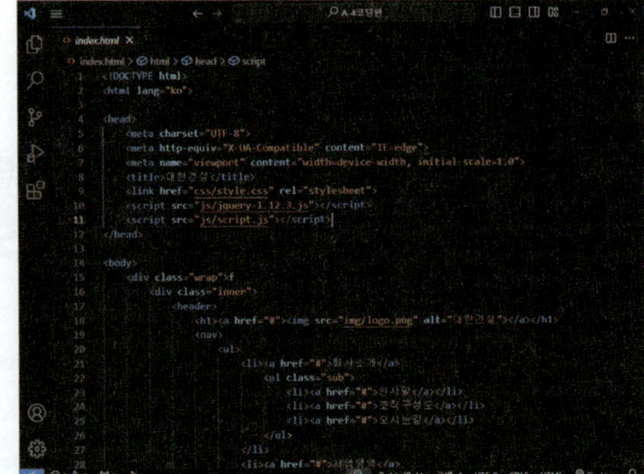

▲ 다크 모던 모드

[관리 아이콘(⚙)] – 테마 – 색

03 Visual Studio Code 실습

1) 폴더 열기

비주얼 스튜디오 코드 작업 시, 소스 파일이 있는 폴더를 열어 작업하는 것이 유리합니다. 프로젝트의 전체 파일과 폴더 구조를 탐색하고 관리할 수 있으므로, 미리 작업할 폴더를 생성한 후 '폴더 열기' 기능을 사용하여 해당 폴더를 엽니다.

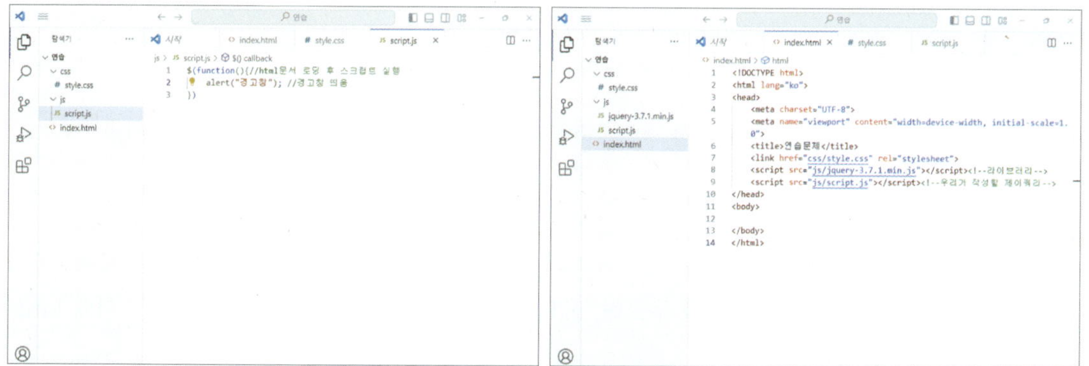

▲ 바탕화면 연습 폴더를 만든 후 비주얼 스튜디오 코드 [파일] –[폴더 열기]

2) 새 폴더와 새 문서 만들기

비주얼 스튜디오 코드의 왼쪽 사이드바에서 폴더를 생성한 후, 새로운 HTML, CSS, Script 파일을 만듭니다. (확장자에 유의하고, 파일명은 띄어쓰기 없이 영어로 작성합니다.)

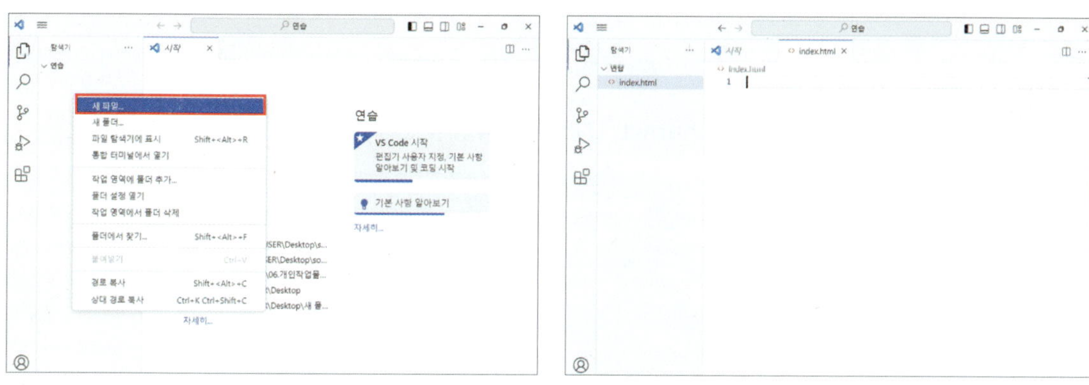

▲ 우클릭 새 문서(index.html) 생성

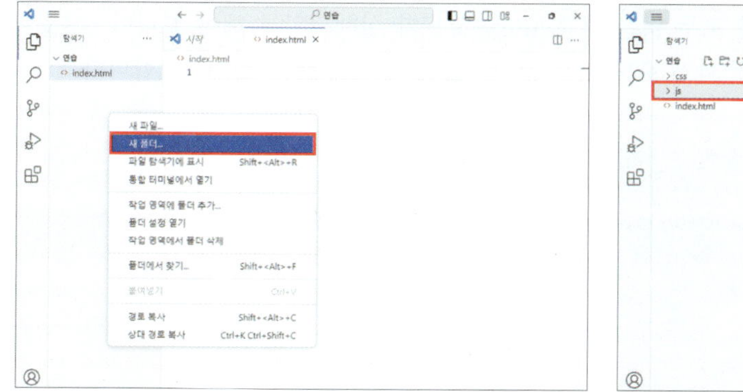
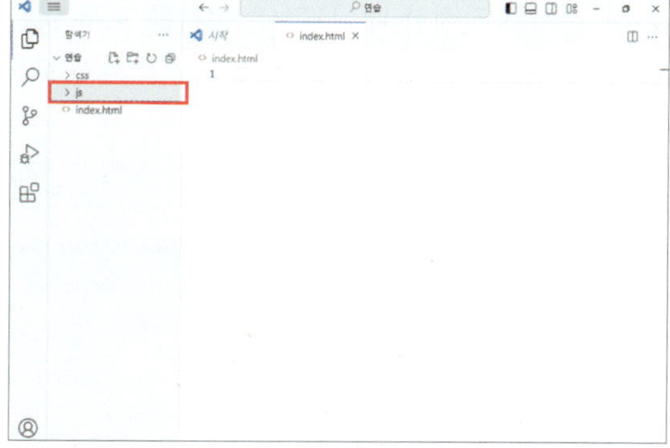

▲ 우클릭 새 폴더(css, js) 생성

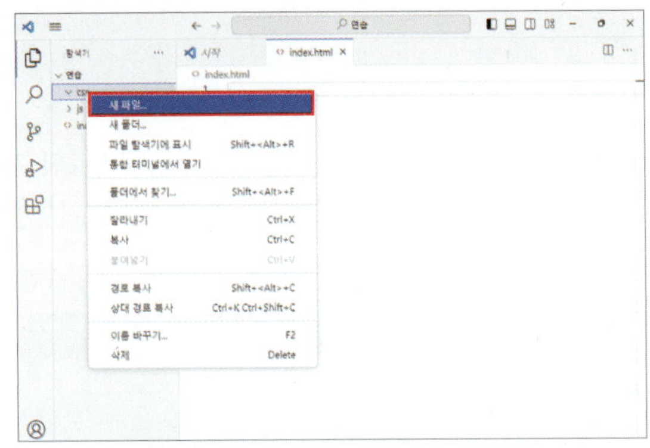

▲ 폴더 선택 후 우클릭 새 파일 생성

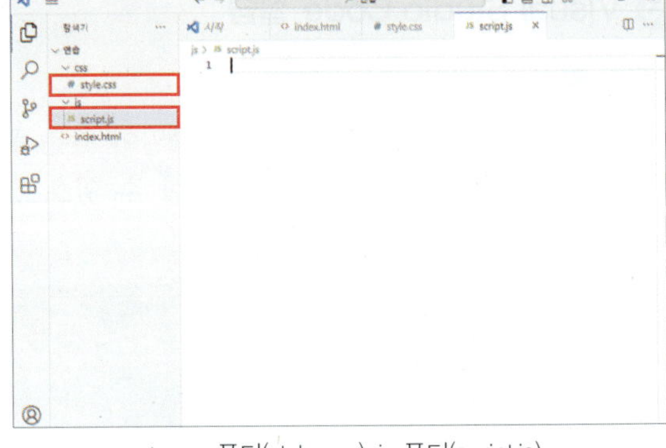

▲ css 폴더(style.css), js 폴더(script.js)

3) 코드 셋팅하기

① HTML 문서 셋팅

index.html에서 '!'를 입력한 후 [Tab]을 누르면, HTML 기본 구조가 자동으로 완성됩니다. 이때 lang의 값 'en'을 'ko'로 변경합니다.

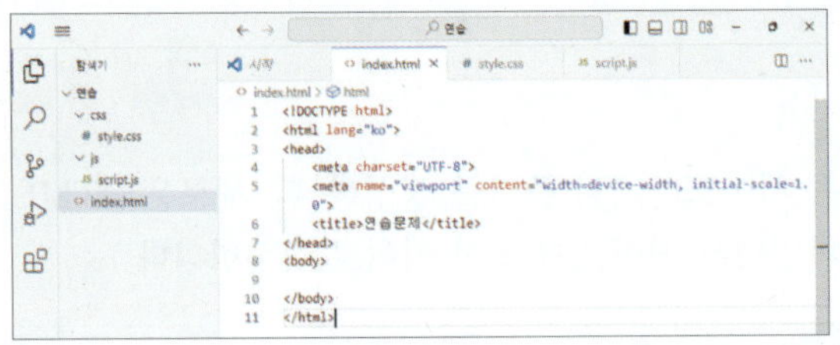

② CSS 문서 셋팅

외부 CSS 문서를 작성할 때 상단에 @charset 'UTF-8'; 작성 후 CSS를 작성합니다.

③ Script 문서 셋팅

Script 문서를 작성할 때, HTML 문서를 모두 읽은 후 jQuery 코드가 실행되도록 해야 합니다. 이를 위해 $(function( ) {...}) 구문을 사용하여 문서가 로드된 후 스크립트 코드가 실행되도록 작성합니다.

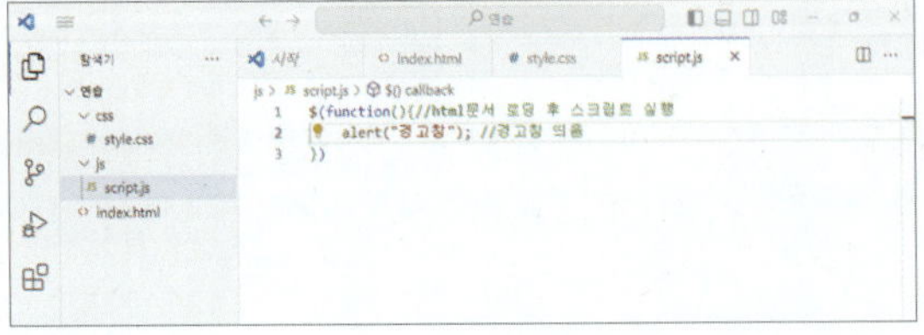

또한, jQuery를 사용하지 않고 순수 자바스크립트만으로 동일한 효과를 내고 싶다면, 〈script〉 태그에 defer 속성을 지정할 수 있습니다. defer는 HTML 문서 해석이 끝난 뒤 스크립트를 실행하도록 지연시키는 기능을 하며, 결과적으로 $(function(){ … }) 구문과 같은 목적을 갖습니다. 이 책에서는 실습 시 defer 속성을 사용할 것입니다.

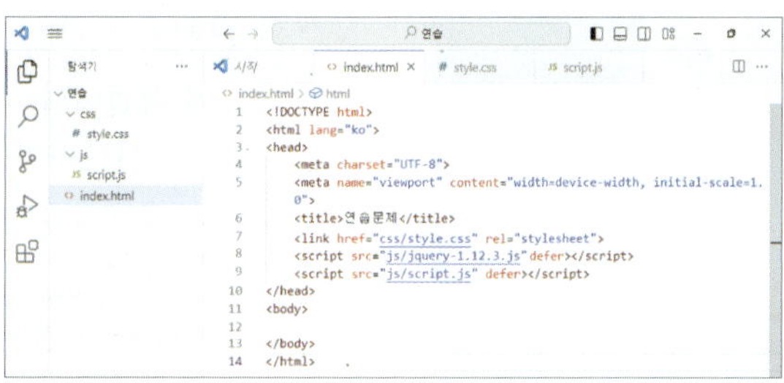

4) HTML 문서에 CSS, Script 문서 연결

HTML 문서에 CSS, jQuery 라이브러리, Script 파일을 연결합니다. 이때 파일 경로를 주의해서 작성합니다(jQuery 라이브러리는 다운로드하여 js 폴더에 넣습니다.).

[참고하기] PART 02 – SECTION 04 jQuery 기본 다지기

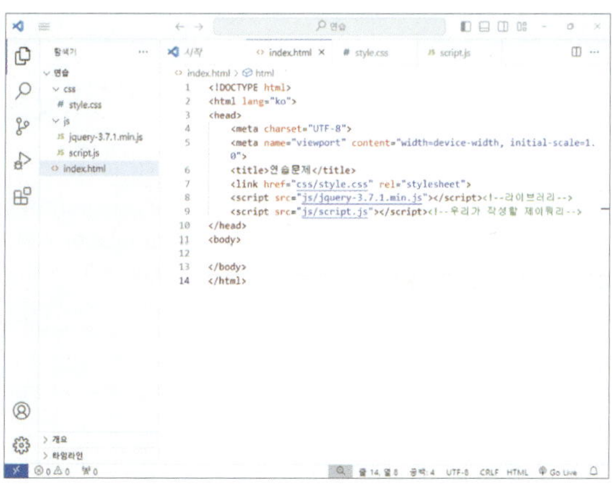

5) Live Server로 미리보기

비주얼 스튜디오 코드의 아래 상태표시줄에서 'Go Live'를 클릭하여 웹 페이지 미리보기를 확인합니다.

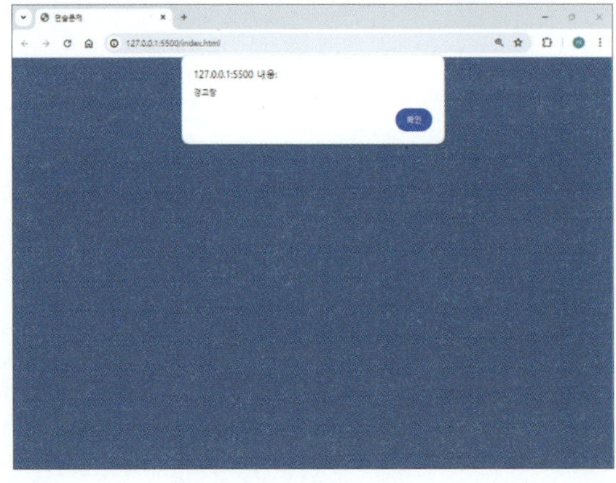

- HTML 문서를 선택하거나 활성화한 상태에서 'Go Live' 버튼을 클릭합니다.
- CSS 문서가 정상적으로 연결되면 브라우저에 파란색이 출력됩니다.
- jQuery 라이브러리와 script.js가 연결되면 경고창이 나타납니다.
- 'Go Live' 버튼을 클릭 시 'port:5500'으로 변경됩니다. 'port:5500'은 Live Server 확장 기능이 로컬 서버를 실행할 때 사용하는 기본 포트입니다. 다시 누르면 'Go Live'가 나타납니다.
- Go Live 설치되지 않았을 때 'index.html' 문서를 웹 브라우저인 '크롬(Chrome)'으로 열어 작업 결과를 확인할 수 있습니다.

기적의 TIP

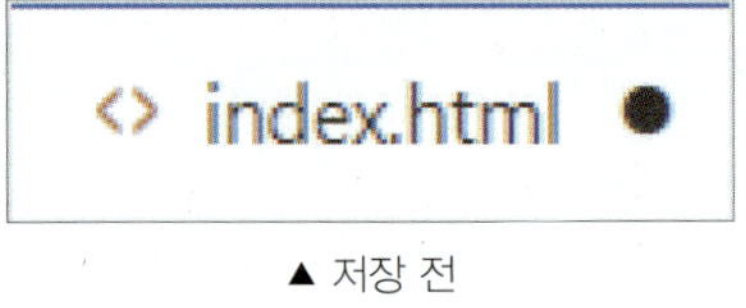

▲ 저장 전

▲ 저장 후

04 Visual Studio Code 유용한 기능

1) Visual Studio Code 단축키

비주얼 스튜디오 코드에서 자주 사용하는 단축키는 다음과 같습니다.

단축키	설명	단축키	설명
Ctrl + O	파일 열기	Ctrl + /	주석 처리
Ctrl + S	파일 저장	Shift + Alt + F	코드 정리
Ctrl + N	새 파일	Ctrl + Shift + K	줄 삭제
Ctrl + B	탐색기 열기/닫기	Alt + Shift + ↓ Alt + Shift + ↑	줄 복사
Ctrl + Z	실행 취소	Ctrl + A	모든 항목 선택
Ctrl + Y	다시 실행	Ctrl + F	찾기
Ctrl + W	화면 분할	Ctrl + H	바꾸기

2) 화면 분할

비주얼 스튜디오 코드에서 화면 분할은 편집기 창을 동시에 열어 작업 공간을 효율적으로 사용할 수 있도록 합니다.

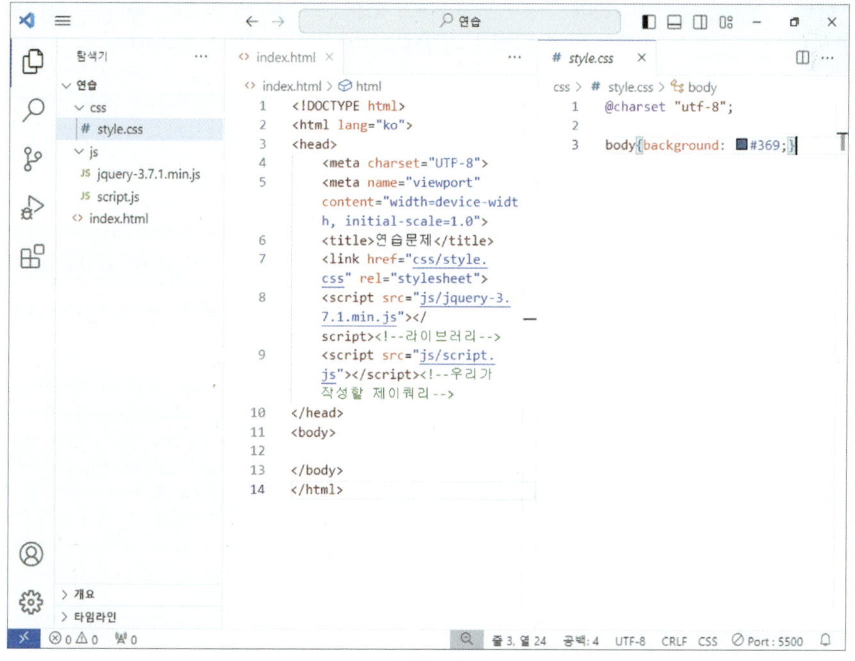

▲ 화면 분할

3) 코드 자동 줄바꿈 설정

긴 코드 라인을 가독성 좋게 표시하기 위해 자동 줄바꿈을 설정하여 전체 코드를 쉽고 편리하게 확인하고 수정할 수 있습니다.

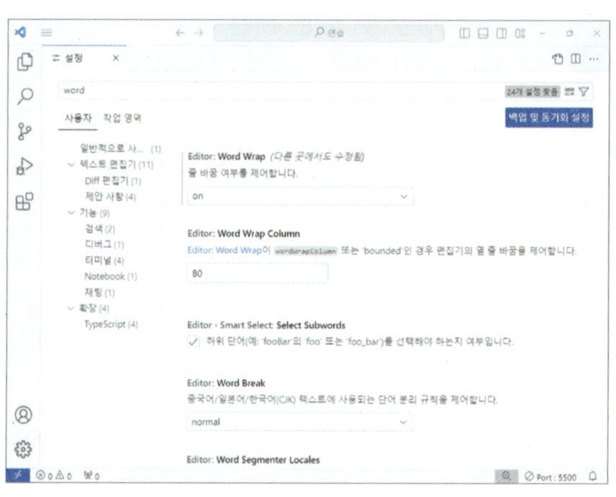

- 메뉴에서 파일 〉 기본 설정 〉 설정([Ctrl]+[.])을 클릭합니다.
- 설정 검색 창에 'word wrap'을 입력합니다.
- Editor : Word Wrap 옵션을 on으로 설정합니다.

Photoshop 필수 기능

핵심포인트 웹디자인개발기능사 실기에서 로고 작업 시 포토샵의 레이어 관리, 벡터 도구, 고해상도 이미지 편집 기능을 활용해 정교하고 전문적인 디자인을 제작할 수 있습니다.

01 Photoshop 소개

1) Photoshop이란?

포토샵(Photoshop)은 어도비(Adobe)에서 개발한 그래픽 디자인 및 사진 편집 소프트웨어입니다. 이미지 편집, 사진 보정, 이미지 합성, 그래픽 디자인 제작 등 다양한 작업을 수행할 수 있습니다. 포토샵의 주요 기능은 다음과 같습니다.

- 밝기, 대비, 색상 조정 및 화이트 밸런스 등 사진 보정
- 벡터 도구와 텍스트 도구를 활용한 로고 및 아이콘 제작
- 웹 페이지 레이아웃, 버튼, 배너 등의 웹 요소 디자인
- 책 표지, 잡지 레이아웃 및 기타 인쇄물 디자인
- 이미지 시퀀스를 사용한 간단한 애니메이션 GIF 제작

2) Photoshop 인터페이스

❶ 메뉴바 : 파일, 편집, 이미지, 레이어 등 접근할 수 있는 메뉴들

❷ 도구 옵션 패널 : 현재 선택된 도구의 옵션을 설정할 수 있는 패널

❸ 도구 상자 패널 : 자주 사용하는 도구들이 모여 있는 패널

❹ 패널 : 레이어, 채널 등 다양한 작업을 관리 · 편집할 수 있는 패널들로, 필요에 따라 추가 · 제거할 수 있음

❺ 작업 영역 : 실제 작업이 이루어지는 공간

❻ 이미지 탭 : 현재 열려 있는 이미지 파일들이 탭 형식으로 표시

❼ 상태표시줄 : 현재 작업 중인 파일의 정보 (확대/축소 비율, 파일 크기 등)를 제공

*이 책은 Adobe Photoshop CC 2023 한글 버전으로 작성되었습니다. 프로그램의 버전에 따라 메뉴나 용어 내에서 차이가 있을 수 있음을 안내드리며, 프로그램 버전에 의한 사유로 교환 및 환불은 불가합니다.

02 Photoshop 필수 설정

1) 단위 설정

[편집(Edit)] – [환경설정(Preferences)] – [단위
와 눈금자(Units & Rulers)]에서 눈금자(Rulers)
단위를 '픽셀(Pixels)'로 설정합니다.

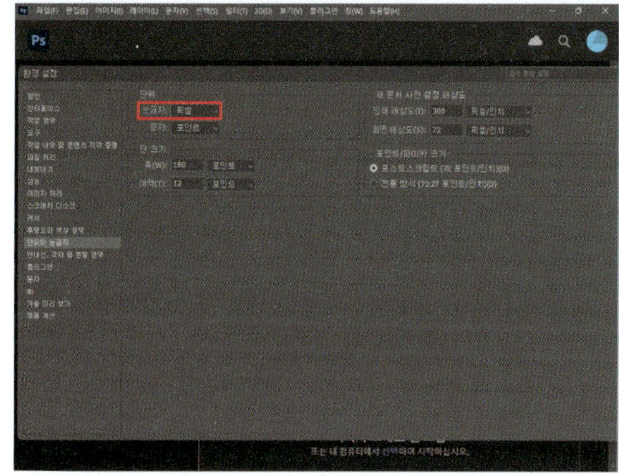

2) 패널 삭제

패널의 보조 메뉴(≡) 선택하여 [탭 그룹 닫기]를 합니다.

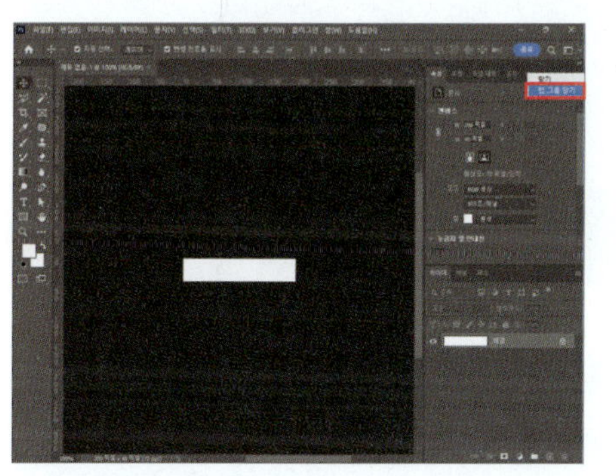
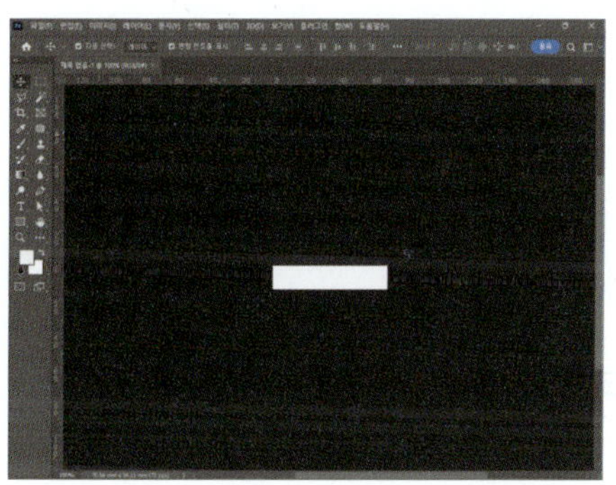

3) 패널 추가

[창(Window)] – [레이어(Layers)], [창(Window)] – [속성(Properties)]을 선택하여 패널을 추가합니다.

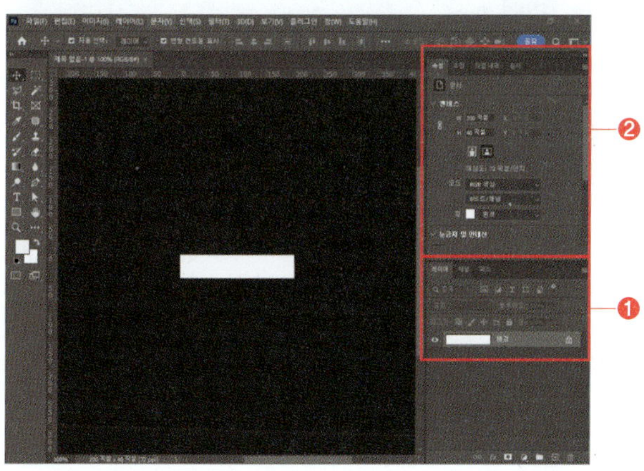

❶ 레이어 패널 : 문서의 레이어를 생성, 관리, 편
집할 수 있는 패널

❷ 속성 패널 : 선택한 레이어의 다양한 속성을 조
정할 수 있는 패널

1) 새 문서 열기

01 [파일(File)] – [새로 만들기(New)] 또는 [Ctrl] + [N]
을 눌러, '새로운 문서 만들기'를 합니다. 새로운
문서 만들기 대화상자에서 '만들기(Create)'를
선택합니다.

- 폭(Width) : 200px
- 높이(Height) : 40px
- 해상도(Resolution) : 72px/inch
- 색상 모드(Color Mode) : RGB 색상
- 배경 내용(Background Contents) : 흰색(White)

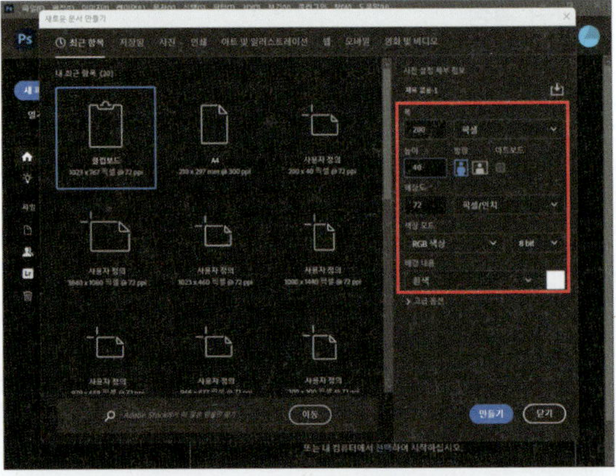

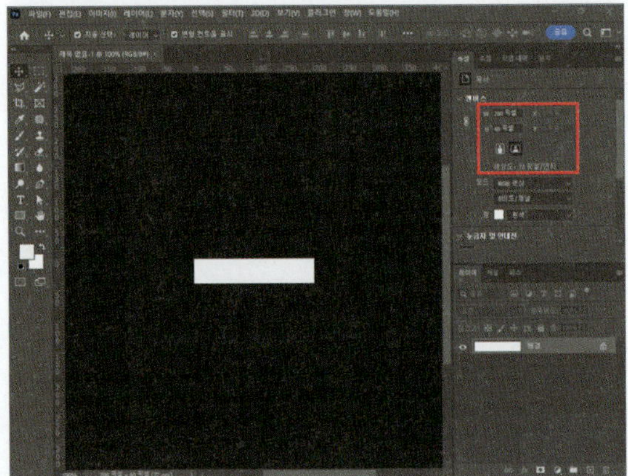

2) 이미지 크기 조절하기

01 [파일(File)] – [열기(Open)] 또는 [Ctrl] + [O]를
선택하고, 'img01.jpg' 파일을 불러옵니다.

02 [이미지(Image)] – [이미지 크기(Image Size)]를
선택하고, 종횡비 제한 활성화(⦵) 후 이미지 크
기 대화상자에서 '폭(Width) : 1200px'를 설정하
면, 폭에 따라 높이가 자동으로 조절됩니다.

└ 종횡비는 이미지나 화면의 가로와 세로 길이의 비율을 의미

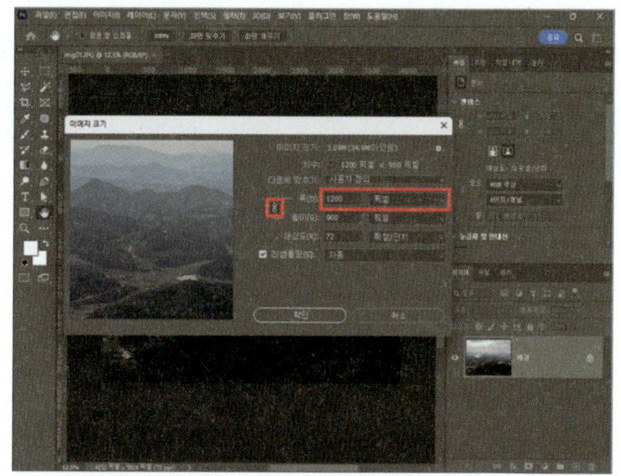

3) 이미지 자르기

01 [파일(File)] – [열기(Open)] 또는 [Ctrl] + [O]를
눌러, 'logo.png' 파일을 불러옵니다.

02 도구 상자 패널에서 자르기 도구(⛏)를 선택하
고, 자를 영역 조절 후 [Enter]를 누르면 선택된
부분만 남고 영역에 맞게 문서가 잘립니다.

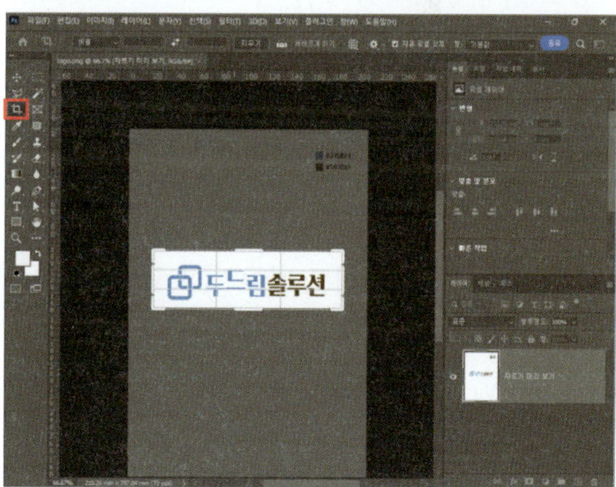

4) 저장하기

01 PSD 저장하기 [파일(File)] – [다른 이름으로 저장(Save as)] 또는 Shift + Ctrl + S 를 눌러, 파일 형식 '*.psd'로 저장합니다.

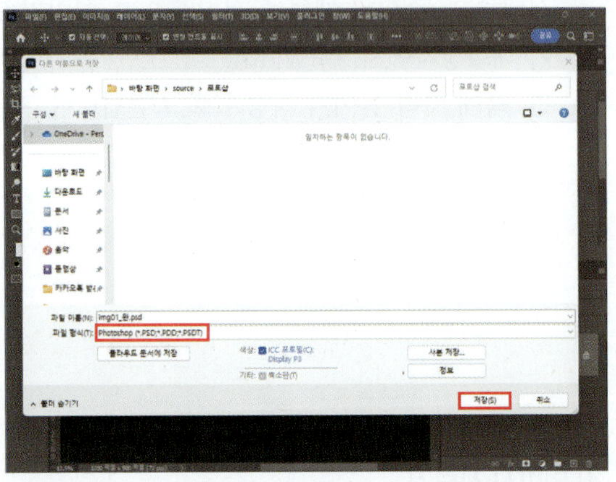

02 PNG 저장하기 [파일(File)] – [내보내기(Export)] – [PNG로 빠른 내보내기(Quick Export as PNG)]를 선택하고, 파일 형식 '*.png'로 저장합니다.

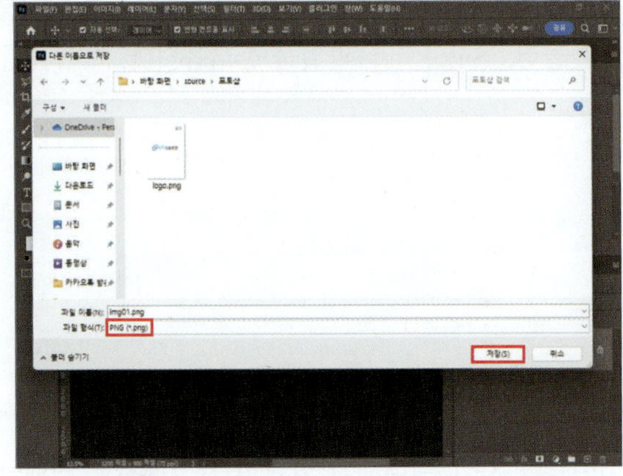

04 Photoshop 핵심 실습

1) 워드 타입의 로고 제작하기

01 [파일(File)] – [새로 만들기(New)] 또는 Ctrl + N 을 눌러, '새로운 문서 만들기'를 합니다.

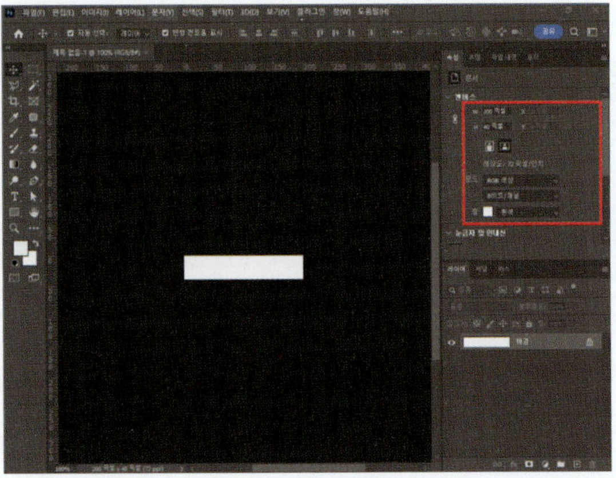

- 폭(Width) : 200px
- 높이(Height) : 40px
- 해상도(Resolution) : 72px/inch
- 색상 모드(Color Mode) : RGB 색상
- 배경 내용(Background Contents) : 흰색(White)

02 도구 상자에서 문자 도구(T)를 선택하고, 도구 옵션 패널에서 '서체 : 맑은 고딕, 글자 크기 : 29pt, 색상 : #000000'을 설정합니다. 그런 다음 문서를 클릭하여 '두드림 솔루션'을 입력하고, 작업이 완료되면 Enter 를 눌러 글자 레이어를 만듭니다.

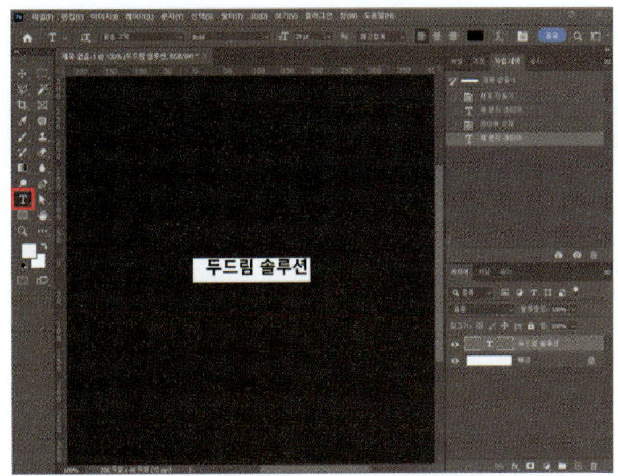

03 문자 도구(T)로 '두드림'을 블록 지정 후, 글자 색상을 '#278bcc'로 변경합니다. 이어서 '솔루션'을 블록 지정 후, 글자 색상을 '#593b1a'로 변경합니다.

04 레이어 이동, 크기 조절하고 싶은 경우 이동 도구(✛)를 선택하여 이동 또는 크기 조절합니다. 크기 조절 시 속성 패널(⚙)이 활성화되어 있지 않으면 Shift 를 눌러 비율을 유지하고 조절 후 Enter 를 입력하여 완료합니다. 활성화되어 있는 경우 Shift 를 누르지 않아도 비율이 유지됩니다.

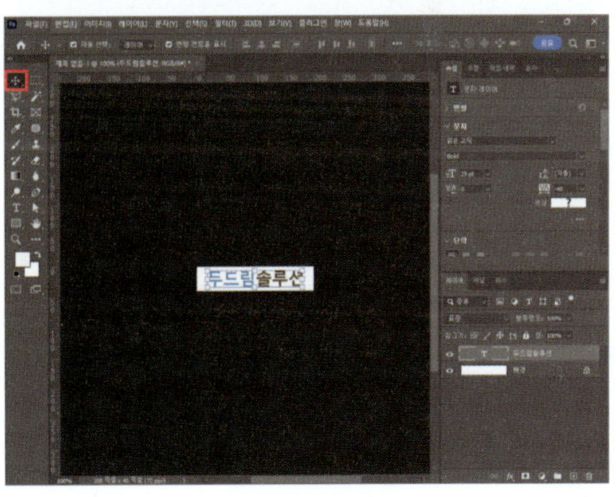

05 [파일(File)] – [내보내기(Export)] – [PNG로 빠른 내보내기(Quick Export as PNG)]를 선택하고 파일 형식 '*.png'로 저장합니다.

문자 도구 작업 시 마우스 커서 의미

마우스 커서	설명
I	텍스트 레이어 선택하여 글자 수정
↑I	새로운 텍스트 레이어 만들기
⟲I	텍스트 영역 만들기

2) 로고에 스타일 적용하기

01 [파일(File)] − [열기(Open)] 또는 Ctrl + O 를
눌러 'logo3.png' 파일을 불러옵니다.

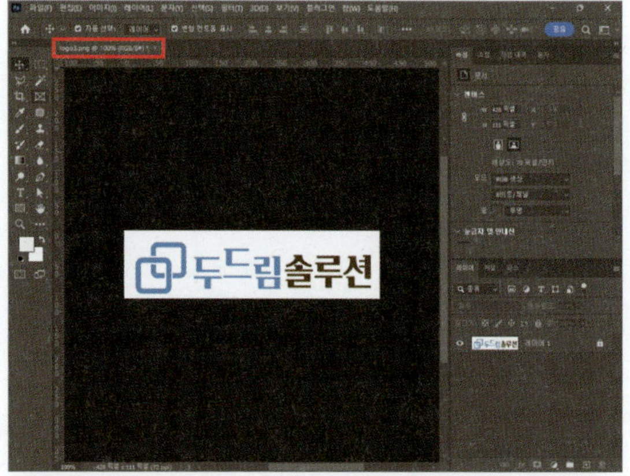

02 먼저 로고의 흰색 배경을 제거하기 전 레이어의
자물쇠 아이콘을 클릭하여 잠금을 해제하고, 해
당 레이어를 편집할 수 있도록 합니다.

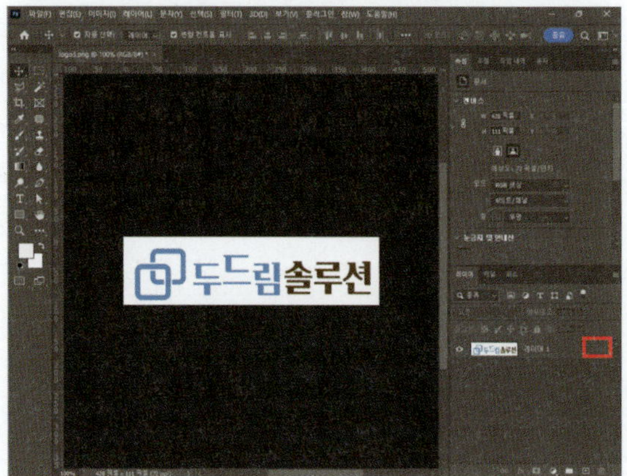

03 자동 선택 도구( )를 선택하고, 흰색 영역을 선택합니다. 이때 도구 상자 옵션에서 '허용치 : 20, 인접 : 체크 해제'를 설정한 후 Enter 를 누릅니다. 흰색 영역만 선택되면 Delete 를 눌러 선택 영역을 삭제합니다. 마지막으로, 선택 영역 해제(Ctrl + D)를 누릅니다.

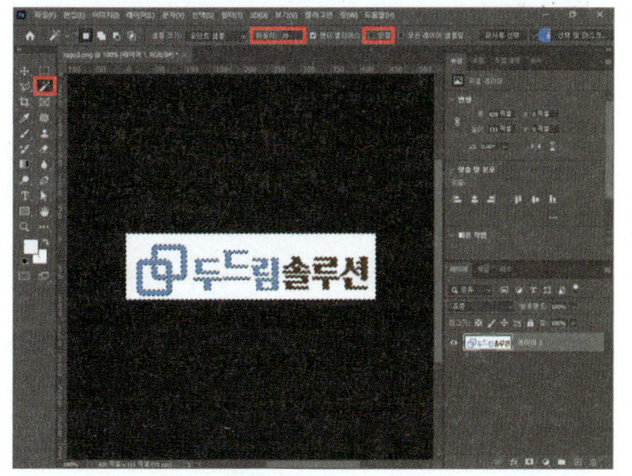
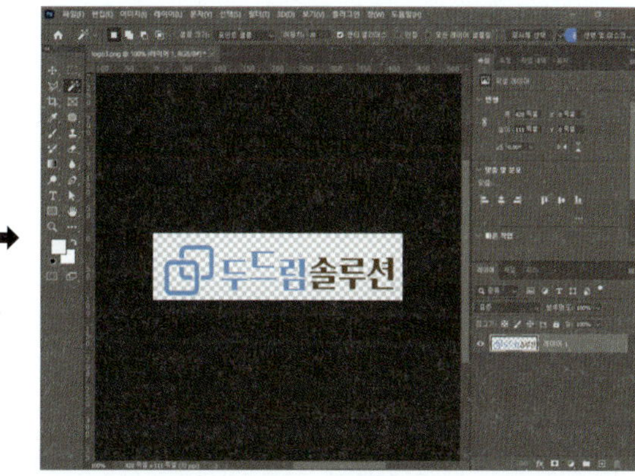

04 레이어 선택 후 레이어 스타일(fx)을 선택하여 다양한 스타일을 적용합니다.

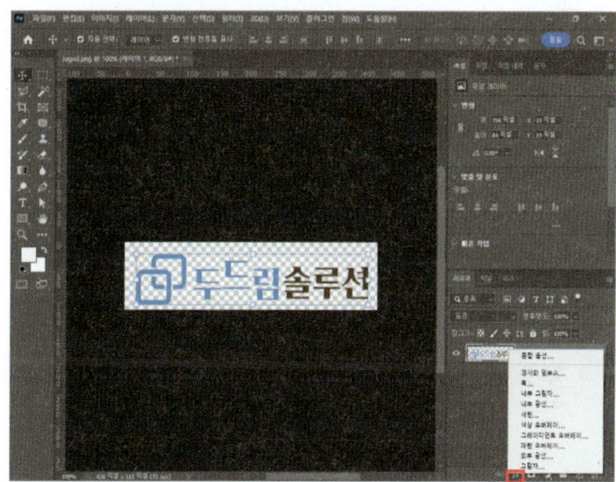

05 [레이어 스타일(Layer Style)] – [그림자 효과 (Drop Shadow)]를 선택하여 그림자의 색상, 각도, 거리, 크기를 조절합니다.

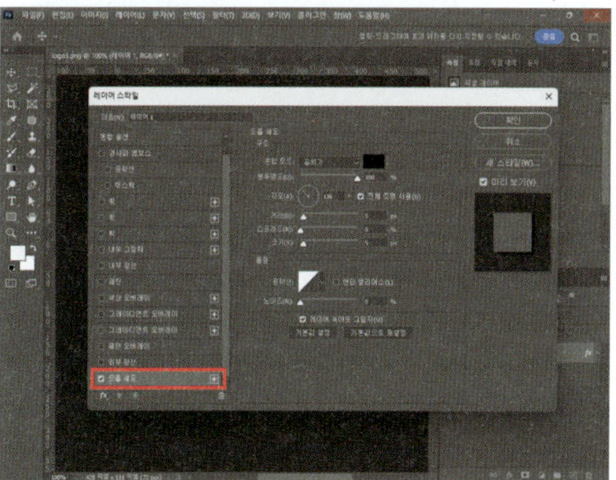

06 추가로 그레이디언트 오버레이(Gradient Overlay) 체크 후, 선택하여 해당 레이어의 그레이디언트 방향, 색상, 비율 조절 후 확인을 누릅니다.

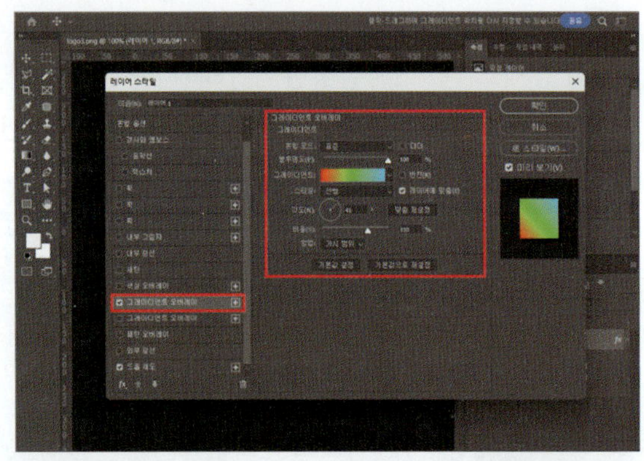

07 그레이디언트 색상을 변경하려면 그레이디언트 슬라이더를 클릭합니다. 그러면 그레이디언트 편집기 대화상자가 열리며, 아래 아이콘(■)을 눌러 색상을 변경할 수 있습니다. 또한, 아래 포인트를 아무 곳이나 클릭하면 새로운 색을 추가할 수 있습니다.

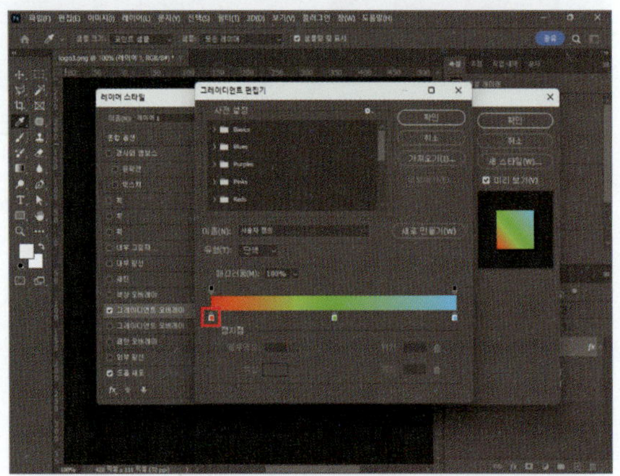

08 필요 없는 레이어 스타일은 눈 아이콘(◉)을 클릭하여 숨기거나, 효과를 끌어 휴지통에 버려서 제거할 수 있습니다.

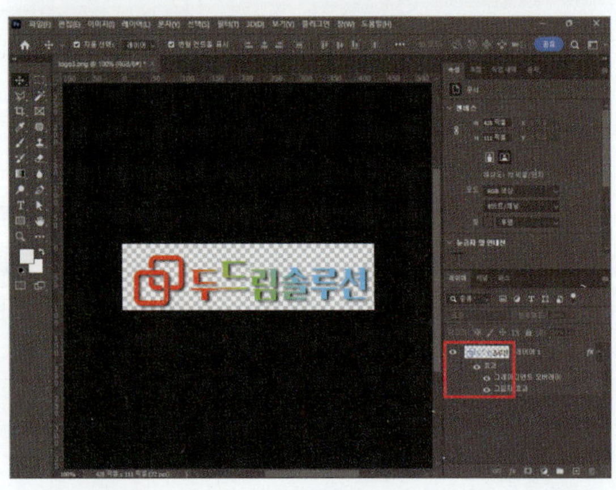

09 [파일(File)] – [내보내기(Export)] – [PNG로 빠른 내보내기(Quick Export as PNG)]를 선택하고, 파일 형식 ‘*.png’로 저장합니다.

3) 무채색으로 제작하기

01 [파일(File)] – [열기(Open)] 또는 Ctrl + O 를
눌러 'logo3.png' 파일을 불러옵니다.

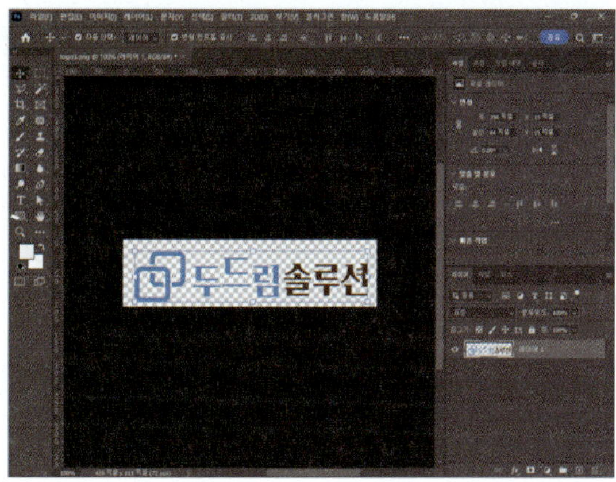

02 [이미지(Image)] – [조정(Adjustments)] – [색조/채도(Hue/Saturation)]를 선택하고 대화상자에
서 '채도(Saturation) : −100', '밝기(Lightness) : −18'로 설정합니다.

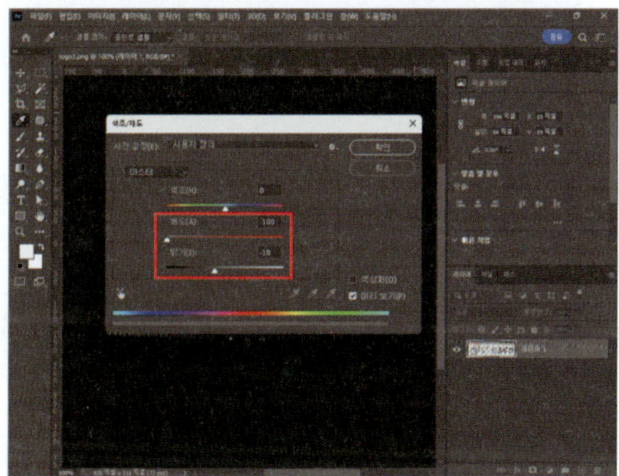
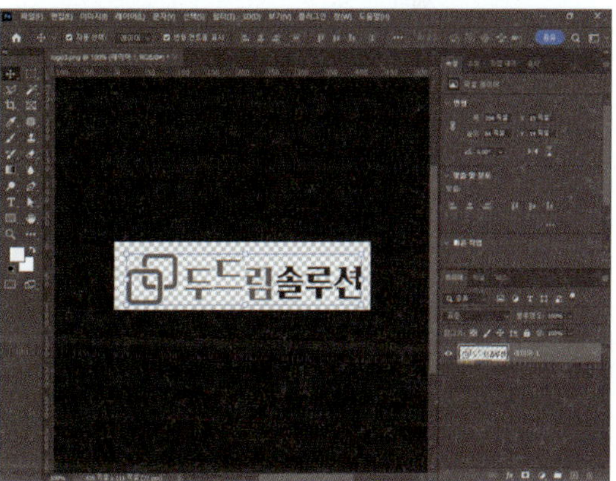

- **색조(Hue)** : 색상의 기본 속성인 빨강, 파랑, 노랑 등 색의 종류를 나타냅니다.
- **채도(Saturation)** : 색의 선명도로, 색의 진하고 탁한지를 표현합니다.
- **밝기(Lightness)** : 밝기는 색의 명도를 나타내며, 색의 밝고 어두운지를 나타냅니다.

03 [파일(File)] – [내보내기(Export)] – [PNG로
빠른 내보내기(Quick Export as PNG)]를 선
택하고, 파일 형식 '*.png'로 저장합니다.

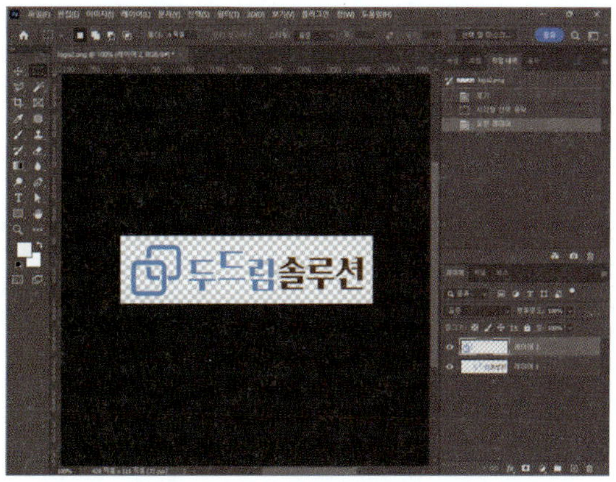

4) 원하는 영역 선택하여 색상 변경하기

01 [파일(File)] – [열기(Open)] 또는 Ctrl + O 를
눌러 'logo2.png' 파일을 불러옵니다.

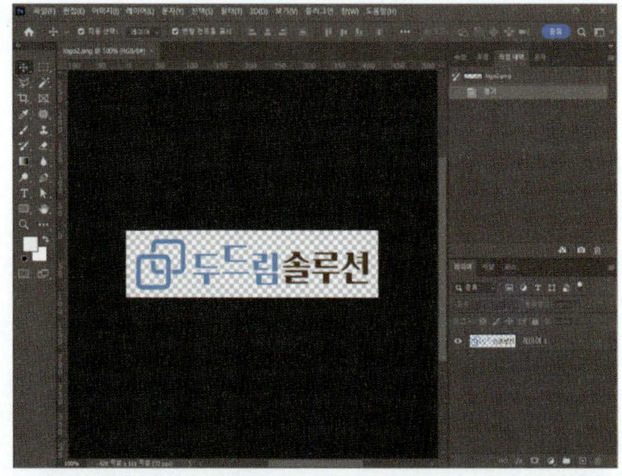

02 선택 영역 도구(▢)로 원하는 영역을 선택합니다.

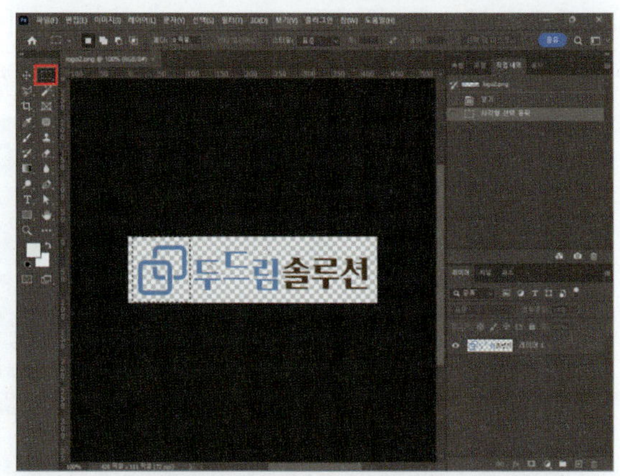

03 분리할 레이어 선택 후, 선택 영역을 레이어로
잘라내기(Ctrl + Shift + J)를 눌러 선택한 영
역을 잘라내어, 잘라낸 영역이 새로운 레이어로
생성됩니다.

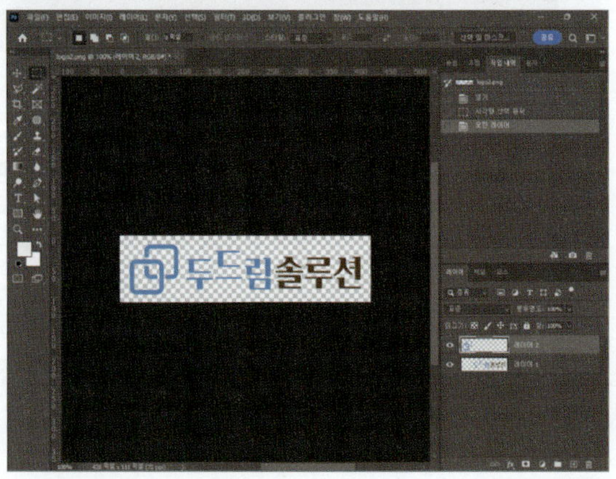

04 레이어를 선택하여 [레이어 스타일(Layer Style)] – [색상 오버레이(Color Overlay)]를 클릭한 후, 색상을 '빨간색'으로 변경합니다.

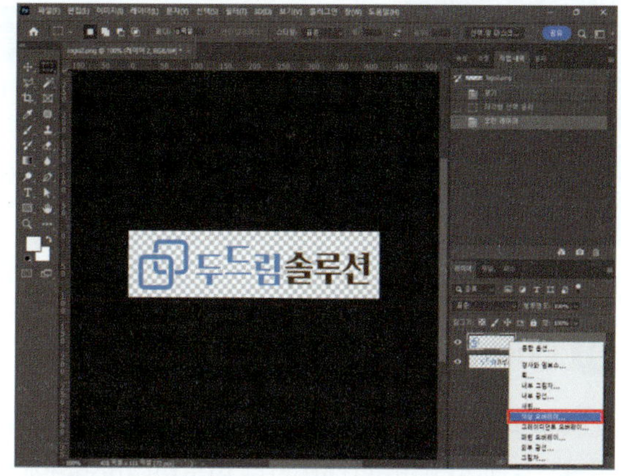

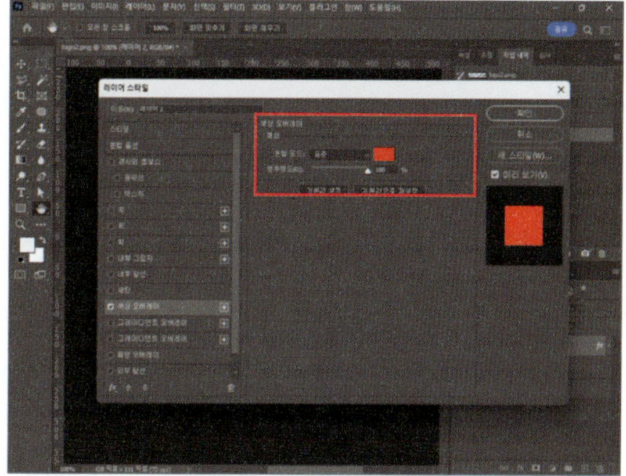

05 [파일(File)] – [내보내기(Export)] – [PNG로 빠른 내보내기(Quick Export as PNG)]를 선택하고, 파일 형식을 '*.png'로 저장합니다.

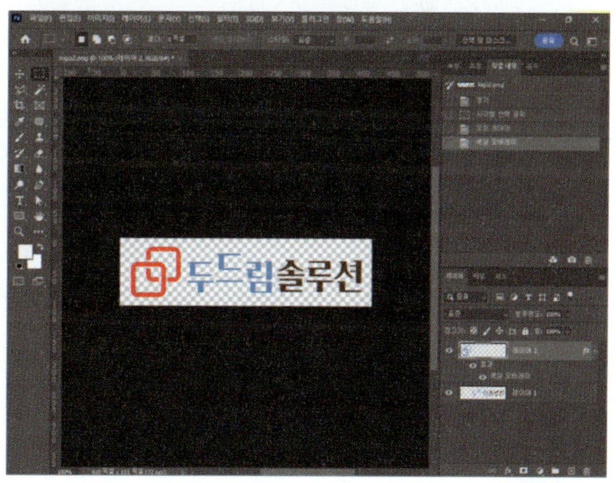

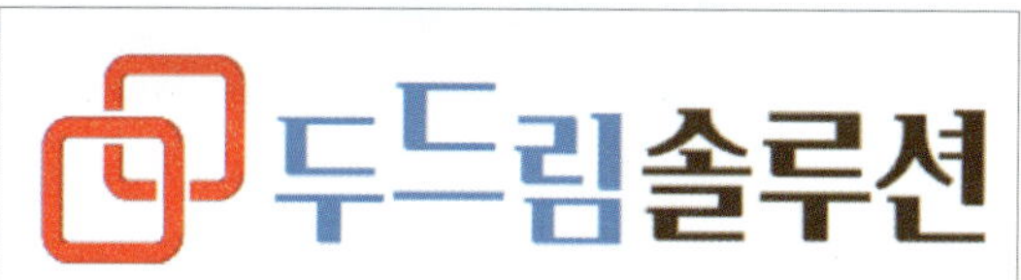

Illustrator 필수 기능

핵심포인트 웹디자인개발기능사 실기에서 로고 작업 시 일러스트레이터의 벡터 기반 디자인, 패스 도구, 아트보드 기능을 활용해 선명하고 확장 가능한 로고와 심볼을 제작할 수 있습니다.

01 Illustrator 소개

1) Illustrator란?

일러스트레이터(Illustrator)는 어도비(Adobe)에서 개발한 벡터 그래픽 디자인 소프트웨어입니다. 로고, 아이콘, 타이포그래피 및 다양한 작업에 널리 사용됩니다. 일러스트레이터는 벡터 기반의 작업 방식을 통해 이미지를 확대하거나 축소해도 품질 저하가 없으며, 정교하고 세밀한 디자인 작업이 가능합니다. 일러스트레이터의 주요 기능은 다음과 같습니다.

- 기업, 브랜드, 이벤트 등의 로고 제작
- 웹사이트, 애플리케이션, 인터페이스 등의 아이콘 제작
- 책, 잡지, 광고, 포스터 등을 위한 삽화 제작
- 폰트 디자인, 텍스트 레이아웃, 타이포그래피 제작
- 데이터를 시각적으로 표현한 그래픽, 차트, 다이어그램 등 인포그래픽 제작
- 3D 형태로 객체를 회전, 돌출 및 조명 효과를 적용하여 입체적인 디자인 제작

2) Illustrator 인터페이스

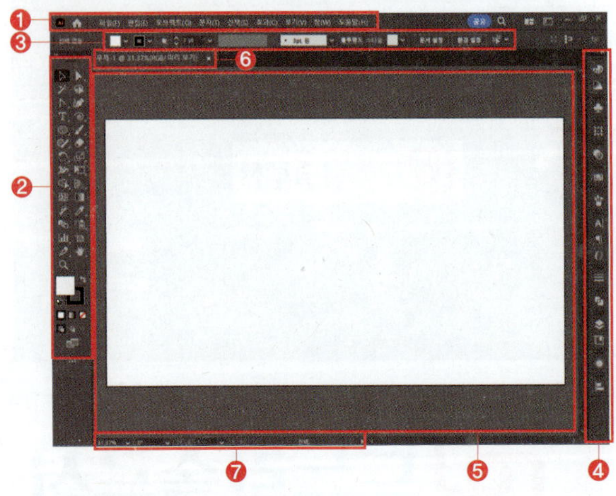

❶ 메뉴바 : 파일, 편집, 오브젝트, 문자, 선택, 효과, 보기, 창, 도움말 등 접근할 수 있는 메뉴들

❷ 도구 상자 패널 : 자주 사용하는 도구들이 모여 있는 패널

❸ 제어 패널 : 현재 선택한 도구 또는 오브젝트와 관련된 속성 및 옵션을 설정할 수 있는 패널

❹ 패널 : 레이어, 색상, 브러시, 문자, 그레이디언트 등의 패널이 포함되어 있음, 필요에 따라 열고, 닫을 수 있으며 작업을 효율적으로 할 수 있음

❺ 작업 영역 : 실제 디자인 작업이 이루어지는 공간이며, 여러 개의 아트보드를 생성할 수 있음

❻ 문서 탭 : 현재 열려 있는 이미지 파일들이 탭 형식으로 표시됨

❼ 상태표시줄 : 현재 작업 중인 파일의 정보(확대/축소비율, 아트보드의 위치 등)를 제공

*이 책은 Adobe Illustrator CC 2024 한글 버전으로 작성되었습니다. 프로그램의 버전에 따라 메뉴나 용어 내에서 차이가 있을 수 있음을 안내드리며, 프로그램 버전에 의한 사유로 교환 및 환불은 불가합니다.

1) 단위 설정

[편집(Edit)] – [환경설정(Preferences)] – [단위(Units)]
에서 '일반(General) : 픽셀(Pixels)'로 설정합니다.

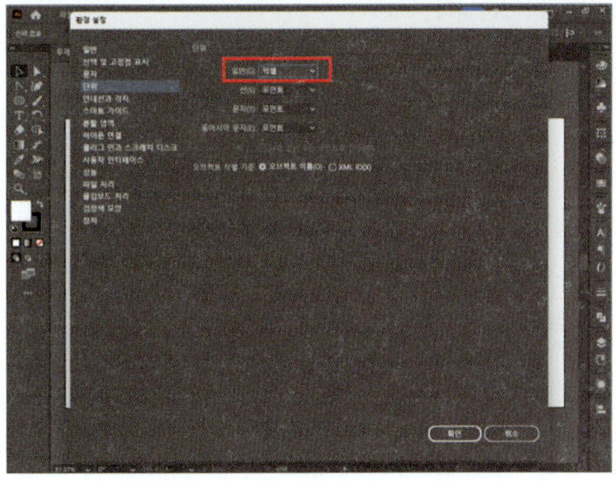

2) 제어 패널 설정

[창(Window)] – [제어(Control)]를 선택하여 '제어 패널'을 설정합니다.

▲ 제어(Control) 패널 설정 전

▲ 제어(Control) 패널 설정 후

3) 고급 도구 상자 설정

도구 상자의 도구모음 편집 아이콘(   )을 선택합니다. 그리고 보조 메뉴 아이콘(   )을 선택하고, '고급
(Advanced)'을 선택합니다.

▲ 기본 도구 상자

▲ 고급 도구 상자

숨겨진 도구 찾는 방법
도구 상자의 아이콘 구석 화살표가 있는 경우 마우스 오른쪽 버튼을 클릭하여 숨겨진 도구를 확인
할 수 있습니다.

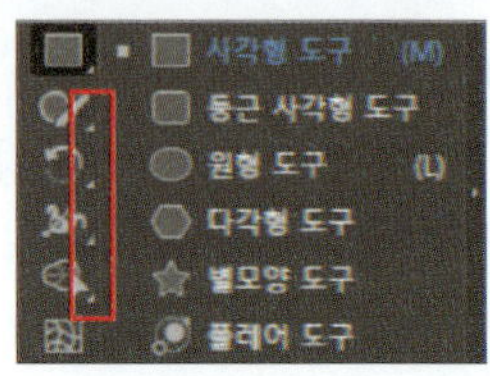

03 Illustrator 핵심 기능

1) 새 문서 열기

01 [파일(File)] – [새로 만들기(New)] 또는 Ctrl + N 을 눌러, '새로운 문서 만들기'를 합니다. 새로운
문서 만들기 대화상자에서 단위를 '픽셀(Pixels)' 변경 후 '만들기(Create)'를 선택하여 새 문서를 열
었습니다.

- 폭(Width) : 200px
- 높이(Height) : 40px
- 해상도(Resolution) : 72px/inch
- 색상 모드(Color Mode) : RGB 색상
- 래스터 효과(Raster Effects) : 스크린(72ppi)

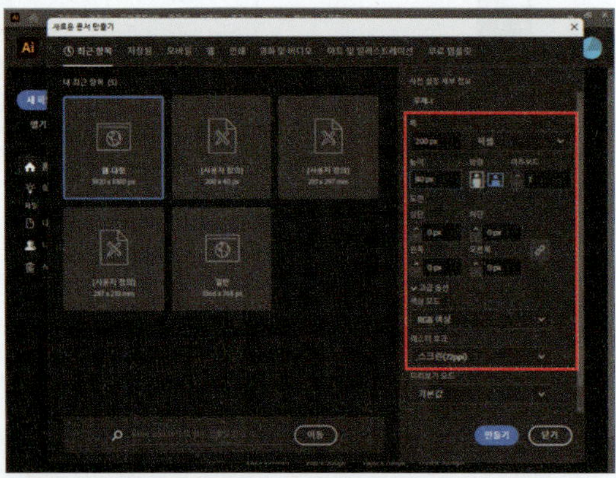 

인쇄용 vs. 웹용 디자인 프로그램 셋팅 차이
- 색상 모드
  - 인쇄용 : CMYK(Cyan, Magenta, Yellow, Black) 모드 색상을 설정합니다. CMYK는 잉크의 색상을 반영하므로, 인쇄물의 색상
    을 재현할 수 있습니다.
  - 웹용 : RGB(Red, Green, Blue) 모드 색상을 설정합니다. RGB는 디지털 화면에서 사용하는 색상 모드로, 디지털 콘텐츠에서
    정확한 색상을 나타냅니다.
- 해상도
  - 인쇄용 : 일반적으로 300dpi 이상의 해상도를 설정하여 인쇄물의 품질을 높입니다.
  - 웹용 : 일반적으로 72dpi를 설정하여 파일 크기를 줄이고, 로딩 속도를 빠르게 유지합니다.

2) 다양한 도형 만들기

01 [파일(File)] – [새로 만들기(New)] 또는 [Ctrl] + [N]을 눌러, '새로운 문서 만들기'를 합니다.

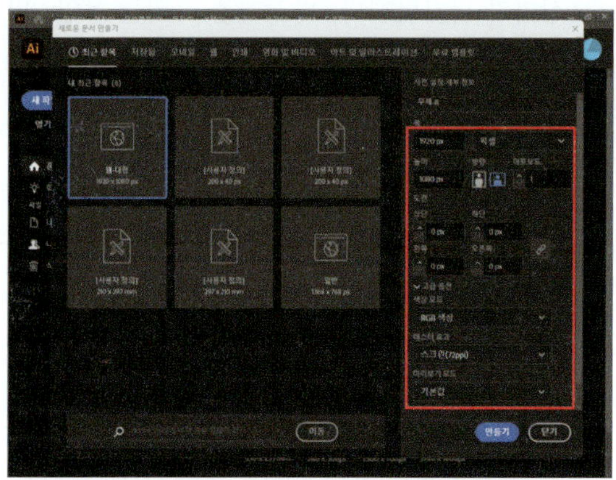

- 폭(Width) : 1920px
- 높이(Height) : 1080px
- 색상 모드(Color Mode) : RGB 색상
- 래스터 효과(Raster Effects) : 스크린(72ppi)

02 사각형 도구(■)를 선택한 후, 문서에 드래그하거나 빈 공간을 클릭하여 나타나는 대화상자에 '너비 (Width) : 100px', '높이(Height) : 100px' 값을 입력하면 사각형을 그릴 수 있습니다.

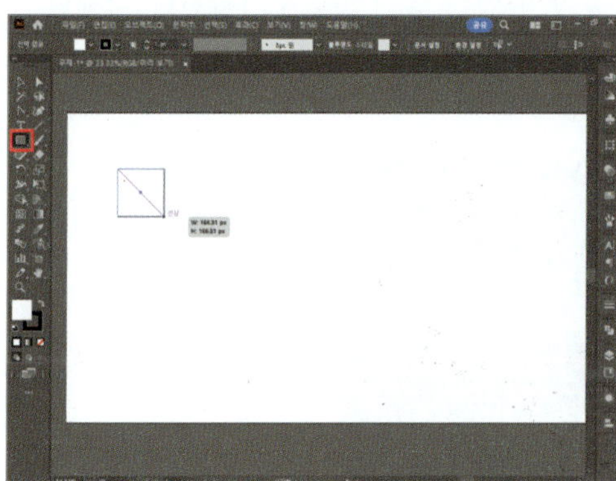

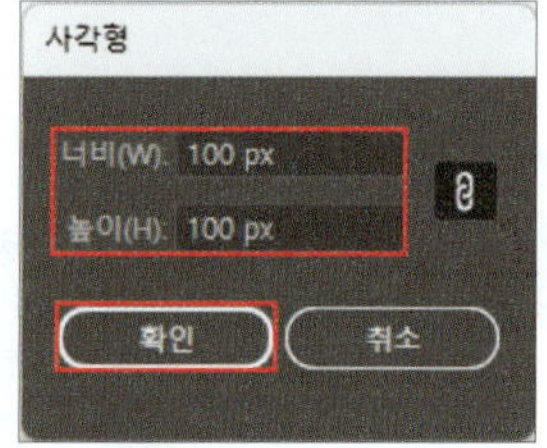

⊡ 기적의 TIP

오브젝트 칠/선 색 채우기

오브젝트를 선택 후 색상을 설정할 수 있습니다.
- 칠(Fill) : 오브젝트의 면 부분 색을 설정합니다.
- 선(Stroke) : 오브젝트의 선 부분 색을 설정합니다.
- 없음 : 오브젝트의 면 또는 선 색을 없앨 때 사용합니다.

03 다각형 도구(⬡)를 선택한 후, 문서에 드래그하거나 빈 공간을 클릭하면 다각형을 그릴 수 있는 대화 상자가 나타납니다. 다각형을 그리는 동안, 방향키(↑↓)를 사용하여 꼭지점을 추가하거나 삭제할 수 있습니다.

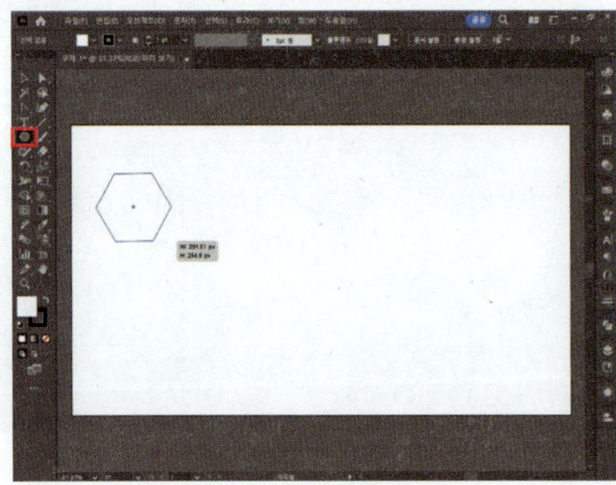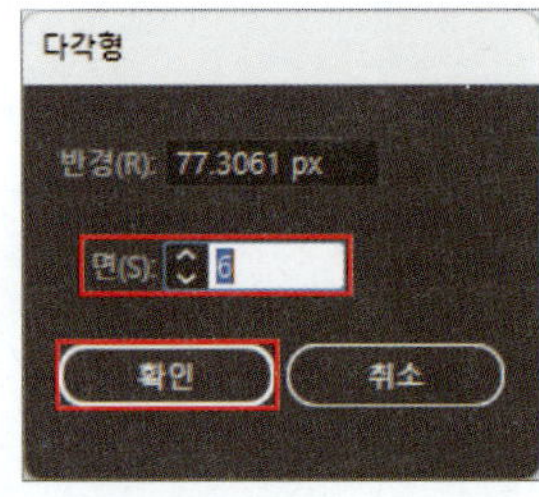

04 별 도구(★)를 선택한 후, 문서에 드래그하거나 빈 공간을 클릭하면 별 모양을 그릴 수 있는 대화상자가 나타납니다. 별을 그리는 동안, 방향키(↑↓)를 사용하여 별의 꼭지점을 추가하거나 삭제할 수 있습니다.

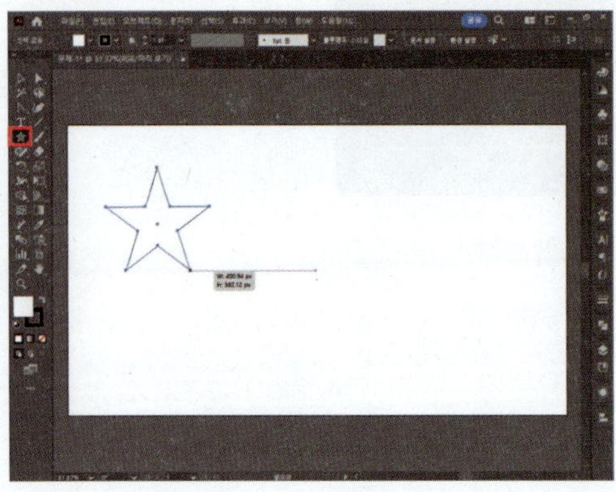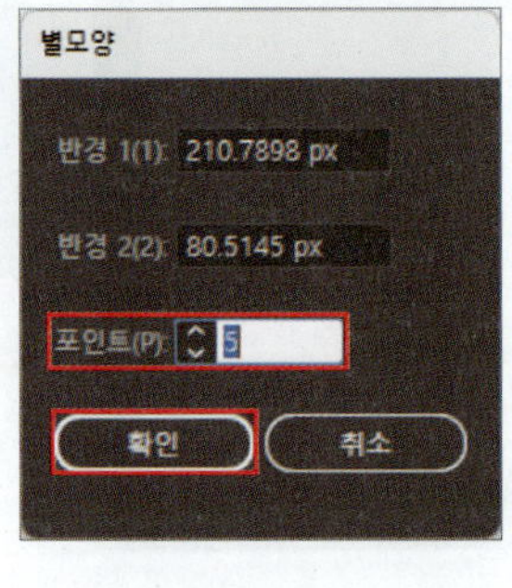

3) 회전 도구를 사용하여 심볼 만들기

01 새 문서에 원형 도구(◯) 선택하고 '너비(Width) : 60px', '높이(Height) : 60px'의 원을 그립니다.

02 오브젝트 선택 후, 회전 도구(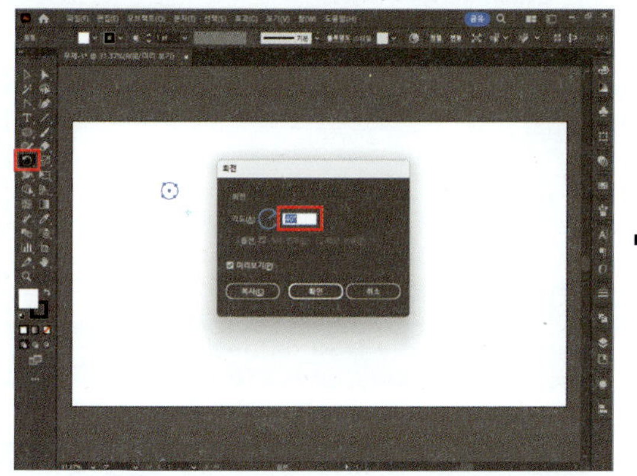)를 선택하면 중심축(⊕)이 활성화됩니다. 중심축을 원하는 위치로 이동하려면 Alt 를 누른 상태에서 원하는 곳을 클릭하면 대화상자가 나타납니다. 여기에서 '각도 (Angle) : 40°'를 입력한 후, 복사 버튼을 누릅니다.

03 복사된 오브젝트 확인 후 Ctrl + D 를 여러 번 눌러 내용을 반복 적용합니다.

04 오브젝트를 전체 선택한 후, 선 색을 제거하고 칠 부분에 '색상 : #00A0E9'을 적용합니다.

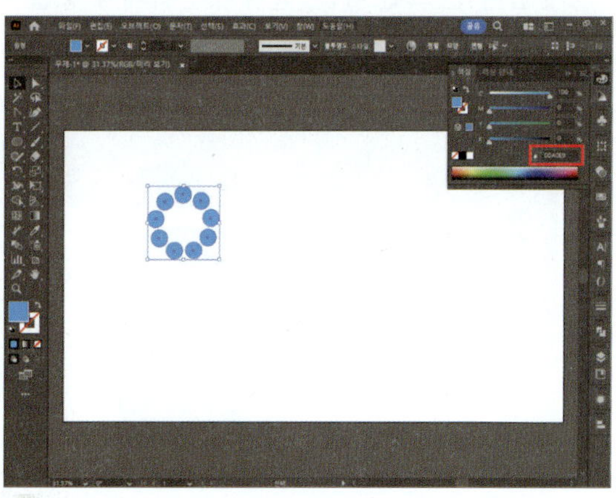

01 사각형 도구(■)선택하고, 새 문서에 '너비(Width) : 300px', '높이(Height) : 300px'의 사각형을 그립니다.

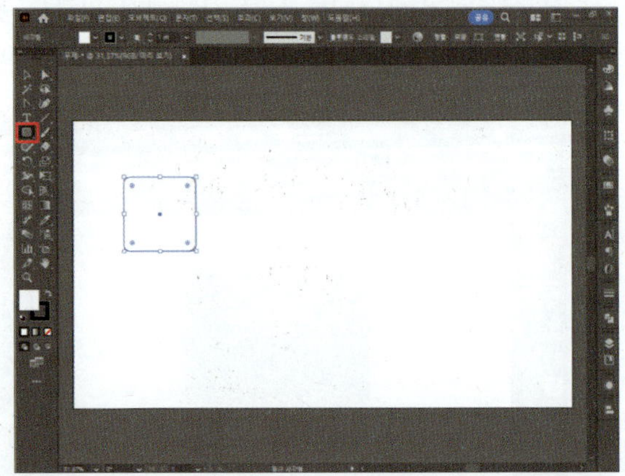

02 그레이디언트(■) 도구를 더블 클릭하여 그레이디언트 패널을 열고, 그라데이션 슬라이더를 클릭하면 선택된 오브젝트에 그레이디언트가 적용됩니다.

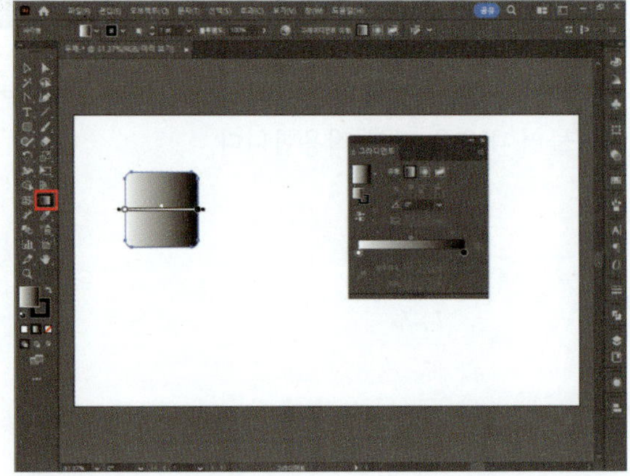

03 그레이디언트 패널에서 슬라이더 아래쪽에 있는 원 아이콘을 더블 클릭하여 '색상 : #00A0E9'을 적용합니다. 그런 다음, 슬라이더 아래쪽 중간 지점을 클릭하여 그레이디언트 색상을 추가하고, 추가된 원 아이콘을 더블 클릭하여 '색상 : #FF5277'을 적용합니다.

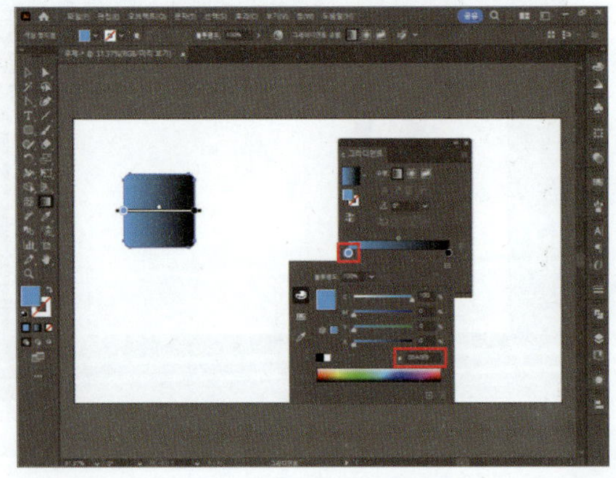

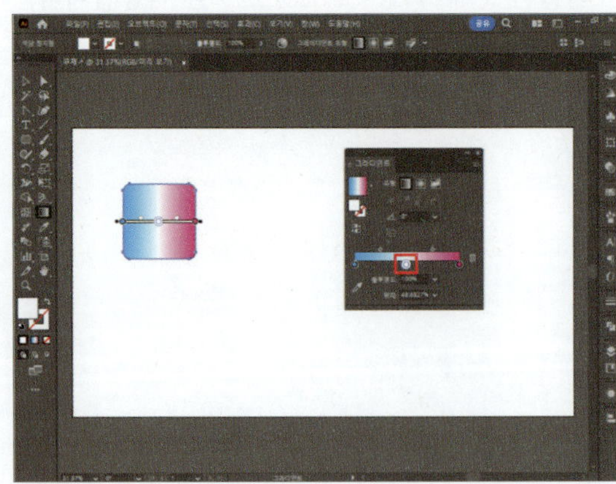

04 그레이디언트 방향은 그레이디언트 도구가 선택되어 있는 상태에서 마우스로 '드래그' 또는 그레이디언트 패널에서 '방향 각도'를 입력할 수 있습니다.

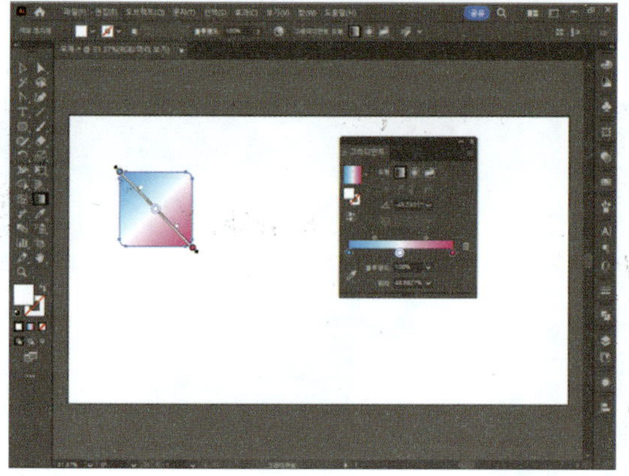

* 오브젝트의 선에는 그레이디언트를 적용할 수 있지만, 방향을 원하는 대로 설정할 수는 없습니다.

5) 저장하기

01 AI 저장하기

[파일(File)] - [다른 이름으로 저장(Save as)] 또는 Shift + Ctrl + S 를 눌러, 파일 형식 '*.AI'로 저장합니다.

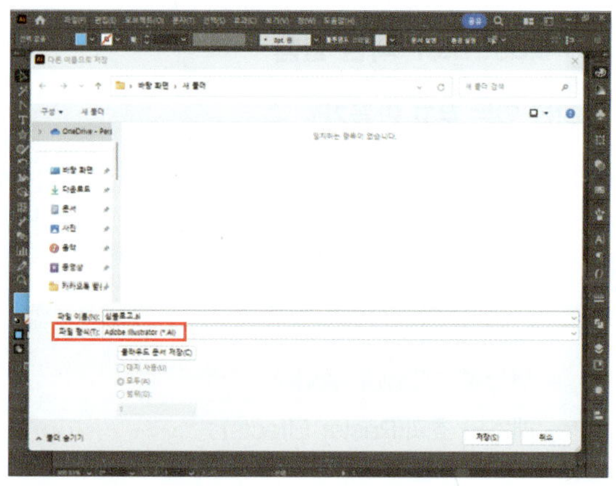

02 화면에 맞게 내보내기

[파일(File)] - [내보내기(Export)] - [화면에 맞게 내보내기(Export for Screens)]를 선택하고, 파일 형식 '*.png'로 저장합니다. 이때 화면에 맞게 내보내기는 문서 크기에 맞게 저장됩니다.

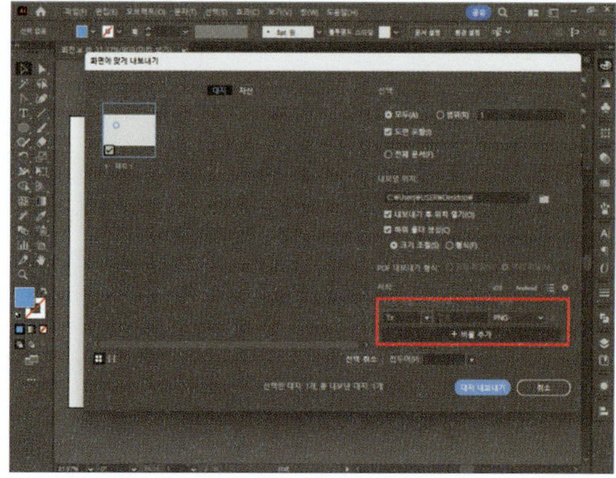

[파일(File)] – [내보내기(Export)] – [내보내기 형식(Export As)]을 선택하고, 파일 형식 '*.png'로 저장합니다. PNG 옵션은 '해상도(Resolution) : 스크린(72ppi)(Screen (72ppi))', '배경색(Background Color) : 투명(Transparent)'으로 설정 후 확인합니다. 내보내기 형식은 오브젝트 크기에 맞게 저장됩니다.

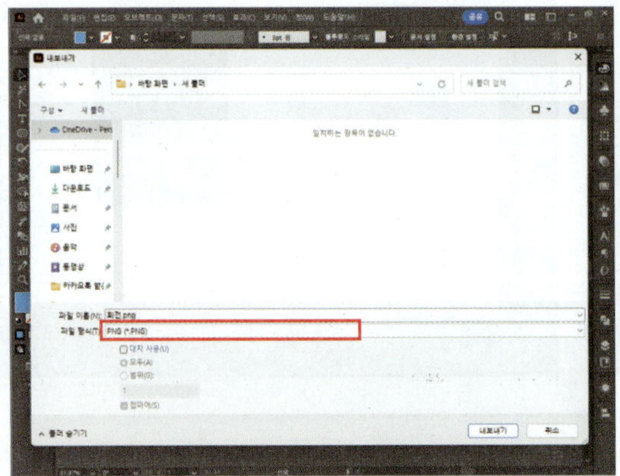
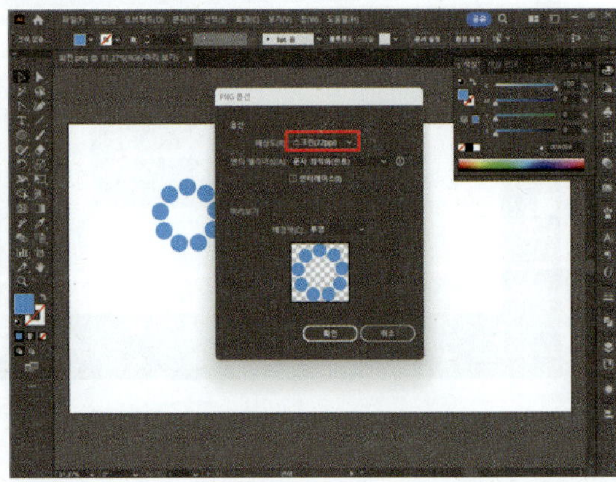

04 Illustrator 핵심 실습

1) 심볼 있는 로고 만들기

01 [파일(File)] – [새로 만들기(New)] 또는 Ctrl + N을 눌러, '새로운 문서 만들기'를 합니다.

- 폭(Width) : 200px
- 높이(Height) : 40px
- 색상 모드(Color Mode) : RGB 색상
- 래스터 효과(Raster Effects) : 스크린(72ppi)

02 사각형 도구(■)를 선택하고, '폭(Width) : 10px', '높이(Height) : 10px'의 사각형을 그립니다.

03 사각형의 왼쪽 위 모서리와 오른쪽 아래 모서리에 있는 동그라미를 Shift 를 누른 상태에서 다중 선택
한 후, 드래그하여 둥글게 만듭니다.

04 회전 도구( )를 선택하고, Alt 를 누른 상태에
서 원하는 중심축 위치를 클릭하여 대화상자에
'각도(Angle) : 90°'로 입력합니다.

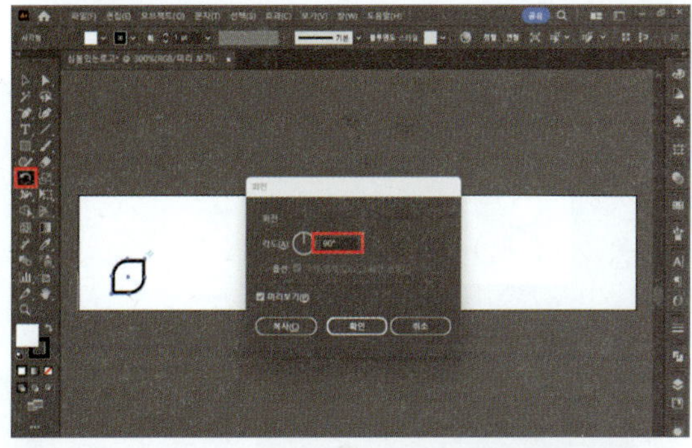

05 Ctrl + D 를 눌러 변형된 내용을 반복합니다.

06 오브젝트의 사이 간격 조절하고 '색상 : #009A54'
을 입력합니다.

07 문자 도구(**T**)를 선택하고, 문서 클릭 후 텍스트 'LOGO DESIGN'을 입력합니다.

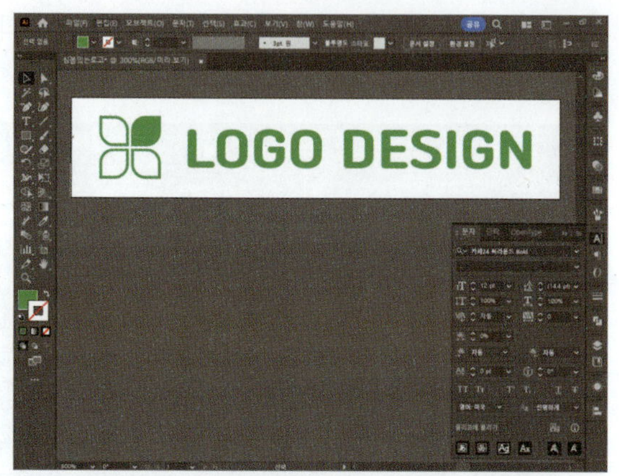

08 글자 오브젝트를 선택한 후, 마우스 오른쪽 버튼을 클릭하여 '윤곽선 만들기(Create Outlines)'를 선택하면 글자가 윤곽선으로 변환됩니다. 이후, 다시 마우스 오른쪽 버튼을 클릭하여 '그룹 풀기(Ungroup)'를 선택하면 개별 오브젝트를 하나씩 선택할 수 있습니다.

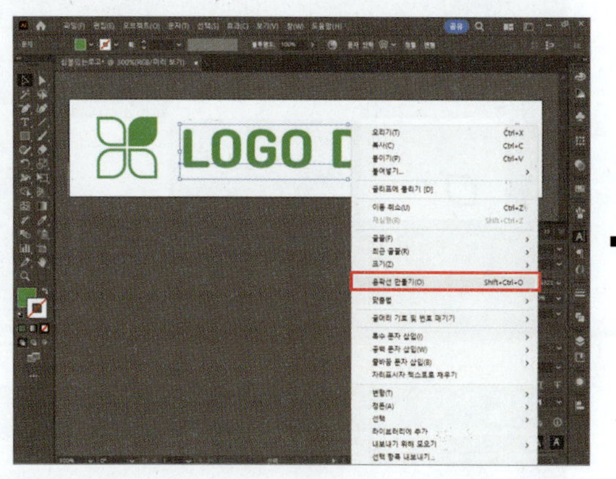

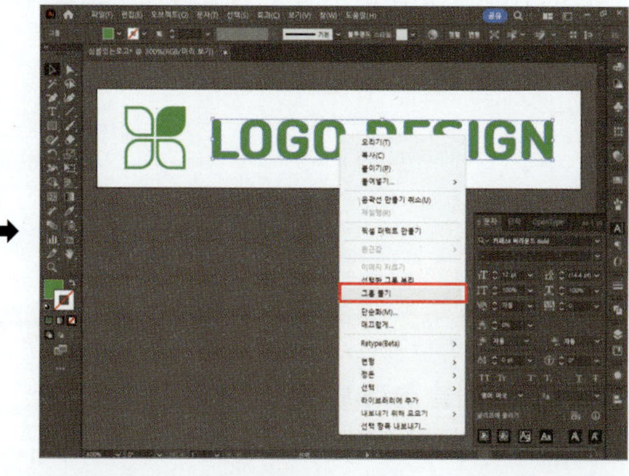

09 'LOGO'를 선택한 후, '색상 : #95AB22'로 변경합니다.

10 작업이 완료되었다면 [파일(File)] – [내보내기(Export)] – [화면에 맞게 내보내기(Export for Screens)]를 선택하고, 파일 형식 '*.png'로 저장합니다.

2) 글자 변형한 로고 만들기

01 [파일(File)] – [새로 만들기(New)] 또는 [Ctrl]
+[N]을 눌러, '새로운 문서 만들기'를 합니다.

- 폭(Width) : 200px
- 높이(Height) : 40px
- 색상 모드(Color Mode) : RGB 색상
- 래스터 효과(Raster Effects) : 스크린(72ppi)

02 문자 도구([T])를 선택하고, 문서 클릭 후 텍스트 'LOGO DESIGN'을 입력합니다.

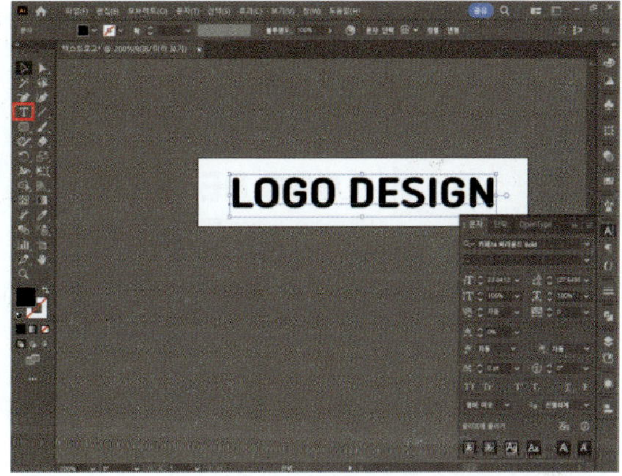

03 글자 오브젝트를 선택한 후, 마우스 오른쪽 버튼을 클릭하여 '윤곽선 만들기(Create Outlines)'를 선택하면 글자가 윤곽선으로 변환됩니다. 이후, 다시 마우스 오른쪽 버튼을 클릭하여 '그룹 풀기(Ungroup)'를 선택하면 개별 오브젝트를 하나씩 선택할 수 있습니다.

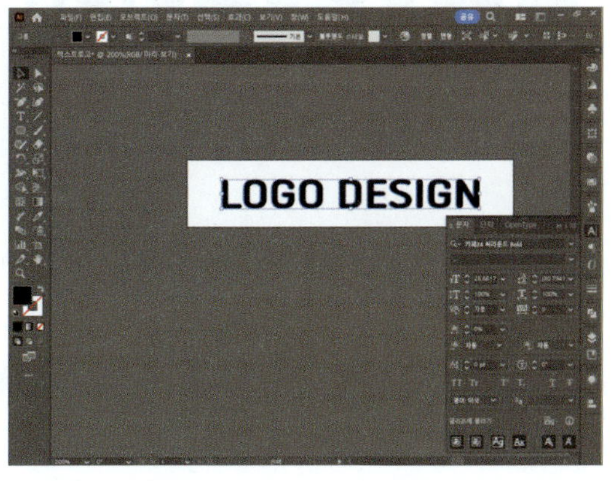

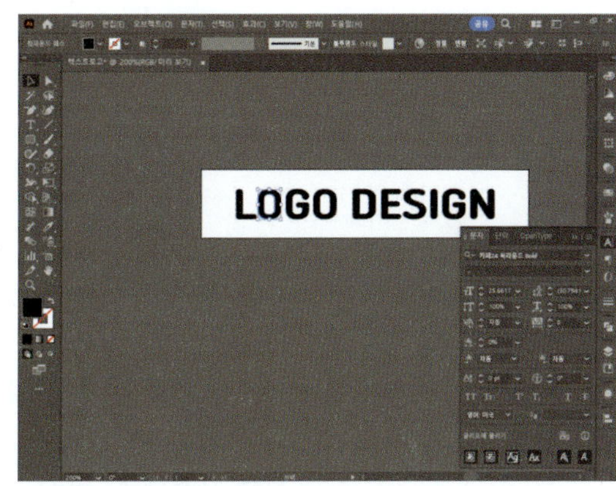

04 'O'를 선택한 후 Delete 로 삭제하고, 둥근 사각형 도구를 사용해 'O' 자리에 둥근 사각형을 그려 줍니다.

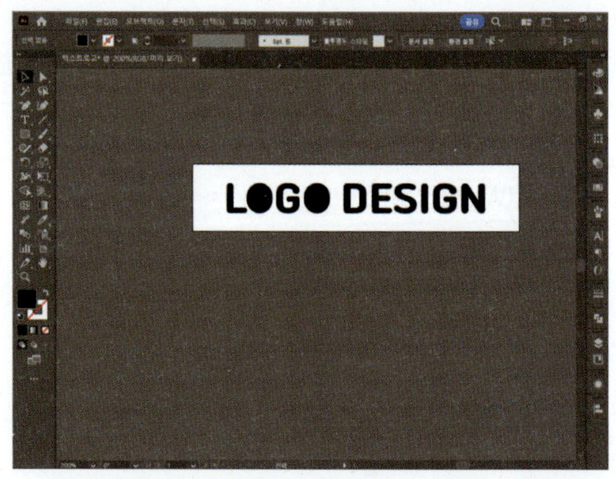

05 직접 선택 도구( )를 선택하고, 변형하고 싶은 부분을 드래그하여 기준점을 선택하고 이동합니다.

06 'i' 알파벳을 Delete 로 삭제한 뒤, 도형 도구를 사용해 '느낌표 모양'을 그려줍니다.

07 각 오브젝트를 선택하여 다양한 색상을 적용합니다. 작업이 완료되었다면 [파일(File)] – [내보내기(Export)] – [화면에 맞게 내보내기(Export for Screens)]를 선택하고, 파일 형식 '*.png'로 저장합니다.

3) 일러스트레이터에서 포토샵으로 가져가기

01 [파일(File)] – [새로 만들기(New)] 또는 Ctrl
+ N을 눌러, '새로운 문서 만들기'를 합니다.

- 폭(Width) : 200px
- 높이(Height) : 40px
- 색상 모드(Color Mode) : RGB 색상
- 래스터 효과(Raster Effects) : 스크린(72ppi)

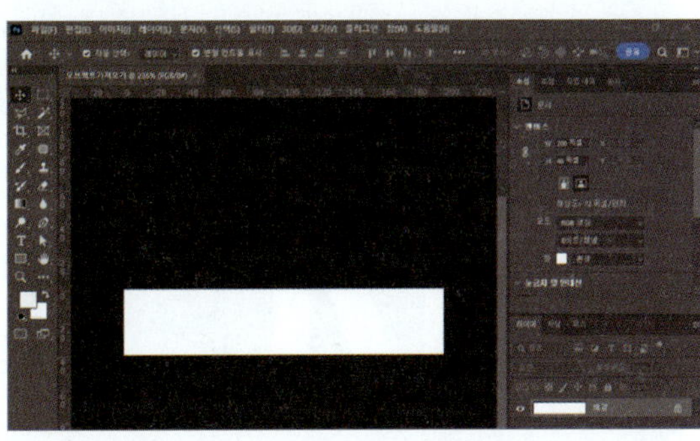

02 일러스트레이터에서 작업한 오브젝트를 Ctrl +
A(전체 선택)하여 Ctrl + C(복사하기)합니다.

03 포토샵에서 새로운 문서를 연 후 Ctrl + V(붙
여넣기)를 하면 붙여넣기 옵션 상자에 '픽셀'을
선택하고 확인을 누른 뒤, Enter를 눌러 이미지
를 문서에 붙여넣습니다.

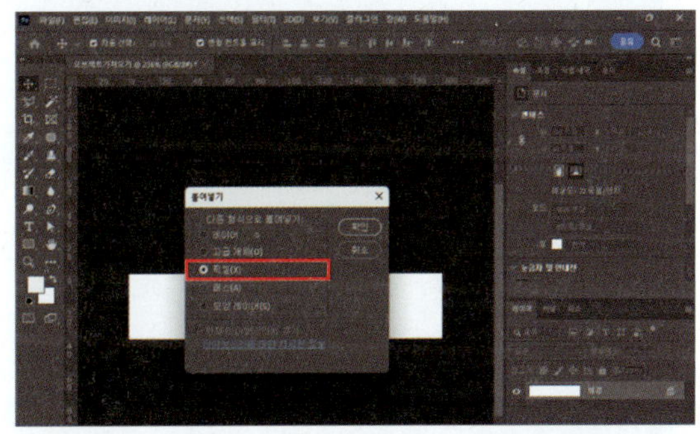

04 일러스트레이터의 오브젝트를 포토샵으로 가져
왔습니다.

기출 유형 문제

웹디자인개발기능사 실기 시험 공개문제를 기반으로 다양한 유형(A~F형)의 문제를 충분히 연습할 수 있습니다. 문제의 요구사항을 준수하되 지시하지 않은 부분은 주제에 맞게 자유롭게 디자인하며, 코딩은 다양한 방법이 있으므로 웹 표준만 지킨다면 홈페이지를 자유롭게 제작할 수 있습니다.

차례

01 기출 유형 문제 01회

▶ 합격 강의

[공개 문제 : A 유형]

푸드페스티벌 웹사이트 제작

실기시험 문제 가이드

자격종목	웹디자인개발기능사	과제명	푸드페스티벌

※ 시험시간 : 3시간

1. 요구사항

※ 다음 요구사항을 준수하고, 주어진 자료(수험자 제공 파일)를 활용하여 시험시간 내에 웹 페이지를 제작한 뒤, **10MB 용량이 초과하지 않게** 저장 후 제출하시오.

※ 웹 페이지 코딩은 **HTML5 기준 웹 표준**을 준수하여야 하며, 요구사항에 지정되지 않는 요소들은 주제 특성에 맞게 자유롭게 디자인하시오.

※ 문제에서 지시하지 않은 와이어프레임 영역 비율, 레이아웃, 텍스트의 글자체/색상/크기, 요소별 크기, 색상 등은 수험자가 과제명(가.주제) 특성에 맞게 자유롭게 디자인하시오.

가. 주제 : 푸드페스티벌 홈페이지 제작

나. 개요

대한민국에서 매년 열리는 「푸드페스티벌」의 공식 홈페이지를 제작하고자 한다. 방문객들이 다양한 음식 행사 정보와 참가 업체, 푸드 체험 프로그램에 대한 정보를 확인할 수 있도록 웹사이트 제작을 요청하였다. 아래의 요구사항에 따라 메인페이지를 제작하시오.

다. 제작 내용

01) 메인페이지를 디자인하고 HTML, CSS, JavaScript 기반의 웹 페이지를 제작한다. (이때 jQuery 라이브러리, 이미지, 텍스트 등 제공된 리소스를 활용하여 제작할 수 있다.)

02) HTML과 CSS의 문자 인코딩(charset)은 반드시 UTF-8을 사용해야 한다.

03) 컬러 가이드

주조색 (Main color)	보조색 (Sub color)	배경색 (Background color)	기본 텍스트의 색 (Text color)
자유롭게 지정	자유롭게 지정	#ffffff	#333333

04) 사이트 맵(Site map)

Index page / 메인(Main)				
메인 메뉴(Main menu)	행사소개	참가업체	체험프로그램	방문 안내
서브 메뉴(Sub menu)	행사개요 일정안내 참여방법 장소정보	푸드트럭 레스토랑 전통음식관 후원업체	쿠킹클래스 음식시식 전통요리체험 푸드퀴즈	오시는길 입장료 운영시간

05) 와이어프레임(Wireframe)

〈C영역 콘텐츠 각각의 넓이는 수험자가 판단〉

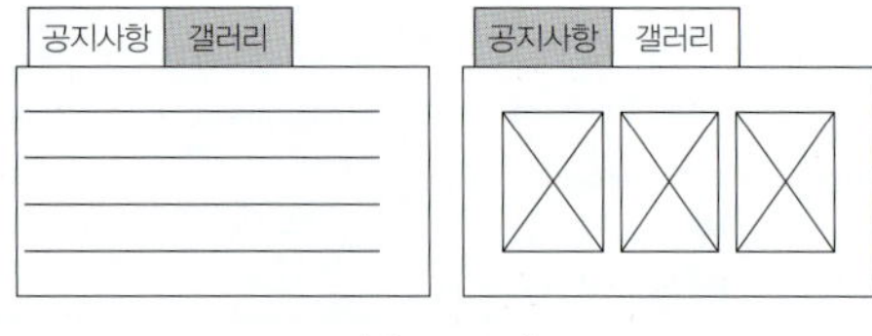

〈탭으로 구성〉

〈모달 레이어 팝업 제작〉

<table>
<tr><td>자격종목</td><td>웹디자인개발기능사</td><td>과제명</td><td>푸드페스티벌</td></tr>
</table>

라. 세부 영역별 지시사항

영역 및 명칭	세부 지시사항
Ⓐ Header	**A.1 로고** ○ 가로세로 180픽셀×40픽셀 크기로 웹사이트에 적합한 로고를 직접 디자인하여 삽입한다. ○ 심벌 없이 로고명을 포함한 워드 타입으로 디자인한다. 로고명은 수험자 제공 파일 폴더에 제공된 텍스트를 사용한다. **A.2 메뉴 구성** ※ 사이트 구조도를 참고하여 메인 메뉴(Main menu)와 서브 메뉴(Sub menu)로 구성한다. **(1) 메인 메뉴(Main menu) 효과 [와이어프레임 참조]** ○ 메인 메뉴 중 하나에 마우스를 올리면(Mouse over) 하이라이트 되고, 벗어나면(Mouse out) 하이라이트를 해제한다. ○ 메인 메뉴를 마우스로 올리면(Mouse over) 서브 메뉴 영역이 부드럽게 나타나 서브 메뉴가 보이도록 한다. ○ 메인 메뉴에서 마우스 커서가 벗어나면(Mouse out) 서브 메뉴 영역은 부드럽게 사라져야 한다. **(2) 서브 메뉴 영역 효과** ○ 서브 메뉴 영역은 메인페이지 콘텐츠를 고려하여 배경색을 설정한다. ○ 서브 메뉴 중 하나에 마우스를 올리면(Mouse over) 하이라이트 되고 벗어나면(Mouse out) 하이라이트를 해제한다. ○ 마우스 커서가 메뉴 영역을 벗어나면(Mouse out) 서브 메뉴 영역은 부드럽게 사라져야 한다.
Ⓑ Slide	**B. Slide 이미지 제작** ○ [Slide] 폴더에 제공된 3개의 이미지로 제작한다. ○ [Slide] 폴더에 제공된 3개의 텍스트를 각 이미지에 적용하되, 텍스트의 글자체, 굵기, 색상, 크기를 적절하게 설정하여 가독성을 높이고, 독창성이 드러나도록 제작한다. **B. Slide 애니메이션 작업** ※ 위에서 작업한 결과물을 이용하여 슬라이드 작업을 한다. ○ 이미지만 바뀌면 안 되고, 이미지가 좌에서 우 또는 우에서 좌로 이동하면서 전환되어야 한다. ○ 슬라이드는 매 3초 이내로 하나의 이미지에서 다른 이미지로 전환되어야 한다. ○ 웹사이트를 열었을 때 자동으로 시작되어 반복적으로(마지막 이미지가 슬라이드되면 다시 첫 번째 이미지가 슬라이드 되는 방식) 슬라이드 되어야 한다.
Ⓒ Contents	**C.1 공지사항** ○ 공지사항 타이틀 영역과 콘텐츠 영역을 구분하여 표현해야 한다. ○ 콘텐츠는 수험자 제공 파일에 제공된 텍스트를 적용하여 제작한다. ○ 공지사항의 첫 번째 콘텐츠를 클릭할 경우 모달 레이어 팝업창(Modal Layer Popup)이 나타나며, 모달 레이어 팝업창 안에 닫기 버튼을 배치하여, 클릭 시 해당 팝업창을 닫을 수 있도록 한다. [와이어프레임 참조] ○ 모달 레이어 팝업의 제목과 내용은 수험자 제공자 파일에 제공된 텍스트 파일을 사용한다. **C.2 갤러리** ○ Contents 폴더에 제공된 이미지를 사용하여 가로 방향으로 배치한다. [와이어프레임 참조] ○ 공지사항과 갤러리는 탭 기능을 이용해 제작해야 한다. ○ 각 탭 클릭 시 해당 탭에 대한 내용이 보여야 한다. [와이어프레임 참조] **C.3 배너** ○ Contents 폴더의 제공된 파일을 활용하여 편집 또는 디자인하여 제작한다. **C.3 바로가기** ○ Contents 폴더의 제공된 파일을 활용하여 편집 또는 디자인하여 제작한다. ※ 콘텐츠는 HTML 코딩으로 작성해야 하며, 이미지로 삽입하면 안 된다.
Ⓓ Footer	**D. Footer** ○ 로고를 무채색(Grayscale)으로 변경하고 사용자의 접근성을 고려하여 배치한다. ○ 수험자 제공 파일에 제공된 텍스트를 사용하여 Copyright, 하단 메뉴를 제작한다.

마. 기술적 준수사항

01) 웹 페이지 코딩은 HTML5 기준 웹 표준을 준수하여야 하며, **HTML 유효성 검사(W3C validator)**에서 오류('ERROR')가 없도록 코딩하여야 한다.

※ HTML 유효성 검사 서비스는 시험 시 제공하지 않는다.(인터넷 사용 불가)

02) CSS는 별도의 파일로 제작하여 링크하여야 하며, **CSS3 기준(W3C validator)**에서 오류('ERROR')가 없도록 코딩되어야 한다.

03) JavaScript 코드는 별도의 파일로 제작하여 연결하여야 하며 Google Chrome 브라우저에 내장된 개발도구의 Console 탭에서 오류('ERROR')가 표시되지 않아야 한다.

04) 별도로 지정하지 않은 상호작용이 필요한 모든 콘텐츠(로고, 메뉴, 버튼, 바로가기 등)는 임시 링크(예 : #)를 적용하고 'Tab(Tab)' 키로 이동 선택할 수 있어야 한다.

05) 사이트는 다양한 화면 해상도에서 일관성 있는 페이지 레이아웃을 제공해야 한다.

06) 웹 페이지 전체 레이아웃은 Table 태그 사용이 아닌 CSS를 통한 레이아웃 작업으로 해야 한다.

07) 브라우저에서 CSS를 "사용 안 함"으로 설정한 경우 콘텐츠가 세로로 나열된다.

08) 타이틀 텍스트(Title text), 바디 텍스트(Body text), 메뉴 텍스트(Menu text)의 각 글자체/굵기/색상/크기 등을 적절하게 설정하여 사용자가 텍스트 간의 위계질서(Hierarchy)를 직관적으로 알 수 있도록 한다.

09) 모든 이미지에는 이미지에 대한 대체 텍스트를 표현할 수 있는 alt 속성이 있어야 한다.

10) 제작된 사이트 메인페이지의 레이아웃, 구성요소의 크기 및 위치 등은 최신 버전의 Google Chrome에서 정상적으로 동작해야 한다.

바. 제출 방법

01) 수험자는 비번호로 된 폴더명으로 완성된 작품 파일을 저장하여 제출한다.

02) 폴더 안에는 images, script, css 등의 자료를 분류하여 저장한 폴더도 포함되어 있어야 하며, 메인페이지는 반드시 최상위 폴더에 index.html로 저장하여 제출해야 한다.

03) 수험자는 제출하는 폴더에 index.html을 열었을 때 연결되거나 표시되어야 할 모든 리소스들을 포함하여 제출해야 하며 수험자의 컴퓨터가 아닌 채점위원의 컴퓨터에서 정상 작동해야 한다.

04) 전체 결과물의 용량은 10MB 용량이 초과되지 않게 제출하며 ai, psd 등 웹서비스에 사용하지 않는 파일은 제출하지 않는다.

<table>
<tr><td>자격종목</td><td>웹디자인개발기능사</td><td>과제명</td><td>푸드페스티벌</td></tr>
</table>

2. 수험자 유의사항

※ 다음의 유의사항을 고려하여 요구사항을 완성하시오.

01) 수험자 인적사항 및 답안작성은 반드시 검은색 필기구만 사용하여야 하며, 그 외 연필류, 유색 필기구, 지워지는 펜 등을 사용한 답안은 채점하지 않으며 0점 처리된다.

02) 수험에 필요한 소프트웨어 및 참고자료가 하드웨어에 설치되어 있는지 확인 후 작업하시오.

03) 참고자료의 내용 중 오자 및 탈자 등이 있을 때는 수정하여 작업하시오.

04) 지참 공구[수험표, 신분증, 필기도구] 이외의 참고자료 및 외부장치(USB, 키보드, 마우스, 이어폰) 등 **어떠한 물품도 시험 중에는 지참할 수 없다는 점을 유의하시오.**

    (단, 시설목록 이외의 정품 소프트웨어(폰트 제외)를 설치하고자 할 때에는 감독위원의 입회하에 설치하여 사용하시오.)

05) 수험자가 컴퓨터 활용 미숙 등으로 인한 시험의 진행이 어렵다고 판단되었을 때는 감독위원은 시험을 중지시키고 실격 처리할 수 있음을 유의하시오.

06) **바탕화면에 수험자 본인의 '비번호'를 이름으로 한 폴더에 완성된 작품의 파일만을 저장하시오.**

07) 모든 작품을 감독위원 또는 채점위원이 검토하여 동일한 작품이 발견될 경우 관련된 수험자 모두를 부정행위로 처리됨을 유의하시오.

08) 장시간 컴퓨터 작업으로 신체에 무리가 가지 않게 적절한 몸풀기(스트레칭) 후 작업하시오.

09) **다음 사항에 대해서는 실격에 해당되어 채점 대상에서 제외됩니다.**

    가) 수험자 본인이 수험 도중 시험에 대한 기권 의사를 밝히고 시험을 포기한 경우

    나) 작업 범위(용량, 시간)를 초과하거나, 요구사항과 현저히 다른 경우(채점위원이 판단)

    다) **Slide가 JavaScript(jQuery포함), CSS 중 하나 이상의 방법을 이용하여 제작되지 않은 경우**

        ※ 움직이는 Slide를 제작하지 않고 이미지 하나만 배치한 경우도 실격 처리됨

    라) 수험자 미숙으로 비번호 폴더에 완성된 작품 파일을 저장하지 못했을 경우

    마) 압축프로그램을 사용하여 작품을 압축 후 제출한 경우

    바) 과제 기준 20% 이상 완성되지 않은(채점위원이 판단)

3. 지급재료 목록

일련 번호	재료명	규격	단위	수량	비고
1	수험자료 USB 메모리	32GB 이상	개	1	시험장당
2	USB 메모리	32GB 이상	개	1	시험장당 1개씩(채점위원용) ※수험자들의 작품 관리

※ 국가기술자격 실기시험 지급재료는 시험종료 후(기권, 결시자 포함) 수험자에게 지급하지 않습니다.

1 STEP 웹 페이지 기본 설정 · 약 15분

01 HTML5 버전 index.html 만들기

문제를 풀기 전, 바탕화면에 '비번호' 폴더를 생성합니다. '비번호' 폴더 안에 "images", "css", "js" 폴더를 각각 생성하고, 주어진 수험자 제공 파일들을 각 폴더에 맞게 파일을 저장합니다. 이 책에서는 '비번호' 대신 '푸드페스티벌' 폴더를 사용하여 작업을 진행합니다.

** 이 책에서는 웹 문서 편집 프로그램으로 Visual Studio Code를 사용합니다.*

01 Visual Studio Code를 실행 후 [시작 화면]에서 [폴더 열기]를 선택하거나, 상단 메뉴에서 [파일] – [폴더 열기]를 클릭합니다.

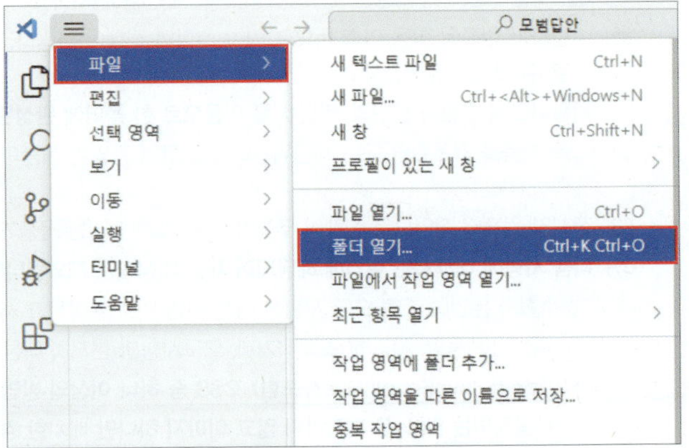

02 바탕화면에 생성한 '푸드페스티벌' 폴더를 선택합니다.

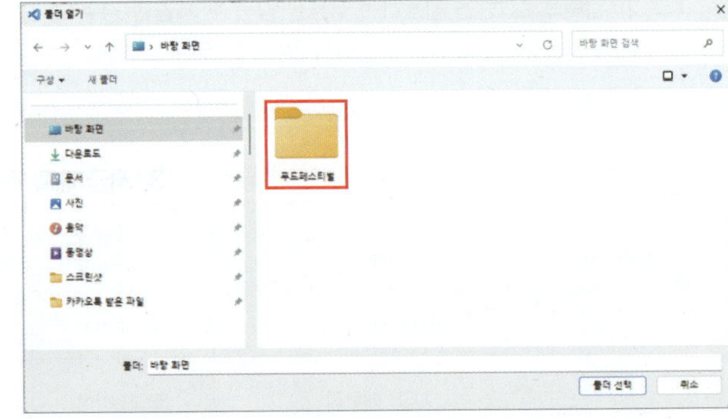

03 Visual Studio Code 좌측의 탐색기 아이콘을 클릭하여 패널을 활성화합니다. 탐색기 패널에는 미리 생성한 'images', 'css', 'js' 폴더가 표시됩니다.

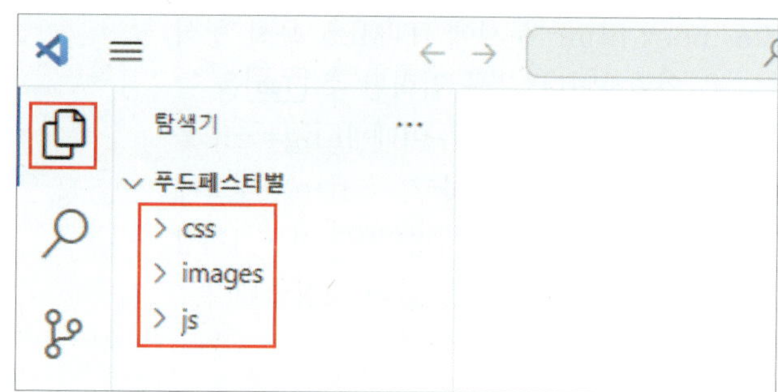

04 탐색기 패널에서 '새 파일' 아이콘을 클릭하여 '푸드페스티벌' 폴더 내부에 새 파일을 생성합니다.

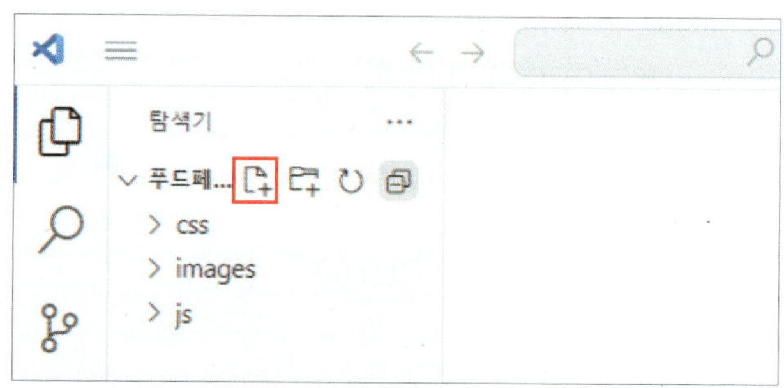

05 파일명을 'index.html'로 변경하고 Enter 를 입력합니다. 그러면 편집 영역에 'index.html' 문서가 활성화되며, Windows 탐색기에서 '푸드페스티벌' 폴더 안에 해당 파일이 생성된 것을 확인할 수 있습니다.

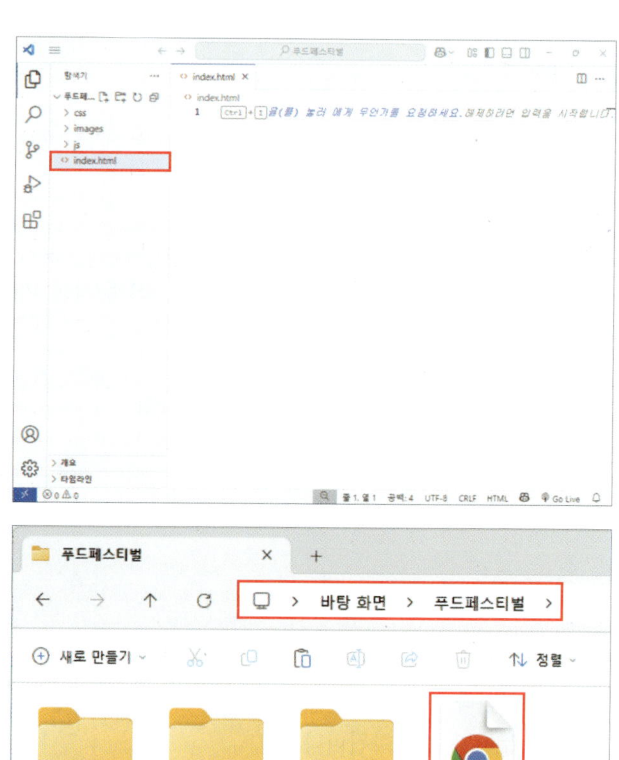

모든 작업 폴더와 파일 이름은 영문으로, 띄어쓰기 없이 작성합니다.

06 'index.html' 문서에 HTML5 문서 형식
을 입력하거나, '!'를 입력한 후 [Tab]을 눌
러 자동 완성합니다. 이때 lang="en"을
lang="ko"로 변경하고, 〈title〉 태그에
과제명을 입력한 후 [파일(File)] – [저장
(Save)] ([Ctrl] + [S])를 눌러 저장합니다.

```
〈!DOCTYPE html〉
〈html lang="ko"〉
〈head〉
    〈meta charset="UTF-8"〉
    〈meta name="viewport" con-
tent="width=device-width, ini-
tial-scale=1.0"〉
    〈title〉푸드페스티벌〈/title〉
〈/head〉
〈body〉

〈/body〉
〈/html〉
```

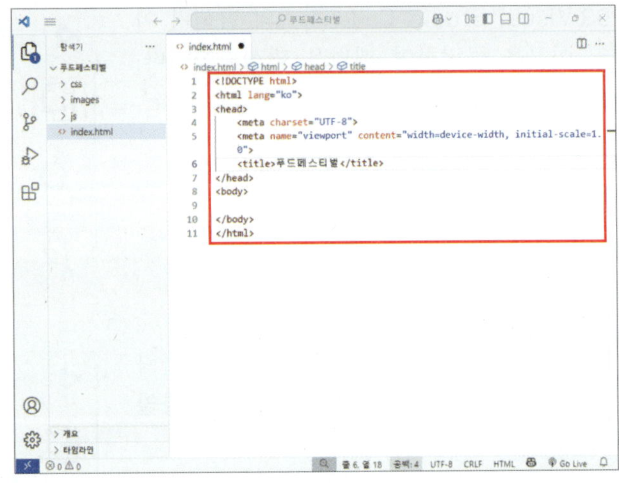

[index.html]

02 CSS 문서 만들기

작업을 시작하기 전, 실수를 줄이기 위해 CSS 문서를 미리 생성합니다.

01 탐색기 패널에서 미리 생성한 'css' 폴더
를 선택한 후, '새 파일' 아이콘을 클릭하여
해당 폴더 내부에 새 파일을 생성합니다.

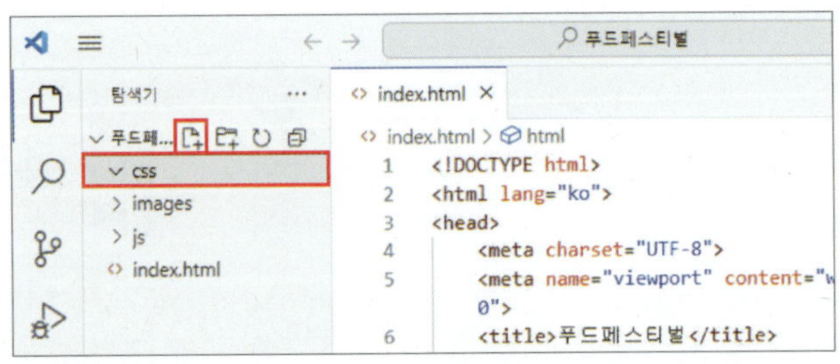

02 파일명을 'style.css'로 변경하고 [Enter]를
입력합니다. 그러면 편집 영역에 'style.
css' 문서가 활성화됩니다.

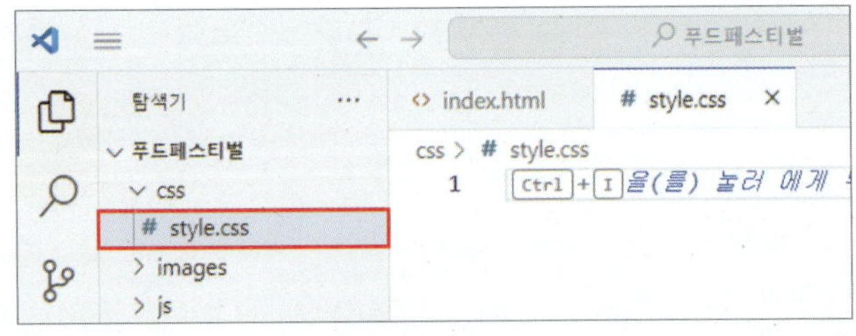

기적의 TIP

리셋 CSS는 브라우저마다 다른 기본 스타일을 제거하고, 일관된 디자인을 적용하기 위해 사용합니다.

03 'style.css' 문서에 문자 인코딩 방식인 '@charset "utf-8";'을 입력한 후, 리셋 CSS를 작성합니다. 작성이 완료되면 [파일(File)] – [저장(Save)] (Ctrl + S)를 눌러 저장합니다.

```css
@charset "utf-8";
* {
  margin:0;
  padding:0;
  box-sizing:border-box;
}
li {
  list-style:none;
}
a {
  text-decoration:none;
  color:inherit;
}
img {
  vertical-align:top;
  max-width:100%;
}
button {
  cursor:pointer;
  border:0;
}
body {
  background:#369;
  color:#333;
}
```

```css
1   @charset "utf-8";
2   /*기본 CSS 리셋*/
3   * {
4     margin:0; /*기본 상하좌우 여백값 0으로 설정*/
5     padding:0; /*기본 상하좌우 패딩값 0으로 설정*/
6     box-sizing:border-box; /* 패딩과 테두리를 포함하여 요소의 너비를 유지 */
7   }
8   li {
9     list-style:none; /* 목록 항목의 불릿을 숨김 */
10  }
11  a {
12    text-decoration:none; /* 링크의 밑줄을 제거 */
13    color:inherit; /* 링크의 글자 색상을 부모 요소로부터 상속받음 */
14  }
15  img {
16    vertical-align:top; /* 이미지의 아래쪽 여백을 제거하고, 상단 정렬 */
17    max-width:100%; /* 이미지를 부모 요소의 너비에 맞춤 (이미지가 깨지지 않도록) */
18  }
19  button {
20    cursor:pointer; /* 버튼을 손가락 커서로 표시 */
21    border:0; /*버튼 기본 테두리값 0으로 설정*/
22  }
23  body {
24    background: ■#369; /*배경색 #369표시*/
25    color: ■#333
26  }
```

[style.css]

💬 **요소 TIP**

- ***** : 모든 HTML 요소를 선택하는 선택자로, 공통 스타일을 전체 요소에 적용할 때 사용
- **box-sizing:border-box** : 요소의 패딩과 테두리를 포함하여 너비를 계산하게 설정
- **list-style:none** : 목록 항목의 불릿 기호를 제거
- **text-decoration:none** : <a> 요소의 밑줄을 제거
- **color:inherit** : <a>요소에 부모의 색상을 명시적으로 상속받도록 설정
- **vertical-align:top** : <img> 요소를 부모 요소의 상단에 정렬하고, 인라인 요소에서 발생하는 하단 공백을 제거
- **max-width:100%** : 이미지가 부모 요소의 너비를 초과하지 않도록 제한하며, 원본 크기보다 커지지 않도록 설정
- **cursor:pointer** : 마우스를 올렸을 때 손가락 모양 커서로 변경되어 클릭 가능하다는 시각적 힌트를 제공
- **"color: #333;"** : 16진수 색상 표현으로, #333333과 동일한 색상을 나타내는 함축형 표기법
  - 예 #f00 → #ff0000(빨간색), #0f0 → #00ff00(초록색)
- **border:0** : 버튼의 기본 테두리를 제거하여 외곽선 없이 표시되도록 설정

03 Script 문서 만들기

작업을 시작하기 전, 실수를 줄이기 위해 script 문서를 미리 생성합니다.

01 수험자 제공 파일인 제이쿼리 라이브러리 파일 'jquery-1.12.3.js'를 '푸드페스티벌' 폴더 내의 'js' 폴더로 이동해 둡니다.

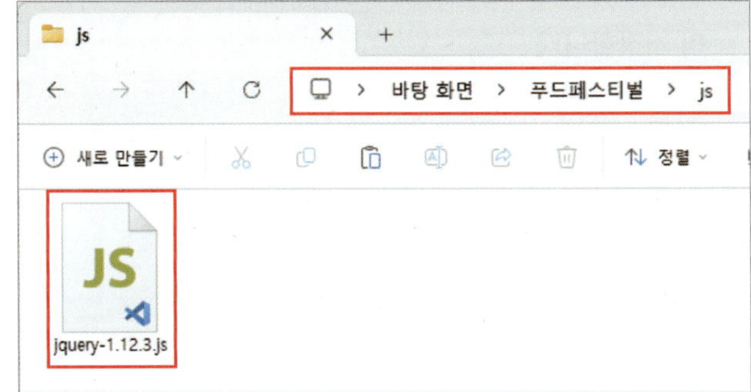

02 Visual Studio Code 탐색기 패널에서 'js' 폴더를 선택한 후, '새 파일' 아이콘을 클릭하여 해당 폴더 내부에 새 파일을 생성합니다.

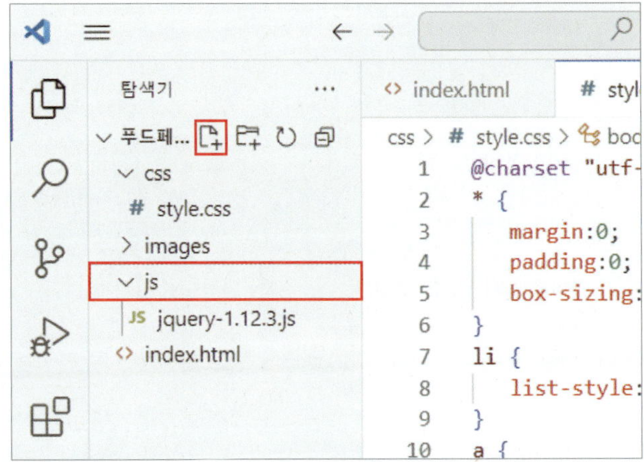

03 새 파일의 이름을 'script.js'로 변경하고 Enter 를 입력합니다. 그러면 편집 영역에 'script.js' 문서가 활성화됩니다.

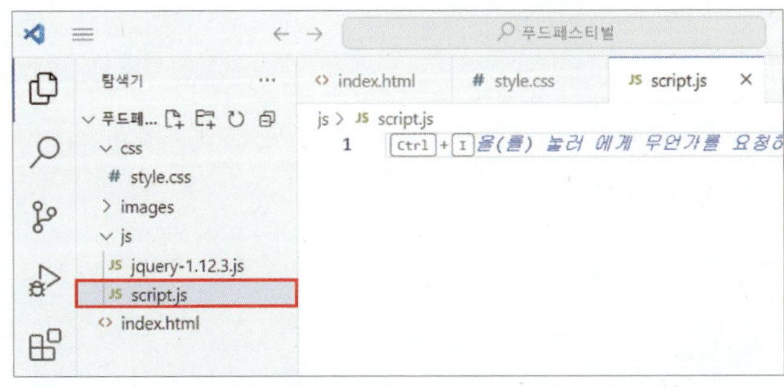

04 'script.js' 문서에 'alert("경고창");'을 입력한 후, Ctrl + S 를 눌러 저장합니다.

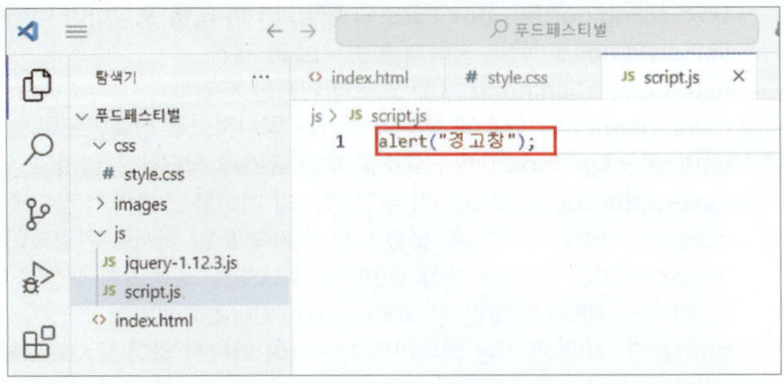

index.html 문서에 CSS 파일, script 파일, jQuery 라이브러리를 연결합니다.

01 'index.html' 파일에서 〈head〉 태그 안에 CSS 파일과 JavaScript 파일을 연결한 후, [Ctrl]+[S]를 눌러 저장합니다. Java-Script 파일을 연결할 때에는 jQuery 라이브러리를 먼저, 그 다음에 script.js 파일을 연결합니다.

〈link href="css/style.css" rel="-stylesheet"〉

〈script src="js/jquery—1.12.3.js" de-fer〉〈/script〉

〈script src="js/script.js" defer〉〈/script〉

[index.html]

02 Visual Studio Code에 'index.html' 문서가 활성화된 상태에서 상태 표시줄에 Go Live를 선택하여 웹 브라우저인 '크롬(Chrome)'으로 작업 결과를 확인합니다.

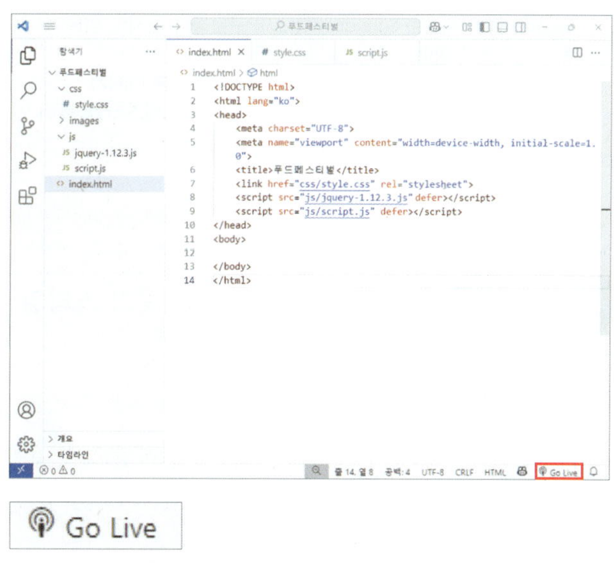

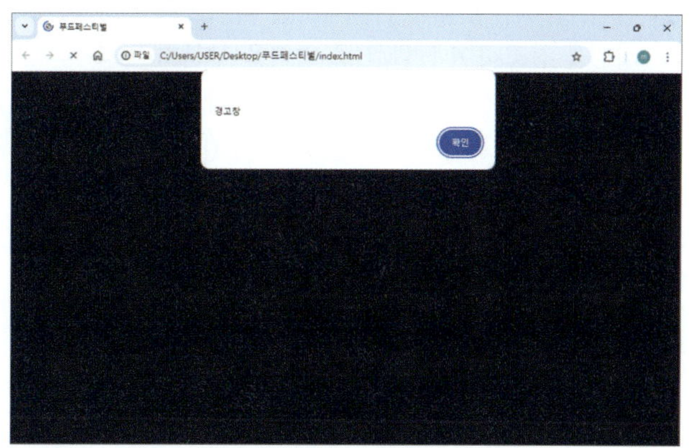

03 웹 브라우저의 배경색 '#369'와 경고창이 뜬다면 CSS와 Script 문서가 잘 연결된 것입니다. 확인 후 'style.css'에서 body 색상을 '#fff'로 변경하고 'script.js' 문서에서 경고창 스크립트를 삭제합니다.

[style.css]

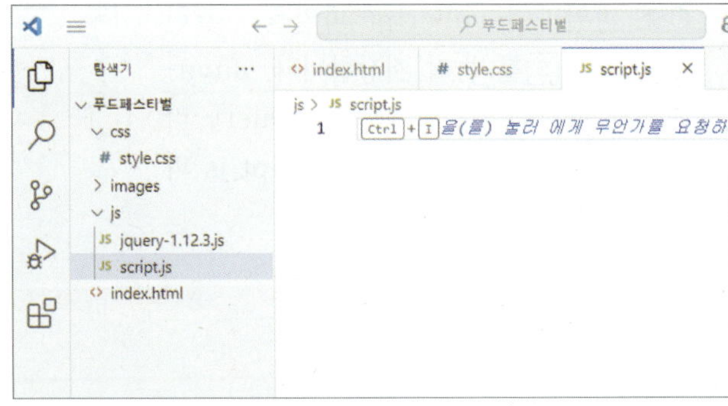

[script.js]

- 외부 스크립트에 defer 속성을 지정하면, HTML 문서의 해석이 끝난 뒤 스크립트가 실행되도록 시점을 지연시킬 수 있습니다.
- defer와 같은 효과는 $(function(){ ... }) 구문을 통해서도 얻을 수 있으며, 두 방식은 목적은 같지만 사용 위치와 작성 방법이 다르기 때문에 상황에 따라 적절하게 선택할 수 있습니다.
  [참고하기] PART 02 – SECTION 04 jQuery 기본 다지기
- Go Live가 설치되지 않은 경우, 바탕화면의 '푸드페스티벌' 폴더 안에 있는 'index.html' 파일을 크롬 브라우저로 열어 작업 결과를 확인합니다.

---

2 STEP 와이어프레임 – 레이아웃과 스타일 작업 약 20분

01 레이아웃 HTML 구조 작업하기

요구사항정의서에 제시된 와이어프레임을 바탕으로, 콘텐츠 구성과 수치를 파악하여 레이아웃을 제작합니다. 문제에서 지시하지 않은 부분은 수험자가 자유롭게 설정합니다.

01 먼저, 요구사항정의서에 제시된 와이어프레임을 참고하여 HTML로 영역을 구분하는 코드를 작성합니다. 다음과 같이 작성한 후, [파일(File)] – [저장(Save)] (**Ctrl**+**S**)을 눌러 저장합니다.

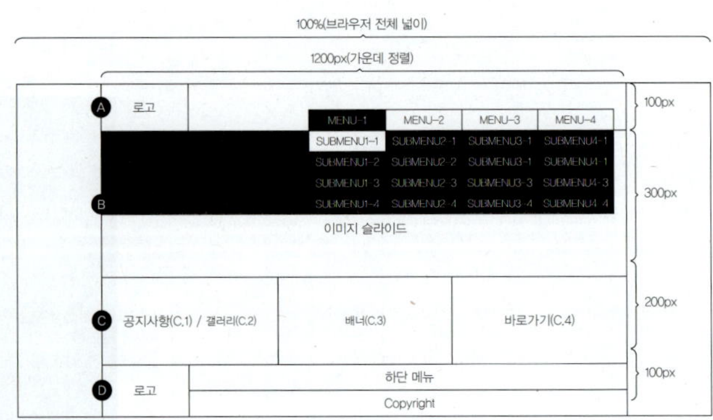

```
<div class="wrap">
    <div class="inner">
        <header id="header">
            헤더영역
        </header>
        <section id="slide"
class="slide">
            슬라이드영역
        </section>
        <div class="contents">
            <article class="tab">
                공지사항/갤러리영역
            </article>
            <article class="banner">
                배너영역
            </article>
            <article class="go">
                바로가기영역
            </article>
        </div>
        <footer id="footer">
            푸터영역
        </footer>
    </div>
</div>
```

```
11    <body>
12      <div class="wrap">
13        <div class="inner">
14          <header id="header">
15            헤더영역
16          </header>
17          <section id="slide" class="slide">
18            슬라이드영역
19          </section>
20          <div class="contents">
21            <article class="tab">
22              공지사항/갤러리영역
23            </article>
24            <article class="banner">
25              배너영역
26            </article>
27            <article class="go">
28              바로가기영역
29            </article>
30          </div><!--//contents 닫은 태그-->
31          <footer id="footer">
32            푸터영역
33          </footer>
34        </div><!--//inner 닫은 태그-->
35      </div><!--//wrap 닫은 태그-->
36    </body>
37  </html>
```

[index.html]

⚑ 기적의 TIP

- HTML 주석은 〈!--로 시작하고 --〉로 끝납니다.
- 주석은 웹 문서의 콘텐츠에 영향을 주지 않고 각 영역을 구분하기 쉽게 해줍니다.
- id 속성은 문서 내에서 고유해야 하며, CSS나 자바스크립트에서 특정 요소를 선택할 때 사용됩니다.
- 홈페이지 구조화 작업 시 각 영역에 맞게 타이틀(헤더 영역, 슬라이드 영역 등)을 채우고 영역 작업 시 타이틀을 지우며 작업합니다.
- class 속성은 여러 요소에 반복 사용 가능하며, 스타일 적용을 위한 이름을 지정할 때 사용됩니다.

💬 요소 TIP

- 〈div〉 : 문서의 레이아웃을 구성하거나 여러 요소를 그룹화할 때 사용하는 일반 블록 요소
- 〈div class="wrap"〉 : 웹 페이지의 전체 레이아웃을 감싸는 최상위 컨테이너 역할
- 〈div class="inner"〉 : 내부 콘텐츠를 감싸는 컨테이너 역할
- 〈header id="header"〉 : 웹 페이지 상단의 머리글 영역으로, 보통 로고, 사이트 이름, 내비게이션 메뉴 등이 들어감
- 〈section id="slide" class="slide"〉 : 슬라이드처럼 독립적인 주제를 가진 콘텐츠 영역을 구분할 때 사용
- 〈div class="contents"〉 : 공지사항, 갤러리, 바로가기 영역을 묶는 컨테이너 역할
- 〈article〉 : 공지사항, 갤러리, 바로가기처럼 독립적으로 구성 가능한 콘텐츠 블록을 나타낼 때 사용
- 〈footer id="footer"〉 : 웹 페이지의 하단 영역으로, 일반적으로 저작권, 연락처, 패밀리사이트, SNS 링크 등이 포함됨

02 'index.html' 문서가 활성화된 상태에서 상태 표시줄에 Go Live를 선택하여 웹 브라우저인 '크롬(Chrome)'으로 작업 결과를 확인합니다.

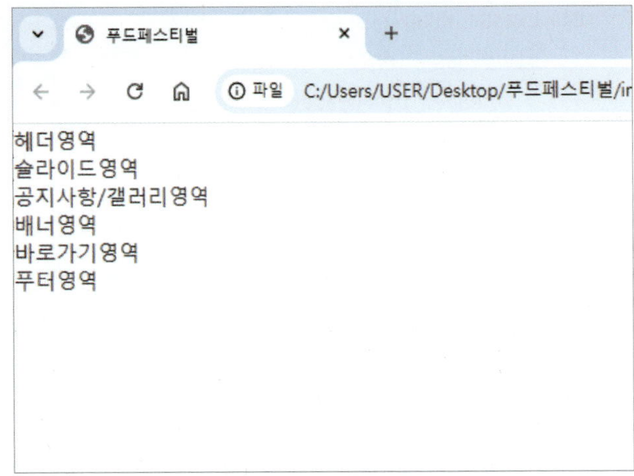

② 레이아웃 스타일 작업하기

HTML 구조를 기반으로 CSS 스타일을 적용하여, 요구사항정의서에 제시된 와이어프레임을 기준으로 레이아웃을 제작합니다.

01 'style.css' 파일에서 HTML 구조에 맞춘 레이아웃 스타일을 'body' 스타일 아래에 입력합니다. [파일(File)] - [저장(Save)] (Ctrl+S)을 눌러 저장합니다.

```css
.inner{
    width:1200px;
    margin:auto;
}
header{
    height:100px;
    background:#f45750;
}
.slide{
    height:300px;
    background:#40b0f9;
}
.contents{
    height:200px;
    display:flex;
    background:#ff884d;
```

```css
26  .inner{
27      width:1200px;
28      margin:auto;
29  }
30  header{
31      height:100px;
32      background: #f45750;
33  }
34  .slide{
35      height:300px;
36      background: #40b0f9;
37  }
38  .contents{
39      height:200px;
40      display:flex;
41      background: #ff884d;
42  }
43  .contents article{
44      width:400px;
45  }
46  .contents .banner{
47      background: #00d2a5;
48  }
49  footer{
50      height:100px;
51      background: #666;
52  }
```

[style.css]

```css
  }
  .contents article{
      width:400px;
  }
  .contents .banner{
      background:#00d2a5;
  }
  footer{
      height:100px;
      background:#666;
  }
```

💬 요소 TIP

- **.inner** : 〈div class="inner"〉 선택자로 내부 콘텐츠가 수평 중앙에 올 수 있도록 스타일 지정
  - **margin:auto** : 콘텐츠(블록 요소)를 수평 중앙에 배치할 때 사용(너비 값 필수)
  - **width:1200px** : 요구사항정의서에 표시된 너비 값
- **.contents** : 〈div class="contents"〉 선택자로 공지사항/갤러리, 배너, 바로가기 영역을 전체 감싸는 컨테이너 역할
  - **display:flex** : 〈div class="contents"〉를 플렉스 컨테이너로 설정하여, 자식 요소(article)들을 수평으로 나열. 이때 자식 요소는 부모 요소의 높이만큼 stretch 되어 들어가므로 부모 요소에 높이 값이 있는 것이 유리
  - **height** : 요구사항정의서에 표시된 높이 값 입력
- **.contents article** : 〈div class="contents"〉의 자식 요소 〈article〉 모두 선택하는 선택자

➕ 더 알기 TIP

- CSS 주석은 /*로 시작하고 */로 끝납니다. 주석은 브라우저에 적용되지 않으며, 코드 설명이나 메모용으로 사용됩니다.
- 클래스명은 의미 있는 단어로 작성하는 것이 좋으며, 일반적으로 영문 소문자로 시작하는 것이 권장됩니다.
- 클래스 선택자는 마침표(.)를 사용해 표기하고, 태그 선택자는 마침표 없이 HTML 태그 이름 그대로 사용합니다.
- 배경색 지정은 시각적으로 각 영역의 구분을 쉽게 하기 위해 임시로 지정하며, 실제 작업 시에는 삭제하거나 디자인에 맞는 색으로 수정합니다.
- CSS 선택자는 구체성에 따라 우선순위가 결정되며, 같은 요소에 여러 스타일이 적용될 경우 더 구체적인 선택자가 우선 적용됩니다.

[참고하기] PART 02 – SECTION 02 CSS 기본 다지기

---

02 'index.html' 문서가 활성화된 상태에서 상태 표시줄에 Go Live를 선택하여 웹 브라우저인 '크롬(Chrome)'으로 작업 결과를 확인합니다.

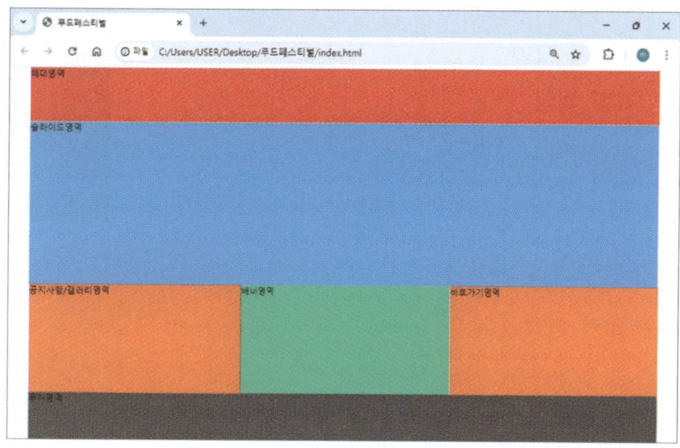

01 로고 제작하기

세부 지시사항 A.1 항목의 로고를 제작합니다. 로고 크기는 가로 180px, 세로 40px이며, 심벌 없이 텍스트만으로 구성된 워드마크 형태로 디자인합니다. 텍스트는 수험자 제공 파일의 텍스트를 활용하여 디자인합니다.

* 교재의 로고는 예시일 뿐이며, 기본 요건을 충족한다면 자유롭게 변형하여 제작해도 됩니다.

01 로고 제작을 위해 일러스트레이터를 실행합니다.

02 [파일(File)] – [새로 만들기(New)] 또는 Ctrl + N 을 눌러 새 문서를 만들기 합니다.

  – 단위(Unit) : 픽셀(Pixels)
  – 폭(Width) : 180px
  – 높이(Height) : 40px
  – 색상 모드(Color Mode) : RGB 색상
  – 래스터 효과(Raster Effects) : 스크린(72ppi)

03 도구 상자 패널에서 문자 도구(T)를 선택한 후, 대지를 클릭해 'FOOD페스티벌'을 입력합니다. 이어서 [창(Window)] – [문자(Type)] – [문자(Character)]를 선택해 문자 패널을 열어, 설정을 마친 후 이동 도구(▷)로 전환합니다.

  – 서체(Character) : 여기어때 잘난체
  – 글자 크기 : 25pt
  – 칠 색상 : #000000

  ※ 문자 패널이 보이지 않는 경우, [창(Window)] – [문자(Type)] – [문자(Character)] 를 선택합니다.

04 'FOOD페스티벌'를 선택한 후, 마우스 오른쪽 버튼을 클릭하여 [윤곽선 만들기 (Create Outlines)]를 선택합니다. 그러면 문자가 벡터 오브젝트로 변환됩니다.

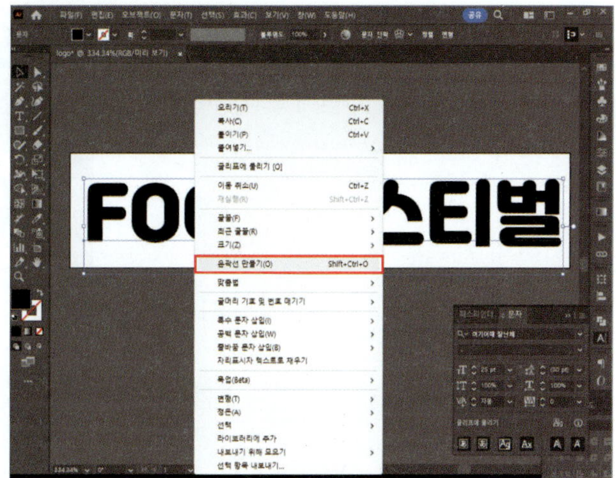

05 다시 오브젝트를 선택한 후, 마우스 오른쪽 버튼을 클릭하여 [그룹 풀기(Ungroup)]를 선택합니다.

06 그룹 해제된 문자 오브젝트를 하나씩 선택하여, 각 글자를 약간씩 회전시켜 자유로운 느낌을 연출합니다.

07 도구 상자에서 타원 도구(Ellipse Tool) (◉)를 선택하여, 그릇 형태를 만들기 위해 가로로 긴 원을 화면에 드래그하여 그립니다.

08 이어서 그 위에 동일한 크기의 원을 하나 더 겹쳐서 그립니다.

09 두 개의 겹친 원을 모두 선택한 후, 패스파인더(Pathfinder) 패널에서 '앞면 오브젝트 제거(Minus Front)'를 선택합니다.

※ 패스파인더 패널이 보이지 않는 경우, [창(Window)] – [패스파인더(Pathpiner)]를 선택하면 됩니다.

10 그릇 형태의 오브젝트가 생성되면 그릇에 텍스트 오브젝트를 담는 형태로 배치합니다.

11 'F' 오브젝트의 색상을 '#d8562a'로 변경합니다. 첫 번째 'O' 오브젝트의 색상을 '#81b445'로 변경합니다. 두 번째 'O' 오브젝트의 색상을 '#e8a541'로 변경합니다.

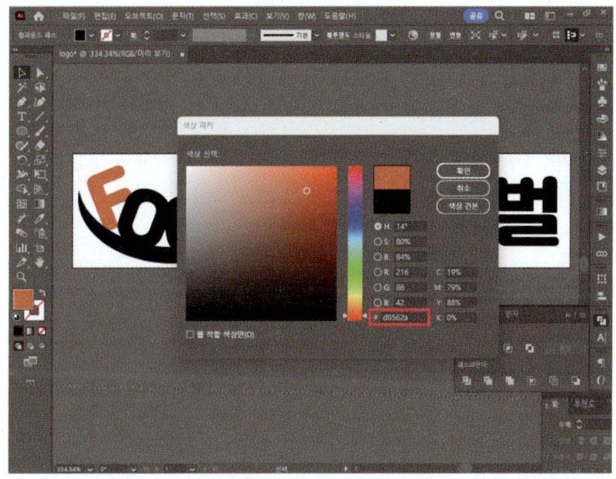

12 마지막 'D' 오브젝트의 색상을 '#0080c9'로 변경합니다. 그릇 오브젝트와 '페스티벌' 텍스트 오브젝트를 모두 선택하여 색상을 '#251711'로 지정합니다.

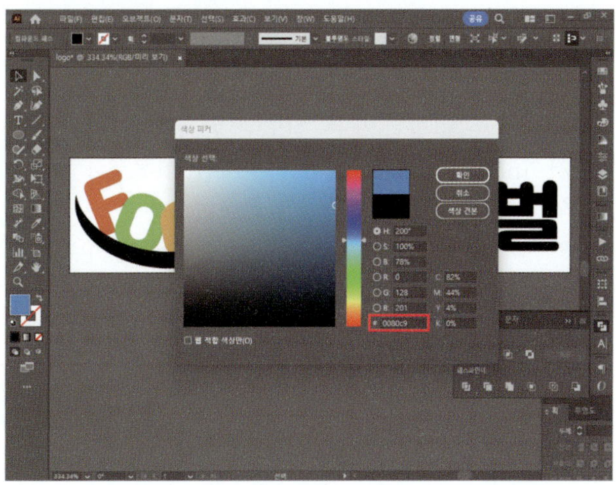

13 작업이 완료되면 [파일(File)] – [내보내기(Export)] – [웹용으로 저장(Save for Web)]을 선택하여 파일 형식을 'PNG–24'로 설정한 후, 'images' 폴더에 저장합니다.

– 파일명 : logo.png

02 헤더 영역 로고 작업하기

세부 지시사항의 A.1 로고를 index.html 문서에 추가합니다.

01 Visual Studio Code에서 'index.html' 문서를 열고, '<header id="header">' 영역 내부의 텍스트를 삭제한 후 다음과 같이 작성합니다.

```
<h1>
    <a href="#">
        <img src="images/logo.png"
alt="푸드페스티벌">
    </a>
</h1>
```

```
13  <body>
14      <div class="wrap">
15          <div class="inner">
16              <header id="header">
17                  <h1>
18                      <a href="#">
19                          <img src="images/logo.png" alt="푸드페스티벌">
20                      </a>
21                  </h1>
22              </header>
```

[index.html]

02 문서를 저장한 후, 'index.html' 문서가 활성화된 상태에서 상태 표시줄에 Go Live를 선택 또는 윈도우 탐색기에서 'index.html'을 웹 브라우저인 '크롬(Chrome)'으로 작업 결과를 확인합니다.

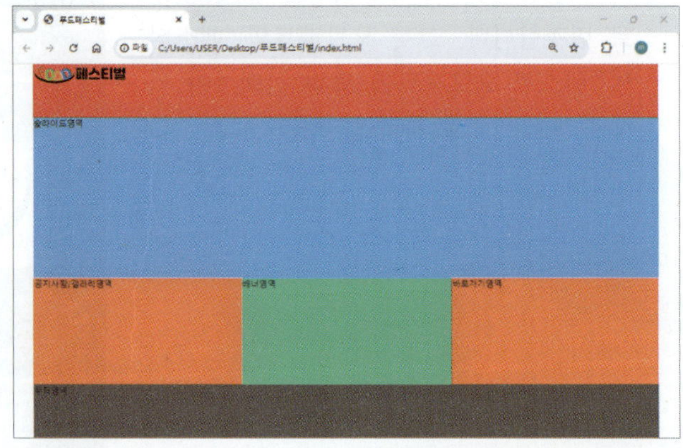

03 헤더 영역 메뉴 작업하기

세부 지시사항의 A.2 메뉴를 구성합니다. 사이트 맵을 참고하여 메인 메뉴(Main menu)와 서브 메뉴 (Sub menu)를 구성합니다.

01 요구사항정의서의 와이어프레임에서 메뉴 형태를 확인합니다.

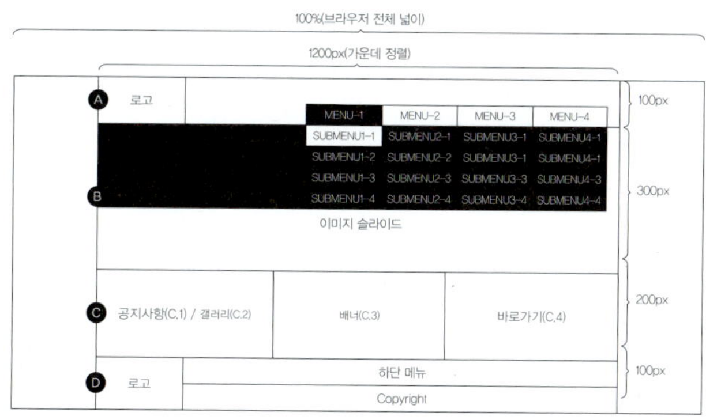

02 index.html 문서의 '<header id="header">' 영역 에서 '</h1>' 태그 다음 줄에, 요구사항정의서의 사이 트 맵을 참고하여 메뉴를 다음과 같이 작성합니다.

```
<nav id="nav">
    <ul>
        <li><a href="#">행사소개</a>
            <ul class="sub">
                <li><a href="#">행사개요</a></li>
                <li><a href="#">일정안내</a></li>
                <li><a href="#">참여방법</a></li>
                <li><a href="#">장소정보</a></li>
            </ul>
        </li>
        <li><a href="#">참가업체</a>
            <ul class="sub">
                <li><a href="#">푸드트럭</a></li>
                <li><a href="#">레스토랑</a></li>
                <li><a href="#">전통음식관</a></li>
                <li><a href="#">후원업체</a></li>
            </ul>
        </li>
        <li><a href="#">체험프로그램</a>
            <ul class="sub">
                <li><a href="#">쿠킹클래스</a></li>
                <li><a href="#">음식시식</a></li>
                <li><a href="#">전통요리체험</a></li>
                <li><a href="#">푸드퀴즈</a></li>
```

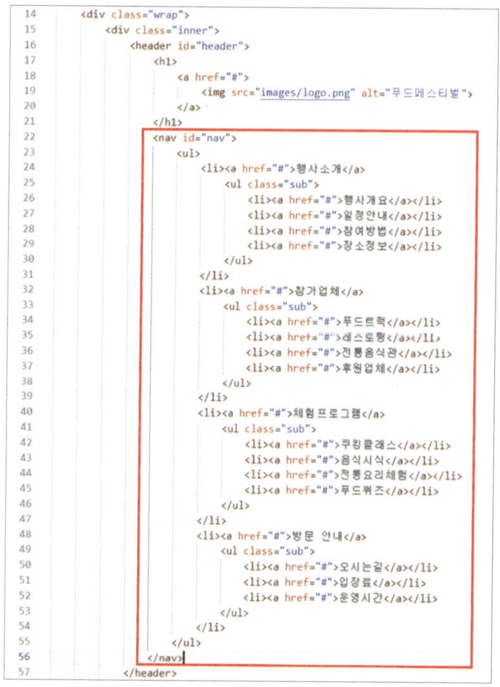

```
14      <div class="wrap">
15          <div class="inner">
16              <header id="header">
17                  <h1>
18                      <a href="#">
19                          <img src="images/logo.png" alt="푸드페스티벌">
20                      </a>
21                  </h1>
22                  <nav id="nav">
23                      <ul>
24                          <li><a href="#">행사소개</a>
25                              <ul class="sub">
26                                  <li><a href="#">행사개요</a></li>
27                                  <li><a href="#">일정안내</a></li>
28                                  <li><a href="#">참여방법</a></li>
29                                  <li><a href="#">장소정보</a></li>
30                              </ul>
31                          </li>
32                          <li><a href="#">참가업체</a>
33                              <ul class="sub">
34                                  <li><a href="#">푸드트럭</a></li>
35                                  <li><a href="#">레스토랑</a></li>
36                                  <li><a href="#">전통음식관</a></li>
37                                  <li><a href="#">후원업체</a></li>
38                              </ul>
39                          </li>
40                          <li><a href="#">체험프로그램</a>
41                              <ul class="sub">
42                                  <li><a href="#">쿠킹클래스</a></li>
43                                  <li><a href="#">음식시식</a></li>
44                                  <li><a href="#">전통요리체험</a></li>
45                                  <li><a href="#">푸드퀴즈</a></li>
46                              </ul>
47                          </li>
48                          <li><a href="#">방문안내</a>
49                              <ul class="sub">
50                                  <li><a href="#">오시는길</a></li>
51                                  <li><a href="#">입장료</a></li>
52                                  <li><a href="#">운영시간</a></li>
53                              </ul>
54                          </li>
55                      </ul>
56                  </nav>
57              </header>
```

[index.html]

```html
        </ul>
      </li>
      <li><a href="#">방문 안내</a>
        <ul class="sub">
          <li><a href="#">오시는길</a></li>
          <li><a href="#">입장료</a></li>
          <li><a href="#">운영시간</a></li>
        </ul>
      </li>
    </ul>
  </nav>
```

03 서브 메뉴의 배경 구조를 추가하기 위해, '</nav>' 태그 다음 줄에 다음과 같이 입력합니다.

```html
<div class="menuBg"></div>
```

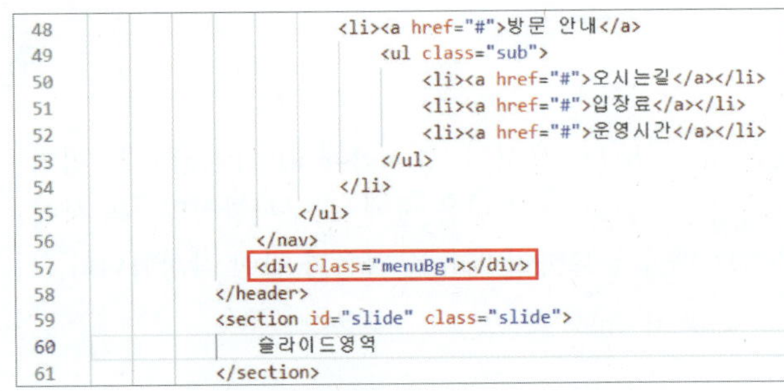

```html
48            <li><a href="#">방문 안내</a>
49              <ul class="sub">
50                <li><a href="#">오시는길</a></li>
51                <li><a href="#">입장료</a></li>
52                <li><a href="#">운영시간</a></li>
53              </ul>
54            </li>
55          </ul>
56        </nav>
57        <div class="menuBg"></div>
58      </header>
59      <section id="slide" class="slide">
60        슬라이드영역
61      </section>
```

[index.html]

⊫ 기적의 TIP

- 메뉴 작업 시 <nav>로 감싼 후, 순서가 없는 목록 태그인 <ul>, <li>로 작업합니다.
- 중첩목록 작업 시 쌍으로 올바르게 중첩되어야 하며, 태그가 제대로 닫혀야 합니다.
- 서브 메뉴 <ul> 요소에 클래스 명 'sub'로 설정합니다.

💬 요소 TIP

- <a href="#"> : 임시 링크 추가(기술적 준수사항)
- <div class="menuBg"></div> : 서브 메뉴의 배경 역할이므로 내용은 없음

04 헤더 영역 스타일 작업하기

헤더 영역에 로고를 배치하고, 메인 메뉴(Main menu)에 마우스를 올리면(Mouse over) 하이라이트 되며, 벗어나면(Mouse out) 하이라이트가 해제됩니다. 또한, 서브 메뉴 중 하나에 마우스를 올리면 하이라이트 되고, 벗어나면 하이라이트가 해제됩니다.

01 먼저 style.css 문서를 활성화하여, 'header'의 기존 배경색을 제거한 후, 새로운 배경색과 안쪽 여백을 설정합니다.

```css
header{
    height:100px;
    padding-top:35px;
    padding-left:10px;
}
```

```css
26    .inner{
27        width:1200px;
28        margin:auto;
29    }
30    header{
31        height:100px;
32        padding-top:35px;
33        padding-left:10px;
34    }
35    .slide{
36        height:300px;
37        background: #40b0f9;
38    }
```

[style.css]

02 'header' 스타일 다음 줄에, 메뉴를 공중에 띄워 서브 메뉴가 슬라이드 영역 위에 겹쳐 보일 수 있도록 다음과 같이 작성합니다.

```css
header{
    position:relative;
    height:100px;
    padding-top:35px;
    padding-left:10px;
}
nav{
    position:absolute;
    top:56px;
    right:10px;
    z-index:10;
}
```

```css
26    .inner{
27        width:1200px;
28        margin:auto;
29    }
30    header{
31        position:relative;
32        height:100px;
33        padding-top:35px;
34        padding-left:10px;
35    }
36    nav{
37        position:absolute;
38        top:56px;
39        right:10px;
40        z-index:10;
41    }
```

[style.css]

💬 **요소 TIP**

- **header** : ⟨header⟩ 선택자로 상단 헤더 영역의 스타일 지정
  - **position:relative** : 공중에 띄운 ⟨nav⟩의 기준 역할
- **nav** : ⟨nav⟩ 선택자로 메뉴 스타일 지정
  - **position:absolute** : 공중에 띄워 상위 요소(header)에 기준 설정 후, 절대 위치로 지정
  - **z-index** : position 속성으로 설정된 요소에 쌓이는 순서를 결정할 수 있으며 순서가 클수록 위로 쌓임

03 nav 스타일 다음 줄에, 메인 메뉴가 수평 정렬될 수 있도록 다음과 같이 작성합니다.

```css
nav>ul{
    display:flex;
}
```

```css
36  nav{
37      position:absolute;
38      top:56px;
39      right:10px;
40      z-index:10;
41  }
42  nav>ul{
43      display:flex;
44  }
45  .slide{
46      height:300px;
47      background: #40b0f9;
48  }
```

[style.css]

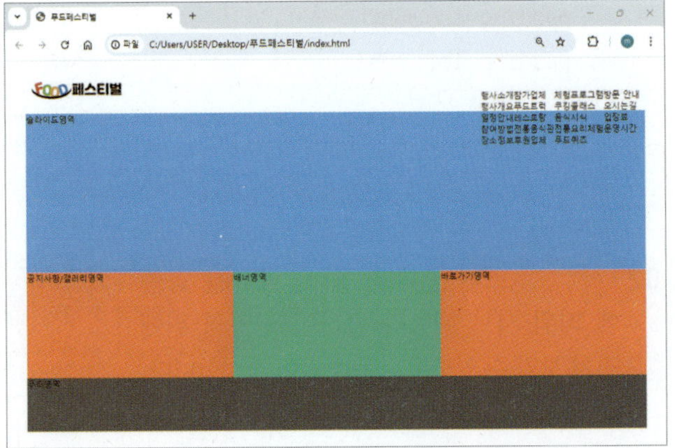

04 메뉴의 클릭 가능한 영역을 지정하기 위해, 'nav > ul' 스타일 다음 줄에 다음과 같이 작성합니다.

```css
nav>ul>li>a{
    display:block;
    width:150px;
    text-align:center;
    font-weight:bold;
    padding:10px;
    background:#d8562a;
    color:#fff;
}
nav>ul>li:hover>a{
    background:#0080c9;
}
.sub li a{
    display:block;
    padding:5px;
    text-align:center;
    font-size:14px;
    color:#fff;
}
.sub li a:hover{
    background:#d8562a;
    color:#fff;
}
```

```css
42  nav>ul{
43      display:flex;
44  }
45  nav>ul>li>a{
46      display:block;
47      width:150px;
48      text-align:center;
49      font-weight:bold;
50      padding:10px;
51      background: #d8562a;
52      color: #fff;
53  }
54  nav>ul>li:hover>a{
55      background: #0080c9;
56  }
57  .sub li a{
58      display:block;
59      padding:5px;
60      text-align:center;
61      font-size:14px;
62      color: #fff;
63  }
64  .sub li a:hover{
65      background: #d8562a;
66      color: #fff;
67  }
```

[style.css]

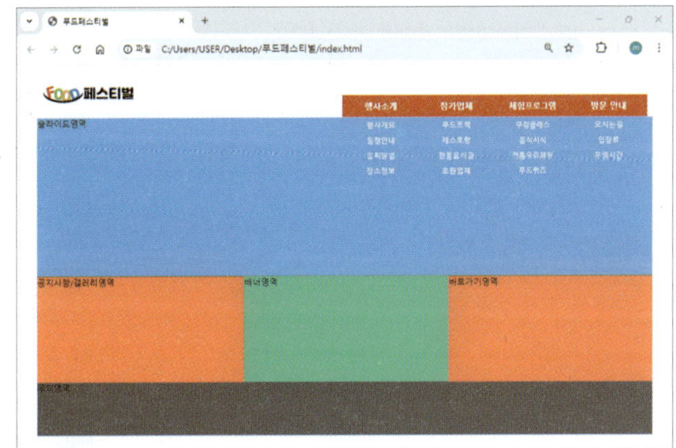

📭 **기적**의 TIP

- 자신이 설정한 웹 페이지의 주조색과 보조색이 잘 드러나도록 제작합니다.
- 블록 요소는 기본적으로 수직으로 쌓이며, 너비와 높이 속성을 자유롭게 지정할 수 있습니다.
  예) <div>, <p>, <section> 등
- 인라인 요소는 한 줄에 나란히 배치되며, 기본적으로 너비와 높이를 지정할 수 없습니다.
  예) <a>, <span>, <strong> 등

- **nav>ul** : 〈nav〉의 자식 요소 〈ul〉 지정
  - **display:flex** : nav>ul를 플렉스 컨테이너로 설정하여, 자식 요소 〈li〉들을 수평으로 나열
- **nav>ul>li>a** : 〈nav〉의 자식 요소 〈ul〉의 자식 요소 〈li〉의 자식 요소 〈a〉 지정
  - **display:block** : 〈a〉는 인라인 요소이므로 width, height가 들어가지 않음. 그래서 display:block으로 변경하여 width, height, padding 스타일 속성 적용
  - **width:120px** : 〈a〉의 너비 설정(임의로 설정 가능)
  - **text−align:center** : 텍스트나 인라인 요소의 내용을 가운데 정렬할 때 사용하며, 보통 블록 요소에 적용
- **nav>ul>li:hover>a** : 〈nav〉의 자식 요소 〈ul〉의 자식 요소 〈li〉에 마우스 올렸을 때 〈a〉 지정(마우스 올렸을 때 하이라이트 효과)
- **.sub** : 〈ul class="sub"〉 지정하여 서브 메뉴 스타일 지정
  - **display:none** : 요소를 선택하여 숨김(스크립트에서 추가 작업 예정)
- **.sub li a** : .sub의 자식 요소 〈li〉의 자식 요소 〈a〉 지정
  - **display:block** : 요소 성질을 블록 요소로 바꾸면서 부모 요소의 가로 너비를 채울 수 있음
  - **padding:5px** : 사방의 내부 여백을 5픽셀로 설정
  - **font−size:14px** : 폰트 사이즈 14픽셀 설정(기본 폰트 사이즈 16픽셀)

05 서브 메뉴 배경이 슬라이드 위에 겹쳐 보이도록 하고자 '.sub a:hover' 스타일 다음 줄에 다음과 같이 작성합니다.

```css
.menuBg {
    width:100%;
    height:140px;
    background:rgba(0, 0, 0, 0.8);
    top:100px;
    left:0;
    position:absolute;
    z−index:5;
}
```

```css
64    .sub li a:hover{
65        background: #d8562a;
66        color: #fff;
67    }
68    .menuBg {
69        width:100%;
70        height:140px;
71        background: rgba(0, 0, 0, 0.8);
72        top:100px;
73        left:0;
74        position:absolute;
75        z−index:5;
76    }
77    .slide{
78        height:300px;
79        background: #40b0f9;
80    }
```

[style.css]

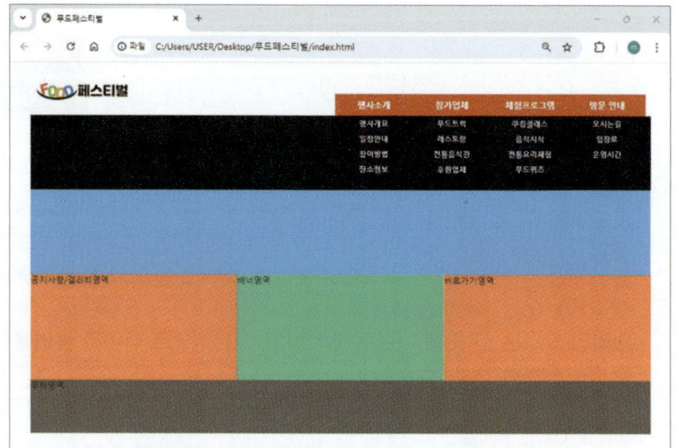

06 메인 메뉴, 서브 메뉴, 그리고 서브 메뉴 배경의 스타일을 확인한 후, 마우스를 올려 강조 효과가 잘 적용되었는지 확인합니다. 정상적으로 작동되었다면, 'nav 〉 ul 〉 li:hover 〉 a' 스타일 다음 줄에 서브 메뉴를 숨기는 코드를 추가하고, '.menuBg'에도 동일하게 숨김 스타일을 적용합니다.

```
.sub{
    display:none;
}
.menuBg {
    width:100%;
    height:140px;
    background:rgba(0, 0, 0, 0.8);
    top:100px;
    left:0;
    position:absolute;
    z-index:5;
    display:none;
}
```

```
54    nav>ul>li:hover>a{
55        background: #0080c9;
56    }
57    .sub{
58        display:none;
59    }
```

[style.css]

```
68    .menuBg {
69        width:100%;
70        height:140px;
71        background:rgba(0, 0, 0, 0.8);
72        top:100px;
73        left:0;
74        position:absolute;
75        z-index:5;
76        display:none;
77    }
```

[style.css]

💬 요소 TIP

- **.sub** : 〈ul class="sub"〉 지정하여 서브 메뉴 스타일 지정
  - **display:none** : 요소를 선택하여 숨김(스크립트에서 추가 작업 예정)
  - **.menuBg** : 〈div class="menuBg"〉 선택자로 서브 메뉴 배경 스타일 적용, 내용이 없으므로 빠르게 CSS를 입력하여 영역을 확인하는 것을 추천
  - **position: absolute** : .menuBg를 공중에 띄워 상위 요소(header)에 기준을 설정하여 절대 위치로 지정
  - **width:100%** : 기준이므로 header의 너비만큼 100% 채워짐
  - **z-index** : 〈nav〉보다 뒤에 있어야 하므로 〈nav〉의 z-index 값보다 작게 설정
  - **height** : .menuBg의 높이 영역 설정(임의로 설정 가능)
  - **display:none** : 요소를 선택하여 숨김(스크립트에서 추가 작업 예정)

세부 지시사항의 A.2 메뉴 효과를 구현합니다. 메인 메뉴(Main menu)에 마우스를 올리면(Mouse over) 해당 서브 메뉴(Sub menu) 영역이 슬라이드 다운(Slide down)으로 보이도록 하고, 벗어나면(Mouse out) 서브 메뉴 영역은 슬라이드 업(Slide Up)으로 사라지는 작업을 제이쿼리(jQuery)로 진행합니다.

01 js 폴더 하위에 있는 script.js 문서를 열어 작성합니다.

```
//메뉴
$("nav>ul>li").mouseover(function(){
    $(".sub, .menuBg").stop().slideDown();
})
$("nav>ul>li").mouseout(function(){
    $(".sub, .menuBg").stop().slideUp();
})
```

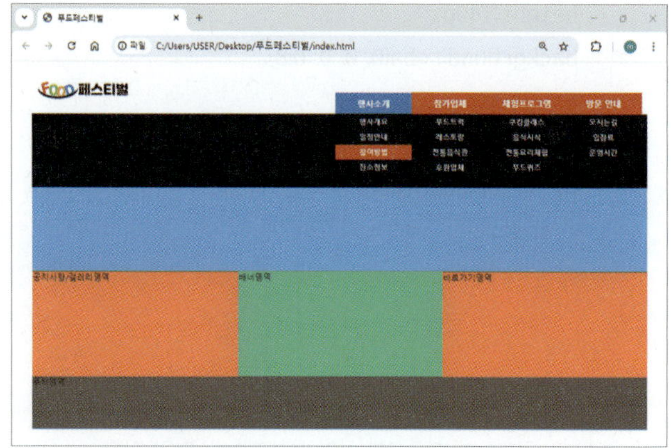

[script.js]

💬 **요소 TIP**

- **$** : jQuery에서 HTML 요소를 선택하거나 jQuery 객체를 생성할 때 사용하는 단축 표기
- **$("nav>ul>li")** : jQuery 선택자로, 〈nav〉 자식 요소인 〈ul〉 자식 요소인 모든 〈li〉 선택
- **mouseover/mouseout** : 마우스가 요소 위로 올라가거나 벗어날 때 발생하는 이벤트
- **$(".sub, .menuBg")** : 클래스가 sub인 요소와 클래스가 menuBg인 요소 모두 선택
- **stop()** : 현재 실행 중인 애니메이션을 즉시 중지시켜 중복 애니메이션이 발생하는 것을 방지
- **slideDown()/slideUp()** : slideDown()은 요소를 슬라이드 다운하여 보여주고, slideUp()은 요소를 슬라이드 업하여 숨김

01 슬라이드 영역 구조 작업하기

세부 지시사항 B 항목의 슬라이드를 제작합니다. 슬라이드 구조를 먼저 작성한 후, 제공된 텍스트 간 위계가 잘 드러나도록 글자체, 굵기, 색상, 크기를 적절하게 설정합니다.

01 '수험자 제공 파일'에 있는 이미지를 images 폴더로 복사합니다. 이미지 크기를 확인한 후 필요하다면 크기를 조정하고, 필요에 따라 파일명을 수정합니다.

[참고하기] PART 03 – SECTION 02. Photoshop 필수 기능

02 index.html 문서에서 '`<section id="slide" class="slide"></section>`' 태그 사이에 다음과 같이 작성합니다.

```html
<section id="slide" class="slide">
    <ul>
        <li class="s1">
            <a href="#">
                <h2><span>제10회 푸드페스티벌,</span> 미식의 천국으로 여러분을 초대합니다!</h2>
            </a>
        </li>
        <li class="s2">
            <a href="#">
                <h2><span>스타 셰프들의 즉석 쿠킹쇼!</span> 먹는 재미 + 보는 재미까지!</h2>
            </a>
        </li>
        <li class="s3">
            <a href="#">
                <h2><span>푸드트럭, 야시장, 음악공연까지!</span> 놓치면 후회할 진짜 축제!</h2>
            </a>
        </li>
    </ul>
</section>
```

[index.html]

id="slide"는 해당 요소를 고유하게 식별하기 위한 식별자로, 자바스크립트나 CSS에서 특정 요소를 직접 지정할 때 사용합니다.

💬 **요소** TIP

- **class="slide"** : CSS에서 공통 스타일을 적용하거나 여러 요소에 동일한 스타일을 부여할 때 사용
- **〈li class="s1"〉** : 각 항목에 개별적인 배경 이미지나 스타일을 지정할 수 있으며, 일반적으로 CSS에서 background–image 속성을 이용해 이미지 배경을 설정

02 슬라이드 영역 스타일 작업하기

세부 지시사항의 B 슬라이드 애니메이션 효과를 확인합니다. 슬라이드 애니메이션이 좌에서 우 또는 우에서 좌로 이동하는 애니메이션을 고려하여 스타일을 작업합니다.

01 style.css 문서를 열고, '.slide' 선택자의 기존 배경색을 제거한 후 다음과 같이 작성합니다.

```css
.slide {
    height:300px;
}
.slide ul li {
    width:1200px;
    height:300px;
}
.slide ul li a {
    display:block;
    height:100%;
}
.slide ul li.s1 {
    background:url(../images/s1.jpg)
no-repeat center/cover;
}
.slide ul li.s2 {
    background:url(../images/s2.jpg)
no-repeat center/cover;
}
.slide ul li.s3 {
    background:url(../images/s3.jpg)
no-repeat center/cover;
}
```

```css
81  .slide {
82      height:300px;
83  }
84  .slide ul li {
85      width:1200px;
86      height:300px;
87  }
88  .slide ul li a {
89      display:block;
90      height:100%;
91  }
92  .slide ul li.s1 {
93      background:url(../images/s1.jpg) no-repeat center/cover;
94  }
95  .slide ul li.s2 {
96      background:url(../images/s2.jpg) no-repeat center/cover;
97  }
98  .slide ul li.s3 {
99      background:url(../images/s3.jpg) no-repeat center/cover;
100 }
```

[style.css]

- **.slide ul li** : 슬라이드 각각의 항목을 감싸는 요소로, 배경 이미지를 적용할 수 있도록 너비와 높이를 지정
- **.slide ul li a** : .slide 내부의 〈ul〉 하위 〈li〉 요소 안에 있는 〈a〉를 선택하는 구조로, 클릭 가능한 영역에 스타일을 적용할 때 사용
  - **display:block** : 〈a〉를 블록 요소로 변경하여 전체 영역에 스타일을 적용
  - **height:100%** : 〈a〉 요소의 높이를 부모 요소인 〈li〉의 높이만큼 채우도록 설정
- **.slide ul li.s1** : .slide 하위의 〈ul〉 안에서 〈li〉 요소 중 class="s1"인 요소를 선택하는 구조로, 슬라이드 개별 항목에 배경 이미지를 설정할 때 사용
- **background:url(../images/s1.jpg) no-repeat center/cover** : 배경 CSS 속성 함축형
  - 배경 이미지의 경로, 반복 여부, 위치(center), 크기(cover)를 한 줄에 축약한 배경 속성 단축을 표현
    예 background: url(경로) no-repeat center/cover

02 슬라이드가 좌우로 이동하는 전환 방식이므로, '.slide' 스타일 다음 줄에 슬라이드 이미지들을 가로로 나열하는 스타일을 작성합니다.

```css
.slide ul{
    width:3600px;
    height:300px;
    display:flex;
}
```

```css
81    .slide {
82        height:300px;
83    }
84    .slide ul{
85        width:3600px;
86        height:300px;
87        display:flex;
88    }
89    .slide ul li {
90        width:1200px;
91        height:300px;
92    }
```
[style.css]

03 각 슬라이드 텍스트는 글자 스타일(글꼴, 굵기, 색상, 크기 등)을 적절하게 설정하고 해당 스타일은 '.slide ul li' 스타일 다음 줄에 작성합니다.

```css
.slide ul li {
    position:relative;
    width:1200px;
    height:300px;
}
.slide ul li h2 {
    background:#0080c9;
    position:absolute;
    top:50%;
    left:50%;
    transform:translate(-50%, -50%);
    width: 60%;
    padding:10px;
    border-radius:50px;
    text-align:center;
    color:#fff;
}
.slide ul li h2 span{
    color:#e8a541;
}
```

```css
89    .slide ul li {
90        position:relative;
91        width:1200px;
92        height:300px;
93    }
94    .slide ul li h2 {
95        background: #0080c9;
96        position:absolute;
97        top:50%;
98        left:50%;
99        transform:translate(-50%, -50%);
100       width: 60%;
101       padding:10px;
102       border-radius:50px;
103       text-align:center;
104       color: #fff;
105   }
106   .slide ul li h2 span{
107       color: #e8a541;
108   }
```
[style.css]

- **.slide ul** : .slide 하위 요소 〈ul〉에 슬라이드가 좌, 우로 이동할 수 있는 슬라이드 띠 역할
  - **display:flex** : .slide ul를 플렉스 컨테이너로 설정하여, 자식 요소 〈li〉들을 수평으로 나열
  - **width:3600px** : .slide ul의 width는 슬라이드 항목 하나의 너비(1200px)에 슬라이드 개수(3)를 곱해 3600px로 설정

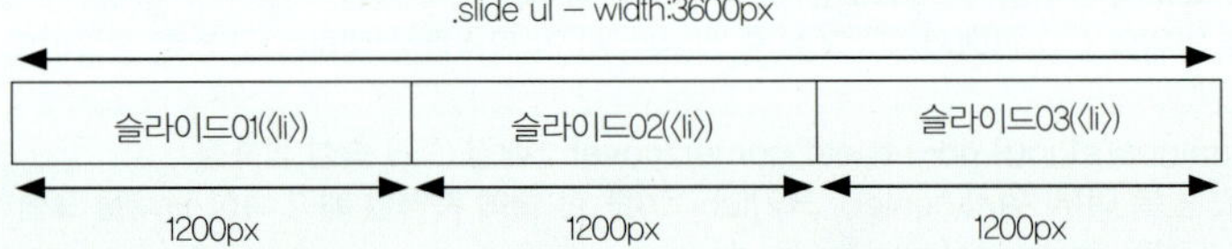

- **.slide ul li h2** : .slide 하위 요소 〈ul〉의 하위 요소 〈li〉의 하위 요소 〈h2〉 지정하여 슬라이드 텍스트 스타일 적용
  - **position:absolute** : .slide ul li h2를 공중에 띄워 상위 요소 .slide ul li에 기준 설정 후, 절대 위치로 지정
  - **border-radius:50px** : 사방의 모서리를 50픽셀만큼 둥글게 설정
- **공중에 띄운 요소를 가운데 배치하는 방법**
  - **top:50%** : 기준 요소의 상단에서부터 50% 아래로 배치
  - **left:50%** : 기준 요소의 왼쪽으로부터 50% 오른쪽으로 배치
  - **transform:translate(−50%, −50%)** : 자신의 가로/세로 크기의 50%만큼 왼쪽과 위로 이동시켜 정확한 정중앙에 배치

RGB 색상 입력 방법
포토샵의 색상 피커에서 RGB 값을 확인하고 입력합니다.

04 .slide ul 영역이 .slide 영역보다 넘치는 경우를 대비하여, 넘치는 영역을 숨기기 위해 다음과 같이 작성합니다.

```css
.slide {
  height:300px;
  overflow:hidden;
}
```

```css
81  .slide {
82      height:300px;
83      overflow:hidden;
84  }
85  .slide ul{
86      width:3600px;
87      height:300px;
88      display:flex;
89  }
90  .slide ul li {
91      width:1200px;
92      height:300px;
```

[style.css]

overflow:hidden : 요소의 영역보다 넘치는 영역을 숨김

05 작업한 모든 파일을 저장한 후, 'index.html' 문서가 활성화된 상태에서 상태표시줄에 Go Live를 선택 또는 윈도우 탐색기에서 'index.html'을 웹 브라우저인 '크롬(Chrome)'으로 작업 결과를 확인합니다.

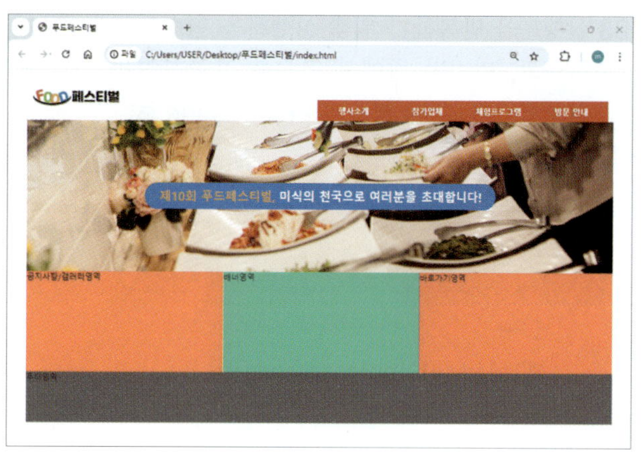

03 슬라이드 스크립트 작업하기

세부 지시사항의 B 슬라이드 애니메이션 효과를 구현합니다. 슬라이드 애니메이션이 좌에서 우 또는 우에서 좌로 이동하는 애니메이션으로 매 3초 이내 다른 이미지로 전환되어야 하며, 웹사이트를 열었을 때 자동으로 시작되어 반복적인 슬라이드가 되도록 제이쿼리(jQuery)로 작업합니다.

01 script.js 문서를 활성화합니다. 그리고 메뉴 스크립트 다음 줄에 .slide ul을 자동으로 좌측으로 이동시키는 jQuery 애니메이션을 다음과 같이 작성합니다.

```
//슬라이드
$(".slide ul").animate({marginLeft:-1200},1000);
```

```
 9    //슬라이드
10    $(".slide ul").animate({marginLeft:-1200},1000);
```
[script.js]

02 슬라이드가 순차적으로 전환되도록 변수 i를 생성한 후, 슬라이드 이동을 제어하는 계산식을 작성합니다.

```
//슬라이드
let i = 0;
i++;
$(".slide ul").animate({marginLeft:-1200 * i},1000);
```

```
 9    //슬라이드
10    let i = 0;
11    i++;
12    $(".slide ul").animate({marginLeft:-1200 * i},1000);
```
[script.js]

03 실행문을 반복하기 위해 실행문을 함수로
감싸고, 마지막 줄에서 함수를 호출하여
실행합니다. 이때 함수의 이름은 'slide'로
임의로 지정합니다.

```
//슬라이드
let i = 0;
function slide(){
    i++;
    $(".slide ul").animate({margin-
Left:-1200 * i},1000);
}


slide();
```

```
 8
 9   //슬라이드
10   let i = 0;
11   function slide(){
12       i++;
13       $(".slide ul").animate({ marginLeft: -1200 * i }, 1000);
14   }
15
16   slide();
```
[script.js]

04 함수는 호출해야 실행되므로, slide 함수
를 반복적으로 실행하기 위해 'setInter-
val()'을 작성합니다.

```
//슬라이드
let i = 0;
function slide(){
    i++;
    $(".slide ul").animate({margin-
Left:-1200 * i},1000);
}
setInterval(slide, 3000);
```

```
 9   //슬라이드
10   let i = 0;
11   function slide(){
12       i++;
13       $(".slide ul").animate({ marginLeft: -1200 * i }, 1000);
14   }
15   setInterval(slide, 3000);
```
[script.js]

05 증감식으로 인해 변수 i의 값이 계속 증가
하므로, 제어문을 사용하여 세 번째 슬라
이드 이후 다시 첫 번째 슬라이드가 보이
도록 설정합니다.

```
let i = 0;
function slide(){
    if (i < 2) {
        i++;
    } else {
        i = 0;
    }
    $(".slide ul").animate({ marginLeft:
-1200 * i }, 1000);
}
setInterval(slide, 3000);
```

```
 9   //슬라이드
10   let i = 0;
11   function slide(){
12       if (i < 2) {
13           i++;
14       } else {
15           i = 0;
16       }
17       $(".slide ul").animate({ marginLeft: -1200 * i }, 1000);
18   }
19   setInterval(slide, 3000);
```
[script.js]

06 작업한 모든 파일을 저장한 후, 'index.
html' 문서가 활성화된 상태에서 상태 표
시줄에 Go Live를 선택 또는 윈도우 탐
색기에서 'index.html'을 웹 브라우저인
'크롬(Chrome)'으로 작업 결과를 확인합
니다. 슬라이드가 3초 간격마다 좌측으로
전환되는 애니메이션이 자동 실행됩니다.

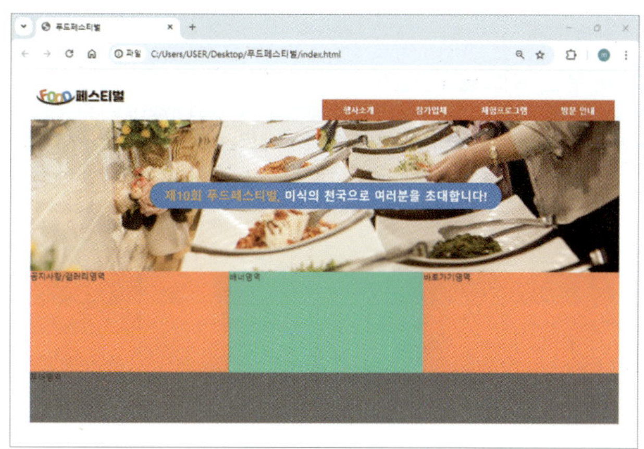

💬 요소 TIP

- **let i = 0** : 변수 i 선언 후 0을 할당
- **i++** : 증감 연산자로, 변수 i의 값을 1씩 증가시키는 역할
- **$(".slide ul")** : jQuery 선택자로, .slide의 하위 요소 〈ul〉 슬라이드 띠 선택
- **$(".slide ul").animate({marginLeft:−1200}** : .slide ul의 margin−left 값이 −1200만큼 이동하는 애니메이션
- **$("요소 선택").animate({속성:"속성값"}, 적용 시간)** : 요소 선택하여 애니메이션 적용

```
$(".slide ul").animate({marginLeft:−1200},1000) = $(".slide ul").animate({"margin−left":"−1200"},1000)
```

  − marginLeft는 자바스크립트 객체의 속성으로, camelCase 표기법을 따름. 자바스크립트 문법에서는 속성 이름에 하이픈(−)
  을 사용할 수 없기 때문에 margin−left는 marginLeft로 작성해야 함
  − "margin−left"는 문자열로 표현된 CSS 속성명이며, 문자열로 처리되는 경우에는 하이픈이 허용됨
  −1200은 숫자형 데이터(Number)로, 계산이 가능하며 애니메이션 속도와 거리 조절에 직접 사용될 수 있음
  − "−1200"은 문자열 데이터(String)로, 일반적으로는 jQuery에서 자동 형변환이 일어나지만, 명확하게 숫자로 처리하는 것이
  더 안정적임
- **if(조건문){실행문1}else{실행문2}** : 조건문이 참일 때 실행문1을 실행하고 거짓일 때 실행문2를 실행
- **setInterval(함수명, 밀리초)** : 지정한 시간 간격(밀리초)마다 해당 함수를 반복 실행하는 자바스크립트 내장 함수
- **밀리초(ms)** : 1초는 1,000밀리초이며, 1밀리초는 1초의 1/1000에 해당

좌, 우 슬라이드 공식 만들기
- 슬라이드 애니메이션을 구현할 때는 .slide ul의 margin-left 위치 값을 기준으로 움직임을 계산합니다.
- 기본 위치는 0px이며, 슬라이드가 한 칸씩 이동할 때마다 -1200px씩 왼쪽으로 이동합니다.
- 슬라이드가 3개일 경우, 0 → -1200 → -2400 → 0의 순으로 순환됩니다.

.slide(.slide ul 기준역할)

| 슬라이드01 | 슬라이드02 | 슬라이드03 |

.slide ul {margin-left:0}

3초 후 (변수 i = 1)

.slide(.slide ul 기준역할)

| 슬라이드01 | 슬라이드02 | 슬라이드03 |

.slide ul {margin-left:-1200px}

3초 후 (변수 i = 1)

.slide(.slide ul 기준역할)

| 슬라이드01 | 슬라이드02 | 슬라이드03 |

.slide ul {margin-left:-2400px}

변수 i	0	1	2	3 → 0
margin-left 값(단위 : px)	0	-1200	-2400	0
설명	슬라이드1 표시	슬라이드2 표시	슬라이드3 표시	다시 슬라이드1로 순환

- 변수 'i'의 값이 3일 경우, 'if-else'문의 조건식 'i < 2'가 거짓이 되어 'i'의 값이 0이 됩니다.
- 좌우 슬라이드 공식 '-1200 * i'에 'i'가 대입되면 'margin-left' 값이 0이 되어 슬라이드가 처음 위치로 돌아갑니다.

5 STEP 세부 영역별 지시사항 – ⓒ Contents 영역　　약 40분

01 공지사항, 갤러리 구조 작업하기

세부 지시사항 C.1 항목의 공지사항 및 갤러리 탭 콘텐츠를 제작합니다. 공지사항은 타이틀 영역과 콘텐츠 영역을 구분하고, 첫 번째 콘텐츠 클릭 시 팝업창이 나타나도록 구성합니다. 갤러리 영역은 제공된 이미지를 가로 방향으로 배치하고, 공지사항과 갤러리는 탭 기능을 이용해 각 탭 클릭 시 해당 콘텐츠가 표시되도록 합니다.

01 index.html 문서의 '⟨article class="tab"⟩⟨/article⟩' 태그 내부에, 공지사항과 갤러리의 탭 구조를 다음과 같이 작성합니다.

```
⟨article class="tab"⟩
    ⟨ul class="tabmenu"⟩
        ⟨li class="on"⟩
            ⟨h2⟩
                ⟨a href="#"⟩공지사항⟨/a⟩
            ⟨/h2⟩
            ⟨div class="notice tabcon"⟩
            ⟨/div⟩
        ⟨/li⟩
        ⟨li⟩
            ⟨h2⟩
                ⟨a href="#"⟩갤러리⟨/a⟩
            ⟨/h2⟩
            ⟨div class="gall tabcon"⟩
            ⟨/div⟩
        ⟨/li⟩
    ⟨/ul⟩
⟨/article⟩
```

```
78      <div class="contents">
79          <article class="tab">
80              <ul class="tabmenu">
81                  <li class="on">
82                      <h2>
83                          <a href="#">공지사항</a>
84                      </h2>
85                      <div class="notice tabcon">
86                      </div>
87                  </li>
88                  <li>
89                      <h2>
90                          <a href="#">갤러리</a>
91                      </h2>
92                      <div class="gall tabcon">
93                      </div>
94                  </li>
95              </ul>
96          </article>
97          <article class="banner">
98              배너 영역
99          </article>
```

[index.html]

💬 **요소 TIP**

- **⟨ul class="tabmenu"⟩** : 탭 메뉴 전체를 감싸는 리스트로, 각 탭 항목은 ⟨li⟩로 구성
- **⟨li class="on"⟩** : 현재 활성화된 탭을 의미하며, 기본으로 보이게 설정할 때 사용
- **⟨h2⟩** : 각 탭의 제목 요소
  예 공지사항, 갤러리
- **⟨div class="notice tabcon"⟩** : 공지사항 콘텐츠 영역으로, notice는 스타일 구분용, tabcon은 탭 콘텐츠 공통 클래스
- **⟨div class="gall tabcon"⟩** : 갤러리 콘텐츠 영역으로, gall은 스타일 구분용, tabcon은 탭 콘텐츠 공통 클래스
- HTML에서 class="a b"처럼 공백으로 구분된 클래스를 작성하면, 두 클래스 모두 적용됨

02 '<div class="notice tabcon"></div>' 태 그 안에 공지사항 내용을 다음과 같이 작성합니다.

```
<div class="notice tabcon">
    <ul>
        <li>
            <a href="#" class="pop">
                <p>4월 5일까지 사전 신청하면 무료 입장권 증정!</p>
                <span>2026.03.25</span>
            </a>
        </li>
        <li>
            <a href="#">
                <p>서울 · 수원 · 인천 노선 셔틀 운행, 시간표 확정</p>
                <span>2026.03.15</span>
            </a>
        </li>
        <li>
            <a href="#">
                <p>총 120개 음식 부스 라인업 공개!</p>
                <span>2026.02.20</span>
            </a>
        </li>
        <li>
            <a href="#">
                <p>가족 단위 관람객을 위한 키즈존 별도 운영 중!</p>
                <span>2026.01.01</span>
            </a>
        </li>
    </ul>
</div>
```

```
78          <div class="contents">
79              <article class="tab">
80                  <ul class="tabmenu">
81                      <li class="on">
82                          <h2>
83                              <a href="#">공지사항</a>
84                          </h2>
85                          <div class="notice tabcon">
86                              <ul>
87                                  <li>
88                                      <a href="#" class="pop">
89                                          <p>4월 5일까지 사전 신청하면 무료 입장권 증정!</p>
90                                          <span>2026.03.25</span>
91                                      </a>
92                                  </li>
93                                  <li>
94                                      <a href="#">
95                                          <p>서울·수원·인천 노선 셔틀 운행, 시간표 확정</p>
96                                          <span>2026.03.15</span>
97                                      </a>
98                                  </li>
99                                  <li>
100                                     <a href="#">
101                                         <p>총 120개 음식 부스 라인업 공개!</p>
102                                         <span>2026.02.20</span>
103                                     </a>
104                                 </li>
105                                 <li>
106                                     <a href="#">
107                                         <p>가족 단위 관람객을 위한 키즈존 별도 운영 중!</p>
108                                         <span>2026.01.01</span>
109                                     </a>
110                                 </li>
111                             </ul>
112                         </div>
113                     </li>
```

[index.html]

📑 **기적**의 TIP

첫 번째 게시글에 <a href="#" class="pop">을 미리 지정하면, 자바스크립트에서 .pop 클래스로 선택하여 팝업을 띄우는 클릭 이벤트를 연결할 수 있습니다.

- <p> : 공지사항의 게시글 지정
- <span> : 공지사항 게시글의 날짜 지정

03 '<div class="gall tabcon"></div>' 태그 안에 갤러리 내용을 다음과 같이 작성합니다.

```
<div class="gall tabcon">
    <ul>
        <li>
            <a href="#">
                <img src="images/g1.jpg" alt="갤러리 후기1">
            </a>
        </li>
        <li>
            <a href="#">
                <img src="images/g2.jpg" alt="갤러리 후기2">
            </a>
        </li>
        <li>
            <a href="#">
                <img src="images/g3.jpg" alt="갤러리 후기3">
            </a>
        </li>
    </ul>
</div>
```

```
114                            <li>
115                                <h2>
116                                    <a href="#">갤러리</a>
117                                </h2>
118                                <div class="gall tabcon">
119                                    <ul>
120                                        <li>
121                                            <a href="#">
122                                                <img src="images/g1.jpg" alt="갤러리 후기1">
123                                            </a>
124                                        </li>
125                                        <li>
126                                            <a href="#">
127                                                <img src="images/g2.jpg" alt="갤러리 후기2">
128                                            </a>
129                                        </li>
130                                        <li>
131                                            <a href="#">
132                                                <img src="images/g3.jpg" alt="갤러리 후기3">
133                                            </a>
134                                        </li>
135                                    </ul>
136                                </div>
137                            </li>
138                        </ul>
139                    </article>
140                    <article class="banner">
```

[index.html]

- 상호작용이 필요한 모든 콘텐츠는 임시 링크('#')를 적용하여 클릭 가능한 형태를 만듭니다(기술적 준수사항).
- alt 속성은 <img> 요소에 반드시 포함되어야 하며, 이미지의 대체 텍스트를 제공하여 시각 장애인 접근성과 SEO(검색 최적화)를 향상시킵니다(기술적 준수사항).

01 style.css 문서에서 .contents의 배경색을 제거하고, '.contents article' 스타일 아래에 다음 코드를 작성합니다.

```css
.tab {
    padding:10px;
}
.tabmenu {
    display:flex;
}
.tabmenu>li {
    width:150px;
    background:#d3d3d3;
}
.tabmenu>li>h2>a {
    display:block;
    text-align:center;
    padding:5px 0;
}
.tabmenu>li.on {
    background:#81b445;
    color:#fff;
}
```

```css
128    .contents article{
129        width:400px;
130    }
131    .tab {
132        padding:10px;
133    }
134    .tabmenu {
135        display:flex;
136    }
137    .tabmenu>li {
138        width:150px;
139        background: #d3d3d3;
140    }
141    .tabmenu>li>h2>a {
142        display:block;
143        text-align:center;
144        padding:5px 0;
145    }
146    .tabmenu>li.on {
147        background: #81b445;
148        color: #fff;
149    }
150    .contents .banner{
151        background: #00d2a5;
152    }
```

[style.css]

💬 요소 TIP

- **.tab** : 공지사항과 갤러리를 감싸는 영역
  - **padding:10px** : 사방 내부 여백 10픽셀 설정
- **display:flex** : .tabmenu를 플렉스 컨테이너로 설정하여, 자식 요소⟨li⟩들을 가로로 나열
- **.tabmenu>li>h2>a** : .tabmenu의 자식 요소 ⟨li⟩의 자식 요소 ⟨h2⟩의 자식 요소 ⟨a⟩ 지정
  - **text-align:center** : 요소 내의 텍스트 가운데 정렬
- **.tabmenu>li.on** : .tabmenu 자식 요소 ⟨li⟩에 클래스가 on인 경우 지정(탭 메뉴가 활성화된 상태)

02 '`.tab`' 스타일 안에 아래와 같이 작성합니다.

```css
.tab {
    position:relative;
    padding:10px;
}
```

```css
128    .contents article{
129        width:400px;
130    }
131    .tab {
132        position:relative;
133        padding:10px;
134    }
135    .tabmenu {
136        display:flex;
137    }
```

[style.css]

03 '`.tabmenu > li.on`' 스타일 다음 줄에 아래와 같이 작성합니다.

```css
.tabcon {
    position:absolute;
    left:0;
    width:100%;
    background:#81b445;
    padding:5px;
    height:140px;
}
```

```css
147    .tabmenu>li.on {
148        background: #81b445;
149        color: #fff;
150    }
151    .tabcon {
152        position:absolute;
153        left:0;
154        width:100%;
155        background: #81b445;
156        padding:5px;
157        height:140px;
158    }
159    .contents .banner{
160        background: #00d2a5;
161    }
```

[style.css]

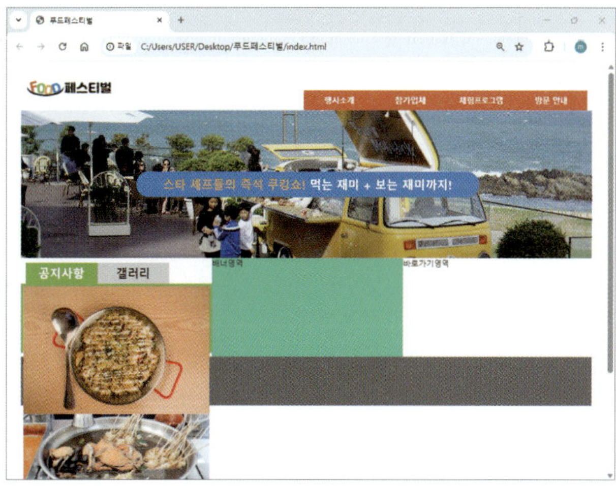

💬 **요소 TIP**

- **.tabcon** : <div class="notice tabcon"></div>과 <div class="gall tabcon"></div> 지정
  - **position:absolute** : 공지사항 내용과 갤러리 내용이 같은 자리에 나타나도록 겹치게 설정
  - **height** : 공지사항 내용과 갤러리 내용이 들어갈 높이 지정
  - **width:100%** : 기준이 되는 .tab 요소의 너비만큼 채워줌
- **.tab** : .tabcon의 상위 요소
  - **position:relative** : .tabcon의 기준 역할

04 style.css 문서에서 '.tabcon' 스타일 아래에 공지사항 게시판 스타일을 추가로 작성합니다.

```css
.notice ul {
    padding:0 15px;
}

.notice ul li {
    border-bottom:1px dashed #fff;
}

.notice ul li:last-child {
    border-bottom:none;
}

.notice ul li a {
    display:block;
    padding:5px 0;
    position:relative;
    color:#fff;
}

.notice ul li p {
    width:260px;
    white-space:nowrap;
    overflow:hidden;
    text-overflow:ellipsis;
}

.notice ul li span {
    position:absolute;
    right:0;
    top:5px;
}

.gall{
    display:none;
}
```

```css
151    .tabcon {
152        position:absolute;
153        left:0;
154        width:100%;
155        background: #81b445;
156        padding:5px;
157        height:140px;
158    }
159    .notice ul {
160        padding:0 15px;
161    }
162    .notice ul li {
163        border-bottom:1px dashed #fff;
164    }
165    .notice ul li:last-child {
166        border-bottom:none;
167    }
168    .notice ul li a {
169        display:block;
170        padding:5px 0;
171        position:relative;
172        color:#fff;
173    }
174    .notice ul li p {
175        width:260px;
176        white-space:nowrap;
177        overflow:hidden;
178        text-overflow:ellipsis;
179    }
180    .notice ul li span {
181        position:absolute;
182        right:0;
183        top:5px;
184    }
185    .gall{
186        display:none;
187    }
```

[style.css]

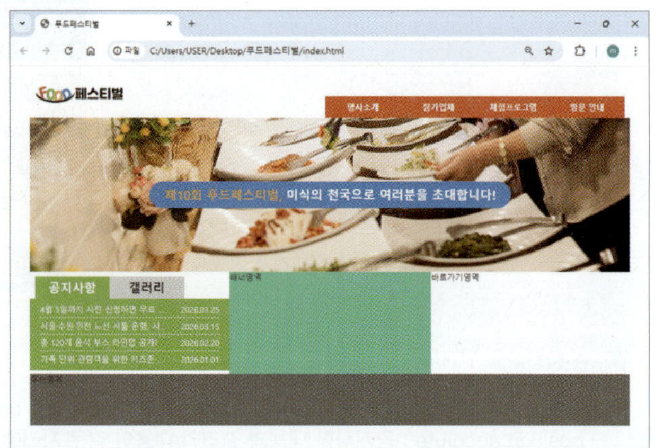

- **.gall** : 갤러리 영역 선택자로 숨겨 놓고 공지사항 스타일 작업
  - **display:none** : 요소를 선택하여 숨김
- **.notice ul li** : .notice 하위 요소 〈ul〉의 하위 요소 〈li〉 지정
  - **border-bottom:1px dashed #fff** : 1픽셀 두께의 색상 #fff 하단 점선 테두리 설정
- **.notice ul li:last-child** : .notice의 하위 요소 〈ul〉의 하위 요소 〈li〉 중 마지막 〈li〉 지정
  - **border-bottom:none** : 하단 테두리를 제거
- **.notice ul li span** : .notice의 하위 요소 〈ul〉의 하위 요소 〈li〉의 하위 요소 〈span〉 지정, 공지사항 날짜 스타일 적용
  - **position:absolute** : 상위 요소인 .notice ul li a를 기준으로 오른쪽 위(top : 5px, right : 0)에 날짜를 배치
- **.notice ul li a** : .notice의 하위 요소 〈ul〉의 하위 요소 〈li〉의 하위 요소 〈a〉 지정
  - **position:relative** : .notice ul li span의 기준 역할
- **제공되는 공지사항 텍스트가 길 것을 대비하여 말 줄임표 작업**
  - **width:260px** : 표시 영역의 너비를 제한
  - **white-space:nowrap** : 텍스트가 영역보다 넘칠 때 줄바꿈 없이 한 줄로 표시
  - **overflow:hidden** : 넘친 텍스트를 숨김
  - **text-overflow:ellipsis** : 넘친 부분에 말줄임표(...)를 표시

05 style.css 문서에서 '.gall' 스타일을 찾아 '.notice'로 수정한 후, 갤러리 영역 스타일을 추가로 작성합니다.

```css
.notice{
    display:none
}
.gall ul {
    display:flex;
    gap:10px;
    margin-top:20px;
    justify-content:center;
}
.gall ul li img {
    width:100px;
    height:100px;
    object-fit:cover;
}
```

```css
.notice{
    display:none
}
.gall ul {
    display:flex;
    gap:10px;
    margin-top:20px;
    justify-content:center;
}
.gall ul li img {
    width:100px;
    height:100px;
    object-fit:cover;
}
.contents .banner{
    background: #00d2a5;
}
```

[style.css]

- **.notice** : 공지사항 영역을 일시적으로 숨김 처리하여, 갤러리 스타일이 잘 보이도록 설정
  - **display:none** : 요소를 선택하여 숨김
- **.gall ul** : .gall의 하위 요소 ul 지정
  - **display:flex** : .gall ul를 플렉스 컨테이너로 설정, 자식 요소 〈li〉 들을 수평으로 나열
  - **gap:10px** : flex로 나열된 자식 요소 〈li〉의 사이 간격 10픽셀 지정
  - **justify−content:center** : flex로 나열된 자식 요소 〈li〉의 수평 중앙 정렬 지정
- **object−fit** : cover를 통해 이미지가 지정된 크기를 넘지 않도록 비율 유지하며 채워지게 함

06 갤러리 스타일 적용이 완료되면, 기존에 '.notice'로 설정했던 클래스를 '.gall'로 변경하여 갤러리 영역은 숨기고 기본으로 공지사항 콘텐츠가 보이도록 설정합니다.

```css
.gall{
    display:none;
}
```

```css
184    .gall{
185        display:none;
186    }
187    .gall ul {
188        display:flex;
189        gap:10px;
190        margin-top:20px;
191        justify-content:center;
192    }
193    .gall ul li img {
194        width:100px;
195        height:100px;
196        object-fit:cover;
197    }
```

[style.css]

- **.notice** : 스크립트 작업 전 공지사항 내용은 보이도록 설정
- **.gall** : 스크립트 작업 전 갤러리 내용은 숨기도록 설정

07 작업한 모든 파일을 저장한 후, 'index.html' 문서가 활성화된 상태에서 상태 표시줄에 Go Live를 선택 또는 윈도우 탐색기에서 'index.html'을 웹 브라우저인 '크롬(Chrome)'으로 작업 결과를 확인합니다.

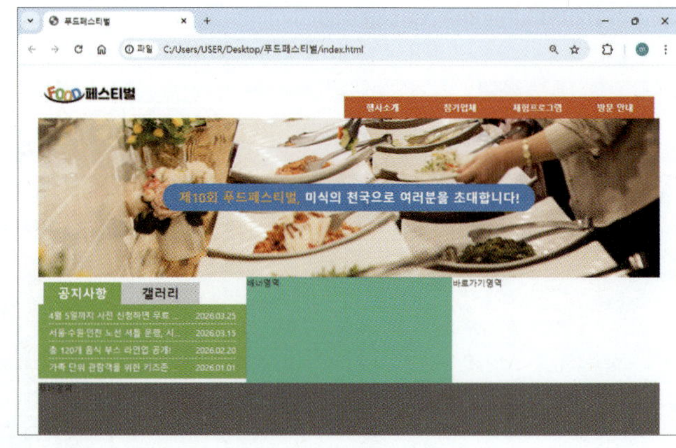

- **object-fit 속성이란?**
  - object-fit은 이미지를 요소 크기 안에 어떻게 맞출지 설정하는 CSS 속성입니다.
  - 이미지가 박스 크기에 맞춰 늘어나거나 잘리는 방식을 제어할 수 있습니다.

- **object-fit 주요 속성값**
  - **fill** : 기본값. 요소 크기에 이미지를 꽉 채우되, 비율이 유지되지 않아 왜곡될 수 있음
  - **contain** : 이미지의 비율을 유지하며 요소 안에 모두 들어오도록 축소하며 빈 여백이 생길 수 있음
  - **cover** : 이미지 비율을 유지하면서 요소 전체를 덮도록 확대하고, 일부가 잘릴 수 있음
  - **none** : 원본 이미지 크기를 그대로 유지하며, 박스보다 클 경우 넘침

```html
1   <!DOCTYPE html>
2   <html lang="ko">
3   <head>
4     <meta charset="UTF-8">
5     <meta name="viewport" content="width=device-width, initial-scale=1.0">
6     <title>object-fit 속성</title>
7     <link href="style.css" rel="stylesheet">
8   </head>
9   <body>
10    <table>
11      <tr>
12        <th>fill</th>
13        <th>contain</th>
14        <th>cover</th>
15        <th>none</th>
16      </tr>
17      <tr>
18        <td><img src="img.jpg" class="fill"></td>
19        <td><img src="img.jpg" class="contain"></td>
20        <td><img src="img.jpg" class="cover"></td>
21        <td><img src="img.jpg" class="none"></td>
22      </tr>
23    </table>
24  </body>
25  </html>
```

[index.html]

```css
# style.css > ...
1   @charset "utf-8";
2   img {
3     width: 200px;
4     height: 100px;
5   }
6   .fill {
7     object-fit: fill;/*기본값*/
8   }
9   .contain {
10    object-fit: contain;
11  }
12  .cover {
13    object-fit: cover;
14  }
15  .none {
16    object-fit: none;
17  }
```

[style.css]

🔵03 탭 메뉴 스크립트 작업하기

세부 지시사항 C.1 항목의 탭 기능을 구현합니다. 각 탭을 클릭했을 때, 해당 탭의 내용이 표시되도록 설정합니다.

01 script.js 문서에서 슬라이드 스크립트 아래에, 탭 메뉴 클릭 시 클릭한 탭 메뉴 제목을 활성화하고 다른 탭은 비활성화되도록 다음과 같이 작성합니다.

```
//탭메뉴
$(".tabmenu>li").click(function(){
    $(".tabmenu>li").removeClass("on");
    $(this).addClass("on");
})
```

탭 메뉴를 클릭하면 해당 메뉴에 on 클래스가 추가되어 활성화되고, 나머지 메뉴에서는 on 클래스가 제거되어 비활성화됩니다.

```
21   //탭메뉴
22   $(".tabmenu>li").click(function(){
23       $(".tabmenu>li").removeClass("on");
24       $(this).addClass("on");
25   })
```

[script.js]

💬 요소 TIP

- **$(".tabmenu>li")** : jQuery 선택자로, HTML 문서 내 .tabmenu 하위 요소 〈li〉 지정
- **click** : jQuery에서 제공하는 이벤트 메서드로, 클릭 시 발생하는 이벤트를 처리
- **$(this)** : 클릭 이벤트가 발생한 요소, 즉 사용자가 클릭한 .tabmenu 〉 li 요소를 의미
- **.removeClass("on")** : 선택한 요소에서 클래스 "on"을 제거하여 비활성화 상태로 만듦
- **.addClass("on")** : 선택한 요소에 클래스 "on"을 추가하여 활성화 상태로 만듦

---

02 탭 메뉴 클릭 시 해당 콘텐츠를 보여주기 위해, 클릭한 탭의 인덱스 값을 저장하는 변수를 선언하고 다음과 같이 작성합니다.

```
let t;
$(".tabmenu>li").click(function(){
    $(".tabmenu>li").removeClass("on");
    $(this).addClass("on");

    t = $(this).index();
    console.log(t);
})
```

```
21   //탭메뉴
22   let t;
23   $(".tabmenu>li").click(function () {
24       $(".tabmenu>li").removeClass("on");
25       $(this).addClass("on");
26
27       t = $(this).index();
28       console.log(t);
29   })
```

[script.js]

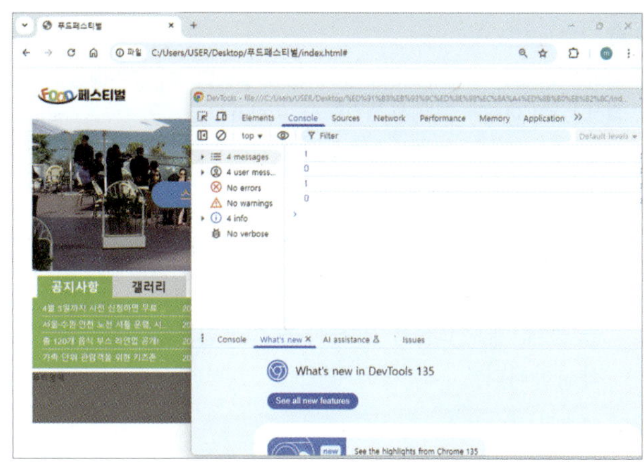

🗨 요소 TIP

- **let t** : 변수 t 선언
- **t = $(this).index();** : 변수 t에 클릭한 인덱스 번호를 할당
- **console.log(t)** : 브라우저에서 F12를 눌러 개발자 도구의 'Console' 탭에서 변수 t의 값을 확인할 수 있음

03 탭 메뉴와 같은 인덱스를 가진 콘텐츠를 표시하도록 다음과 같이 작성합니다.

```javascript
//탭메뉴
let t;
$(".tabmenu>li").click(function(){
    $(".tabmenu>li").removeClass("on");
    $(this).addClass("on");

    t = $(this).index();
    console.log(t);

    $(".tabcon").hide();
    $(".tabcon").eq(t).show();
})
```

```javascript
21  //탭메뉴
22  let t;
23  $(".tabmenu>li").click(function () {
24      $(".tabmenu>li").removeClass("on");
25      $(this).addClass("on");
26
27      t = $(this).index();
28      console.log(t);
29
30      $(".tabcon").hide();
31      $(".tabcon").eq(t).show();
32  })
```

[script.js]

🗨 요소 TIP

- **.hide()** : 선택한 요소를 숨김
- **.show()** : 선택한 요소를 보이게 함
- **eq(index)** : () 괄호 안에 인덱스 번호를 입력하여, 선택한 요소 집합 중 해당 인덱스의 요소를 선택할 수 있음. 인덱스는 0부터 시작
  - **eq(0)** : 클래스명이 tabcon인 요소들 중 첫 번째 요소인 <div class="notice tabcon">를 선택 → 공지사항 내용 영역
  - **eq(1)** : 클래스명이 tabcon인 요소들 중 두 번째 요소인 <div class="gall tabcon">를 선택 → 갤러리 내용 영역

자바스크립트는 위에서 아래로 순차적으로 실행됩니다. 중간에 오류가 발생하면 그 이후의 코드는 실행되지 않으며, 오류 내용은 개발자 도구(Console 탭)에서 확인할 수 있습니다.

04 탭 메뉴 클릭 시 〈a〉 태그로 인해 새로고침이 발생하므로 이를 방지하기 위해 링크의 기본 동작을 차단하고, 이벤트 처리를 통해 새로고침을 방지하는 스크립트를 작성합니다.

```js
//탭메뉴
let t;
$(".tabmenu>li").click(function(e){
    e.preventDefault();
    $(".tabmenu>li").removeClass("on");
    $(this).addClass("on");

    t = $(this).index();
    console.log(t);

    $(".tabcon").hide();
    $(".tabcon").eq(t).show();
})
```

```js
21    //탭 메뉴
22    let t;
23    $(".tabmenu>li").click(function (e) {
24        e.preventDefault();
25        $(".tabmenu>li").removeClass("on");
26        $(this).addClass("on");
27
28        t = $(this).index();
29        console.log(t);
30
31        $(".tabcon").hide();
32        $(".tabcon").eq(t).show();
33    })
```

[script.js]

• e.preventDefault();는 이벤트 발생 시 브라우저의 기본 동작을 막기 위한 메서드입니다.
• 〈a href="#"〉처럼 임시 링크를 클릭할 경우, 페이지 상단으로 이동하는 기본 링크 동작을 차단하고, 자바스크립트로 지정한 동작만 실행되도록 설정할 수 있습니다.

05 작업한 모든 파일을 저장한 후, 'index.html' 문서가 활성화된 상태에서 상태표시줄에 Go Live를 선택 또는 윈도우 탐색기에서 'index.html'을 웹 브라우저인 '크롬(Chrome)'으로 작업 결과를 확인합니다.

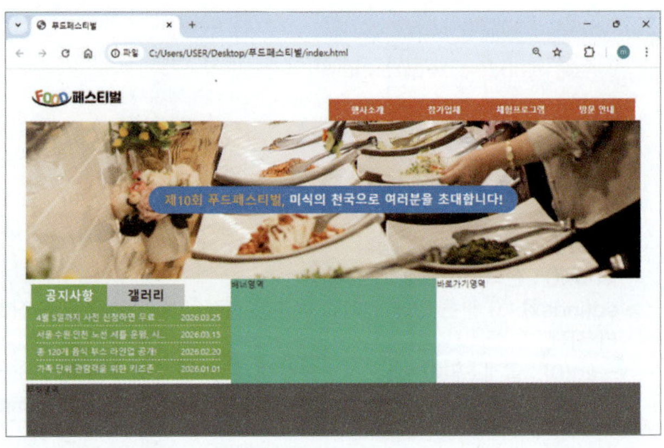

06 탭 메뉴를 클릭하면, 클릭한 탭에 on 클래스가 추가되고 해당 탭에 대응하는 콘텐츠가 표시됩니다.

04 배너 구조 작업하기

세부 지시사항 C.2 배너를 제작합니다. Contents 폴더의 제공된 파일을 활용하여 작업합니다.

01 index.html 문서의 '〈article class="banner"〉〈/article〉' 사이에 배너 콘텐츠를 다음과 같이 추가합니다.

```html
<article class="banner">
    <h2>배너</h2>
    <a href="#">
        <div>
            <h3>SNS 인증샷 이벤트!</h3>
            <p>현장 인증샷을 인스타그램에
올리면<br>
                추첨을 통해 푸드 상품권 5만
원권 증정!</p>
            <p class="txt"><span>#푸드페
스티벌2025</span> 해시태그 필수!</p>
        </div>
    </a>
</article>
```

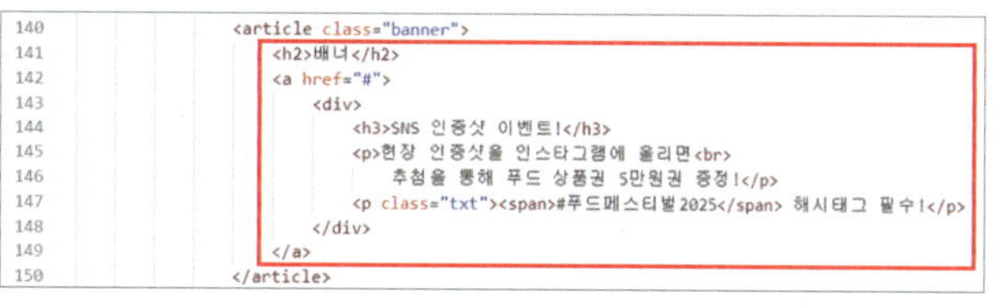

[index.html]

💬 **요소 TIP**

- **〈h2〉** : 배너 영역의 제목 요소로, 해당 콘텐츠의 주제를 강조할 때 사용
- **〈a href="#"〉** : 클릭 가능한 링크 영역을 설정하며, 실제 연결 주소가 아직 없기 때문에 임시로 #을 사용해 구조를 유지함
- **〈div〉** : 배너 안의 텍스트 그룹(제목 + 설명)을 묶기 위해 사용하며, 스타일링의 기준이 되는 요소
- **〈h3〉** : 배너 내 소제목 역할
- **〈p〉** : 배너의 설명 내용을 담는 단락 요소이며, class="txt"가 지정된 경우에는 강조 문구로 활용

01 style.css 문서에서 '.contents .banner'를 찾아 배
너 스타일을 다음과 같이 작성합니다.

```css
.contents .banner {
    background:#fff;
    padding:10px;
}
.banner h2 {
    margin-bottom:10px;
}
.banner a {
    display:block;
    height:130px;
    background:url(../images/banner.jpg) center/cover;
    border-radius:20px;
    overflow:hidden;
    color:#fff;
}
.banner div {
    height:100%;
    background:rgba(0,128,201,0.8);
    padding:10px 20px;
}
.banner div h3 {
    margin-bottom:10px;
}
.banner div h3 span {
    font-weight:300;
}
.banner p{
    font-size:14px;
}
.banner .txt{
    margin-top:15px;
}
.banner .txt span{
    background:#000;
    padding:3px;
    border-radius:20px;
}
```

```css
198   .contents  .banner {
199       background: #fff;
200       padding:10px;
201   }
202  .banner h2 {
203      margin-bottom:10px;
204  }
205  .banner a {
206      display:block;
207      height:130px;
208      background:url(../images/banner.jpg) center/cover;
209      border-radius:20px;
210      overflow:hidden;
211      color: #fff;
212  }
213  .banner div {
214      height:100%;
215      background: rgba(0,128,201,0.8);
216      padding:10px 20px;
217  }
218  .banner div h3 {
219      margin-bottom:10px;
220  }
221  .banner div h3 span {
222      font-weight:300;
223  }
224  .banner p{
225      font-size: 14px;
226  }
227  .banner .txt{
228      margin-top: 15px;
229  }
230  .banner .txt span{
231      background: #000;
232      padding: 3px;
233      border-radius: 20px;
234  }
```

[style.css]

- **.banner h2** : .banner의 하위 요소 〈h2〉 지정, 텍스트의 계층 구조를 명확히 보여줌
- **.banner a** : .banner의 하위 요소 〈a〉 지정, 배너의 클릭할 영역 및 배너 이미지 설정
  - **border-radius:20px** : 사방의 모서리를 20픽셀만큼 둥글게 설정
  - **overflow:hidden** : 하위 요소가 넘치는 영역을 숨겨줌
  - **color:#fff** : 하위 요소 텍스트 색상을 흰색으로 설정
- **.banner div** : .banner의 하위 요소 〈div〉 지정하여 글자색이 잘 보이도록 배경색 설정
  - **background:rgba(0, 128, 201, 0.8)** : 빨강(Red) 값은 0, 초록(Green) 값은 128, 파랑(Blue) 값은 2010이며, 알파(Alpha) 값은 0.8로 0에서 1 사이의 값을 가지므로 80%의 불투명도 설정
  - **height:100%** : 배경색이 부모 요소만큼 채워짐
- **.banner div h3 span** : .banner의 하위 요소 〈div〉 하위 요소 〈h3〉 하위 요소 〈span〉 지정하여 글자 일부를 감싸주는 역할
  - **font-weight:300** : 글꼴의 두께를 설정하며, 100부터 900까지의 값이 있으며, 숫자가 클수록 두껍고 작을수록 얇음

02 작업한 모든 파일을 저장한 후, 'index. html' 문서가 활성화된 상태에서 상태 표시줄에 Go Live를 선택 또는 윈도우 탐색기에서 'index.html'을 웹 브라우저인 '크롬(Chrome)'으로 작업 결과를 확인합니다.

06 바로가기 구조 작업하기

세부 지시사항 C.3 바로가기를 제작합니다. 바로가기 영역은 Contents 폴더에서 제공된 파일을 활용하여 작업을 진행합니다.

01 index.html 문서의 '`<article class="go"></article>`' 사이에 바로가기 내용을 다음과 같이 작성합니다.

```
<article class="go">
    <h2>바로가기</h2>
    <ul>
        <li>
            <a href="#">
                <p><img src="images/icon01.png" alt="입장권예매1"></p>
                <span>입장권예매</span>
            </a>
        </li>
        <li>
            <a href="#">
                <p><img src="images/icon02.png" alt="오시는길"></p>
                <span>오시는길</span>
            </a>
        </li>
        <li>
            <a href="#">
                <p><img src="images/icon03.png" alt="참가신청"></p>
                <span>참가신청</span>
            </a>
        </li>
    </ul>
</article>
```

```
151    <article class="go">
152        <h2>바로가기</h2>
153        <ul>
154            <li>
155                <a href="#">
156                    <p><img src="images/icon01.png" alt="입장권예매"></p>
157                    <span>입장권예매</span>
158                </a>
159            </li>
160            <li>
161                <a href="#">
162                    <p><img src="images/icon02.png" alt="오시는길"></p>
163                    <span>오시는길</span>
164                </a>
165            </li>
166            <li>
167                <a href="#">
168                    <p><img src="images/icon03.png" alt="참가신청"></p>
169                    <span>참가신청</span>
170                </a>
171            </li>
172        </ul>
173    </article>
```

[index.html]

> 💬 **요소 TIP**
>
> - **<h2>** : 바로가기 영역의 제목 요소
> - **<p>** : 바로가기 아이콘 이미지를 감싸주는 요소
> - **<span>** : 바로가기 아이콘 이름 요소

01 style.css 문서에서 'footer' 스타일 윗줄에 바로가기 스타일을 다음과 같이 작성합니다.

```css
.go {
    padding:10px;
}
.go h2 {
    margin-bottom:20px;
}
.go ul {
    display:flex;
    justify-content:center;
    gap:20px;
}
.go li {
    text-align:center;
}
.go ul li a {
    display:block;
    height:100%;
}
.go ul li p {
    width:80px;
    height:80px;
    background:#e8a541;
    padding-top:20px;
    border-radius:20px;
    margin-bottom:5px;
}
.go ul li span {
    font-weight:bold;
}
```

```css
235  .go {
236      padding:10px;
237  }
238  .go h2 {
239      margin-bottom:20px;
240  }
241  .go ul {
242      display:flex;
243      justify-content:center;
244      gap:20px;
245  }
246  .go li {
247      text-align:center;
248  }
249  .go ul li a {
250      display:block;
251      height:100%;
252  }
253  .go ul li p {
254      width:80px;
255      height:80px;
256      background: #e8a541;
257      padding-top:20px;
258      border-radius:20px;
259      margin-bottom:5px;
260  }
261  .go ul li span {
262      font-weight:bold;
263  }
```

[style.css]

02 작업한 모든 파일을 저장한 후, 'index.html' 문서가 활성화된 상태에서 상태 표시줄에 Go Live를 선택 또는 윈도우 탐색기에서 'index.html'을 웹 브라우저인 '크롬(Chrome)'으로 작업 결과를 확인합니다.

💬 **요소 TIP**

- **.go ul** : .go의 하위 요소 〈ul〉 지정
  - **display:flex** : .go ul을 플렉스 컨테이너로 설정하여, 자식 요소 〈li〉들을 수평으로 나열
  - **justify-content:center** : flex로 나열된 자식 요소 〈li〉를 수평 중앙 정렬
- **.go ul li** : .go의 하위 요소 〈ul〉의 하위 요소 〈li〉의 하위 요소 지정하여 바로가기 리스트의 스타일 지정
  - **text-align:center** : 수평 중앙 정렬이 상속되어 .go ul li의 하위 요소인 〈img〉, 〈span〉을 수평 중앙 정렬
- **.go ul li p** : .go의 하위 요소 〈ul〉의 하위 요소 〈li〉의 하위 요소 〈p〉를 지정하여 바로가기 아이콘을 감싸는 컨테이너 스타일 지정
  - **padding-top:20px** : 위쪽 내부 여백을 20픽셀 설정하여, 〈img〉가 아래로 내려오도록 설정
  - **border-radius:20px** : 사방의 모서리를 20픽셀만큼 둥글게 설정
  - **margin-bottom:5px** : 아래 바깥 여백 5픽셀 설정하여, 〈span〉 요소 사이를 띄워줌
  - **.go ul li span** : .go의 하위 요소 〈ul〉의 하위 요소 〈li〉의 하위 요소 〈span〉 지정하여 바로가기 아이콘 이름 스타일 지정
  - **font-weight:bold** : 텍스트 굵게 설정

08 팝업창 구조 작업하기

세부 지시사항의 와이어프레임에서 팝업창의 형태를 확인합니다. Contents 폴더의 제공된 텍스트 파일을 사용하여 모달 레이어 팝업(Modal Layer Popup)을 제작합니다.

01 index.html 문서의 '</footer>' 다음 줄에 팝업창을 다음과 같이 작성합니다.

```html
<div id="popup" class="popup">
    <div class="popcon">
        <h2>푸드페스티벌 사전 예약 오픈!</h2>
        <p class="img">
            <img src="images/pop.jpg" alt="푸드페스티벌 사전 예약 오픈!">
        </p>
        <p class="text">
            푸드페스티벌 공지사항<br>
            4월 5일까지 사전 신청하면 무료 입장권 증정! <br>
            <strong>4월 5일까지 꼭 신청해주세요!</strong>
        </p>
        <div class="close">
            <button>CLOSE X</button>
        </div>
    </div>
</div>
```

```html
157         </footer>
158         <div id="popup" class="popup">
159             <div class="popcon">
160                 <h2>푸드페스티벌 사전 예약 오픈!</h2>
161                 <p class="img">
162                     <img src="images/pop.jpg" alt="푸드페스티벌 사전 예약 오픈!">
163                 </p>
164                 <p class="text">
165                     푸드페스티벌 공지사항<br>
166                     4월 5일까지 사전 신청하면 무료 입장권 증정! <br>
167                     <strong>4월 5일까지 꼭 신청해주세요!</strong>
168                 </p>
169                 <div class="close">
170                     <button>CLOSE X</button>
171                 </div>
172             </div>
173         </div>
174     </div><!--//inner 닫은 태그-->
175   </div><!--//wrap 닫은 태그-->
176 </body>
177 </html>
```

[index.html]

💬 **요소 TIP**

- **<div id="popup" class="popup">** : 팝업 전체를 감싸는 요소
  - **id="popup"** : 팝업을 특정해서 자바스크립트와 CSS 모두에서 직접 선택할 수 있도록 지정한 식별자
  - **class="popup"** : 공통 스타일을 적용하기 위해 사용
- **<div class="popcon">** : 팝업의 콘텐츠를 감싸주는 클래스 명이 popcon인 요소
- **<p class="img">** : 팝업 내 이미지를 감싸주는 클래스 명이 img인 요소
- **<p class="text">** : 팝업 내 텍스트를 감싸주는 클래스 명이 text인 요소
- **<div class="close">** : 팝업 내 버튼 요소를 감싸주는 클래스 명이 close인 요소

01 '‌style.css' 문서의 마지막 줄에 팝업창의 스타일을 다음과 같이 작성합니다.

```css
#popup {
    position:absolute;
    top:0;
    left:0;
    width:100%;
    height:100%;
    background:rgba(0, 0, 0, 0.5);
    z-index:9999;
}
.popcon {
    position:relative;
    width:500px;
    top:50%;
    left:50%;
    transform:translate(-50%, -50%);
    background:#e8a541;
    text-align:center;
    padding:20px;
    color:#fff;
    border-radius:20px;
}
```

```css
268  #popup {
269      position:absolute;
270      top:0;
271      left:0;
272      width:100%;
273      height:100%;
274      background: rgba(0, 0, 0, 0.5);
275      z-index:9999;
276  }
277  .popcon {
278      position:relative;
279      width:500px;
280      top:50%;
281      left:50%;
282      transform:translate(-50%, -50%);
283      background: #e8a541;
284      text-align:center;
285      padding:20px;
286      color: #fff;
287      border-radius:20px;
288  }
```

[style.css]

02 '‌style.css' 문서의 '‌body' 스타일 다음 줄에 다음과 같이 팝업창의 스타일을 작성합니다.

```css
.wrap{
    position:relative;
}
```

```css
22  body {
23      background: #fff;
24      color: #333;
25  }
26  .wrap{
27      position:relative;
28  }
29  .inner{
30      width:1200px;
31      margin:auto;
32  }
```

[style.css]

- 팝업창은 모든 콘텐츠 위에 표시되어야 하므로 공중에 띄워 작업합니다.
- id 속성은 class처럼 CSS에서 사용할 수 있으며, 선택자 앞에 #을 붙여 스타일을 지정합니다.
  예 id="popup"인 요소에 스타일을 적용하려면 #popup { ... } 형태로 작성합니다.
- #popup은 position: absolute로 설정되어 있으며, position: relative가 적용된 .wrap 요소를 기준으로 가운데 정렬됩니다.

- **공중에 띄운 요소를 가운데 배치하는 방법**
  - **top:50%** : 기준 요소의 상단에서부터 50% 아래로 배치
  - **left:50%** : 기준 요소의 왼쪽으로부터 50% 오른쪽으로 배치
  - **transform:translate(−50%, −50%)** : 자신의 가로/세로 크기의 50%만큼 왼쪽과 위로 이동시켜 정확한 정중앙에 배치
- **background:rgba(0, 0, 0, 0.5)** : 빨강(Red) 값은 0, 초록(Green) 값은 0, 파랑(Blue) 값은 0이며, 알파(Alpha) 값은 0.5로 0에서 1 사이의 값을 가지므로 50%의 불투명도 설정
- **text-align:center** : 요소 내의 텍스트 또는 인라인, 인라인 블록 요소를 중앙 정렬
- **padding:20px** : 사방의 내부 여백을 20픽셀로 설정
- **border-radius:20px** : 사방의 모서리를 20픽셀만큼 둥글게 설정
- **z-index:9999** : position 속성으로 설정된 요소에 쌓이는 순서를 결정할 수 있으며 순서가 클수록 위로 쌓임

03 팝업 타이틀과 내용의 스타일을 '.popcon' 다음 줄에 다음과 같이 작성합니다.

```css
.popcon h2 {
    margin-bottom:20px;
}
.popcon .text {
    margin:20px 0;
}
.popcon .close {
    text-align:right;
}
.popcon .close button {
    background:#330;
    padding:10px;
    color:#fff;
}
.popcon .close button:hover {
    background:#0080c9;
}
```

```css
292  .popcon h2 {
293      margin-bottom:20px;
294  }
295  .popcon .text {
296      margin:20px 0;
297  }
298  .popcon .close {
299      text-align:right;
300  }
301  .popcon .close button {
302      background:■ #330;
303      padding:10px;
304      color:□ #fff;
305  }
306  .popcon .close button:hover {
307      background:■ #0080c9;
308  }
```

[style.css]

- **.popcon .text** : .popup의 하위 요소 .text를 지정하여 팝업 내 텍스트 스타일 지정
  - **margin:20px 0** : 위 · 아래 바깥 여백 20픽셀 설정
- **.popcon .close** : .popup의 하위 요소 .close를 지정하여 팝업 내 버튼을 감싸는 영역
  - **text-align:right** : 인라인 또는 인라인−블록 요소인 ⟨button⟩이 오른쪽으로 정렬되도록 설정
- **.popcon .close button** : .popup의 하위 요소 .close 하위 요소 ⟨button⟩ 지정
- **.popcon .close button:hover** : .popup의 하위 요소 .close 하위 요소 button에 마우스를 올렸을 때 스타일 지정

04 작업한 모든 파일을 저장한 후, 'index. html' 문서가 활성화된 상태에서 상태표 시줄에 Go Live를 선택 또는 윈도우 탐 색기에서 'index.html'을 웹 브라우저인 '크롬(Chrome)'으로 작업 결과를 확인합 니다. 팝업창의 스타일 작업이 완료되었 다면 팝업창을 숨깁니다.

```css
#.popup {
    position:absolute;
    top:0;
    left:0;
    width:100%;
    height:100%;
    background:rgba(0, 0, 0, 0.5);
    z-index:9999;
    display:none;
}
```

```css
271  #popup {
272      position:absolute;
273      top:0;
274      left:0;
275      width:100%;
276      height:100%;
277      background: rgba(0, 0, 0, 0.5);
278      z-index:9999;
279      display:none;
280  }
```

[style.css]

---

display:none : 요소를 선택하여 숨김(스크립트에서 추가 작업 예정)

---

⑩ 팝업창 스크립트 작업하기

세부 지시사항의 C.1 공지사항 팝업 효과를 구현합니다. 공지사항의 첫 번째 게시글을 클릭(Click) 시 모 달 레이어 팝업(Modal Layer Popup)이 나오도록 작업하며, 레이어 팝업의 Close 버튼을 클릭하면 해당 레이어 팝업이 닫히도록 작업합니다.

01 script.js 문서에서 마지막 줄에 팝업창 스크립트를 다음과 같이 작성합니다.

```javascript
//팝업
$(".pop").click(function(e){
    e.preventDefault();
    $("#popup").show();
});
$(".close button").click(function(){
    $("#popup").hide();
})
```

```javascript
35  //팝업
36  $(".pop").click(function(e){
37      e.preventDefault();
38      $("#popup").show();
39  });
40  $(".close button").click(function(){
41      $("#popup").hide();
42  })
```

[script.js]

- **$(".pop")** : jQuery 선택자로, 공지사항 영역 내 첫 번째 게시글에 지정된 .pop 클래스를 선택
- **.click(function(){ ... })** : jQuery에서 제공하는 이벤트 메서드로 클릭 시 {}(중괄호) 내 실행문을 실행
- **$("#popup")** : 팝업창 전체를 감싸는 id="popup" 요소를 선택하는 jQuery 선택자
- **show()/hide()** : 선택한 요소를 보이거나 숨기는 jQuery 메서드로, display 속성을 조절하여 화면에서 요소의 표시 여부를 제어
- **e.preventDefault();** : 이벤트 발생 시 브라우저의 기본 동작을 막기 위한 메서드

〈a href="#"〉처럼 임시 링크를 클릭할 경우, 페이지 상단으로 이동하는 기본 링크 동작을 차단하고, 자바스크립트로 지정한 동작만 실행되도록 설정할 수 있습니다.

---

02 작업한 모든 파일을 저장한 후, 'index. html' 문서가 활성화된 상태에서 상태 표시줄에 Go Live를 선택 또는 윈도우 탐색기에서 'index.html'을 웹 브라우저인 '크롬(Chrome)'으로 작업 결과를 확인합니다.

03 공지사항 첫 번째 게시글을 클릭하면 팝업창이 열리고, Close 버튼을 클릭하면 팝업창이 닫힙니다.

- **레이어 팝업 & 모달 레이어 팝업**
  웹디자인개발기능사 실기시험의 팝업창 종류는 레이어 팝업과 모달 레이어 팝업으로 구분되어 출제되고 있습니다.

- **레이어 팝업**
  - 레이어 팝업(Layer Popup)은 웹 페이지 위에 나타나는 팝업창으로, 사용자에게 특정 메시지나 정보를 표시합니다.
  - 레이어 팝업은 배경 콘텐츠와 동시에 상호작용할 수 있으며, 일반적으로 닫기 버튼으로 닫을 수 있습니다.

- **모달 레이어 팝업**
  - 모달 레이어 팝업(Modal Layer Popup)은 웹 페이지 위에 나타나는 팝업창으로, 팝업이 열려 있는 동안 배경 콘텐츠와의 상호작용을 차단합니다.
  - 사용자에게 배경 콘텐츠 상호작용을 차단된다는 것을 보여주기 위해 어두운 배경을 설정하며 사용자에게 팝업을 닫기 전까지 다른 작업을 할 수 없도록 제한합니다.
  - 주로 경고 메시지나 필수 동의 절차 등 중요한 작업에 사용됩니다.

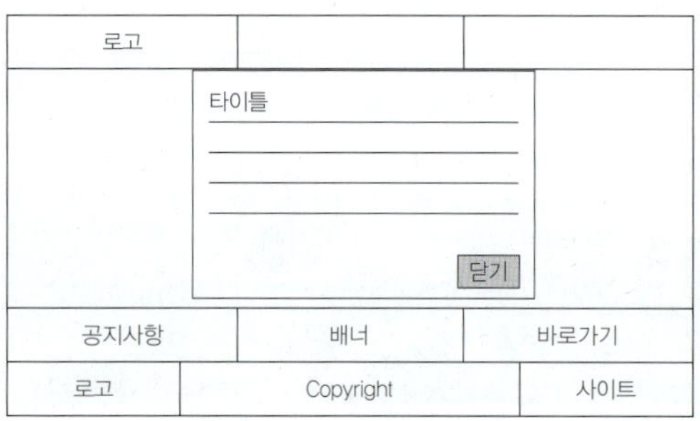

레이어 팝업

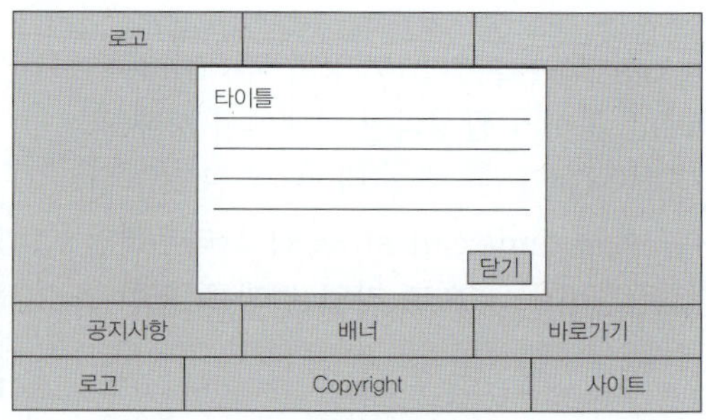

모달 레이어 팝업

6 STEP · 세부 영역별 지시사항 – ⑩ Footer 영역 약 20분

01 하단 로고 제작하기

세부 지시사항에 따라 D Footer 영역의 로고를 제작합니다. 이때 로고는 무채색(Grayscale)으로 변경하여 하단에 배치해야 하므로, 포토샵을 사용하여 로고를 무채색으로 변경합니다.

01 하단 로고 제작을 위해 포토샵을 실행한 후 [파일(File)] – [열기(Open)] 또는 Ctrl +O을 눌러 'images' 폴더 내 'logo.png' 파일을 엽니다.

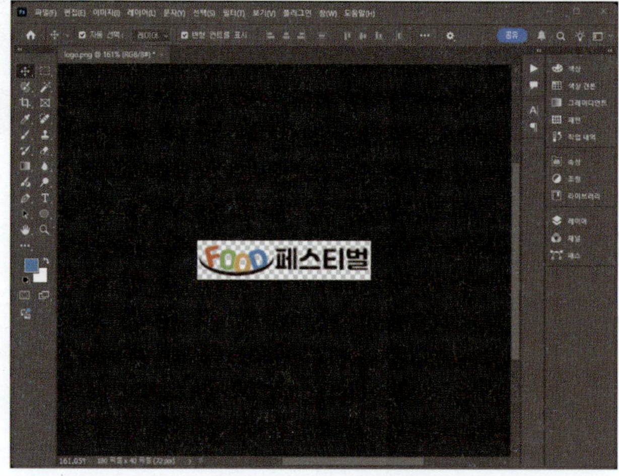

02 [이미지(Image)] – [조정(Adjustment)] – [채도 감소(Desaturate)]를 클릭합니다.

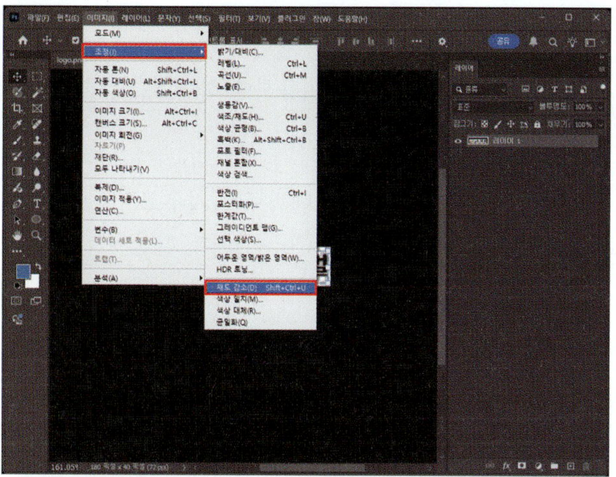

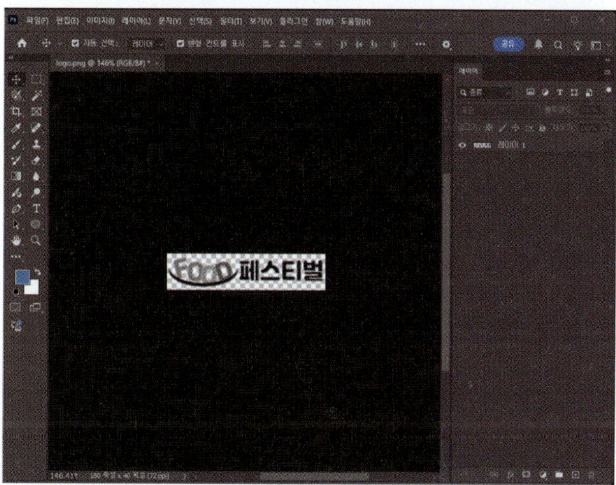

03 이미지가 무채색으로 변경된 후, [파일(File)] – [내보내기(Export)] – [PNG로 빠른 내보내기(Quick Export as PNG)]를 클릭하여, 형식은 '.png'로 설정하고, 'images' 폴더에 'flogo.png'로 저장합니다.
– 파일명 : flogo.png

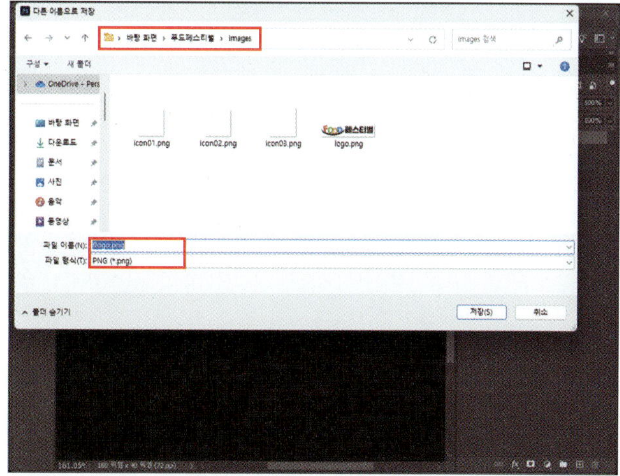

02 푸터 영역 구조 작업하기

제공된 텍스트와 이미지를 이용하여 하단 로고, 하단 메뉴, Copyright를 작업합니다.

01 index.html 문서의 '<footer id="footer"></footer>' 영역 내 텍스트를 지우고, 하단 로고, 하단 메뉴, Copyright 다음 순서대로 작성합니다.

```html
<footer id="footer">
    <p class="flogo">
        <img src="images/flogo.png" alt="푸드페스티벌">
    </p>
    <div>
        <ul class="fmenu">
            <li><a href="#">회사소개</a></li>
            <li><a href="#">이용약관</a></li>
            <li><a href="#">개인정보처리방침</a></li>
            <li><a href="#">고객센터</a></li>
            <li><a href="#">사이트맵</a></li>
        </ul>
        <p class="fcopy">
            COPYRIGHT &copy; 2026 FOOD FESTIVAL. All Rights Reserved.
        </p>
    </div>
</footer>
```

```html
175  <footer id="footer">
176      <p class="flogo">
177          <img src="images/flogo.png" alt="푸드페스티벌">
178      </p>
179      <div>
180          <ul class="fmenu">
181              <li><a href="#">회사소개</a></li>
182              <li><a href="#">이용약관</a></li>
183              <li><a href="#">개인정보처리방침</a></li>
184              <li><a href="#">고객센터</a></li>
185              <li><a href="#">사이트맵</a></li>
186          </ul>
187          <p class="fcopy">
188              COPYRIGHT &copy; 2026 FOOD FESTIVAL. All Rights Reserved.
189          </p>
190      </div>
191  </footer>
```

[index.html]

💬 **요소 TIP**

- **<footer id="footer">** : 하단 로고와 하단 메뉴, Copyright를 감싸주는 요소
- **<div>** : 하단 메뉴와 Copyright를 감싸주는 요소
- **<ul class="fmenu">** : 하단 메뉴를 감싸주는 요소
- **©** : HTML에서 저작권 기호( )를 출력할 때 사용하는 특수 문자 코드

03 푸터 영역 스타일 작업하기

01 style.css 문서에서 'footer' 스타일을 찾아 다음과 같이 작성합니다.

```css
footer {
    height:100px;
    background:#666;
    color:#fff;
    display:flex;
    align-items:center;
    gap:40px;
    padding-left:30px;
    font-size:14px;
}
```

```
267   footer {
268       height:100px;
269       background: #666;
270       color: #fff;
271       display:flex;
272       align-items:center;
273       gap:40px;
274       padding-left:30px;
275       font-size:14px;
276   }
```
[style.css]

요소 TIP

- **footer** : 〈footer〉의 선택자로 하단 영역 스타일 지정
  - **color:#fff** : 〈footer〉에 글자 색상을 흰색으로 설정하면, 하위 요소들에 상속되어 .fcopy의 글자가 흰색으로 설정
  - **padding-left:30px** : 왼쪽 내부 여백 30픽셀 설정
  - **display:flex** : 〈footer〉를 플렉스 컨테이너로 설정하여, 자식 요소 .flogo, 〈div〉들을 수평으로 나열
  - **gap:40px** : flex로 나열된 모든 자식 요소 사이의 간격을 40픽셀로 지정
  - **align-items:center** : 플렉스 컨테이너 영역 〈footer〉에서 자식 요소 .flogo, 〈div〉를 수직 중앙 정렬

02 footer 하단 메뉴 스타일을 'footer' 스타일 바로 다음 줄에 추가합니다.

```css
.fmenu {
  display:flex;
  gap:10px;
  margin-bottom: 5px;
}
.fmenu li {
  border-right:1px solid #fff;
  padding-right:10px;
  font-size:14px;
}
.fmenu li:last-child {
  border-right:none;
}
```

```
277   .fmenu {
278       display:flex;
279       gap:10px;
280       margin-bottom:5px;
281   }
282   .fmenu li {
283       border-right:1px solid  #fff;
284       padding-right:10px;
285       font-size:14px;
286   }
287   .fmenu li:last-child {
288       border-right:none;
289   }
```
[style.css]

- **.fmenu** : 〈ul class="fmenu"〉 선택자로 하단 메뉴 스타일 지정
  - **display:flex** : .fmenu를 플렉스 컨테이너로 설정하여, 자식 요소 〈li〉들을 수평으로 나열
  - **gap:10px** : flex로 나열된 자식 요소 〈li〉의 사이 간격 10픽셀 지정
- **.fmenu li** : footer의 하위 요소 .fmenu의 하위 요소 〈li〉 지정
  - **border-right:1px solid #fff** : 1픽셀 두께의 색상 #fff 우측 실선 테두리 설정
  - **padding-right:10px** : 오른쪽 내부 여백 10픽셀 설정
- **.fmenu li:last-child** : .fmenu의 하위 요소 〈li〉 중 마지막 〈li〉 지정
  - **border-right:none** : 우측 테두리 제거

03 작업한 모든 파일을 저장한 후, 'index. html' 문서가 활성화된 상태에서 상태표 시줄에 Go Live를 선택 또는 윈도우 탐 색기에서 'index.html'을 웹 브라우저인 '크롬(Chrome)'으로 작업 결과를 확인합 니다.

최종 결과물 Check!

작업을 완료했다면 최종 결과물을 확인해야 합니다.

제출 방법

1. 수험자의 비번호로 된 폴더를 제출합니다.

2. 비번호로 된 폴더 안에 'index.html', 'images', 'js', 'css' 폴더와 작업한 파일이 포함되어 있는지 확인합 니다.

3. '.index.html'을 열었을 때 모든 리소스가 표시되고 정상 작동해야 합니다.

4. 비번호로 된 폴더의 용량이 10MB가 초과되지 않아야 합니다. (ai, psd 파일은 제출하지 않습니다.)

기술적 준수사항

1. HTML5 기준 웹 표준을 준수해야 합니다. 현장에서 인터넷 사용이 불가하므로 연습 시 HTML 유효성 검사로 오류가 있는지 확인합니다.

2. CSS3 기준 오류가 없도록 작업해야 합니다. 현장에서 인터넷 사용이 불가하므로 연습 시 CSS 유효성 검사로 오류가 있는지 확인합니다.

3. 스크립트 오류가 표시되지 않아야 합니다. 웹 브라우저에서 F12를 눌러 개발자 도구를 실행한 후, 콘솔(Console) 탭에서 오류가 있는지 확인합니다.

4. 'index.html'을 열었을 때 Tab으로 요소를 이동, 선택할 수 있어야 합니다.

5. 'index.html'을 열었을 때 다양한 화면 해상도에서 페이지 레이아웃이 정상적으로 표시되어야 합니다.

6. 페이지 전체는 CSS를 이용해 레이아웃을 구성해야 합니다.

7. 브라우저에서 CSS를 '사용 안 함'으로 설정하면 콘텐츠가 기본적으로 세로로 나열되어 표시됩니다.

8. 모든 이미지는 대체 텍스트(alt 속성)를 포함하여 이미지의 의미나 용도를 명확히 전달해야 합니다.

9. 텍스트 간의 위계질서를 직관적으로 알 수 있어야 합니다.

10. 제작된 사이트의 최신 버전의 Google Chrome 브라우저에서 레이아웃, 구성 요소의 크기 및 위치 등이 정상적으로 표시되어야 합니다.

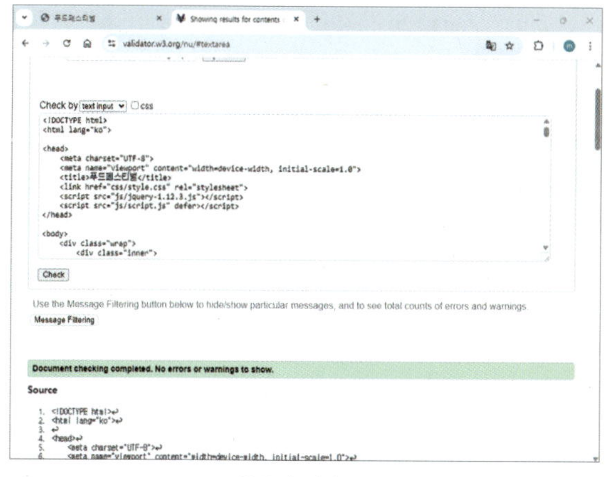

▲ HTML 유효성 검사 – 오류 없음

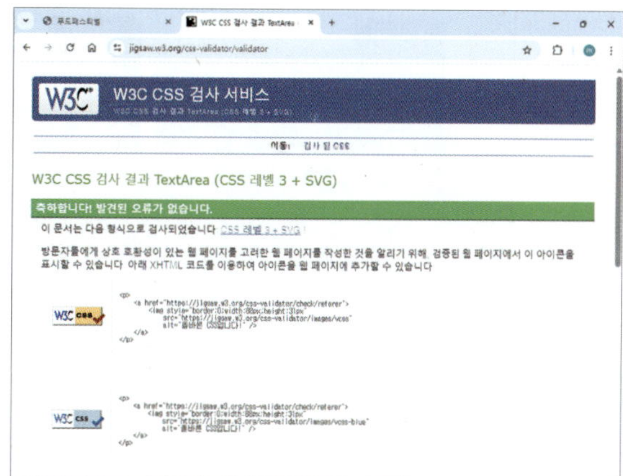

▲ CSS 유효성 검사 – 오류 없음

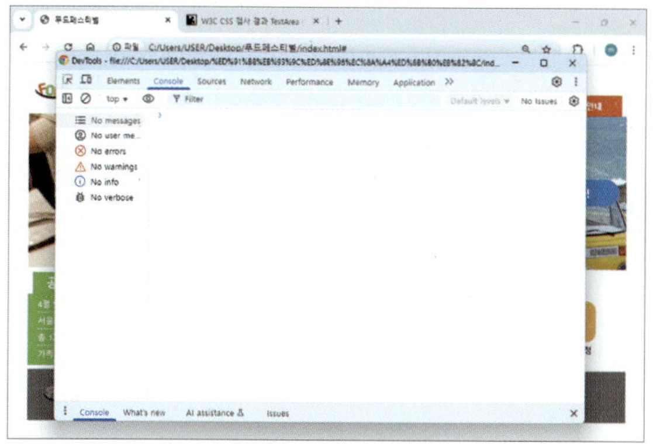

▲ JavaScript와 jQuery의 오류 검사 – 오류 없음

기출 유형 문제 02회

반복학습 1 2 3

작업파일 [PART04 〉 기출유형문제 02회 〉 수험자 제공 파일]을 열어서 작업하세요.

[공개 문제 : B 유형]

스포츠클럽 웹사이트 제작

자격종목	웹디자인개발기능사	과제명	스포츠클럽

※ 시험시간 : 3시간

1. 요구사항

※ 다음 요구사항을 준수하고, 주어진 자료(수험자 제공 파일)를 활용하여 시험시간 내에 웹 페이지를 제작한 뒤, **10MB 용량이 초과하지 않게** 저장 후 제출하시오.

※ 웹 페이지 코딩은 **HTML5 기준 웹 표준**을 준수하여야 하며, 요구사항에 지정되지 않는 요소들은 주제 특성에 맞게 자유롭게 디자인하시오.

※ 문제에서 지시하지 않은 와이어프레임 영역 비율, 레이아웃, 텍스트의 글자체/색상/크기, 요소별 크기, 색상 등은 수험자가 과제명(가.주제) 특성에 맞게 자유롭게 디자인하시오.

가. 주제 : 스포츠클럽 홈페이지 제작

나. 개요

서울시에서 「스포츠클럽」 홈페이지를 제작하고자 한다. 시민들이 다양한 종목 정보, 강습 프로그램 등을 제공하여 지역 주민의 건강한 여가 활동 대한 정보를 얻을 수 있는 웹사이트 제작을 요청하였다. 아래의 요구사항에 따라 메인페이지를 제작하시오.

다. 제작 내용

01) 메인페이지를 디자인하고 HTML, CSS, JavaScript 기반의 웹 페이지를 제작합니다. (이때 jQuery 라이브러리, 이미지, 텍스트 등 제공된 리소스를 활용하여 제작할 수 있습니다.)

02) HTML 과 CSS의 문자 인코딩(charset)은 반드시 UTF-8을 사용해야 합니다

03) 컬러 가이드

주조색 (Main color)	보조색 (Sub color)	배경색 (Background color)	기본 텍스트의 색 (Text color)
#117dbe	#333333	#ffffff	#333333

04) 사이트 맵(Site map)

Index page / 메인(Main)			
메인 메뉴(Main menu)	스포츠종목	강습프로그램	시설안내	회원서비스
서브 메뉴(Sub menu)	축구 농구 수영 테니스	어린이강습 청소년강습 성인강습 개인PT	체육관 야외 운동장 수영장 락커룸	회원가입 이용요금 마일리지제도

05) 와이어프레임(Wireframe)

〈C영역 콘텐츠 각각의 넓이는 수험자가 판단〉

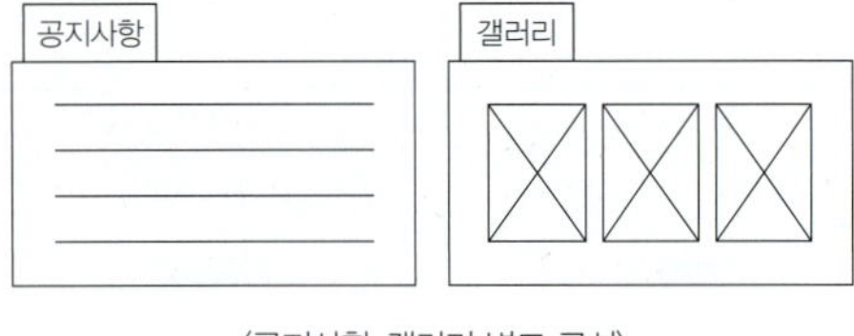

〈공지사항, 갤러리 별도 구성〉

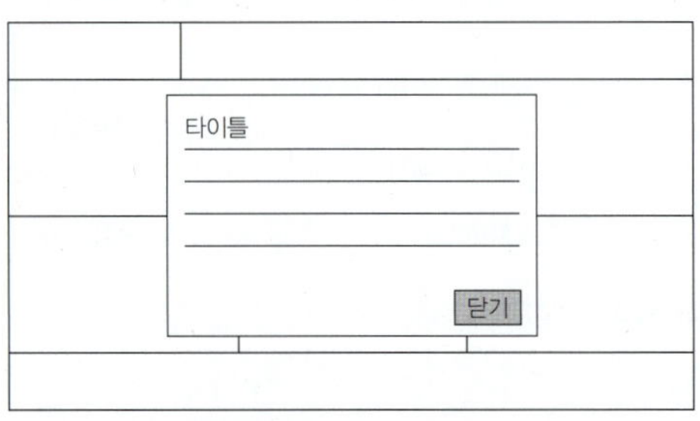

〈레이어 팝업 제작〉

라. 세부 영역별 지시사항

영역 및 명칭	세부 지시사항
Ⓐ Header	**A.1 로고** ○ 수험자 제공 파일에 제공된 로고를 삽입합니다. 로고의 색은 과제명(가.주제)에 맞게 반드시 변경하여야 합니다. ※ 로고의 크기 변경 시, 가로세로 비율(Aspect ratio)을 유지해야 합니다. 　(가로세로 비율을 유지하며 크기 변경 가능) **A.2 메뉴 구성** ※ 사이트 구조도를 참고하여 메인 메뉴(Main menu)와 서브 메뉴(Sub menu)로 구성합니다. **(1) 메인 메뉴(Main menu) 효과 [와이어프레임 참조]** ○ 메인 메뉴 중 하나에 마우스를 올리면(Mouse over) 하이라이트 되고, 벗어나면(Mouse out) 하이라이트를 해제합니다. ○ 메인 메뉴를 마우스로 올리면(Mouse over) 서브 메뉴 영역이 부드럽게 나타나 서브 메뉴가 보이도록 합니다. ○ 메인 메뉴에서 마우스 커서가 벗어나면(Mouse out) 서브 메뉴 영역은 부드럽게 사라져야 합니다. **(2) 서브 메뉴 영역 효과** ○ 서브 메뉴 영역은 메인페이지 콘텐츠를 고려하여 배경색을 설정합니다. ○ 서브 메뉴 중 하나에 마우스를 올리면(Mouse over) 하이라이트 되고 벗어나면(Mouse out) 하이라이트를 해제합니다. ○ 마우스 커서가 메뉴 영역을 벗어나면(Mouse out) 서브 메뉴 영역은 부드럽게 사라져야 합니다.
Ⓑ Slide	**B. Slide 이미지 제작** ○ [Slide] 폴더에 제공된 3개의 이미지로 제작합니다. ○ [Slide] 폴더에 제공된 3개의 텍스트를 각 이미지에 적용하되, 텍스트의 글자체, 굵기, 색상, 크기를 적절하게 설정하여 가독성을 높이고, 독창성이 드러나도록 제작합니다. **B. Slide 애니메이션 작업** ※ 위에서 작업한 결과물을 이용하여 슬라이드 작업을 합니다. ○ 이미지만 바뀌면 안 되고, 이미지가 위에서 아래 또는 아래에서 위로 이동하면서 전환되어야 합니다. ○ 슬라이드는 매 3초 이내로 하나의 이미지에서 다른 이미지로 전환되어야 합니다. ○ 웹사이트를 열었을 때 자동으로 시작되어 반복적으로(마지막 이미지가 슬라이드되면 다시 첫 번째 이미지가 슬라이드 되는 방식) 슬라이드 되어야 합니다.
Ⓒ Contents	**C.1 공지사항** ○ 공지사항 타이틀 영역과 콘텐츠 영역을 구분하여 표현해야 합니다. ○ 콘텐츠는 수험자 제공 파일에 제공된 텍스트를 적용하여 제작합니다. ○ 공지사항의 첫 번째 콘텐츠를 클릭할 경우 레이어 팝업창(Layer Popup)이 나타나며, 레이어 팝업창 안에 닫기 버튼을 배치하여, 해당 팝업창을 닫을 수 있도록 합니다. [와이어프레임 참조] ○ 레이어 팝업의 제목과 내용은 수험자 제공자 파일에 제공된 텍스트 파일을 사용합니다. **C.2 갤러리** ○ Contents 폴더에 제공된 이미지를 사용하여 가로 방향으로 배치합니다. [와이어프레임 참조] ○ 갤러리의 이미지에 마우스 오버(Mouse over) 시 해당 객체의 투명도(Opacity) 변화가 있어야 합니다. **C.3 바로가기** ○ Contents 폴더의 제공된 파일을 활용하여 편집 또는 디자인하여 제작합니다. ※ 콘텐츠는 HTML 태그로 작성해야 하며, 이미지로 삽입해서는 안 됩니다.
Ⓓ Footer	**D. Footer** ○ 로고를 무채색(grayscale)으로 변경하고 사용자의 접근성을 고려하여 배치합니다. ○ 수험자 제공 파일에 제공된 텍스트를 사용하여 Copyright, SNS(3개)를 제작합니다.

<table>
<tr><td>**자격종목**</td><td>웹디자인개발기능사</td><td>**과제명**</td><td>스포츠클럽</td></tr>
</table>

마. 기술적 준수사항

01) 웹 페이지 코딩은 HTML5 기준 웹 표준을 준수하여야 하며, **HTML 유효성 검사(W3C validator)**에서 오류('ERROR')가 없도록 코딩하여야 합니다.

 ※ HTML 유효성 검사 서비스는 시험 시 제공하지 않는다.(인터넷 사용 불가)

02) CSS는 별도의 파일로 제작하여 링크하여야 하며, **CSS3 기준(W3C validator)**에서 오류('ERROR')가 없도록 코딩되어야 합니다.

03) JavaScript 코드는 별도의 파일로 제작하여 연결하여야 하며 Google Chrome 브라우저에 내장된 개발도구의 Console 탭에서 오류('ERROR')가 표시되지 않아야 합니다.

04) 별도로 지정하지 않은 상호작용이 필요한 모든 콘텐츠(로고, 메뉴, 버튼, 바로가기 등)는 임시 링크(예 : #)를 적용하고 'Tab(Tab)' 키로 이동 선택할 수 있어야 한다.

05) 사이트는 다양한 화면 해상도에서 일관성 있는 페이지 레이아웃을 제공해야 합니다.

06) 웹 페이지 전체 레이아웃은 Table 태그 사용이 아닌 CSS를 통한 레이아웃 작업으로 해야 합니다.

07) 브라우저에서 CSS를 "사용 안 함"으로 설정한 경우 콘텐츠가 세로로 나열됩니다.

08) 타이틀 텍스트(Title text), 바디 텍스트(Body text), 메뉴 텍스트(Menu text)의 각 글자체/굵기/색상/크기 등을 적절하게 설정하여 사용자가 텍스트 간의 위계질서(Hierarchy)를 직관적으로 알 수 있도록 합니다.

09) 모든 이미지에는 이미지에 대한 대체 텍스트를 표현할 수 있는 alt 속성이 있어야 합니다.

10) 제작된 사이트 메인페이지의 레이아웃, 구성요소의 크기 및 위치 등은 최신 버전의 Google Chrome에서 정상적으로 동작해야 합니다.

바. 제출 방법

01) 수험자는 비번호로 된 폴더명으로 완성된 작품 파일을 저장하여 제출합니다.

02) 폴더 안에는 images, script, css 등의 자료를 분류하여 저장한 폴더도 포함되어 있어야 하며, 메인페이지는 반드시 최상위 폴더에 index.html로 저장하여 제출해야 합니다.

03) 수험자는 제출하는 폴더에 index.html을 열었을 때 연결되거나 표시되어야 할 모든 리소스들을 포함하여 제출해야 하며 수험자의 컴퓨터가 아닌 채점위원의 컴퓨터에서 정상 작동해야 합니다.

04) 전체 결과물의 용량은 10MB 용량이 초과되지 않게 제출하며 ai, psd 등 웹서비스에 사용하지 않는 파일은 제출하지 않는다.

2. 수험자 유의사항

※ 다음의 유의사항을 고려하여 요구사항을 완성하시오.

01) 수험자 인적사항 및 답안작성은 반드시 검은색 필기구만 사용하여야 하며, 그 외 연필류, 유색 필기구, 지워지는 펜 등을 사용한 답안은 채점하지 않으며 0점 처리된다.

02) 수험에 필요한 소프트웨어 및 참고자료가 하드웨어에 설치되어 있는지 확인 후 작업하시오.

03) 참고자료의 내용 중 오자 및 탈자 등이 있을 때는 수정하여 작업하시오.

04) 지참 공구[수험표, 신분증, 필기도구] 이외의 참고자료 및 외부장치(USB, 키보드, 마우스, 이어폰) 등 **어떠한 물품도 시험 중에는 지참할 수 없다는 점을 유의하시오.**

(단, 시설목록 이외의 정품 소프트웨어(폰트 제외)를 설치하고자 할 때에는 감독위원의 입회하에 설치하여 사용하시오.)

05) 수험자가 컴퓨터 활용 미숙 등으로 인한 시험의 진행이 어렵다고 판단되었을 때는 감독위원은 시험을 중지시키고 실격 처리할 수 있음을 유의하시오.

06) **바탕화면에 수험자 본인의 '비번호'를 이름으로 한 폴더에 완성된 작품의 파일만을 저장하시오.**

07) 모든 작품을 감독위원 또는 채점위원이 검토하여 동일한 작품이 발견될 경우 관련된 수험자 모두를 부정행위로 처리됨을 유의하시오.

08) 장시간 컴퓨터 작업으로 신체에 무리가 가지 않게 적절한 몸풀기(스트레칭) 후 작업하시오.

09) **다음 사항에 대해서는 실격에 해당되어 채점 대상에서 제외됩니다.**

가) 수험자 본인이 수험 도중 시험에 대한 기권 의사를 밝히고 시험을 포기한 경우

나) 작업 범위(용량, 시간)를 초과하거나, 요구사항과 현저히 다른 경우(채점위원이 판단)

다) **Slide가 JavaScript(jQuery포함), CSS 중 하나 이상의 방법을 이용하여 제작되지 않은 경우**

※ 움직이는 Slide를 제작하지 않고 이미지 하나만 배치한 경우도 실격 처리됨

라) 수험자 미숙으로 비번호 폴더에 완성된 작품 파일을 저장하지 못했을 경우

마) 압축프로그램을 사용하여 작품을 압축 후 제출한 경우

바) 과제 기준 20% 이상 완성되지 않은(채점위원이 판단)

3. 지급재료 목록

일련 번호	재료명	규격	단위	수량	비고
1	수험자료 USB 메모리	32GB 이상	개	1	시험장당
2	USB 메모리	32GB 이상	개	1	시험장당 1개씩(채점위원용) ※수험자들의 작품 관리

※ 국가기술자격 실기시험 지급재료는 시험종료 후(기권, 결시자 포함) 수험자에게 지급하지 않습니다.

1 STEP 웹 페이지 기본 설정 약 15분

01 HTML5 버전 index.html 만들기

문제를 풀기 전 컴퓨터 바탕화면에 본인에게 부여된 '비번호' 폴더를 생성합니다. '비번호' 폴더 안에 'images', 'css', 'js' 폴더를 각각 생성하고, 주어진 수험자 제공 파일들을 각 폴더에 맞게 정리합니다. 본 교재는 '비번호' 대신 '스포츠클럽' 폴더 설정 후 작업을 진행합니다.

** 이 책에서는 웹 문서 편집 프로그램으로 Visual Studio Code를 사용합니다.*

01 Visual Studio Code를 실행합니다. [시작 화면] – [폴더 열기] 또는 상단 메뉴에서 [파일] – [폴더 열기] 선택합니다.

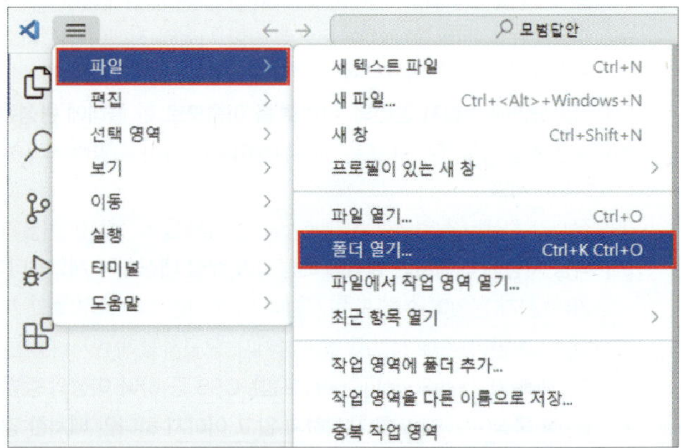

02 바탕화면에 미리 생성해 둔 '스포츠클럽' 폴더를 선택합니다.

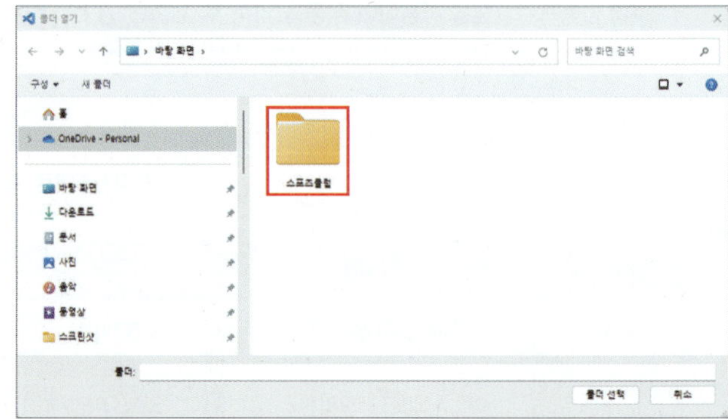

📒 **기적**의 TIP

모든 작업 폴더와 파일 이름은 영문으로, 띄어쓰기 없이 작성합니다.

---

03 Visual Studio Code 좌측 탐색기 아이콘을 선택하여 탐색기 패널을 활성화합니다. 탐색기 패널에는 미리 만들어 놓은 'images', 'css', 'js' 폴더가 있습니다.

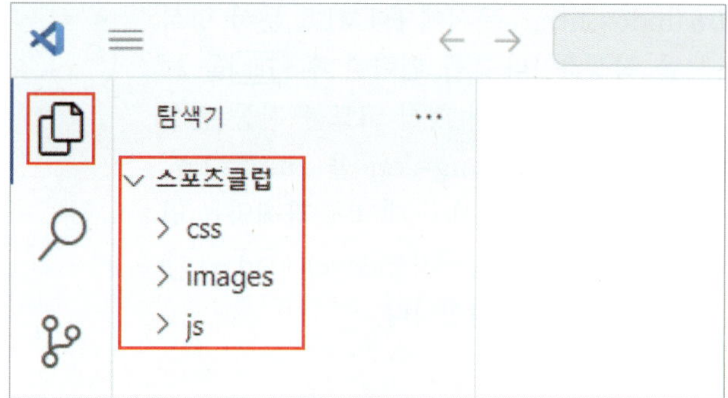

04 탐색기 패널에서 '새 파일' 아이콘을 선택하면, '스포츠클럽' 폴더 하위에 새 파일이 생성됩니다.

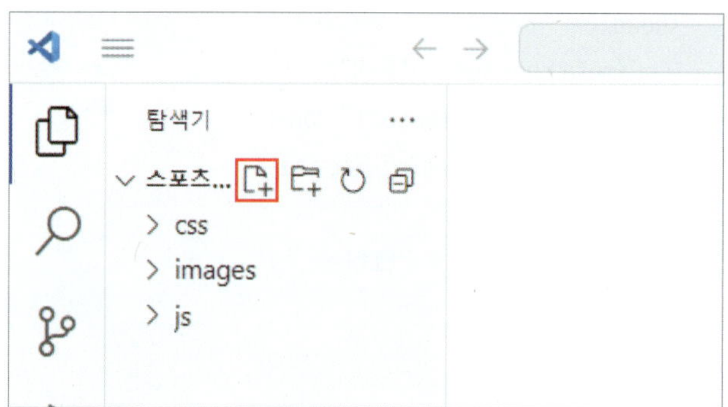

05 파일명을 'index.html'로 변경한 후 Enter 를 누르면, 우측 코드 창에 'index.html' 문서가 활성화되고 윈도우 탐색기에서 '스포츠클럽' 폴더 하위에 'index.html'을 확인할 수 있습니다.

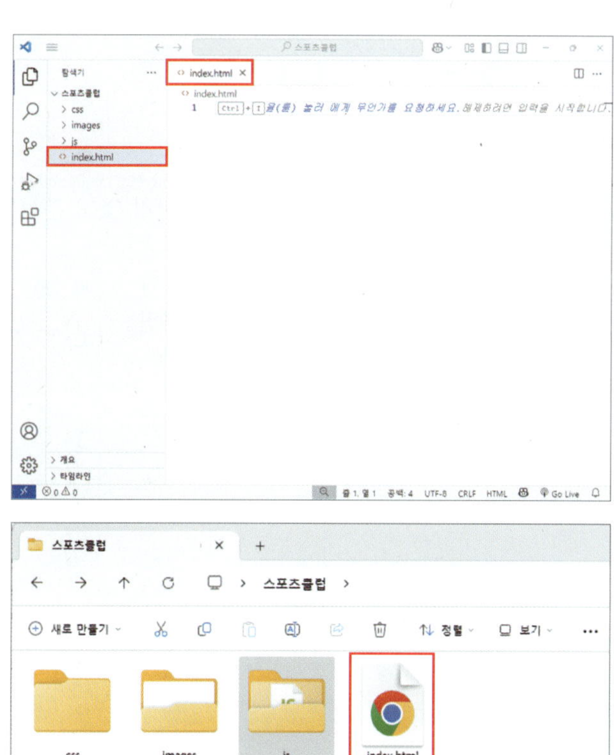

06 'index.html' 문서에 HTML5 문서 형식을 작성하거나 '!'를 입력한 후 [Tab]을 눌러 HTML5 문서 형식 코드를 자동 완성합니다. 이때 'lang="en"'을 'lang="ko"'로 변경하고, 〈title〉 태그에 과제명을 입력 후 [파일(File)] – [저장(Save)] ([Ctrl]+[S])를 선택하여 저장합니다.

```html
<!DOCTYPE html>
<html lang="ko">
<head>
    <meta charset="UTF-8">
    <meta name="viewport" content="width=device-width, initial-scale=1.0">
    <title>스포츠클럽</title>
</head>
<body>
</body>
</html>
```

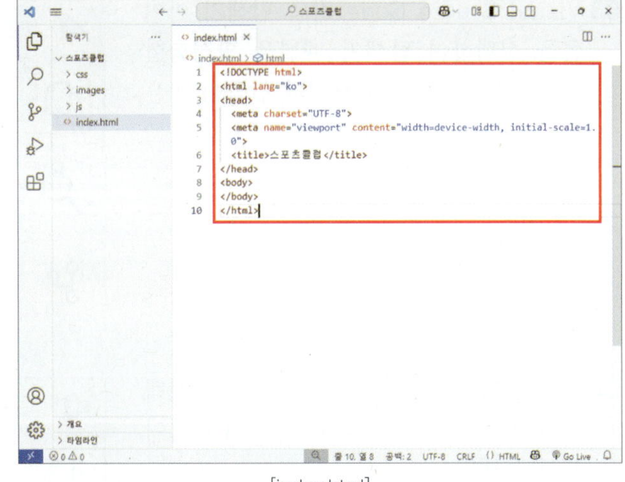

[index.html]

⑫ CSS 문서 만들기

작업을 시작하기 전, 실수를 줄이기 위해 미리 CSS 문서를 만듭니다.

01 탐색기 패널에 미리 만들어 놓은 'css' 폴더 선택 후 '새 파일' 아이콘을 선택하면 'css' 폴더 하위에 새 파일이 생성됩니다.

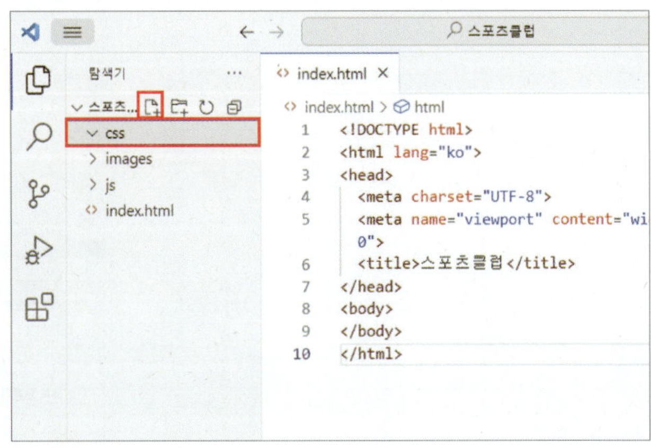

02 새 파일의 파일명을 'style.css'로 변경한
후 Enter 를 누르면, 우측 코드 창에
'style.css' 문서가 활성화된 것을 확인할
수 있습니다.

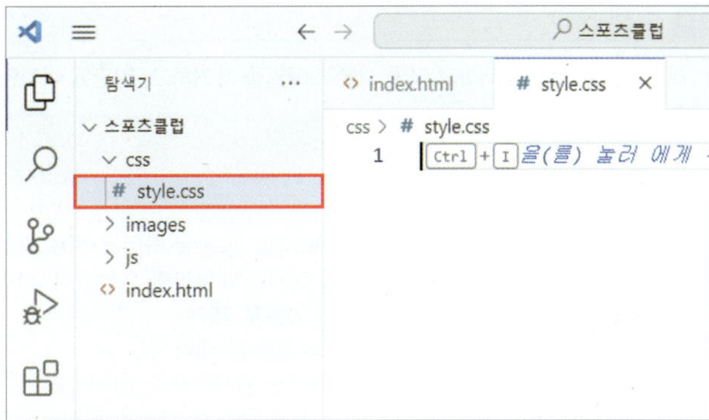

03 'style.css' 문서에 문자 인코딩 방식을 지
정하는 '@charset "utf-8";' 입력 후 리
셋 CSS를 입력하고, [파일(File)] – [저장
(Save)] (Ctrl + S)를 선택하여 저장합니다.

```css
@charset "utf-8";
* {
  margin:0;
  padding:0;
  box-sizing:border-box;
}
li {
  list-style:none;
}
a {
  text-decoration:none;
  color:inherit;
}
img {
  vertical-align:top;
  max-width:100%;
}
button {
  cursor:pointer;
  border:0;
}
body {
  background:#369;
  color:#333;
}
```

```css
@charset "utf-8";
/*기본 CSS 리셋*/
* {
  margin:0; /*기본 상하좌우 여백값 0으로 설정*/
  padding:0; /*기본 상하좌우 패딩값 0으로 설정*/
  box-sizing:border-box; /* 패딩과 테두리를 포함하여 요소의 너비를 유지 */
}
li {
  list-style:none; /* 목록 항목의 불릿을 숨김 */
}
a {
  text-decoration:none; /* 링크의 밑줄을 제거 */
  color:inherit; /* 링크의 글자 색상을 부모 요소로부터 상속받음 */
}
img {
  vertical-align:top; /* 이미지의 아래쪽 여백을 제거하고, 상단 정렬 */
  max-width:100%; /* 이미지를 부모 요소의 너비에 맞춤 (이미지가 깨지지 않도록) */
}
button {
  cursor:pointer; /* 버튼을 손가락 커서로 표시 */
  border:0; /*버튼 기본 테두리값 0으로 설정*/
}
body {
  background: #369; /*배경색 #369표시*/
  color: #333
}
```

[style.css]

리셋 CSS는 브라우저마다 다른 기본 스타일을 제거하고, 일관된 디자인을 적용하기 위해 사용합니다.

- ***** : 모든 HTML 요소를 선택하는 선택자로, 공통 스타일을 전체 요소에 적용할 때 사용
- **box-sizing:border-box** : 요소의 패딩과 테두리를 포함하여 너비를 계산하게 설정
- **list-style:none** : 목록 항목의 불릿 기호를 제거
- **text-decoration:none** : 〈a〉 요소의 밑줄을 제거
- **color:inherit** : 〈a〉요소에 부모의 색상을 명시적으로 상속받도록 설정
- **vertical-align:top** : 〈img〉 요소를 부모 요소의 상단에 정렬하고, 인라인 요소에서 발생하는 하단 공백을 제거
- **max-width:100%** : 이미지가 부모 요소의 너비를 초과하지 않도록 제한하며, 원본 크기보다 커지지 않도록 설정
- **cursor:pointer** : 마우스를 올렸을 때 손가락 모양 커서로 변경되어 클릭 가능하다는 시각적 힌트를 제공
- **"color: #333;"** : 16진수 색상 표현으로, #333333과 동일한 색상을 나타내는 함축형 표기법
    예 #f00 → #ff0000(빨간색), #0f0 → #00ff00(초록색)
- **border:0** : 버튼의 기본 테두리를 제거하여 외곽선 없이 표시되도록 설정

03 Script 문서 만들기

작업을 시작하기 전, 실수를 줄이기 위해 미리 Script 문서를 만듭니다.

01 수험자 제공 파일인 제이쿼리 라이브러리 파일 'jquery-1.12.3.js'를 '스포츠클럽' 하위 폴더의 'js' 폴더로 이동해 둡니다.

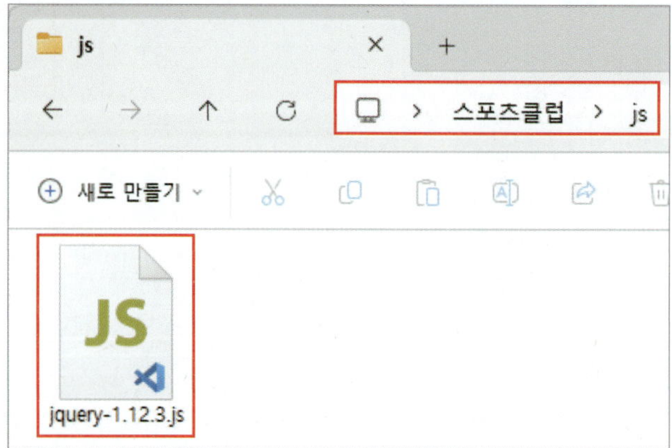

02 Visual Studio Code 탐색기 패널의 'js' 폴더 선택 후 '새 파일' 아이콘을 선택하면 하위에 새 파일이 생성됩니다.

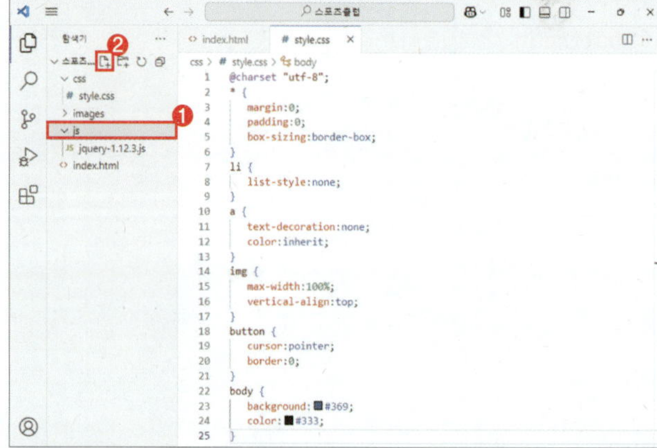

03 새 파일의 파일명을 'script.js'로 변경한 후 Enter를 누르면, 우측 코드 창에 'script. js' 문서가 활성화된 것을 확인할 수 있습니다.

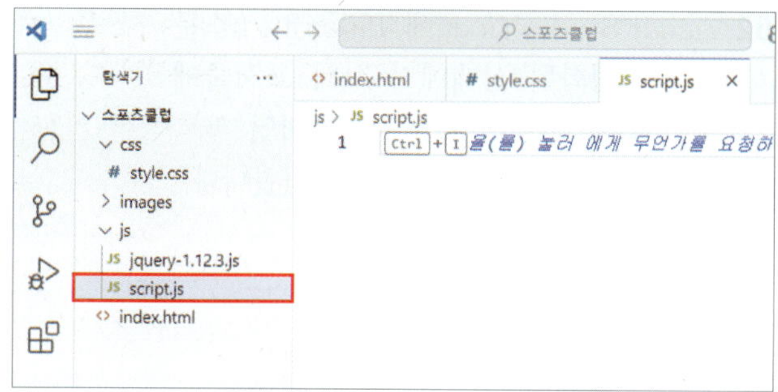

04 'script.js' 문서에 'alert("경고창");'을 입력한 후, Ctrl+S를 눌러 저장합니다.

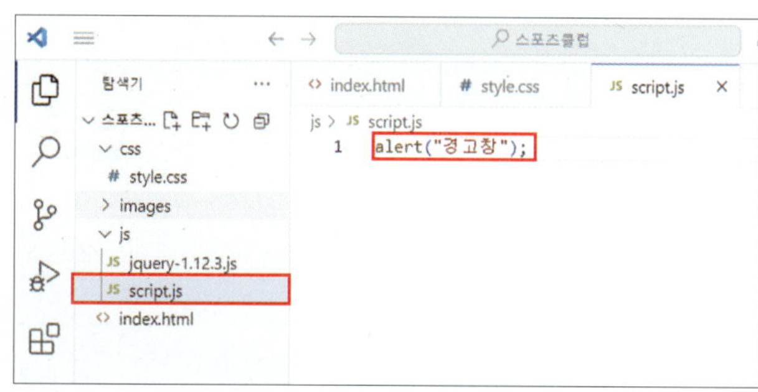

04 index 문서에 CSS, Script 문서 연결하기

index.html 문서에 CSS 파일, script 파일, jQuery 라이브러리를 연결합니다.

01 'index.html' 파일에서 CSS와 JavaScript 문서를 〈head〉 태그 내부에 연결한 후, 저장(Ctrl+S)합니다. JavaScript 문서 연결 시, jQuery 라이브러리를 먼저 연결한 후, script.js 파일을 나중에 연결합니다.

```
<link href="css/style.css" rel="-
stylesheet">
<script src="js/jquery-1.12.3.js" de-
fer></script>
<script src="js/script.js" defer></
script>
```

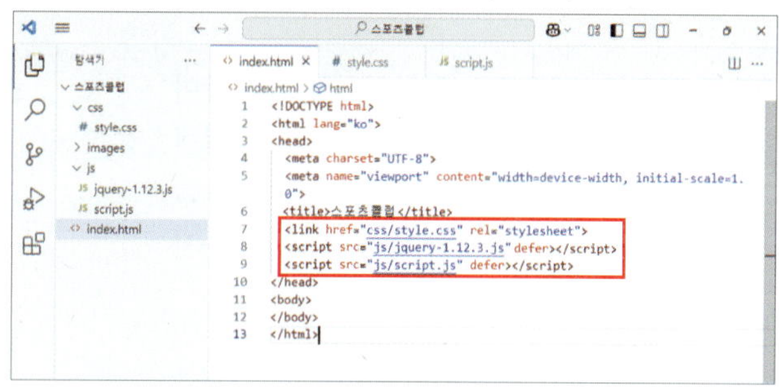

[index.html]

02 Visual Studio Code에 'index.html' 문서가 활성화된 상태에서 상태 표시줄에 Go Live를 선택하여 웹 브라우저인 '크롬(Chrome)'으로 작업 결과를 확인합니다.

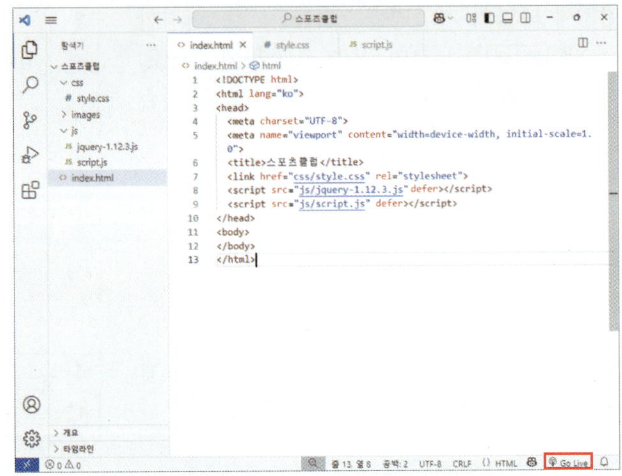

[index.html]

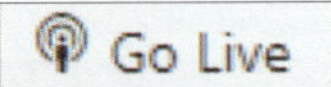

03 웹 브라우저의 배경색 '#369'와 경고창이 뜬다면 CSS와 Script 문서가 잘 연결된 것입니다. 확인 후 'style.css'에서 body 색상을 '#fff'로 변경하고 'script.js' 문서에서 경고창 스크립트를 삭제합니다.

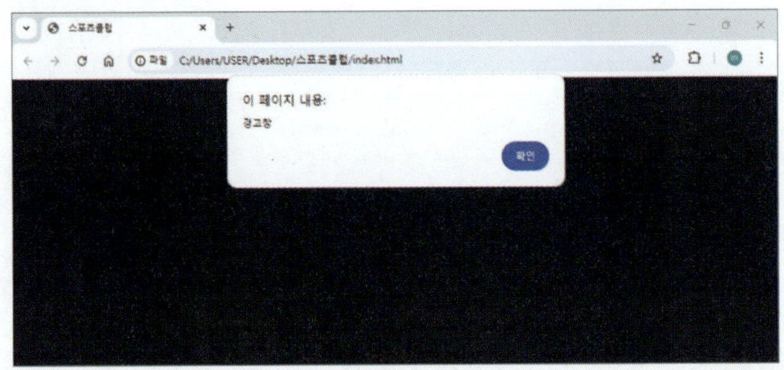

[style.css]

➕ **더 알기** TIP

- 외부 스크립트에 defer 속성을 지정하면, HTML 문서의 해석이 끝난 뒤 스크립트가 실행되도록 시점을 지연시킬 수 있습니다.
- defer와 같은 효과는 $(function(){ ... }) 구문을 통해서도 얻을 수 있으며, 두 방식은 목적은 같지만 사용 위치와 작성 방법이 다르기 때문에 상황에 따라 적절하게 선택할 수 있습니다.
  [참고하기] PART 02 − SECTION 04 jQuery 기본 다지기
- Go Live가 설치되지 않은 경우, 바탕화면의 '스포츠클럽' 폴더 안에 있는 'index.html' 파일을 크롬 브라우저로 열어 작업 결과를 확인합니다.

01 레이아웃 HTML 구조 작업하기

요구사항정의서에 제시된 와이어프레임을 바탕으로, 콘텐츠 구성과 수치를 파악하여 레이아웃을 제작합니다. 문제에서 지시하지 않은 부분은 수험자가 자유롭게 설정합니다.

01 먼저, 요구사항정의서에 제시된 와이어프레임을 참고하여 HTML로 영역을 구분하는 코드를 작성합니다. 다음과 같이 작성한 후, [파일(File)] – [저장(Save)] 또는 단축키 Ctrl + S 를 눌러 저장합니다.

```
<div class="wrap">
    <header id="header">
        <div class="inner">
            헤더영역
        </div>
    </header>
    <section id="slide" class="slide">
        슬라이드영역
    </section>
    <div class="contents">
        <article class="notice">
            공지사항영역
        </article>
        <article class="gall">
            갤러리영역
        </article>
        <article class="go">
            바로가기영역
        </article>
    </div>
    <footer id="footer">
        <div class="inner">
            푸터영역
        </div>
    </footer>
</div>
```

```
11  <body>
12    <div class="wrap">
13      <header id="header">
14        <div class="inner">
15          헤더영역
16        </div>
17      </header>
18      <section id="slide" class="slide">
19        슬라이드영역
20      </section>
21      <div class="contents">
22        <article class="notice">
23          공지사항영역
24        </article>
25        <article class="gall">
26          갤러리영역
27        </article>
28        <article class="go">
29          바로가기영역
30        </article>
31      </div>
32      <footer id="footer">
33        <div class="inner">
34          푸터영역
35        </div>
36      </footer>
37    </div><!--//wrap 닫는 태그-->
38  </body>
39  </html>
```

[index.html]

- HTML 주석은 〈!--로 시작하고 --〉로 끝납니다.
- 주석은 웹 문서의 콘텐츠에 영향을 주지 않고 각 영역을 구분하기 쉽게 해줍니다.
- id 속성은 문서 내에서 고유해야 하며, CSS나 자바스크립트에서 특정 요소를 선택할 때 사용됩니다.
- 홈페이지 구조화 작업 시 각 영역에 맞게 타이틀(헤더 영역, 슬라이드 영역 등)을 채우고 영역 작업 시 타이틀을 지우며 작업합니다.

💬 **요소** TIP

- **class 속성** : 여러 요소에 반복 사용 가능하며, 스타일 적용을 위한 이름을 지정할 때 사용됨
- 〈div〉 : 문서의 레이아웃을 구성하거나 여러 요소를 그룹화할 때 사용하는 일반 블록 요소
- 〈div class="wrap"〉 : 웹 페이지의 전체 레이아웃을 감싸는 최상위 컨테이너 역할을 함
- 〈header id="header"〉 : 웹 페이지 상단의 머리글 영역으로, 보통 로고, 사이트 이름, 내비게이션 메뉴 등이 들어감
- 〈div class="inner"〉 : 내부 콘텐츠를 감싸는 컨테이너 역할을 함
- 〈section id="slide" class="slide"〉 : 슬라이드처럼 독립적인 주제를 가진 콘텐츠 영역을 구분할 때 사용됨
- 〈div class="contents"〉 : 공지사항, 갤러리, 바로가기 영역을 묶는 컨테이너 역할을 함
- 〈article〉 : 공지사항, 갤러리, 바로가기처럼 독립적으로 구성 가능한 콘텐츠 블록을 나타낼 때 사용됨
- 〈footer id="footer"〉 : 웹 페이지의 하단 영역으로, 일반적으로 저작권, 연락처, 패밀리사이트, SNS 링크 등이 포함됨

02 'index.html' 문서가 활성화된 상태에서 상태 표시줄에 Go Live를 선택하여 웹 브라우저인 '크롬(Chrome)'으로 작업 결과를 확인합니다.

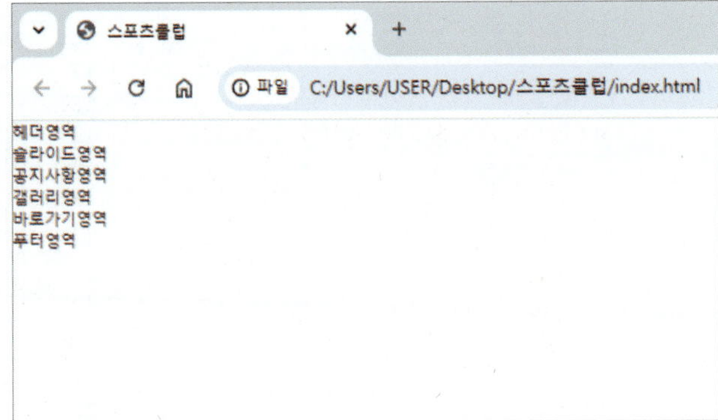

02 레이아웃 스타일 작업하기

HTML 구조를 기반으로 CSS 스타일을 적용하여, 요구사항정의서에 제시된 와이어프레임 레이아웃을 제작합니다.

01 'style.css' 파일에서 HTML 구조에 맞춘 레이아웃 스타일을 'body' 스타일 다음 줄에 입력하고, [파일(File)] − [저장(Save)] 또는 단축키 Ctrl+S를 눌러 저장합니다.

```css
header {
    height:100px;
    background:#f45750;
}
header .inner {
    width:1200px;
    height:100%;
    margin:auto;
    background:#fc6;
}
.slide {
    width:1200px;
    height:300px;
    margin:auto;
    background:#40b0f9;
}
.contents {
    width:1200px;
    height:200px;
    margin:auto;
    display:flex;
    background:#ff884d;
}
.contents article {
    width: 400px;
}
.contents .gall {
    background: #2cc;
}
footer {
    height:120px;
    background:#666;
}
footer .inner {
    width:1200px;
    height:100%;
    margin:auto;
    background:#fc6;
}
```

```css
26  header {
27      height:100px;
28      background: #f45750;
29  }
30  header .inner {
31      width:1200px;
32      height:100%;
33      margin:auto;
34      background: #fc6;
35  }
36  .slide {
37      width:1200px;
38      height:300px;
39      margin:auto;
40      background: #40b0f9;
41  }
42  .contents {
43      width:1200px;
44      height:200px;
45      margin:auto;
46      display:flex;
47      background: #ff884d;
48  }
49  .contents article {
50      width: 400px;
51  }
52  .contents .gall {
53      background: #2cc;
54  }
55  footer {
56      height:120px;
57      background: #666;
58  }
59  footer .inner {
60      width:1200px;
61      height:100%;
62      margin:auto;
63      background: #fc6;
64  }
```

[style.css]

- 배경색 지정은 시각적으로 각 영역의 구분을 쉽게 하기 위해 임시로 지정하며, 실제 작업 시에는 삭제하거나 디자인에 맞는 색으로 수정합니다.
- CSS 선택자는 구체성에 따라 우선순위가 결정되며, 같은 요소에 여러 스타일이 적용될 경우 더 구체적인 선택자가 우선 적용됩니다.
[참고하기] PART 02 – SECTION 02 CSS 기본 다지기

💬 **요소** TIP

- **header .inner** : ⟨header⟩의 하위 요소 ⟨div class="inner"⟩의 선택자로 헤더 영역의 내부 콘텐츠가 수평 중앙에 올 수 있도록 스타일 지정
  - **margin:auto** : 콘텐츠(블록 요소)를 수평 중앙에 배치할 때 사용(너비 값 필수)
  - **width:1200px** : 요구사항정의서에 표시된 너비 값
  - **height:100%** : 부모 영역(header)의 높이만큼 채워줌
- **.contents** : ⟨div class="contents"⟩ 선택자로 공지사항, 갤러리, 바로가기 영역을 감싸는 컨테이너 역할
  - **margin:auto** : 콘텐츠(블록 요소)를 수평 중앙에 배치할 때 사용(너비 값 필수)
  - **display:flex** : ⟨div class="contents"⟩를 플렉스 컨테이너로 설정, 자식 요소(article)들을 수평으로 나열. 이때 자식 요소는 부모 요소의 높이만큼 stretch 되어 들어가므로 부모 요소에 높이 값이 있는 것이 유리
  - **height** : 요구사항정의서에 표시된 높이 값 입력
- **.contents article** : ⟨div class="contents"⟩의 자식 요소 ⟨article⟩ 모두 선택하는 선택자
  - **width:400px** : ⟨article⟩의 넓이는 수험자가 판단하여 조절
- **footer .inner** : ⟨footer⟩의 하위 요소 ⟨div class="inner"⟩의 선택자로 푸터 영역의 내부 콘텐츠가 수평 중앙에 올 수 있도록 스타일 지정

02 'index.html' 문서가 활성화된 상태에서 상태 표시줄에 Go Live를 선택하여 웹 브라우저인 '크롬(Chrome)'으로 작업 결과를 확인합니다.

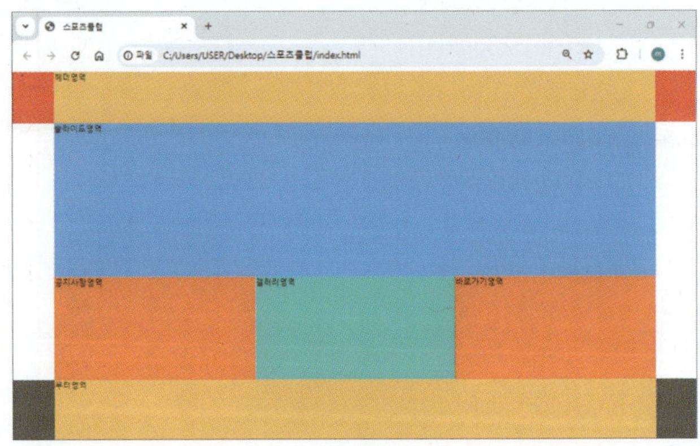

01 로고 제작하기

세부 지시사항의 A.1 로고를 제작합니다. 수험자 제공 파일 중 Header 폴더에 있는 로고를 과제 주제에 맞게 색상을 반드시 변경하여, 가로, 세로 비율을 유지하며 제작합니다.

* 교재의 로고는 예시일 뿐이며, 기본 요건을 충족한다면 자유롭게 변형하여 제작해도 됩니다.

01 로고 제작을 위해 포토샵을 실행합니다.

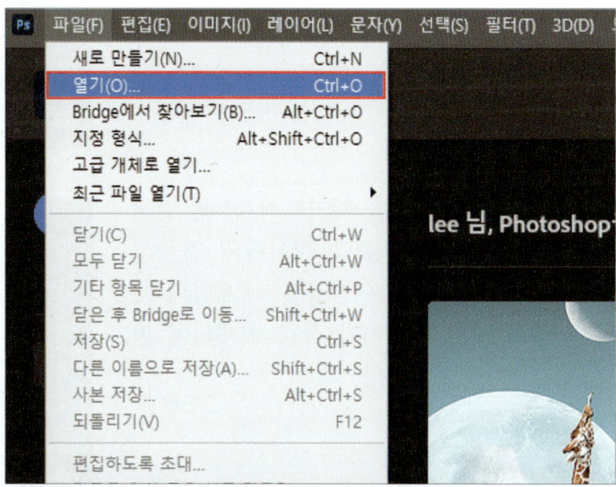

02 [파일(File)] – [열기(Open)] 또는 Ctrl + O 를 눌러 'logo.png' 파일을 불러옵니다.

03 도구 상자 패널에서 자르기 도구(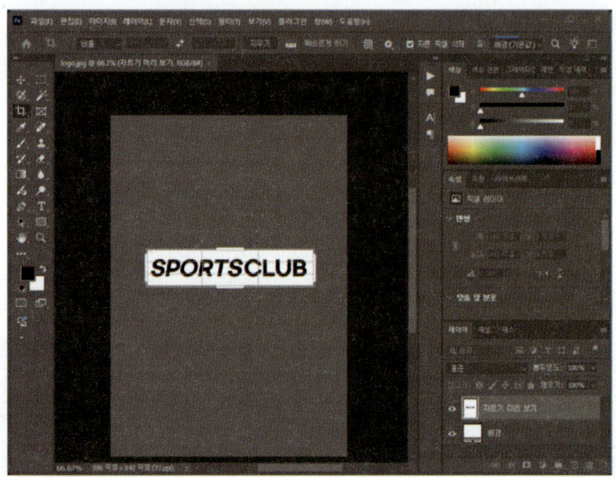)를 선택한 후, 자를 영역을 조절합니다. 그런 다음 Enter 를 누르면 선택된 부분만 남고, 해당 영역에 맞게 문서가 잘립니다.

04 로고의 흰색 배경을 제거하기 전에, 먼저 레이어 패널에서 해당 레이어의 자물쇠 아이콘을 클릭하여 잠금을 해제합니다. 이렇게 하면 레이어가 잠금 해제되어 편집할 수 있게 됩니다.

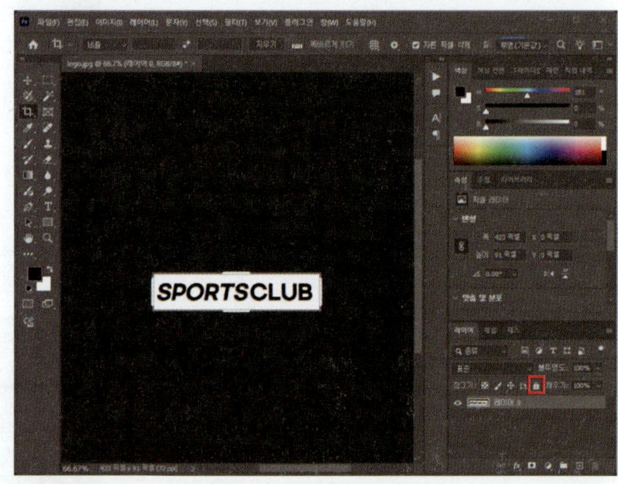

05 자동 선택 도구()를 선택한 후, 상단 도구 상자 옵션에서 허용치(Tolerance)를 '20'으로 설정하고, 인접(Contiguous) 옵션을 '체크 해제'합니다. 그런 다음, 흰색 영역을 선택합니다. 흰색 영역이 선택되면 Delete 를 눌러 선택된 영역을 삭제합니다. 마지막으로 Ctrl + D 를 눌러 선택 영역을 해제합니다.

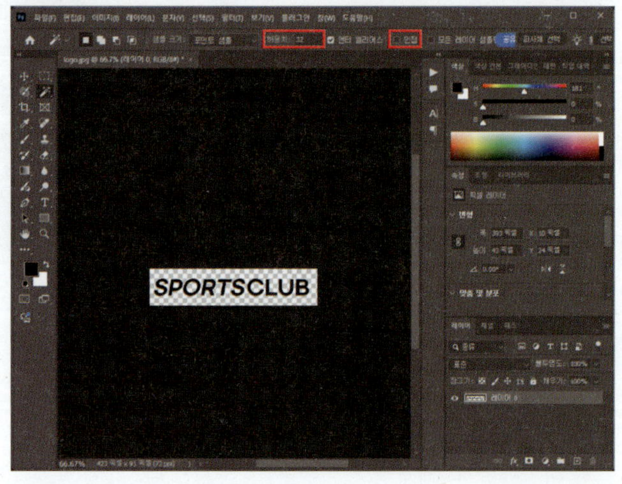

06 [이미지(Image)] − [이미지 크기(Image Size)]를 선택합니다.

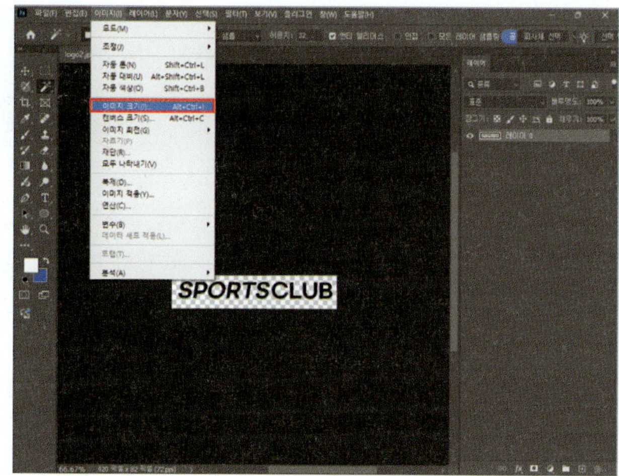

07 종횡비 제한이 활성화된 상태에서 이미지 크기 대화상자의 폭(Width)을 '180px'로 설정합니다. 이렇게 하면 폭에 맞춰 높이도 자동으로 조절됩니다.

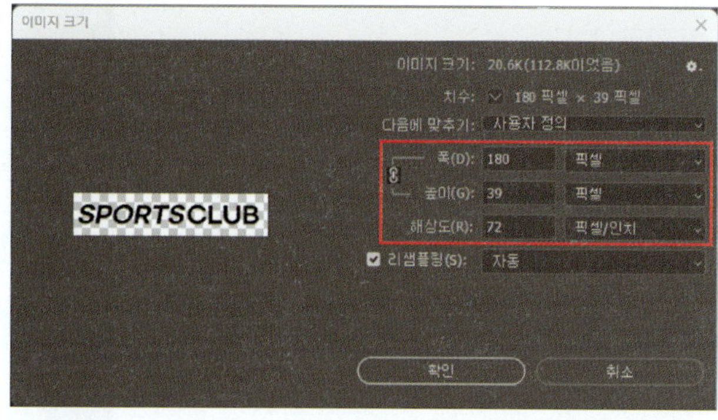

08 도구 상자에서 사각형 선택 영역 도구(▢) 선택 후 'CLUB' 부분을 영역을 잡아 Ctrl +Shift+J를 눌러 해당 영역을 새 레이어에 복제합니다.

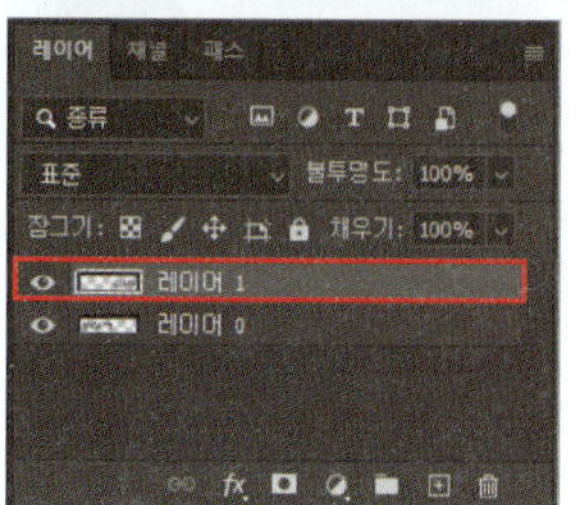

09 사각형 모양 도구()를 선택 후 '#117dbe' 색상을 선택하여 사각형을 그려줍니다.

10 사각형1 레이어를 '레이어1' 아래쪽에 배치합니다.

11 '레이어 1' 레이어를 선택한 후 [레이어 스타일(fx)] – [색상 오버레이(Color Overlay)] 선택 색상을 '#c9c9c9'로 설정합니다.

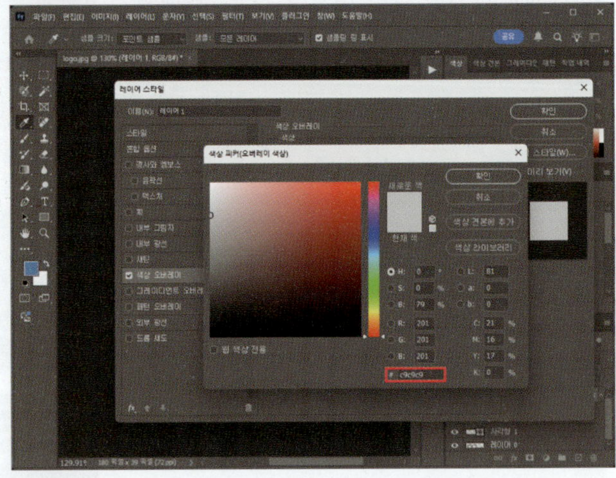

12 펜툴()을 선택 후 칠 색상 '#000000'
를 선택하여 시작점을 클릭하고 끝나는
지점까지 드래그 앤 드롭하면 검정 곡선
이 만들어집니다.

13 [파일(File)] – [다른 이름으로 저장(Save
as)] 또는 Shift + Ctrl + S 를 눌러, 파일
형식 '*.psd'로 원본을 저장합니다. 그리
고 [파일(File)] – [내보내기(Export)] –
[PNG로 빠른 내보내기(Quick Export
as PNG)]를 선택하고 파일 형식 '*.png'
로 'images' 폴더 안에 저장합니다.

– 파일명 : logo.png

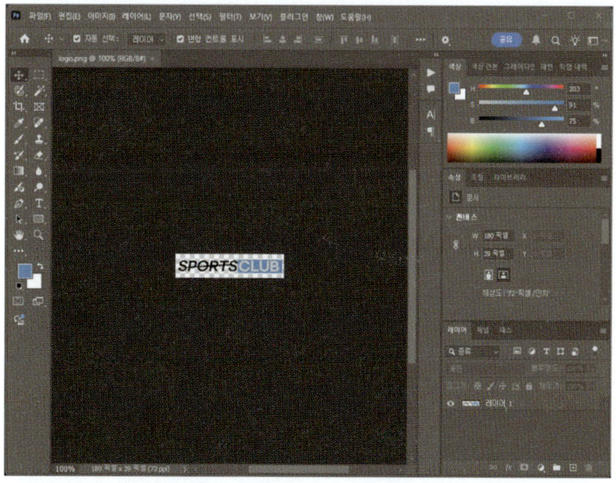

포토샵에서 PNG 파일로 저장하는 방법
- [파일(File)] – [다른 이름으로 저장(Save as)] – [파일 형식 : PNG] (버전 22.4 이전)
- [파일(File)] – [사본 저장(Save a Copy)] – [파일 형식 : PNG] (버전 22.4 이후)
- [파일(File)] – [내보내기(Export)] – [PNG로 빠른 내보내기(Quick Export as PNG)]

Photoshop의 레이어 스타일 f(x) 효과
포토샵의 레이어 스타일은 텍스트, 이미지 또는 도형 레이어에 다양한 시각 효과를 추가하여 디자인을 향상시킬 수 있는 강력한 도구입니다.

혼합 옵션...
경사와 엠보스...
획...
내부 그림자...
내부 광선...
새틴...
색상 오버레이...
그레이디언트 오버레이...
패턴 오버레이...
외부 광선...
그림자...

- **주요 레이어 스타일 효과**
  - **그림자(Drop Shadow)** : 레이어에 그림자를 추가하여 입체감을 줍니다.
  - **외부 광선(Outer Glow)** : 레이어 주위에 빛나는 효과를 추가합니다.
  - **내부 광선(Inner Glow)** : 레이어 내부에서 빛나는 효과를 추가합니다.
  - **경사와 엠보스(Bevel and Emboss)** : 레이어의 가장자리에 입체감을 줍니다.
  - **색상 오버레이(Color Overlay)** : 레이어에 단일 색상을 덮어씁니다.
  - **그라디언트 오버레이(Gradient Overlay)** : 레이어에 그라디언트를 덮어씁니다.
  - **패턴 오버레이(Pattern Overlay)** : 레이어에 패턴을 덮어씁니다.
  - **획(Stroke)** : 레이어의 가장자리에 테두리를 추가합니다.
  - **새틴(Satin)** : 부드러운 광택과 깊이감을 추가합니다.
  - **내부 그림자(Inner Shadow)** : 레이어에 내부 그림자를 추가하여 입체감을 줍니다.

※ 주제에 맞게 다양한 스타일 효과를 넣으셔도 됩니다.

ⓜ 헤더 영역 로고 작업하기

세부 지시사항의 A.1 로고를 문서에 추가합니다.

01 Visual studio code에 'index.html' 문서를 열어, '<div class="inner">' 영역 안 글자를 지우고 다음과 같이 작성합니다.

```
<h1>
    <a href="#">
        <img src="images/logo.png" alt="스포츠클럽">
    </a>
</h1>
```

```
13  <div class="wrap">
14    <header id="header">
15      <div class="inner">
16        <h1>
17          <a href="#">
18            <img src="images/logo.png" alt="스포츠클럽">
19          </a>
20        </h1>
21      </div>
22    </header>
```

[index.html]

02 문서 저장 후 'index.html' 문서가 활성
화된 상태에서 상태 표시줄에 Go Live
를 선택 또는 윈도우 탐색기에서 'index.
html'을 웹 브라우저인 '크롬(Chrome)'
으로 작업 결과를 확인합니다.

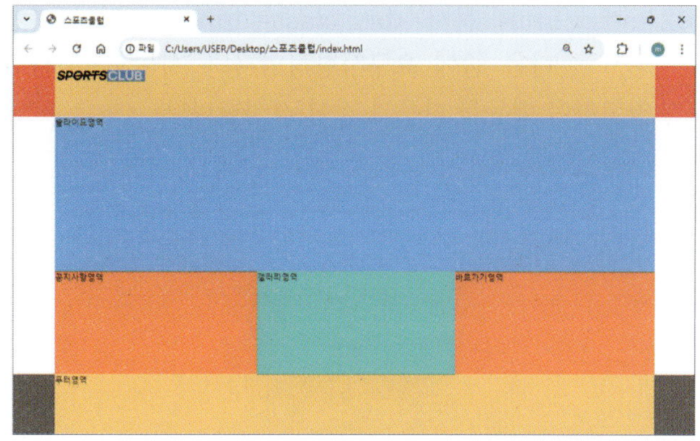

03 헤더 영역 메뉴 작업하기

세부 지시사항의 A.2 메뉴를 구성합니다. 사이트 맵과 구조도를 참고하여 메인 메뉴(Main menu)와 서
브 메뉴(Sub menu)를 구성합니다.

01 요구사항정의서의 와이어프레임 메뉴 형
태를 확인합니다.

02 'index.html' 문서 '<div class="inner">' 영역 내 '</h1>' 다음 줄에 요구사항정의서의 '사이트 맵'을 참고하여 메뉴를 다음과 같이 작성합니다.

```
<nav id="nav">
    <ul>
        <li>
            <a href="#">스포츠종목</a>
            <ul class="sub">
                <li><a href="#">축구</a></li>
                <li><a href="#">농구</a></li>
                <li><a href="#">수영</a></li>
                <li><a href="#">테니스</a></li>
            </ul>
        </li>
        <li>
            <a href="#">강습프로그램</a>
            <ul class="sub">
                <li><a href="#">어린이강습</a></li>
                <li><a href="#">청소년강습</a></li>
                <li><a href="#">성인강습</a></li>
                <li><a href="#">개인PT</a></li>
            </ul>
        </li>
        <li>
            <a href="#">시설안내</a>
            <ul class="sub">
                <li><a href="#">체육관</a></li>
                <li><a href="#">야외 운동장</a></li>
                <li><a href="#">수영장</a></li>
                <li><a href="#">락커룸</a></li>
            </ul>
        </li>
        <li>
            <a href="#">회원서비스</a>
            <ul class="sub">
                <li><a href="#">회원가입</a></li>
                <li><a href="#">이용요금</a></li>
                <li><a href="#">마일리지제도</a></li>
            </ul>
        </li>
    </ul>
</nav>
```

```
22          <nav id="nav">
23              <ul>
24                  <li>
25                      <a href="#">스포츠종목</a>
26                      <ul class="sub">
27                          <li><a href="#">축구</a></li>
28                          <li><a href="#">농구</a></li>
29                          <li><a href="#">수영</a></li>
30                          <li><a href="#">테니스</a></li>
31                      </ul>
32                  </li>
33                  <li>
34                      <a href="#">강습프로그램</a>
35                      <ul class="sub">
36                          <li><a href="#">어린이강습</a></li>
37                          <li><a href="#">청소년강습</a></li>
38                          <li><a href="#">성인강습</a></li>
39                          <li><a href="#">개인PT</a></li>
40                      </ul>
41                  </li>
42                  <li>
43                      <a href="#">시설안내</a>
44                      <ul class="sub">
45                          <li><a href="#">체육관</a></li>
46                          <li><a href="#">야외 운동장</a></li>
47                          <li><a href="#">수영장</a></li>
48                          <li><a href="#">락커룸</a></li>
49                      </ul>
50                  </li>
51                  <li>
52                      <a href="#">회원서비스</a>
53                      <ul class="sub">
54                          <li><a href="#">회원가입</a></li>
55                          <li><a href="#">이용요금</a></li>
56                          <li><a href="#">마일리지제도</a></li>
57                      </ul>
58                  </li>
59              </ul>
60          </nav>
61      </div>
62  </header>
```

[index.html]

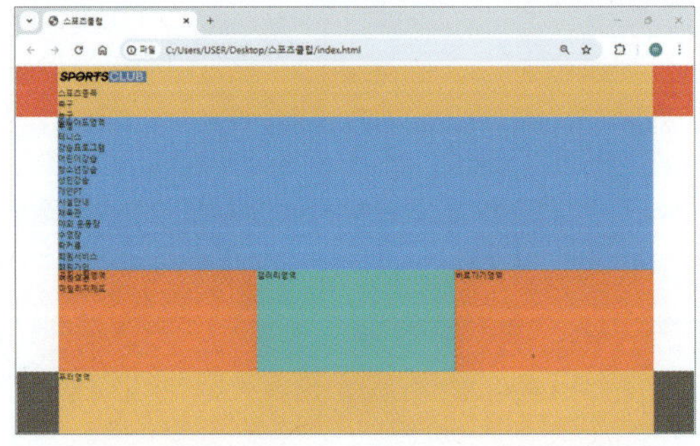

- 메뉴 작업 시 〈nav〉로 감싼 후, 순서가 없는 목록 태그인 〈ul〉, 〈li〉로 작업합니다.
- 중첩목록 작업 시 쌍으로 올바르게 중첩되어야 하며, 태그가 제대로 닫혀야 합니다.
- 서브 메뉴 〈ul〉 요소에 클래스 명 'sub'로 설정합니다.

요소 TIP

〈a href="#"〉 : 실제 링크가 정해지지 않은 경우, 구조와 클릭 이벤트를 유지하기 위해 사용하는 임시 링크

04 헤더 영역 스타일 작업하기

헤더 영역의 로고를 배치하고, 메인 메뉴(Main menu)에 마우스를 올리면(Mouse over) 하이라이트 되며, 벗어나면(Mouse out) 하이라이트가 해제됩니다. 또한, 서브 메뉴 중 하나에 마우스를 올리면 하이라이트 되고, 벗어나면 하이라이트가 해제됩니다.

01 먼저 'style.css' 문서를 활성화하여 'header' 와 'header .inner'의 기존 배경색을 삭제하고, 배경색과 안쪽 여백을 작성합니다.

```css
header{
    height:100px;
    background:#efefef;
}
header .inner {
    width:1200px;
    height:100%;
    margin:auto;
    background:#efefef;
    padding-top:30px;
}
```

```css
22  body {
23      background: #fff;
24      color: #333;
25  }
26  header{
27      height:100px;
28      background: #efefef;
29  }
30  header .inner {
31      width:1200px;
32      height:100%;
33      margin:auto;
34      background: #efefef;
35      padding-top:30px;
36  }
```

[style.css]

02 '`header .inner`' 스타일 다음 줄에 메뉴를 공중에 띄워 서브 메뉴가 슬라이드 위에 펼쳐질 수 있도록 다음과 같이 작성합니다.

```css
header .inner {
    width:1200px;
    height:100%;
    margin:auto;
    background:#efefef;
    padding-top:30px;
    position:relative;
}
nav {
    position:absolute;
    top:40px;
    right:10px;
    z-index:10;
}
```

```css
30    header .inner {
31        width:1200px;
32        height:100%;
33        margin:auto;
34        background: #efefef;
35        padding-top:30px;
36        position:relative;
37    }
38    nav {
39        position:absolute;
40        top:40px;
41        right:10px;
42        z-index:10;
43    }
```

[style.css]

💬 **요소 TIP**

- **header .inner** : header의 하위 요소 .inner 선택자로 헤더 영역의 내부 콘텐츠 스타일 지정
  - **position:relative** : 공중에 띄운 〈nav〉의 기준 역할
  - **padding-top:30px** : 위쪽 내부 여백 30픽셀 설정하여 로고를 아래로 이동
  - **margin:auto** : 콘텐츠(블록 요소)를 중앙에 배치할 때 사용(너비 값 필수)
- **nav** : 〈nav〉 선택자로 메뉴 스타일 지정
  - **position:absolute** : 공중에 띄워 상위 요소(header .inner)에 기준 설정 후, 절대 위치로 지정
  - **top:40px** : 기준 요소(header .inner)의 상단에서부터 40픽셀 아래로 배치
  - **right:10px** : 기준 요소(header .inner)의 오른쪽에서부터 10픽셀 왼쪽으로 배치
  - **z-index** : position 속성으로 설정된 요소에 쌓이는 순서를 결정할 수 있으며 순서가 클수록 위로 쌓임

---

03 메인 메뉴가 나란히 나올 수 있도록 '`nav`' 스타일 다음 줄에 작성합니다.

```css
nav>ul{
    display:flex;
}
```

```css
38    nav {
39        position:absolute;
40        top:40px;
41        right:10px;
42        z-index:10;
43    }
44    nav>ul{
45        display:flex;
46    }
47    .slide {
48        width:1200px;
49        height:300px;
50        margin:auto;
51        background: #40b0f9;
52    }
```

[style.css]

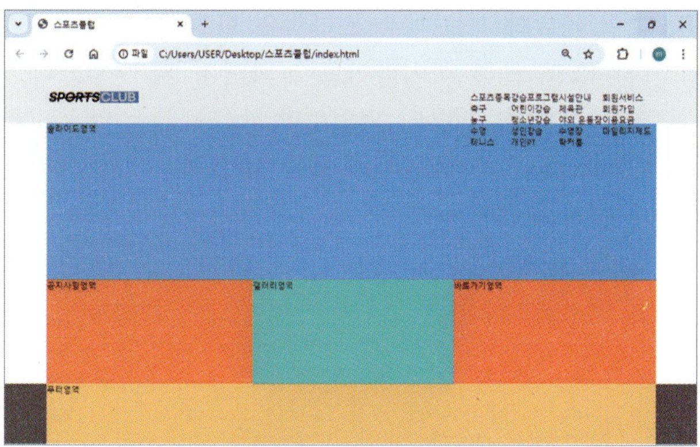

04 메뉴의 클릭할 수 있는 영역은 'nav>ul' 스타일 다음 줄에 다음과 같이 작성합니다.

```css
nav>ul>li>a {
    display:block;
    width:150px;
    text-align:center;
    font-weight:bold;
    padding:10px;
    background:#117dbe;
    color:#fff;
}
nav>ul>li:hover>a {
    background:#333;
}
.sub a {
    display:block;
    background:#fff;
    padding:5px;
    text-align:center;
    font-size:14px;
}
.sub a:hover {
    background:#117dbe;
    color:#fff;
}
```

```css
47  nav>ul>li>a {
48      display:block;
49      width:150px;
50      text-align:center;
51      font-weight:bold;
52      padding:10px;
53      background: #117dbe;
54      color: #fff;
55  }
56  nav>ul>li:hover>a {
57      background: #333;
58  }
59  .sub a {
60      display:block;
61      background: #fff;
62      padding:5px;
63      text-align:center;
64      font size:14px;
65  }
66  .sub a:hover {
67      background: #117dbe;
68      color: #fff;
69  }
```

[style.css]

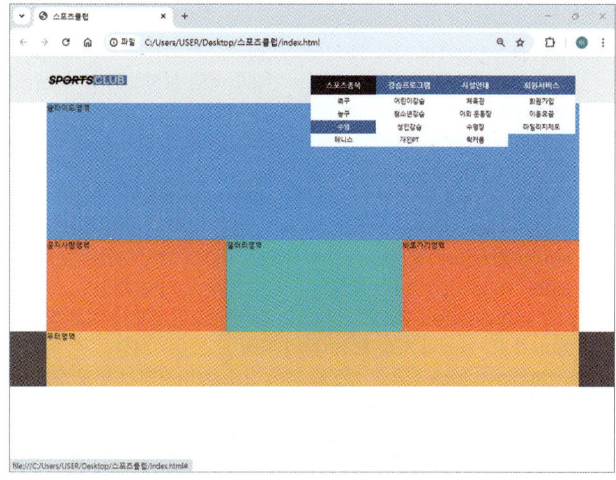

05 메인 메뉴와 서브 메뉴 스타일을 확인 후 마우스를 올려 하이라이트 효과까지 확인합니다. 잘 적용이 되었다면 'nav>ul>li:hover>a' 스타일 다음 줄에 서브 메뉴를 숨겨줍니다.

```css
.sub{
    display:none;
}
```

```css
56    nav>ul>li:hover>a {
57        background: ■ #333;
58    }
59    .sub{
60        display:none;
61    }
62    .sub a {
63        display:block;
64        background: □ #fff;
65        padding:5px;
66        text-align:center;
67        font-size:14px;
68    }
```

[style.css]

- 자신이 설정한 웹 페이지의 주조색과 보조색이 잘 드러나도록 제작합니다.
- 블록 요소는 기본적으로 수직으로 쌓이며, 너비와 높이 속성을 자유롭게 지정할 수 있습니다. 대표적인 블록 요소로는 〈div〉, 〈p〉, 〈section〉 등이 있습니다.
- 인라인 요소는 한 줄에 나란히 배치되며, 기본적으로 너비와 높이를 지정할 수 없습니다. 대표적인 인라인 요소는 〈a〉, 〈span〉, 〈strong〉 등이 있습니다.

요소 TIP

- **nav>ul** : 〈nav〉의 자식 요소 〈ul〉 지정
  - **display:flex** : nav>ul를 플렉스 컨테이너로 설정하여, 자식 요소(〈li〉)들을 수평으로 나열
- **nav>ul>li)a** : 〈nav〉의 자식 요소 〈ul〉의 자식 요소 〈li〉의 자식 요소 〈a〉 지정
  - **display:block** : 〈a〉는 인라인 요소이므로 width, height가 들어가지 않음. 그래서 display:block으로 변경하여 width, height, padding 스타일 속성 적용
  - **width:150px** : 〈a〉의 너비 설정(임의로 설정 가능)
  - **text-align:center** : 상속이 되는 CSS로 하위 요소의 텍스트를 중앙 정렬
- **nav>ul>li:hover>a** : 〈nav〉의 자식 요소 〈ul〉의 자식 요소 〈li〉에 마우스 올렸을 때 〈a〉 지정(마우스 올렸을 때 하이라이트 효과)
- **.sub** : 〈ul class="sub"〉 지정하여 서브 메뉴 스타일 지정
  - **display:none** : 요소를 선택하여 숨김(스크립트에서 추가 작업 예정)
- **.sub li a** : .sub의 자식 요소 〈li〉의 자식 요소 〈a〉 지정
  - **display:block** : 요소 성질을 블록 요소로 바꾸면서 부모 요소의 가로 너비를 채울 수 있음
  - **padding:5px** : 사방의 내부 여백을 5픽셀로 설정
  - **font-size:14px** : 폰트 사이즈 14픽셀 설정(기본 폰트 사이즈 16픽셀)

05 메뉴 스크립트 작업하기

세부 지시사항의 A.2 메뉴 효과를 구현합니다. 메인 메뉴(Main menu)에 마우스를 올리면(Mouse over) 서브 메뉴(Sub menu) 영역이 슬라이드 다운(Slide down)으로 보이도록 하고, 벗어나면(Mouse out) 서브 메뉴 영역은 슬라이드 업(Slide Up)으로 사라지는 작업을 제이쿼리(jQuery)로 진행합니다.

01 먼저 'js' 폴더 하위 파일인 'script.js' 문서를 활성화하여 작성합니다.

```javascript
//메뉴
$("nav>ul>li").mouseenter(function(){

    $(this).children(".sub").stop().slideDown();
})
$("nav>ul>li").mouseleave(function(){
    $(this).children(".sub").stop().slideUp();
})
```

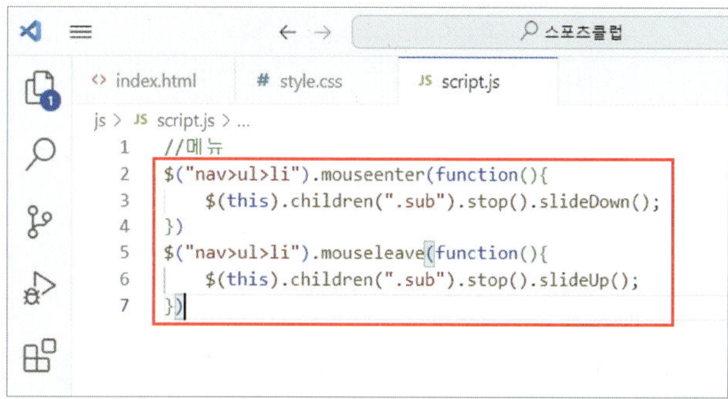

[script.js]

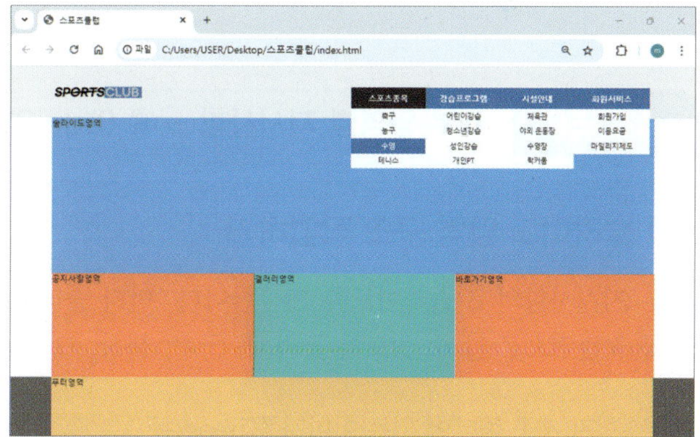

💬 **요소 TIP**

- **$** : jQuery에서 HTML 요소를 선택하거나 jQuery 객체를 생성할 때 사용하는 단축 표기
- **$("nav>ul>li")** : jQuery 선택자로, 〈nav〉 자식 요소인 〈ul〉 자식 요소인 모든 〈li〉 선택
- **mouseenter/mouseleave** : jQuery에서 제공하는 이벤트 메서드로, 마우스가 요소에 진입하거나 요소를 떠날 때 발생하는 이벤트를 처리
- **$(this)** : 이벤트가 발생한 현재 요소를 가리키며, 이 경우에는 마우스가 올라간 특정 〈li〉 요소를 의미
- **children()** : 선택한 요소의 직계 자식 요소만을 선택할 때 사용
- **stop()** : 현재 실행 중인 애니메이션을 즉시 중지시켜 중복 애니메이션이 발생하는 것을 방지
- **slideDown()/slideUp()** : slideDown()은 요소를 슬라이드 다운하여 보여주고, slideUp()은 요소를 슬라이드 업하여 숨김

메뉴 스크립트 다르게 작성하기

```
$("nav>ul>li").mouseenter(function(){
    $(this).children(".sub").stop().slideDown();
})
$("nav>ul>li").mouseleave(function(){
    $(this).children(".sub").stop().slideUp();
})
```
[script]

```
$("nav>ul>li").mouseover(function(){
    $(this).children(".sub").stop().slideDown();
})
$("nav>ul>li").mouseout(function(){
    $(this).children(".sub").stop().slideUp();
})
```
[script]

- mouseenter / mouseleave
  - 요소 자체에만 반응하며, 자식 요소로 마우스가 이동해도 다시 이벤트가 발생하지 않습니다.
  - 중복 실행을 방지하고 부드러운 메뉴 인터랙션에 적합합니다.
- mouseover / mouseout
  - 요소뿐만 아니라 자식 요소까지 포함해 이벤트가 발생하므로, 마우스 이동 시 여러 번 이벤트가 반복 실행될 수 있습니다.

* 두 방식 모두 사용 가능하지만, 실제 메뉴 구현에서는 mouseenter / mouseleave 사용을 권장합니다.

---

4 STEP　세부 영역별 지시사항 – Ⓑ Slide 영역　　약 30분

01 슬라이드 영역 구조 작업하기

세부 지시사항의 B 슬라이드를 제작합니다. 먼저 슬라이드의 구조를 잡은 후 제공된 텍스트 간의 위계질서를 직관적으로 알 수 있도록 글자체, 굵기, 색상, 크기를 적절하게 설정합니다.

01 '수험자 제공 폴더'에 있는 이미지를 'images' 폴더로 복사합니다. 이미지 크기를 확인한 후, 필요하다면 크기를 조정하고, 파일명도 필요한 경우 수정합니다.

[참고하기] PART 03 – SECTION 02 Photoshop 필수 기능

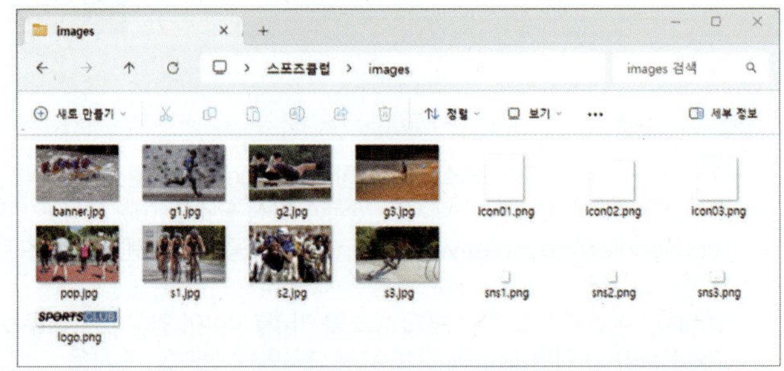

02 'index.html' 문서에서 '<section id="slide" class="slide"></section>' 사이에 다음과 같이 작성합니다.

```
<section id="slide" class="slide">
    <ul>
        <li class="s1">
            <a href="#">
                <h2>전문 코치와 함께하는 종합 스포츠 프로그램!</h2>
            </a>
        </li>
        <li class="s2">
            <a href="#">
                <h2>개인 체력에 맞춘 1:1 트레이닝으로 최고의 성과를!</h2>
            </a>
        </li>
        <li class="s3">
            <a href="#">
                <h2>온 가족이 함께 즐기는 주말 스포츠 라이프!</h2>
            </a>
        </li>
    </ul>
</section>
```

```
63    <section id="slide" class="slide">
64      <ul>
65        <li class="s1">
66          <a href="#">
67            <h2>전문 코치와 함께하는 종합 스포츠 프로그램!</h2>
68          </a>
69        </li>
70        <li class="s2">
71          <a href="#">
72            <h2>개인 체력에 맞춘 1:1 트레이닝으로 최고의 성과를!</h2>
73          </a>
74        </li>
75        <li class="s3">
76          <a href="#">
77            <h2>온 가족이 함께 즐기는 주말 스포츠 라이프!</h2>
78          </a>
79        </li>
80      </ul>
81    </section>
```

[index.html]

💬 **요소 TIP**

- **id="slide"** : 해당 요소를 고유하게 식별하기 위한 식별자로, 자바스크립트나 CSS에서 특정 요소를 직접 지정할 때 사용
- **class="slide"** : CSS에서 공통 스타일을 적용하거나 여러 요소에 동일한 스타일을 부여할 때 사용
- **<li class="s1">** : 각 항목에 개별적인 배경 이미지나 스타일을 지정할 수 있으며, 일반적으로 CSS에서 background-image 속성을 이용해 이미지 배경을 설정

세부 지시사항의 B 슬라이드 애니메이션 효과를 확인합니다. 슬라이드 애니메이션이 위에서 아래 또는 아래에서 위로 이동하는 애니메이션을 고려하여 스타일을 작업합니다.

01 'style.css' 문서를 활성화하여 '.slide'를 찾아 배경색을 지우고 다음과 같이 작성합니다.

```css
.slide {
    width:1200px;
    height:300px;
    margin:auto;
}
.slide ul li {
    height:300px;
}
.slide ul li a {
    display:block;
    height:100%;
}
.slide ul li.s1 {
    background:url(../images/s1.jpg)
no-repeat center/cover;
}
.slide ul li.s2 {
    background:url(../images/s2.jpg)
no-repeat center/cover;
}
.slide ul li.s3 {
    background:url(../images/s3.jpg)
no-repeat center/cover;
}
```

```css
73    .slide {
74        width:1200px;
75        height:300px;
76        margin:auto;
77    }
78    .slide ul li {
79        height:300px;
80    }
81    .slide ul li a {
82        display:block;
83        height:100%;
84    }
85    .slide ul li.s1 {
86        background:url(../images/s1.jpg) no-repeat center/cover;
87    }
88    .slide ul li.s2 {
89        background:url(../images/s2.jpg) no-repeat center/cover;
90    }
91    .slide ul li.s3 {
92        background:url(../images/s3.jpg) no-repeat center/cover;
93    }
```

[style.css]

💬 **요소 TIP**

- **.slide ul li a** : .slide 하위 요소 〈ul〉의 하위 요소 〈li〉의 하위 요소 〈a〉 선택자로 클릭할 영역의 스타일 지정
  - **display:block** : 〈a〉 요소 성질을 블록 요소로 변경
  - **height:100%** : 〈a〉 요소의 부모 영역(〈li〉)의 높이만큼 채워줌
- **.slide ul li.s1** : .slide 하위 요소 〈ul〉의 하위 요소 〈li〉 중 클래스 명이 s1인 요소 선택자로 슬라이드 배경 스타일 지정
- **background:url(../images/s1.jpg) no-repeat center/cover** : 배경 CSS 속성 함축형
  - background는 이미지 경로, 반복 여부, 위치, 크기, 색상 등을 하나의 속성으로 축약해서 작성할 수 있음
    예 background:url(경로) no-repeat center/cover

02 각 슬라이드의 텍스트를 글자체, 굵기, 색상, 크기를 적절하게 설정하여 가독성을 높이고 독창성이 드러나도록 '.contents' 윗줄에 스타일을 작성합니다.

```css
.slide ul li {
    height:300px;
    position:relative;
}
.slide ul li h2 {
    position:absolute;
    top:50%;
    left:50%;
    transform:translate(-50%, -50%);
    background:#117dbe;
    border-radius:20px 0 20px 0;
    padding:10px 40px;
    color:#ffeb3b;
    width:800px;
    text-align:center;
}
```

```css
78  .slide ul li {
79      height:300px;
80      position:relative;
81  }
82  .slide ul li a {
83      display:block;
84      height:100%;
85  }
```

[style.css]

```css
92   .slide ul li.s3 {
93       background:url(../images/s3.jpg) no-repeat center/cover;
94   }
95   .slide ul li h2 {
96       position: absolute;
97       top: 50%;
98       left: 50%;
99       transform:translate(-50%, -50%);
100      background: #117dbe;
101      border-radius: 20px 0 20px 0;
102      padding: 10px 40px;
103      color: #ffeb3b;
104      width: 800px;
105      text-align: center;
106  }
```

[style.css]

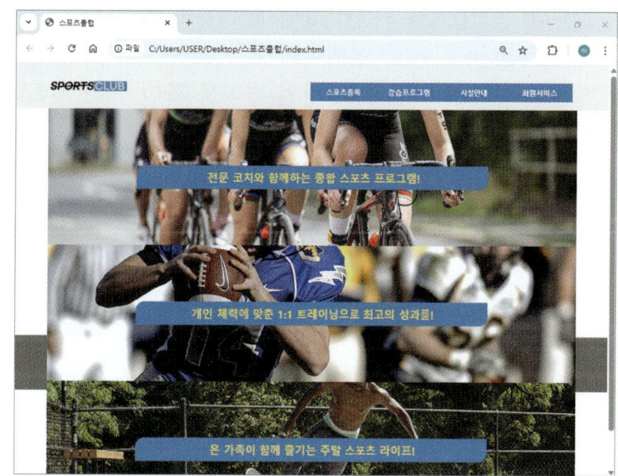

03 .slide ul 영역이 .slide 영역보다 넘치는 부분을 숨겨주기 위해 다음과 같이 작성합니다.

```css
.slide {
    width:1200px;
    height:300px;
    margin:auto;
    overflow:hidden;
}
```

```css
73  .slide {
74      width:1200px;
75      height:300px;
76      margin:auto;
77      overflow:hidden;
78  }
79  .slide ul li {
80      height:300px;
81      position:relative;
82  }
```

[style.css]

.slide ul에 각 슬라이드(〈li〉)의 높이를 합한 값(900px)을 명시하지 않아도, 자식 요소가 쌓이면 .slide ul의 높이가 자동으로 커짐

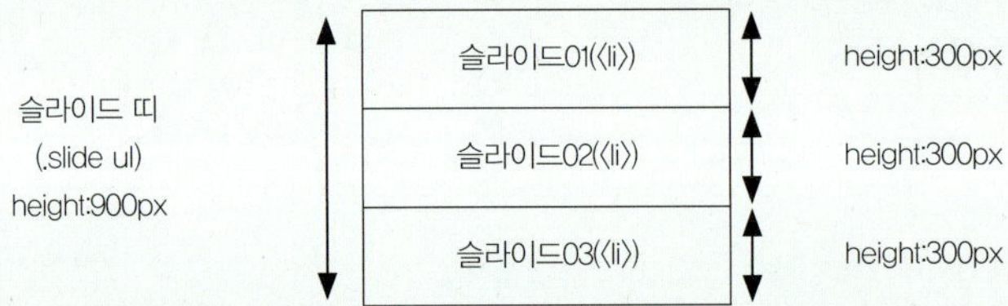

- **.slide ul li h2** : .slide 하위 요소 〈ul〉의 하위 요소 〈li〉의 하위 요소 〈h2〉 지정하여 슬라이드 텍스트 스타일 적용
  - **position:absolute** : .slide ul li h2를 공중에 띄워 상위 요소(.slide ul li)에 기준을 설정하여, 절대 위치로 지정
  - **border-radius: 20px 0 20px 0;** : 왼쪽 상단 모서리는 20픽셀, 오른쪽 상단 모서리는 0으로 설정, 오른쪽 하단 모서리는 20픽셀, 왼쪽 하단 모서리는 0으로 설정
- **overflow:hidden** : 요소의 영역보다 넘치는 영역을 숨김
- 공중에 띄운 요소를 가운데 배치하는 방법
  - **top:50%** : 기준 요소의 상단에서부터 50% 아래로 배치
  - **left:50%** : 기준 요소의 왼쪽으로부터 50% 오른쪽으로 배치
  - **transform:translate(−50%, −50%)** : 자신의 가로/세로 크기의 50%만큼 왼쪽과 위로 이동시켜 정확한 정중앙에 배치

04 작업한 모든 파일을 저장하고 'index.html' 문서가 활성화된 상태에서 상태 표시줄에 Go Live를 선택하여 웹 브라우저인 '크롬(Chrome)'으로 작업 결과를 확인합니다.

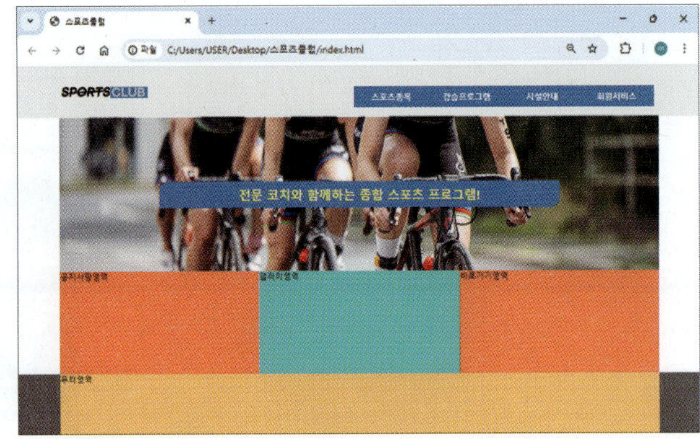

❸ 슬라이드 스크립트 작업하기

세부 지시사항의 B 슬라이드 애니메이션 효과를 구현합니다. 슬라이드 애니메이션이 위에서 아래 또는 아래에서 위로 이동하는 애니메이션으로 매 3초 이내 다른 이미지로 전환되어야 하며, 웹사이트 열었을 때 자동으로 시작되어 반복적인 슬라이드가 되도록 제이쿼리(jQuery)로 작업합니다.

01 'script.js' 문서를 활성화합니다. 그리고 '메뉴 스크립트' 다음 줄에 .slide ul을 위로 이동하는 제이쿼리를 작성합니다.

```
//슬라이드
$(".slide ul").animate({margin-
Top:-300},1000);
```

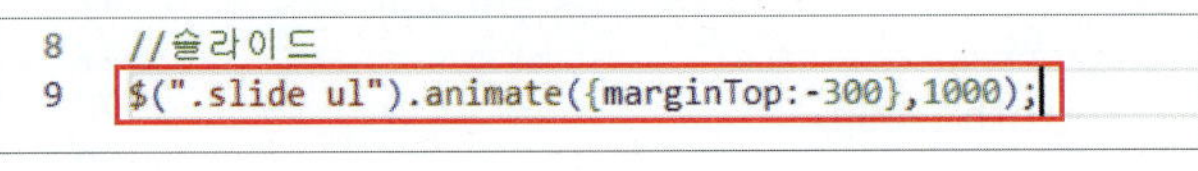

[script.js]

02 다음 슬라이드가 나올 수 있도록 i 변수를 만들어 슬라이드 공식을 작성합니다.

```
//슬라이드
let i = 0;
i++;
$(".slide ul").animate({marginTop:-300 * i},1000);
```

```
 8    //슬라이드
 9    let i = 0;
10    i++;
11    $(".slide ul").animate({marginTop:-300 * i},1000);
```


03 실행문을 반복하기 위해 실행문을 함수로 감싸고, 마지막 줄에서 함수를 호출하여 실행합니다. 이때 함수의 이름은 'slide'로 임의로 지정합니다.

```
//슬라이드
let i = 0;
function slide(){
    i++;
    $(".slide ul").animate({marginTop:-300 * i},1000);
}
slide();
```

```
 8    //슬라이드
 9    let i = 0;
10    function slide(){
11        i++;
12        $(".slide ul").animate({marginTop:-300 * i},1000);
13    }
14    slide();
```


04 반복적으로 함수를 호출하기 위해 'slide();'를 'setInterval'로 변경합니다.

```
//슬라이드
let i = 0;
function slide(){
    i++;
    $(".slide ul").animate({marginTop:-300 * i},1000);
}
setInterval(slide, 3000);
```

```
 8    //슬라이드
 9    let i = 0;
10    function slide(){
11        i++;
12        $(".slide ul").animate({marginTop:-300 * i},1000);
13    }
14    setInterval(slide, 3000);
```

05 증감식으로 인하여 변수 i의 값이 무한대로 올라가므로 제어문을 통해 세 번째 슬라이드 다음 첫 번째 슬라이드가 보여지도록 작성합니다.

```
//슬라이드
let i = 0
function slide(){
    if(i<2){
        i++;
    }else{
        i=0;
    }
    $(".slide ul").animate({margin-
Top:-300 * i},1000);
}
setInterval(slide, 3000);
```

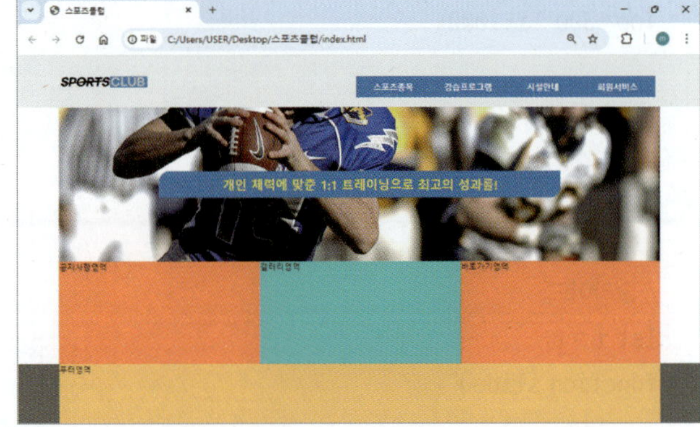

```
 8    //슬라이드
 9    let i = 0
10    function slide(){
11        if(i<2){
12            i++;
13        }else{
14            i=0;
15        }
16        $(".slide ul").animate({marginTop:-300 * i},1000);
17    }
18    setInterval(slide, 3000);
```

[script.js]

06 작업한 모든 파일을 저장하고 'index.html' 문서가 활성화된 상태에서 상태 표시줄에 Go Live를 선택하여 웹 브라우저인 '크롬(Chrome)'으로 작업 결과를 확인합니다. 웹 브라우저에서 슬라이드가 위로 이동하는 애니메이션이 3초마다 진행됩니다.

💬 **요소 TIP**

- **let i = 0** : 변수 i 선언 후 0을 할당
- **i++** : 증감 연산자로, 변수 i의 값을 1씩 증가시키는 역할
- **$(".slide ul")** : jQuery 선택자로, .slide의 하위 요소 ⟨ul⟩ 슬라이드 띠 선택
- **$(".slide ul").animate({marginTop:−300}** : .slide ul이 위로 음수 300만큼 이동하는 애니메이션
- **$("요소 선택").animate({속성:"속성값"}, 적용 시간)** : 요소 선택하여 애니메이션 적용

> $(".slide ul").animate({marginTop:−300},1000) = $(".slide ul").animate({"margin−top":"−300"},1000)

- marginTop은 자바스크립트 코드에서 객체의 속성이며, "margin−top"은 문자열 데이터로 CSS 속성을 나타냄
- marginTop은 자바스크립트 객체의 속성으로, camelCase 표기법을 따름
- 자바스크립트 문법에서는 속성 이름에 하이픈(−)을 사용할 수 없기 때문에 margin−top는 marginTop으로 작성해야 함
- "margin−top"는 문자열로 표현된 CSS 속성명이며, 문자열로 처리되는 경우에는 하이픈이 허용됨
- −300은 숫자형 데이터(Number)로, 계산이 가능하며 애니메이션 속도와 거리 조절에 직접 사용될 수 있음
- "−300"은 문자열 데이터(String)로, 일반적으로는 jQuery에서 자동 형변환이 일어나지만, 명확하게 숫자로 처리하는 것이 더 안정적임

01 공지사항 구조 작업하기

세부 지시사항 C.1 공지사항을 제작합니다. 공지사항의 타이틀 영역과 콘텐츠 영역을 구분하고 제공된 텍스트를 바탕으로 공지사항을 만들어 줍니다. 이때 첫 번째 콘텐츠 클릭(Click) 시 팝업이 나오도록 작업합니다.

01 'index.html' 문서의 '<article class="notice"></article>' 사이에 공지사항 내용을 다음과 같이 작성합니다.

```html
<article class="notice">
    <h2>공지사항</h2>
    <ul>
        <li>
            <a href="#" class="pop">
                <p>2026년 봄 시즌 신규 회원 모집 안내</p>
                <span>2026.03.25</span>
            </a>
        </li>
        <li>
            <a href="#">
                <p>스포츠 장비 대여 시스템 변경</p>
                <span>2026.03.15</span>
            </a>
        </li>
        <li>
            <a href="#">
                <p>무료 체력 측정 이벤트 실시!</p>
                <span>2026.02.20</span>
            </a>
        </li>
        <li>
            <a href="#">
                <p>수영장 정기 점검 안내</p>
                <span>2026.01.01</span>
            </a>
        </li>
    </ul>
</article>
```

```html
 82    <div class="contents">
 83        <article class="notice">
 84            <h2>공지사항</h2>
 85            <ul>
 86                <li>
 87                    <a href="#" class="pop">
 88                        <p>2026년 봄 시즌 신규 회원 모집 안내</p>
 89                        <span>2026.03.25</span>
 90                    </a>
 91                </li>
 92                <li>
 93                    <a href="#">
 94                        <p>스포츠 장비 대여 시스템 변경</p>
 95                        <span>2026.03.15</span>
 96                    </a>
 97                </li>
 98                <li>
 99                    <a href="#">
100                        <p>무료 체력 측정 이벤트 실시!</p>
101                        <span>2026.02.20</span>
102                    </a>
103                </li>
104                <li>
105                    <a href="#">
106                        <p>수영장 정기 점검 안내</p>
107                        <span>2026.01.01</span>
108                    </a>
109                </li>
110            </ul>
111        </article>
```

[index.html]

첫 번째 게시글에 〈a href="#" class="pop"〉을 미리 지정하면, 자바스크립트에서 .pop 클래스로 선택하여 팝업을 띄우는 클릭 이벤트를 연결할 수 있습니다.

💬 **요소** TIP

- 〈h2〉 : 공지사항 영역의 제목을 표시하는 요소
- 〈p〉 : 공지사항 게시글의 본문 내용을 담는 블록 요소
- 〈span〉 : 공지사항의 날짜처럼 간단한 텍스트 정보를 구분하여 표시할 때 사용하는 인라인 요소

02 공지사항 스타일 작업하기

01 'style.css' 문서에서 '.contents'의 배경색을 지우고 '.contents article' 스타일 다음 줄에 공지사항 제목 스타일을 작성합니다.

```css
.contents .notice {
    padding:10px;
}
.notice h2 {
    background:#117dbe;
    color:#fff;
    border-radius:10px 10px 0 0;
    width:120px;
    text-align:center;
    padding:5px 0;
    font-size:20px;
}
```

```css
108  .contents {
109      width:1200px;
110      height:200px;
111      margin:auto;
112      display:flex;
113  }
114  .contents article {
115      width: 400px;
116  }
117  .contents .notice {
118      padding:10px;
119  }
120  .notice h2 {
121      background: #117dbe;
122      color: #fff;
123      border-radius:10px 10px 0 0;
124      width:120px;
125      text-align:center;
126      padding:5px 0;
127      font-size:20px;
128  }
129  .contents .gall {
130      background:#2cc;
131  }
```

[style.css]

💬 **요소** TIP

- **.notice h2** : .notice의 하위 요소 〈h2〉를 지정하여 타이틀 영역의 스타일 설정
  - **border-radius:10px 10px 0 0** : 왼쪽 상단, 오른쪽 상단 모서리에 각각 10픽셀의 둥근 테두리를 적용하고, 하단 모서리는 둥글지 않도록 설정
  - **width:120px** : 〈h2〉의 너비
  - **text-align:center** : 텍스트 가운데 정렬
  - **padding:5px 0** : 위 · 아래 내부 여백 5픽셀 설정
  - **font-size:20px** : 〈h2〉 폰트 사이즈 20픽셀 설정(h2 기본 폰트 사이즈 24픽셀)
- **.notice ul li span** : .notice의 하위 요소 〈ul〉의 하위 요소 〈li〉의 하위 요소 〈span〉 지정, 공지사항 날짜 스타일 적용
  - **position:absolute** : .notice ul li p 요소의 영향을 받지 않도록 공중에 띄워 작업

02 공지사항 게시판 스타일을 '.notice h2' 스타일 다음 줄에 다음과 같이 작성합니다.

```css
.notice ul {
    background:#117dbe;
    padding:5px 15px;
}
.notice ul li {
    border-bottom:1px dashed #fff;
}
.notice ul li:last-child {
    border-bottom:none;
}
.notice ul li a {
    display:block;
    padding:5px 0;
    position:relative;
    color:#fff;
}
.notice ul li p {
    width:260px;
    white-space:nowrap;
    overflow:hidden;
    text-overflow:ellipsis;
}
.notice ul li span {
    position:absolute;
    right:0;
    top:5px;
}
```

```css
129  .notice ul {
130      background: #117dbe;
131      padding:5px 15px;
132  }
133  .notice ul li {
134      border-bottom:1px dashed #fff;
135  }
136  .notice ul li:last-child {
137      border-bottom:none;
138  }
139  .notice ul li a {
140      display:block;
141      padding:4px 0;
142      position:relative;
143      color:#fff;
144  }
145  .notice ul li p {
146      width:260px;
147      white-space:nowrap;
148      overflow:hidden;
149      text-overflow:ellipsis;
150  }
151  .notice ul li span {
152      position:absolute;
153      right:0;
154      top:5px;
155  }
```

[style.css]

💬 요소 TIP

- **.notice ul** : .notice의 하위 요소 〈ul〉 지정, 공지사항 게시글 감싸는 영역
  - **padding:5px 15px** : 위·아래 내부 여백 5픽셀, 좌·우 내부 여백 15픽셀 설정
- **.notice ul li** : .notice의 하위 요소 〈ul〉의 하위 요소 〈li〉 지정
  - **border-bottom:1px dashed #fff** : 1픽셀 두께의 색상 #fff 하단 점선 테두리 설정
- **.notice ul li:last-child** : .notice의 하위 요소 〈ul〉의 하위 요소 〈li〉 중 마지막 〈li〉 지정
  - **border-bottom:none** : 하단 테두리를 제거
- **.notice ul li a** : .notice의 하위 요소 〈ul〉의 하위 요소 〈li〉의 하위 요소 〈a〉 지정
  - **position:relative** : .notice ul li span의 기준 역할
  - **padding:5px 0** : 위·아래 내부 여백 5픽셀 설정
- 제공되는 공지사항 텍스트가 길 것을 대비하여 말 줄임표 작업
  - **width:260px** : 표시 영역의 너비를 제한
  - **white-space:nowrap** : 텍스트가 영역보다 넘칠 때 줄바꿈 없이 한 줄로 표시
  - **overflow:hidden** : 넘친 텍스트를 숨김
  - **text-overflow:ellipsis** : 넘친 부분에 말줄임표(...)를 표시

03 작업한 모든 파일을 저장하고 'index.
html' 문서가 활성화된 상태에서 상태 표
시줄에 Go Live를 선택하여 웹 브라우저
인 '크롬(Chrome)'으로 작업 결과를 확인
합니다.

03 갤러리 구조 작업하기

세부 지시사항 C.2 갤러리를 제작합니다. 갤러리의 타이틀 영역과 콘텐츠 영역을 구분하고 제공된 이미지
를 바탕으로 갤러리를 가로로 배치합니다. 이때 갤러리 이미지 마우스 오버(Mouse over) 시 해당 객체의
투명도(Opacity) 변화가 있도록 작업합니다.

01 'index.html' 문서의 '<article class="gall"></article>'
사이에 갤러리 내용을 다음과 같이 작성합니다.

```html
<article class="gall">
    <h2>갤러리</h2>
    <ul>
        <li>
            <a href="#">
                <img src="images/g1.jpg" alt="갤러
리 후기1">
            </a>
        </li>
        <li>
            <a href="#">
                <img src="images/g2.jpg" alt="갤
러리 후기2">
            </a>
        </li>
        <li>
            <a href="#">
                <img src="images/g3.jpg" alt="갤
러리 후기3">
            </a>
        </li>
    </ul>
</article>
```

```html
112  <article class="gall">
113      <h2>갤러리</h2>
114      <ul>
115          <li>
116              <a href="#">
117                  <img src="images/g1.jpg" alt="갤러리 후기1">
118              </a>
119          </li>
120          <li>
121              <a href="#">
122                  <img src="images/g2.jpg" alt="갤러리 후기2">
123              </a>
124          </li>
125          <li>
126              <a href="#">
127                  <img src="images/g3.jpg" alt="갤러리 후기3">
128              </a>
129          </li>
130      </ul>
131  </article>
132  <article class="go">
133      바로가기영역
134  </article>
```

[index.html]

 갤러리 스타일 작업하기

01 'style.css' 문서에서 '.contents .gall'을 찾아 배경색을 지우고 갤러리 스타일을 다음과 같이 작성합니다.

```
.contents .gall{
    padding:10px;
}
.gall h2 {
    background:#333;
    color:#fff;
    border-radius:10px 10px 0 0;
    width:120px;
    text-align:center;
    padding:5px 0;
    font-size:20px;
}
.gall ul {
    display:flex;
    background:#333;
    padding:10px;
    gap:10px;
}
.gall ul li img {
    width:120px;
    height:120px;
    object-fit:cover;
}
.gall ul li:hover {
    opacity:0.7;
}
```

```
156   .contents .gall{
157       padding:10px;
158   }
159   .gall h2 {
160       background: ■ #333;
161       color: □ #fff;
162       border-radius:10px 10px 0 0;
163       width:120px;
164       text-align:center;
165       padding:5px 0;
166       font-size:20px;
167   }
168   .gall ul {
169       display:flex;
170       background: ■ #333;
171       padding:10px;
172       gap:10px;
173   }
174   .gall ul li img {
175       width:120px;
176       height:120px;
177       object-fit:cover;
178   }
179   .gall ul li:hover {
180       opacity:0.7;
181   }
```

[style.css]

💬 **요소 TIP**

- **.gall h2** : .gall의 하위 요소 〈h2〉를 지정하여 텍스트 간의 위계질서가 보이도록 스타일 설정
  - **border-radius:10px 10px 0 0** : 상단 좌우 모서리를 각각 10픽셀만큼 둥글게 설정
- **display:flex** : .gall ul를 플렉스 컨테이너로 설정하여, 자식 요소 〈li〉들을 수평으로 나열
- **gap:10px** : flex로 나열된 자식 요소(〈li〉)의 사이 간격 10픽셀 지정
- **.gall ul li img** : 이미지의 크기를 고정하면서 비율 유지
  - **object-fit:cover** : 이미지가 지정된 크기를 넘지 않도록 유지하며 채워지도록 설정
- **.gall ul li:hover** : 갤러리 항목에 마우스를 올렸을 때 효과 적용
  - **opacity:0.7** : 투명도를 70%로 설정하여 강조 효과

02 작업한 모든 파일을 저장하고 'index. html' 문서가 활성화된 상태에서 상태 표시줄에 Go Live를 선택하여 웹 브라우저인 '크롬(Chrome)'으로 작업 결과를 확인합니다.

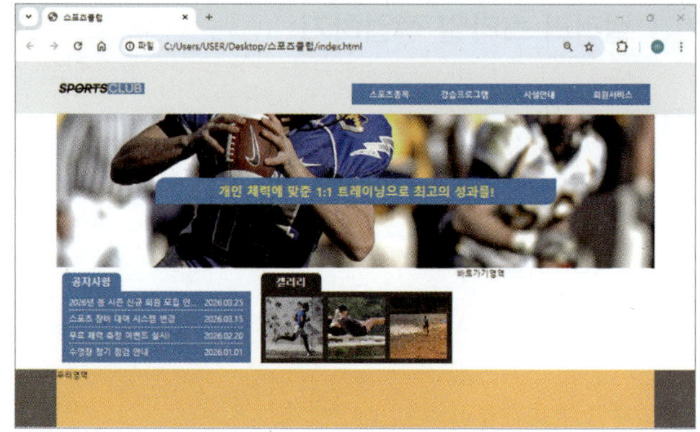

📑 기적의 TIP

- **object-fit 속성이란?**
  - object-fit은 이미지를 요소 크기 안에 어떻게 맞출지 설정하는 CSS 속성입니다.
  - 이미지가 박스 크기에 맞춰 늘어나거나 잘리는 방식을 제어할 수 있습니다.

- **object-fit 주요 속성값**
  - **fill** : 기본값. 요소 크기에 이미지를 꽉 채우되, 비율이 유지되지 않아 왜곡될 수 있음
  - **contain** : 이미지의 비율을 유지하며 요소 안에 모두 들어오도록 축소. 빈 여백이 생길 수 있음
  - **cover** : 이미지 비율을 유지하면서 요소 전체를 덮도록 확대. 일부가 잘릴 수 있음
  - **none** : 원본 이미지 크기를 그대로 유지하며, 박스보다 클 경우 넘침

```html
<!DOCTYPE html>
<html lang="ko">
<head>
  <meta charset="UTF-8">
  <meta name="viewport" content="width=device-width, initial-scale=1.0">
  <title>object-fit 속성</title>
  <link href="style.css" rel="stylesheet">
</head>
<body>
  <table>
    <tr>
      <th>fill</th>
      <th>contain</th>
      <th>cover</th>
      <th>none</th>
    </tr>
    <tr>
      <td><img src="img.jpg" class="fill"></td>
      <td><img src="img.jpg" class="contain"></td>
      <td><img src="img.jpg" class="cover"></td>
      <td><img src="img.jpg" class="none"></td>
    </tr>
  </table>
</body>
</html>
```

[index.html]

```css
# style.css > ...
@charset "utf-8";
img {
  width: 200px;
  height: 100px;
}
.fill {
  object-fit: fill;/*기본값*/
}
.contain {
  object-fit: contain;
}
.cover {
  object-fit: cover;
}
.none {
  object-fit: none;
}
```

[style.css]

05 바로가기 구조 작업하기

세부 지시사항 C.3 바로가기를 제작합니다. 바로가기 영역은 Contents 폴더에서 제공된 파일을 활용해
작업합니다.

01 'index.html' 문서의 '<article class=
"go"></article>' 사이에 바로가기 내용을
다음과 같이 작성합니다.

```
<article class="go">
    <h2>바로가기</h2>
    <ul>
        <li>
            <a href="#">
                <p><img src="images/
icon01.png" alt="일정표"></p>
                <span>일정표</span>
            </a>
        </li>
        <li>
            <a href="#">
                <p><img src="images/
icon02.png" alt="수강신청"></p>
                <span>수강신청</span>
            </a>
        </li>
        <li>
            <a href="#">
                <p><img src="images/
icon03.png" alt="시설안내"></p>
                <span>시설안내</span>
            </a>
        </li>
    </ul>
</article>
```

```
132    <article class="go">
133        <h2>바로가기</h2>
134        <ul>
135            <li>
136                <a href="#">
137                    <p><img src="images/icon01.png" alt="일정표"></p>
138                    <span>일정표</span>
139                </a>
140            </li>
141            <li>
142                <a href="#">
143                    <p><img src="images/icon02.png" alt="수강신청"></p>
144                    <span>수강신청</span>
145                </a>
146            </li>
147            <li>
148                <a href="#">
149                    <p><img src="images/icon03.png" alt="시설안내"></p>
150                    <span>시설안내</span>
151                </a>
152            </li>
153        </ul>
154    </article>
155 </div>
```

[index.html]

💬 **요소 TIP**

- **<h2>** : 바로가기 영역의 제목 요소
- **<p>** : 바로가기 아이콘 이미지를 감싸주는 요소
- **<span>** : 바로가기 아이콘 이름 요소

01 'style.css' 문서에서 'footer' 스타일 윗줄에 바로가기 스타일을 작성합니다.

```css
.go {
    padding:10px;
}
.go h2 {
    margin-bottom:20px;
}
.go ul {
    display:flex;
    gap:10px;
    justify-content:center;
    text-align:center;
}
.go ul li a {
    display:block;
    height:100%;
}
.go ul li p {
    width:80px;
    height:80px;
    background:#333;
    padding-top:20px;
    border-radius:20px;
    margin-bottom:10px;
}
.go ul li span {
    font-weight:bold;
}
```

```css
182  .go {
183      padding:10px;
184  }
185  .go h2 {
186      margin-bottom:20px;
187  }
188  .go ul {
189      display:flex;
190      gap:10px;
191      justify-content:center;
192      text-align:center;
193  }
194  .go ul li a {
195      display:block;
196      height:100%;
197  }
198  .go ul li p {
199      width:80px;
200      height:80px;
201      background: #333;
202      padding-top:20px;
203      border-radius:20px;
204      margin-bottom:10px;
205  }
206  .go ul li span {
207      font-weight:bold;
208  }
```

[style.css]

💬 **요소 TIP**

- **display:flex** : .go ul을 플렉스 컨테이너로 설정하여, 자식 요소 〈li〉들을 수평으로 나열
- **justify-content:center** : flex로 나열된 자식 요소 〈li〉를 수평 중앙 정렬
- **.go ul li** : .go의 하위 요소 〈ul〉의 하위 요소 〈li〉의 하위 요소 지정하여 바로가기 리스트의 스타일 지정
  - **text-align:center** : 수평 중앙 정렬이 상속되어 .go ul li의 하위 요소인 〈img〉, 〈span〉을 수평 중앙 정렬
- **.go ul li p** : .go의 하위 요소 〈ul〉의 하위 요소 〈li〉의 하위 요소 〈p〉를 지정하여 바로가기 아이콘을 감싸는 컨테이너 스타일 지정
  - **padding-top:20px** : 위쪽 내부 여백을 20픽셀 설정하여, 〈img〉가 아래로 내려오도록 설정
  - **border-radius:20px** : 사방의 모서리를 20픽셀만큼 둥글게 설정
  - **margin-bottom:10px** : 아래쪽 바깥 여백 10픽셀 설정하여, 〈span〉 요소 사이를 띄워줌
  - **.go ul li span** : .go의 하위 요소 〈ul〉의 하위 요소 〈li〉의 하위 요소 〈span〉 지정하여 바로가기 아이콘 이름 스타일 지정
  - **font-weight:bold** : 텍스트 굵게 설정

세부 지시사항의 와이어프레임에서 팝업창의 형태를 확인합니다. Contents 폴더의 제공된 텍스트 파일을 사용하여 레이어 팝업(Layer Popup)을 제작합니다.

01 'index.html' 문서의 '</footer>' 다음 줄에 팝업창을 다음과 같이 작성합니다.

```
<div id="popup" class="popup">
    <h2>2026년 봄 시즌 신규 회원 모집 안내</h2>
    <p class="img">
        <img src="images/pop.jpg" alt="2026년 봄 시즌 회원 모집 안내 이미지">
    </p>
    <p class="text">
        2026년 봄 시즌 신규 회원을<br>
        모집합니다!
    </p>
    <div class="close">
      <button>CLOSE X</button>
    </div>
</div>
```

```
156    <footer id="footer">
157      <div class="inner">
158        푸터영역
159      </div>
160    </footer>
161    <div id="popup" class="popup">
162      <h2>2026년 봄 시즌 신규 회원 모집 안내</h2>
163      <p class="img">
164        <img src="images/pop.jpg" alt="2026년 봄 시즌 회원 모집 안내 이미지">
165      </p>
166      <p class="text">
167        2026년 봄 시즌 신규 회원을<br>
168        모집합니다!
169      </p>
170      <div class="close">
171        <button>CLOSE X</button>
172      </div>
173    </div>
174    </div>
175  </body>
```

[index.html]

💬 **요소 TIP**

- **<div id="popup" class="popup">** : 팝업 전체를 감싸는 요소
  - **id="popup"** : 팝업을 특정해서 자바스크립트와 CSS 모두에서 직접 선택할 수 있도록 지정한 식별자
  - **class="popup"** : 공통 스타일을 적용하기 위해 사용
- **<p class="img">** : 팝업 내 이미지를 감싸주는 클래스 명이 img인 요소
- **<p class="text">** : 팝업 내 텍스트를 감싸주는 클래스 명이 text인 요소
- **<div class="close">** : 팝업 닫기 버튼을 감싸는 요소로, 버튼 위치 지정이나 정렬을 조절할 때 사용

08 팝업창 스타일 작업하기

01 '`style.css`' 문서의 마지막 줄에 팝업창의 스타일을 다음과 같이 작성합니다.

```css
#popup {
    position:absolute;
    width:500px;
    top:50%;
    left:50%;
    transform:translate(-50%, -50%);
    background:#333;
    text-align:center;
    padding:20px;
    color:#fff;
    border-radius:20px;
    z-index:9999;
}
```

```css
219  #popup {
220      position:absolute;
221      width:500px;
222      top:50%;
223      left:50%;
224      transform:translate(-50%, -50%);
225      background:■#333;
226      text-align:center;
227      padding:20px;
228      color:□#fff;
229      border-radius:20px;
230      z-index:9999;
231  }
```

[style.css]

02 '`style.css`' 문서의 '`body`' 스타일 다음 줄에 팝업창의 기준을 다음과 같이 작성합니다.

```css
.wrap{
    position:relative;
}
```

```css
22   body {
23       background:□#fff;
24       color:■#333;
25   }
26   .wrap{
27       position:relative;
28   }
29   header{
30       height:100px;
31       background:□#efefef;
32   }
```

[style.css]

⚑ 기적의 TIP

- 팝업창은 모든 콘텐츠 위에 표시되어야 하므로 공중에 띄워 작업합니다.
- id 속성은 class처럼 CSS에서 사용할 수 있으며, 선택자 앞에 #을 붙여 스타일을 지정합니다.
  예를 들어, id="popup"인 요소에 스타일을 적용하려면 #popup { ... } 형태로 작성합니다.
- #popup은 position: absolute로 설정되어 있으며, position: relative가 적용된 .wrap 요소를 기준으로 가운데 정렬됩니다.

💬 요소 TIP

- 공중에 띄운 요소를 가운데 배치하는 방법
  - **top:50%** : 기준 요소의 상단에서부터 50% 아래로 배치
  - **left:50%** : 기준 요소의 왼쪽으로부터 50% 오른쪽으로 배치
  - **transform:translate(-50%, -50%)** : 자신의 가로/세로 크기의 50%만큼 왼쪽과 위로 이동시켜 정확한 정중앙에 배치
- **text-align:center** : 요소 내의 텍스트 또는 인라인, 인라인 블록 요소를 가운데 정렬
- **padding:20px** : 사방의 내부 여백을 20픽셀로 설정
- **border-radius:20px** : 사방의 모서리를 20픽셀만큼 둥글게 설정
- **z-index:9999** : 요소의 쌓이는 순서를 설정하며, 수치가 높을수록 화면의 위쪽에 표시됨. position 속성이 static이 아닌 요소에만 적용됨

03 팝업 타이틀과 내용의 스타일을 '#popup' 다음 줄에 다음과 같이 작성합니다.

```css
#popup h2 {
    margin-bottom:20px;
}

#popup .text {
    margin:20px 0;
}

#popup .close {
    text-align:right;
}

#popup .close button {
    background:#117dbe;
    padding:10px;
    color:#fff;
}

#popup .close button:hover {
    background:#fff;
    color:#000;
}
```

```css
235   #popup h2 {
236       margin-bottom:20px;
237   }
238   #popup .text {
239       margin:20px 0;
240   }
241   #popup .close {
242       text-align:right;
243   }
244   #popup .close button {
245       background: #117dbe;
246       padding:10px;
247       color: #fff;
248   }
249   #popup .close button:hover {
250       background: #fff;
251       color: #000;
252   }
```

[style.css]

- **#popup .text** : #popup의 하위 요소 .text를 지정하여 팝업 내 텍스트 스타일 지정
  - margin:20px 0 : 위 · 아래 바깥 여백 20픽셀 설정
- **#popup .close** : #popup의 하위 요소 .close를 지정하여 팝업 내 버튼을 감싸는 영역
  - text-align:right : .close 영역 내에서 버튼을 오른쪽 정렬
- **#popup .close button** : #popup의 하위 요소 .close 하위 요소 〈button〉 지정
- **#popup .close button:hover** : #popup의 하위 요소 .close 하위 요소 button에 마우스를 올렸을 때 스타일 지정

04 작업한 모든 파일을 저장하고 'index. html' 문서가 활성화된 상태에서 상태 표시줄에 Go Live를 선택하여 웹 브라우저인 '크롬(Chrome)'으로 작업 결과를 확인합니다.

05 팝업창의 스타일 작업이 완료되었다면 팝
업창을 숨깁니다.

```css
#popup {
    position:absolute;
    width:500px;
    top:50%;
    left:50%;
    transform:translate(-50%, -50%);
    background:#333;
    text-align:center;
    padding:20px;
    color:#fff;
    border-radius:20px;
    z-index:9999;
    display:none;
}
```

```css
222    #popup {
223        position:absolute;
224        width:500px;
225        top:50%;
226        left:50%;
227        transform:translate(-50%, -50%);
228        background: #333;
229        text-align:center;
230        padding:20px;
231        color: #fff;
232        border-radius:20px;
233        z-index:9999;
234        display:none;
235    }
```

[style.css]

> **💬 요소 TIP**
>
> **display:none** : 요소를 선택하여 숨김(스크립트에서 추가 작업 예정)

09 팝업창 스크립트 작업하기

세부 지시사항의 C.1 공지사항 팝업 효과를 구현합니다. 공지사항의 첫 번째 게시글을 클릭(Click) 시 레이어 팝업(Layer Popup)이 나오도록 작업하고, 레이어 팝업의 Close 버튼을 클릭하면 해당 레이어 팝업이 닫히도록 작업합니다.

01 'script.js' 문서에서 마지막 줄에 팝업창
스크립트를 다음과 같이 작성합니다.

```javascript
//팝업
$(".pop").click(function(e){
    e.preventDefault();
    $("#popup").show();
});
$(".close button").click(function(){
    $("#popup").hide();
})
```

```javascript
19    //팝업
20    $(".pop").click(function(e){
21        e.preventDefault();
22        $("#popup").show();
23    });
24    $(".close button").click(function(){
25        $("#popup").hide();
26    })
```

[script.js]

- **$(".pop")** : jQuery 선택자로, 공지사항 영역 내 첫 번째 게시글에 지정된 .pop 클래스를 선택
- **.click(function(){ ... })** : jQuery에서 제공하는 이벤트 메서드로 클릭 시 {}(중괄호) 내 실행문을 실행
- **$("#popup")** : 팝업창 전체를 감싸는 id="popup" 요소를 선택하는 jQuery 선택자
- **show()/hide()** : show()는 요소를 표시하는 메서드, hide()는 요소를 숨기는 메서드
- **e.preventDefault();** : 이벤트 발생 시 브라우저의 기본 동작을 막기 위한 메서드

<a href="#">처럼 임시 링크를 클릭할 경우, 페이지 상단으로 이동하는 기본 링크 동작을 차단하고, 자바스크립트로 지정한 동작만 실행되도록 설정할 수 있습니다.

---

02 작업한 모든 파일을 저장하고 'index. html' 문서가 활성화된 상태에서 상태표시줄에 Go Live를 선택하여 웹 브라우저인 '크롬(Chrome)'으로 작업 결과를 확인합니다.

03 공지사항 첫 번째 게시글을 클릭하면 팝업창이 열리고, Close 버튼을 클릭하면 팝업창이 닫힙니다.

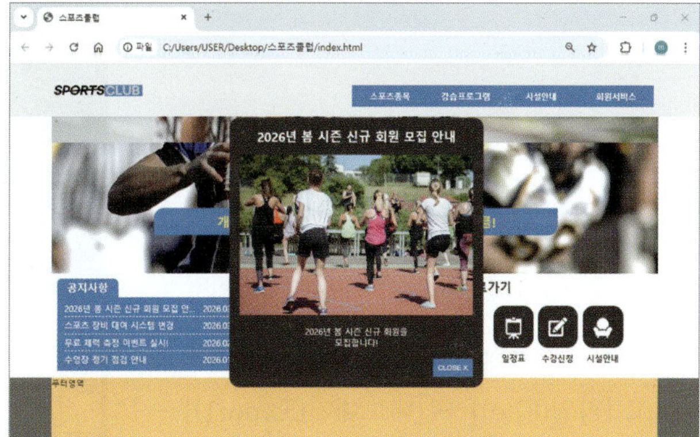

01 하단 로고 제작하기

세부 지시사항에 따라 D Footer 영역의 로고를 제작합니다. 이때 로고는 무채색(Grayscale)으로 변경하여 하단에 배치해야 하므로, 포토샵을 사용하여 로고를 무채색으로 변경합니다.

01 하단 로고 제작을 위해 포토샵을 실행한 후, [파일(File)] – [열기(Open)] 또는 Ctrl +O을 눌러, 'images' 폴더 안에 있는 'logo.png' 파일을 열어줍니다.

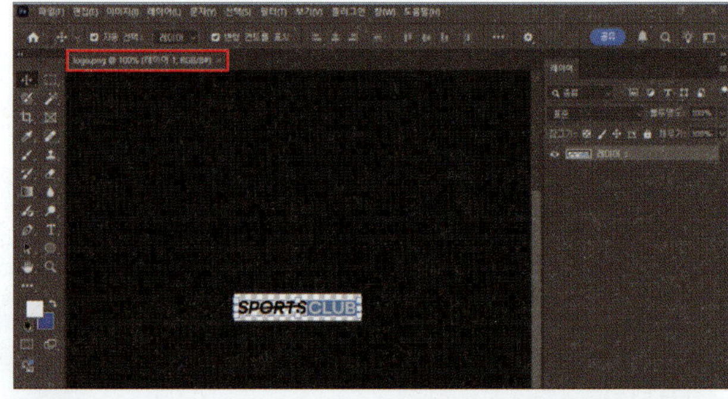

02 [이미지(Image)] – [조정(Adjustment)] – [채도 감소(Desaturate)]를 선택합니다.

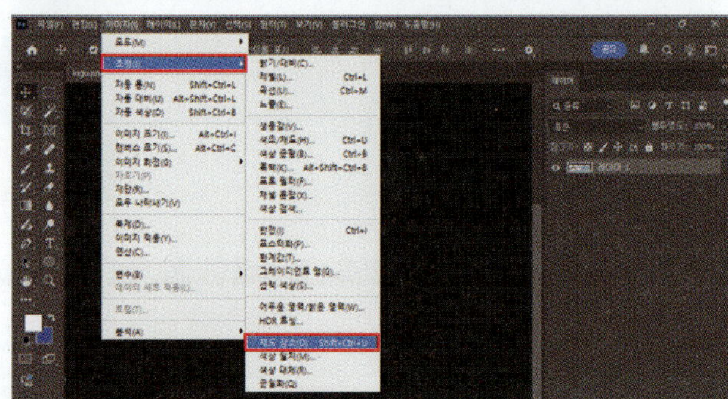

03 이미지가 무채색으로 변경된 것을 확인하고 [파일(File)] – [내보내기(Export)] – [PNG로 빠른 내보내기(Quick Export as PNG)]를 선택하고, 파일 형식 '*.png'로 'images' 폴더 안에 저장합니다.

　– 파일명 : flogo.png

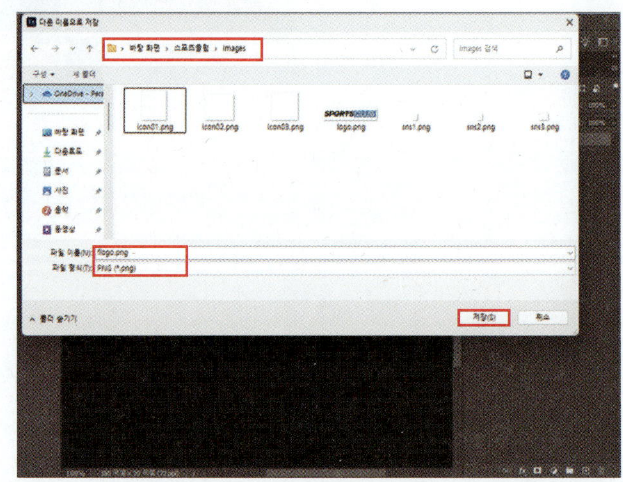

02 푸터 영역 구조 작업하기

제공된 텍스트와 이미지를 이용하여 하단 로고, 하단 메뉴, Copyright를 작업합니다.

01 'index.html' 문서 <footer id="footer">
자식 요소인 '<div class="inner"></div>'
영역 내 텍스트를 지우고 하단 로고, SNS,
Copyright 순으로 다음과 같이 작성합니다.

```
<footer id="footer">
    <div class="inner">
        <p class="flogo">
            <img src="images/flogo.png"
alt="스포츠클럽">
        </p>
        <ul class="fsns">
            <li>
                <a href="#">
                    <img src="images/
sns1.png" alt="페이스북">
                </a>
            </li>
            <li>
                <a href="#">
                    <img src="images/
sns2.png" alt="네이버블로그">
                </a>
            </li>
            <li>
                <a href="#">
                    <img src="images/
sns3.png" alt="유튜브">
                </a>
            </li>
        </ul>
        <p class="fcopy">
            COPYRIGHT &copy; 2026
SPORTS CLUB. All Rights Reserved.
        </p>
    </div>
</footer>
```

```
156  <footer id="footer">
157      <div class="inner">
158          <p class="flogo">
159              <img src="images/flogo.png" alt="스포츠클럽">
160          </p>
161          <ul class="fsns">
162              <li>
163                  <a href="#">
164                      <img src="images/sns1.png" alt="페이스북">
165                  </a>
166              </li>
167              <li>
168                  <a href="#">
169                      <img src="images/sns2.png" alt="네이버블로그">
170                  </a>
171              </li>
172              <li>
173                  <a href="#">
174                      <img src="images/sns3.png" alt="유튜브">
175                  </a>
176              </li>
177          </ul>
178          <p class="fcopy">
179              COPYRIGHT &copy; 2026 SPORTS CLUB. All Rights Reserved.
180          </p>
181      </div>
182  </footer>
```

[index.html]

03 푸터 영역 스타일 작업하기

01 'style.css' 문서에서 'footer'를 찾아 푸터 영역 스타일을 다음과 같이 작성합니다.

```css
footer {
    height:120px;
    background:#666;
    color:#fff;
}
footer .inner {
    width:1200px;
    height:100%;
    margin:auto;
    background:#666;
    display:flex;
    gap:30px;
    align-items:center;
}
```

```
212    footer {
213        height:120px;
214        background:■#666;
215        color:□#fff;
216    }
217    footer .inner {
218        width:1200px;
219        height:100%;
220        margin:auto;
221        background:■#666;
222        display:flex;
223        gap:30px;
224        align-items:center;
225    }
```

[style.css]

02 SNS를 나열하기 위해 'footer .inner' 스타일 다음 줄에 다음과 같이 작성합니다.

```css
footer .inner {
    width:1200px;
    height:100%;
    margin:auto;
    background:#666;
    display:flex;
    gap:30px;
    align-items:center;
    position:relative;
}
.fsns {
    position:absolute;
    display:flex;
    gap:10px;
    top:50px;
    right:30px;
}
.fsns li a {
    display:block;
    width:30px;
    height:30px;
    background:#fff;
    border-radius:50%;
    text-align:center;
    padding-top:10px;
}
.fsns li:nth-child(1) a {
    background:#3f5b9a;
}
.fsns li:nth-child(2) a {
    background:#47b749;
}
.fsns li:nth-child(3) a {
    background:red;
}
```

```css
217  footer .inner {
218      width:1200px;
219      height:100%;
220      margin:auto;
221      background: #666;
222      display:flex;
223      gap:30px;
224      align-items:center;
225      position:relative;
226  }
227  .fsns {
228      position:absolute;
229      display:flex;
230      gap:10px;
231      top:50px;
232      right:30px;
233  }
234  .fsns li a {
235      display:block;
236      width:30px;
237      height:30px;
238      background: #fff;
239      border-radius:50%;
240      text-align:center;
241      padding-top:10px;
242  }
243  .fsns li:nth-child(1) a {
244      background: #3f5b9a;
245  }
246  .fsns li:nth-child(2) a {
247      background: #47b749;
248  }
249  .fsns li:nth-child(3) a {
250      background: red;
251  }
```

[style.css]

- **footer .fsns** : 〈footer〉의 하위 요소 〈ul class="fsns"〉 선택자로 SNS 영역 스타일 지정
  - **display:flex** : footer .fsns를 플렉스 컨테이너로 설정하여, 자식 요소 〈li〉들을 수평으로 나열
  - **gap:10px** : flex로 나열된 자식 요소 〈li〉의 사이 간격 10픽셀 지정
- **footer .fsns li a** : 〈footer〉의 하위 요소, .fsns의 하위 요소, 〈li〉의 하위 요소 〈a〉 지정
  - **border-radius:50%** : 모서리를 둥글게 만들어, 정사각형 요소를 원형으로 변환
  - **text-align:center** : 〈a〉 요소 안의 아이콘을 수평으로 가운데 정렬
  - **padding-top: 10px** : 아이콘이 버튼 영역 안에서 수직 중앙에 보이도록 조정
- **.fsns li:nth-child(n) a** : 각 SNS별로 고유한 배경색 지정
- **.fsns li:nth-child(1) a** : .fsns 내 첫 번째 〈li〉의 하위 요소 〈a〉 지정
- **.fsns li:nth-child(2) a** : .fsns 내 두 번째 〈li〉의 하위 요소 〈a〉 지정
- **.fsns li:nth-child(3) a** : .fsns 내 세 번째 〈li〉의 하위 요소 〈a〉 지정

03 작업한 모든 파일을 저장하고 'index. html' 문서가 활성화된 상태에서 상태 표시줄에 Go Live를 선택하여 웹 브라우저인 '크롬(Chrome)'으로 작업 결과를 확인합니다.

최종 검토하기

약 15분

최종 결과물 Check!

작업을 완료했다면 최종 결과물을 확인해야 합니다.

제출 방법

1. 수험자의 비번호로 된 폴더를 제출합니다.

2. 비번호로 된 폴더 안에 'index.html', 'images', 'js', 'css' 폴더와 작업한 파일이 포함되어 있는지 확인합니다.

3. 'index.html'을 열었을 때 모든 리소스가 표시되고 정상 작동해야 합니다.

4. 비번호로 된 폴더의 용량이 10MB가 초과되지 않아야 합니다. (ai, psd 파일은 제출하지 않습니다.)

기술적 준수사항

1. HTML5 기준 웹 표준을 준수해야 합니다. 현장에서 인터넷 사용이 불가하므로 연습 시 HTML 유효성 검사로 오류가 있는지 확인합니다.

2. CSS3 기준 오류가 없도록 작업해야 합니다. 현장에서 인터넷 사용이 불가하므로 연습 시 CSS 유효성 검사로 오류가 있는지 확인합니다.

3. 스크립트 오류가 표시되지 않아야 합니다. 웹 브라우저에서 F12를 눌러 개발자 도구를 실행한 후, 콘솔(Console) 탭에서 오류가 있는지 확인합니다.

4. 'index.html'을 열었을 때 Tab으로 요소를 이동, 선택할 수 있어야 합니다.

5. 'index.html'을 열었을 때 다양한 화면 해상도에서 페이지 레이아웃이 정상적으로 표시되어야 합니다.

6. 페이지 전체는 CSS를 이용해 레이아웃을 구성해야 합니다.

7. 브라우저에서 CSS를 '사용 안 함'으로 설정하면 콘텐츠가 기본적으로 세로로 나열되어 표시됩니다.

8. 모든 이미지는 대체 텍스트(alt 속성)를 포함하여 이미지의 의미나 용도를 명확히 전달해야 합니다.

9. 텍스트 간의 위계질서를 직관적으로 알 수 있어야 합니다.

10. 제작된 사이트의 최신 버전의 Google Chrome 브라우저에서 레이아웃, 구성 요소의 크기 및 위치 등이 정상적으로 표시되어야 합니다.

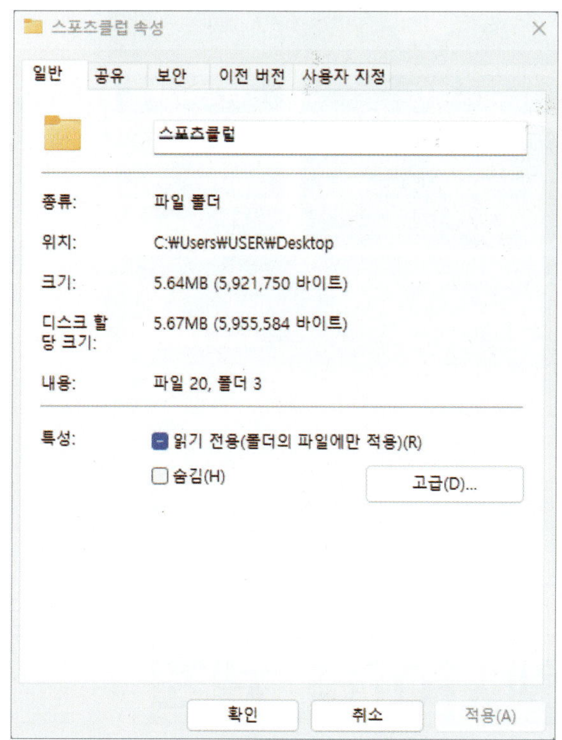

▲ 폴더의 용량 검사 – 10MB 미만

03

기출 유형 문제 03회

▶ 합격 강의

작업파일 [PART04 〉 기출유형문제 03회 〉 수험자 제공 파일]을 열어서 작업하세요.

[공개 문제 : C 유형]

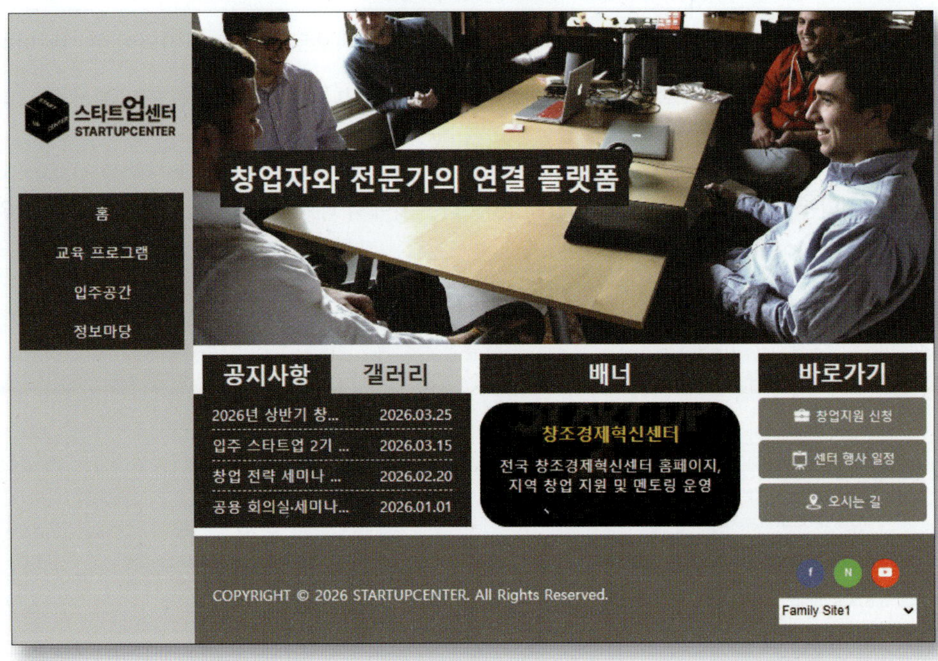

스타트업센터 웹사이트 제작

자격종목	웹디자인개발기능사	과제명	스타트업센터

※ 시험시간 : 3시간

1. 요구사항

※ 다음 요구사항을 준수하고, 주어진 자료(수험자 제공 파일)를 활용하여 시험시간 내에 웹 페이지를 제작한 뒤, **10MB 용량이 초과하지 않게** 저장 후 제출하시오.

※ 웹 페이지 코딩은 **HTML5 기준 웹 표준**을 준수하여야 하며, 요구사항에 지정되지 않는 요소들은 주제 특성에 맞게 자유롭게 디자인하시오.

※ 문제에서 지시하지 않은 와이어프레임 영역 비율, 레이아웃, 텍스트의 글자체/색상/크기, 요소별 크기, 색상 등은 수험자가 과제명(가.주제) 특성에 맞게 자유롭게 디자인하시오.

가. 주제 : 스타트업센터 홈페이지 제작

나. 개요

중소벤처기업부 주관으로 운영되는 「스타트업센터」의 홈페이지를 제작하고자 한다. 창업을 준비하는 예비 창업자들이 다양한 교육 프로그램, 정부 지원 사업, 입주 공간 등 창업과 관련된 종합적인 정보를 얻을 수 있는 웹사이트 제작을 요청하였다. 아래의 요구사항에 따라 메인페이지를 제작하시오.

다. 제작 내용

01) 메인페이지를 디자인하고 HTML, CSS, JavaScript 기반의 웹 페이지를 제작한다. (이때 jQuery 라이브러리, 이미지, 텍스트 등 제공된 리소스를 활용하여 제작할 수 있습니다.)

02) HTML과 CSS의 문자 인코딩(charset)은 반드시 UTF-8을 사용해야 한다.

03) 컬러 가이드

주조색 (Main color)	보조색 (Sub color)	배경색 (Background color)	기본 텍스트의 색 (Text color)
자유롭게 지정	자유롭게 지정	#FFFFFF	#333333

04) 사이트 맵(Site map)

Index page / 메인(Main)				
메인 메뉴(Main menu)	홈	교육 프로그램	입주공간	정보마당
서브 메뉴(Sub menu)	창업설명회 정부지원 공지사항 오시는길	기초교육 마케팅전략 피칭교육 창업캠프	공유오피스 회의실예약 입주신청안내	창업뉴스 법률정보 세무정보 성공사례

05) 와이어프레임(Wireframe)

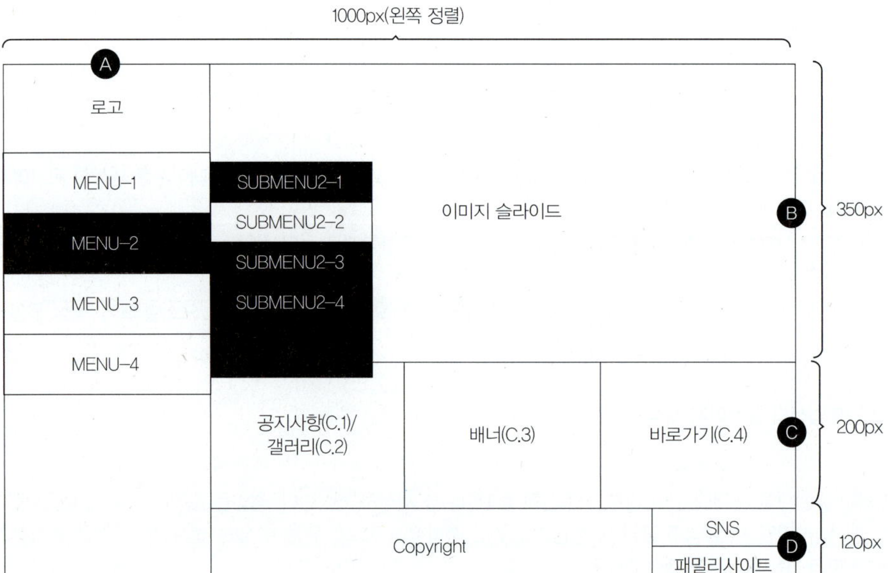

〈C영역 콘텐츠 각각의 넓이는 수험자가 판단〉

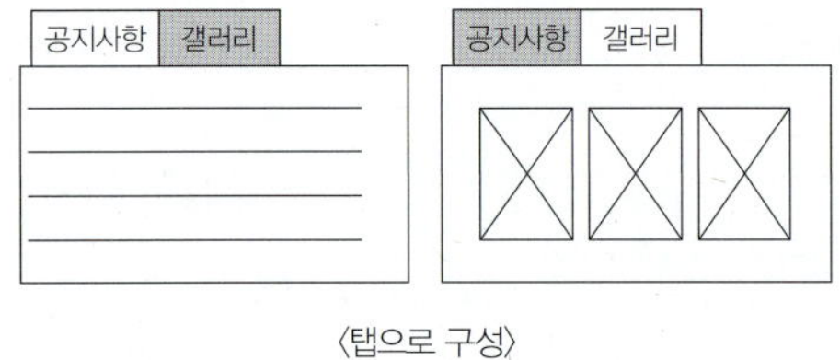

〈탭으로 구성〉

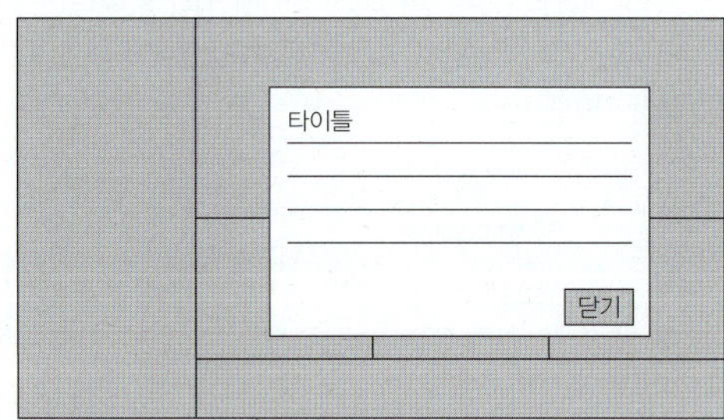

〈모달 레이어 팝업 제작〉

라. 세부 영역별 지시사항

영역 및 명칭	세부 지시사항
Ⓐ Header	**A.1 로고** ○ 가로세로 180픽셀×60픽셀 크기로 웹사이트에 적합한 로고를 직접 디자인하여 삽입한다. ○ 심벌과 로고명이 포함된 완전한 형태로 디자인한다. 로고명은 수험자 제공 파일에 제공된 텍스트를 사용한다. **A.2 메뉴 구성** ※ 사이트 구조도를 참고하여 메인 메뉴(Main menu)와 서브 메뉴(Sub menu)로 구성한다. **(1) 메인 메뉴(Main menu) 효과 [와이어프레임 참조]** ○ 메인 메뉴 중 하나에 마우스를 올리면(Mouse over) 하이라이트 되고, 벗어나면(Mouse out) 하이라이트를 해제한다. ○ 메인 메뉴를 마우스로 올리면(Mouse over) 서브 메뉴 영역이 부드럽게 나타나 서브 메뉴가 보이도록 한다. ○ 메인 메뉴에서 마우스 커서가 벗어나면(Mouse out) 서브 메뉴 영역은 부드럽게 사라져야 한다. **(2) 서브 메뉴 영역 효과** ○ 서브 메뉴 영역은 메인페이지 콘텐츠를 고려하여 배경색을 설정한다. ○ 서브 메뉴 중 하나에 마우스를 올리면(Mouse over) 하이라이트 되고 벗어나면(Mouse out) 하이라이트를 해제한다. ○ 마우스 커서가 메뉴 영역을 벗어나면(Mouse out) 서브 메뉴 영역은 부드럽게 사라져야 한다.
Ⓑ Slide	**B. Slide 이미지 제작** ○ [Slide] 폴더에 제공된 3개의 이미지로 제작한다. ○ [Slide] 폴더에 제공된 3개의 텍스트를 각 이미지에 적용하되, 텍스트의 글자체, 굵기, 색상, 크기를 적절하게 설정하여 가독성을 높이고, 독창성이 드러나도록 제작한다. **B. Slide 애니메이션 작업** ※ 위에서 작업한 결과물을 이용하여 슬라이드 작업을 한다. ○ 이미지 슬라이드는 「Fade-in, Fade-out」 효과를 이용하여 제작한다. 　(하나의 이미지가 서서히 사라지고, 다른 이미지가 서서히 나타나는 효과입니다.) ○ 슬라이드는 매 3초 이내로 하나의 이미지에서 다른 이미지로 전환되어야 한다. ○ 웹사이트를 열었을 때 자동으로 시작되어 반복적으로(마지막 이미지가 슬라이드되면 다시 첫 번째 이미지가 슬라이드 되는 방식) 슬라이드 되어야 한다.
Ⓒ Contents	**C.1 공지사항** ○ 공지사항 타이틀 영역과 콘텐츠 영역을 구분하여 표현해야 한다. ○ 콘텐츠는 수험자 제공자 파일에 제공된 텍스트를 적용하여 제작한다. ○ 공지사항의 첫 번째 콘텐츠를 클릭할 경우 모달 레이어 팝업창(Modal Layer Popup)이 나타나며, 모달 레이어 팝업창 안에 닫기 버튼을 배치하여, 클릭 시 해당 팝업창을 닫을 수 있도록 한다. [와이어프레임 참조] ○ 모달 레이어 팝업의 제목과 내용은 수험자 제공자 파일에 제공된 텍스트 파일을 사용한다. **C.2 갤러리** ○ Contents 폴더에 제공된 이미지를 사용하여 가로 방향으로 배치한다. [와이어프레임 참조] ○ 공지사항과 갤러리는 탭 기능을 이용해 제작해야 한다. ○ 각 탭 클릭 시 해당 탭에 대한 내용이 보여야 한다. [와이어프레임 참조] **C.3 배너** ○ Contents 폴더의 제공된 파일을 활용하여 편집 또는 디자인하여 제작한다. **C.4 바로가기** ○ Contents 폴더의 제공된 파일을 활용하여 편집 또는 디자인하여 제작한다. ※ 콘텐츠는 HTML 태그로 작성해야 하며, 이미지로 삽입해서는 안 된다.
Ⓓ Footer	**D. Footer** ○ 수험자 제공 파일 제공된 텍스트를 사용하여 Copyright, SNS(3개), 패밀리사이트를 제작한다.

<table>
<tr><td>자격종목</td><td>웹디자인개발기능사</td><td>과제명</td><td>스타트업센터</td></tr>
</table>

마. 기술적 준수사항

01) 웹 페이지 코딩은 HTML5 기준 웹 표준을 준수하여야 하며, **HTML 유효성 검사(W3C validator)**에서 오류('ERROR')가 없도록 코딩하여야 한다.

 ※ HTML 유효성 검사 서비스는 시험 시 제공하지 않는다.(인터넷 사용불가)

02) CSS는 별도의 파일로 제작하여 링크하여야 하며, **CSS3 기준(W3C validator)**에서 오류('ERROR')가 없도록 코딩되어야 한다.

03) JavaScript 코드는 별도의 파일로 제작하여 연결하여야 하며 Google Chrome 브라우저에 내장된 개발도구의 Console 탭에서 오류('ERROR')가 표시되지 않아야 한다.

04) 별도로 지정하지 않은 상호작용이 필요한 모든 콘텐츠(로고, 메뉴, 버튼, 바로가기 등)는 임시 링크(예 : #)를 적용하고 'Tab' 키로 이동 선택할 수 있어야 한다.

05) 사이트는 다양한 화면 해상도에서 일관성 있는 페이지 레이아웃을 제공해야 한다.

06) 웹 페이지 전체 레이아웃은 Table 태그 사용이 아닌 CSS를 통한 레이아웃 작업으로 해야 한다.

07) 브라우저에서 CSS를 "사용 안 함"으로 설정한 경우 콘텐츠가 세로로 나열된다.

08) 타이틀 텍스트(Title text), 바디 텍스트(Body text), 메뉴 텍스트(Menu text)의 각 글자체/굵기/색상/크기 등을 적절하게 설정하여 사용자가 텍스트 간의 위계질서(Hierarchy)를 직관적으로 알 수 있도록 한다.

09) 모든 이미지에는 이미지에 대한 대체 텍스트를 표현할 수 있는 alt 속성이 있어야 한다.

10) 제작된 사이트 메인페이지의 레이아웃, 구성요소의 크기 및 위치 등은 최신 버전의 Google Chrome에서 정상적으로 동작해야 한다.

바. 제출방법

01) 수험자는 비번호로 된 폴더명으로 완성된 작품 파일을 저장하여 제출한다.

02) 폴더 안에는 images, script, css 등의 자료를 분류하여 저장한 폴더도 포함되어 있어야 하며, 메인페이지는 반드시 최상위 폴더에 index.html로 저장하여 제출해야 한다.

03) 수험자는 제출하는 폴더에 index.html을 열었을 때 연결되거나 표시되어야 할 모든 리소스들을 포함하여 제출해야 하며 수험자의 컴퓨터가 아닌 채점위원의 컴퓨터에서 정상 작동해야 한다.

04) 전체 결과물의 용량은 10MB 용량이 초과되지 않게 제출하며 ai, psd 등 웹서비스에 사용하지 않는 파일은 제출하지 않는다.

<table>
<tr><td>자격종목</td><td>웹디자인개발기능사</td><td>과제명</td><td>스타트업센터</td></tr>
</table>

2. 수험자 유의사항

※ **다음의 유의사항을 고려하여 요구사항을 완성하시오.**

01) 수험자 인적사항 및 답안작성은 반드시 검은색 필기구만 사용하여야 하며, 그 외 연필류, 유색 필기구, 지워지는 펜 등을 사용한 답안은 채점하지 않으며 0점 처리된다.

02) 수험에 필요한 소프트웨어 및 참고자료가 하드웨어에 설치되어 있는지 확인 후 작업하시오.

03) 참고자료의 내용 중 오자 및 탈자 등이 있을 때는 수정하여 작업하시오.

04) 지참 공구[수험표, 신분증, 필기도구] 이외의 참고자료 및 외부장치(USB, 키보드, 마우스, 이어폰) 등 **어떠한 물품도 시험 중에는 지참할 수 없다는 점을 유의하시오.**

   (단, 시설목록 이외의 정품 소프트웨어(폰트 제외)를 설치하고자 할 때에는 감독위원의 입회하에 설치하여 사용하시오.)

05) 수험자가 컴퓨터 활용 미숙 등으로 인한 시험의 진행이 어렵다고 판단되었을 때는 감독위원은 시험을 중지시키고 실격 처리할 수 있음을 유의하시오.

06) **바탕화면에 수험자 본인의 '비번호'를 이름으로 한 폴더에 완성된 작품의 파일만을 저장하시오.**

07) 모든 작품을 감독위원 또는 채점위원이 검토하여 동일한 작품이 발견될 경우 관련된 수험자 모두를 부정행위로 처리됨을 유의하시오.

08) 장시간 컴퓨터 작업으로 신체에 무리가 가지 않게 적절한 몸풀기(스트레칭) 후 작업하시오.

09) **다음 사항에 대해서는 실격에 해당되어 채점 대상에서 제외됩니다.**

   가) 수험자 본인이 수험 도중 시험에 대한 기권 의사를 밝히고 시험을 포기한 경우

   나) 작업 범위(용량, 시간)를 초과하거나, 요구사항과 현저히 다른 경우(채점위원이 판단)

   다) **Slide가 JavaScript(jQuery포함), CSS 중 하나 이상의 방법을 이용하여 제작되지 않은 경우**

      ※ 움직이는 Slide를 제작하지 않고 이미지 하나만 배치한 경우도 실격 처리됨

   라) 수험자 미숙으로 비번호 폴더에 완성된 작품 파일을 저장하지 못했을 경우

   마) 압축프로그램을 사용하여 작품을 압축 후 제출한 경우

   바) 과제 기준 20% 이상 완성되지 않은(채점위원이 판단)

3. 지급재료 목록

일련 번호	재료명	규격	단위	수량	비고
1	수험자료 USB 메모리	32GB 이상	개	1	시험장당
2	USB 메모리	32GB 이상	개	1	시험장당 1개씩(채점위원용) ※수험자들의 작품 관리

※ 국가기술자격 실기시험 지급재료는 시험종료 후(기권, 결시자 포함) 수험자에게 지급하지 않습니다.

1 STEP　웹 페이지 기본 설정　　약 15분

01　HTML5 버전 index.html 만들기

문제를 풀기 전 컴퓨터 바탕화면에 본인에게 부여된 '비번호' 폴더를 생성합니다. '비번호' 폴더 안에 'images', 'css', 'js' 폴더를 각각 생성하고, 주어진 수험자 제공 파일들을 각 폴더에 맞게 정리합니다. 본 교재는 '비번호' 대신 '스타트업센터' 폴더 설정 후 작업을 진행합니다.

** 이 책에서는 웹 문서 편집 프로그램으로 Visual Studio Code를 사용합니다.*

01 Visual Studio Code를 실행합니다. [시작 화면]에서 [폴더 열기]를 선택하거나, 상단 메뉴에서 [파일] – [폴더 열기]를 클릭합니다.

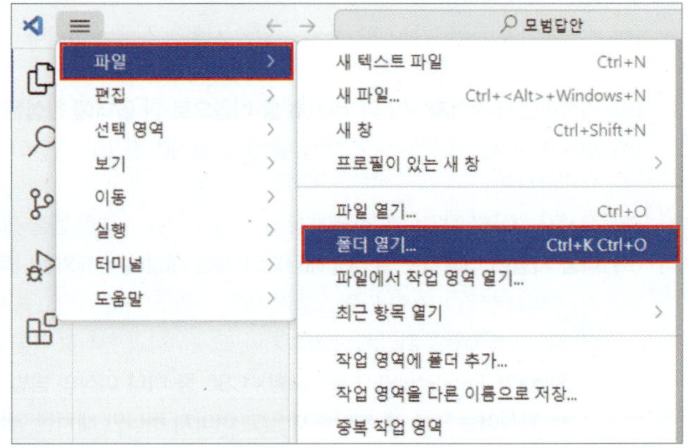

02 바탕화면에 생성한 '스타트업센터' 폴더를 선택합니다.

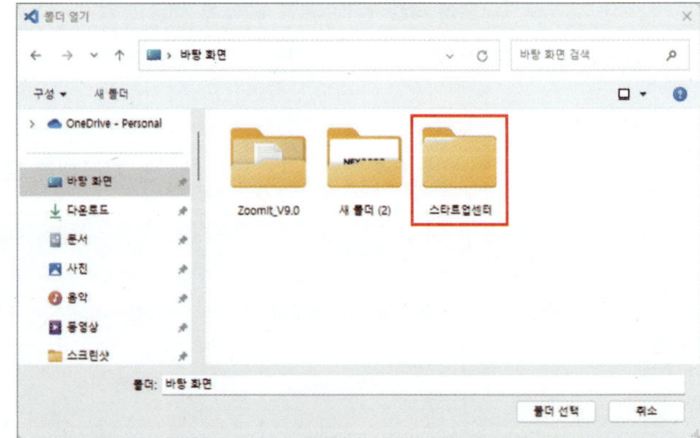

03 Visual Studio Code 좌측의 탐색기 아 이콘을 클릭하여 패널을 활성화합니다. 탐색기 패널에는 미리 생성한 'images', 'css', 'js' 폴더가 표시됩니다.

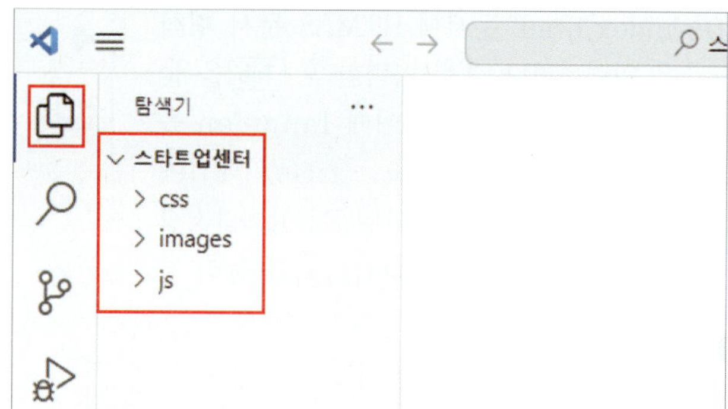

04 탐색기 패널에서 '새 파일' 아이콘을 클릭하여 '스타트업센터' 폴더 내부에 새 파일을 생성합니다.

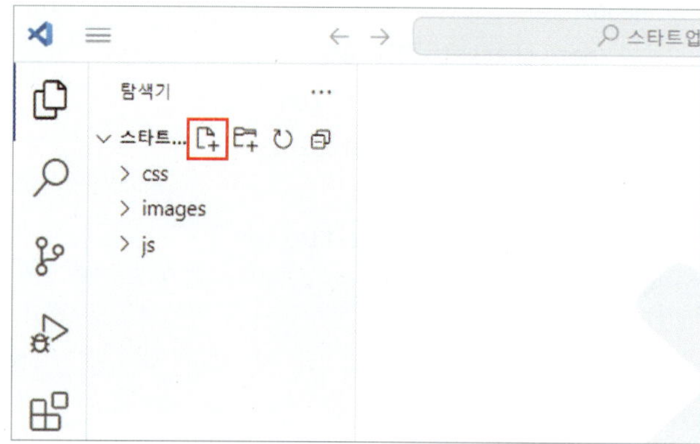

05 파일명을 'index.html'로 변경하고 Enter 를 입력합니다. 그러면 편집 영역에 'index.html' 문서가 활성화되며, Windows 탐색기에서 '스타트업센터' 폴더 안에 해당 파일이 생성된 것을 확인할 수 있습니다.

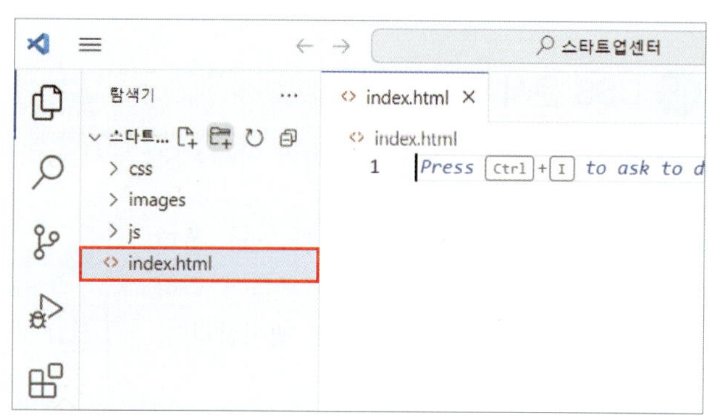

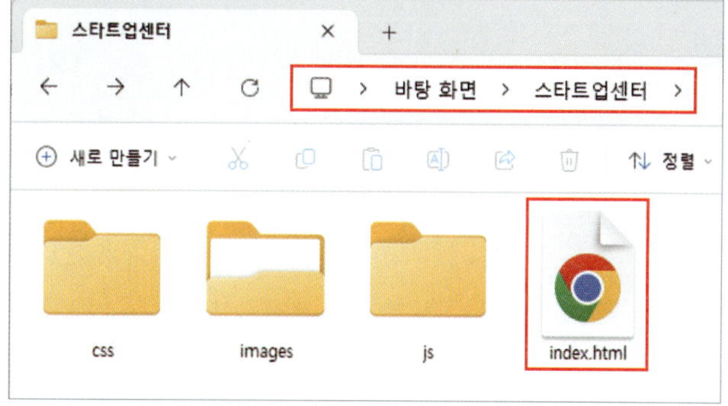

🅟 **기적의 TIP**

모든 작업 폴더와 파일 이름은 영문으로, 띄어쓰기 없이 작성합니다.

06 'index.html' 문서에 HTML5 문서 형식을 입력하거나, '!'를 입력한 후 [Tab]을 눌러 자동 완성합니다. 이때 lang="en"을 lang="ko"로 변경하고, 〈title〉 태그에 과제명을 입력한 후 [파일(File)] – [저장(Save)] 또는 단축키 [Ctrl]+[S]를 눌러 저장합니다.

```
<!DOCTYPE html>
<html lang="ko">
<head>
    <meta charset="UTF-8">
    <meta name="viewport" content="width=device-width, initial-scale=1.0">
    <title>스타트업센터</title>
</head>
<body>
</body>
</html>
```

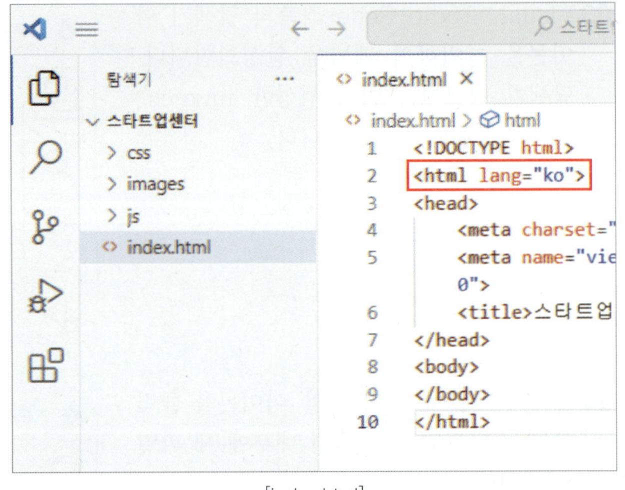

[index.html]

02 CSS 문서 만들기

작업을 시작하기 전, 실수를 줄이기 위해 CSS 문서를 미리 생성합니다.

01 탐색기 패널에서 미리 생성한 'css' 폴더를 선택한 후, '새 파일' 아이콘을 클릭하여 해당 폴더 내부에 새 파일을 생성합니다.

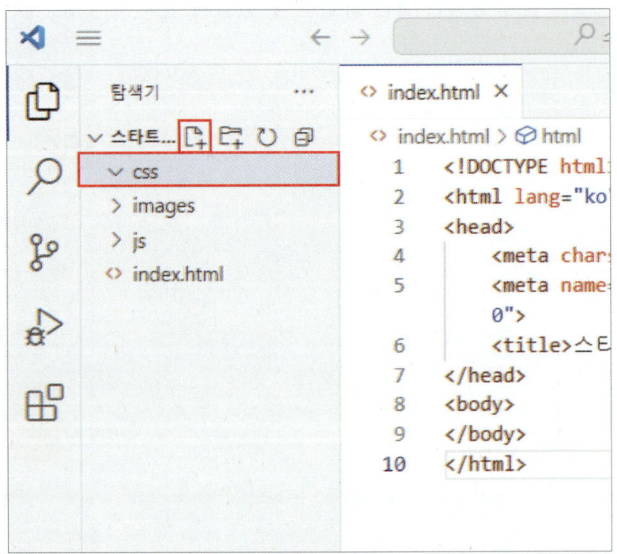

02 파일명을 'style.css'로 변경하고 `Enter`를
입력합니다. 그러면 편집 영역에 'style.
css' 문서가 활성화됩니다.

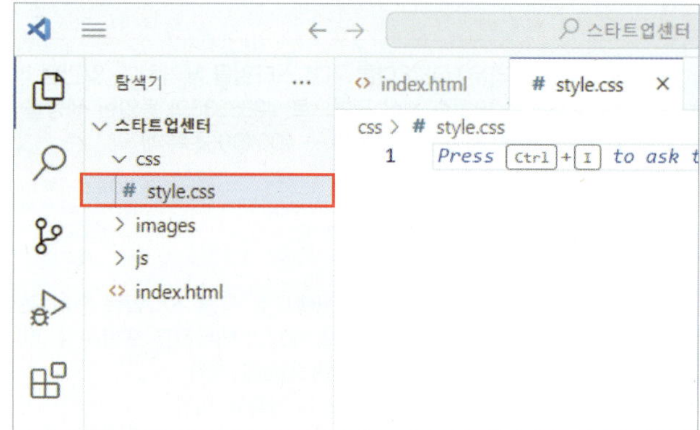

03 'style.css' 문서에 문자 인코딩 방식인
'@charset "utf-8";'을 입력한 후, 리셋
CSS를 작성합니다. 작성이 완료되면 [파
일(File)] – [저장(Save)] 또는 단축키
`Ctrl`+`S`를 눌러 저장합니다.

```css
@charset "utf-8";
* {
  margin:0;
  padding:0;
  box-sizing:border-box;
}
li {
  list-style:none;
}
a {
  text-decoration:none;
  color:inherit;
}
img {
  vertical-align:top;
  max-width:100%;
}
button {
  cursor:pointer;
  border:0;
}
body {
  background:#369;
  color:#333;
}
```

[style.css]

```css
@charset "utf-8";
/*기본 CSS 리셋*/
* {
  margin:0; /*기본 상하좌우 여백값 0으로 설정*/
  padding:0; /*기본 상하좌우 패딩값 0으로 설정*/
  box-sizing:border-box; /* 패딩과 테두리를 포함하여 요소의 너비를 유지 */
}
li {
  list-style:none; /* 목록 항목의 불릿을 숨김 */
}
a {
  text-decoration:none; /* 링크의 밑줄을 제거 */
  color:inherit; /* 링크의 글자 색상을 부모 요소로부터 상속받음 */
}
img {
  vertical-align:top; /* 이미지의 아래쪽 여백을 제거하고, 상단 정렬 */
  max-width:100%; /* 이미지를 부모 요소의 너비에 맞춤 (이미지가 깨지지 않도록) */
}
button {
  cursor:pointer; /* 버튼을 손가락 커서로 표시 */
  border:0; /*버튼 기본 테두리값 0으로 설정*/
}
body {
  background: #369; /*배경색 #369표시*/
  color: #333
}
```

- 리셋 CSS는 브라우저마다 다른 기본 스타일을 제거하고, 일관된 디자인을 적용하기 위해 사용합니다.
- "color: #333;"은 16진수 색상 표현으로, #333333과 동일한 색상을 나타내는 함축형 표기법입니다.
  예 #f00 → #ff0000(빨간색), #0f0 → #00ff00(초록색)

💬 요소 TIP

- * : 모든 HTML 요소를 선택하는 선택자로, 공통 스타일을 전체 요소에 적용할 때 사용
- box-sizing:border-box : 요소의 패딩과 테두리를 포함하여 너비를 계산하게 설정
- list-style:none : 목록 항목의 불릿 기호를 제거
- text-decoration:none : ⟨a⟩ 요소의 밑줄을 제거
- color:inherit : ⟨a⟩요소에 부모의 색상을 명시적으로 상속받도록 설정
- vertical-align:top : ⟨img⟩ 요소를 부모 요소의 상단에 정렬하고, 인라인 요소에서 발생하는 하단 공백을 제거
- max-width:100% : 이미지가 부모 요소의 너비를 초과하지 않도록 제한하며, 원본 크기보다 커지지 않도록 설정
- cursor:pointer : 마우스를 올렸을 때 손가락 모양 커서로 변경되어 클릭 가능하다는 시각적 힌트를 제공
- border:0 : 버튼의 기본 테두리를 제거하여 외곽선 없이 표시되도록 설정

03 Script 문서 만들기

작업을 시작하기 전, 실수를 줄이기 위해 script 문서를 미리 생성합니다.

01 수험자 제공 파일인 제이쿼리 라이브러리 파일 'jquery-1.12.3.js'를 '스타트업센터' 폴더 내의 'js' 폴더로 이동해 둡니다.

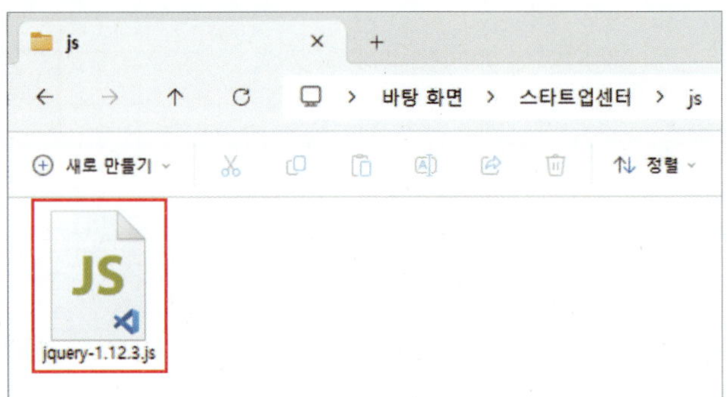

02 Visual Studio Code 탐색기 패널에서 'js' 폴더를 선택한 후, '새 파일' 아이콘을 클릭하여 해당 폴더 내부에 새 파일을 생성합니다.

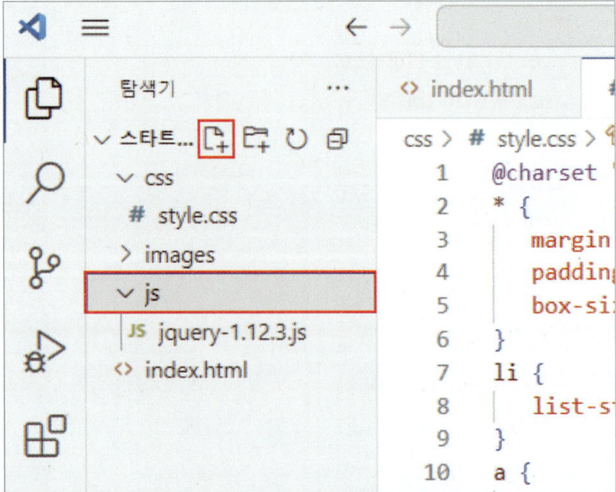

03 새 파일의 이름을 'script.js'로 변경하고 Enter 를 입력합니다. 그러면 편집 영역에 'script.js' 문서가 활성화됩니다.

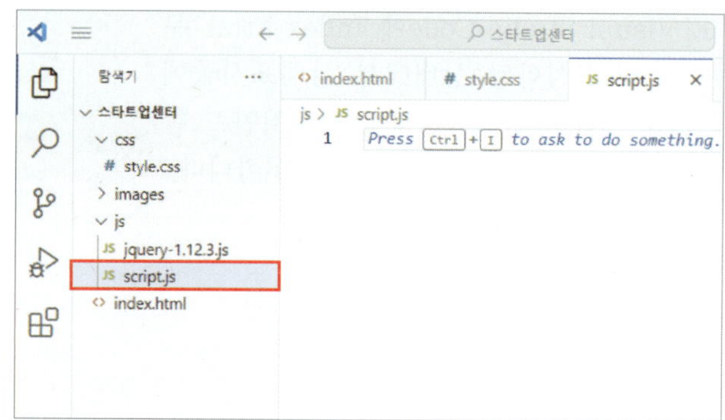

04 'script.js' 문서에 'alert("경고창");'을 입력한 후, Ctrl + S 를 눌러 저장합니다.

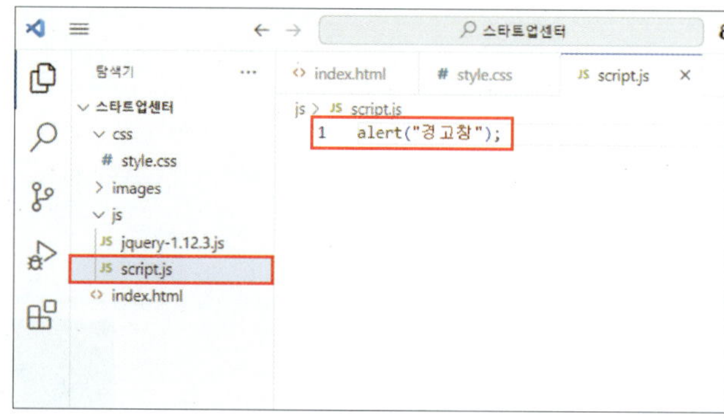

[script.js]

04 index 문서에 CSS, Script 문서 연결하기

index.html 문서에 CSS 파일, script 파일, jQuery 라이브러리를 연결합니다.

01 'index.html' 파일에서 <head> 태그 안에 CSS 파일과 JavaScript 파일을 연결한 후, Ctrl + S 를 눌러 저장합니다. Java-Script 파일을 연결할 때에는 jQuery 라이브러리를 먼저, 그 다음에 script.js 파일을 연결합니다.

```
<link href="css/style.css" rel="-
stylesheet">
<script src="js/jquery-1.12.3.js" de-
fer></script>
<script src="js/script.js" defer></
script>
```

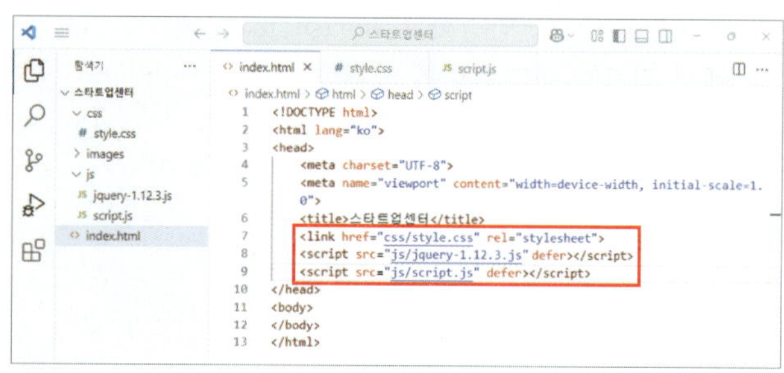

[index.html]

02 Visual Studio Code에 'index.html' 문서가 활성화된 상태에서 상태표시줄에 Go Live를 선택하여 웹 브라우저인 '크롬(Chrome)'으로 작업 결과를 확인합니다.

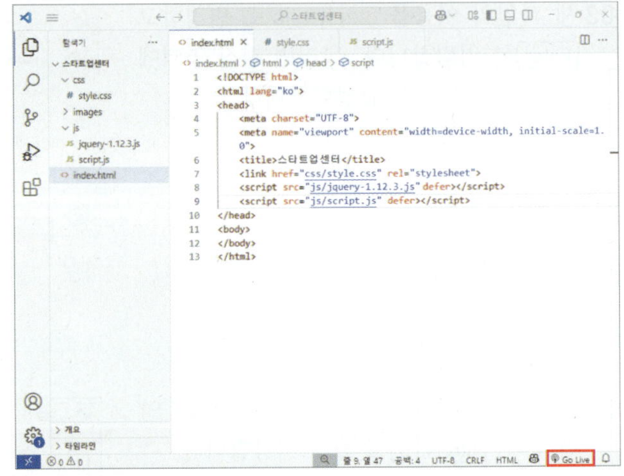

[index.html]

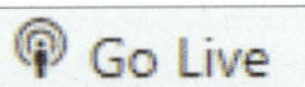

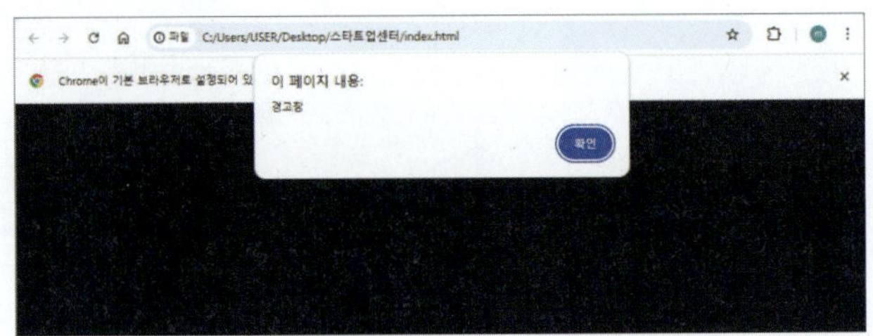

03 웹 브라우저의 배경색 '#369'와 경고창이 뜬다면 CSS와 Script 문서가 잘 연결된 것입니다. 확인 후 'style.css'에서 body 색상을 '#fff'로 변경하고 'script.js' 문서에서 경고창 스크립트를 삭제합니다.

[style.css]

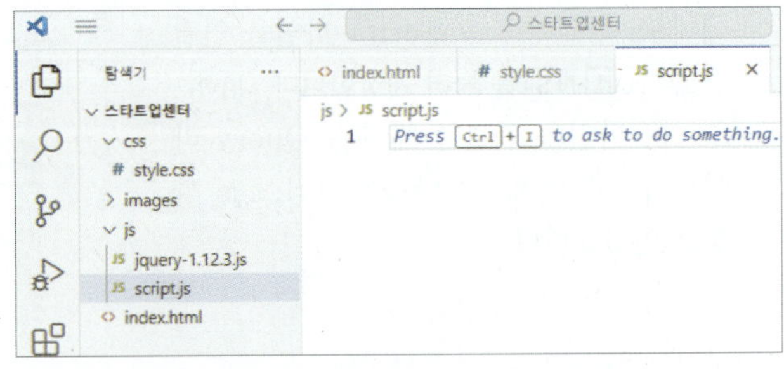

[script.js]

➕ 더 알기 TIP

- 외부 스크립트에 defer 속성을 지정하면, HTML 문서의 해석이 끝난 뒤 스크립트가 실행되도록 시점을 지연시킬 수 있습니다.
- defer와 같은 효과는 $(function(){ ... }) 구문을 통해서도 얻을 수 있으며, 두 방식은 목적은 같지만 사용 위치와 작성 방법이 다르기 때문에 상황에 따라 적절하게 선택할 수 있습니다.
  [참고하기] PART 02 – SECTION 04 jQuery 기본 다지기
- Go Live가 설치되지 않은 경우, 바탕화면의 '스타트업센터' 폴더 안에 있는 'index.html' 파일을 크롬 브라우저로 열어 작업 결과를 확인합니다.

01 레이아웃 HTML 구조 작업하기

요구사항정의서에 있는 와이어프레임을 바탕으로 주어진 콘텐츠와 치수를 파악하여 레이아웃을 제작합니다. 문제에서 지시하지 않은 부분은 자유롭게 설정합니다.

01 먼저, 요구사항정의서에 제시된 와이어프레임을 참고하여 HTML로 영역을 구분하는 코드를 작성합니다. 다음과 같이 작성한 후, [파일(File)] - [저장(Save)] 또는 단축키 Ctrl + S 를 눌러 저장합니다.

```
<div class="wrap">
    <header id="header">
        헤더영역
    </header>
    <div class="contents">
        <section id="slide" class="slide">
            슬라이드영역
        </section>
        <div class="con">
            <article class="tab">
                공지사항/갤러리영역
            </article>
            <article class="banner">
                배너영역
            </article>
            <article class="go">
                바로가기영역
            </article>
        </div>
        <footer id="footer">
            푸터영역
        </footer>
    </div>
</div>
```

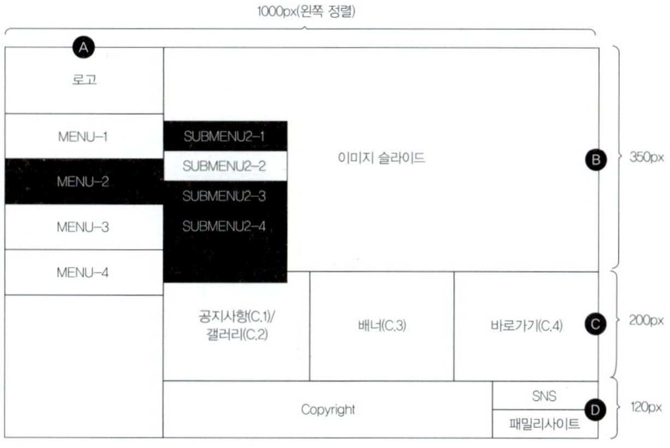


```
11  <body>
12    <div class="wrap">
13      <header id="header">
14        헤더영역
15      </header>
16      <div class="contents">
17        <section id="slide" class="slide">
18          슬라이드영역
19        </section>
20        <div class="con">
21          <article class="tab">
22            공지사항/갤러리영역
23          </article>
24          <article class="banner">
25            배너영역
26          </article>
27          <article class="go">
28            바로가기영역
29          </article>
30        </div>
31        <footer id="footer">
32          푸터영역
33        </footer>
34      </div><!--//contents 닫는 태그-->
35    </div><!--//wrap 닫는 태그-->
36  </body>
37  </html>
```

[index.html]

- HTML 주석은 〈!--로 시작하고 --〉로 끝납니다.
- id 속성은 문서 내에서 고유해야 하며, CSS나 자바스크립트에서 특정 요소를 선택할 때 사용됩니다.
- class 속성은 여러 요소에 반복 사용 가능하며, 스타일 적용을 위한 이름을 지정할 때 사용됩니다.
- 시맨틱 태그(header, section, article, footer)는 웹 페이지의 구조와 의미를 명확히 하기 위해 사용됩니다. 필요에 따라 div 태그로 대체할 수도 있습니다.

- 〈div〉 : 문서의 레이아웃을 구성하거나 여러 요소를 그룹화할 때 사용하는 일반 블록 요소
- 〈div class="wrap"〉 : 웹 페이지의 전체 레이아웃을 감싸는 최상위 컨테이너 역할
- 〈header id="header"〉 : 웹 페이지 상단의 머리글 영역으로, 보통 로고, 사이트 이름, 내비게이션 메뉴 등이 들어있음
- 〈div class="contents"〉 : 본문 콘텐츠 영역을 감싸는 컨테이너로, 슬라이드와 하위 콘텐츠를 포함
- 〈section id="slide" class="slide"〉 : 슬라이드처럼 독립적인 주제를 가진 콘텐츠 영역을 구분할 때 사용
- 〈div class="con"〉 : 공지사항, 갤러리, 바로가기 영역을 묶는 컨테이너 역할을 함
- 〈article〉 : 공지사항, 갤러리, 바로가기처럼 독립적으로 구성 가능한 콘텐츠 블록을 나타낼 때 사용
- 〈footer id="footer"〉 : 웹 페이지의 하단 영역으로, 일반적으로 저작권, 연락처, 패밀리사이트, SNS 링크 등이 포함

02 'ndex.html' 문서가 활성화된 상태에서 상태표시줄에 Go Live를 선택하여 웹 브라우저인 '크롬(Chrome)'으로 작업 결과를 확인합니다.

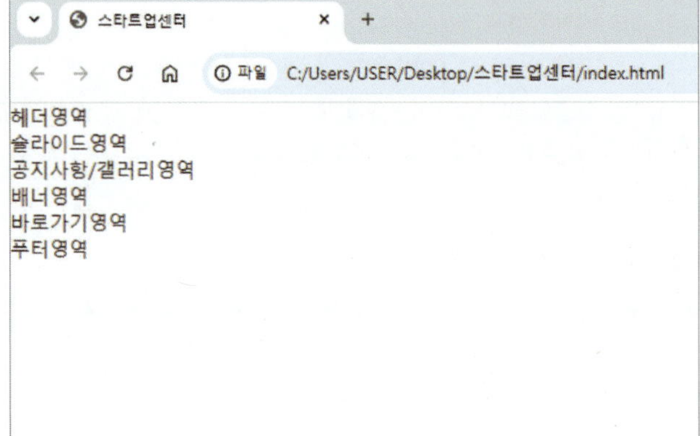

02 레이아웃 스타일 작업하기

HTML 구조를 기반으로 CSS 스타일을 적용하여, 요구사항정의서에 제시된 와이어프레임을 기준으로 레이아웃을 제작합니다.

01 'style.css' 파일에서 HTML 구조에 맞춘 레이아웃 스타일을 body 스타일 아래에 입력하고, [파일(File)] – [저장(Save)] 또는 단축키 `Ctrl`+`S`를 눌러 저장합니다.

```
.wrap {
    width:1000px;
    height:670px;
    display:flex;
}
```

```
26    .wrap {
27        width:1000px;
28        height:670px;
29        display:flex;
30    }
31    header {
32        width:200px;
33        background: #f45750;
34    }
35    .contents{
36        width:800px;
37    }
```

```css
header {
    width:200px;
    background:#f45750;
}
.contents{
    width:800px;
}
.slide {
    height:350px;
    background:#40b0f9;
}
.con{
    height:200px;
    display:flex;
    background:#ff884d;
}
.tab {
    width:300px;
}
.banner{
    width:300px;
    background:#00d2a5;
}
.go {
    width:200px;
}
footer {
    height:120px;
    background:#666;
}
```

```css
38   .slide {
39       height:350px;
40       background: #40b0f9;
41   }
42   .con{
43       height:200px;
44       display:flex;
45       background: #ff884d;
46   }
47   .tab {
48       width:300px;
49   }
50   .banner{
51       width:300px;
52       background: #00d2a5;
53   }
54   .go {
55       width:200px;
56   }
57   footer {
58       height:120px;
59       background: #666;
60   }
```

[style.css]

＋ 더 알기 TIP

- CSS 주석은 /*로 시작하고 */로 끝납니다. 주석은 브라우저에 적용되지 않으며, 코드 설명이나 메모용으로 사용됩니다.
- 클래스명은 의미 있는 단어로 작성하는 것이 좋으며, 일반적으로 영문 소문자로 시작하는 것이 권장됩니다. 숫자로 시작할 수 없으며, 단어가 복합될 경우 – 또는 _을 사용해 연결합니다.
- 클래스 선택자는 마침표(.)를 사용해 표기하고, 태그 선택자는 마침표 없이 HTML 태그 이름 그대로 사용합니다.
- 배경색 지정은 시각적으로 각 영역의 구분을 쉽게 하기 위해 임시로 지정하며, 실제 작업 시에는 삭제하거나 디자인에 맞는 색으로 수정합니다.
- CSS 선택자는 구체성에 따라 우선순위가 결정되며, 같은 요소에 여러 스타일이 적용될 경우 더 구체적인 선택자가 우선 적용됩니다.

[참고하기] PART 02 – SECTION 02 CSS 기본 다지기

- **.wrap** : <div class="wrap">에 적용된 클래스 선택자로, 전체 콘텐츠를 감싸는 역할
  - display:flex를 적용하여 .wrap을 플렉스 컨테이너로 만들면 자식 요소인 header, .contents가 수평으로 정렬, 이때 자식 요소들은 기본적으로 부모 요소의 높이만큼 늘어나는(stretch) 성질을 가지므로, .wrap에 높이값이 지정되어 있는 것이 유리
- **.con** : <div class="con">에 적용된 클래스 선택자로, 공지사항, 갤러리, 바로가기 영역을 감싸는 컨테이너 역할
  - **display:flex** : .con은 플렉스 컨테이너가 되며, 자식 요소인 <article>을 가로로 나란히 배치

02 'index.html' 문서가 활성화된 상태에서 상태표시줄에 Go Live를 선택하여 웹 브라우저인 '크롬(Chrome)'으로 작업 결과를 확인합니다.

---

3 STEP **세부 영역별 지시사항 – Ⓐ Header 영역** 약 35분

01 로고 제작하기

세부 지시사항의 A.1 로고를 제작합니다. 가로 180px, 세로 60px 크기의 로고를 직접 디자인합니다. 로고의 형태는 심볼이 있는 타입으로 텍스트는 수험자 제공 파일의 텍스트를 활용하여 디자인합니다.

* 교재의 로고는 예시일 뿐이며, 기본 요건을 충족한다면 자유롭게 변형하여 제작해도 됩니다.

01 로고 제작을 위해 일러스트레이터를 실행합니다.

02 [파일(File)] – [새로 만들기(New)] 또는 Ctrl + N 을 눌러 새 문서를 만듭니다.

- 단위(Unit) : 픽셀(Pixels)
- 폭(Width) : 180px
- 높이(Height) : 60px
- 색상 모드(Color Mode) : RGB 색상
- 래스터 효과(Raster Effects) : 스크린(72ppi)

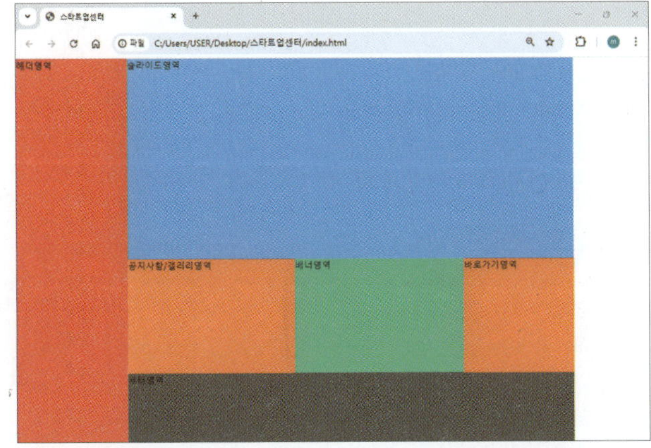

03 도구 상자에서 문자 도구(T)를 선택한 후, 도구 옵션 패널에서 다음과 같이 설정합니다.

- 서체(Character) : Pretendard Medium
- 글자 크기 : 12pt
- 칠 색상 : #000000

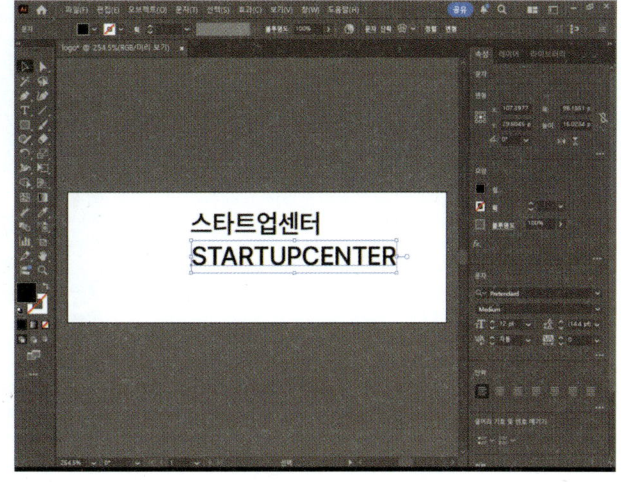

04 그런 다음 문서를 클릭하여 '스타트업센터, STARTUPCENTER'를 입력한 후 글자 크기를 조정합니다.

- 스타트, 센터 : 21pt
- 업 : 35pt
- STARTUPCENTER : 15pt

05 사각형 모양 도구(◻)를 선택하여 사각형을 그린 후 문자 도구(T)로 'START'를 작성합니다. 작업한 것들을 복제하여 'UP, CENTER'도 만들어 줍니다.

06 'START'와 '사각형 오브젝트'를 선택 후, [효과(Effect)] – [3D 및 재질(3D and Materials)] – [회전(Rotate)]을 눌러 [3D 및 재질] 패널의 [회전] 사전 설정을 '등각 상단(Isometric Top)'으로 변경합니다.

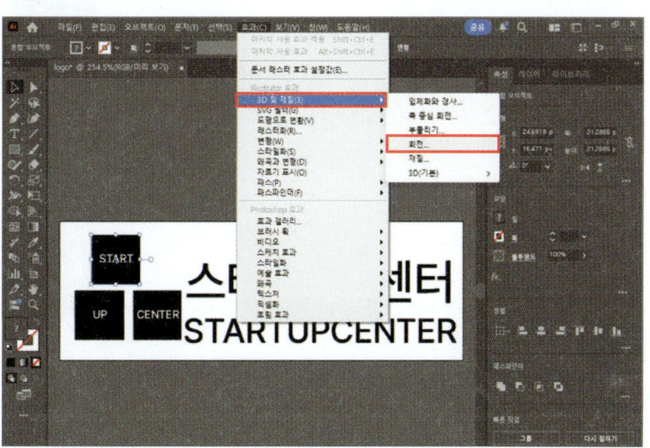

07 그러면 눕혀진 'START' 사각형 박스가 만들어집니다.

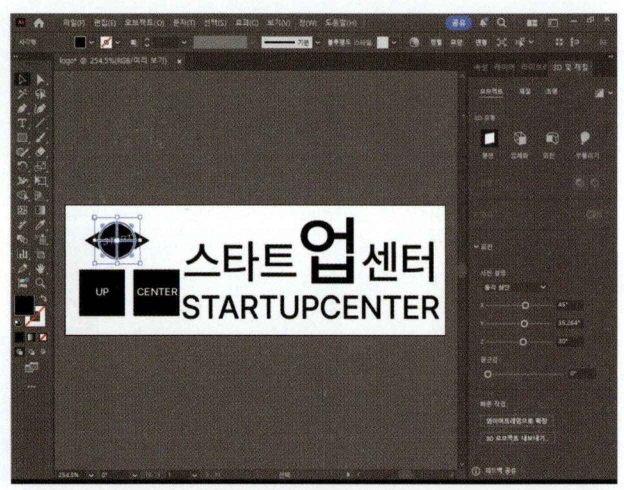

08 나머지 글자와 사각형 오브젝트도 [효과(Effect)] – [3D 및 재질(3D and Materials)] – [회전(Rotate)]을 눌러 [3D 및 재질] 패널의 [회전] 사전 설정(Preset)을 변경합니다.

– UP : [3D 및 재질] 패널 – [회전] 사전 설정 – 등각 왼쪽(Isometric Left)
– CENTER : [3D 및 재질] 패널 – [회전] 사전 설정 – 등각 오른쪽(Isometric Right)

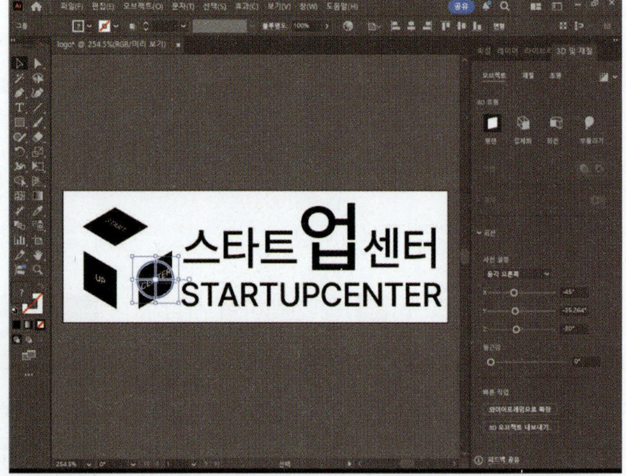

09 만들어진 오브젝트를 잘 배치하여 정육면체로 만들고 필요 시, 위치와 크기를 조절합니다.

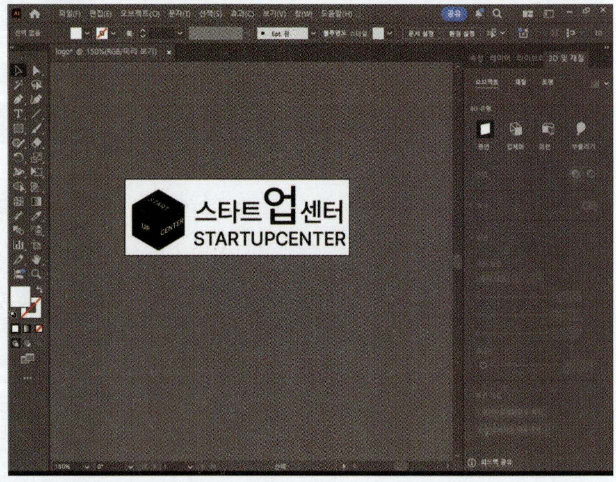

10 작업이 완료되면 [파일(File)] – [내보내기(Export)] – [웹용으로 저장(Save for Web)]을 선택하여 파일 형식을 'PNG–24'로 설정한 후, 'images' 폴더에 저장합니다.

– 파일명 : logo.png

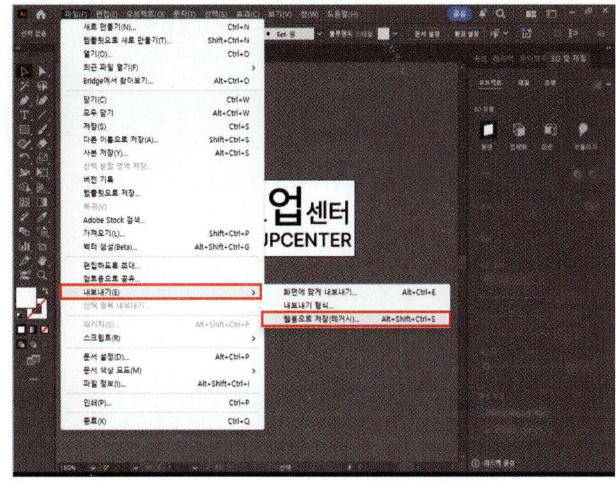

⑫ 헤더 영역 로고 작업하기

세부 지시사항의 A.1 로고를 문서에 추가합니다.

01 Visual studio code에 'index.html' 문서를 열어, '<header id="header">' 영역 안 글자를 지우고 다음과 같이 작성합니다.

```
<h1>
    <a href="#">
        <img src="images/logo.png"
alt="스타트업센터">
    </a>
</h1>
```

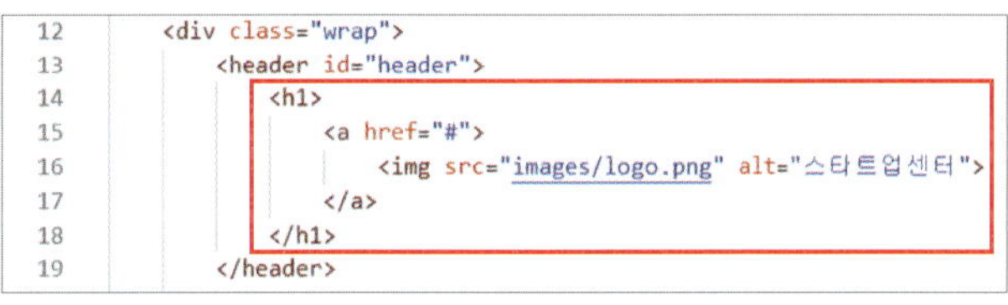

```
12      <div class="wrap">
13          <header id="header">
14              <h1>
15                  <a href="#">
16                      <img src="images/logo.png" alt="스타트업센터">
17                  </a>
18              </h1>
19          </header>
```

[index.html]

02 문서 저장 후 'index.html' 문서가 활성
화된 상태에서 상태표시줄에 Go Live
를 선택 또는 윈도우 탐색기에서 'index.
html'을 웹 브라우저인 '크롬(Chrome)'
으로 작업 결과를 확인합니다.

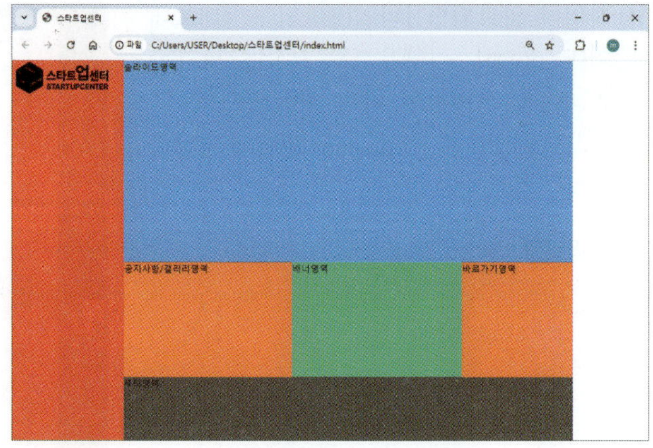

03 헤더 영역 메뉴 작업하기

세부 지시사항의 A.2 메뉴를 구성합니다. 사이트 맵과 구조도를 참고하여 메인메뉴(Main menu)와 서브
메뉴(Sub menu)를 구성합니다.

01 요구사항정의서의 와이어프레임 메뉴 형
태를 확인합니다.

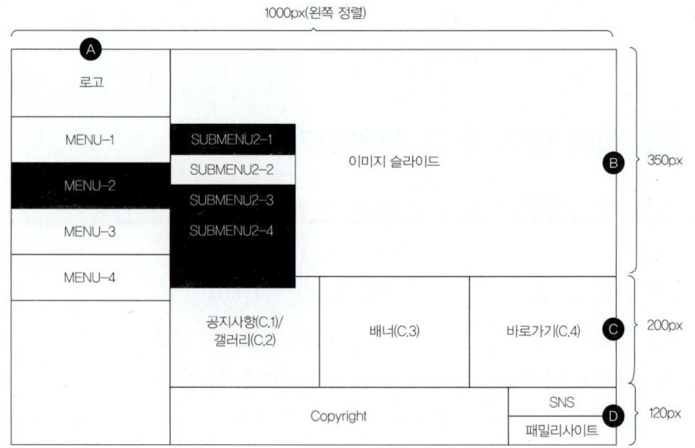

02 'index.html' 문서 〈header id="header"〉영역 내
 '〈/h1〉' 다음 줄에 요구사항정의서의 '사이트 맵'을
 참고하여 메뉴를 다음과 같이 작성합니다.

```
〈nav id="nav"〉
    〈ul〉
        〈li〉〈a href="#"〉홈〈/a〉
            〈ul class="sub"〉
                〈li〉〈a href="#"〉창업설명회〈/a〉〈/li〉
                〈li〉〈a href="#"〉정부지원〈/a〉〈/li〉
                〈li〉〈a href="#"〉공지사항〈/a〉〈/li〉
                〈li〉〈a href="#"〉오시는길〈/a〉〈/li〉
            〈/ul〉
        〈/li〉
        〈li〉〈a href="#"〉교육 프로그램〈/a〉
            〈ul class="sub"〉
                〈li〉〈a href="#"〉기초교육〈/a〉〈/li〉
                〈li〉〈a href="#"〉마케팅전략〈/a〉〈/li〉
                〈li〉〈a href="#"〉피칭교육〈/a〉〈/li〉
                〈li〉〈a href="#"〉창업캠프〈/a〉〈/li〉
            〈/ul〉
        〈/li〉
        〈li〉〈a href="#"〉입주공간〈/a〉
            〈ul class="sub"〉
                〈li〉〈a href="#"〉공유오피스〈/a〉〈/li〉
                〈li〉〈a href="#"〉회의실예약〈/a〉〈/li〉
                〈li〉〈a href="#"〉입주신청〈/a〉〈/li〉
            〈/ul〉
        〈/li〉
        〈li〉〈a href="#"〉정보마당〈/a〉
            〈ul class="sub"〉
                〈li〉〈a href="#"〉창업뉴스〈/a〉〈/li〉
                〈li〉〈a href="#"〉법률정보〈/a〉〈/li〉
                〈li〉〈a href="#"〉세무정보〈/a〉〈/li〉
                〈li〉〈a href="#"〉성공사례〈/a〉〈/li〉
            〈/ul〉
        〈/li〉
    〈/ul〉
〈/nav〉
```

```
13    <header id="header">
14        <h1>
15            <a href="#">
16                <img src="images/logo.png" alt="스타트업센터">
17            </a>
18        </h1>
19        <nav id="nav">
20            <ul>
21                <li><a href="#">홈</a>
22                    <ul class="sub">
23                        <li><a href="#">창업설명회</a></li>
24                        <li><a href="#">정부지원</a></li>
25                        <li><a href="#">공지사항</a></li>
26                        <li><a href="#">오시는길</a></li>
27                    </ul>
28                </li>
29                <li><a href="#">교육 프로그램</a>
30                    <ul class="sub">
31                        <li><a href="#">기초교육</a></li>
32                        <li><a href="#">마케팅전략</a></li>
33                        <li><a href="#">피칭교육</a></li>
34                        <li><a href="#">창업캠프</a></li>
35                    </ul>
36                </li>
37                <li><a href="#">입주공간</a>
38                    <ul class="sub">
39                        <li><a href="#">공유오피스</a></li>
40                        <li><a href="#">회의실예약</a></li>
41                        <li><a href="#">입주신청</a></li>
42                    </ul>
43                </li>
44                <li><a href="#">정보마당</a>
45                    <ul class="sub">
46                        <li><a href="#">창업뉴스</a></li>
47                        <li><a href="#">법률정보</a></li>
48                        <li><a href="#">세무정보</a></li>
49                        <li><a href="#">성공사례</a></li>
50                    </ul>
51                </li>
52            </ul>
53        </nav>
54    </header>
```

[index.html]

- 메뉴를 구성할 때는 〈nav〉 요소로 감싸 내비게이션 영역임을 명확히 합니다.
- 중첩목록 작업 시 쌍으로 올바르게 중첩되어야 하며, 태그가 제대로 닫혀야 합니다.
- 서브 메뉴 〈ul〉에는 클래스명을 sub으로 지정하여 구분하고 제어할 수 있게 합니다.

〈a href="#"〉 : 임시 링크 추가(기술적 준수사항)

04 헤더 영역 스타일 작업하기

헤더 영역의 로고를 배치하고, 메인 메뉴(Main menu)에 마우스를 올리면(Mouse over) 하이라이트 되며, 벗어나면(Mouse out) 하이라이트가 해제됩니다. 또한, 서브 메뉴 중 하나에 마우스를 올리면 하이라이트 되고, 벗어나면 하이라이트가 해제됩니다.

01 먼저 'style.css' 문서를 활성화하여 'header'의 기존 배경색을 삭제하고, 배경색과 안쪽 여백을 작성합니다.

```css
header{
    width:200px;
    background:#ccc;
    padding:80px 10px;
}
```

```
31    header{
32        width:200px;
33        background: #ccc;
34        padding:80px 10px;
35    }
```
[style.css]

02 'header' 스타일 다음 줄에 로고와 메뉴 사이 간격을 주기 위해 다음과 같이 작성합니다.

```css
nav{
    margin-top:50px;
}
```

```
31    header{
32        width:200px;
33        background: #ccc;
34        padding:80px 10px;
35    }
36    nav{
37        margin-top:50px;
38    }
```
[style.css]

CSS를 작성할 때 속성의 순서에는 필수적인 규칙이 없지만, 가독성과 유지보수 측면에서 일관된 순서를 유지하는 것이 좋습니다.

- **header** : 〈header〉 선택자로 좌측 헤더 영역의 스타일 지정
  - **padding:80px 10px** : 위 · 아래 내부 여백 80픽셀, 좌 · 우 내부 여백 10픽셀
- **nav** : 〈nav〉 선택자로 메뉴 스타일 지정
  - **margin-top:50px** : 위쪽 바깥 여백을 50픽셀 설정하여, 〈h1〉과 〈nav〉 사이 간격 설정

03 메뉴를 클릭할 수 있는 영역은 'nav' 스타일 다음 줄에 다음과 같이 작성합니다.

```css
nav {
    margin-top:50px;
    position:relative;
}
nav>ul>li>a {
    display:block;
    background:#333;
    padding:10px 0;
    text-align:center;
    color:#fff;
}
nav>ul>li:hover>a {
    background:#fff;
    color:#333;
}
```

```css
36    nav{
37        margin-top:50px;
38        position:relative;
39    }
```
[style.css]

```css
39    nav>ul>li>a {
40        display:block;
41        background: ■#333;
42        padding:10px 0;
43        text-align:center;
44        color: □#fff;
45    }
46    nav>ul>li:hover>a {
47        background: □#fff;
48        color: ■#333;
49    }
```
[style.css]

＋ 더 알기 TIP

- 블록 요소는 기본적으로 수직으로 쌓이며, 너비와 높이 속성을 자유롭게 지정할 수 있습니다. 예 〈div〉, 〈p〉, 〈section〉 등
- 인라인 요소는 한 줄에 나란히 배치되며, 기본적으로 너비와 높이를 지정할 수 없습니다. 예 〈a〉, 〈span〉, 〈strong〉 등

요소 TIP

- **nav〉ul〉li〉a** : 〈nav〉의 자식 요소 〈ul〉의 자식 요소 〈li〉의 자식 요소 〈a〉 지정
  - **display:block** : 〈a〉는 인라인 요소이므로 width와 height 값을 적용해도 반영되지 않음. 따라서 display:block으로 변경하여 전체 영역을 클릭, 가능하게 만들 수 있고, width, height, padding 등의 박스 모델 속성을 자유롭게 적용할 수 있음

04 서브 메뉴는 슬라이드 영역 위에 배치되어 있으므로 공중에 띄워 서브 메뉴 스타일을 '.contents' 윗줄에 다음과 같이 작성합니다.

```css
.sub {
    position:absolute;
    left:180px;
    top:-10px;
    z-index:10;
    width:150px;
    height:200px;
    background:#fff;
```

```css
51    .sub {
52        position: absolute;
53        left:180px;
54        top: -10px;
55        z-index:10;
56        width:150px;
57        height:200px;
58        background: □#fff;
59    }
60    .sub li a {
61        display:block;
62        padding:10px 0;
63        text-align:center;
64    }
65    .sub li a:hover {
66        background: ■#757575;
67        color: □#fff;
68    }
```
[style.css]

```css
}
.sub li a {
    display:block;
    padding:10px 0;
    text-align:center;
}
.sub li a:hover {
    background:#757575;
    color:#fff;
}
```

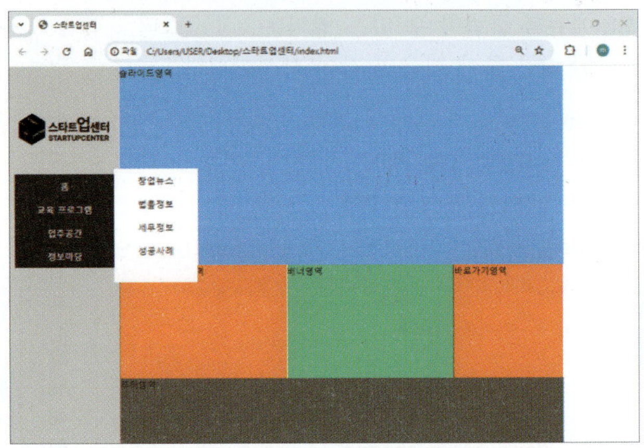

> 🗨 **요소 TIP**
>
> • **.sub** : 〈ul class="sub"〉 지정하여 서브 메뉴 스타일 지정
> – **position:absolute** : position: absolute로 메뉴를 겹치게 띄우고, 이때 기준이 되는 부모 요소 nav에는 position: relative
>   를 지정해 위치 기준을 설정
> – **top:-10px** : 기준 요소(nav)의 상단에서부터 음수(위쪽으로) 10픽셀 배치
> – **left:180px** : 기준 요소(nav)의 왼쪽으로부터 180픽셀 오른쪽 배치
> – **width:150px;** : 공중에 띄운 요소에게 너비를 임의로 지정
> – **height:200px;** : .sub의 높이를 임의로 지정
> – **z-index: 10** : 요소가 다른 요소들 위에 보이도록 우선순위를 지정하는 속성으로, 값이 클수록 위에 표시
> • **.sub li a** : .sub의 자식 요소 〈li〉의 자식 요소 〈a〉 지정
> – **display:block** : 요소 성질을 블록 요소로 바꾸면서 상위요소의 가로 너비를 채울 수 있음
> – **padding:10px 0** : 위 · 아래 내부 여백 10픽셀, 좌 · 우 내부 여백 0픽셀로 지정

05 메인 메뉴와 서브 메뉴 스타일을 확인 후
마우스를 올려 하이라이트 효과까지 확인
합니다. 잘 적용이 되었다면 '.sub'를 찾
아 서브 메뉴를 숨겨줍니다.

```css
.sub {
    position:absolute;
    left:180px;
    top:-10px;
    z-index:9;
    width:150px;
    height:200px;
    background:#fff;
    display:none;
}
```

```css
51  .sub {
52      position: absolute;
53      left: 180px;
54      top: -10px;
55      z-index: 10;
56      width: 150px;
57      height: 200px;
58      background: #fff;
59      display:none;
60  }
```

[style.css]

> 🗨 **요소 TIP**
>
> **display:none** : 요소를 선택하여 숨김(스크립트에서 추가 작업 예정)

05 메뉴 스크립트 작업하기

세부 지시사항의 A.2 메뉴 효과를 구현합니다. 메인 메뉴(Main menu)에 마우스를 올리면(Mouse over) 해당 서브 메뉴(Sub menu) 영역이 서서히 보이도록 하고(Fade in), 벗어나면(Mouse out) 서브 메뉴 영역이 서서히 사라지는 작업(Fade out)을 제이쿼리(jQuery)로 진행합니다.

01 먼저 'js' 폴더 하위 파일인 'script.js' 문서를 활성화하여 작성합니다.

```javascript
//메뉴
$("nav>ul>li").mouseenter(function(){
    $(this).children(".sub").stop().fadeIn();
})
$("nav>ul>li").mouseleave(function(){
    $(this).children(".sub").stop().fadeOut();
})
```

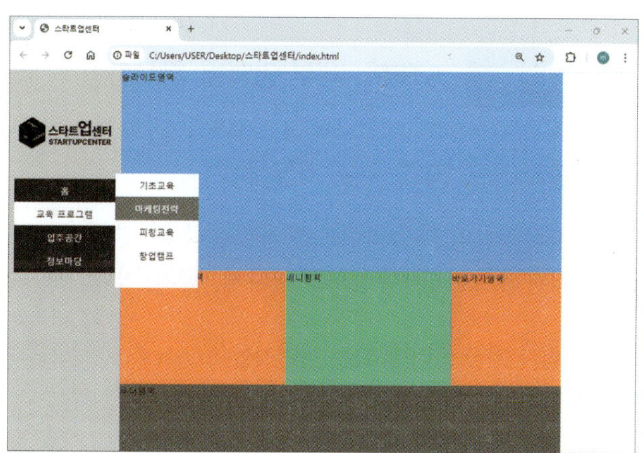

[script.js]

- **$** : jQuery에서 HTML 요소를 선택하거나 jQuery 객체를 생성할 때 사용하는 단축 표기
- **$("nav>ul>li")** : jQuery 선택자로, <nav> 자식 요소인 <ul> 자식 요소인 모든 <li> 선택
- **mouseenter/mouseleave** : jQuery에서 제공하는 이벤트 메서드로, 마우스가 요소에 진입하거나 요소를 떠날 때 발생하는 이벤트를 처리
- **$(this)** : 이벤트가 발생한 현재 요소를 가리키며, 이 경우에는 마우스가 올라간 특정 <li> 요소를 의미
- **children()** : 선택한 요소의 직계 자식 요소만을 선택할 때 사용
- **stop()** : 현재 실행 중인 애니메이션을 즉시 중지시켜 중복 애니메이션이 발생하는 것을 방지
- **fadeIn()/fadeOut()** : fadeIn()은 요소가 서서히 나타나고, fadeOut()은 요소가 서서히 사라짐

메뉴 스크립트 다르게 작성하기

```
$("nav>ul>li").mouseenter(function(){
    $(this).children(".sub").stop().SlideDown();
})
$("nav>ul>li").mouseleave(function(){
    $(this).children(".sub").stop().SlideUp();
})
```
[script]

```
$("nav>ul>li").mouseover(function(){
    $(this).children(".sub").stop().SlideDown();
})
$("nav>ul>li").mouseout(function(){
    $(this).children(".sub").stop().SlideUp();
})
```
[script]

- mouseenter / mouseleave
  - 요소 자체에만 반응하며, 자식 요소로 마우스가 이동해도 다시 이벤트가 발생하지 않습니다.
  - 중복 실행을 방지하고 부드러운 메뉴 인터랙션에 적합합니다.
- mouseover / mouseout
  - 요소뿐만 아니라 자식 요소까지 포함해 이벤트가 발생하므로, 마우스 이동 시 여러 번 이벤트가 반복 실행될 수 있습니다.

* 두 방식 모두 사용 가능하지만, 실제 메뉴 구현에서는 mouseenter / mouseleave 사용을 권장합니다.

---

4 STEP · STEP : 세부 영역별 지시사항 – Ⓑ Slide 영역 　약 35분

01 슬라이드 영역 구조 작업하기

세부 지시사항의 B 슬라이드를 제작합니다. 먼저 슬라이드의 구조를 잡은 후 제공된 텍스트 간의 위계질서를 직관적으로 알 수 있도록 글자체, 굵기, 색상, 크기를 적절하게 설정합니다.

01 '수험자 제공 폴더'에 있는 이미지를 'images' 폴더로 복사합니다. 이미지 크기를 확인한 후, 필요하다면 크기를 조정하고, 파일명도 필요한 경우 수정합니다.

[참고하기] PART 03 – SECTION 02 Photoshop 필수 기능

02 'index.html' 문서에서 '<section id="slide" class="slide"></section>' 사이에 다음과 같이 작성합니다.

```
<section id="slide" class="slide">
    <ul>
        <li class="s1">
            <a href="#">
                <h2>당신의 아이디어, 현실이 됩니다</h2>
            </a>
        </li>
        <li class="s2">
            <a href="#">
                <h2>창업자와 전문가의 연결 플랫폼</h2>
            </a>
        </li>
        <li class="s3">
            <a href="#">
                <h2>혁신을 실현하는 공간</h2>
            </a>
        </li>
    </ul>
</section>
```

```
55        <div class="contents">
56            <section id="slide" class="slide">
57                <ul>
58                    <li class="s1">
59                        <a href="#">
60                            <h2>당신의 아이디어, 현실이 됩니다</h2>
61                        </a>
62                    </li>
63                    <li class="s2">
64                        <a href="#">
65                            <h2>창업자와 전문가의 연결 플랫폼</h2>
66                        </a>
67                    </li>
68                    <li class="s3">
69                        <a href="#">
70                            <h2>혁신을 실현하는 공간</h2>
71                        </a>
72                    </li>
73                </ul>
74            </section>
```

[index.html]

💬 **요소 TIP**

- **id="slide"** : 해당 요소를 고유하게 식별하기 위한 식별자로, 자바스크립트나 CSS에서 특정 요소를 직접 지정할 때 사용
- **class="slide"** : CSS에서 공통 스타일을 적용하거나 여러 요소에 동일한 스타일을 부여할 때 사용
- **<li class="s1">** : 각 항목에 개별적인 배경 이미지나 스타일을 지정할 수 있으며, 일반적으로 CSS에서 background-image 속성을 이용해 이미지 배경 설정

02 슬라이드 영역 스타일 작업하기

세부 지시사항의 B 슬라이드 애니메이션 효과를 확인합니다. 하나의 이미지가 점점 사라지고 다음 이미지
가 점점 나타나는 애니메이션을 고려하여 스타일을 작업합니다.

01 'style.css' 문서를 활성화하여 '.slide'를
찾아 배경색을 지우고 다음과 같이 작성
합니다.

```
.slide {
    height:350px;
}
.slide ul li {
    width:800px;
    height:350px;
}
.slide ul li a {
    display:block;
    height:100%;
}
.slide ul li.s1 {
    background:url(../images/s1.jpg)
no-repeat center/cover;
}
.slide ul li.s2 {
    background:url(../images/s2.jpg)
no-repeat center/cover;
}
.slide ul li.s3 {
    background:url(../images/s3.jpg)
no-repeat center/cover;
}
```

```
73  .slide {
74      height:350px;
75  }
76  .slide ul li {
77      width:800px;
78      height:350px;
79  }
80  .slide ul li a {
81      display:block;
82      height:100%;
83  }
84  .slide ul li.s1 {
85      background:url(../images/s1.jpg) no-repeat center/cover;
86  }
87  .slide ul li.s2 {
88      background:url(../images/s2.jpg) no-repeat center/cover;
89  }
90  .slide ul li.s3 {
91      background:url(../images/s3.jpg) no-repeat center/cover;
92  }
```

[style.css]

💬 요소 TIP

- **.slide ul li** : 슬라이드 각각의 항목을 감싸는 요소로, 배경 이미지를 적용할 수 있도록 너비와 높이를 지정
- **.slide ul li a** : .slide 내부의 〈ul〉 하위 〈li〉 요소 안에 있는 〈a〉 요소를 선택하는 구조로, 클릭 가능한 영역에 스타일을 적용할
  때 사용
  - **display:block** : 〈a〉를 블록 요소로 변경하여 전체 영역에 스타일을 적용
  - **height:100%** : 〈a〉 요소의 높이를 부모 요소인 〈li〉의 높이만큼 채우도록 설정
- **.slide ul li.s1** : .slide 하위의 〈ul〉 안에서 〈li〉 요소 중 class="s1"인 요소를 선택하는 구조로, 슬라이드 개별 항목에 배경 이미
  지를 설정할 때 사용
- **background:url(../images/s1.jpg) no-repeat center/cover** : 배경 CSS 속성 함축형
  - **background** : 이미지 경로, 반복 여부, 위치, 크기, 색상 등을 하나의 속성으로 축약해서 작성할 수 있음
    - 예 background:url(경로) no-repeat center/cover

02 Fade-in, Fade-out 애니메이션 효과를 위해, '.slide ul li'를 찾아 다음과 같이 스타일을 작성합니다.

```css
.slide {
    height:350px;
    position:relative;
}
.slide ul li {
    width:800px;
    height:350px;
    position:absolute;
    top:0;
    left:0;
}
```

```
73   .slide {
74       height:350px;
75       position:relative;
76   }
77   .slide ul li {
78       width:800px;
79       height:350px;
80       position:absolute;
81       top:0;
82       left:0;
83   }
```

[style.css]

03 각 슬라이드의 텍스트를 글자체, 굵기, 색상, 크기를 적절하게 설정하여, 가독성을 높이고, 독창성이 드러나도록 '.con' 윗줄에 스타일을 작성합니다.

```css
.slide ul li h2 {
    color:#fff;
    background:#333;
    font-size:30px;
    position:absolute;
    top:50%;
    left:30px;
    padding:10px;
    transform:translateY(-50%);
}
```

```
97    .slide ul li h2 {
98        color:□#fff;
99        background:■#333;
100       font-size:30px;
101       position:absolute;
102       top:50%;
103       left:30px;
104       padding:10px;
105       transform:translateY(-50%);
106   }
```

[style.css]

💬 **요소 TIP**

- Fade-in, Fade-out 애니메이션은 .slide ul li 요소들을 모두 겹쳐서 배치한 뒤, 하나씩 보이게 하여 연출
- **.slide ul li** : 슬라이드 각각의 항목으로, position: absolute로 공중에 띄워 동일한 위치에 겹치도록 설정
  - **position: absolute** : 각 슬라이드를 공중에 띄워 모두 겹치도록 설정
- **.slide ul li h2** : .slide 하위 요소 〈ul〉의 하위 요소 〈li〉의 하위 요소 〈h2〉 지정하여 슬라이드 텍스트 스타일 적용
  - **position:absolute** : .slide ul li h2를 공중에 띄워 상위 요소 .slide ul li에 기준을 설정하여, 절대 위치로 지정(기준을 설정할 요소에 position:absolute가 있다면 자동으로 해당 요소에 기준이 설정됨)
  - **top:50%** : 기준 요소 .slide ul li의 상단에서부터 50% 아래로 배치
  - **transform:translateY(-50%)** : 자신의 높이의 50%만큼 위로 이동

04 웹 브라우저 접속 시 첫 번째 슬라이드는 보여주고, 나머지 슬라이드는 숨기기 위해 다음과 같이 작성합니다.

```
.slide ul li {
    width:800px;
    height:350px;
    position:absolute;
    top:0;
    left:0;
    display:none;
}
.slide ul li.s1 {
    background:url(../images/s1.jpg)
no-repeat center/cover;
    display:block;
}
```

```
77    .slide ul li {
78        width:800px;
79        height:350px;
80        position:absolute;
81        top:0;
82        left:0;
83        display:none;
84    }
85    .slide ul li a {
86        display:block;
87        height:100%;
88    }
89    .slide ul li.s1 {
90        background:url(../images/s1.jpg) no-repeat center/cover;
91        display:block;
92    }
```

[style.css]

💬 **요소 TIP**

- **display: none** : 해당 요소를 화면에서 숨기는 역할을 하며, 슬라이드 전환 등에서 사용자가 보지 못하도록 초기 상태로 설정할 때 사용
- **display: block** : 숨겨진 요소를 다시 화면에 표시하는 역할을 하며, 첫 번째 슬라이드처럼 처음부터 보이게 해야 하는 요소에 사용
- **.slide ul li 요소에 display** : none을 설정하고, .slide ul li.s1에만 display: block을 지정하면 웹 브라우저 접속 시 첫 번째 슬라이드만 보이고 나머지는 숨겨진 상태로 준비

---

05 작업한 모든 파일을 저장하고 'index.html' 문서가 활성화된 상태에서 상태표시줄에 Go Live를 선택하여 웹 브라우저인 '크롬(Chrome)'으로 작업 결과를 확인합니다.

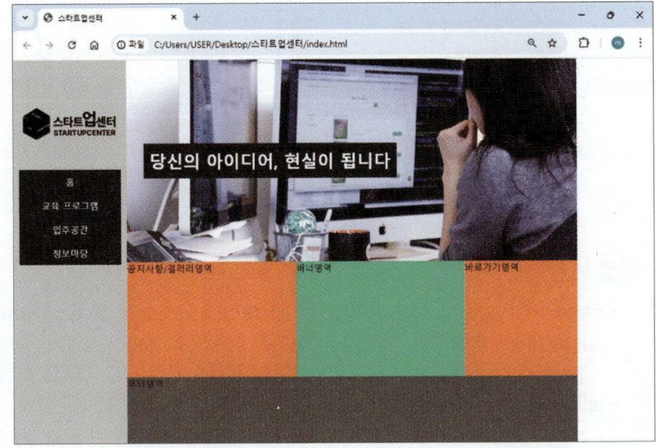

03 슬라이드 스크립트 작업하기

세부 지시사항의 B 슬라이드 애니메이션 효과를 구현합니다. 슬라이드 애니메이션이 Fade-in, Fade-out 애니메이션으로 매 3초 이내 다른 이미지로 전환되어야 하며, 웹사이트를 열었을 때 자동으로 시작되어 반복적인 슬라이드가 되도록 제이쿼리(jQuery)로 작업합니다.

01 'script.js' 문서를 활성화합니다. 그리고 메뉴 스크립트 다음 줄에 .slide ul li 중 보여지고 있는 첫 번째 슬라이드를 숨기고 다음 슬라이드가 보이도록 제이쿼리를 작성합니다.

```
//슬라이드
$(".slide ul li").eq(0).fadeOut();
$(".slide ul li").eq(1).fadeIn();
```

```
8    //슬라이드
9    $(".slide ul li").eq(0).fadeOut();
10   $(".slide ul li").eq(1).fadeIn();
```

[script.js]

02 다음 Fade in/out 애니메이션을 예상하여 제이쿼리를 작성합니다.

```
//슬라이드
$(".slide ul li").fadeOut();
$(".slide ul li").eq(1).fadeIn();
//3초후
$(".slide ul li").fadeOut();
$(".slide ul li").eq(2).fadeIn();
//3초후
$(".slide ul li").fadeOut();
$(".slide ul li").eq(0).fadeIn();
```

```
8    //슬라이드
9    $(".slide ul li").fadeOut();
10   $(".slide ul li").eq(1).fadeIn();
11   //3초후
12   $(".slide ul li").fadeOut();
13   $(".slide ul li").eq(2).fadeIn();
14   //3초후
15   $(".slide ul li").fadeOut();
16   $(".slide ul li").eq(0).fadeIn();
```

[script.js]

03 슬라이드 전환 코드를 간소화하기 위해 반복되는 부분을 생략하고, 변수 i를 활용하여 슬라이드 공식을 다음과 같이 작성합니다. 이때, 애니메이션이 겹쳐 발생하는 문제를 방지하기 위해 stop() 메서드를 함께 사용합니다.

```
//슬라이드
let i = 0;
i++;
$(".slide ul li").stop().fadeOut();
$(".slide ul li").eq(i).stop().fadeIn();
```

```
8    //슬라이드
9    let i = 0;
10   i++;
11   $(".slide ul li").stop().fadeOut();
12   $(".slide ul li").eq(i).stop().fadeIn();
```

[script.js]

04 실행문을 반복하기 위해 함수로 해당 실행문을 감싸줍니다.

```javascript
//슬라이드
let i=0;
function slide(){
    i++;
    $(".slide ul li").stop().fadeOut();
    $(".slide ul li").eq(i).stop().fadeIn();
}
slide();
```

```
 8    //슬라이드
 9    let i=0;
10    function slide(){
11        i++;
12        $(".slide ul li").stop().fadeOut();
13        $(".slide ul li").eq(i).stop().fadeIn();
14    }
15    slide();
```

[script.js]

05 반복적으로 함수를 호출하기 위해 'slide();'를 'setInterval'로 변경합니다.

```javascript
//슬라이드
let i=0;
function slide(){
    i++;
    $(".slide ul li").stop().fadeOut();
    $(".slide ul li").eq(i).stop().fadeIn();
}

setInterval(slide, 3000);
```

```
 8    //슬라이드
 9    let i=0;
10    function slide(){
11        i++;
12        $(".slide ul li").stop().fadeOut();
13        $(".slide ul li").eq(i).stop().fadeIn();
14    }
15
16    setInterval(slide, 3000);
```

[script.js]

06 i++(증감식)로 인하여 변수가 계속 증가됩니다. 조건을 걸어 마지막 슬라이드 다음 첫 번째 슬라이드가 나타날 수 있도록 다음과 같이 작성합니다.

```javascript
//슬라이드
let i=0;
function slide(){
    if(i<2){
        i++;
    }else{
        i=0;
    }
    $(".slide ul li").stop().fadeOut();
    $(".slide ul li").eq(i).stop().fadeIn();
}
setInterval(slide, 3000);
```

```
 8    //슬라이드
 9    let i=0;
10    function slide(){
11        if(i<2){
12            i++;
13        }else{
14            i=0;
15        }
16        $(".slide ul li").stop().fadeOut();
17        $(".slide ul li").eq(i).stop().fadeIn();
18    }
19    setInterval(slide, 3000);
```

[script.js]

07 작업한 모든 파일을 저장하고 'index. html' 문서가 활성화된 상태에서 상태표 시줄에 Go Live를 선택하여 웹 브라우저 인 '크롬(Chrome)'으로 작업 결과를 확인 합니다. 웹 브라우저에서 슬라이드 사라 지고 다음 슬라이드가 나타나는 애니메이 션이 3초마다 진행됩니다.

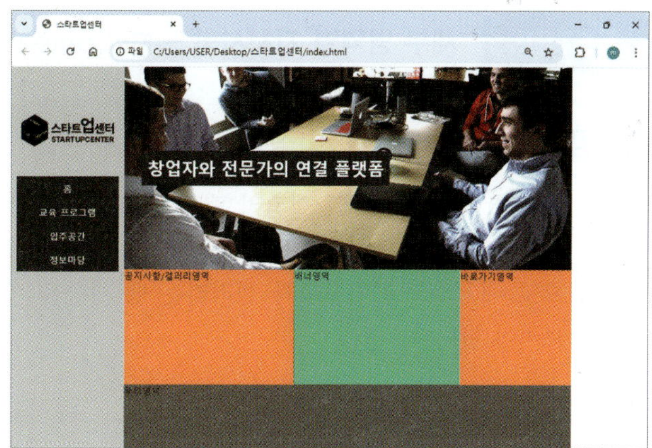

💬 요소 TIP

- **let i = 0** : 변수 i 선언 후 0을 할당
- **i++** : 증감 연산자로, 변수 i의 값을 1씩 증가시키는 역할
- **$(".slide ul li")** : .slide의 자식 요소 〈ul〉의 자식 요소 모든 li 요소 선택
- **eq(index)** : ()(괄호) 안에 index 번호를 넣으며 선택한 요소 집합 중 지정된 인덱스에 해당하는 요소를 선택
- **fadeIn()/fadeOut()** : fadeIn()은 요소가 점점 나타나고, fadeOut()은 요소가 점점 사라짐
- **.stop()** : 이전에 실행 중인 애니메이션을 중단시켜, 빠르게 연속 실행되는 애니메이션 충돌을 방지할 수 있음
- **if(조건문){실행문1}else{실행문2}** : 조건문이 참일 때 실행문1을 실행하고 거짓일 때 실행문2를 실행
- **setInterval(함수명, 밀리초)** : 지정한 시간 간격(밀리초)마다 해당 함수를 반복 실행하는 자바스크립트 내장 함수
- **밀리초(ms)** : 1초는 1,000밀리초이며, 1밀리초는 1초의 1/1,000에 해당

ⓕ 기적의 TIP

- **자바스크립트 인덱스(Index)란?**
  인덱스(Index)는 배열(Array) 또는 문자열(String) 내의 특정 요소나 문자에 접근할 때 사용하는 숫자 값입니다. 자바스크립트에 서 인덱스는 0부터 시작합니다.

- **인덱스 예시**
  - var colors = ["RED", "GREEN", "BLUE"];
  - console.log(colors[0]); // 콘솔창에 "RED" 출력
  - console.log(colors[1]); // 콘솔창에 "GREEN" 출력
  - console.log(colors[2]); // 콘솔창에 "BLUE" 출력

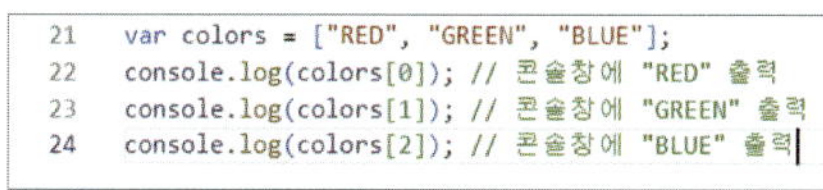

```
21    var colors = ["RED", "GREEN", "BLUE"];
22    console.log(colors[0]); // 콘솔창에 "RED" 출력
23    console.log(colors[1]); // 콘솔창에 "GREEN" 출력
24    console.log(colors[2]); // 콘솔창에 "BLUE" 출력
```

[script.js]

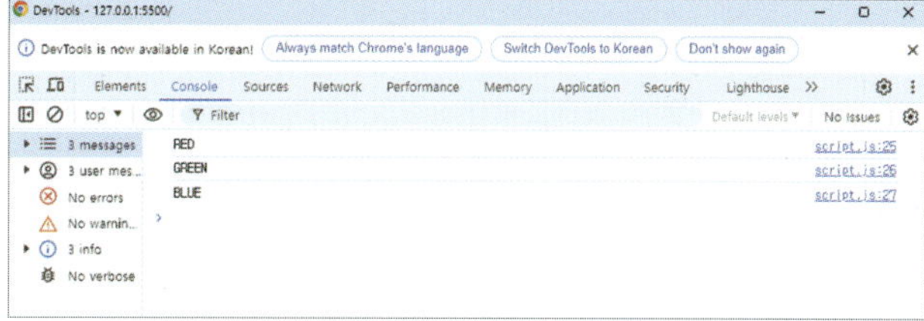

- **콘솔창 확인 방법**
  웹 브라우저(크롬 기준)에서 F12 키 또는 Ctrl+Shift+I를 눌러 개발자 도구를 열고, 상단 탭에서 Console(콘솔)을 클릭하면 자바스크립트 출력 결과를 확인할 수 있습니다.

01 공지사항, 갤러리 구조 작업하기

세부 지시사항 C.1 공지사항, 갤러리 탭 콘텐츠를 제작합니다. 공지사항의 타이틀 영역과 콘텐츠 영역을 구분하고 첫 번째 콘텐츠 클릭(Click) 시 팝업이 나오도록 작업합니다. 갤러리 영역은 제공된 이미지를 가로 방향으로 배치하고 공지사항과 갤러리는 탭 기능을 이용하여 각 탭을 클릭(Click) 시 해당 탭에 대한 내용이 보여야 합니다.

01 'index.html' 문서의 '<article class="tab"></article>' 사이에 공지사항과 갤러리 탭 메뉴를 다음과 같이 작성합니다.

```
<article class="tab">
    <ul class="tabmenu">
        <li class="on">
            <h2>
                <a href="#">공지사항</a>
            </h2>
            <div class="notice tabcon">
            </div>
        </li>
        <li>
            <h2>
                <a href="#">갤러리</a>
            </h2>
            <div class="gall tabcon">
            </div>
        </li>
    </ul>
</article>
```

```
77          <div class="con">
78              <article class="tab">
79                  <ul class="tabmenu">
80                      <li class="on">
81                          <h2>
82                              <a href="#">공지사항 </a>
83                          </h2>
84                          <div class="notice tabcon">
85                          </div>
86                      </li>
87                      <li>
88                          <h2>
89                              <a href="#">갤러리</a>
90                          </h2>
91                          <div class="gall tabcon">
92                          </div>
93                      </li>
94                  </ul>
95              </article>
```

[index.html]

> 💬 **요소 TIP**
>
> - **<ul class="tabmenu">** : 탭 메뉴 전체를 감싸는 리스트로, 각 탭 항목은 <li>로 구성
> - **<li class="on">** : 현재 활성화된 탭을 의미하며, 기본으로 보이게 설정할 때 사용
> - **<h2>** : 각 탭의 제목 요소(예 공지사항, 갤러리)
> - **<div class="notice tabcon">** : 공지사항 콘텐츠 영역으로, notice는 스타일 구분용, tabcon은 탭 콘텐츠 공통 클래스
> - **<div class="gall tabcon">** : 갤러리 콘텐츠 영역으로, gall은 스타일 구분용, tabcon은 탭 콘텐츠 공통 클래스
> - HTML에서 class="a b"처럼 공백으로 구분된 클래스를 작성하면, 두 클래스 모두 적용됨

02 '<div class="notice tabcon"></div>' 사이에 공지사항 내용을 다음과 같이 작성합니다.

```
<div class="notice tabcon">
    <ul>
        <li>
            <a href="#" class="pop">
                <p>2026년 상반기 창업지원 프로그램 모집</p>
                <span>2026.03.25</span>
            </a>
        </li>
        <li>
            <a href="#">
                <p>입주 스타트업 2기 최종 선정 발표</p>
                <span>2026.03.15</span>
            </a>
        </li>
        <li>
            <a href="#">
                <p>창업 전략 세미나 개최 안내</p>
                <span>2026.02.20</span>
            </a>
        </li>
        <li>
            <a href="#">
                <p>공용 회의실 · 세미나실 예약 시스템 오픈</p>
                <span>2026.01.01</span>
            </a>
        </li>
    </ul>
</div>
```

```
 80         <li class="on">
 81             <h2>
 82                 <a href="#">공지사항 </a>
 83             </h2>
 84             <div class="notice tabcon">
 85                 <ul>
 86                     <li>
 87                         <a href="#" class="pop">
 88                             <p>2026년 상반기 창업지원 프로그램 모집</p>
 89                             <span>2026.03.25</span>
 90                         </a>
 91                     </li>
 92                     <li>
 93                         <a href="#">
 94                             <p>입주 스타트업 2기 최종 선정 발표</p>
 95                             <span>2026.03.15</span>
 96                         </a>
 97                     </li>
 98                     <li>
 99                         <a href="#">
100                             <p>창업 전략 세미나 개최 안내</p>
101                             <span>2026.02.20</span>
102                         </a>
103                     </li>
104                     <li>
105                         <a href="#">
106                             <p>공용 회의실·세미나실 예약 시스템 오픈</p>
107                             <span>2026.01.01</span>
108                         </a>
109                     </li>
110                 </ul>
111             </div>
112         </li>
```

[index.html]

첫 번째 게시글에 <a href="#" class="pop">을 미리 지정하면, 자바스크립트에서 .pop 클래스로 선택하여 팝업을 띄우는 클릭 이벤트를 연결할 수 있습니다.

💬 **요소 TIP**

- **<p>** : 공지사항의 게시글 지정
- **<span>** : 공지사항 게시글의 날짜 지정

03 '<div class="gall tabcon"></div>' 사이
에 갤러리 내용을 다음과 같이 작성합니다.

```
<div class="gall tabcon">
  <ul>
    <li>
      <a href="#">
        <img src="images/g1.jpg" alt="갤러리 후기1">
      </a>
    </li>
    <li>
      <a href="#">
        <img src="images/g2.jpg" alt="갤러리 후기2">
      </a>
    </li>
    <li>
      <a href="#">
        <img src="images/g3.jpg" alt="갤러리 후기3">
      </a>
    </li>
  </ul>
</div>
```

```
113            <li>
114                <h2>
115                    <a href="#">갤러리</a>
116                </h2>
117                <div class="gall tabcon">
118                    <ul>
119                        <li>
120                            <a href="#">
121                                <img src="images/g1.jpg" alt="갤러리 후기1">
122                            </a>
123                        </li>
124                        <li>
125                            <a href="#">
126                                <img src="images/g2.jpg" alt="갤러리 후기2">
127                            </a>
128                        </li>
129                        <li>
130                            <a href="#">
131                                <img src="images/g3.jpg" alt="갤러리 후기3">
132                            </a>
133                        </li>
134                    </ul>
135                </div>
136            </li>
137        </ul>
138    </article>
```

[index.html]

+ 더 알기 TIP

- 상호 작용이 필요한 모든 콘텐츠는 임시 링크('#')를 적용하여 클릭 가능한 형태를 만듭니다(기술적 준수사항).
- alt 속성은 <img> 요소에 반드시 포함되어야 하며, 이미지의 대체 텍스트를 제공하여 시각 장애인 접근성과 SEO(검색 최적화)를 향상시킵니다(기술적 준수사항).

01 'style.css' 문서에서 '.con'의 배경색을
지우고 '.tab'에 다음과 같이 작성합니다.

```css
.tab {
    width:300px;
    padding:10px;
}
.tabmenu {
    display:flex;
}
.tabmenu>li {
    width:150px;
    background:#D3D3D3;
}
.tabmenu>li>h2>a {
    display:block;
    text-align:center;
    padding:5px 0;
}
.tabmenu>li.on {
    background:#333;
    color:#fff;
}
```

```css
114    .tab {
115        width:300px;
116        padding:10px;
117    }
118    .tabmenu {
119        display:flex;
120    }
121    .tabmenu>li {
122        width:150px;
123        background:■#D3D3D3;
124    }
125    .tabmenu>li>h2>a {
126        display:block;
127        text-align:center;
128        padding:5px 0;
129    }
130    .tabmenu>li.on {
131        background:■#333;
132        color:□#fff;
133    }
```

[style.css]

💬 **요소 TIP**

- **.tab** : 공지사항과 갤러리를 감싸는 영역
  - **padding:10px** : 사방 내부 여백 10픽셀 설정
- **display:flex** : .tabmenu를 플렉스 컨테이너로 설정하여, 자식 요소⟨li⟩들을 가로로 나열
- **.tabmenu>li>h2>a** : .tabmenu의 자식 요소 ⟨li⟩의 자식 요소 ⟨h2⟩의 자식 요소 ⟨a⟩ 지정
  - **text-align:center** : 요소 내의 텍스트 가운데 정렬
- **.tabmenu>li.on** : .tabmenu 자식 요소 ⟨li⟩에 클래스가 on인 경우 지정(탭 메뉴가 활성화된 상태)

02 '.Tab' 안의 내용을 다음과 같이 수정합니다.

```css
.tab {
    position:relative;
    width:300px;
    padding:10px;
}
```

```
114    .tab {
115        position:relative;
116        width:300px;
117        padding:10px;
118    }
```
[style.css]

03 '.tabmenu>li.on' 다음 줄에 다음과 같이
작성합니다.

```css
.tabcon {
    position:absolute;
    left:0;
    width:100%;
    background:#333;
    padding:5px;
    height:140px;
}
```

```
135    .tabcon {
136        position:absolute;
137        left:0;
138        width:100%;
139        background: ■ #333;
140        padding:5px;
141        height:140px;
142    }
```
[style.css]

💬 **요소 TIP**

- **.tabcon** : <div class="notice tabcon"></div>과 <div class="gall tabcon"></div> 지정
  - **position:absolute** : 공지사항 내용과 갤러리 내용이 같은 자리에 나타나도록 겹치게 설정
  - **height** : 공지사항 내용과 갤러리 내용이 들어갈 높이 지정
  - **width:100%** : 기준이 되는 .tab 요소의 너비만큼 채워줌
- **.tab** : .tabcon의 상위 요소
  - **position:relative** : .tabcon의 기준 역할

04 '`style.css`' 문서에서 '`.tabcon`' 스타일 다음 줄에 공지사항 게시판 스타일을 다음과 같이 작성합니다.

```css
.notice ul {
    padding:0 15px;
}
.notice ul li {
    border-bottom:1px dashed #fff;
}
.notice ul li:last-child {
    border-bottom:none;
}
.notice ul li a {
    display:block;
    padding:5px 0;
    position:relative;
    color:#fff;
}
.notice ul li p {
    width:150px;
    white-space:nowrap;
    overflow:hidden;
    text-overflow:ellipsis;
}
.notice ul li span {
    position:absolute;
    right:0;
    top:5px;
}
.gall{
    display:none;
}
```

```css
143  .notice ul {
144      padding:0 15px;
145  }
146  .notice ul li {
147      border-bottom:1px dashed □#fff;
148  }
149  .notice ul li:last-child {
150      border-bottom:none;
151  }
152  .notice ul li a {
153      display:block;
154      padding:5px 0;
155      position:relative;
156      color:□#fff;
157  }
158  .notice ul li p {
159      width:150px;
160      white-space:nowrap;
161      overflow:hidden;
162      text-overflow:ellipsis;
163  }
164  .notice ul li span {
165      position:absolute;
166      right:0;
167      top:5px;
168  }
169  .gall{
170      display:none;
171  }
```

[style.css]

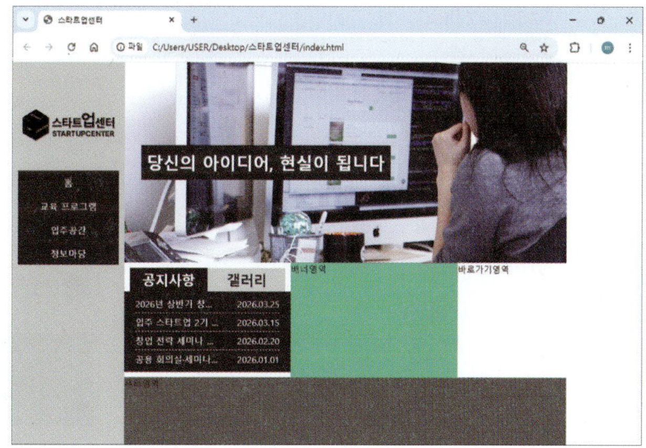

- **.gall** : 갤러리 영역 선택자로 숨겨 놓고 공지사항 스타일 작업
  - **display:none** : 요소를 선택하여 숨김
- **.notice ul li** : .notice 하위 요소 〈ul〉의 하위 요소 〈li〉 지정
  - **border-bottom:1px dashed #fff** : 1픽셀 두께의 색상 #fff 하단 점선 테두리 설정
- **.notice ul li:last-child** : .notice의 하위 요소 〈ul〉의 하위 요소 〈li〉 중 마지막 〈li〉 지정
  - **border-bottom:none** : 하단 테두리를 제거
- **.notice ul li span** : .notice의 하위 요소 〈ul〉의 하위 요소 〈li〉의 하위 요소 〈span〉 지정, 공지사항 날짜 스타일 적용
  - **position:absolute** : .notice ul li p 요소의 영향을 받지 않도록 공중에 띄워 작업
- **.notice ul li a** : .notice의 하위 요소 〈ul〉의 하위 요소 〈li〉의 하위 요소 〈a〉 지정
  - **position:relative** : .notice ul li span의 기준 역할
- 제공되는 공지사항 텍스트가 길 것을 대비하여 말 줄임표 작업
  - **width:150px** : 표시 영역의 너비를 제한
  - **white-space:nowrap** : 텍스트가 영역보다 넘칠 때 줄바꿈 없이 한 줄로 표시
  - **overflow:hidden** : 넘친 텍스트를 숨김
  - **text-overflow:ellipsis** : 넘친 부분에 말줄임표(...)를 표시

05 'style.css' 문서에서 '.gall'를 찾아 '.notice'로 변경 후 갤러리 영역 스타일을 다음과 같이 작성합니다.

```css
.notice{
    display:none;
}
.gall ul {
    display:flex;
    gap:10px;
    margin-top:20px;
    justify-content:center;
}
.gall ul li img {
    width:100px;
    height:100px;
    object-fit:cover;
}
```

```css
169  .notice{
170      display:none;
171  }
172  .gall ul {
173      display:flex;
174      gap:10px;
175      margin-top:20px;
176      justify-content:center;
177  }
178  .gall ul li img {
179      width:100px;
180      height:100px;
181      object-fit:cover;
182  }
```

[style.css]

- **.notice** : 공지사항 영역을 일시적으로 숨김 처리하여 갤러리 스타일이 잘 보이도록 설정
  - **display:none** : 요소를 선택하여 숨김
- **.gall ul** : .gall의 하위 요소 ul 지정
  - **display:flex** : .gall ul를 플렉스 컨테이너로 설정, 자식 요소 〈li〉들을 수평으로 나열
  - **gap:10px** : flex로 나열된 자식 요소 〈li〉의 사이 간격 10픽셀 지정
  - **justify-content:center** : flex로 나열된 자식 요소 〈li〉의 수평 중앙 정렬 지정
- **object-fit** : cover를 통해 이미지가 지정된 크기를 넘지 않도록 비율을 유지하며 채워지게 함

06 갤러리 스타일이 잘 적용되었다면 '.notice'를 '.gall'로 수정하여 갤러리는 숨기고, 공지사항 콘텐츠를 보이도록 작업합니다.

```
.gall{
    display:none;
}
```

```css
164    .notice ul li span {
165        position:absolute;
166        right:0;
167        top:5px;
168    }
169    .gall{
170        display:none;
171    }
```

[style.css]

- **.notice** : 스크립트 작업 전 공지사항 내용은 보이도록 설정
- **.gall** : 스크립트 작업 전 갤러리 내용은 숨기도록 설정

07 작업한 모든 파일을 저장하고 'index.html' 문서가 활성화된 상태에서 상태표시줄에 Go Live를 선택하여 웹 브라우저인 '크롬(Chrome)'으로 작업 결과를 확인합니다.

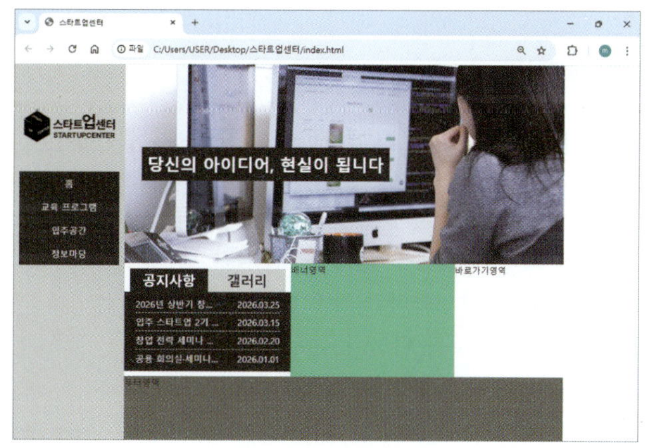

- **object-fit 속성이란?**
  - object-fit은 이미지를 요소 크기 안에 어떻게 맞출지 설정하는 CSS 속성입니다.
  - 이미지가 박스 크기에 맞춰 늘어나거나 잘리는 방식을 제어할 수 있습니다.

- **object-fit 주요 속성값**
  - fill : 기본값. 요소 크기에 이미지를 꽉 채우되, 비율이 유지되지 않아 왜곡될 수 있음
  - contain : 이미지의 비율을 유지하며 요소 안에 모두 들어오도록 축소, 빈 여백이 생길 수 있음
  - cover : 이미지 비율을 유지하면서 요소 전체를 덮도록 확대함, 일부가 잘릴 수 있음
  - none : 원본 이미지 크기를 그대로 유지하며, 박스보다 클 때 넘침

```html
1  <!DOCTYPE html>
2  <html lang="ko">
3  <head>
4    <meta charset="UTF-8">
5    <meta name="viewport" content="width=device-width, initial-scale=1.0">
6    <title>object-fit 속성</title>
7    <link href="style.css" rel="stylesheet">
8  </head>
9  <body>
10   <table>
11     <tr>
12       <th>fill</th>
13       <th>contain</th>
14       <th>cover</th>
15       <th>none</th>
16     </tr>
17     <tr>
18       <td><img src="img.jpg" class="fill"></td>
19       <td><img src="img.jpg" class="contain"></td>
20       <td><img src="img.jpg" class="cover"></td>
21       <td><img src="img.jpg" class="none"></td>
22     </tr>
23   </table>
24  </body>
25  </html>
```

[index.html]

```css
# style.css > ...
1   @charset "utf-8";
2   img {
3     width: 200px;
4     height: 100px;
5   }
6   .fill {
7     object-fit: fill;/*기본값*/
8   }
9   .contain {
10    object-fit: contain;
11  }
12  .cover {
13    object-fit: cover;
14  }
15  .none {
16    object-fit: none;
17  }
```

[style.css]

03 탭 메뉴 스크립트 작업하기

C.1 탭 메뉴 스크립트를 제작합니다. 각 탭을 클릭(Click) 시 해당 탭에 대한 내용이 보이도록 작업합니다.

01 'script.js' 문서에서 슬라이드 스크립트 다음 줄에 탭 메뉴 클릭 시 클릭한 탭 메뉴 제목을 활성화하고 기존 탭 메뉴 제목을 비활성화하도록 다음과 같이 작성합니다.

```javascript
//탭메뉴
$(".tabmenu>li").click(function(){
    $(".tabmenu>li").removeClass("on");
    $(this).addClass("on");
})
```

```javascript
21  //탭 메뉴
22  $(".tabmenu>li").click(function(){
23      $(".tabmenu>li").removeClass("on");
24      $(this).addClass("on");
25  })
```

[script.js]

탭 메뉴를 클릭하면 해당 메뉴에 on 클래스가 추가되어 활성화되고, 나머지 메뉴에서는 on 클래스가 제거되어 비활성화됩니다.

- **$(".tabmenu〉li")** : jQuery 선택자로, HTML 문서 내 .tabmenu 하위 요소 〈li〉 지정
- **click** : jQuery에서 제공하는 이벤트 메서드로, 클릭 시 발생하는 이벤트를 처리
- **$(this)** : 클릭 이벤트가 발생한 요소, 즉 사용자가 클릭한 .tabmenu 〉 li 요소를 의미
- **.removeClass("on")** : 선택한 요소에서 클래스 "on"을 제거하여 비활성화 상태로 만듦
- **.addClass("on")** : 선택한 요소에 클래스 "on"을 추가하여 활성화 상태로 만듦

02 탭 메뉴 클릭 시 클릭한 탭 메뉴의 콘텐츠를 보여주기 위해 변수를 만들어 클릭한 탭 메뉴의 인덱스 번호를 알 수 있도록 다음과 같이 작성합니다.

```javascript
//탭메뉴
let t;
$(".tabmenu〉li").click(function(){
    $(".tabmenu〉li").removeClass("on");
    $(this).addClass("on");

    t = $(this).index();
    console.log(t);
})
```

```javascript
21  //탭메뉴
22  let t;
23  $(".tabmenu>li").click(function(){
24      $(".tabmenu>li").removeClass("on");
25      $(this).addClass("on");
26
27      t = $(this).index();
28      console.log(t);
29  })
```

[script.js]

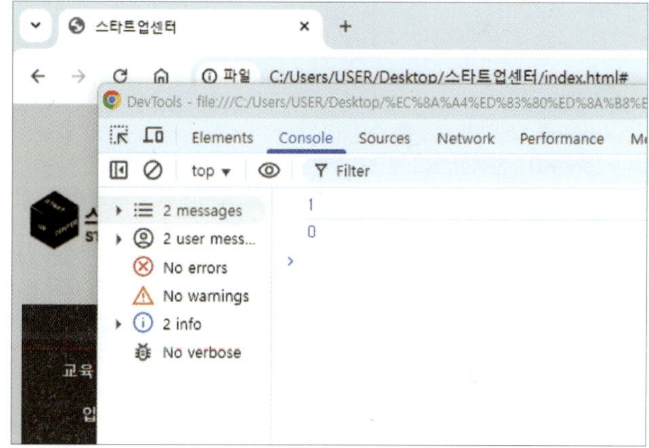

- **let t** : 변수 t 선언
- **t = $(this).index();** : 변수 t에 클릭한 인덱스 번호를 할당
- **console.log(t)** : 브라우저에서 F12 키를 눌러 개발자 도구의 'Console' 탭에서 변수 t의 값을 확인할 수 있음

03 클릭한 탭 메뉴와 콘텐츠 인덱스 번호가 같은 콘텐츠를 보여줄 수 있도록 다음과 같이 작성합니다.

```javascript
//탭메뉴
let t;
$(".tabmenu>li").click(function(){
    $(".tabmenu>li").removeClass("on");
    $(this).addClass("on");

    t = $(this).index();
    console.log(t);

    $(".tabcon").hide();
    $(".tabcon").eq(t).show();
})
```

```javascript
21      //탭메뉴
22      let t;
23      $(".tabmenu>li").click(function(){
24          $(".tabmenu>li").removeClass("on");
25          $(this).addClass("on");
26
27          t = $(this).index();
28          console.log(t);
29
30          $(".tabcon").hide();
31          $(".tabcon").eq(t).show();
32      })
```

[script.js]

---

04 탭 메뉴 클릭 시 <a> 태그가 포함되어 있어 임시 링크로 인해 새로고침이 발생합니다. 이를 방지하기 위해 링크를 차단하는 스크립트를 다음과 같이 작성합니다.

```javascript
//탭메뉴
let t;
$(".tabmenu>li").click(function(e){
    e.preventDefault();
    $(".tabmenu>li").removeClass("on");
    $(this).addClass("on");

    t = $(this).index();
    console.log(t);

    $(".tabcon").hide();
    $(".tabcon").eq(t).show();
})
```

```javascript
21      //탭메뉴
22      let t;
23      $(".tabmenu>li").click(function(e){
24          e.preventDefault();
25          $(".tabmenu>li").removeClass("on");
26          $(this).addClass("on");
27
28          t = $(this).index();
29          console.log(t);
30
31          $(".tabcon").hide();
32          $(".tabcon").eq(t).show();
33      })
```

[script.js]

- e.preventDefault();는 이벤트 발생 시 브라우저의 기본 동작을 막기 위한 메서드입니다.
- 〈a href="#"〉처럼 임시 링크를 클릭할 경우, 페이지 상단으로 이동하는 기본 링크 동작을 차단하고, 자바스크립트로 지정한 동작만 실행되도록 설정할 수 있습니다.
- 자바스크립트는 위에서 아래로 순차적으로 실행됩니다. 중간에 오류가 발생하면, 그 이후의 코드는 실행되지 않으며, 오류 내용은 개발자 도구(Console) 탭에서 확인할 수 있습니다.

05 작업한 모든 파일을 저장하고 'index.html' 문서가 활성화된 상태에서 상태표시줄에 Go Live를 선택하여 웹 브라우저인 '크롬(Chrome)'으로 작업 결과를 확인합니다.

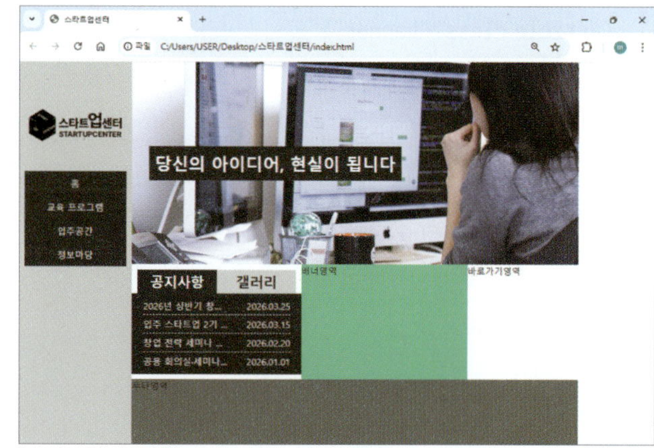

06 탭 메뉴를 클릭하면, 클릭한 탭에 on 클래스가 추가되고 해당 탭에 대응하는 콘텐츠가 표시됩니다.

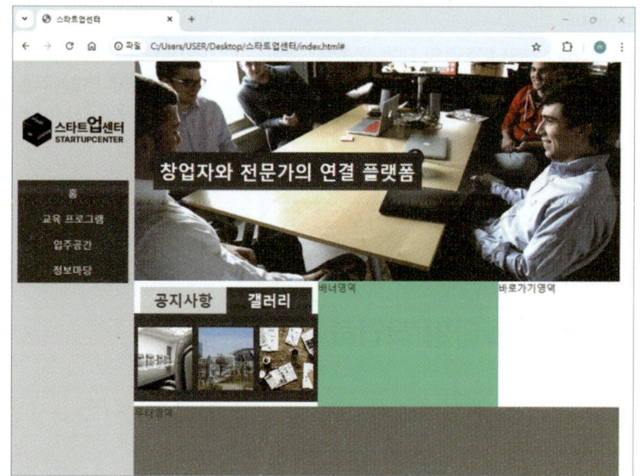

04 배너 구조 작업하기

세부 지시사항 C.2 배너를 제작합니다. Contents 폴더의 제공된 파일을 활용하여 작업합니다.

01 'index.html' 문서의 '<article class="banner"></article>' 사이에 배너 내용을 다음과 같이 작성합니다.

```html
<article class="banner">
    <h2>배너</h2>
    <a href="#">
        <div>
            <h3>창조경제혁신센터</h3>
            <p>전국 창조경제혁신센터 홈페이
지, 지역 창업 지원 및 멘토링 운영 </p>
        </div>
    </a>
</article>
```

```html
139         <article class="banner">
140             <h2>배너</h2>
141             <a href="#">
142                 <div>
143                     <h3>창조경제혁신센터</h3>
144                     <p>전국 창조경제혁신센터 홈페이지, 지역 창업 지원 및 멘토링 운영 </p>
145                 </div>
146             </a>
147         </article>
```

[index.html]

05 배너 스타일 작업하기

01 'style.css' 문서에서 '.banner'를 찾아 배너 스타일을 다음과 같이 작성합니다.

```css
.banner {
    width:300px;
    background:#fff;
    padding:10px;
}
.banner h2 {
    background:#333;
    padding:5px;
    color:#fff;
    text-align:center;
    margin-bottom:10px;
```

```css
182    .banner {
183        width:300px;
184        background:□ #fff;
185        padding:10px;
186    }
187    .banner h2 {
188        background: ■ #333;
189        padding:5px;
190        color:□ #fff;
191        text-align:center;
192        margin-bottom:10px;
```

```css
}
.banner a {
  display:block;
  height:130px;
  background:url(../images/banner.jpg)
center/cover;
  border-radius:30px;
  overflow:hidden;
  color:#fff;
}
.banner div {
  height:100%;
  background:rgba(0, 0, 0, 0.8);
  padding:20px;
  text-align: center;
}
.banner div h3 {
  margin-bottom:10px;
  color:#f4d01f;
}
```

```
193    }
194    .banner a {
195        display:block;
196        height:130px;
197        background:url(../images/banner.jpg) center/cover;
198        border-radius:30px;
199        overflow:hidden;
200        color: #fff;
201    }
202    .banner div {
203        height:100%;
204        background: rgba(0, 0, 0, 0.8);
205        padding:20px;
206        text-align: center;
207    }
208    .banner div h3 {
209        margin-bottom:10px;
210        color: #f4d01f;
211    }
```

[style.css]

> 💬 **요소 TIP**
>
> - **.banner h2** : .banner의 하위 요소 〈h2〉 지정, 텍스트의 계층 구조를 명확히 보여줌
> - **.banner a** : .banner의 하위 요소 〈a〉 지정, 배너의 클릭할 영역 및 배너 이미지 설정
>   - **background: url(…) center/cover** : 배경 이미지를 가운데 정렬하고, 요소 크기에 맞게 꽉 채우도록 설정
>   - **border-radius:30px** : 사방의 모서리를 30 픽셀만큼 둥글게 설정
>   - **overflow:hidden** : 하위 요소가 넘치는 영역을 숨겨줌
>   - **color:#fff** : 하위 요소 텍스트 색상을 흰색으로 설정
> - **.banner div** : .banner의 하위 요소 〈div〉를 지정하여 글자색이 잘 보이도록 배경색 설정
>   - **background:rgba(0, 0, 0, 0.8)** : 빨강(Red) 값은 0, 초록(Green) 값은 0, 파랑(Blue) 값은 0이며, 알파(Alpha) 값은 0.8로 0에서 1 사이의 값을 가지므로 80%의 불투명도 설정
>   - **height:100%** : 배경색이 부모 요소만큼 채워짐

02 작업한 모든 파일을 저장하고 'index.html' 문서가 활성화된 상태에서 상태표시줄에 Go Live를 선택하여 웹 브라우저인 '크롬(Chrome)'으로 작업 결과를 확인합니다.

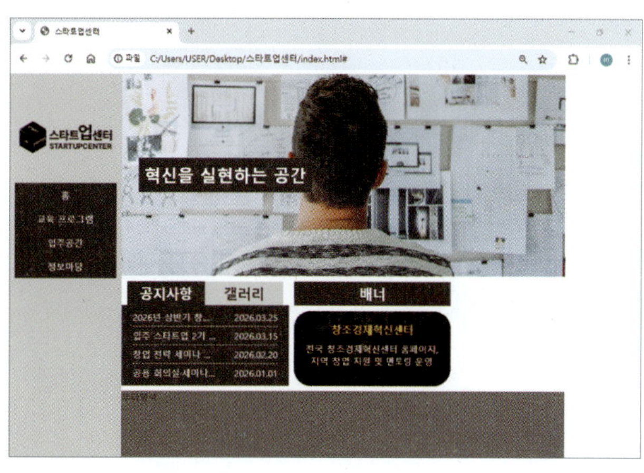

06 바로가기 구조 작업하기

세부 지시사항 C.3 바로가기를 제작합니다. 바로가기 영역은 Contents 폴더에서 제공된 파일을 활용해 작업합니다.

01 'index.html' 문서의 '`<article class="go"></article>`' 사이에 바로가기 내용을 다음과 같이 작성합니다.

```html
<article class="go">
    <h2>바로가기</h2>
    <ul>
        <li>
            <a href="#">
                <img src="images/icon01.png" alt="창업지원 신청">
                <span>창업지원 신청</span>
            </a>
        </li>
        <li>
            <a href="#">
                <img src="images/icon02.png" alt="센터 행사 일정">
                <span>센터 행사 일정</span>
            </a>
        </li>
        <li>
            <a href="#">
                <img src="images/icon03.png" alt="오시는 길">
                <span>오시는 길</span>
            </a>
        </li>
    </ul>
</article>
```

```html
148    <article class="go">
149        <h2>바로가기</h2>
150        <ul>
151            <li>
152                <a href="#">
153                    <img src="images/icon01.png" alt="창업지원 신청">
154                    <span>창업지원 신청</span>
155                </a>
156            </li>
157            <li>
158                <a href="#">
159                    <img src="images/icon02.png" alt="센터 행사 일정">
160                    <span>센터 행사 일정</span>
161                </a>
162            </li>
163            <li>
164                <a href="#">
165                    <img src="images/icon03.png" alt="오시는 길">
166                    <span>오시는 길</span>
167                </a>
168            </li>
169        </ul>
170    </article>
171 </div>
```

[index.html]

> **요소 TIP**
> - **<h2>** : 바로가기 영역의 제목 요소
> - **<span>** : 바로가기 아이콘 이름 요소

01 'style.css' 문서에서 'footer' 스타일 윗 줄에 바로가기 스타일을 다음과 같이 작성합니다.

```css
.go {
    width:200px;
    padding:10px;
}
.go h2 {
    background:#333;
    padding:5px;
    color:#fff;
    text-align:center;
}
.go ul li {
    margin-top:5px;
}
.go ul li img {
    width:20px;
}
.go ul li a {
    display:block;
    font-size:13px;
    height:40px;
    border-radius:5px;
    background:#757575;
    text-align:center;
    color:#fff;
    padding-top:10px;
}
```

```
212    .go {
213        width: 200px;
214        padding: 10px;
215    }
216    .go h2 {
217        background: #333;
218        padding: 5px;
219        color: #fff;
220        text-align: center;
221    }
222    .go ul li {
223        margin-top: 5px;
224    }
225    .go ul li img {
226        width: 20px;
227    }
228    .go ul li a {
229        display: block;
230        font-size: 13px;
231        height: 40px;
232        border-radius: 5px;
233        background: #757575;
234        text-align: center;
235        color: #fff;
236        padding-top: 10px;
237    }
```

[style.css]

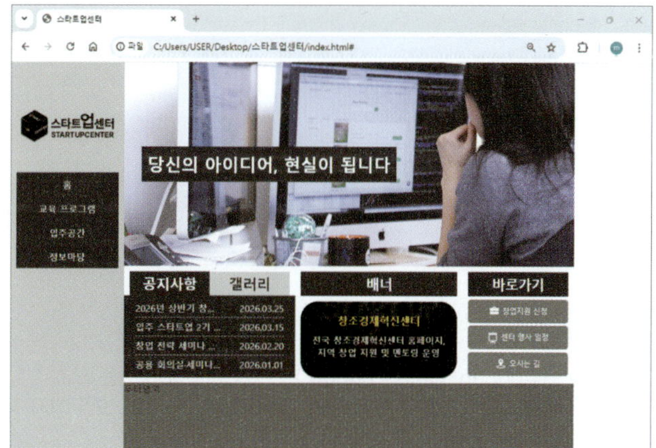

💬 요소 TIP

- **.go ul li** : .go의 하위 요소 〈ul〉의 하위 요소 〈li〉의 하위 요소 지정하여 바로가기 리스트의 스타일 지정
- **.go ul li a** : .go의 하위 요소 〈ul〉의 하위 요소 〈li〉의 하위 요소 〈a〉를 지정하여 바로가기 스타일 지정
  - **display:block** : 〈a〉는 인라인 요소이므로 width, height가 들어가지 않음. 그래서 display:block으로 변경하여 height 스타일 속성 적용
  - **text-align:center** : 인라인 요소(문자, 〈img〉) 가운데 정렬
  - **border-radius:5px** : 사방의 모서리를 5픽셀만큼 둥글게 설정

08 팝업창 구조 작업하기

세부 지시사항의 와이어프레임에서 팝업창의 형태를 확인합니다. Contents 폴더의 제공된 텍스트 파일을 사용하여 모달 레이어 팝업(Modal Layer Popup)을 제작합니다.

01 'index.html' 문서의 '</div><!-- //contents 닫은 태그-->' 다음 줄에 팝업창을 다음과 같이 작성합니다.

```
<div id="popup" class="popup">
    <div class="popcon">
        <h2>2026년 상반기 창업지원 프로그램 모집</h2>
        <p class="img">
            <img src="images/pop.jpg" alt="2026년 상반기 창업지원 프로그램 모집">
        </p>
        <p class="text">
            2026년 상반기 창업지원 프로그램에<br>
            참여하실 분들 모집합니다!<br>
            <strong>접수 기간: 4월 10일 ~ 4월 30일</strong>
        </p>
        <div class="close">
            <button>CLOSE X</button>
        </div>
    </div>
</div>
```

```
175    </div><!-- //contents 닫은 태그-->
176    <div id="popup" class="popup">
177        <div class="popcon">
178            <h2>2026년 상반기 창업지원 프로그램 모집</h2>
179            <p class="img">
180                <img src="images/pop.jpg" alt="2026년 상반기 창업지원 프로그램 모집">
181            </p>
182            <p class="text">
183                2026년 상반기 창업지원 프로그램에<br>
184                참여하실 분들 모집합니다!<br>
185                <strong>접수 기간: 4월 10일 ~ 4월 30일</strong>
186            </p>
187            <div class="close">
188                <button>CLOSE X</button>
189            </div>
190        </div>
191    </div>
192    </div><!--//wrap 닫는 태그-->
193    </body>
194    </html>
```

[index.html]

> **💬 요소 TIP**
>
> - <div id="popup" class="popup"> : 팝업 전체를 감싸는 요소
>   - id="popup" : 팝업을 특정해서 자바스크립트와 CSS 모두에서 직접 선택할 수 있도록 지정한 식별자
>   - class="popup" : 공통 스타일을 적용하기 위해 사용
> - <div class="popcon"> : 팝업의 콘텐츠를 감싸주는 클래스 명이 popcon인 요소
> - <p class="img"> : 팝업 내 이미지를 감싸주는 클래스 명이 img인 요소
> - <p class="text"> : 팝업 내 텍스트를 감싸주는 클래스 명이 text인 요소
> - <div class="close"> : 팝업 내 버튼 요소를 감싸주는 클래스 명이 close인 요소

 팝업창 스타일 작업하기

01 'style.css' 문서의 'footer' 스타일 다음 줄에 팝업창의 스타일을 다음과 같이 작성합니다.

```css
#popup {
    position:absolute;
    top:0;
    left:0;
    width:100%;
    height:100%;
    background:rgba(0, 0, 0, 0.5);
    z-index:9999;
}
.popcon {
    position:relative;
    width:500px;
    top:50%;
    left:50%;
    transform:translate(-50%, -50%);
    background:#fff;
    text-align:center;
    padding:10px;
    border-radius:20px;
}
```

```css
242    #popup {
243        position:absolute;
244        top:0;
245        left:0;
246        width:100%;
247        height:100%;
248        background:rgba(0, 0, 0, 0.5);
249        z-index:9999;
250    }
251    .popcon {
252        position:relative;
253        width:500px;
254        top:50%;
255        left:50%;
256        transform:translate(-50%, -50%);
257        background:#fff;
258        text-align:center;
259        padding:10px;
260        border-radius:20px;
261    }
```

[style.css]

02 'style.css' 문서의 '.wrap'을 찾아 팝업창의 기준을 다음과 같이 작성합니다.

```css
.wrap{
    width:1000px;
    height:670px;
    display:flex;
    position:relative;
}
```

```css
26    .wrap{
27        width:1000px;
28        height:670px;
29        display:flex;
30        position:relative;
31    }
```

[style.css]

➕ 더 알기 TIP

- 팝업창은 모든 콘텐츠 위에 표시되어야 하므로 공중에 띄워 작업합니다.
- id 속성은 class처럼 CSS에서 사용할 수 있으며, 선택자 앞에 #을 붙여 스타일을 지정합니다.
  예를 들어, id="popup"인 요소에 스타일을 적용하려면 #popup { ... } 형태로 작성합니다.
- #popup은 position: absolute로 설정되어 있으며, position: relative가 적용된 .wrap 요소를 기준으로 가운데 정렬됩니다.

03 팝업 타이틀과 내용의 스타일을 '.popcon' 다음 줄에 다음과 같이 작성합니다.

```css
.popcon h2 {
    color:#333;
    margin−bottom:20px;
}

.popcon .text {
    margin:20px 0;
}

.popcon .close {
    text−align:right;
}

.popcon .close button {
    background:#333;
    padding:10px;
    color:#fff;
}

.popcon .close button:hover {
    background:#D3D3D3;
    color:#333;
}
```

```css
264  .popcon h2 {
265      color: #333;
266      margin-bottom:20px;
267  }
268  .popcon .text {
269      margin:20px 0;
270  }
271  .popcon .close {
272      text-align:right;
273  }
274  .popcon .close button {
275      background: #333;
276      padding:10px;
277      color: #fff;
278  }
279  .popcon .close button:hover {
280      background: #D3D3D3;
281      color: #333;
282  }
```

[style.css]

04 작업한 모든 파일을 저장하고 'index. html' 문서가 활성화된 상태에서 상태표 시줄에 Go Live를 선택하여 웹 브라우저 인 '크롬(Chrome)'으로 작업 결과를 확인 합니다. 팝업창의 스타일 작업이 완료되 었다면 팝업창을 숨깁니다.

```css
#popup {
    position:absolute;
    top:0;
    left:0;
    width:100%;
    height:100%;
    background:rgba(0, 0, 0, 0.5);
    z-index:9999;
    display:none;
}
```

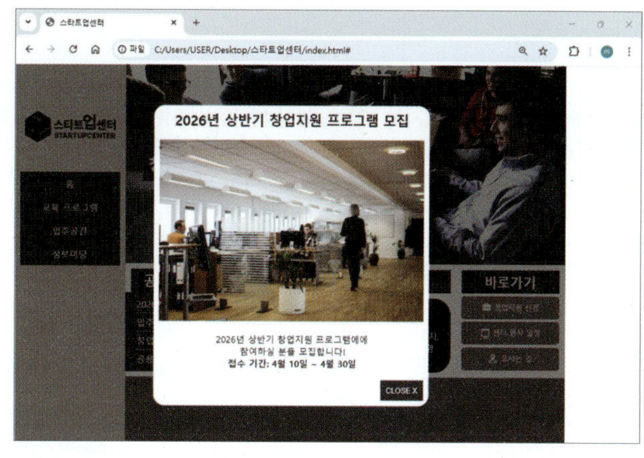

```css
243    #popup {
244        position:absolute;
245        top:0;
246        left:0;
247        width:100%;
248        height:100%;
249        background: rgba(0, 0, 0, 0.5);
250        z-index:9999;
251        display:none;
252    }
```

[style.css]

💬 **요소 TIP**

display:none : 요소를 선택하여 숨김(스크립트에서 추가 작업 예정)

⑩ 팝업창 스크립트 작업하기

세부 지시사항의 C.1 공지사항 팝업 효과를 구현합니다. 공지사항의 첫 번째 게시글을 클릭(Click) 시 모 달 레이어 팝업(Modal Layer Popup)이 나오도록 작업하며, 레이어 팝업의 Close 버튼을 클릭하면 해당 모달 레이어 팝업이 닫히도록 작업합니다.

01 'script.js' 문서에서 마지막 줄에 '팝업' 창 스크립트를 다음과 같이 작성합니다.

```javascript
//팝업
$(".pop").click(function(e){
    e.preventDefault();
    $("#popup").show();
});
$(".close button").click(function(){
    $("#popup").hide();
})
```

```javascript
34    //팝업
35    $(".pop").click(function(e){
36        e.preventDefault();
37        $("#popup").show();
38    });
39    $(".close button").click(function(){
40        $("#popup").hide();
41    })
```

[script.js]

- **$(".pop")** : jQuery 선택자로, 공지사항 영역 내 첫 번째 게시글에 지정된 .pop 클래스를 선택
- **.click(function(){ ... })** : jQuery에서 제공하는 이벤트 메서드로 클릭 시 {}(중괄호) 내 실행문을 실행
- **$("#popup")** : 팝업창 전체를 감싸는 id="popup" 요소를 선택하는 jQuery 선택자
- **show()/hide()** : show()는 요소를 표시하는 이벤트, hide()는 요소를 숨기는 이벤트
- **e.preventDefault();** : 이벤트 발생 시 브라우저의 기본 동작을 막기 위한 메서드
- ⟨a href="#"⟩처럼 임시 링크를 클릭할 경우, 페이지 상단으로 이동하는 기본 링크 동작을 차단하고, 자바스크립트로 지정한 동작만 실행되도록 설정할 수 있음

02 작업한 모든 파일을 저장하고 'index.html' 문서가 활성화된 상태에서 상태표시줄에 Go Live를 선택하여 웹 브라우저인 '크롬(Chrome)'으로 작업 결과를 확인합니다.

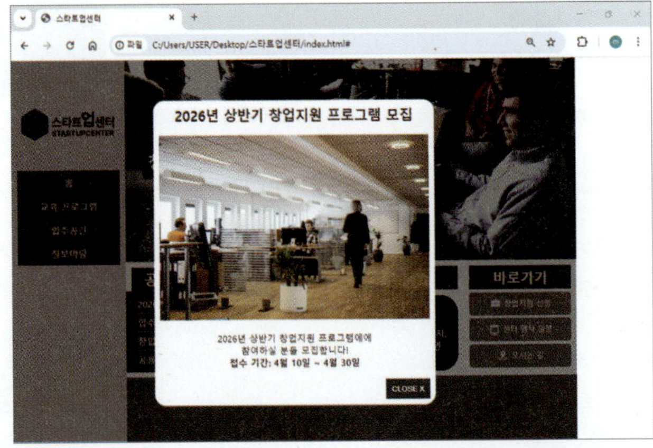

03 공지사항 첫 번째 게시글을 클릭하면 팝업창이 열리고, Close 버튼을 클릭하면 팝업창이 닫힙니다.

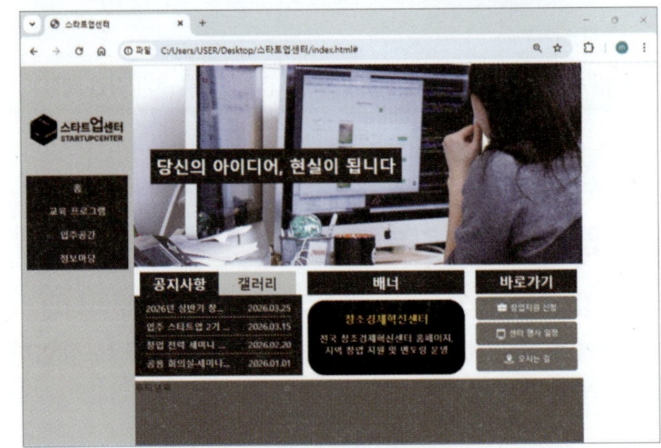

- **레이어 팝업 & 모달 레이어 팝업**
  웹디자인개발기능사 실기시험의 팝업창 종류는 레이어 팝업과 모달 레이어 팝업으로 구분되어 출제되고 있습니다.

- **레이어 팝업**
  레이어 팝업(Layer Popup)은 웹 페이지 위에 나타나는 팝업창으로, 사용자에게 특정 메시지나 정보를 표시합니다. 레이어 팝업은 배경 콘텐츠와 동시에 상호작용할 수 있으며, 일반적으로 닫기 버튼으로 닫을 수 있습니다.

- **모달 레이어 팝업**
  모달 레이어 팝업(Modal Layer Popup)은 웹 페이지 위에 나타나는 팝업창으로, 팝업이 열려 있는 동안 배경 콘텐츠와의 상호작용을 차단합니다. 사용자에게 배경 콘텐츠 상호 작용을 차단된다는 것을 보여주기 위해 어두운 배경을 설정하며 사용자에게 팝업을 닫기 전까지 다른 작업을 할 수 없도록 제한하며, 주로 경고 메시지나 필수 동의 절차 등 중요한 작업에 사용됩니다.

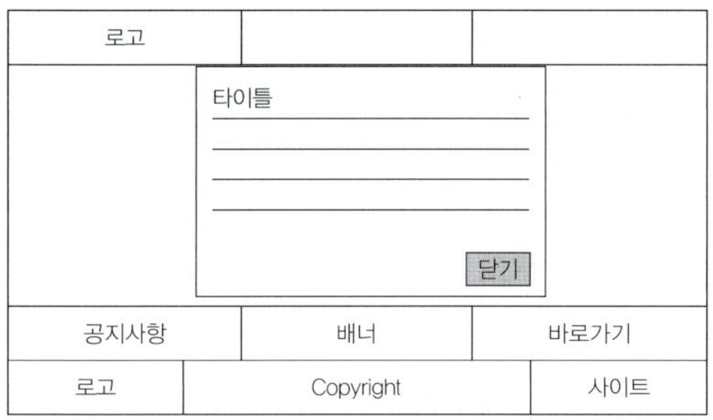

레이어 팝업

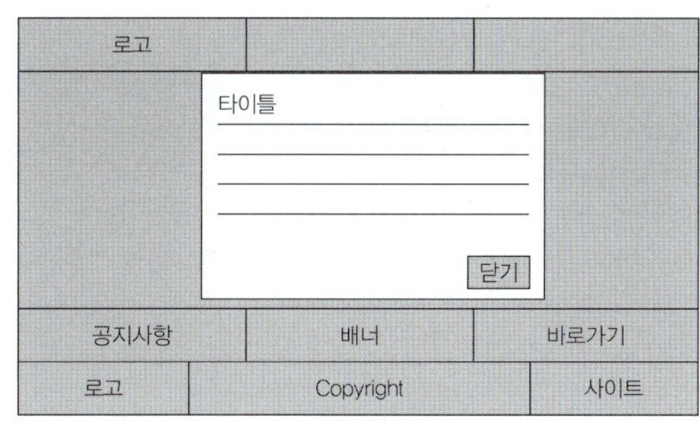

모달 레이어 팝업

---

01 푸터 영역 구조 작업하기

제공된 텍스트와 이미지를 이용하여 패밀리사이트, Copyright, SNS를 작업합니다.

01 'index.html' 문서 '<footer id="footer"></footer>' 영역 내 텍스트를 지우고 SNS, 패밀리사이트, Copyright 순으로 다음과 같이 작성합니다.

```
<footer id="footer">
    <div>
        <ul class="fsns">
            <li><a href="#"><img src="images/sns1.png" alt="sns1"></a></li>
            <li><a href="#"><img src="images/sns2.png" alt="sns2"></a></li>
            <li><a href="#"><img src="images/sns3.png" alt="sns3"></a></li>
        </ul>
        <select name="familysite">
            <option>Family Site1</option>
            <option>Family Site2</option>
            <option>Family Site3</option>
        </select>
    </div>
    <p>
        COPYRIGHT &copy; 2026 STARTUPCENTER. All Rights Reserved.
    </p>
</footer>
```

```
172    <footer id="footer">
173        <div>
174            <ul class="fsns">
175                <li><a href="#"><img src="images/sns1.png" alt="sns1"></a></li>
176                <li><a href="#"><img src="images/sns2.png" alt="sns2"></a></li>
177                <li><a href="#"><img src="images/sns3.png" alt="sns3"></a></li>
178            </ul>
179            <select name="familysite">
180                <option>Family Site1</option>
181                <option>Family Site2</option>
182                <option>Family Site3</option>
183            </select>
184        </div>
185        <p>
186            COPYRIGHT &copy; 2026 STARTUPCENTER. All Rights Reserved.
187        </p>
188    </footer>
```

[index.html]

- **⟨footer⟩** : SNS와 패밀리사이트, Copyright를 묶어주는 요소
- **⟨div⟩** : SNS와 패밀리사이트를 묶어주는 요소
- **⟨ul class="fsns"⟩** : SNS 리스트를 묶어주는 요소
- **⟨select name="familysite"⟩** : familysite라는 이름을 가진 드롭다운 메뉴
- **©** : HTML에서 저작권 기호( )를 출력할 때 사용하는 특수 문자 코드

02 푸터 영역 스타일 작업하기

01 'style.css' 문서에서 'footer'를 찾아 푸터 영역 스타일을 다음과 같이 작성합니다.

```
footer {
    height:120px;
    background:#666;
    color:#fff;
    padding-left:20px;
    padding-top:50px;
}
```

```
239    footer {
240        height:120px;
241        background: #666;
242        color: #fff;
243        padding-left:20px;
244        padding-top:50px;
245    }
```

[style.css]

- **footer** : ⟨footer⟩ 선택자로 하단 영역 스타일 지정
  - **color:#fff** : ⟨footer⟩에 글자 색상을 흰색으로 설정하면 하위 요소들에 상속되어 .fcopy의 글자가 흰색으로 설정
  - **padding-left:20px** : 왼쪽 내부 여백 20픽셀 설정
  - **padding-top:50px** : 상단 내부 여백 50픽셀 설정

02 패밀리사이트와 SNS를 감싸는 영역을 공중에 띄워, footer를 기준으로 위치를 설정합니다. 그리고 'footer' 스타일 다음 줄에 다음과 같이 작성합니다.

```
footer {
    position:relative;
    height:120px;
    background:#666;
    color:#fff;
    padding-left:20px;
    padding-top:50px;
}
```

```
239    footer {
240        position:relative;
241        height:120px;
242        background: #666;
243        color: #fff;
244        padding-left:20px;
245        padding-top:50px;
246    }
247    footer div {
248        position:absolute;
249        top:25px;
250        right:20px;
251    }
```

[style.css]

```css
footer div {
    position:absolute;
    top:25px;
    right:20px;
}
```


- **footer** : position: relative를 설정하면, 하위 요소에서 position: absolute가 기준으로 삼을 수 있는 위치 기준이 됨
- **footer div** : 〈footer〉의 하위 요소 〈div〉 선택자로 SNS와 패밀리사이트를 감싸는 영역으로 스타일 지정
  – **position:absolute** : footer div를 공중에 띄워 상위 요소 〈footer〉에 기준을 설정하여 원하는 위치에 절대 위치로 지정

03 SNS 스타일과 패밀리사이트 스타일을 'footer div' 다음 줄에 다음과 같이 작성합니다.

```css
footer .fsns {
    display:flex;
    gap:10px;
    justify-content:center;
}
footer .fsns li a {
    display:block;
    width:30px;
    height:30px;
    background:#fff;
    border-radius:50%;
    text-align:center;
    padding-top:9px;
}
footer .fsns li:first-child a {
    background:#3c5b9a;
}
footer .fsns li:nth-child(2) a {
    background:#47b749;
}
footer .fsns li:nth-child(3) a {
    background:red;
}
footer select {
    margin-top:10px;
    width:150px;
    height:30px;
}
```

```
247    footer div {
248        position:absolute;
249        top:25px;
250        right:20px;
251    }
252    footer .fsns {
253        display:flex;
254        gap:10px;
255        justify-content:center;
256    }
257    footer .fsns li a {
258        display:block;
259        width:30px;
260        height:30px;
261        background:□#fff;
262        border-radius:50%;
263        text-align:center;
264        padding-top:9px;
265    }
266    footer .fsns li:first-child a {
267        background:■#3c5b9a;
268    }
269    footer .fsns li:nth-child(2) a {
270        background:■#47b749;
271    }
272    footer .fsns li:nth-child(3) a {
273        background:■red;
274    }
275    footer select {
276        margin-top:10px;
277        width:150px;
278        height:30px;
279    }
```

[style.css]

- footer .fsns : 〈footer〉의 하위 요소 〈ul class="fsns"〉 선택자로 SNS 영역 스타일 지정
  - display:flex : footer .fsns를 플렉스 컨테이너로 설정하여, 자식 요소 〈li〉들을 수평으로 나열
  - gap:10px : flex로 나열된 자식 요소 〈li〉의 사이 간격 10픽셀 지정
  - justify-content:center : flex로 나열된 자식 요소 〈li〉를 수평 중앙 정렬
- footer .fsns li a : 〈footer〉의 하위 요소 .fsns의 하위 요소 〈li〉의 하위 요소 〈a〉 지정
  - border-radius:50% : 모서리를 둥글게 만들어 정사각형 요소를 원형으로 변환
  - text-align:center : 〈a〉 요소 안의 아이콘을 수평으로 가운데 정렬
  - padding-top:9px : 아이콘이 버튼 영역 안에서 수직 중앙에 보이도록 조정
- .fsns li:nth-child(1) a : .fsns 내 첫 번째 〈li〉의 하위 요소 〈a〉 지정
- .fsns li:nth-child(2) a : .fsns 내 두 번째 〈li〉의 하위 요소 〈a〉 지정
- .fsns li:nth-child(3) a : .fsns 내 세 번째 〈li〉의 하위 요소 〈a〉 지정
- footer select : 드롭다운 메뉴 형태로 패밀리사이트 지정
  - margin-top:10px : select의 위쪽 바깥 여백 10픽셀을 설정하여 .fsns 사이 간격 설정
  - width/height : 드롭다운 메뉴의 너비/높이 임의 설정

04 작업한 모든 파일을 저장하고 'index. html' 문서가 활성화된 상태에서 상태표 시줄에 Go Live를 선택하여 웹 브라우저 인 '크롬(Chrome)'으로 작업 결과를 확인 합니다.

7 STEP 최종 검토하기 약 15분

최종 결과물 Check!

작업을 완료했다면 최종 결과물을 확인해야 합니다.

제출 방법

1. 수험자의 비번호로 된 폴더를 제출합니다.

2. 비번호로 된 폴더 안에 'index.html', 'images', 'js', 'css' 폴더와 작업한 파일이 포함되어 있는지 확인합 니다.

3. 'index.html'을 열었을 때 모든 리소스가 표시되고 정상 작동해야 합니다.

4. 비번호로 된 폴더의 용량이 10MB가 초과되지 않아야 합니다. (ai, psd 파일은 제출하지 않습니다.)

기술적 준수사항

1. HTML5 기준 웹 표준을 준수해야 합니다. 현장에서 인터넷 사용이 불가하므로 연습 시 HTML 유효성 검사로 오류가 있는지 확인합니다.

2. CSS3 기준 오류가 없도록 작업해야 합니다. 현장에서 인터넷 사용이 불가하므로 연습 시 CSS 유효성 검사로 오류가 있는지 확인합니다.

3. 스크립트 오류가 표시되지 않아야 합니다. 웹 브라우저에서 F12 를 눌러 개발자 도구를 실행한 후, 콘솔 (Console) 탭에서 오류가 있는지 확인합니다.

4. 'index.html'을 열었을 때 Tab 으로 요소를 이동, 선택할 수 있어야 합니다.

5. 'index.html'을 열었을 때 다양한 화면 해상도에서 페이지 레이아웃이 정상적으로 표시되어야 합니다.

6. 페이지 전체는 CSS를 이용해 레이아웃을 구성해야 합니다.

7. 브라우저에서 CSS를 '사용 안 함'으로 설정하면 콘텐츠가 기본적으로 세로로 나열되어 표시됩니다.

8. 모든 이미지는 대체 텍스트(alt 속성)를 포함하여 이미지의 의미나 용도를 명확히 전달해야 합니다.

9. 텍스트 간의 위계질서를 직관적으로 알 수 있어야 합니다.

10. 제작된 사이트의 최신 버전의 Google Chrome 브라우저에서 레이아웃, 구성 요소의 크기 및 위치 등이 정상적으로 표시되어야 합니다.

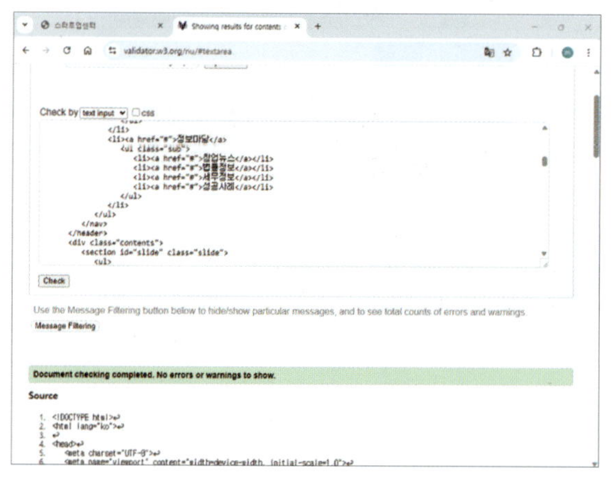

▲ HTML 유효성 검사 – 오류 없음

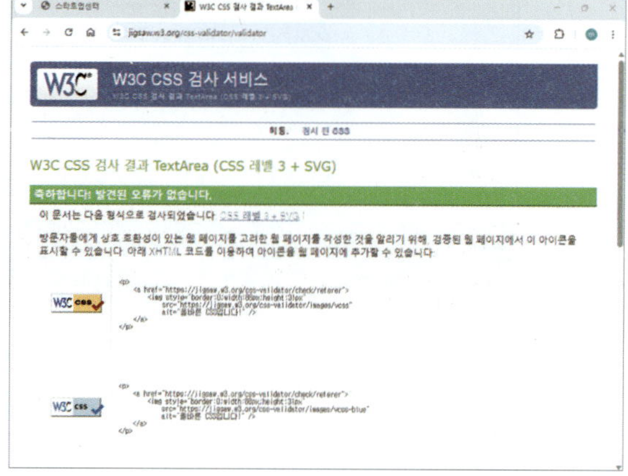

▲ CSS 유효성 검사 – 오류 없음

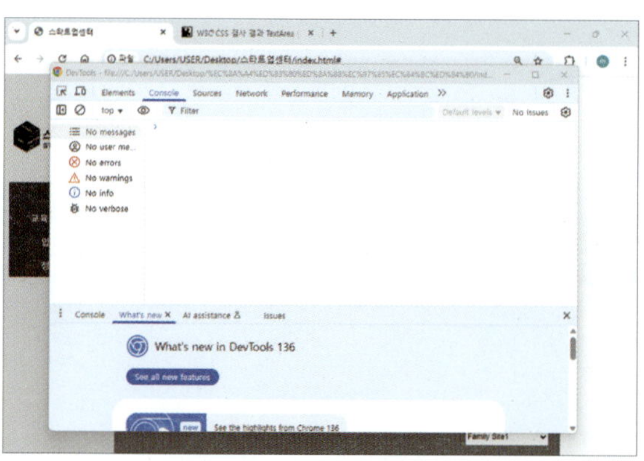

▲ JavaScript와 jQuery의 오류 검사 – 오류 없음

기출 유형 문제 04회

작업파일 [PART04 〉 기출유형문제 04회 〉 수험자 제공 파일]을 열어서 작업하세요.

[공개 문제 : D 유형]

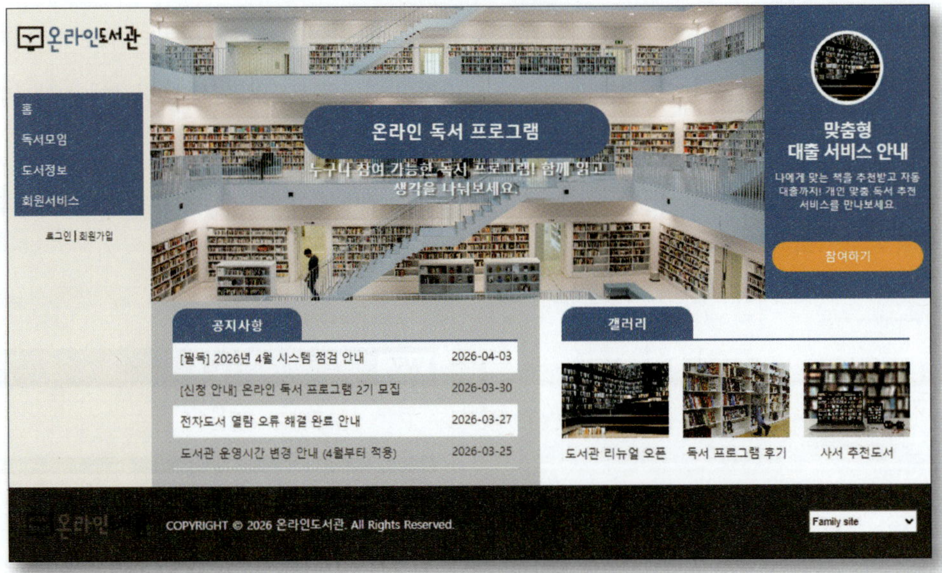

온라인도서관 웹사이트 제작

자격종목	웹디자인개발기능사	과제명	온라인도서관

※ 시험시간 : 3시간

1. 요구사항

※ 다음 요구사항을 준수하고, 주어진 자료(수험자 제공 파일)를 활용하여 시험시간 내에 웹 페이지를 제작한 뒤, **10MB 용량이 초과하지 않게** 저장 후 제출하시오.

※ 웹 페이지 코딩은 **HTML5 기준 웹 표준**을 준수하여야 하며, 요구사항에 지정되지 않는 요소들은 주제 특성에 맞게 자유롭게 디자인하시오.

※ 문제에서 지시하지 않은 와이어프레임 영역 비율, 레이아웃, 텍스트의 글자체/색상/크기, 요소별 크기, 색상 등은 수험자가 과제명(가.주제) 특성에 맞게 자유롭게 디자인하시오.

가. 주제 : 온라인도서관 홈페이지 제작

나. 개요

서울시에서 운영하는 비대면 독서 플랫폼 「온라인도서관」의 홈페이지를 제작하고자 한다. 시민들이 전자책 열람, 독서 모임 참여, 도서 검색 및 추천 정보를 쉽게 확인할 수 있도록 구성된 웹사이트 제작을 요청하였다. 아래의 요구사항에 따라 메인페이지를 제작하시오.

다. 제작 내용

01) 메인페이지를 디자인하고 HTML, CSS, JavaScript 기반의 웹 페이지를 제작한다. (이때 jQuery 라이브러리, 이미지, 텍스트 등 제공된 리소스를 활용하여 제작할 수 있다.)

02) HTML과 CSS의 문자 인코딩(charset)은 반드시 UTF-8을 사용해야 한다.

03) 컬러 가이드

주조색 (Main color)	보조색 (Sub color)	배경색 (Background color)	기본 텍스트의 색 (Text color)
자유롭게 지정	자유롭게 지정	#FFFFFF	#333333

04) 사이트 맵(Site map)

Index page / 메인(Main)				
메인 메뉴(Main menu)	전자책	독서모임	도서정보	회원서비스
서브 메뉴(Sub menu)	신간도서 인기도서 추천도서 주제별분류	온라인토론 작가초청 주제별독서 월간 독서회	책리뷰 도서검색 희망도서 도서통계	대출내역 연체확인 내서재 북마크관리

05) 와이어프레임(Wireframe)

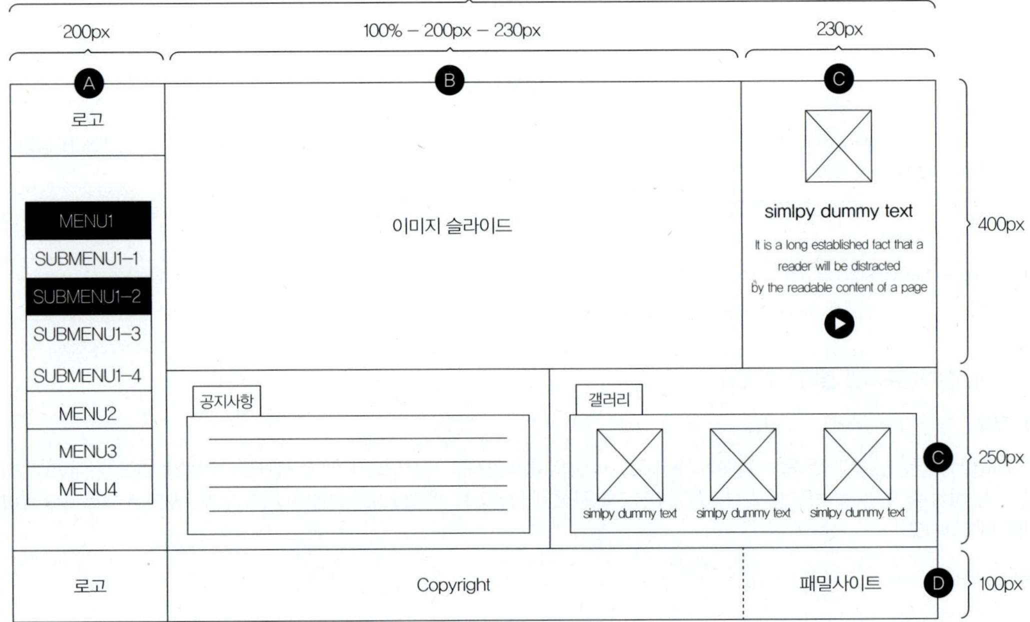

〈C영역 콘텐츠 각각의 넓이는 수험자가 판단〉

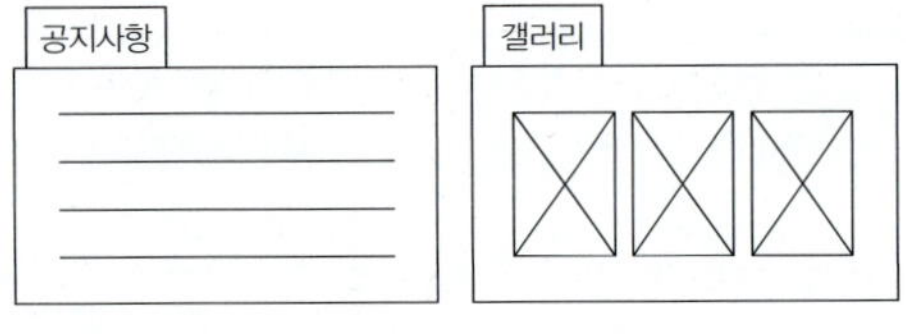

〈공지사항, 갤러리 별도 구성〉

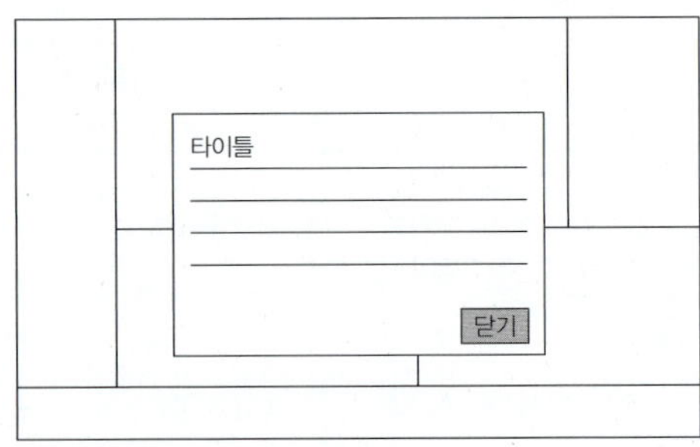

〈레이어 팝업 제작〉

라. 세부 영역별 지시사항

영역 및 명칭	세부 지시사항
ⓐ Header	**A.1 로고** ㅇ 가로세로 180픽셀×50픽셀 크기로 웹사이트에 적합한 로고를 직접 디자인하여 삽입한다. ㅇ 심벌 없이 로고명을 포함한 워드 타입으로 디자인한다. 로고명은 수험자 제공 파일에 제공된 텍스트를 사용한다. **A.2 메뉴 구성** ※ 사이트 구조도를 참고하여 메인 메뉴(Main menu)와 서브 메뉴(Sub menu)로 구성하고, 별도의 스팟 메뉴(Spot menu)를 둔다. 스팟 메뉴 명칭은 「로그인」과 「회원가입」으로 각각 지정한다. **(1) 메인 메뉴(Main menu) 효과 [와이어프레임 참조]** ㅇ 메인 메뉴 중 하나에 마우스를 올리면(Mouse over) 하이라이트 되고, 벗어나면(Mouse out) 하이라이트를 해제한다. ㅇ 메인 메뉴를 마우스로 올리면(Mouse over) 서브 메뉴 영역이 부드럽게 나타나 서브 메뉴가 보이도록 한다. ㅇ 메인 메뉴에서 마우스 커서가 벗어나면(Mouse out) 서브 메뉴 영역은 부드럽게 사라져야 한다. **(2) 서브 메뉴 영역 효과** ㅇ 서브 메뉴 영역은 메인페이지 콘텐츠를 고려하여 배경색을 설정한다. ㅇ 서브 메뉴 중 하나에 마우스를 올리면(Mouse over) 하이라이트 되고 벗어나면(Mouse out) 하이라이트를 해제한다. ㅇ 마우스 커서가 메뉴 영역을 벗어나면(Mouse out) 서브 메뉴 영역은 부드럽게 사라져야 한다.
ⓑ Slide	**B. Slide 이미지 제작** ㅇ [Slide] 폴더에 제공된 3개의 이미지로 제작한다. ㅇ [Slide] 폴더에 제공된 3개의 텍스트를 각 이미지에 적용하되, 텍스트의 글자체, 굵기, 색상, 크기를 적절하게 설정하여 가독성을 높이고, 독창성이 드러나도록 제작한다. **B. Slide 애니메이션 작업** ※ 위에서 작업한 결과물을 이용하여 슬라이드 작업을 한다. ㅇ 이미지만 바뀌면 안 되고, 이미지가 좌에서 우 또는 우에서 좌로 이동하면서 전환되어야 한다. ㅇ 슬라이드는 매 3초 이내로 하나의 이미지에서 다른 이미지로 전환되어야 한다. ㅇ 웹사이트를 열었을 때 자동으로 시작되어 반복적으로(마지막 이미지가 슬라이드되면 다시 첫 번째 이미지가 슬라이드 되는 방식) 슬라이드 되어야 한다.
ⓒ Contents	**C.1 배너** ㅇ Contents 폴더의 제공된 파일을 활용하여 편집 또는 디자인하여 제작한다. **C.2 공지사항** ㅇ 공지사항 타이틀 영역과 콘텐츠 영역을 구분하여 표현해야 한다. ㅇ 콘텐츠는 수험자 제공자 파일에 제공된 텍스트를 적용하여 제작한다. ㅇ 공지사항의 첫 번째 콘텐츠를 클릭할 경우 레이어 팝업창(Layer Popup)이 나타나며, 레이어 팝업창 안에 닫기 버튼을 배치하여, 클릭 시 해당 팝업창을 닫을 수 있도록 한다. [와이어프레임 참조] ㅇ 레이어 팝업의 제목과 내용은 수험자 제공자 파일에 제공된 텍스트 파일을 사용한다. **C.3 갤러리** ㅇ Contents 폴더의 제공된 이미지 3개를 사용하여 가로 방향으로 배치한다. [와이어프레임 참조] ㅇ 갤러리의 이미지에 마우스 오버(Mouse over) 시 해당 객체의 투명도(Opacity) 변화가 있어야 한다. ※ 콘텐츠는 HTML 태그로 작성해야 하며, 이미지로 삽입해서는 안 된다.
ⓓ Footer	**D. Footer** ㅇ 로고를 무채색(Grayscale)으로 변경하고 사용자의 접근성을 고려하여 배치한다. ㅇ 수험자 제공 파일에 제공된 텍스트를 사용하여 Copyright와 패밀리사이트를 제작한다.

<table>
<tr><td>**자격종목**</td><td>웹디자인개발기능사</td><td>**과제명**</td><td>온라인도서관</td></tr>
</table>

마. 기술적 준수사항

01) 웹 페이지 코딩은 HTML5 기준 웹 표준을 준수하여야 하며, **HTML 유효성 검사(W3C validator)**에서 오류('ERROR')가 없도록 코딩하여야 한다.

   ※ HTML 유효성 검사 서비스는 시험 시 제공하지 않는다. (인터넷 사용불가)

02) CSS는 별도의 파일로 제작하여 링크하여야 하며, **CSS3 기준(W3C validator)**에서 오류('ERROR')가 없도록 코딩되어야 한다.

03) JavaScript 코드는 별도의 파일로 제작하여 연결하여야 하며 Google Chrome 브라우저에 내장된 개발도구의 Console 탭에서 오류('ERROR')가 표시되지 않아야 한다.

04) 별도로 지정하지 않은 상호작용이 필요한 모든 콘텐츠(로고, 메뉴, 버튼, 바로가기 등)는 임시 링크(예 : #)를 적용하고 'Tab(Tab)' 키로 이동 선택할 수 있어야 한다.

05) 사이트는 다양한 화면 해상도에서 일관성 있는 페이지 레이아웃을 제공해야 한다.

06) 웹 페이지 전체 레이아웃은 Table 태그 사용이 아닌 CSS를 통한 레이아웃 작업으로 해야 한다.

07) 브라우저에서 CSS를 "사용 안 함"으로 설정한 경우 콘텐츠가 세로로 나열된다.

08) 타이틀 텍스트(Title text), 바디 텍스트(Body text), 메뉴 텍스트(Menu text)의 각 글자체/굵기/색상/크기 등을 적절하게 설정하여 사용자가 텍스트 간의 위계질서(Hierarchy)를 직관적으로 알 수 있도록 한다.

09) 모든 이미지에는 이미지에 대한 대체 텍스트를 표현할 수 있는 alt 속성이 있어야 한다.

10) 제작된 사이트 메인페이지의 레이아웃, 구성요소의 크기 및 위치 등은 최신 버전의 Google Chrome에서 정상적으로 동작해야 한다.

바. 제출방법

01) 수험자는 비번호로 된 폴더명으로 완성된 작품 파일을 저장하여 제출한다.

02) 폴더 안에는 images, script, css 등의 자료를 분류하여 저장한 폴더도 포함되어 있어야 하며, 메인페이지는 반드시 최상위 폴더에 index.html로 저장하여 제출해야 한다.

03) 수험자는 제출하는 폴더에 index.html을 열었을 때 연결되거나 표시되어야 할 모든 리소스들을 포함하여 제출해야 하며 수험자의 컴퓨터가 아닌 채점위원의 컴퓨터에서 정상 작동해야 한다.

04) 전체 결과물의 용량은 10MB 용량이 초과되지 않게 제출하며 ai, psd 등 웹서비스에 사용하지 않는 파일은 제출하지 않는다.

<table>
<tr><td>자격종목</td><td>웹디자인개발기능사</td><td>과제명</td><td>온라인도서관</td></tr>
</table>

2. 수험자 유의사항

※ 다음의 유의사항을 고려하여 요구사항을 완성하시오.

01) 수험자 인적사항 및 답안작성은 반드시 검은색 필기구만 사용하여야 하며, 그 외 연필류, 유색 필기구, 지워지는 펜 등을 사용한 답안은 채점하지 않으며 0점 처리된다.

02) 수험에 필요한 소프트웨어 및 참고자료가 하드웨어에 설치되어 있는지 확인 후 작업하시오.

03) 참고자료의 내용 중 오자 및 탈자 등이 있을 때는 수정하여 작업하시오.

04) 지참 공구[수험표, 신분증, 필기도구] 이외의 참고자료 및 외부장치(USB, 키보드, 마우스, 이어폰) 등 **어떠한 물품도 시험 중에는 지참할 수 없다는 점을 유의하시오.**

    (단, 시설목록 이외의 정품 소프트웨어(폰트 제외)를 설치하고자 할 때에는 감독위원의 입회하에 설치하여 사용하시오.)

05) 수험자가 컴퓨터 활용 미숙 등으로 인한 시험의 진행이 어렵다고 판단되었을 때는 감독위원은 시험을 중지시키고 실격 처리할 수 있음을 유의하시오.

06) **바탕화면에 수험자 본인의 '비번호'를 이름으로 한 폴더에 완성된 작품의 파일만을 저장하시오.**

07) 모든 작품을 감독위원 또는 채점위원이 검토하여 동일한 작품이 발견될 경우 관련된 수험자 모두를 부정행위로 처리됨을 유의하시오.

08) 장시간 컴퓨터 작업으로 신체에 무리가 가지 않게 적절한 몸풀기(스트레칭) 후 작업하시오.

09) **다음 사항에 대해서는 실격에 해당되어 채점 대상에서 제외됩니다.**

    가) 수험자 본인이 수험 도중 시험에 대한 기권 의사를 밝히고 시험을 포기한 경우

    나) 작업 범위(용량, 시간)를 초과하거나, 요구사항과 현저히 다른 경우(채점위원이 판단)

    다) **Slide가 JavaScript(jQuery포함), CSS 중 하나 이상의 방법을 이용하여 제작되지 않은 경우**

        ※ 움직이는 Slide를 제작하지 않고 이미지 하나만 배치한 경우도 실격 처리됨

    라) 수험자 미숙으로 비번호 폴더에 완성된 작품 파일을 저장하지 못했을 경우

    마) 압축프로그램을 사용하여 작품을 압축 후 제출한 경우

    바) 과제 기준 20% 이상 완성되지 않은(채점위원이 판단)

3. 지급재료 목록

일련 번호	재료명	규격	단위	수량	비고
1	수험자료 USB 메모리	32GB 이상	개	1	시험장당
2	USB 메모리	32GB 이상	개	1	시험장당 1개씩(채점위원용) ※수험자들의 작품 관리

※ 국가기술자격 실기시험 지급재료는 시험종료 후(기권, 결시자 포함) 수험자에게 지급하지 않습니다.

1 STEP　웹 페이지 기본 설정　　약 15분

01 HTML5 버전 index.html 만들기

문제를 풀기 전 컴퓨터 바탕화면에 본인에게 부여된 '비번호' 폴더를 생성합니다. '비번호' 폴더 안에 'images', 'css', 'js' 폴더를 각각 생성하고, 주어진 수험자 제공 파일들을 각 폴더에 맞게 정리합니다. 본 교재는 '비번호' 대신 '온라인도서관' 폴더 설정 후 작업을 진행합니다.

* 이 책에서는 웹 문서 편집 프로그램으로 Visual Studio Code를 사용합니다.

01 Visual Studio Code를 실행합니다. [시작 화면]에서 [폴더 열기]를 선택하거나, 상단 메뉴에서 [파일] – [폴더 열기]를 클릭합니다.

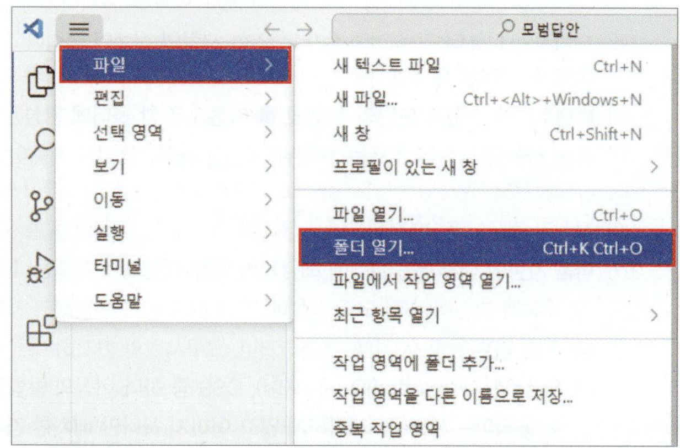

02 바탕화면에 생성한 '온라인도서관' 폴더를 선택합니다.

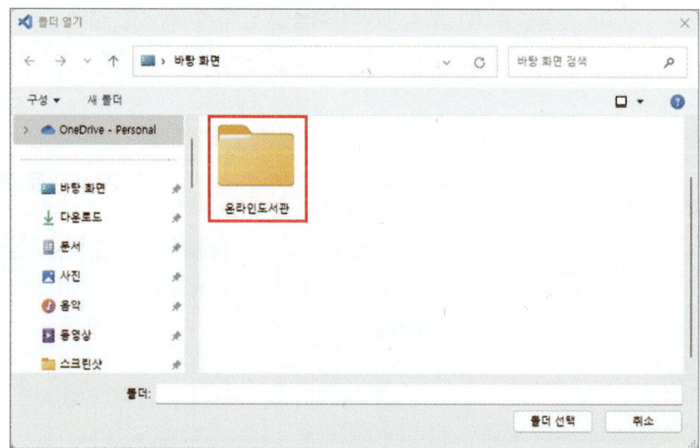

03 Visual Studio Code 좌측의 탐색기 아이콘을 클릭하여 패널을 활성화합니다. 탐색기 패널에는 미리 생성한 'images', 'css', 'js' 폴더가 표시됩니다.

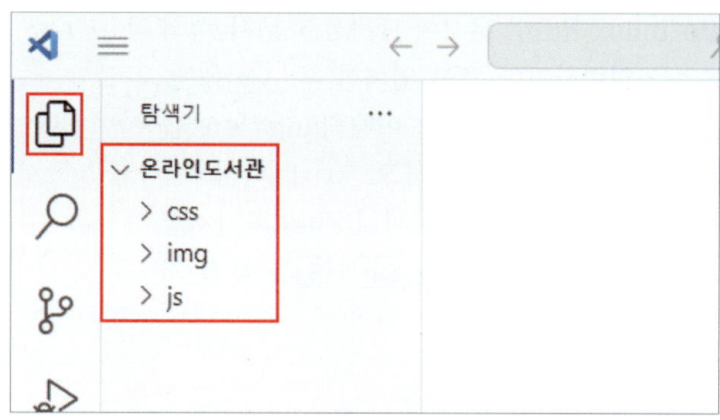

04 탐색기 패널에서 '새 파일' 아이콘을 클릭하여 '온라인도서관' 폴더 내부에 새 파일을 생성합니다.

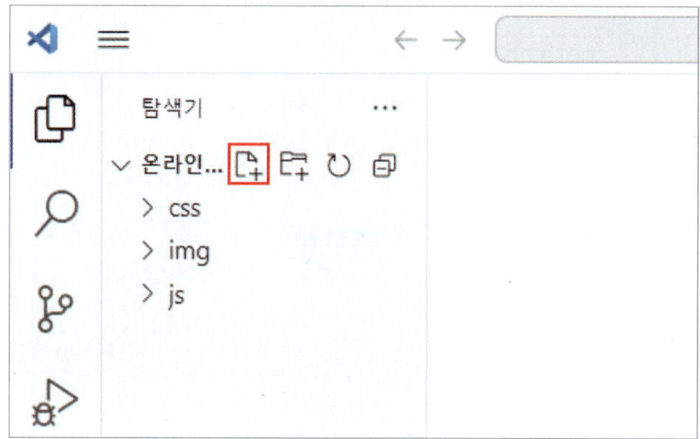

05 파일명을 'index.html'로 변경하고 [Enter]를 입력합니다. 그러면 편집 영역에 'index.html' 문서가 활성화되며, Windows 탐색기에서 '온라인도서관' 폴더 안에 해당 파일이 생성된 것을 확인할 수 있습니다.

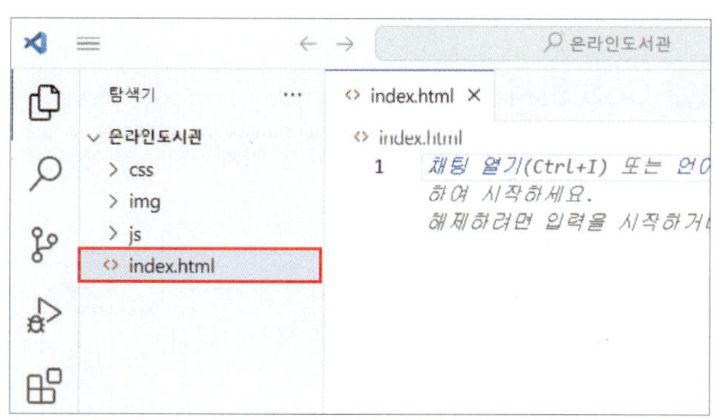

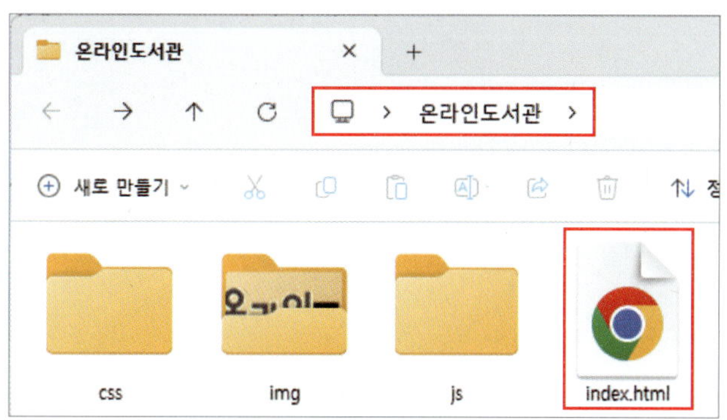

모든 작업 폴더와 파일 이름은 영문으로, 띄어쓰기 없이 작성합니다.

06 'index.html' 문서에 HTML5 문서 형식을 입력하거나, '!'를 입력한 후 [Tab]을 눌러 자동 완성합니다. 이때 'lang="en"'을 'lang="ko"'로 변경하고, 〈title〉 태그에 과제명을 입력한 후 [파일(File)] – [저장(Save)] 또는 단축키 [Ctrl]+[S]를 눌러 저장합니다.

〈!DOCTYPE html〉
〈html lang="ko"〉
〈head〉
    〈meta charset="UTF-8"〉
    〈meta name="viewport" content="width=device-width, initial-scale=1.0"〉
    〈title〉온라인도서관〈/title〉
〈/head〉
〈body〉
〈/body〉
〈/html〉

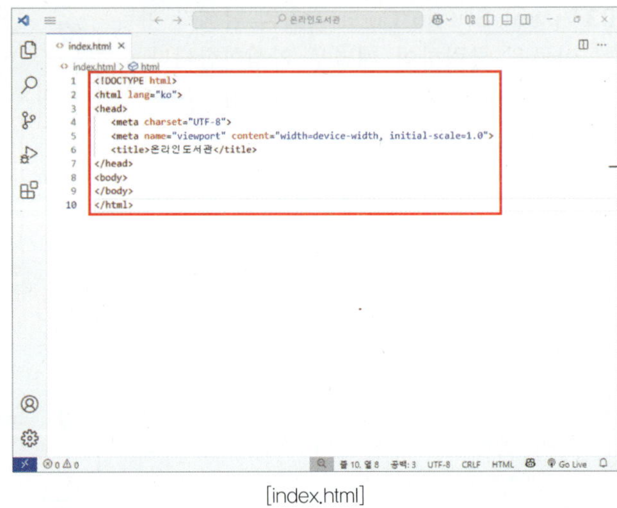

[index.html]

02 CSS 문서 만들기

작업을 시작하기 전, 실수를 줄이기 위해 CSS 문서를 미리 생성합니다.

01 탐색기 패널에서 미리 생성한 'css' 폴더를 선택한 후, '새 파일' 아이콘을 클릭하여 해당 폴더 내부에 새 파일을 생성합니다.

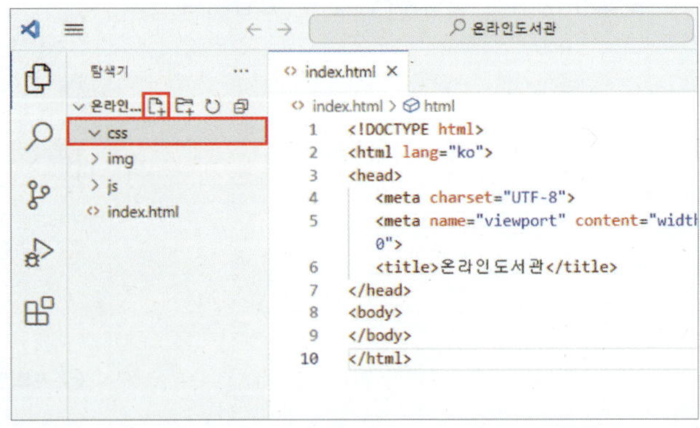

02 파일명을 'style.css'로 변경하고 Enter 를
입력합니다. 그러면 편집 영역에 'style.
css' 문서가 활성화됩니다.

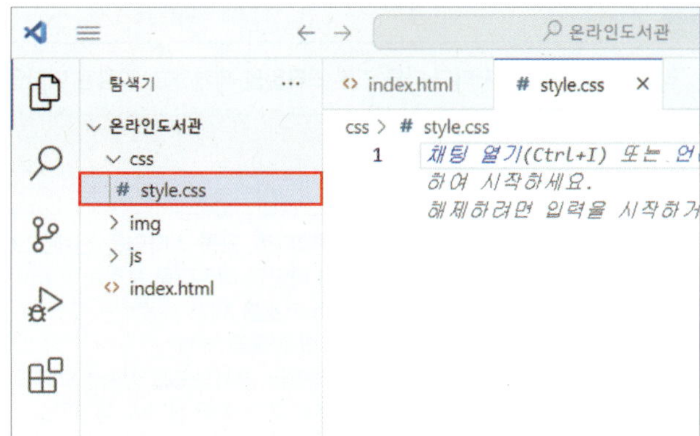

03 'style.css' 문서에 문자 인코딩 방식인
'@charset "utf-8";'을 입력한 후, 리셋
CSS를 작성합니다. 작성이 완료되면 [파
일(File)] – [저장(Save)] 또는 단축키
Ctrl + S 를 눌러 저장합니다.

```css
@charset "utf-8";
* {
  margin:0;
  padding:0;
  box-sizing:border-box;
}
li {
  list-style:none;
}
a {
  text-decoration:none;
  color:inherit;
}
img {
  vertical-align:top;
  max-width:100%;
}
button {
  cursor:pointer;
  border:0;
}
body {
  background:#369;
  color:#333;
}
```

```css
1   @charset "utf-8";
2   /*기본 CSS 리셋*/
3   * {
4     margin:0; /*기본 상하좌우 여백값 0으로 설정*/
5     padding:0; /*기본 상하좌우 패딩값 0으로 설정*/
6     box-sizing:border-box; /* 패딩과 테두리를 포함하여 요소의 너비를 유지 */
7   }
8   li {
9     list-style:none; /* 목록 항목의 불릿을 숨김 */
10  }
11  a {
12    text-decoration:none; /* 링크의 밑줄을 제거 */
13    color:inherit; /* 링크의 글자 색상을 부모 요소로부터 상속받음 */
14  }
15  img {
16    vertical-align:top; /* 이미지의 아래쪽 여백을 제거하고, 상단 정렬 */
17    max-width:100%; /* 이미지를 부모 요소의 너비에 맞춤 (이미지가 깨지지 않도록) */
18  }
19  button {
20    cursor:pointer; /* 버튼을 손가락 커서로 표시 */
21    border:0; /*버튼 기본 테두리값 0으로 설정*/
22  }
23  body {
24    background: #369; /*배경색 #369표시*/
25    color: #333
26  }
```

[style.css]

03 Script 문서 만들기

작업을 시작하기 전, 실수를 줄이기 위해 script 문서를 미리 생성합니다.

01 수험자 제공 파일인 제이쿼리 라이브러리 파일 'jquery-1.12.3.js'를 '온라인도서관' 폴더 내의 'js' 폴더로 이동해 둡니다.

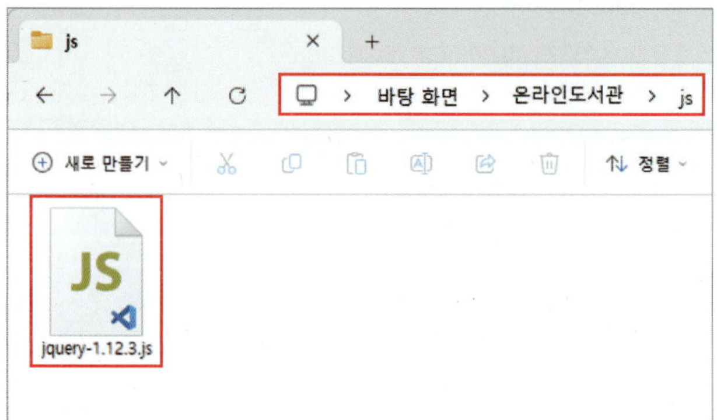

02 Visual Studio Code 탐색기 패널에서 'js' 폴더를 선택한 후, '새 파일' 아이콘을 클릭하여 해당 폴더 내부에 새 파일을 생성합니다.

03 새 파일의 이름을 'script.js'로 변경하고 `Enter`를 입력합니다. 그러면 편집 영역에 'script.js' 문서가 활성화됩니다.

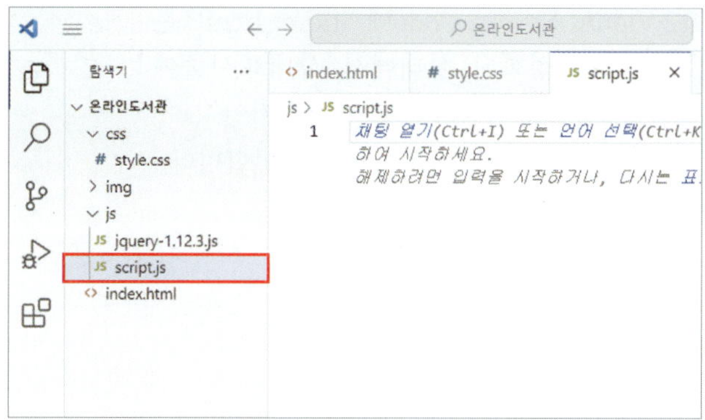

04 'script.js' 문서에 'alert("경고창");'을 입력한 후, `Ctrl`+`S`를 눌러 저장합니다.

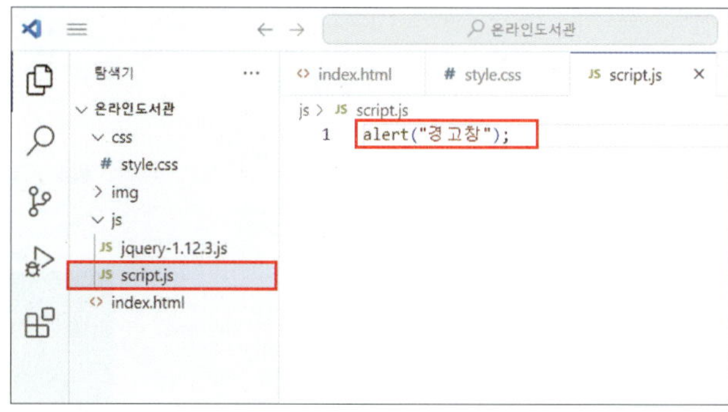

[script.js]

04 index 문서에 CSS, Script 문서 연결하기

index.html 문서에 CSS 파일, script 파일, jQuery 라이브러리를 연결합니다.

01 'index.html' 파일에서 〈head〉 태그 안에 CSS 파일과 JavaScript 파일을 연결한 후, `Ctrl`+`S`를 눌러 저장합니다. Java-Script 파일을 연결할 때에는 jQuery 라이브러리를 먼저, 그 다음에 script.js 파일을 연결합니다.

〈link href="css/style.css" rel="-stylesheet"〉
〈script src="js/jquery-1.12.3.js" de-fer〉〈/script〉
〈script src="js/script.js" defer〉〈/script〉

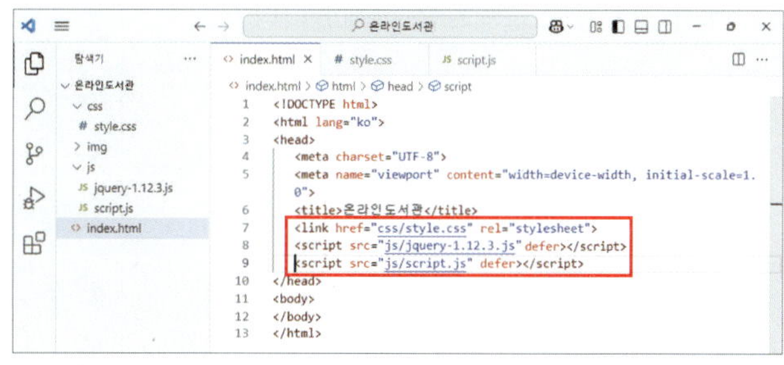

[index.html]

02 Visual Studio Code에 'index.html' 문서가 활성화된 상태에서 상태표시줄에 Go Live를 선택하여 웹 브라우저인 '크롬(Chrome)'으로 작업 결과를 확인합니다.

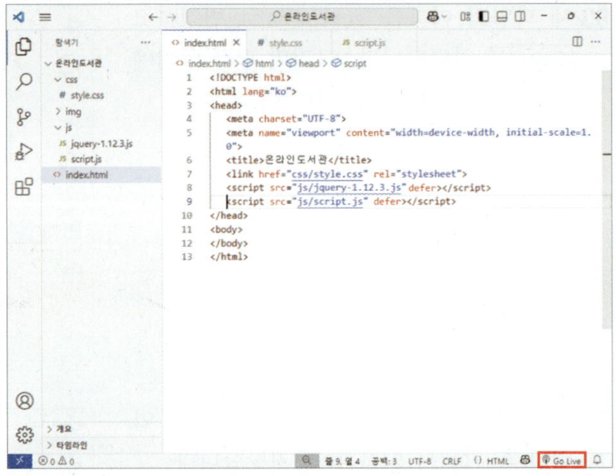

[index.html]

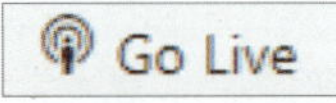

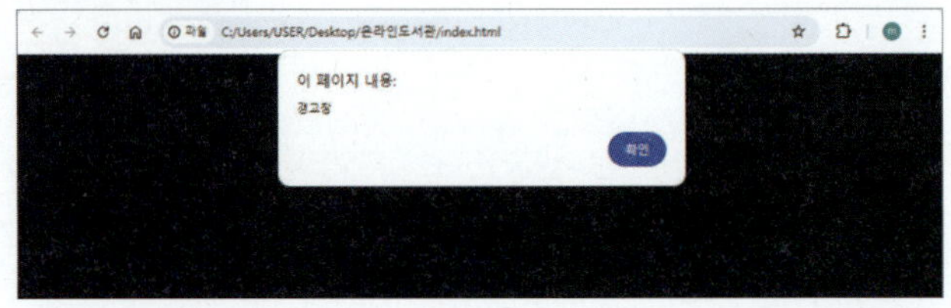

03 웹 브라우저의 배경색 '#369'와 경고창이 뜬다면 CSS와 Script 문서가 잘 연결된 것입니다. 확인 후 'style.css'에서 body 색상을 '#fff'로 변경하고 'script.js' 문서에서 경고창 스크립트를 삭제합니다.

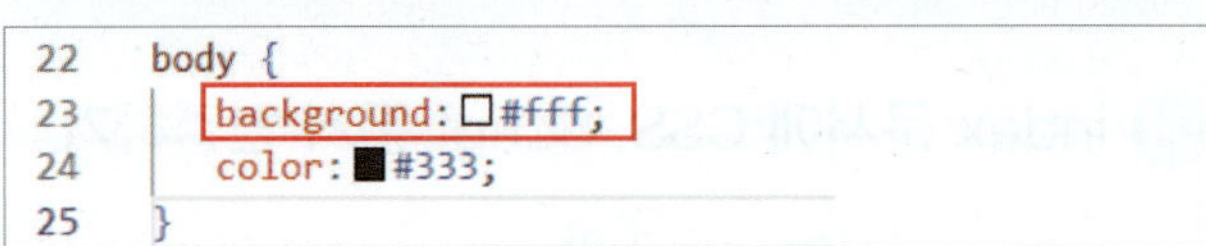

[style.css]

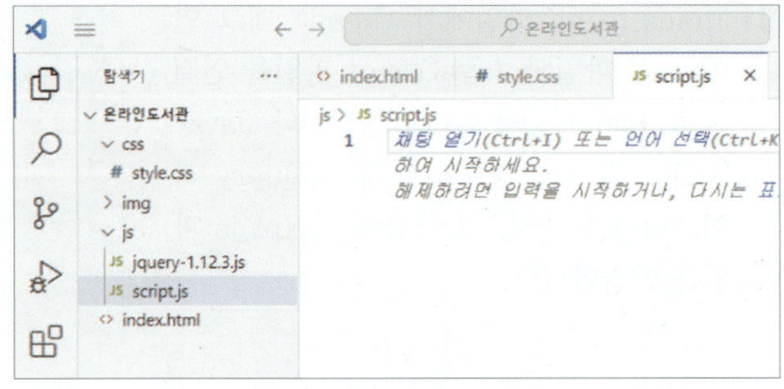

[script.js]

- 외부 스크립트에 defer 속성을 지정하면, HTML 문서의 해석이 끝난 뒤 스크립트가 실행되도록 시점을 지연시킬 수 있습니다.
- defer와 같은 효과는 $(function(){ ... }) 구문을 통해서도 얻을 수 있으며, 두 방식은 목적은 같지만, 사용 위치와 작성 방법이 다르기 때문에 상황에 따라 적절하게 선택할 수 있습니다.
  [참고하기] PART 02 – SECTION 04 jQuery 기본 다지기
- Go Live가 설치되지 않은 경우, 바탕화면의 '온라인도서관' 폴더 안에 있는 'index.html' 파일을 크롬 브라우저로 열어 작업 결과를 확인합니다.

01 레이아웃 HTML 구조 작업하기

요구사항정의서에 있는 와이어프레임을 바탕으로 주어진 콘텐츠와 수치를 파악하여 레이아웃을 제작합니다. 문제에서 지시하지 않은 부분은 자유롭게 설정합니다.

01 먼저, 요구사항정의서에 제시된 와이어프레임을 참고하여 HTML로 영역을 구분하는 코드를 작성합니다. 다음과 같이 작성한 후, [파일(File)] – [저장(Save)] 또는 단축키 Ctrl + S 를 눌러 저장합니다.

```html
<div class="wrap">
    <div class="top">
        <header id="header">
            헤더영역
        </header>
        <div class="contents">
            <div class="con1">
                <section id="slide"
class="slide">
                    슬라이드영역
                </section>
                <div class="banner">
                    배너영역
                </div>
            </div>
            <div class="con2">
                <article class="notice">
                    공지사항영역
                </article>
                <article class="gall">
                    갤러리영역
                </article>
            </div>
        </div>
    </div>
    <footer id="footer">
        푸터영역
    </footer>
</div>
```

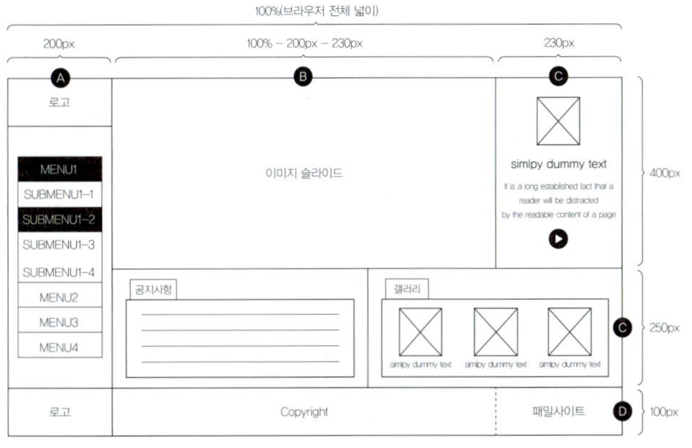


```html
11  <body>
12    <div class="wrap">
13      <div class="top">
14        <header id="header">
15          헤더영역
16        </header>
17        <div class="contents">
18          <div class="con1">
19            <section id="slide" class="slide">
20              슬라이드영역
21            </section>
22            <div class="banner">
23              배너영역
24            </div>
25          </div><!--//con1 닫는 태그-->
26          <div class="con2">
27            <article class="notice">
28              공지사항영역
29            </article>
30            <article class="gall">
31              갤러리영역
32            </article>
33          </div><!--//con2 닫는 태그-->
34        </div><!--//contents 닫는 태그-->
35      </div><!--//top 닫는 태그-->
36      <footer id="footer">
37        푸터영역
38      </footer>
39    </div><!--//wrap 닫는 태그-->
40  </body>
41  </html>
```

[index.html]

02 레이아웃 스타일 작업하기

HTML 구조를 기반으로 CSS 스타일을 적용하여, 요구사항정의서에 제시된 와이어프레임 레이아웃을 제작합니다.

01 'style.css' 파일에서 HTML 구조에 맞춘 레이아웃 스타일을 'body' 스타일 아래에 입력하고, [파일(File)] – [저장(Save)] 또는 단축키 Ctrl + S 를 눌러 저장합니다.

```css
.wrap {
    height:750px;
}
.top {
    height:650px;
    display:flex;
}
header {
    width:200px;
    background:#f45750;
}
.contents {
    width:calc(100% – 200px);
}
.con1 {
    height:400px;
    display:flex;
}
```

```
26   .wrap {
27       height:750px;
28   }
29   .top {
30       height:650px;
31       display:flex;
32   }
33   header {
34       width: 200px;
35       background: #f7f2e8;
36   }
37   .contents {
38       width:calc(100% - 200px);
39   }
40   .con1 {
41       height:400px;
42       display:flex;
43   }
```

```css
.con1 .slide {
    width : calc(100% − 230px);
    background:#00d2a5;
}
.con1 .banner {
    width:230px;
    background:#40b0f9;
}
.con2 {
    height:250px;
    background:#ff884d;
     display: flex;
}
.con2 article {
    width:50%;
}
.con2 .gall{
    background:#fc6;
}
footer {
    height:100px;
    background:#666;
}
```

```css
44    .con1 .slide {
45        width : calc(100% - 230px);
46        background: #00d2a5;
47    }
43    .con1 .banner {
44        width:230px;
45        background: #40b0f9;
46    }
47    .con2 {
48        height:250px;
49        background: #ff884d;
50        display: flex;
51    }
52    .con2 article {
53        width:50%;
54    }
55    .con2 .gall{
56        background: #fc6;
57    }
58    footer {
59        height:100px;
60        background: #666;
61    }
```

[style.css]

➕ 더 알기 TIP

- CSS 주석은 /*로 시작하고 */로 끝납니다.
- 클래스 명은 의미 있는 이름으로 만들어야 하며, 반드시 영문 소문자로 작성해야 합니다. 또한, 숫자로 시작할 수 없습니다.
- CSS 작성 시 속성의 순서는 필수적으로 지켜야 하는 규칙은 없지만, 가독성과 유지보수를 위해 일관된 순서를 유지하는 것이 좋습니다.
- CSS는 선택자가 구체적으로 작성된 순서에 따라 우선적으로 적용됩니다.
  [참고하기] PART 02 – SECTION 02 CSS 기본 다지기

💬 요소 TIP

- **.wrap** : ⟨div class="wrap"⟩ 선택자, 전체 콘텐츠를 감싸는 역할로 요구사항정의서에 표시된 높이 값 적용
- **.top** : ⟨div class="top"⟩ 선택자로 ⟨footer⟩를 제외한 헤더, 콘텐츠 전체를 감싸는 역할
  – **display:flex** : ⟨div class="top"⟩을 플렉스 컨테이너로 설정하여 자식 요소(header, .contents)들을 수평으로 나열. 이때 자식 요소는 부모 요소의 높이만큼 stretch 되어 들어가므로 부모 요소에 높이 값이 있는 것이 유리
- **.contents** : ⟨div class="contents"⟩ 선택자로 슬라이드, 배너, 공지사항, 갤러리, 바로가기 영역 전체를 감싸는 컨테이너 역할
  – **width:calc(100% − 200px)** : CSS에서 요소의 너비를 계산하여 설정하는 방식으로 부모 요소(.top)의 전체 너비(100%)에서 200픽셀을 뺀 값을 요소의 너비로 설정
- **.con1 .slide** : .con1 내부에서 슬라이드 영역의 너비를 배너 영역을 제외한 나머지 영역으로 계산
  – **width: calc(100% − 230px);** : .con1의 전체 너비(100%)에서 배너의 고정 너비(230px)를 뺀 값을 슬라이드 영역의 너비로 설정
  – 이 방식으로 슬라이드와 배너가 한 줄에 정확히 나란히 배치되도록 할 수 있음

CSS calc() 함수의 사용법
- 'calc()'는 CSS에서 두 개 이상의 값을 계산하여 속성값을 설정할 때 사용하는 함수입니다.
- 이 함수는 다양한 연산자(+, −, *, /)를 허용하여 정적인 CSS 값을 보다 유연하게 조정하여 고정된 여백을 고려한 레이아웃을 만들 수 있습니다.
- 작성 시 calc() 함수 내에서는 연산자와 피연산자 사이에 반드시 띄어쓰기를 넣어야 합니다.

/* 잘못된 표현 */	/* 올바른 표현 */
width:calc(100%−200px);	width:calc(100% − 200px);

02 'index.html' 문서가 활성화된 상태에서 상태표시줄에 Go Live를 선택하여 웹 브라우저인 '크롬(Chrome)'으로 작업 결과를 확인합니다.

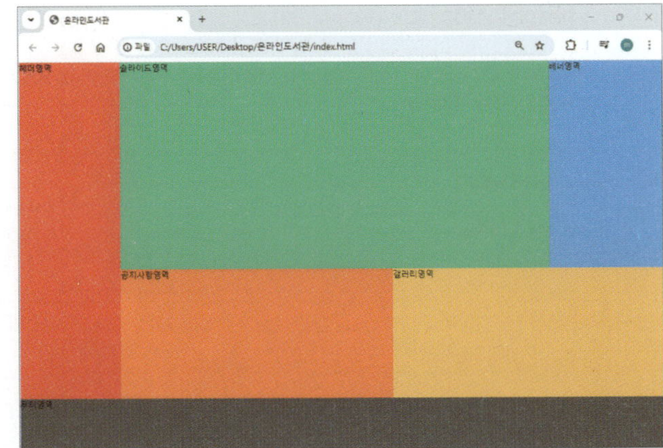

3 STEP   세부 영역별 지시사항 − Ⓐ Header 영역   약 30분

01 로고 제작하기

세부 지시사항 속 가로 180px, 세로 50px 크기의 A.I 로고를 직접 디자인합니다. 로고의 형태는 심볼이 있는 로고타입으로, 텍스트는 수험자 제공 파일의 텍스트를 활용하여 디자인합니다.

** 교재의 로고는 예시일 뿐이며, 기본 요건을 충족한다면 자유롭게 변형하여 제작해도 됩니다.*

01 로고 제작을 위해 일러스트레이터를 실행합니다.

02 [파일(File)] − [새로 만들기(New)] 또는 Ctrl + N 을 눌러 새 문서를 만듭니다.

   − 단위(Unit) : 픽셀(Pixels)
   − 폭(Width) : 180px
   − 높이(Height) : 50px
   − 색상 모드(Color Mode) : RGB 색상
   − 래스터 효과(Raster Effects) : 스크린(72ppi)

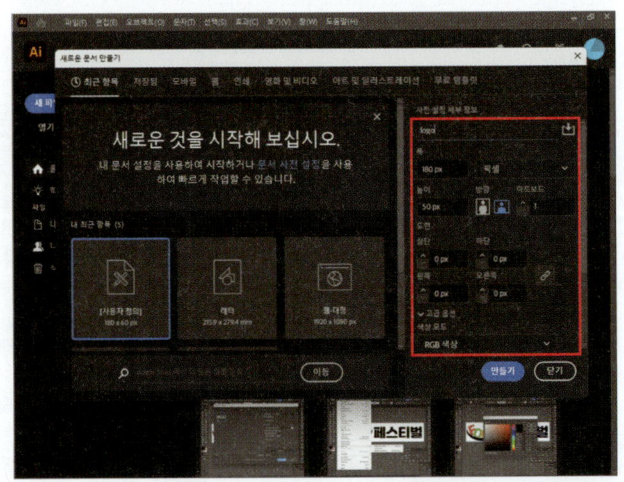

03 도구 상자에서 원형 도구(⬤)를 선택 후 'fill'을 없애고, 선의 두께 '3pt'로 원을 그립니다.

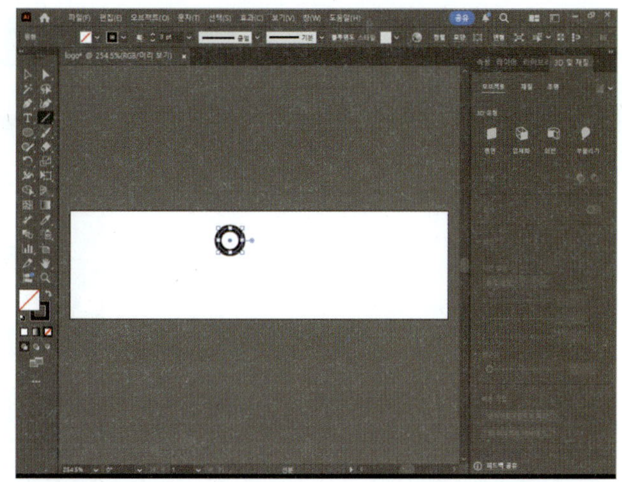

04 그리고 펜툴(✎)을 선택하여 '온라인도서관'이라는 글자를 펜툴로 그려줍니다. 완료 시 Esc 를 눌러 마무리합니다.

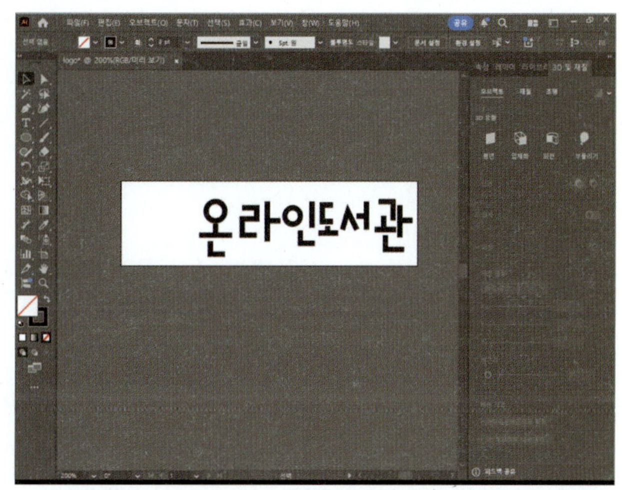

05 심볼을 그리기 위해 사각형 도구(⬛)를 선택 후 'fill'을 없애고 선의 두께 '3pt'로 사각형을 그려 모니터 액정을 그립니다. 다시 한번 더 사각형 도구로 모니터의 받침을 그립니다. 이때 모니터 받침은 'fill'로 배경색을 채워줍니다.

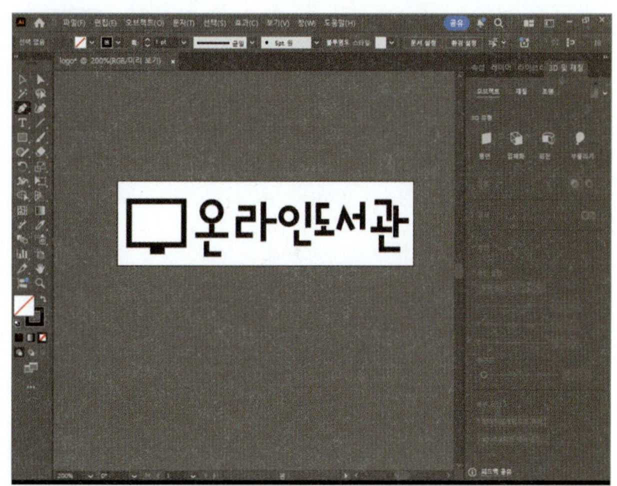

06 펜툴(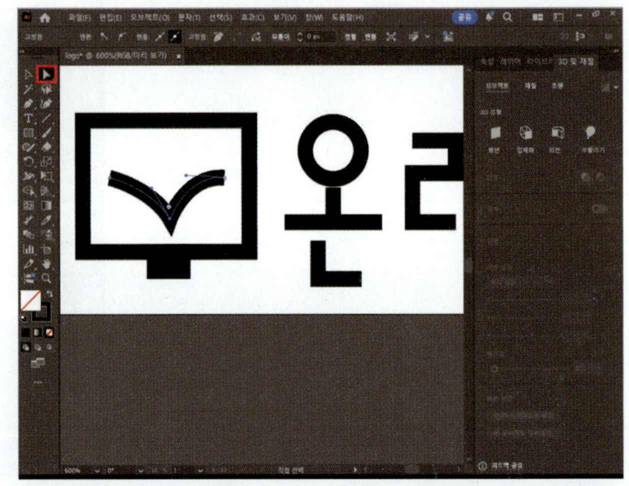)로 책을 그립니다. 시작점을 클릭으로 시작하여 곡선을 그리기 위해 드래그 앤 드롭으로 핸들을 생기게 하여 그려줍니다. 이때 모양이 마음에 들지 않으면 직접 선택 도구(▶)로 수정합니다.

07 선택 도구(▶)로 '온라인'만 선택하여 '#156395'로 색상을 변경합니다.

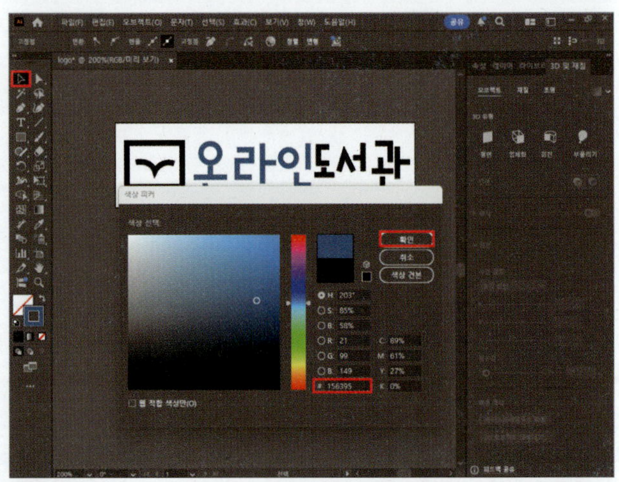

08 작업이 완료되면 [파일(File)] – [내보내기(Export)] – [웹용으로 저장(Save for Web)]을 선택합니다.

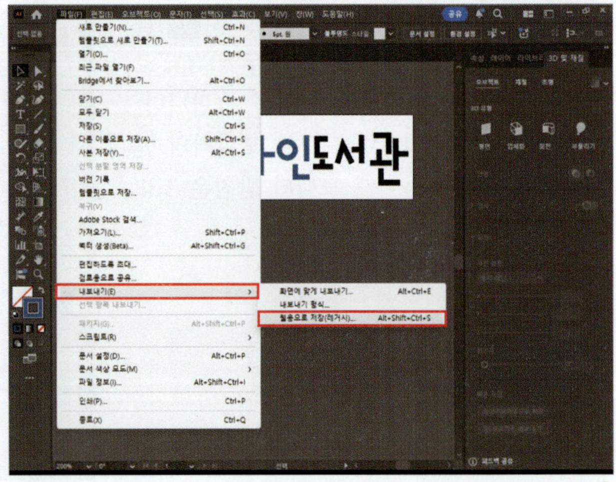

09 파일 형식을 'PNG-24'로 설정한 후, 'images' 폴더에 저장합니다.

– 파일명 : logo.png

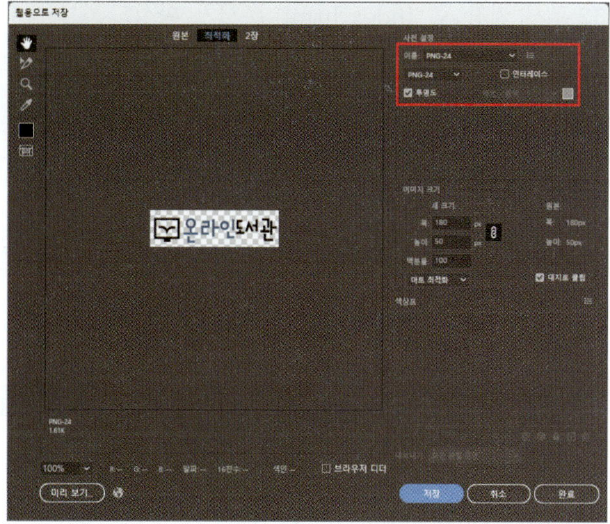

02 헤더 영역 로고 작업하기

세부 지시사항의 A.1 로고를 문서에 추가합니다.

01 Visual studio code에 'index.html' 문서를 열어, '<header id="header">' 영역 안 글자를 지우고 다음과 같이 작성합니다.

```html
<h1>
    <a href="#">
        <img src="images/logo.png"
alt="온라인도서관">
    </a>
</h1>
```

```html
11  <body>
12      <div class="wrap">
13          <div class="top">
14              <header id="header">
15                  <h1>
16                      <a href="#">
17                          <img src="images/logo.png" alt="온라인도서관">
18                      </a>
19                  </h1>
20              </header>
```

[index.html]

02 문서 저장 후 'index.html' 문서가 활성
화된 상태에서 상태표시줄에 Go Live를 선
택 또는 윈도우 탐색기에서 'index.html'
을 웹 브라우저인 '크롬(Chrome)'으로 작
업 결과를 확인합니다.

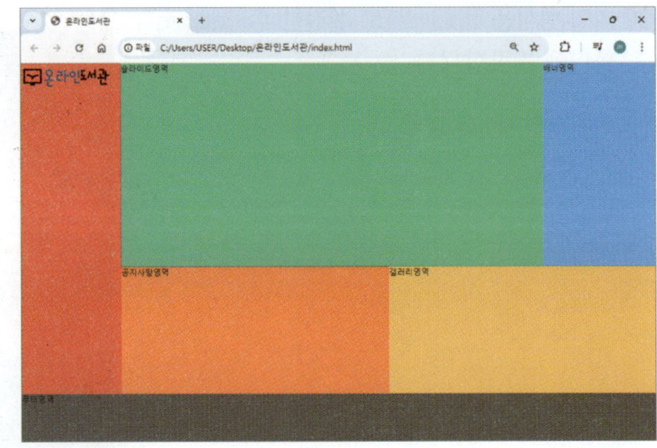

03 헤더 영역 메뉴 작업하기

세부 지시사항의 A.2 메뉴를 구성합니다. 사이트 맵과 구조도를 참고하여 메인메뉴(Main menu)와 서브
메뉴(Sub menu)를 구성합니다.

01 요구사항정의서의 와이어프레임 메뉴 형
태를 확인합니다.

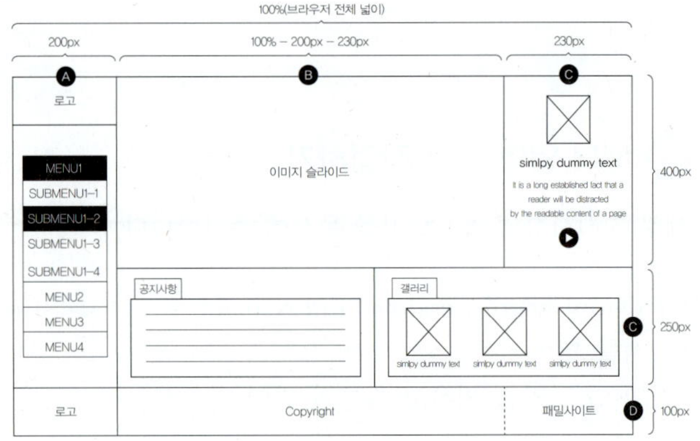

02 'index.html' 문서 <header> 영역 내 '</h1>' 다음 줄에 요구사항정의서의 '사이트 맵'을 참고하여 메뉴를 다음과 같이 작성합니다.

```html
<nav id="nav">
    <ul>
        <li><a href="#">홈</a>
            <ul class="sub">
                <li><a href="#">전자책</a></li>
                <li><a href="#">인기도서</a></li>
                <li><a href="#">추천도서</a></li>
                <li><a href="#">주제별분류</a></li>
            </ul>
        </li>
        <li><a href="#">독서모임</a>
            <ul class="sub">
                <li><a href="#">온라인토론</a></li>
                <li><a href="#">작가초청</a></li>
                <li><a href="#">주제별독서</a></li>
                <li><a href="#">월간 독서회</a></li>
            </ul>
        </li>
        <li><a href="#">도서정보</a>
            <ul class="sub">
                <li><a href="#">책리뷰</a></li>
                <li><a href="#">도서검색</a></li>
                <li><a href="#">희망도서</a></li>
                <li><a href="#">도서통계</a></li>
            </ul>
        </li>
        <li><a href="#">회원서비스</a>
            <ul class="sub">
                <li><a href="#">대출내역</a></li>
                <li><a href="#">연체확인</a></li>
                <li><a href="#">내서재</a></li>
                <li><a href="#">북마크관리</a></li>
            </ul>
        </li>
    </ul>
</nav>
```

```html
14    <div class="wrap">
15        <div class="top">
16            <header id="header">
17                <h1>
18                    <a href="#">
19                        <img src="images/logo.png" alt="온라인도서관">
20                    </a>
21                </h1>
22                <nav id="nav">
23                    <ul>
24                        <li><a href="#">홈</a>
25                            <ul class="sub">
26                                <li><a href="#">전자책</a></li>
27                                <li><a href="#">인기도서</a></li>
28                                <li><a href="#">추천도서</a></li>
29                                <li><a href="#">주제별분류</a></li>
30                            </ul>
31                        </li>
32                        <li><a href="#">독서모임</a>
33                            <ul class="sub">
34                                <li><a href="#">온라인토론</a></li>
35                                <li><a href="#">작가초청</a></li>
36                                <li><a href="#">주제별독서</a></li>
37                                <li><a href="#">월간 독서회</a></li>
38                            </ul>
39                        </li>
40                        <li><a href="#">도서정보</a>
41                            <ul class="sub">
42                                <li><a href="#">책리뷰</a></li>
43                                <li><a href="#">도서검색</a></li>
44                                <li><a href="#">희망도서</a></li>
45                                <li><a href="#">도서통계</a></li>
46                            </ul>
47                        </li>
48                        <li><a href="#">회원서비스</a>
49                            <ul class="sub">
50                                <li><a href="#">대출내역</a></li>
51                                <li><a href="#">연체확인</a></li>
52                                <li><a href="#">내서재</a></li>
53                                <li><a href="#">북마크관리</a></li>
54                            </ul>
55                        </li>
56                    </ul>
57                </nav>
58            </header>
```

[index.html]

- 메뉴 작업 시 〈nav〉로 감싼 후, 순서가 없는 목록 태그인 〈ul〉, 〈li〉로 작업합니다.
- 중첩목록 작업 시 쌍으로 올바르게 중첩되어야 하며, 태그가 제대로 닫혀야 합니다.
- 서브 메뉴 〈ul〉 요소에 클래스 명 'sub'로 설정합니다.

03 스팟 메뉴를 작업하기 위해 '〈/nav〉'다음 줄에 다음과 같이 작성합니다.

```
〈p class="spot"〉
    〈a href="#"〉로그인〈/a〉
    〈a href="#"〉회원가입〈/a〉
〈/p〉
```

```
48                    <li><a href="#">회원서비스</a>
49                        <ul class="sub">
50                            <li><a href="#">대출내역</a></li>
51                            <li><a href="#">연체확인</a></li>
52                            <li><a href="#">내서재</a></li>
53                            <li><a href="#">북마크관리</a></li>
54                        </ul>
55                    </li>
56                </ul>
57            </nav>
58            <p class="spot">
59                <a href="#">로그인</a>
60                <a href="#">회원가입</a>
61            </p>
62        </header>
```

[index.html]

💬 **요소 TIP**

- 〈a href="#"〉 : 임시 링크 추가(기술적 준수사항)
- 〈p class="spot"〉 : 스팟 메뉴를 감싸는 영역
- 〈a href="#"〉 : 〈a〉 요소는 인라인 요소로, 다음 〈a〉 요소와 나란히 배치됨

04 헤더 영역 스타일 작업하기

헤더 영역의 로고를 배치하고, 메인 메뉴(Main menu)에 마우스를 올리면(Mouse over) 하이라이트 되며, 벗어나면(Mouse out) 하이라이트가 해제됩니다. 또한, 서브 메뉴 중 하나에 마우스를 올리면 하이라이트 되고, 벗어나면 하이라이트가 해제됩니다.

01 먼저 'style.css' 문서를 활성화하여 'header'의 기존 배경색을 삭제하고, 다음과 같이 작성합니다.

```
header {
    width:200px;
    background:#f7f2e8;
    padding:20px 10px;
}
header h1 {
    text-align:center;
    margin-bottom:50px;
}
```

```
33    header {
34        width: 200px;
35        background: #f7f2e8;
36        padding: 20px 10px;
37    }
38    header h1 {
39        text-align: center;
40        margin-bottom: 50px;
41    }
```

[style.css]

- **header** : 〈header〉 선택자로 좌측 헤더 영역의 스타일 지정
  - **padding:20px 10px** : 위 · 아래 내부 여백 20픽셀, 좌 · 우 내부 여백 10픽셀 설정
- **header h1** : 〈header〉의 하위 요소 〈h1〉 지정
  - **text-align:center** : 〈h1〉 하위 요소 〈img〉를 수평 가운데 정렬
  - **margin-bottom:50px** : 아래쪽 바깥 여백을 50픽셀로 설정하여, 〈h1〉과 〈nav〉 사이 간격 설정

02 메뉴를 클릭할 수 있는 영역은 'header h1' 스타일 다음 줄에 다음과 같이 작성합니다.

```css
nav>ul>li>a {
    display: block;
    background:#156395;
    padding:10px;
    color:#fff;
}
nav>ul>li:hover>a {
    background:#FFA500;
}
```

```
38    header h1 {
39        text-align: center;
40        margin-bottom: 50px;
41    }
42    nav>ul>li>a {
43        display: block;
44        background: #156395;
45        padding:10px;
46        color: #fff;
47    }
48    nav>ul>li:hover>a {
49        background: #FFA500;
50    }
```

[style.css]

03 서브 메뉴 스타일을 다음과 같이 작성합니다.

```css
.sub li a {
    display:block;
    background:#fff;
    padding:10px;
}
.sub li a:hover {
    background:#156395;
    color:#fff;
}
```

```
51    .sub li a {
52        display: block;
53        background: #fff;
54        padding:10px;
55    }
56    .sub li a:hover {
57        background: #156395;
58        color: #fff;
59    }
```

[style.css]

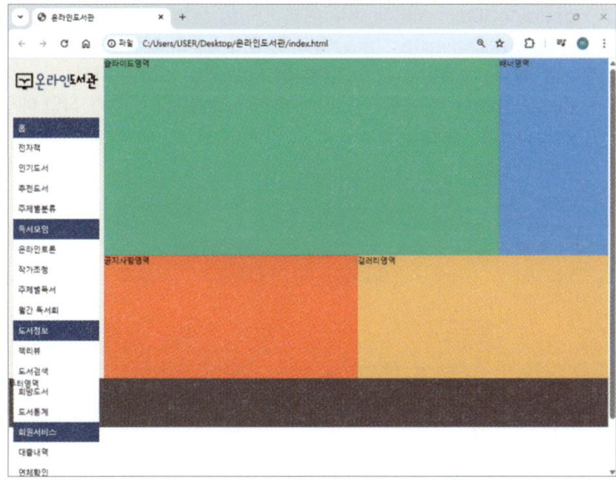

04 메인 메뉴와 서브 메뉴 스타일을 확인 후 마우스를 올려 하이라이트 효과까지 확인합니다. 잘 적용이 되었다면 'nav>ul>li:hover>a' 다음 줄에 다음과 같이 작성합니다.

```
.sub {
    display:none;
}
```

```
48    nav>ul>li:hover>a {
49        background: #FFA500;
50    }
51    .sub {
52        display:none;
53    }
54    .sub li a {
55        display:block;
56        background: #fff;
57        padding:10px;
58    }
```

[style.css]

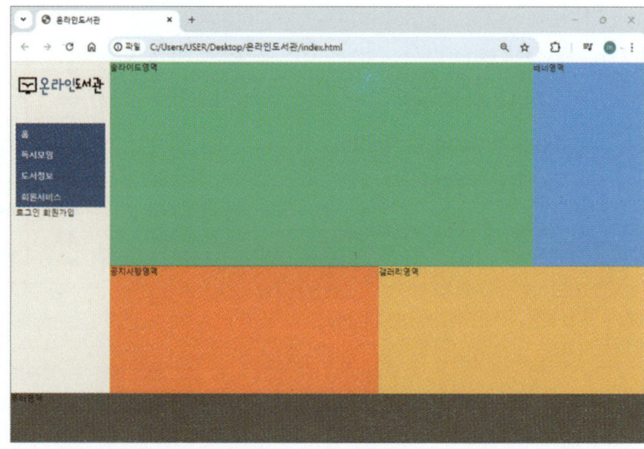

- 블록 요소는 기본적으로 수직으로 쌓이며, 너비와 높이 속성을 자유롭게 지정할 수 있습니다.
  예 <div>, <p>, <section> 등
- 인라인 요소는 한 줄에 나란히 배치되며, 기본적으로 너비와 높이를 지정할 수 없습니다.
  예 <a>, <span>, <strong> 등

요소 TIP

- **padding:10px** : 사방의 내부 여백 10픽셀 설정
  - **nav>ul>li:hover>a** : <nav>의 자식 요소 <ul>의 자식 요소 <li>에 마우스 올렸을 때 <a> 지정(마우스 올렸을 때 하이라이트 효과)
  - **.sub** : <ul class="sub"> 지정하여 서브 메뉴 스타일 지정
- **display:none** : 요소를 선택하여 숨김(스크립트에서 추가 작업 예정)
  - **.sub li a** : .sub의 자식 요소 <li>의 자식 요소 <a> 지정

05 스팟 메뉴 스타일을 '.sub li a:hover' 다음 줄에 작성합니다.

```css
.spot {
    margin-top:20px;
    text-align:center;
    font-size:12px;
}
.spot a:first-child {
    border-right:1px solid #333;
    padding-right:5px;
}
```

```css
59    .sub li a:hover {
60        background: #156395;
61        color: #fff;
62    }
63    .spot {
64        margin-top:20px;
65        text-align:center;
66        font-size:12px;
67    }
68    .spot a:first-child {
69        border-right:1px solid #333;
70        padding-right:5px;
71    }
```

[style.css]

💬 요소 TIP

- **.spot** : ⟨p class="spot"⟩ 선택자로 ⟨a⟩를 감싸는 영역 지정
  - **text-align:center** : 요소 내의 ⟨a⟩ 인라인 요소 수평 가운데 정렬
  - **font-size:12px** : 폰트 사이즈 12픽셀 설정(기본 폰트 사이즈 16픽셀)
- **.spot a:first-child** : ⟨p class="spot"⟩의 하위 요소 ⟨a⟩ 중 첫 번째 ⟨a⟩ 지정
  - **border-right:1px solid #333** : 1픽셀 두께의 색상 #333 우측 실선 테두리 설정
  - **padding-right:5px** : 오른쪽 내부 여백 5픽셀 설정

05 메뉴 스크립트 작업하기

세부 지시사항의 A.2 메뉴 효과를 구현합니다. 메인 메뉴(Main menu)에 마우스를 올리면(Mouse over) 서브 메뉴(Sub menu) 영역이 슬라이드 다운(Slide down)으로 보이도록 하고, 벗어나면(Mouse out) 서브 메뉴 영역은 슬라이드 업(Slide Up)으로 사라지는 작업을 제이쿼리(jQuery)로 진행합니다.

01 먼저 'js' 폴더 하위 파일인 'script.js' 문서를 활성화하여 작성합니다.

```javascript
//메뉴
$("nav>ul>li").mouseenter(function(){
    $(this).children(".sub").stop().slideDown();
})
$("nav>ul>li").mouseleave(function(){
    $(this).children(".sub").stop().slideUp();
})
```

```javascript
1    //메뉴
2    $("nav>ul>li").mouseenter(function(){
3        $(this).children(".sub").stop().slideDown();
4    })
5    $("nav>ul>li").mouseleave(function(){
6        $(this).children(".sub").stop().slideUp();
7    })
```

[script.js]

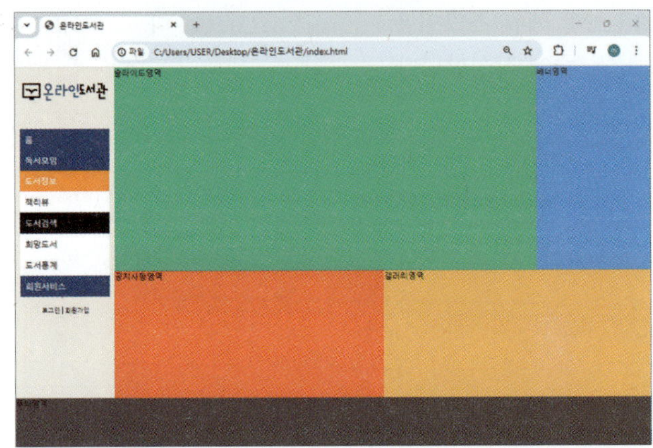

> **요소 TIP**
>
> - **$** : jQuery에서 HTML 요소를 선택하거나 jQuery 객체를 생성할 때 사용하는 단축 표기
> - **$("nav>ul>li")** : jQuery 선택자로, <nav> 자식 요소인 <ul> 자식 요소인 모든 <li> 선택
> - **mouseenter/mouseleave** : jQuery에서 제공하는 이벤트 메서드로, 마우스가 요소에 진입하거나 요소를 떠날 때 발생하는 이벤트를 처리
> - **$(this)** : 이벤트가 발생한 현재 요소를 가리키며, 이 경우에는 마우스가 올라간 특정 <li> 요소를 의미
> - **children()** : 선택한 요소의 직계 자식 요소만을 선택할 때 사용
> - **stop()** : 현재 실행 중인 애니메이션을 즉시 중지시켜 중복 애니메이션이 발생하는 것을 방지
> - **slideDown()/slideUp()** : slideDown()은 요소를 슬라이드 다운하여 보여주고, slideUp()은 요소를 슬라이드 업하여 숨김

---

4 STEP 세부 영역별 지시사항 − Ⓑ Slide 영역   약 30분

01 슬라이드 영역 구조 작업하기

세부 지시사항의 Ⓑ 슬라이드를 제작합니다. 먼저 슬라이드의 구조를 잡은 후 제공된 텍스트 간의 위계질서를 직관적으로 알 수 있도록 글자체, 굵기, 색상, 크기를 적절하게 설정합니다.

01 '수험자 제공 폴더'에 있는 이미지를 'images' 폴더로 복사합니다. 이미지 크기를 확인한 후, 필요하다면 크기를 조정하고, 파일명도 필요한 경우 수정합니다.

[참고하기] PART 03 − SECTION 02 Photoshop 필수 기능

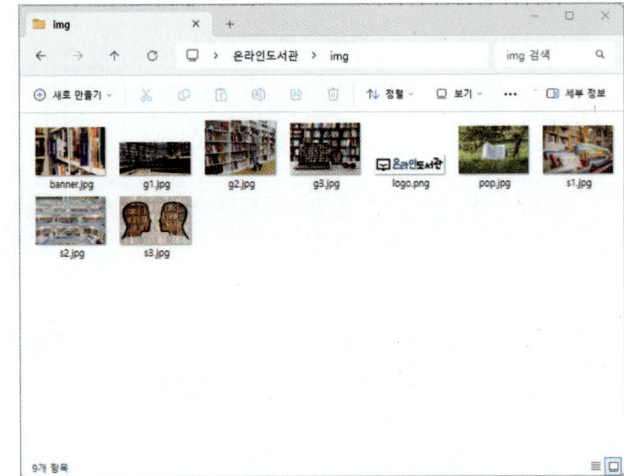

02 'index.html' 문서에서 '<div id="slide" class="slide"></div>' 사이에 다음과 같이 작성합니다.

```
<div id="slide" class="slide">
    <ul>
        <li class="s1">
            <a href="#">
                <div class="text">
                    <h2>최신 인기 도서들을 지금 만나보세요.</h2>
                    <p>전자책으로 편리하게 열람 가능합니다.</p>
                </div>
            </a>
        </li>
        <li class="s2">
            <a href="#">
                <div class="text">
                    <h2>온라인 독서 프로그램</h2>
                    <p>누구나 참여 가능한 독서 프로그램! 함께 읽고 생각을 나눠보세요.</p>
                </div>
            </a>
        </li>
        <li class="s3">
            <a href="#">
                <div class="text">
                    <h2>전자도서관 리뉴얼 안내</h2>
                    <p>보다 편리해진 전자도서관! 새로운 UI/UX로 독서 경험을 업그레이드하세요.</p>
                </div>
            </a>
        </li>
    </ul>
</div>
```

```
63    <div class="contents">
64        <div class="con1">
65            <div id="slide" class="slide">
66                <ul>
67                    <li class="s1">
68                        <a href="#">
69                            <div class="text">
70                                <h2>최신 인기 도서들을 지금 만나보세요.</h2>
71                                <p>전자책으로 편리하게 열람 가능합니다.</p>
72                            </div>
73                        </a>
74                    </li>
75                    <li class="s2">
76                        <a href="#">
77                            <div class="text">
78                                <h2>온라인 독서 프로그램</h2>
79                                <p>누구나 참여 가능한 독서 프로그램! 함께 읽고 생각을
                                    나눠보세요.</p>
80                            </div>
81                        </a>
82                    </li>
83                    <li class="s3">
84                        <a href="#">
85                            <div class="text">
86                                <h2>전자도서관 리뉴얼 안내</h2>
87                                <p>보다 편리해진 전자도서관! 새로운 UI/UX로 독서 경험을
                                    업그레이드하세요.</p>
88                            </div>
89                        </a>
90                    </li>
91                </ul>
92            </div>
```

[index.html]

02 슬라이드 영역 스타일 작업하기

세부 지시사항의 B 슬라이드 애니메이션 효과를 확인합니다. 슬라이드 애니메이션이 좌에서 우 또는 우에서 좌로 이동하는 애니메이션을 고려하여 스타일을 작업합니다.

01 'style.css' 문서를 활성화하여 '.con1 .slide'를 찾아 배경색을 지우고 다음과 같이 작성합니다.

```css
.con1 .slide {
    width:calc(100% - 230px);
}
.slide ul li {
    width:100%;
    height:100%;
}
.slide ul li a {
    display:block;
    height:100%;
}
.slide ul li.s1 {
    background:url(../images/s1.jpg)
no-repeat center/cover;
}
.slide ul li.s2 {
    background:url(../images/s2.jpg)
no-repeat center/cover;
}
.slide ul li.s3 {
    background:url(../images/s3.jpg)
no-repeat center/cover;
}
```

```css
75  .con1 {
76      height:400px;
77      display:flex;
78  }
79  .con1 .slide {
80      width : calc(100% - 230px);
81  }
82  .slide ul li {
83      width:100%;
84      height:100%;
85  }
86  .slide ul li a {
87      display:block;
88      height:100%;
89  }
90  .slide ul li.s1 {
91      background:url(../images/s1.jpg) no-repeat center/cover;
92  }
93  .slide ul li.s2 {
94      background:url(../images/s2.jpg) no-repeat center/cover;
95  }
96  .slide ul li.s3 {
97      background:url(../images/s3.jpg) no-repeat center/cover;
98  }
```

[style.css]

- **.slide ul li** : 슬라이드 각각의 항목을 감싸는 요소로, 배경 이미지를 적용할 수 있도록 너비와 높이를 지정
- **.slide ul li a** : .slide 내부의 〈ul〉 하위 〈li〉 요소 안에 있는 〈a〉 요소를 선택하는 구조로, 클릭 가능한 영역에 스타일을 적용할 때 사용
  - **display:block** : 〈a〉를 블록 요소로 변경하여 전체 영역에 스타일을 적용
  - **height:100%** : 〈a〉 요소의 높이를 부모 요소인 〈li〉의 높이만큼 채우도록 설정
- **.slide ul li.s1** : .slide 하위의 〈ul〉 안에서 〈li〉 요소 중 class="s1"인 요소를 선택하는 구조로, 슬라이드 개별 항목에 배경 이미지를 설정할 때 사용
- **background:url(../images/s1.jpg) no-repeat center/cover** : 배경 CSS 속성 함축형
  - background는 이미지 경로, 반복 여부, 위치, 크기, 색상 등을 하나의 속성으로 축약해서 작성할 수 있음
    - background:url(경로) no-repeat center/cover

02 슬라이드 애니메이션이 좌에서 우 또는 우에서 좌로 이동하는 애니메이션이므로 '.con1 .slide' 다음 줄에 다음과 같이 작성합니다.

```css
.slide ul {
    width:300%;
    height:100%;
    display:flex;
}
.slide ul li {
    width:calc(100% / 3);
    height:100%;
}
```

```css
79    .con1 .slide {
80        width:calc(100% - 230px);
81    }
82    .slide ul {
83        width:300%;
84        height:100%;
85        display:flex;
86    }
87    .slide ul li {
88        width:calc(100% / 3);
89        height:100%;
90    }
```

[style.css]

- **.slide ul** : .slide 하위 요소 〈ul〉에 슬라이드가 좌, 우로 이동할 수 있는 슬라이드 띠 역할
  - **display:flex** : .slide ul를 플렉스 컨테이너로 설정하여, 자식 요소(〈li〉)들을 수평으로 나열
  - **width:300%** : .slide ul li가 나열되면서 각 〈li〉 너비가 100%이므로 부모인 〈ul〉에게 3개의 〈li〉를 더한 '300%'로 설정
- **.slide ul li** : .slide 하위 요소 〈ul〉의 하위 요소 〈li〉선택자로 각 슬라이드 영역
  - **width: calc(100% / 3)** : 부모 요소의 전체 너비를 3으로 나눈 값을 요소의 너비로 설정

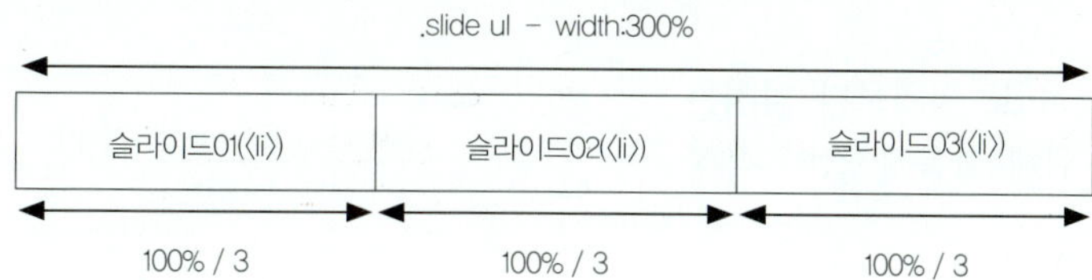

03 각 슬라이드의 텍스트를 글자체, 굵기, 색
상, 크기를 적절하게 설정하여, 가독성을
높이고, 독창성이 드러나도록 '.slide ul li'
내용의 아래에 다음과 같은 스타일을 작
성합니다.

```css
.slide ul li {
    width:calc(100% / 3);
    height:100%;
    position:relative;
}
.slide ul li .text{
    position:absolute;
    top:50%;
    left:50%;
    transform:translate(-50%, -50%);
    text-align:center;
}
.slide ul li .text h2{
    background:#156395;
    padding:20px;
    border-radius:50px;
    color:#fff;
}
.slide ul li .text p{
    color: #fff;
    text-shadow:3px 3px 3px
rgba(0,0,0,.5);
    font-size:20px;
    font-weight:bold;
}
```

```css
87   .slide ul li {
88       width:calc(100% / 3);
89       height:100%;
90       position:relative;
91   }
92   .slide ul li .text{
93       position:absolute;
94       top: 50%;
95       left: 50%;
96       transform:translate(-50%, -50%);
97       text-align: center;
98   }
99   .slide ul li .text h2{
100      background: #156395;
101      padding: 20px;
102      border-radius: 50px;
103      color: #fff;
104  }
105  .slide ul li .text p{
106      color: #fff;
107      text-shadow: 3px 3px 3px rgba(0,0,0,.5);
108      font-size: 20px;
109      font-weight:bold;
110  }
```

[style.css]

04 .slide ul 영역이 .slide 영역보다 넘치는
부분을 숨겨주기 위해 다음과 같이 작성
합니다.

```css
.con1 .slide {
    width:calc(100% − 230px);
    overflow:hidden;
}
```

```css
79   .con1 .slide {
80       width: calc(100% - 230px);
81       overflow:hidden;
82   }
```

[style.css]

- **.slide ul li .text** : 슬라이드 내 텍스트를 부모의 정중앙에 위치시키기 위한 스타일
  - **position: absolute; top: 50%; left: 50%; transform: translate(−50%, −50%);** : 텍스트 박스를 정확한 중앙에 배치하는 대표적인 패턴
- **.slide ul li .text h2** : 슬라이드 안의 제목(h2) 텍스트에 스타일을 적용하여 가독성과 독창성을 높임
  - **border-radius: 50px** : h2의 사방 모서리를 50px 둥글게 처리
  - **color: #fff** : 글자색을 흰색으로 설정
  - **padding: 20px** : h2 안의 여백을 넉넉히 확보
  - **text-shadow:3px 3px 3px rgba(0,0,0,0.5)** : p 태그에 그림자 효과로 가독성 강화

RGB 색상 입력 방법
포토샵의 색상 피커에서 RGB 값을 확인하고 입력합니다.

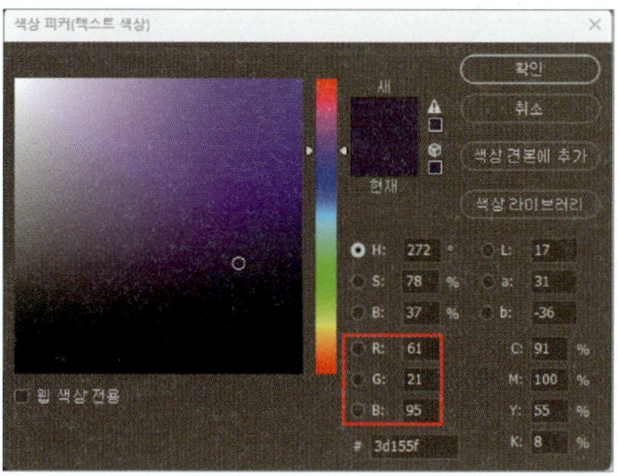

05 작업한 모든 파일을 저장하고 'index.html' 문서가 활성화된 상태에서 상태표시줄에 Go Live를 선택하여 웹 브라우저인 '크롬(Chrome)'으로 작업 결과를 확인합니다.

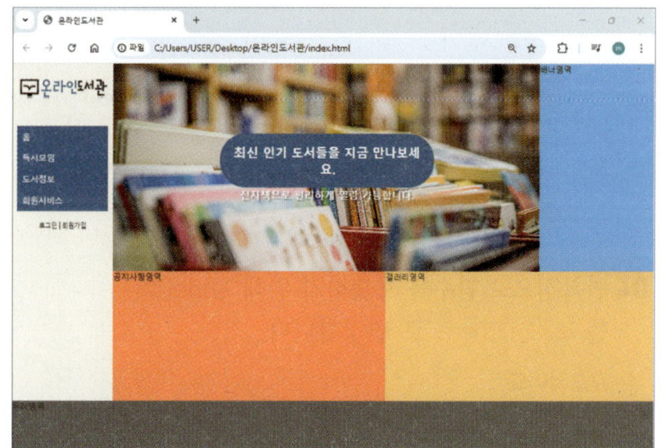

03 슬라이드 스크립트 작업하기

세부 지시사항의 B 슬라이드 애니메이션 효과를 구현합니다. 슬라이드 애니메이션이 좌에서 우 또는 우에서 좌로 이동하는 애니메이션으로 매 3초 이내 다른 이미지로 전환되어야 하며 웹사이트 열었을 때 자동으로 시작되어 반복적인 슬라이드가 되도록 제이쿼리(jQuery)로 작업합니다.

01 ‘script.js’ 문서를 활성화합니다. 그리고 ‘메뉴 스크립트’ 다음 줄에 .slide ul을 좌로 이동하는 제이쿼리를 작성합니다.

```
//슬라이드
$(".slide ul").animate({margin-
Left:"-100%"},1000);
```

```
8    //슬라이드
9    $(".slide ul").animate({marginLeft:"-100%"},1000);
```

[script.js]

02 다음 슬라이드가 나올 수 있도록 i 변수를 만들어 슬라이드 공식을 작성합니다.

```
//슬라이드
let i = 0;
i++;
$(".slide ul").animate({marginLeft:-100 *
i + "%"},1000);
```

```
8    //슬라이드
9    let i = 0;
10   i++;
11   $(".slide ul").animate({marginLeft:-100 * i + "%"},1000);
```

[script.js]

03 실행문을 반복하기 위해 함수로 해당 실행문을 감싸줍니다. 이때 함수의 이름은 ‘slide’로 임의로 지정합니다.

```
//슬라이드
let i = 0;
function slide(){
    i++;
    $(".slide ul").animate({margin-
Left:-100 * i + "%"},1000);
}
slide();
```

```
8    //슬라이드
9    let i = 0;
10   function slide(){
11       i++;
12       $(".slide ul").animate({marginLeft:-100 * i + "%"},1000);
13   }
14   slide();
```

[script.js]

04 반복적으로 함수를 호출하기 위해 ‘slide();’를 ‘setInterval’로 변경합니다.

```
//슬라이드
let i = 0;
function slide(){
    i++;
    $(".slide ul").animate({margin-
Left:-100 * i + "%"},1000);
}
setInterval(slide, 3000)
```

```
8    //슬라이드
9    let i = 0;
10   function slide(){
11       i++;
12       $(".slide ul").animate({marginLeft:-100 * i + "%"},1000);
13   }
14   setInterval(slide, 3000)
```

[script.js]

05 증감식으로 인하여 변수 i의 값이 무한대로 올라가므로 제어문을 통해 세 번째 슬라이드 다음 첫 번째 슬라이드가 보여지도록 작성합니다. (예시 : 슬라이드 3개)

```
let i = 0
function slide(){
    if(i<2){
       i++;
    }else{
       i=0;
    }
    $(".slide ul").animate({margin-
Left:-100 * i + "%"},1000)
}
setInterval(slide, 3000);
```

```
 8    //슬라이드
 9    let i = 0
10    function slide(){
11        if(i<2){
12            i++;
13        }else{
14            i=0;
15        }
16        $(".slide ul").animate({marginLeft:-100 * i + "%"},1000)
17    }
18    setInterval(slide, 3000);
```

[script.js]

06 작업한 모든 파일을 저장하고 'index.html' 문서가 활성화된 상태에서 상태표시줄에 Go Live를 선택하여 웹 브라우저인 '크롬(Chrome)'으로 작업 결과를 확인합니다. 웹 브라우저에서 슬라이드가 좌로 이동하는 애니메이션이 3초마다 진행됩니다.

💬 요소 TIP

- **let i=0** : 변수 i 선언 후 0을 할당
- **i++** : 증감 연산자로, 변수 i의 값을 1씩 증가시키는 역할
- **$(".slide ul")** : jQuery 선택자로, .slide의 하위 요소 〈ul〉 슬라이드 띠 선택
- **$(".slide ul").animate({marginLeft:-100 * i + "%"})** : .slide ul이 좌측으로 음수 100%만큼 이동하는 애니메이션
- **$("요소 선택").animate({속성:"속성값"}, 적용 시간)** : 요소 선택하여 애니메이션 적용
    - 속성 값 −100은 숫자형 데이터이며 i는 변수
    - "%"는 문자열 데이터이므로 −100 * i는 계산이 되고, 단위 '%'는 문자열로 결합해야 하기 때문에 + 연산자를 사용하여 결합
- **if(조건문){실행문1}else{실행문2}** : 조건문이 참일 때 실행문1을 실행하고 거짓일 때 실행문2를 실행
- **setInterval(함수명, 밀리초)** : 지정한 시간 간격(밀리초)마다 해당 함수를 반복 실행하는 자바스크립트 내장 함수
- **밀리초(ms)** : 1초는 1,000밀리초이며, 1밀리초는 1초의 1/1,000에 해당

무한반복 슬라이드 스크립트 작성하기
스크립트 코드는 다양한 방법으로 작성할 수 있으므로 수험자 임의로 수정 및 변경하여 사용하셔도 됩니다.

01 '.slide ul'을 좌로 이동하는 제이쿼리를 작성합니다.

```
$(".slide ul").animate({
    marginLeft:"-100%"
},1000)
```

```
JS script.js > ...
1  $(".slide ul").animate({
2      marginLeft:"-100%"
3  },1000)
```
[script.js]

02 웹 브라우저에서 '.slide ul'의 이동을 확인한 후, 첫 번째 슬라이드가 '.slide ul' 뒤에 붙도록 콜백 함수로 작성합니다.

```
$(".slide ul").animate({
    marginLeft:"-100%"
},1000,function(){
    $(".slide ul").append($(".slide ul li").
first());
})
```

```
JS script.js > ...
1  $(".slide ul").animate({
2      marginLeft: "-100%"
3  }, 1000, function () {
4      $(".slide ul").append($(".slide ul li").first());
5  })
```
[script.js]

03 슬라이드 애니메이션이 끝나면, 첫 번째 슬라이드(⟨li⟩)를 리스트 맨 뒤로 보내고(append), 이때 '.slide ul'의 'marginLeft'가 −100%로 설정된 상태이므로, 그대로 두면 눈에 보이는 슬라이드는 두 번째 슬라이드가 아니라 다음 슬라이드가 됩니다. 따라서, 첫 번째 슬라이드가 맨 뒤로 이동한 직후 '.slide ul'의 'marginLeft' 값을 0으로 되돌려 실제로 '두 번째 슬라이드'가 보이도록 위치를 다시 조정해야 합니다.

```
$(".slide ul").animate({
    marginLeft:"-100%"
},1000,function(){
    $(".slide ul").append($(".slide ul li").
first();
    $(".slide ul").css({marginLeft:0});
})
```

```
1  $(".slide ul").animate({
2      marginLeft: "-100%"
3  }, 1000, function () {
4      $(".slide ul").append($(".slide ul li").first());
5      $(".slide ul").css({ marginLeft: 0 });
6  })
```
[script.js]

04 반복적으로 함수를 호출하기 위해 'slide();' 를 'setInterval'로 변경합니다.

```
function slide(){
    $(".slide ul").animate({
        marginLeft:"-100%"
    },1000,function(){
        $(".slide ul").append($(".slide ul li").first());
        $(".slide ul").css({marginLeft:0});
    })
}
setInterval(slide, 3000)
```

```
1   function slide() {
2       $(".slide ul").animate({
3           marginLeft: "-100%"
4       }, 1000, function () {
5           $(".slide ul").append($(".slide ul li").first());
6           $(".slide ul").css({ marginLeft: 0 });
7       })
8   }
9   setInterval(slide, 3000)
```

[script.js]

💬 **요소 TIP**

- **콜백 함수** : 특정 작업이 완료된 후 실행되는 함수
- **$("선택 요소").append("새로운 요소")** : 선택 요소 끝에 새로운 요소를 추가
- **$(".slide ul li").first()** : jQuery 선택자로, 클래스가 slide인 요소 내 〈ul〉 태그 안에 있는 첫 번째 〈li〉 요소를 지정
- **"-100%"** : "%"는 문자열 데이터이므로 숫자와 문자열을 함께 사용하기 위해 "-100%" 문자열 데이터로 표기

5 STEP 세부 영역별 지시사항 – © Contents 영역 약 50분

01 배너 구조 작업하기

세부 지시사항 C.1 배너를 제작합니다. Contents 폴더의 제공된 파일을 활용하여 작업합니다.

01 'index.html' 문서의 '<div class="banner"></div>' 사이에 다음과 같이 작성합니다.

```
<div class="banner">
    <a href="#">
        <p class="img"><img src="images/g1.jpg" alt="맞춤형 대출 서비스 안내"></p>
        <h2>맞춤형<br>대출 서비스 안내</h2>
        <p class="txt">나에게 맞는 책을 추천받고 자동 대출까지! 개인 맞춤 독서 추천 서비스를 만나보세요.</p>
        <p class="button">참여하기</p>
    </a>
</div>
```

```
93          <div class="banner">
94              <a href="#">
95                  <p class="img">
96                      <img src="images/g1.jpg" alt="맞춤형 대출 서비스 안내">
97                  </p>
98                  <h2>맞춤형<br>대출 서비스 안내</h2>
99                  <p class="txt">나에게 맞는 책을 추천받고 자동 대출까지! 개인 맞춤 독서
                        추천 서비스를 만나보세요.</p>
100                 <p class="button">참여하기</p>
101             </a>
102         </div>
103     </div>
```

[index.html]

02 'style.css' 문서에서 '.con1 .banner'의 배경색을 지우고 다음과 같이 스타일을 작성합니다.

```css
.con1 .banner{
    width:230px;
    background:#156395;
    text-align:center;
}
.banner a{
    padding:40px 10px 0;
    display:block;
    height:100%;
}
.banner .img{
    width:100px;
    height:100px;
    border-radius:50%;
    border:5px solid #fff;
    overflow:hidden;
    margin:0 auto 20px;
}
.banner .img img{
    width:100px;
    height:100px;
    object-fit:cover;
}
.banner h2{
    color:#fff;
    letter-spacing:-2px;
    line-height:1.2;
    margin-bottom:10px;
}
```

```css
125  .con1 .banner{
126      width:230px;
127      background:■#156395;
128      text-align:center;
129  }
130  .banner a{
131      padding:40px 10px 0;
132      display:block;
133      height:100%;
134  }
135  .banner .img{
136      width:100px;
137      height:100px;
138      border-radius:50%;
139      border:5px solid □#fff;
140      overflow:hidden;
141      margin:0 auto 20px;
142  }
143  .banner .img img{
144      width:100px;
145      height:100px;
146      object-fit:cover;
147  }
148  .banner h2{
149      color:□#fff;
150      letter-spacing:-2px;
151      line-height:1.2;
152      margin-bottom:10px;
153  }
154  .banner .txt{
155      color:□#fff;
156      margin-bottom:40px;
157      font-size:14px;
158  }
159  .banner .button{
160      width:100%;
161      color:□#fff;
162      background:■#FFA500;
163      height:40px;
164      line-height:40px;
165      border-radius:50px;
166  }
```

[style.css]

```css
.banner .txt{
    color:#fff;
    margin-bottom:40px;
    font-size:14px;
}
.banner .button{
    width:100%;
    color:#fff;
    background:#FFA500;
    height:40px;
    line-height:40px;
    border-radius:50px;
}
```

💬 요소 TIP

- **.banner** : 슬라이드 오른쪽에 위치한 배너 영역 〈div class="banner"〉 전체를 스타일 정의
  - **width:230px** : 고정 폭 230px 지정
  - **text-align:center** : 내부 요소(인라인 요소, 텍스트)들을 수평 중앙 정렬
- **.banner a** : 배너 전체를 클릭 가능한 영역 확보
  - **display** : block으로 블록 요소를 지정해 배너 전체에 패딩과 높이(100%)를 적용
  - **padding:40px 10px 0** : 안쪽 여백에서 상단은 40px, 좌우는 10px, 하단은 0으로 각각 적용
- **.banner .img** : 배너의 이미지를 동그란 원형으로 만들기 위해 width, height를 100px로 같게 하고, border-radius: 50%를 적용
  - **margin:0 auto 20px** : 상단 마진은 0, 좌우 마진은 auto(자동), 하단 마진은 20px로 지정
    (auto 값을 사용하면 요소가 부모 요소의 가운데로 정렬)
  - **overflow:hidden** : 요소의 크기를 넘기는 지식 요소(이미지 등)는 잘려서 보이지 않게 처리
- **.banner .img img** : 이미지가 부모(.img) 요소에 맞게 꽉 차도록 object-fit: cover를 적용
- **letter-spacing:-2px** : 자 간격을 약간 좁혀, 제목이 더 응집력 있게 보이도록 함
- **line-height: 1.2** : 간격을 조절해, 긴 문장도 가독성을 유지

- **object-fit 속성이란?**
  - object-fit은 이미지를 요소 크기 안에 어떻게 맞출지 설정하는 CSS 속성입니다.
  - 이미지가 박스 크기에 맞춰 늘어나거나 잘리는 방식을 제어할 수 있습니다.

- **object-fit 주요 속성값**
  - fill : 기본값. 요소 크기에 이미지를 꽉 채우되, 비율이 유지되지 않아 왜곡될 수 있음
  - contain : 이미지의 비율을 유지하며 요소 안에 모두 들어오도록 축소함. 빈 여백이 생길 수 있음
  - cover : 이미지 비율을 유지하면서 요소 전체를 덮도록 확대하며 일부가 잘릴 수 있음
  - none : 원본 이미지 크기를 그대로 유지하며, 박스보다 클 경우 넘침

```html
1  <!DOCTYPE html>
2  <html lang="ko">
3  <head>
4    <meta charset="UTF-8">
5    <meta name="viewport" content="width=device-width, initial-scale=1.0">
6    <title>object-fit 속성</title>
7    <link href="style.css" rel="stylesheet">
8  </head>
9  <body>
10   <table>
11     <tr>
12       <th>fill</th>
13       <th>contain</th>
14       <th>cover</th>
15       <th>none</th>
16     </tr>
17     <tr>
18       <td><img src="img.jpg" class="fill"></td>
19       <td><img src="img.jpg" class="contain"></td>
20       <td><img src="img.jpg" class="cover"></td>
21       <td><img src="img.jpg" class="none"></td>
22     </tr>
23   </table>
24 </body>
25 </html>
```

[index.html]

```css
# style.css > ...
1  @charset "utf-8";
2  img {
3    width: 200px;
4    height: 100px;
5  }
6  .fill {
7    object-fit: fill;/*기본값*/
8  }
9  .contain {
10   object-fit: contain;
11 }
12 .cover {
13   object-fit: cover;
14 }
15 .none {
16   object-fit: none;
17 }
```

[style.css]

01 공지사항 구조 작업하기

세부 지시사항 C.2 공지사항을 제작합니다. Contents 폴더의 제공된 파일을 활용하여 작업합니다.

01 'index.html' 문서의 '<article class="notice">' 다음 줄에 공지사항 내용을 다음과 같이 작성합니다.

```
<article class="notice">
    <h2>공지사항</h2>
    <ul>
        <li>
            <a href="#" class="pop">[필독] 2026년 4월 시스템 점검 안내</a>
            <span>2026-04-03</span>
        </li>
        <li>
            <a href="#">[신청 안내] 온라인 독서 프로그램 2기 모집</a>
            <span>2026-03-30</span>
        </li>
        <li>
            <a href="#">전자도서 열람 오류 해결 완료 안내</a>
            <span>2026-03-27</span>
        </li>
        <li>
            <a href="#">도서관 운영시간 변경 안내 (4월부터 적용)</a>
            <span>2026-03-25</span>
        </li>
    </ul>
</article>
```

```
104          <div class="con2">
105              <article class="notice">
106                  <h2>공지사항</h2>
107                  <ul>
108                      <li>
109                          <a href="#" class="pop">[필독] 2026년 4월 시스템 점검 안내</a>
110                          <span>2026-04-03</span>
111                      </li>
112                      <li>
113                          <a href="#">[신청 안내] 온라인 독서 프로그램 2기 모집</a>
114                          <span>2026-03-30</span>
115                      </li>
116                      <li>
117                          <a href="#">전자도서 열람 오류 해결 완료 안내</a>
118                          <span>2026-03-27</span>
119                      </li>
120                      <li>
121                          <a href="#">도서관 운영시간 변경 안내 (4월부터 적용)</a>
122                          <span>2026-03-25</span>
123                      </li>
124                  </ul>
125              </article>
```

[index.html]

🏁 **기적**의 TIP

첫 번째 게시글에 <a href="#" class="pop">을 미리 지정하면 자바스크립트에서 .pop 클래스로 선택하여 팝업을 띄우는 클릭 이벤트를 연결할 수 있습니다.

- 〈h2〉 : 공지사항 영역의 제목을 표시하는 요소
- 〈span〉 : 공지사항의 날짜처럼 간단한 텍스트 정보를 구분하여 표시할 때 사용하는 인라인 요소

02 공지사항 스타일 작업하기

01 'style.css' 문서에서 '.con2'의 배경색을 지우고 'article'에 공통으로 들어갈 스타일을 다음과 같이 작성합니다.

```css
.con2{
    height: 250px;
    display: flex;
}
.con2 article{
    width:50%;
    padding:10px 30px;
}
.con2 h2{
    width:180px;
    padding:10px 0;
    text-align:center;
    background:#156395;
    color:#fff;
    font-size:18px;
    border-radius:20px 20px 0 0;
}
```

```css
167  .con2{
168      height: 250px;
169      display: flex;
170  }
171  .con2 article{
172      width: 50%;
173      padding: 10px 30px;
174  }
175  .con2 h2{
176      width: 180px;
177      padding: 10px 0;
178      text-align: center;
179      background: #156395;
180      color: #fff;
181      font-size: 18px;
182      border-radius: 20px 20px 0 0;
183  }
```

[style.css]

- **.con2 h2** : .con2의 하위 요소 〈h2〉를 지정하여 타이틀 영역의 스타일 설정
  - **text-align:center** : 텍스트 가운데 정렬
  - **padding:10px 0** : 상하 여백 10px 적용
  - **border-radius:20px 20px 0 0** : 윗부분 모서리만 둥글게 처리

02 공지사항 게시판 스타일을 '.con2 h2' 스타일 다음 줄에 다음과 같이 작성합니다.

```css
.notice{
    background:#ccc;
}
.notice ul{
    border-top:3px solid #156395;
}
.notice ul li a{
    padding:10px;
    display:block;
    width:400px;
    white-space:nowrap;
    overflow:hidden;
    text-overflow:ellipsis;
}
.notice ul li{
    border-bottom:1px solid #f7f7f4;
    position:relative;
}
.notice ul li:nth-child(odd){
    background:#fff;
}
.notice ul li span{
    position:absolute;
    top:8px;
    right:8px;
}
```

```css
184  .notice{
185      background: #ccc;
186  }
187  .notice ul{
188      border-top: 3px solid #156395;
189  }
190  .notice ul li a{
191      padding: 10px;
192      display: block;
193      width: 400px;
194      white-space: nowrap;
195      overflow: hidden;
196      text-overflow: ellipsis;
197  }
198  .notice ul li{
199      border-bottom: 1px solid #f7f7f4;
200      position: relative;
201  }
202  .notice ul li:nth-child(odd){
203      background: #fff;
204  }
205  .notice ul li span{
206      position: absolute;
207      top: 8px;
208      right: 8px;
209  }
```

[style.css]

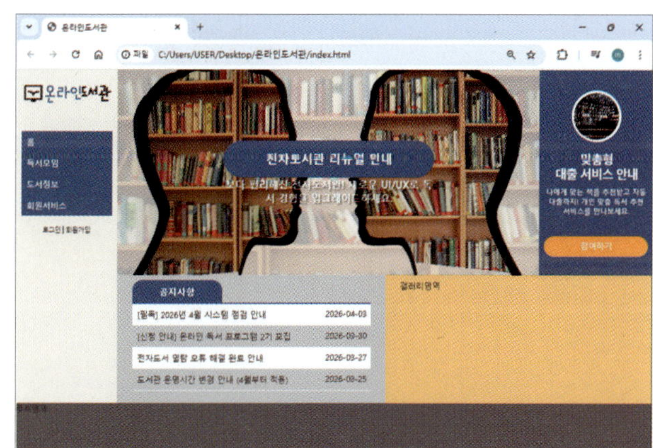

💬 요소 TIP

- **.notice** : 〈article class="notice"〉 선택자로 공지사항 영역 스타일 정의
- **.notice ul** : 〈article class="notice"〉 하위 요소 〈ul〉 선택자
  - **border-top: 3px solid #156395** : 공지사항 리스트의 상단에 굵은 파란색 선을 추가
- **.notice ul li:nth-child(odd)** : : 홀수번째(li) 항목에만 흰색 배경을 적용해, 목록이 줄마다 번갈아 보이도록 디자인
- **.notice ul li a** : 긴 제목의 경우 white-space: nowrap; overflow: hidden; text-overflow: ellipsis; 속성으로 한 줄만 나오게 하고, 길면 말줄임표(...)로 표시함
  - **width:400px;** : 리스트의 고정 폭을 설정하여 레이아웃이 일관되게 보이도록 함
- **.notice ul li span** : 공지사항 날짜 등 부가 정보 위치
  - **position: absolute; top:8px; right** : 8px으로 오른쪽 상단에 고정 배치

 갤러리 구조 작업하기

세부 지시사항 C.3 갤러리를 제작합니다. Contents 폴더의 제공된 파일을 활용하여 작업합니다.

01 'index.html' 문서의 '<article class="gall"></article>' 사이에 배너 내용을 다음과 같이 작성합니다.

```
<article class="gall">
    <h2>갤러리</h2>
    <ul>
        <li>
            <a href="#">
                <p class="img"><img src="images/g1.jpg" alt="도서관 리뉴얼 오픈"></p>
                <span>도서관 리뉴얼 오픈</span>
            </a>
        </li>
        <li>
            <a href="#">
                <p class="img"><img src="images/g2.jpg" alt="독서 프로그램 후기"></p>
                <span>독서 프로그램 후기</span>
            </a>
        </li>
        <li>
            <a href="#">
                <p class="img"><img src="images/g3.jpg" alt="사서 추천도서"></p>
                <span>사서 추천도서</span>
            </a>
        </li>
    </ul>
</article>
```

[index.html]

요소 TIP

- **<a href="#">** : 각각의 갤러리 항목 전체를 클릭할 수 있는 영역 설정
- **<p class="img">** : 갤러리 이미지를 감싸는 영역
- **<span>** : 이미지 아래에 각 항목의 제목 또는 설명(텍스트)을 보여줌
- **<h2>** : 갤러리 전체의 제목

🔵04 갤러리 스타일 작업하기

01 'style.css' 문서에서 '.con2 .gall'의 배경색을 지우고 다음과 같이 작성합니다.

```css
.gall ul{
    display:flex;
    border-top:3px solid #156395;
    gap:20px;
    justify-content:center;
    padding-top:30px;
}
.gall ul li{
    text-align:center;
}
.gall ul li:hover img{
    opacity:0.8;
}
.gall ul li img{
    width:200px;
    height:100px;
    object-fit:cover;
}
.gall ul li span{
    display:block;
    margin-top:10px;
}
```

```css
210  .gall ul{
211      display:flex;
212      border-top:3px solid ■#156395;
213      gap:20px;
214      justify-content:center;
215      padding-top: 30px;
216  }
217  .gall ul li{
218      text-align:center;
219  }
220  .gall ul li:hover img{
221      opacity:0.8;
222  }
223  .gall ul li img{
224      width:200px;
225      height:100px;
226      object-fit:cover;
227  }
228  .gall ul li span{
229      display:block;
230      margin-top:10px;
231  }
```

[style.css]

💬 요소 TIP

- **.gall ul** : .gall의 하위 요소 〈ul〉 지정
  - **display:flex** : 갤러리 목록을 가로 한 줄(수평)로 나열
  - **gap:20px** : 갤러리 이미지(리스트) 사이 간격을 20픽셀로 띄움
  - **justify-content:center** : 모든 갤러리 아이템을 부모(.gall ul) 영역의 가운데 정렬
  - **border-top:3px solid #156395** : 갤러리 영역의 상단에 선을 그어 구획을 분리
- **.gall ul li** : gall의 하위 요소 〈ul〉의 하위 요소 〈li〉 지정
  - **text-align:center** : 각 갤러리 항목 내부의 이미지와 텍스트(제목)를 중앙 정렬
- **. gall ul li:hover img** : .gall의 하위 요소 〈ul〉의 하위 요소 〈li〉 마우스 오버 시 〈img〉 지정
  - **opacity: 0.8** : 마우스를 이미지 위에 올리면(hover) 투명도가 80%로 낮아져, 시각적인 피드백을 줌
- **.gall ul li img** : .gall의 하위 요소 〈ul〉의 하위 요소 〈li〉 하위 요소 〈img〉 지정
  - **width:200px;height:100px** : 갤러리 썸네일 이미지를 일정한 크기로 통일
  - **object-fit:cover** : 이미지의 가로·세로 비율을 유지하며, 프레임(썸네일) 영역을 가득 채우도록 보여줌(잘림 없이 꽉 차게)
- **.gall ul li span** : .gall의 하위 요소 〈ul〉의 하위 요소 〈li〉 하위 요소 〈span〉 지정
  - **display:block** : 제목이나 설명을 한 줄 전체로 배치해, 이미지 아래로 텍스트가 내려오게 만듦
  - **margin-top:10px** : 이미지와 텍스트 사이에 10픽셀 간격을 줌

 팝업창 구조 작업하기

세부 지시사항의 와이어프레임에서 팝업창의 형태를 확인합니다. Contents 폴더의 제공된 텍스트 파일을 사용하여 레이어 팝업(Layer Popup)을 제작합니다.

01 'index.html' 문서의 '</footer>' 다음 줄에 팝업창을 다음과 같이 작성합니다.

```html
<div id="popup" class="popup">
    <h2>[필독] 2026년 4월 시스템 점검 안내</h2>
    <p ><img src="images/pop.jpg" alt="2026년 4월 시스템 점검 안내"></p>
    <p class="text">2026년 4월 시스템 점검 안내</p>
    <div class="close"><button>CLOSE X</button></div>
</div>
```

```html
155    <div id="popup" class="popup">
156        <h2>[필독] 2026년 4월 시스템 점검 안내</h2>
157        <p><img src="images/pop.jpg" alt="2026년 4월 시스템 점검 안내"></p>
158        <p class="text">2026년 4월 시스템 점검 안내</p>
159        <div class="close"><button>CLOSE X</button></div>
160    </div>
161    </div>
162  </body>
163  </html>
```

[index.html]

💬 **요소 TIP**

- **<div id="popup" class="popup">** : 팝업 전체를 감싸는 요소
  - **id="popup"** : 팝업을 특정해서 자바스크립트와 CSS 모두에서 직접 선택할 수 있도록 지정한 식별자
  - **class="popup"** : 공통 스타일을 적용하기 위해 사용
- **<p class="text">** : 팝업 내 텍스트를 감싸주는 클래스 명이 text인 요소
- **<div class="close">** : 팝업 닫기 버튼을 감싸는 요소로, 버튼 위치 지정이나 정렬을 조절할 때 사용

---

06 **팝업창 스타일 작업하기**

01 'style.css' 문서의 'footer' 스타일 다음 줄에 팝업창의 스타일을 다음과 같이 작성합니다.

```css
#popup{
    width:500px;
    position:absolute;
    top:50%;
    left:50%;
    transform:translate(-50%, -50%);
    text-align:center;
    padding:20px;
    background:#fff;
    z-index:9999;
}
```

```css
235    #popup{
236        width:500px;
237        position:absolute;
238        top:50%;
239        left:50%;
240        transform:translate(-50%, -50%);
241        text-align:center;
242        padding:20px;
243        background: #fff;
244        z-index:9999;
245    }
```

[style.css]

02 'style.css' 문서의 '.wrap'을 찾아 팝업창의 기준을 다음과 같이 작성합니다.

```
.wrap{
    height:750px;
    position:relative;
}
```

```
26    .wrap{
27        height:750px;
28        position:relative;
29    }
```
[style.css]

⊡ 기적의 TIP

- 팝업창은 모든 콘텐츠 위에 표시되어야 하므로 공중에 띄워 작업합니다.
- id 속성은 class처럼 CSS에서 사용할 수 있으며, 선택자 앞에 #을 붙여 스타일을 지정합니다.
  예를 들어, id="popup"인 요소에 스타일을 적용하려면 #popup { ... } 형태로 작성합니다.
- #popup은 position: absolute로 설정되어 있으며, position: relative가 적용된 .wrap 요소를 기준으로 가운데 정렬됩니다.

💬 요소 TIP

- 공중에 띄운 요소를 가운데 배치하는 방법
  - **top:50%** : 기준 요소의 상단에서부터 50% 아래로 배치
  - **left:50%** : 기준 요소의 왼쪽으로부터 50% 오른쪽으로 배치
  - **transform:translate(−50%, −50%)** : 자신의 가로/세로 크기의 50%만큼 왼쪽과 위로 이동시켜 정확한 정중앙에 배치
- **text−align:center** : 요소 내의 텍스트 또는 인라인, 인라인 블록 요소를 가운데 정렬
- **padding:20px** : 사방의 내부 여백을 20픽셀로 설정
- **z−index:9999** : position 속성으로 설정된 요소에 쌓이는 순서를 결정할 수 있으며 순서가 클수록 위로 쌓임

---

03 팝업 타이틀과 내용의 스타일을 '#popup' 다음 줄에 다음과 같이 작성합니다.

```
#popup h2{
    color:#156395;
    margin−bottom:20px;
}
#popup .text{
    margin:20px 0;
}
#popup .close{
    text−align:right;
}
#popup .close button{
    background:#156395;
    padding:10px;
    color:#fff;
}
```

```
247    #popup h2{
248        color:■#156395;
249        margin-bottom:20px;
250    }
251    #popup .text{
252        margin:20px 0;
253    }
254    #popup .close{
255        text-align:right;
256    }
257    #popup .close button{
258        background:■#156395;
259        padding:10px;
260        color:□#fff;
261    }
```
[style.css]

- **#popup .text** : #popup의 하위 요소 .text를 지정하여 팝업 내 텍스트 스타일 지정
  - **margin:20px 0** : 위·아래 바깥 여백 20픽셀 설정
- **#popup .close** : #popup의 하위 요소 .close를 지정하여 팝업 내 버튼을 감싸는 영역
  - **text-align:right** : 인라인 블록 요소인 〈button〉 오른쪽 정렬
- **#popup .close button** : #popup의 하위 요소 .close 하위 요소 〈button〉 지정

04 작업한 모든 파일을 저장하고 'index. html' 문서가 활성화된 상태에서 상태표 시줄에 Go Live를 선택하여 웹 브라우저 인 '크롬(Chrome)'으로 작업 결과를 확인 합니다. 팝업창의 스타일 작업이 완료되 었다면 팝업창을 숨깁니다.

```css
#popup{
    width:500px;
    position:absolute;
    top:50%;
    left:50%;
    transform:translate(-50%, -50%);
    text-align:center;
    padding:20px;
    background:#fff;
    z-index:9999;
    display:none;
}
```

```css
236    #popup{
237        width:500px;
238        position:absolute;
239        top:50%;
240        left:50%;
241        transform:translate(-50%, -50%);
242        text-align:center;
243        padding:20px;
244        background:□#fff;
245        z-index:9999;
246        display:none;
247    }
```

[style.css]

display:none : 요소를 선택하여 숨김(스크립트에서 추가 작업 예정)

07 팝업창 스크립트 작업하기

세부 지시사항의 C.3 공지사항 팝업 효과를 구현합니다. 공지사항의 첫 번째 게시글을 클릭(Click) 시 레 이어 팝업(Layer Popup)이 나오도록 작업하며, 레이어 팝업의 Close 버튼을 클릭하면 해당 레이어 팝업 이 닫히도록 작업합니다.

01 'script.js' 문서에서 마지막 줄에 팝업창 스크립트를 다음과 같이 작성합니다.

```
//팝업
$(".pop").click(function(e){
    e.preventDefault();
    $("#popup").show();
});
$(".close button").click(function(){
    $("#popup").hide();
})
```

```
19    //팝업
20    $(".pop").click(function(e){
21        e.preventDefault();
22        $("#popup").show();
23    });
24    $(".close button").click(function(){
25        $("#popup").hide();
26    })
```

[script.js]

💬 요소 TIP

- **$(".pop")** : jQuery 선택자로, 공지사항 영역 내 첫 번째 게시글에 지정된 .pop 클래스를 선택
- **.click(function(){ ... })** : jQuery에서 제공하는 이벤트 메서드로 클릭 시 {}(중괄호) 내 실행문을 실행
- **$("#popup")** : 팝업창 전체를 감싸는 id="popup" 요소를 선택하는 jQuery 선택자
- **show()/hide()** : show()는 요소를 표시하는 메서드, hide()는 요소를 숨기는 메서드
- **e.preventDefault();** : 이벤트 발생 시 브라우저의 기본 동작을 막기 위한 메서드
- 〈a href="#"〉처럼 임시 링크를 클릭할 경우, 페이지 상단으로 이동하는 기본 링크 동작을 차단하고, 자바스크립트로 지정한 동작만 실행되도록 설정할 수 있음

02 작업한 모든 파일을 저장하고 'index. html' 문서가 활성화된 상태에서 상태표 시줄에 Go Live를 선택하여 웹 브라우저 인 '크롬(Chrome)'으로 작업 결과를 확인 합니다.

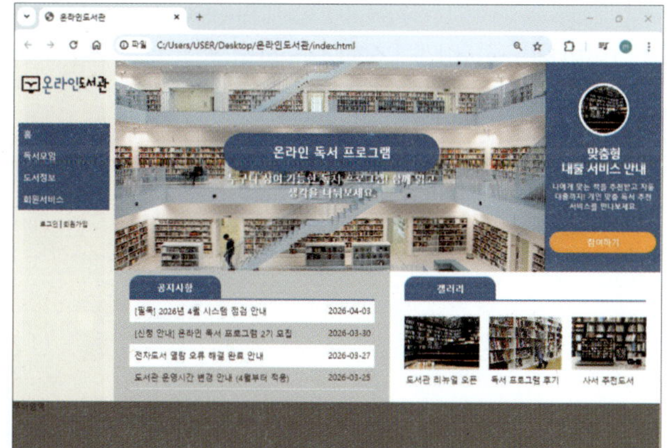

03 공지사항 첫 번째 게시글을 클릭하면 팝 업창이 열리고, Close 버튼을 클릭하면 팝업창이 닫힙니다.

01　하단 로고 제작하기

세부 지시사항에 따라 Ⓓ Footer 영역의 로고를 제작합니다. 이때 로고는 무채색(Grayscale)으로 변경하여 하단에 배치해야 하므로, 포토샵을 사용하여 로고를 무채색으로 변경합니다.

01 하단 로고 제작을 위해 포토샵을 실행 후 [파일(File)] – [열기(Open)] 또는 Ctrl + O 을 눌러, 'images' 폴더 안에 있는 'logo.png' 파일을 열어줍니다.

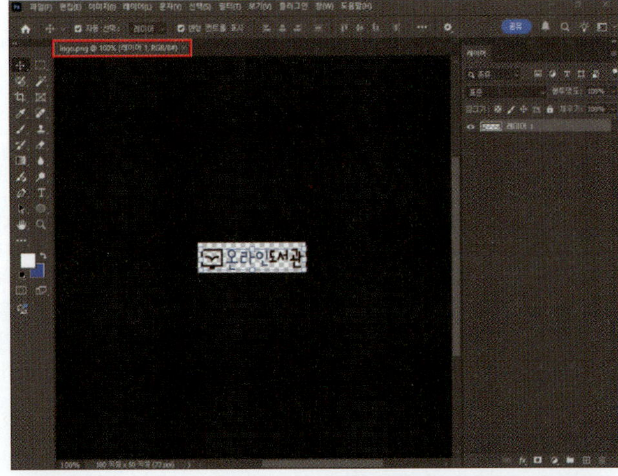

02 [이미지(Image)] – [조정(Adjustment)] – [채도 감소(Desaturate)]를 선택합니다.

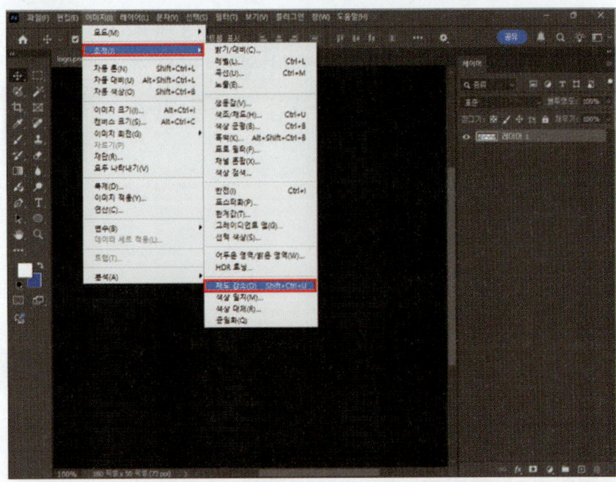

03 이미지가 무채색으로 변경된 것을 확인 합니다. 계속해서 [파일(File)] – [내보내기 (Export)] – [PNG로 빠른 내보내기(Quick Export as PNG)]를 선택하고, 파일 형식 '*.png'로 'images' 폴더 안에 저장합니다.

– 파일 이름 : flogo.png

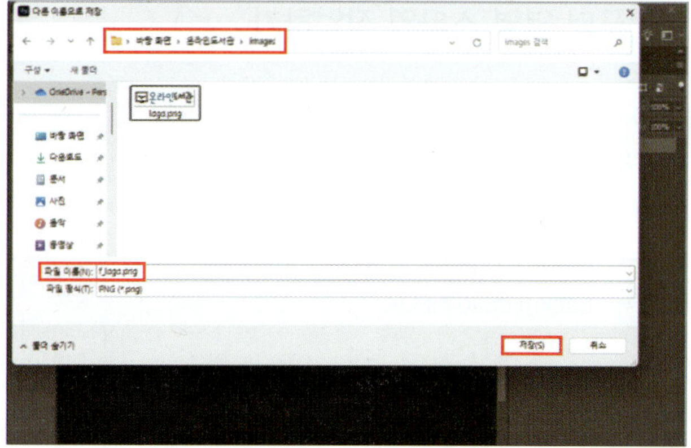

02 푸터 영역 구조 작업하기

제공된 텍스트와 이미지를 이용하여 하단 로고와 Copyright를 작업합니다.

01 'index.html' 문서 '<footer id="footer"></footer>' 영역 내 텍스트를 지우고 하단 로고, Copyright 순으로 다음과 같이 작성합니다.

```html
<footer id="footer">
    <p class="flogo"><img src="images/f_logo.png" alt="온라인도서관"></p>
    <select>
        <option>Family site</option>
        <option>국립중앙도서관</option>
        <option>전자책 통합플랫폼</option>
        <option>한국교육학술정보원</option>
    </select>
    <p class="copy">
        COPYRIGHT &copy; 2026 온라인도서관. All Rights Reserved.
    </p>
</footer>
```

```
152    <footer id="footer">
153        <p class="flogo"><img src="images/f_logo.png" alt="온라인도서관"></p>
154        <select>
155            <option>Family site</option>
156            <option>국립중앙도서관</option>
157            <option>전자책 통합플랫폼</option>
158            <option>한국교육학술정보원</option>
159        </select>
160        <p class="copy">
161            COPYRIGHT &copy; 2026 온라인도서관. All Rights Reserved.
162        </p>
163    </footer>
164    <div id="popup" class="popup">
165        <h2>[필독] 2026년 4월 시스템 점검 안내</h2>
166        <p><img src="images/pop.jpg" alt="2026년 4월 시스템 점검 안내"></p>
167        <p class="text">2026년 4월 시스템 점검 안내</p>
168        <div class="close"><button>CLOSE X</button></div>
169    </div>
170    </div>
171 </body>
172
173 </html>
```

[index.html]

💬 요소 TIP

- **<footer>** : 웹사이트의 하단 영역을 나타내며, 로고, 저작권, 사이트 정보 등을 묶어주는 용도
- **<select>** : Family site 메뉴로, 다른 기관 사이트나 협력 사이트로 바로 이동할 수 있도록 선택지를 제공
- **©** : HTML에서 저작권 기호( )를 출력할 때 사용하는 특수 문자 코드

01 'style.css' 문서에서 'footer'를 찾아 푸터 영역 스타일을 다음과 같이 작성합니다.

```css
footer{
    height:100px;
    background:#333;
    color:#fff;
    display:flex;
    align-items:center;
    gap:20px;
    padding-left:20px;
    position:relative;
}
footer select{
    position:absolute;
    top:35px;
    right:20px;
    width:150px;
    height:30px;
}
```

```
232    footer{
233        height:100px;
234        background: ■ #333;
235        color: □ #fff;
236        display:flex;
237        align-items:center;
238        gap:20px;
239        padding-left:20px;
240        position:relative;
241    }
242    footer select{
243        position:absolute;
244        top:35px;
245        right:20px;
246        width:150px;
247        height:30px;
248    }
```

[style.css]

💬 **요소 TIP**

- **footer** : 〈footer〉 선택자로 하단 영역 스타일 지정
  - **color:#fff** : 〈footer〉에 글자 색상을 흰색으로 설정하면, 하위 요소들에 상속되어 .fcopy의 글자가 흰색으로 설정
  - **display:flex** : 〈footer〉를 플렉스 컨테이너로 설정, 자식 요소(.flogo, .fcopy)들을 수평으로 나열
  - **gap:20px** : flex로 나열된 자식 요소(.flogo, .fcopy)의 사이 간격 20픽셀 지정
  - **align-items:center** : 플렉스 컨테이너 영역(〈footer〉)에서 자식 요소(.flogo, .fcopy)를 수직 중앙 정렬
  - **padding-left:20px** : 왼쪽 내부 여백 20픽셀 설정
- **footer select** : 〈footer〉의 하위 요소 〈select〉 지정
  - **position : absolute;** : 푸터 내부에서 select 요소의 위치를 고정시킴
  - **top:35px; right:20px;** : 푸터의 오른쪽 상단에서 20px 떨어진 위치, 위에서 35px 내려간 위치에 배치
  - **width:150px; height:30px;** : select 박스의 크기를 일정하게 통일

02 작업한 모든 파일을 저장하고 'index. html' 문서가 활성화된 상태에서 상태표 시줄에 Go Live를 선택하여 웹 브라우저 인 '크롬(Chrome)'으로 작업 결과를 확인 합니다.

03 웹 브라우저에서 작업 결과를 확인할 때 브라우저 창을 줄여 레이아웃을 점검합니 다. 이때 웹 페이지가 반응하며 가로 스크 롤이 나타났으면 하는 지점을 확인하고, 다음과 같이 '.wrap'에 최소 너비 값을 입 력합니다.

```css
.wrap{
    height:750px;
    position:relative;
    min-width:1340px;
}
```

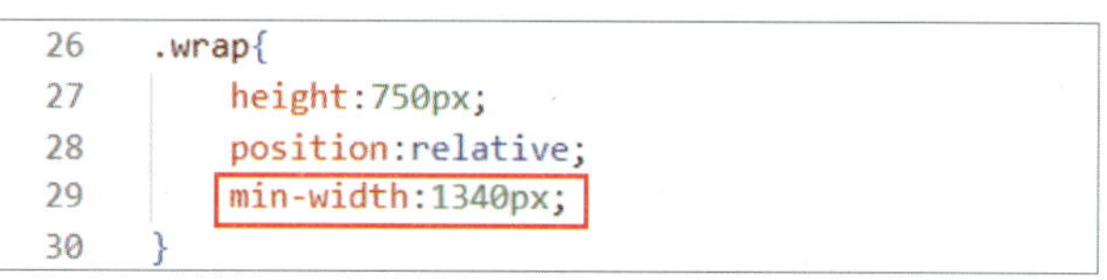

[style.css]

- 브라우저 창의 너비를 확인하려면 개발자 도구(F12)를 열어놓은 상태에서 창을 줄여, 웹 브라우저 우측 상단에서 너비를 확인할 수 있습니다.
- min-width를 사용하면, 최소한의 레이아웃 안전선을 유지할 수 있어 너무 작은 화면에서 디자인이 무너지는 걸 방지할 수 있습니다.

💬 **요소** TIP

min-width:1340px : 요소(.wrap)의 최소 너비를 1340px로 설정하여, 브라우저 창을 1340px 이하일 때 가로 스크롤이 생기면서 웹 페이지가 반응하지 않도록 함

최종 결과물 Check!

작업을 완료했다면 최종 결과물을 확인해야 합니다.

제출 방법

1. 수험자의 비번호로 된 폴더를 제출합니다.

2. 비번호로 된 폴더 안에 'index.html', 'images', 'js', 'css' 폴더와 작업한 파일이 저장되어 있는지 확인합니다.

3. 'index.html'를 열었을 때 모든 리소스가 표시되고 정상 작동해야 합니다.

4. 비번호로 된 폴더의 용량이 10MB가 초과되지 않아야 합니다. (ai, psd 파일은 제출하지 않습니다.)

기술적 준수사항

1. HTML5 기준 웹 표준을 준수해야 합니다. 현장에서 인터넷 사용이 불가하므로 연습 시 HTML 유효성 검사로 오류가 있는지 확인합니다.

2. CSS3 기준 오류가 없도록 작업해야 합니다. 현장에서 인터넷 사용이 불가하므로 연습 시 CSS 유효성 검사로 오류가 있는지 확인합니다.

3. 스크립트 오류가 표시되지 않아야 합니다. 웹 브라우저에서 F12를 눌러 개발자 도구를 실행한 후, 콘솔(Console) 탭에서 오류가 있는지 확인합니다.

4. 'index.html'을 열었을 때 Tab 으로 요소를 이동, 선택할 수 있어야 합니다.

5. 'index.html'을 열었을 때 다양한 화면 해상도에서 페이지 레이아웃이 정상적으로 표시되어야 합니다.

6. 페이지 전체는 CSS를 이용해 레이아웃을 구성해야 합니다.

7. 브라우저에서 CSS를 '사용 안 함'으로 설정하면 콘텐츠가 기본적으로 세로로 나열되어 표시됩니다.

8. 모든 이미지는 대체 텍스트(alt 속성)를 포함하여 이미지의 의미나 용도를 명확히 전달해야 합니다.

9. 텍스트 간의 위계질서를 직관적으로 알 수 있어야 합니다.

10. 제작된 사이트의 최신 버전의 Google Chrome 브라우저에서 레이아웃, 구성 요소의 크기 및 위치 등이 정상적으로 표시되어야 합니다.

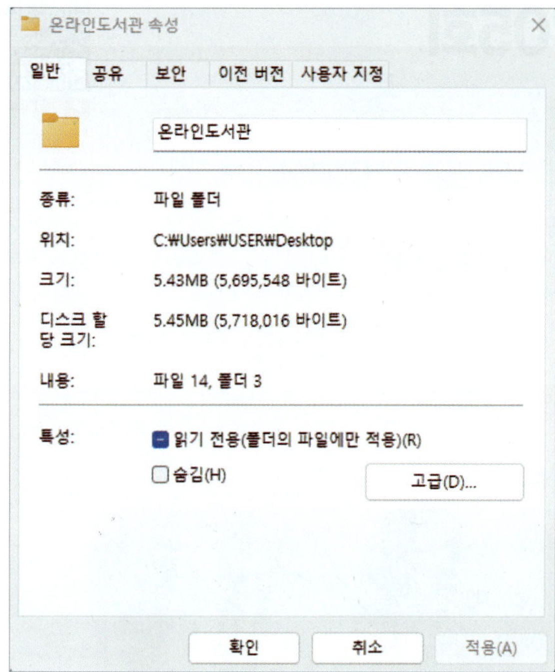

▲ 폴더의 용량 검사 - 10MB 미만

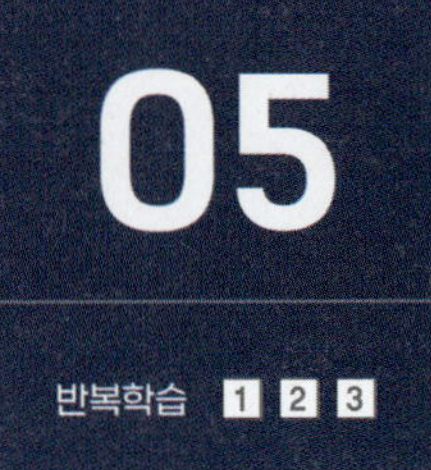

기출 유형 문제 05회

작업파일 [PART04 〉 기출유형문제 05회 〉 수험자 제공 파일]을 열어서 작업하세요.

[공개 문제 : E 유형]

에코라이프 웹사이트 제작

자격종목	웹디자인개발기능사	과제명	에코라이프

※ 시험시간 : 3시간

1. 요구사항

※ 다음 요구사항을 준수하고, 주어진 자료(수험자 제공 파일)를 활용하여 시험시간 내에 웹 페이지를 제작한 뒤, **10MB 용량이 초과하지 않게** 저장 후 제출하시오.

※ 웹 페이지 코딩은 **HTML5 기준 웹 표준**을 준수하여야 하며, 요구사항에 지정되지 않은 요소들은 주제 특성에 맞게 자유롭게 디자인하시오.

※ 문제에서 지시하지 않은 와이어프레임 영역 비율, 레이아웃, 텍스트의 글자체/색상/크기, 요소별 크기, 색상 등은 수험자가 과제명(가.주제) 특성에 맞게 자유롭게 디자인하시오.

가. 주제 : 에코라이프 홈페이지 제작

나. 개요

지속 가능한 삶을 실천하고자 하는 시민들을 위해 「에코라이프」 홈페이지를 제작하고자 한다. 친환경 제품 리뷰, 제로 웨이스트 실천법, 커뮤니티 기능 등을 제공하여 친환경 생활 문화 확산에 기여할 수 있는 웹사이트 제작을 요청하였다. 아래의 요구사항에 따라 메인 페이지를 제작하시오.

다. 제작 내용

01) 메인 페이지를 디자인하고 HTML, CSS, JavaScript 기반의 웹페이지를 제작한다. (이때 jQuery 라이브러리, 이미지, 텍스트 등 제공된 리소스를 활용하여 제작할 수 있다.)

02) HTML과 CSS의 문자 인코딩(charset)은 반드시 UTF-8을 사용해야 한다.

03) 컬러 가이드

주조색 (Main color)	보조색 (Sub color)	배경색 (Background color)	기본 텍스트의 색 (Text color)
자유롭게 지정	자유롭게 지정	#FFFFFF	#333333

04) 사이트 맵(Site map)

Index page / 메인(Main)				
메인 메뉴(Main menu)	에코라이프	제품 리뷰	커뮤니티	자료실
서브 메뉴(Sub menu)	제로 웨이스트 재활용 팁 친환경 소비 비건 라이프	생활용품 주방/식기 화장품/패션 전기절약	회원 칼럼 실천 후기 에코 챌린지	인포그래픽 환경 통계 추천 영상 리포트 모음

05) 와이어프레임(Wireframe)

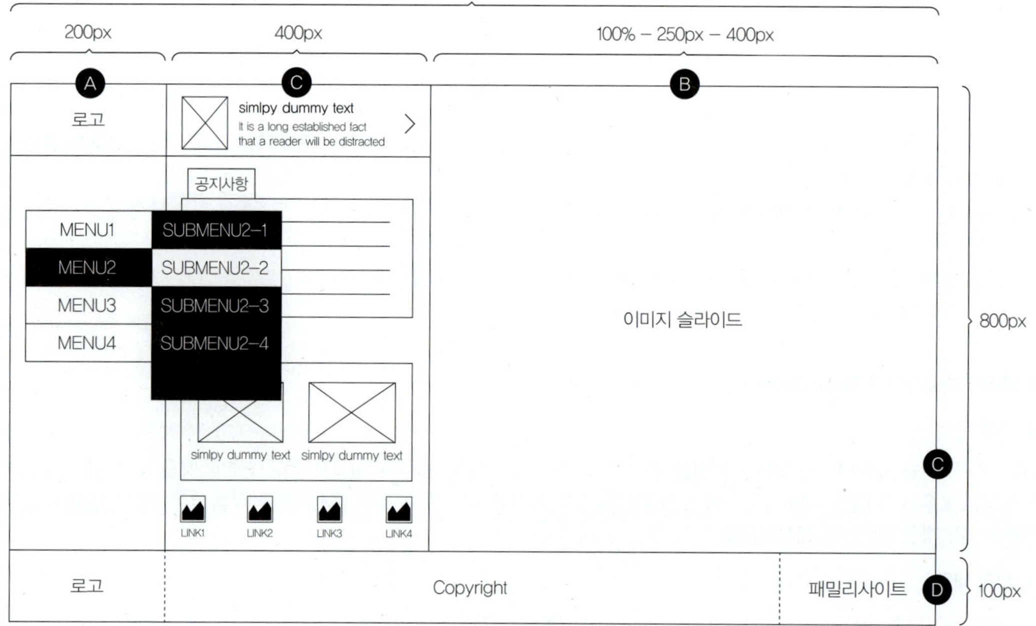

〈C영역 콘텐츠 각각의 넓이는 수험자가 판단〉

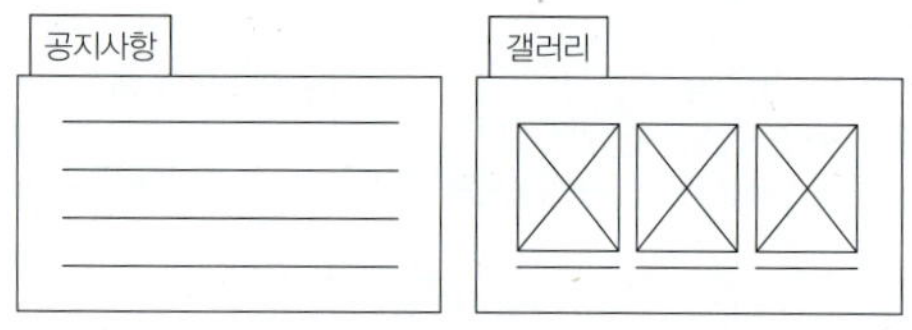

〈공지사항, 갤러리 별도 구성〉

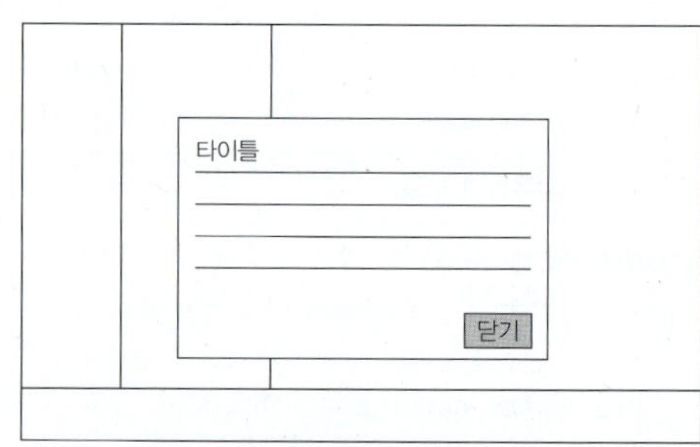

〈레이어 팝업 제작〉

<table>
<tr><td>자격종목</td><td>웹디자인개발기능사</td><td>과제명</td><td>에코라이프</td></tr>
</table>

라. 세부 영역별 지시사항

영역 및 명칭	세부 지시사항
Ⓐ Header	**A.1 로고** ○ 가로세로 190px×50px 크기로 웹사이트에 적합한 로고를 직접 디자인하여 삽입한다. ○ 심벌 없이 로고명을 포함한 워드타입으로 디자인한다. 로고명은 수험자 제공 파일에 제공된 텍스트를 사용한다. **A.2 메뉴 구성** ※ 사이트 구조도를 참고하여 메인 메뉴(Main menu)와 서브 메뉴(Sub menu)로 구성한다. **(1) 메인 메뉴(Main menu) 효과 [와이어프레임 참조]** ○ 메인 메뉴 중 하나에 마우스를 올리면(Mouse over) 하이라이트 되고, 벗어나면(Mouse out) 하이라이트를 해제한다. ○ 메인 메뉴를 마우스로 올리면(Mouse over) 서브 메뉴 영역이 부드럽게 나타나 서브 메뉴가 보이도록 한다. ○ 메인 메뉴에서 마우스커서가 벗어나면(Mouse out) 서브 메뉴 영역은 부드럽게 사라져야 한다. **(2) 서브 메뉴 영역 효과** ○ 서브 메뉴 영역은 메인 페이지 콘텐츠를 고려하여 배경색을 설정한다. ○ 서브 메뉴 중 하나에 마우스를 올리면(Mouse over) 하이라이트 되고 벗어나면(Mouse out) 하이라이트를 해제한다. ○ 마우스커서가 메뉴 영역을 벗어나면(Mouse out) 서브 메뉴 영역은 부드럽게 사라져야 한다.
Ⓑ Slide	**B. Slide 이미지 제작** ○ [Slide] 폴더에 제공된 3개의 이미지로 제작한다. ○ [Slide] 폴더에 제공된 3개의 텍스트를 각 이미지에 적용하되, 텍스트의 글자체, 굵기, 색상, 크기를 적절하게 설정하여 가독성을 높이고, 독창성이 드러나도록 제작한다. **B. Slide 애니메이션 작업** ※ 위에서 작업한 결과물을 이용하여 슬라이드 작업을 한다. ○ 이미지 진환 시 단순한 진환은 피하며, 이미지가 위에서 아래 또는 아래에서 위로 이동하면시 전환되이야 힌디. ○ 슬라이드는 매 3초 이내로 하나의 이미지에서 다른 이미지로 전환되어야 한다. ○ 웹사이트를 열었을 때 자동으로 시작되어 반복적으로(마지막 이미지가 슬라이드되면 다시 첫 번째 이미지가 슬라이드 되는 방식) 슬라이드 되어야 한다.
Ⓒ Contents	**C.1 배너** ○ Contents 폴더의 제공된 파일을 활용하여 편집 또는 디자인하여 제작한다. **C.2 공지사항** ○ 공지사항 타이틀 영역과 콘텐츠 영역을 구분하여 표현해야 한다. ○ 콘텐츠는 Contents 폴더의 제공된 텍스트를 적용하여 제작한다. ○ 공지사항의 첫 번째 콘텐츠를 클릭할 경우 레이어 팝업창(Layer Popup)이 나타나며, 레이어 팝업창 안에 닫기 버튼을 배치하여, 클릭 시 해당 팝업창을 닫을 수 있도록 한다. [와이어프레임 참조] ○ 레이어 팝업의 제목과 내용은 수험자 제공자 파일에 제공된 텍스트 파일을 사용한다. **C.3 갤러리** ○ Contents 폴더에 제공된 이미지를 사용하여 가로 방향으로 배치한다. [와이어프레임 참조] **C.4 바로가기** ○ Contents 폴더의 제공된 파일을 활용하여 편집 또는 디자인하여 제작한다. ※ 콘텐츠는 HTML 태그로 작성해야 하며, 이미지로 삽입해서는 안 된다.
Ⓓ Footer	**D. Footer** ○ 로고를 무채색(Grayscale)으로 변경하고 사용자의 접근성을 고려하여 배치한다. ○ 수험자 제공 파일에 제공된 텍스트를 사용하여 Copyright, 패밀리사이트를 제작한다.

<table>
<tr><td>자격종목</td><td>웹디자인개발기능사</td><td>과제명</td><td>에코라이프</td></tr>
</table>

마. 기술적 준수사항

01) 웹 페이지 코딩은 HTML5 기준 웹 표준을 준수하여야 하며, **HTML 유효성 검사(W3C validator)**에서 오류('ERROR')가 없도록 코딩하여야 한다.

   ※ HTML 유효성 검사 서비스는 시험 시 제공하지 않는다.(인터넷 사용불가)

02) CSS는 별도의 파일로 제작하여 링크하여야 하며, **CSS3 기준(W3C validator)**에서 오류('ERROR')가 없도록 코딩되어야 한다.

03) JavaScript 코드는 별도의 파일로 제작하여 연결하여야 하며 Google Chrome 브라우저에 내장된 개발도구의 Console 탭에서 오류('ERROR')가 표시되지 않아야 한다.

04) 별도로 지정하지 않은 상호작용이 필요한 모든 콘텐츠(로고, 메뉴, 버튼, 바로가기 등)는 임시 링크(예 : #)를 적용하고 'Tab(Tab)' 키로 이동 선택할 수 있어야 한다.

05) 사이트는 다양한 화면 해상도에서 일관성 있는 페이지 레이아웃을 제공해야 한다.

06) 웹 페이지 전체 레이아웃은 Table 태그 사용이 아닌 CSS를 통한 레이아웃 작업으로 해야 한다.

07) 브라우저에서 CSS를 "사용 안 함"으로 설정한 경우 콘텐츠가 세로로 나열된다.

08) 타이틀 텍스트(Title text), 바디 텍스트(Body text), 메뉴 텍스트(Menu text)의 각 글자체/굵기/색상/크기 등을 적절하게 설정하여 사용자가 텍스트 간의 위계질서(Hierarchy)를 직관적으로 알 수 있도록 한다.

09) 모든 이미지에는 이미지에 대한 대체 텍스트를 표현할 수 있는 alt 속성이 있어야 한다.

10) 제작된 사이트 메인페이지의 레이아웃, 구성요소의 크기 및 위치 등은 최신 버전의 Google Chrome에서 정상적으로 동작해야 한다.

바. 제출방법

01) 수험자는 비번호로 된 폴더명으로 완성된 작품 파일을 저장하여 제출한다.

02) 폴더 안에는 images, script, css 등의 자료를 분류하여 저장한 폴더도 포함되어 있어야 하며, 메인페이지는 반드시 최상위 폴더에 index.html로 저장하여 제출해야 한다.

03) 수험자는 제출하는 폴더에 index.html을 열었을 때 연결되거나 표시되어야 할 모든 리소스들을 포함하여 제출해야 하며 수험자의 컴퓨터가 아닌 채점위원의 컴퓨터에서 정상 작동해야 한다.

04) 전체 결과물의 용량은 10MB 용량이 초과되지 않게 제출하며 ai, psd 등 웹서비스에 사용하지 않는 파일은 제출하지 않는다.

<table>
<tr><td>자격종목</td><td>웹디자인개발기능사</td><td>과제명</td><td>에코라이프</td></tr>
</table>

2. 수험자 유의사항

※ 다음의 유의사항을 고려하여 요구사항을 완성하시오.

01) 수험자 인적사항 및 답안작성은 반드시 검은색 필기구만 사용하여야 하며, 그 외 연필류, 유색 필기구, 지워지는 펜 등을 사용한 답안은 채점하지 않으며 0점 처리된다.

02) 수험에 필요한 소프트웨어 및 참고자료가 하드웨어에 설치되어 있는지 확인 후 작업하시오.

03) 참고자료의 내용 중 오자 및 탈자 등이 있을 때는 수정하여 작업하시오.

04) 지참 공구[수험표, 신분증, 필기도구] 이외의 참고자료 및 외부장치(USB, 키보드, 마우스, 이어폰) 등 **어떠한 물품도 시험 중에는 지참할 수 없다는 점을 유의하시오.**

　　(단, 시설목록 이외의 정품 소프트웨어(폰트 제외)를 설치하고자 할 때에는 감독위원의 입회하에 설치하여 사용하시오.)

05) 수험자가 컴퓨터 활용 미숙 등으로 인한 시험의 진행이 어렵다고 판단되었을 때는 감독위원은 시험을 중지시키고 실격 처리할 수 있음을 유의하시오.

06) **바탕화면에 수험자 본인의 '비번호'를 이름으로 한 폴더에 완성된 작품의 파일만을 저장하시오.**

07) 모든 작품을 감독위원 또는 채점위원이 검토하여 동일한 작품이 발견될 경우 관련된 수험자 모두를 부정행위로 처리됨을 유의하시오.

08) 장시간 컴퓨터 작업으로 신체에 무리가 가지 않게 적절한 몸풀기(스트레칭) 후 작업하시오.

09) **다음 사항에 대해서는 실격에 해당되어 채점 대상에서 제외됩니다.**

　　가) 수험자 본인이 수험 도중 시험에 대한 기권 의사를 밝히고 시험을 포기한 경우

　　나) 작업 범위(용량, 시간)를 초과하거나, 요구사항과 현저히 다른 경우(채점위원이 판단)

　　다) **Slide가 JavaScript(jQuery포함), CSS 중 하나 이상의 방법을 이용하여 제작되지 않은 경우**

　　　※ 움직이는 Slide를 제작하지 않고 이미지 하나만 배치한 경우도 실격 처리됨

　　라) 수험자 미숙으로 비번호 폴더에 완성된 작품 파일을 지장하지 못했을 경우

　　마) 압축프로그램을 사용하여 작품을 압축 후 제출한 경우

　　바) 과제 기준 20% 이상 완성되지 않은(채점위원이 판단)

3. 지급재료 목록

일련 번호	재료명	규격	단위	수량	비고
1	수험자료 USB 메모리	32GB 이상	개	1	시험장당
2	USB 메모리	32GB 이상	개	1	시험장당 1개씩(채점위원용) ※수험자들의 작품 관리

※ 국가기술자격 실기시험 지급재료는 시험종료 후(기권, 결시자 포함) 수험자에게 지급하지 않습니다.

1 STEP 웹 페이지 기본 설정 약 15분

01 HTML5 버전 index.html 만들기

문제를 풀기 전 컴퓨터 바탕화면에 본인에게 부여된 '비번호' 폴더를 생성합니다. '비번호' 폴더 안에 'images', 'css', 'js' 폴더를 각각 생성하고, 주어진 수험자 제공 파일들을 각 폴더에 맞게 정리합니다. 본 교재는 '비번호' 대신 '에코라이프' 폴더 설정 후 작업을 진행합니다.

* 이 책에서는 웹 문서 편집 프로그램으로 Visual Studio Code를 사용합니다.

01 Visual Studio Code를 실행합니다. [시작 화면]에서 [폴더 열기]를 선택하거나, 상단 메뉴에서 [파일] – [폴더 열기]를 클릭합니다.

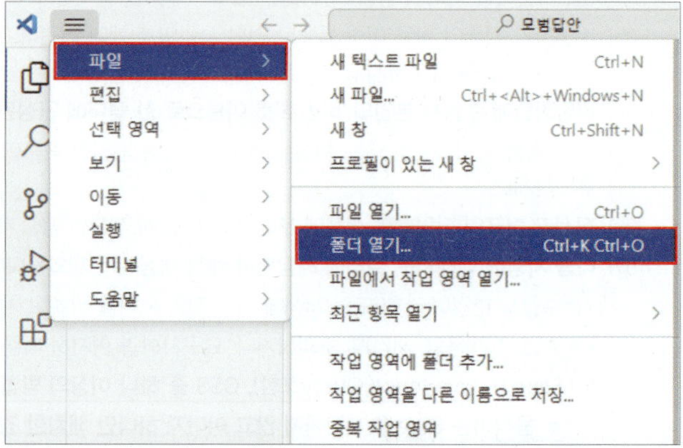

02 바탕화면에 생성한 '에코라이프' 폴더를 선택합니다.

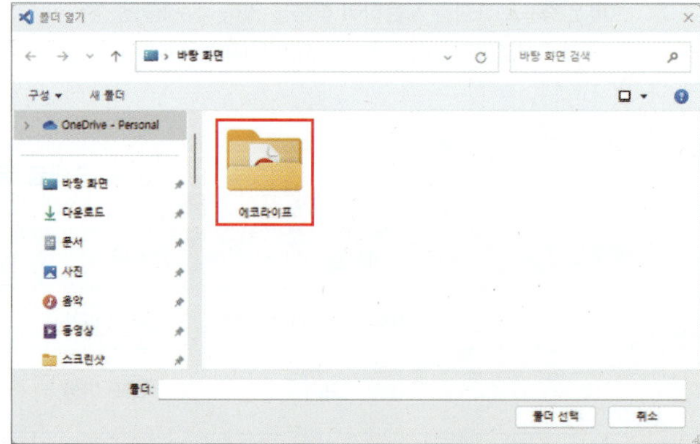

03 Visual Studio Code 좌측의 탐색기 아이콘을 클릭하여 패널을 활성화합니다. 탐색기 패널에는 미리 생성한 'images', 'css', 'js' 폴더가 표시됩니다.

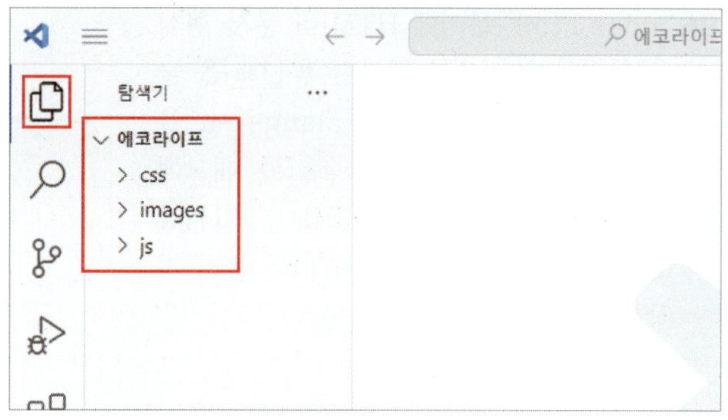

04 탐색기 패널에서 '새 파일' 아이콘을 클릭하여 '에코라이프' 폴더 내부에 새 파일을 생성합니다.

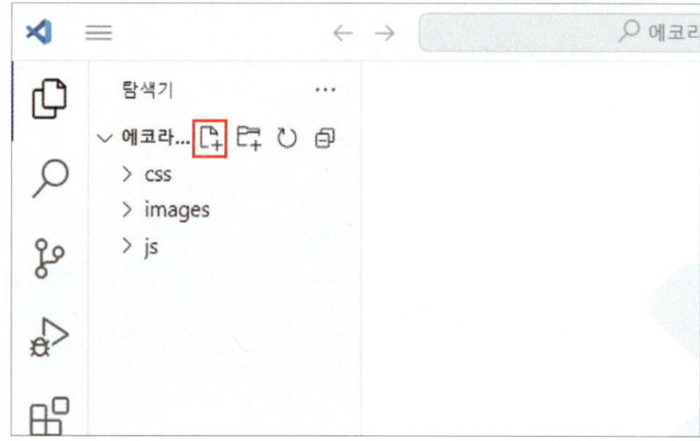

05 파일명을 'index.html'로 변경하고 Enter 를 입력합니다. 그러면 편집 영역에 'index.html' 문서가 활성화되며, Windows 탐색기에서 '에코라이프' 폴더 안에 해당 파일이 생성된 것을 확인할 수 있습니다.

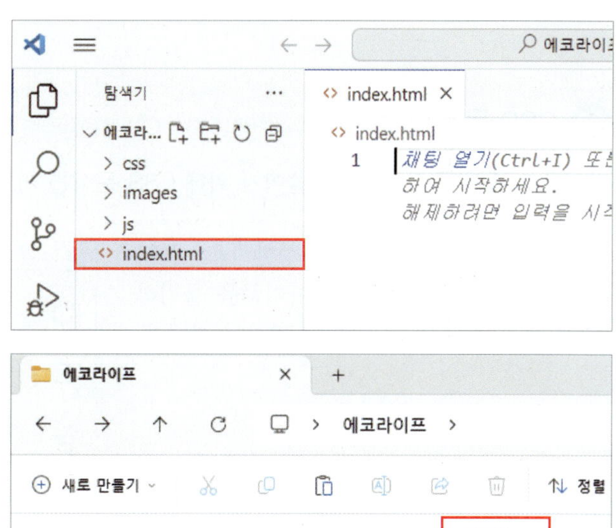

모든 작업 폴더와 파일 이름은 영문으로, 띄어쓰기 없이 작성합니다.

06 'index.html' 문서에 HTML5 문서 형식을 입력하거나, '!'를 입력한 후 [Tab]을 눌러 자동 완성합니다. 이때 'lang="en"'을 'lang="ko"'로 변경하고, 〈title〉 태그에 과제명을 입력한 후 [파일(File)] – [저장(Save)] 또는 단축키 [Ctrl]+[S]를 눌러 저장합니다.

[index.html]

〈!DOCTYPE html〉

〈html lang="ko"〉

〈head〉

　　〈meta charset="UTF-8"〉

　　〈meta name="viewport" content="width=device-width, initial-scale=1.0"〉

　　〈title〉에코라이프〈/title〉

〈/head〉

〈body〉

〈/body〉

〈/html〉

⑫ CSS 문서 만들기

작업을 시작하기 전, 실수를 줄이기 위해 CSS 문서를 미리 생성합니다.

01 탐색기 패널에서 미리 생성한 'css' 폴더를 선택한 후, '새 파일' 아이콘을 클릭하여 해당 폴더 내부에 새 파일을 생성합니다.

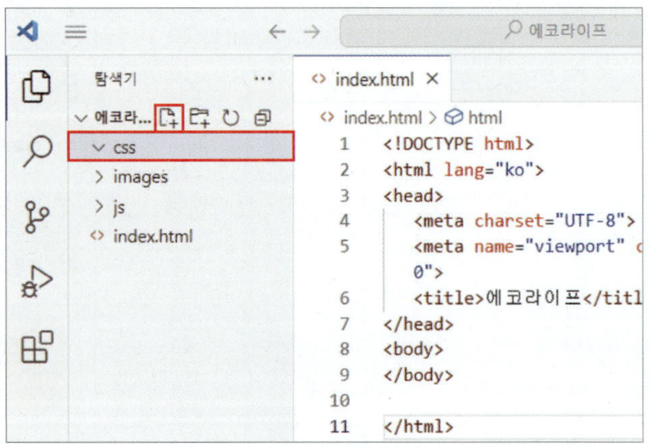

02 파일명을 'style.css'로 변경하고 Enter 를
입력합니다. 그러면 편집 영역에 'style.
css' 문서가 활성화됩니다.

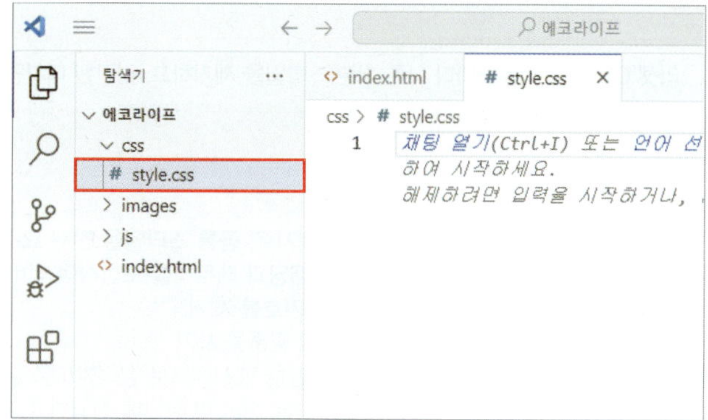

03 'style.css' 문서에 문자 인코딩 방식인
'@charset "utf-8";'을 입력한 후, 리셋
CSS를 작성합니다. 작성이 완료되면 [파
일(File)] – [저장(Save)] 또는 단축키
Ctrl + S 를 눌러 저장합니다.

```css
@charset "utf-8";
* {
  margin:0;
  padding:0;
  box-sizing:border-box;
}
li {
  list-style:none;
}
a {
  text-decoration:none;
  color:inherit;
}
img {
  vertical-align:top;
  max-width:100%;
}
button {
  cursor:pointer;
  border:0;
}
body {
  background:#369;
  color:#333;
}
```

```css
@charset "utf-8";
/*기본 CSS 리셋*/
* {
  margin:0; /*기본 상하좌우 여백값 0으로 설정*/
  padding:0; /*기본 상하좌우 패딩값 0으로 설정*/
  box-sizing:border-box; /* 패딩과 테두리를 포함하여 요소의 너비를 유지 */
}
li {
  list-style:none; /* 목록 항목의 불렛을 숨김 */
}
a {
  text-decoration:none; /* 링크의 밑줄을 제거 */
  color:inherit; /* 링크의 글자 색상을 부모 요소로부터 상속받음 */
}
img {
  vertical-align:top; /* 이미지의 아래쪽 여백을 제거하고, 상단 정렬 */
  max-width:100%; /* 이미지를 부모 요소의 너비에 맞춤 (이미지가 깨지지 않도록) */
}
button {
  cursor:pointer; /* 버튼을 손가락 커서로 표시 */
  border:0; /*버튼 기본 테두리값 0으로 설정*/
}
body {
  background: #369; /*배경색 #369표시*/
  color: #333
}
```

[style.css]

리셋 CSS는 브라우저마다 다른 기본 스타일을 제거하고, 일관된 디자인을 적용하기 위해 사용합니다.

- ***** : 모든 HTML 요소를 선택하는 선택자로, 공통 스타일을 전체 요소에 적용할 때 사용
- **box-sizing:border-box** : 요소의 패딩과 테두리를 포함하여 너비를 계산하게 설정
- **list-style:none** : 목록 항목의 불릿 기호를 제거
- **text-decoration:none** : 〈a〉 요소의 밑줄을 제거
- **color:inherit** : 〈a〉요소에 부모의 색상을 명시적으로 상속받도록 설정
- **vertical-align:top** : 〈img〉 요소를 부모 요소의 상단에 정렬하고, 인라인 요소에서 발생하는 하단 공백을 제거
- **max-width:100%** : 이미지가 부모 요소의 너비를 초과하지 않도록 제한하며, 원본 크기보다 커지지 않도록 설정
- **cursor:pointer** : 마우스를 올렸을 때 손가락 모양 커서로 변경되어 클릭 가능하다는 시각적 힌트를 제공
- **"color: #333;"**은 16진수 색상 표현으로, #333333과 동일한 색상을 나타내는 함축형 표기법
    - 예 #f00 → #ff0000(빨간색), #0f0 → #00ff00(초록색)
- **border:0** : 버튼의 기본 테두리를 제거하여 외곽선 없이 표시되도록 설정

03 Script 문서 만들기

작업을 시작하기 전, 실수를 줄이기 위해 script 문서를 미리 생성합니다.

01 수험자 제공 파일인 제이쿼리 라이브러리 파일 'jquery-1.12.3.js'를 '에코라이프' 폴더 내의 'js' 폴더로 이동해 둡니다.

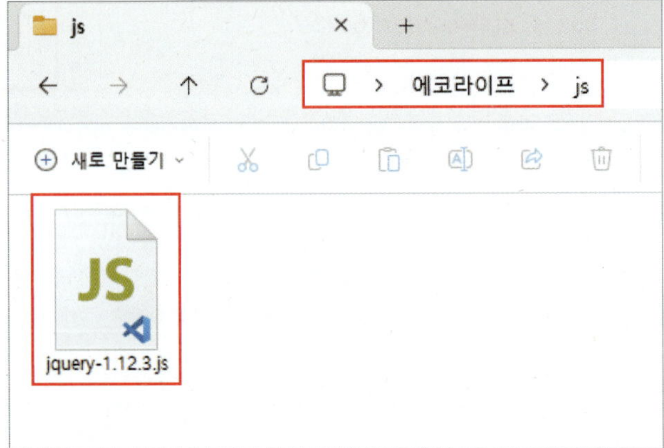

02 Visual Studio Code 탐색기 패널에서 'js' 폴더를 선택한 후, '새 파일' 아이콘을 클릭하여 해당 폴더 내부에 새 파일을 생성합니다.

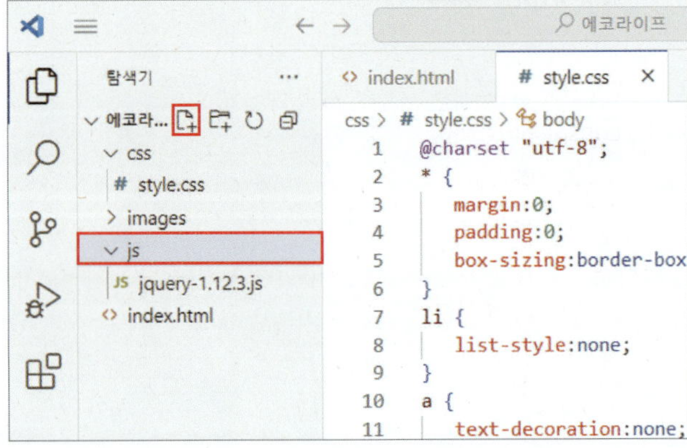

03 새 파일의 이름을 'script.js'로 변경하고 Enter 를 입력합니다. 그러면 편집 영역에 'script.js' 문서가 활성화됩니다.

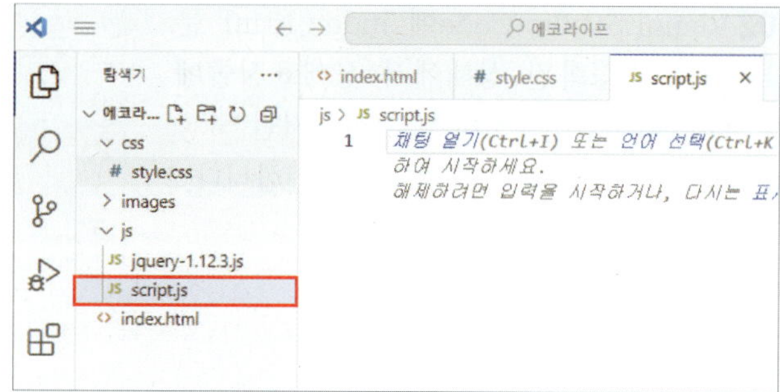

04 'script.js' 문서에 'alert("경고창");'을 입력한 후, Ctrl + S 를 눌러 저장합니다.

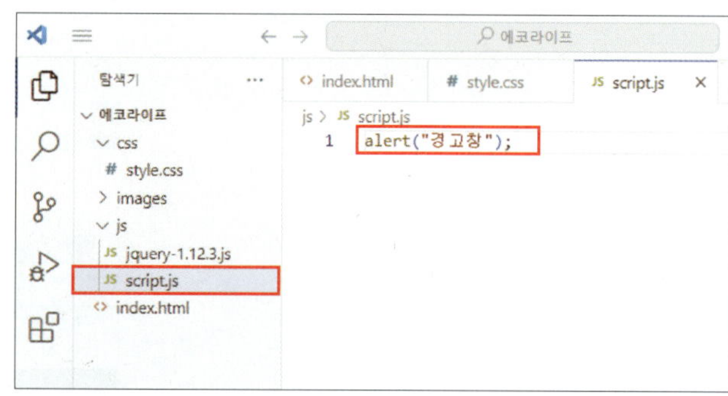

04 index 문서에 CSS, Script 문서 연결하기

index.html 문서에 CSS 파일, script 파일, jQuery 라이브러리를 연결합니다.

01 'ndex.html' 파일에서 <head> 태그 안에 CSS 파일과 JavaScript 파일을 연결한 후, Ctrl + S 를 눌러 저장합니다. ava-Script 파일을 연결할 때에는 jQuery 라이브러리를 먼저, 그 다음에 script.js 파일을 연결합니다.

```
<link href="css/style.css" rel="-
stylesheet">
<script src="js/jquery-1.12.3.js" de-
fer></script>
<script src="js/script.js" defer></
script>
```

[index.html]

02 Visual Studio Code에 'index.html' 문서가 활성화된 상태에서 상태표시줄에 Go Live를 선택하여 웹 브라우저인 '크롬(Chrome)'으로 작업 결과를 확인합니다.

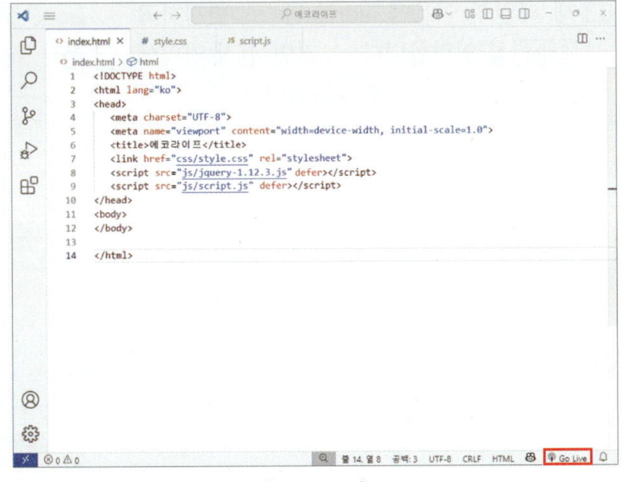

[index.html]

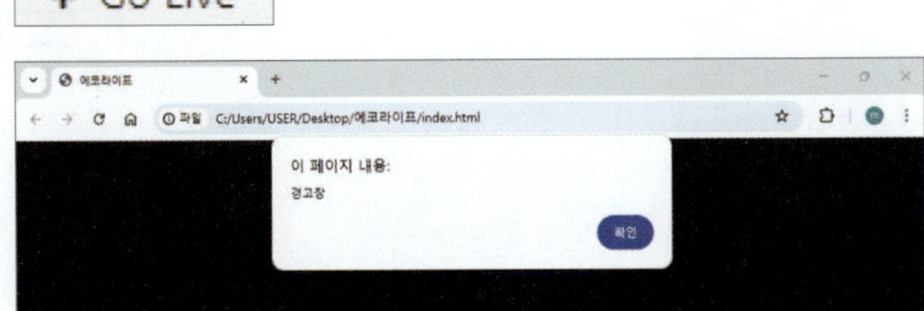

03 웹 브라우저의 배경색 '#369'와 경고창이 뜬다면 CSS와 Script 문서가 잘 연결된 것입니다. 확인 후 'style.css'에서 body 색상을 '#fff'로 변경하고 'script.js' 문서에서 경고창 스크립트를 삭제합니다.

```css
22  body {
23      background: #fff;
24      color: #333;
25  }
```

[style.css]

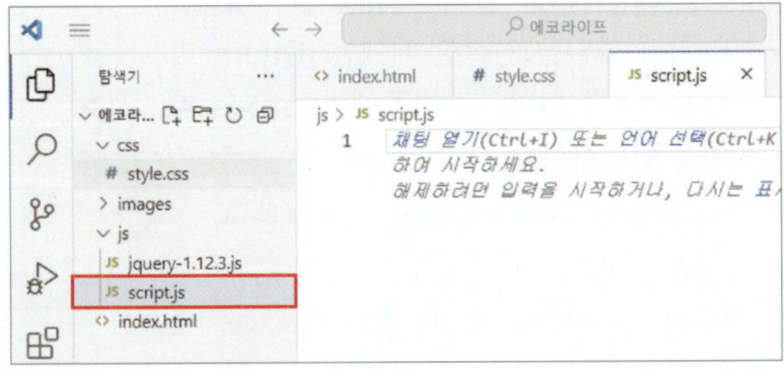

[script.js]

＋ 더 알기 TIP

- 외부 스크립트에 defer 속성을 지정하면, HTML 문서의 해석이 끝난 뒤 스크립트가 실행되도록 시점을 지연시킬 수 있습니다.
- defer와 같은 효과는 $(function(){ ... }) 구문을 통해서도 얻을 수 있으며, 두 방식은 목적은 같지만 사용 위치와 작성 방법이 다르기 때문에 상황에 따라 적절하게 선택할 수 있습니다.
  [참고하기] PART02 – SECTION 04 jQuery 기본 다지기
- Go Live가 설치되지 않은 경우, 바탕화면의 '에코라이프' 폴더 안에 있는 'index.html' 파일을 크롬 브라우저로 열어 작업 결과를 확인합니다.

01 레이아웃 HTML 구조 작업하기

요구사항정의서에 제시된 와이어프레임을 바탕으로, 콘텐츠 구성과 수치를 파악하여 레이아웃을 제작합니다. 문제에서 지시하지 않은 부분은 수험자가 자유롭게 설정합니다.

01 먼저, 요구사항정의서에 제시된 와이어프레임을 참고하여 HTML로 영역을 구분하는 코드를 작성합니다. 다음과 같이 작성한 후, [파일(File)] – [저장(Save)] 또는 단축키 Ctrl + S 를 눌러 저장합니다.

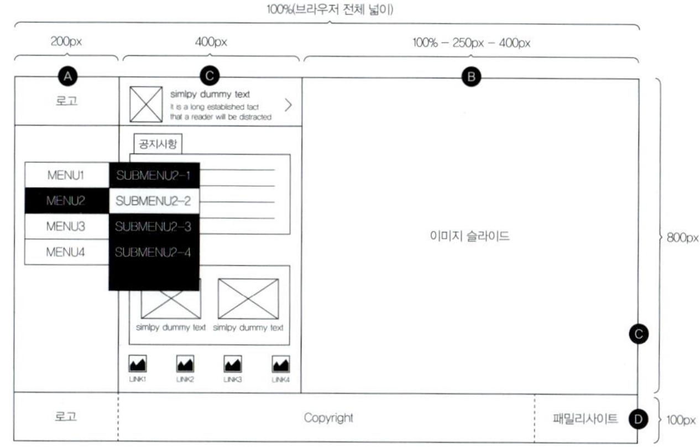


```html
<div class="wrap">
    <div class="top">
        <header id="header">
            헤더영역
        </header>
        <div class="contents">
            <article class="banner">
                배너영역
            </article>
            <article class="notice">
                공지사항영역
            </article>
            <article class="gall">
                갤러리영역
            </article>
            <article class="go">
                바로가기영역
            </article>
        </div>
        <div id="slide" class="slide">
            슬라이드영역
        </div>
    </div>
    <footer id="footer">
        푸터영역
    </footer>
</div>
```

```html
11  <body>
12    <div class="wrap">
13      <div class="top">
14        <header id="header">
15          헤더영역
16        </header>
17        <div class="contents">
18          <article class="banner">
19            배너영역
20          </article>
21          <article class="notice">
22            공지사항영역
23          </article>
24          <article class="gall">
25            갤러리영역
26          </article>
27          <article class="go">
28            바로가기영역
29          </article>
30        </div>
31        <div id="slide" class="slide">
32          슬라이드영역
33        </div>
34      </div><!--//top 닫는 태그-->
35      <footer id="footer">
36        푸터영역
37      </footer>
38    </div><!--//wrap 닫는 태그-->
39  </body>
40  </html>
```

[index.html]

- <div> : 문서 내 레이아웃을 구성하거나 다른 요소를 그룹화할 때 사용
- <div class="wrap"> : 전체를 감싸는 영역
- <div class="top"> : 헤더, 콘텐츠, 슬라이드를 감싸는 영역
- <header> : 웹 페이지 머리글 영역으로 로고와 메뉴를 포함하는 영역
- <div class="contents"> : 콘텐츠(공지사항, 갤러리, 바로가기)를 감싸는 영역
- <article> : 독립적으로 구분할 수 있는 콘텐츠 영역으로 공지사항, 갤러리, 바로가기를 각각 감싸는 영역
- <div id="slide" class="slide"> : 슬라이드를 감싸는 영역
- <footer> : 웹 페이지의 바닥글 영역으로 하단 로고, 저작권, 패밀리사이트, SNS 등 포함하는 영역

❷ 레이아웃 스타일 작업하기

HTML 구조를 기반으로 CSS 스타일을 적용하여, 요구사항정의서에 제시된 와이어프레임을 기준으로 레이아웃을 제작합니다.

01 'style.css' 파일에서 HTML 구조에 맞춘 레이아웃 스타일을 'body' 스타일 아래에 입력하고, [파일(File)] – [저장(Save)] 또는 단축키 Ctrl + S 를 눌러 저장합니다.

```css
.wrap {
    height:900px;
}
.top {
    height:800px;
    display:flex;
}
header {
    width:250px;
    background:#f45750;
}
.contents {
    width:400px;
    background:#40b0f9;
}
.slide {
    width:calc(100% – 650px);
    background:#00d2a5;
}
footer {
    height:100px;
    background:#666;
}
```

```css
26  .wrap {
27      height:900px;
28  }
29  .top {
30      height:800px;
31      display:flex;
32  }
33  header {
34      width:250px;
35      background: #f45750;
36  }
37  .contents {
38      width:400px;
39      background: #40b0f9;
40  }
41  .slide {
42      width:calc(100% - 650px);
43      background: #00d2a5;
44  }
45  footer {
46      height:100px;
47      background: #666;
48  }
```

[style.css]

- 홈페이지 구조화 작업 시 각 영역에 맞게 타이틀(헤더 영역, 슬라이드 영역 등)을 채우고 영역 작업 시 타이틀을 지우며 작업합니다.
- HTML 주석은 〈!--로 시작하고 --〉로 끝납니다.
- 클래스 명은 각 영역에 맞게 설정했으나, 원하는 이름으로 변경할 수 있습니다.
  [참고하기] PART 02 – SECTION 02 CSS 기본 다지기

- **.top** : 〈div class="top"〉 선택자로 〈footer〉를 제외한 헤더, 콘텐츠, 슬라이드를 감싸는 역할
  - **display:flex** : 〈div class="top"〉을 플렉스 컨테이너로 설정하여 자식 요소(header, .contents, .slide)들을 수평으로 나열. 이때 자식 요소는 부모 요소의 높이만큼 stretch 되어 들어가므로 부모 요소에 높이 값이 있는 것이 유리함
- **.slide** : 〈div id="slide" class="slide"〉 선택자로 슬라이드를 감싸는 역할
  - **width:calc(100% − 650px)** : 부모 요소(.top)의 전체 너비(100%)에서 헤더 영역(header)과 콘텐츠 영역(.contents) 너비를 합한 650픽셀을 뺀 값을 요소의 너비로 설정

CSS calc() 함수의 사용법
- width: calc(100% − 650px)는 CSS에서 요소의 너비를 계산하는 방식입니다. 이 식은 부모 요소의 전체 너비(100%)에서 650픽셀을 뺀 값을 요소의 너비로 설정하여, 요소의 크기가 동적으로 변하며, 고정된 여백을 고려한 레이아웃을 만들 수 있습니다.
- calc() 함수 내에서는 연산자와 피연산자 사이에 반드시 띄어쓰기를 해야 합니다.

> width:calc(100% − 650px); /* 올바른 구문 */

02 'index.html' 문서가 활성화된 상태에서 상태표시줄에 Go Live를 선택하여 웹 브라우저인 '크롬(Chrome)'으로 작업 결과를 확인합니다.

01 로고 제작하기

세부 지시사항의 A.1 로고를 제작합니다. 로고 크기는 가로 190px, 세로 50px이며, 심벌 없이 텍스트만으로 구성된 워드마크 형태로 디자인합니다. 텍스트는 수험자 제공 파일의 텍스트를 활용하여 디자인합니다.

* 교재의 로고는 예시일 뿐이며, 기본 요건을 충족한다면 자유롭게 변형하여 제작해도 됩니다.

01 로고 제작을 위해 일러스트레이터를 실행합니다.

02 [파일(File)] – [새로 만들기(New)] 또는 Ctrl + N 을 눌러 새 문서를 만듭니다.

　– 단위(Unit) : 픽셀(Pixels)
　– 폭(Width) : 190px
　– 높이(Height) : 50px
　– 색상 모드(Color Mode) : RGB 색상
　– 래스터 효과(Raster Effects) : 스크린(72ppi)

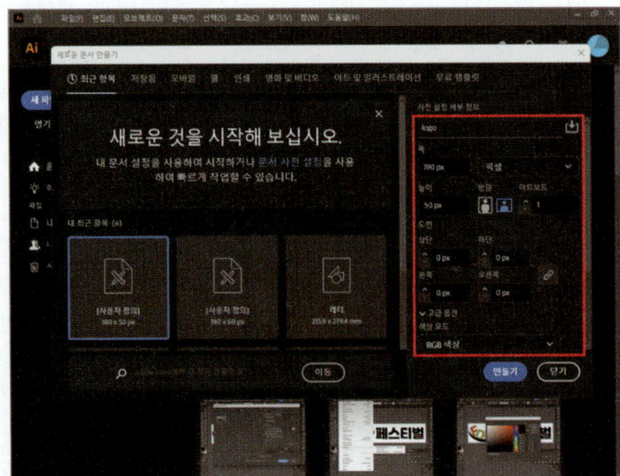

03 도구 상자에서 문자 도구(T)를 선택한 후, 문자 패널에서 아래와 같이 설정합니다. 그런 다음 문서를 클릭하여 '에코라이프'라고 작성합니다.

　– 서체(Character) : Pretendard Bold
　– 문자 크기 : 36pt
　– 칠 색상 : #000000

※ 문자 패널이 보이지 않는 경우, [창(Window)] – [문자(Type)] – [문자(Character)] 를 선택합니다.

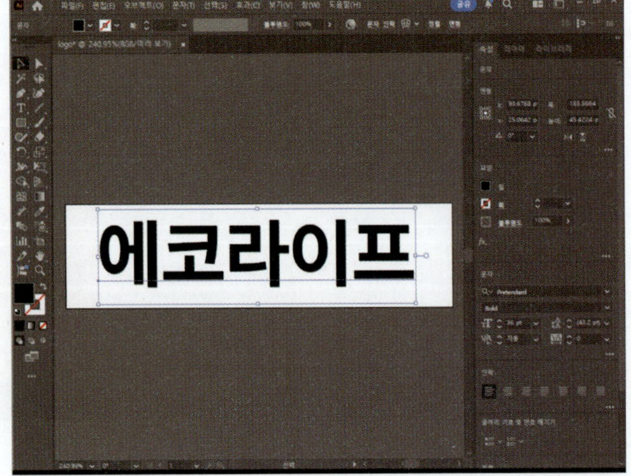

04 '에코라이프' 선택 후, 마우스 오른쪽 버튼을 클릭하여 [윤곽선 만들기(Create Outlines)]를 선택합니다. 그러면 문자가 벡터 오브젝트로 변환됩니다.

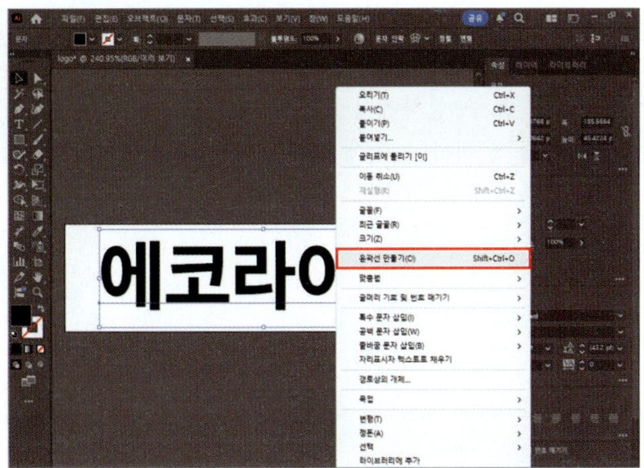

05 다시 오브젝트를 선택한 후, 마우스 오른쪽 버튼을 클릭하여 [그룹 풀기(Ungroup)]를 선택합니다.

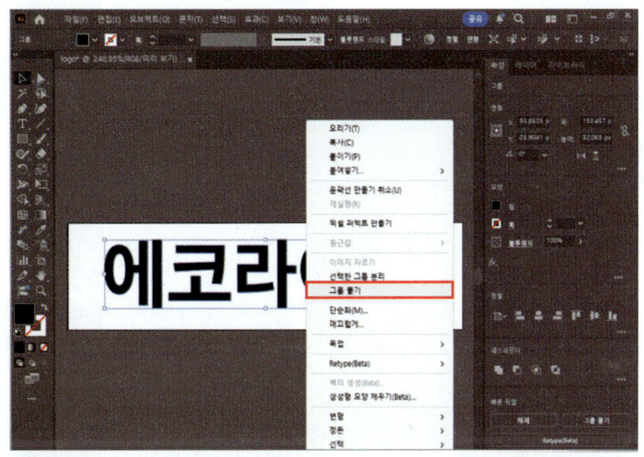

06 그리고 '이'만 선택한 후, 마우스 오른쪽 클릭하여 [컴파운드 패스 풀기(Release Compound Path)]를 선택하여 'ㅇ' 선택 후 Delete 로 삭제합니다.

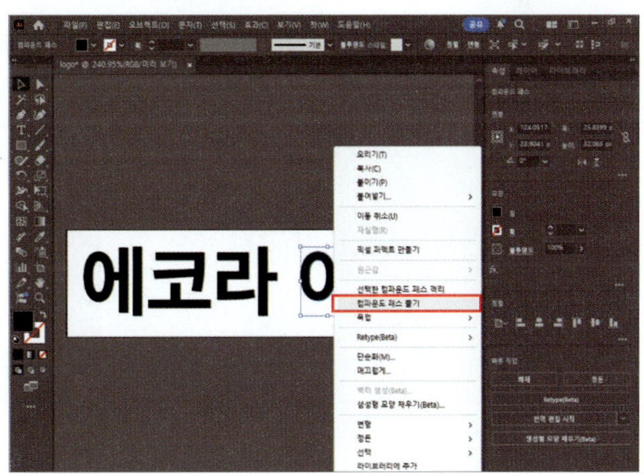

07 도구 상자에서 타원 도구(Ellipse Tool)
(●)를 선택하여, 긴 원을 그려줍니다.
그리고 도구 상자에서 고정점 변환 도구
(▶)를 선택하여 아래 기준점을 클릭하
여 뾰족하게 만들어 줍니다.

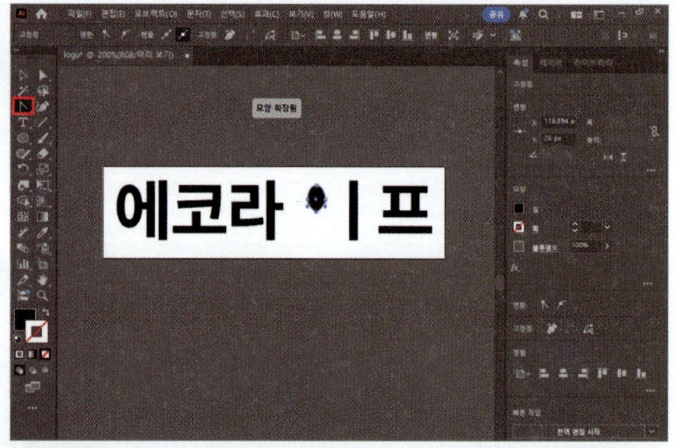

08 도구 상자에서 회전 도구(⟳)를 선택 후
Alt 를 누른 상태에서 원하는 중심축을 클
릭하면 회전 옵션이 나타납니다.

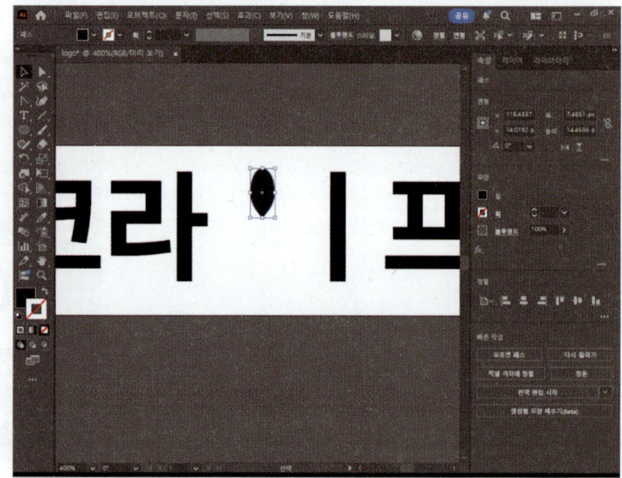

09 회전 옵션의 값을 '45°'로 작성합니다. 그
리고 Ctrl + D 를 눌러 계속 복사해 줍니다.

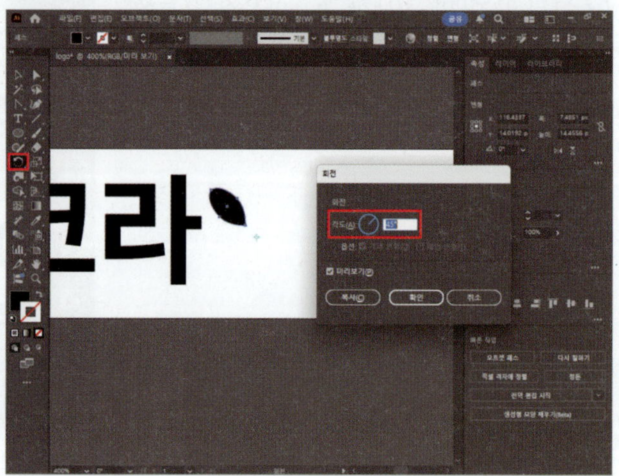

10 오브젝트를 선택하여 크기 조절 후, 전체 오브
젝트를 선택하여 'fill' 색상을 '#9acd84'
로 설정합니다.

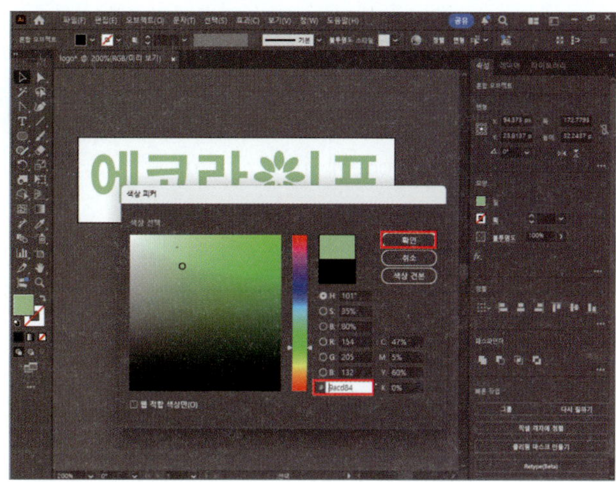

11 작업이 완료되면 [파일(File)] – [내보내기
(Export)] – [웹용으로 저장(Save for Web)]
을 선택하여 파일 형식을 'PNG-24'로 설
정한 후, 'images' 폴더에 저장합니다.

– 파일명 : logo.png

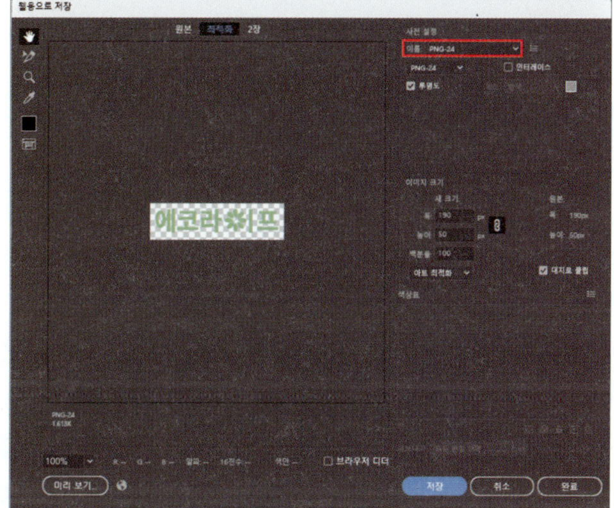

02 헤더 영역 로고 작업하기

세부 지시사항의 A.1 로고를 문서에 추가합니다.

01 Visual studio code에 'index.html' 문
서를 열어, '<header id="header">' 영
역 안 글자를 지우고 다음과 같이 작성합
니다.

```
<h1>
    <a href="#">
        <img src="images/logo.png"
alt="에코라이프">
    </a>
</h1>
```

```
12      <div class="wrap">
13        <div class="top">
14          <header id="header">
15            <h1>
16              <a href="#">
17                <img src="images/logo.png" alt="에코라이프">
18              </a>
19            </h1>
20          </header>
```

[index.html]

03 헤더 영역 메뉴 작업하기

세부 지시사항의 A.2 메뉴를 구성합니다. 사이트 맵과 구조도를 참고하여 메인메뉴(Main menu)와 서브
메뉴(Sub menu)를 구성합니다.

01 요구사항정의서의 와이어프레임 메뉴 형
태를 확인합니다.

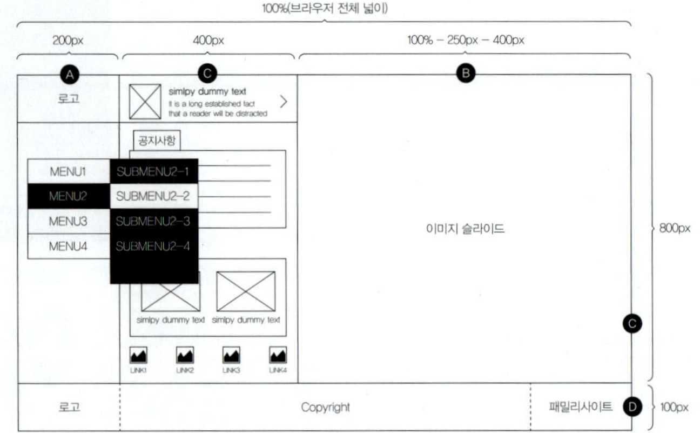

⏻ 기적의 TIP

- 메뉴 작업 시 <nav>로 감싼 후, 순서가 없는 목록 태그인 <ul>, <li>로 작업합니다.
- 중첩목록 작업 시 쌍으로 올바르게 중첩되어야 하며, 태그가 제대로 닫혀야 합니다.
- 서브 메뉴 <ul> 요소에 클래스 명 'sub'로 설정합니다.

💬 요소 TIP

<a href="#"> : 임시 링크 추가(기술적 준수사항)

02 'index.html' 문서 〈header id="header"〉영역 내 '〈h1〉' 다음 줄에 요구사항정의서의 '사이트 맵'을 참고하여 메뉴를 다음과 같이 작성합니다.

```
〈nav id="nav"〉
    〈ul〉
        〈li〉〈a href="#"〉에코라이프〈/a〉
            〈ul class="sub"〉
                〈li〉〈a href="#"〉제로 웨이스트〈/a〉〈/li〉
                〈li〉〈a href="#"〉재활용 팁〈/a〉〈/li〉
                〈li〉〈a href="#"〉친환경 소비〈/a〉〈/li〉
                〈li〉〈a href="#"〉비건 라이프〈/a〉〈/li〉
            〈/ul〉
        〈/li〉
        〈li〉〈a href="#"〉제품리뷰〈/a〉
            〈ul class="sub"〉
                〈li〉〈a href="#"〉생활용품〈/a〉〈/li〉
                〈li〉〈a href="#"〉주방/식기〈/a〉〈/li〉
                〈li〉〈a href="#"〉화장품/패션〈/a〉〈/li〉
                〈li〉〈a href="#"〉전기절약〈/a〉〈/li〉
            〈/ul〉
        〈/li〉
        〈li〉〈a href="#"〉커뮤니티〈/a〉
            〈ul class="sub"〉
                〈li〉〈a href="#"〉회원 칼럼〈/a〉〈/li〉
                〈li〉〈a href="#"〉실천 후기〈/a〉〈/li〉
                〈li〉〈a href="#"〉에코 챌린지〈/a〉〈/li〉
            〈/ul〉
        〈/li〉
        〈li〉〈a href="#"〉자료실〈/a〉
            〈ul class="sub"〉
                〈li〉〈a href="#"〉인포그래픽〈/a〉〈/li〉
                〈li〉〈a href="#"〉환경 통계〈/a〉〈/li〉
                〈li〉〈a href="#"〉추천 영상〈/a〉〈/li〉
                〈li〉〈a href="#"〉리포트 모음〈/a〉〈/li〉
            〈/ul〉
        〈/li〉
    〈/ul〉
〈/nav〉
```

```
13   <body>
14       <div class="wrap">
15           <div class="top">
16               <header id="header">
17                   <h1>
18                       <a href="#">
19                           <img src="images/logo.png" alt="에코라이프">
20                       </a>
21                   </h1>
22                   <nav id="nav">
23                       <ul>
24                           <li><a href="#">에코라이프</a>
25                               <ul class="sub">
26                                   <li><a href="#">제로 웨이스트</a></li>
27                                   <li><a href="#">재활용 팁</a></li>
28                                   <li><a href="#">친환경 소비</a></li>
29                                   <li><a href="#">비건 라이프</a></li>
30                               </ul>
31                           </li>
32                           <li><a href="#">제품리뷰</a>
33                               <ul class="sub">
34                                   <li><a href="#">생활용품</a></li>
35                                   <li><a href="#">주방/식기</a></li>
36                                   <li><a href="#">화장품/패션</a></li>
37                                   <li><a href="#">전기절약</a></li>
38                               </ul>
39                           </li>
40                           <li><a href="#">커뮤니티</a>
41                               <ul class="sub">
42                                   <li><a href="#">회원 칼럼</a></li>
43                                   <li><a href="#">실천 후기</a></li>
44                                   <li><a href="#">에코 챌린지</a></li>
45                               </ul>
46                           </li>
47                           <li><a href="#">자료실</a>
48                               <ul class="sub">
49                                   <li><a href="#">인포그래픽</a></li>
50                                   <li><a href="#">환경 통계</a></li>
51                                   <li><a href="#">추천 영상</a></li>
52                                   <li><a href="#">리포트 모음</a></li>
53                               </ul>
54                           </li>
55                       </ul>
56                   </nav>
57               </header>
```

[index.html]

04 헤더 영역 스타일 작업하기

헤더 영역의 로고를 배치하고, 메인 메뉴(Main menu)에 마우스를 올리면(Mouse over) 하이라이트 되며, 벗어나면(Mouse out) 하이라이트가 해제됩니다. 또한, 서브 메뉴 중 하나에 마우스를 올리면 하이라이트 되고, 벗어나면 하이라이트가 해제됩니다.

01 먼저 'style.css' 문서를 활성화하여 'header'의 기존 배경색을 삭제하고, 다음과 같이 작성합니다.

```css
header {
    width:250px;
    background:#014C29;
    padding:50px 5px;
}
header h1 {
    text-align:center;
    margin-bottom:50px;
}
```

```
33    header {
34        width:250px;
35        background: #014C29;
36        padding:50px 5px;
37    }
38    header h1 {
39        text-align:center;
40        margin-bottom:50px;
41    }
```

[style.css]

> 💬 **요소 TIP**
>
> - **header** : 〈header〉 선택자로 좌측 헤더 영역의 스타일 지정
>   - **padding:50px 5px** : 위 · 아래 내부 여백 50픽셀, 좌 · 우 내부 여백 5픽셀 설정
> - **header h1** : 〈header〉의 하위 요소 〈h1〉 지정
>   - **text-align:center** : 〈h1〉의 하위 요소 〈img〉 인라인 요소를 수평 중앙 정렬
>   - **margin-bottom:50px** : 아래쪽 바깥 여백을 50픽셀 설정하여, 〈h1〉과 〈nav〉 사이 간격 설정

02 메뉴를 클릭할 수 있는 영역은 'header h1' 스타일 다음 줄에 다음과 같이 작성합니다.

```css
nav>ul>li>a {
    display:block;
    padding:10px 20px;
    color:#9acd84;
    border:1px solid #9acd84;
}
nav>ul>li:hover>a {
    background:#9acd84;
    color:#333;
}
```

```
42    nav>ul>li>a {
43        display:block;
44        padding:10px 20px;
45        color: #9acd84;
46        border:1px solid #9acd84;
47    }
48    nav>ul>li:hover>a {
49        background: #9acd84;
50        color: #333;
51    }
```

[style.css]

- 블록 요소는 수직 정렬이며, 너비와 높이 설정이 가능합니다.
- 인라인 요소는 수평 정렬이며, 너비와 높이 설정이 불가능합니다.

요소 TIP

- nav〉ul〉li〉a : 〈nav〉의 자식 요소 〈ul〉의 자식 요소 〈li〉의 자식 요소 〈a〉 지정
  - display:block : 블록 요소 성질로 변경
  - padding:10px 20px : 위·아래 내부 여백 10픽셀, 좌·우 내부 여백 20픽셀 설정
  - border:1px solid #9acd84 : 1픽셀 두께의 색상 #9acd84 실선 테두리 설정
- nav〉ul〉li:hover〉a : 〈nav〉의 자식 요소 〈ul〉의 자식 요소 〈li〉에 마우스 올렸을 때 자식 요소 〈a〉 지정(마우스 올렸을 때 하이라이트 효과)

03 서브 메뉴는 슬라이드 영역 위에 배치되어 있으므로 공중에 띄워 서브 메뉴 스타일을 '.contents' 윗줄에 다음과 같이 작성합니다.

```
nav{
    position:relative;
}
.sub {
    position:absolute;
    left:240px;
    top:-10px;
    z-index:10;
    width:150px;
    height:250px;
    background:#fff;
}
.sub li a {
    display:block;
    background:#fff;
    padding:10px 20px;
}
.sub li a:hover {
    background:#014c29;
    color:#fff;
}
```

```
42    nav{
43        position:relative;
44    }
```
[style.css]

```
55    .sub {
56        position:absolute;
57        left:240px;
58        top:-10px;
59        z-index:10;
60        width:150px;
61        height:250px;
62        background:☐#fff;
63    }
64    .sub li a {
65        display:block;
66        background:☐#fff;
67        padding:10px 20px;
68    }
69    .sub li a:hover {
70        background:■#014c29;
71        color:☐#fff;
72    }
```
[style.css]

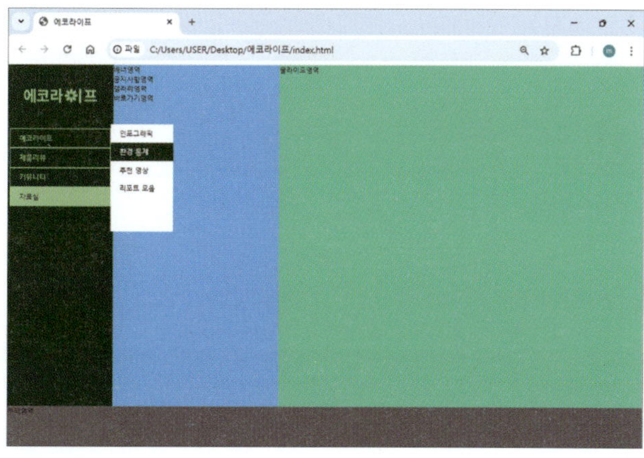

- **.sub** : 〈ul class="sub"〉 지정하여 서브 메뉴 스타일 지정
  - **position:absolute** : 공중에 띄워 상위 요소(nav)에 기준을 설정하여 절대 위치로 지정
  - **top:-10px** : 기준 요소(nav)의 상단에서부터 음수(위쪽으로) 10픽셀 배치
  - **left:240px** : 기준 요소(nav)의 왼쪽으로부터 240픽셀 오른쪽 배치
  - **width:150px;** : 공중에 띄운 요소에게 너비를 임의로 지정
  - **height:250px;** : .sub의 높이를 임의로 지정
- **.sub li a** : .sub의 자식 요소 〈li〉의 자식 요소 〈a〉 지정
  - **display:block** : 요소 성질을 블록 요소로 바꾸면서 상위요소의 가로 너비를 채울 수 있음
  - **padding:10px 20px** : 위 · 아래 내부 여백 10픽셀, 좌 · 우 내부 여백 20픽셀

04 서브 메뉴가 공중에 배치가 되면서 메인 메뉴의 테두리가 겹쳐 보이는 부분을 수정하기 위해 다음과 같이 작성합니다.

```css
nav>ul>li>a {
    display:block;
    padding:10px 20px;
    color:#9acd84;
    border:1px solid #9acd84;
    border-bottom:0;
}
nav>ul>li:last-child>a {
    border-bottom:1px solid #9acd84;
}
```

```css
45  nav>ul>li>a {
46      display:block;
47      padding:10px 20px;
48      color: #9acd84;
49      border:1px solid #9acd84;
50      border-bottom:0;
51  }
52  nav>ul>li:last-child>a {
53      border-bottom:1px solid #9acd84;
54  }
55  nav>ul>li:hover>a {
56      background: #9acd84;
57      color: #333;
58  }
```

[style.css]

- **border-bottom: 0** : 하단 테두리를 제거하여 다음 메뉴의 상단 테두리가 하단 테두리 역할을 함
- **nav>ul>li:last-child>a** : 〈nav〉의 자식 요소 〈ul〉의 자식 요소 〈li〉 중 마지막 〈li〉의 자식 요소 〈a〉 지정
  - **border-bottom:1px solid #9acd84** : 1픽셀 두께의 색상 #9acd84 하단 실선 테두리 설정

05 메인 메뉴와 서브 메뉴 스타일을 확인 후 마우스를 올려 하이라이트 효과까지 확인합니다. 잘 적용이 되었다면 '.sub'를 찾아 서브 메뉴를 숨겨줍니다.

```
.sub {
    position:absolute;
    left:240px;
    top:-10px;
    z-index:10;
    width:150px;
    height:250px;
    background:#fff;
    display:none;
}
```

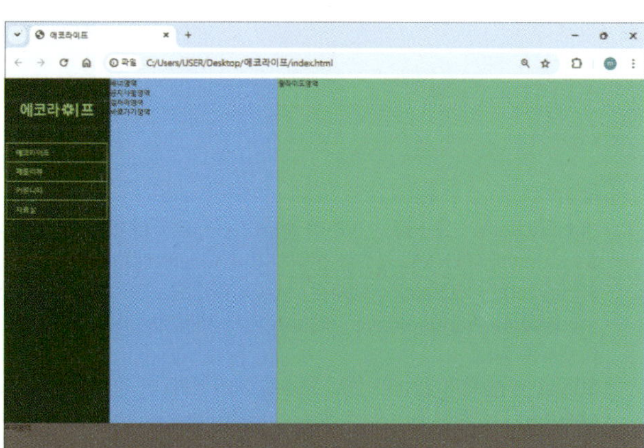

```
59    .sub {
60        position:absolute;
61        left:240px;
62        top:-10px;
63        z-index:10;
64        width:150px;
65        height:250px;
66        background: #fff;
67        display:none;
68    }
```

[style.css]

05 메뉴 스크립트 작업하기

세부 지시사항의 A.2 메뉴 효과를 구현합니다. 메인 메뉴(Main menu)에 마우스를 올리면(Mouse over) 해당 서브 메뉴(Sub menu) 영역이 서서히 보이도록 하고(Fade in), 벗어나면(Mouse out) 서브 메뉴 영역이 서서히 사라지는 작업(Fade out)을 제이쿼리(jQuery)로 진행합니다.

01 먼저 'js' 폴더 하위 파일인 'script.js' 문서를 활성화하여 작성합니다.

```
//메뉴
$("nav>ul>li").mouseenter(function(){

    $(this).children(".sub").stop().fadeIn();
})
$("nav>ul>li").mouseleave(function(){
    $(this).children(".sub").stop().fadeOut();
})
```

```
<> index.html        # style.css        JS script.js   ×

js > JS script.js > ...
  1    //메뉴
  2    $("nav>ul>li").mouseenter(function(){
  3        $(this).children(".sub").stop().fadeIn();
  4    })
  5    $("nav>ul>li").mouseleave(function(){
  6        $(this).children(".sub").stop().fadeOut();
  7    })
```

[script.js]

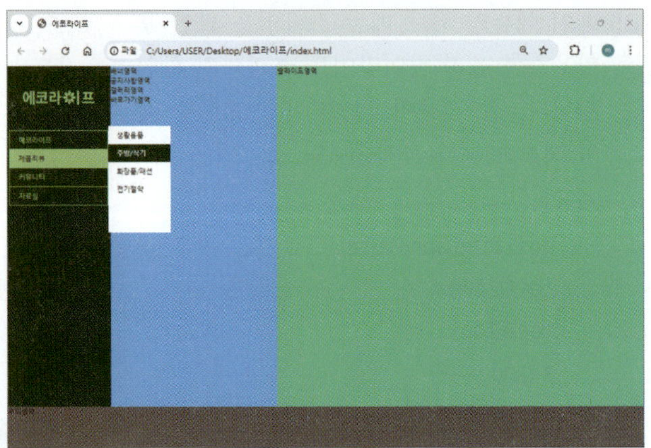

🗨 요소 TIP

- **display:none** : 요소를 선택하여 숨김(스크립트에서 추가 작업 예정)
- **$** : jQuery에서 HTML 요소를 선택하거나 jQuery 객체를 생성할 때 사용하는 단축 표기
- **$("nav>ul>li")** : jQuery 선택자로, 〈nav〉 자식 요소인 〈ul〉 자식 요소인 모든 〈li〉 선택
- **mouseenter/mouseleave** : jQuery에서 제공하는 이벤트 메서드로, 마우스가 요소에 진입하거나 요소를 떠날 때 발생하는 이벤트를 처리
- **$(this)** : 이벤트가 발생한 현재 요소를 가리키며, 이 경우에는 마우스가 올라간 특정 〈li〉 요소를 의미
- **children()** : 선택한 요소의 직계 자식 요소만을 선택할 때 사용
- **stop()** : 현재 실행 중인 애니메이션을 즉시 중지시켜 중복 애니메이션이 발생하는 것을 방지
- **fadeIn()/fadeOut()** : fadeIn()은 요소가 서서히 나타나고, fadeOut()은 요소가 서서히 사라짐

🚩 기적의 TIP

fadeIn/fadeOut 속도 설정하기

fadeIn()/fadeOut() 메서드에 속도를 '()(괄호)'에 지정하여 애니메이션의 속도를 조절할 수 있습니다. 속도는 밀리초 단위로 지정되며, 숫자가 작을수록 애니메이션이 빠르게, 숫자가 클수록 느리게 실행됩니다.

```
$("nav>ul>li").mouseenter(function(){
    $(this).children(".sub").stop().fadeIn(200);
})
$("nav>ul>li").mouseleave(function(){
    $(this).children(".sub").stop().fadeOut(200);
})
```

```
1  $(function () { //html문서 로딩 후 스크립트 실행
2      //메뉴
3      $("nav>ul>li").mouseenter(function(){
4          $(this).children(".sub").stop().fadeIn(200);//2차 메뉴가 200ms 동안 서서히 나타남
5      $("nav>ul>li").mouseleave(function(){
6          $(".sub").stop().fadeOut(200);//2차 메뉴가 200ms 동안 서서히 사라짐
7      })
8  })
```

[script.js]

- 괄호 안 숫자(200)은 200밀리초, 즉 0.2초 동안 애니메이션을 실행한다는 뜻입니다.
- 숫자 대신 문자열 "slow"(천천히), "fast"(빠르게) 등도 사용할 수 있습니다.

---

01 배너 구조 작업하기

세부 지시사항 C.1 배너를 제작합니다. Contents 폴더의 제공된 파일을 활용하여 작업합니다.

01 'index.html' 문서의 '<article class="banner"></article>' 사이에 배너 내용을 다음과 같이 작성합니다.

```
<article class="banner">
    <a href="#">
        <div class="photo">
            <img src="images/banner.jpg" alt="제로 웨이스트 챌린지 오픈">
        </div>
        <div class="text">
            <h2>제로 웨이스트 챌린지 오픈</h2>
            <p>4월 한 달간 제로 웨이스트 실천에<br> 동참하고 다양한 혜택을 받아보세요.</p>
        </div>
        <div class="arrow">
            <img src="images/arrow.png" alt="배너 바로가기">
        </div>
    </a>
</article>
```

```
58    <div class="contents">
59        <article class="banner">
60            <a href="#">
61                <div class="photo">
62                    <img src="images/banner.jpg" alt="제로 웨이스트 챌린지 오픈">
63                </div>
64                <div class="text">
65                    <h2>제로 웨이스트 챌린지 오픈</h2>
66                    <p>4월 한 달간 제로 웨이스트 실천에<br> 동참하고 다양한 혜택을
                        받아보세요.</p>
67                </div>
68                <div class="arrow">
69                    <img src="images/arrow.png" alt="배너 바로가기">
70                </div>
71            </a>
72        </article>
```

[index.html]

💬 **요소 TIP**

- **<a href="#">** : 배너를 클릭할 수 있는 영역 설정
- **<div class="photo">** : 배너의 이미지를 감싸는 영역
- **<div class="text">** : 배너의 텍스트를 감싸는 영역
- **<div class="arrow">** : 배너의 화살표를 감싸는 영역
- **<h2>** : 배너 영역의 제목 요소

01 'style.css' 문서에서 '.contents'의 배경
색을 지우고 다음과 같이 작성합니다.

```css
.contents {
    width:400px;
    background:#9acd83;
    padding:20px 10px;
}
.banner a {
    display:block;
    background:#fff9f0;
    border-radius:20px;
    display:flex;
    align-items:center;
    overflow:hidden;
    gap:10px
}
.banner .photo img {
    width:100px;
    height:100px;
    object-fit:cover;
}
.banner .text {
    flex-grow:1;
}
.banner .text h2 {
    font-size:17px;
    margin-bottom:10px;
}
.banner .text p {
    font-size:13px;
}
.banner .arrow {
    flex-grow:1;
    text-align:center;
}
```

```css
 78    .contents {
 79        width:400px;
 80        background: #9acd83;
 81        padding:20px 10px;
 82    }
 83    .banner a {
 84        display:block;
 85        background: #fff9f0;
 86        border-radius:20px;
 87        display:flex;
 88        align-items:center;
 89        overflow:hidden;
 90        gap:10px
 91    }
 92    .banner .photo img {
 93        width:100px;
 94        height:100px;
 95        object-fit:cover;
 96    }
 97    .banner .text {
 98        flex-grow:1;
 99    }
100    .banner .text h2 {
101        font-size:17px;
102        margin-bottom:10px;
103    }
104    .banner .text p {
105        font-size:13px;
106    }
107    .banner .arrow {
108        flex-grow:1;
109        text-align:center;
110    }
```

[style.css]

- **.banner a** : 배너를 감싸는 영역으로 클릭할 수 있도록 설정
  - **display:flex** : .banner a를 플렉스 컨테이너로 설정하여, 자식 요소(.photo, .text, .arrow)들을 수평으로 나열
  - **align-items:center** : 플렉스 컨테이너 영역(.banner a)에서 자식 요소(.photo, .text, .arrow)를 수직 중앙 정렬
  - **border-radius:20px** : 사방의 모서리를 20픽셀만큼 둥글게 설정
  - **overflow:hidden** : .banner a의 영역보다 넘치는 하위 요소를 숨김
- **.banner .photo img** : .banner의 하위 요소 〈div class="photo"〉의 하위 요소 〈img〉 선택자
  - **object-fit:cover** : 이미지가 요소의 크기에 맞춰 잘리더라도 비율을 유지하며 채우도록 설정
- **.banner .text** : .banner의 하위 요소 〈div class="text"〉 선택자로 글자 영역 스타일 지정
  - **flex-grow:1** : 플렉스 컨테이너 영역의 하위 요소 나열 후 남은 공간을 균등하게 확장하도록 설정
- **.banner .arrow** : .banner의 하위 요소 〈div class="arrow"〉 선택자
  - **flex-grow:1** : 플렉스 컨테이너 영역의 하위 요소 나열 후 남은 공간을 균등하게 확장하도록 설정
  - **text-align:center** : 요소 내의 〈img〉 수평 중앙 정렬

02 작업한 모든 파일을 저장하고 'index. html' 문서가 활성화된 상태에서 상태표시줄에 Go Live를 선택하여 웹 브라우저인 '크롬(Chrome)'으로 작업 결과를 확인합니다.

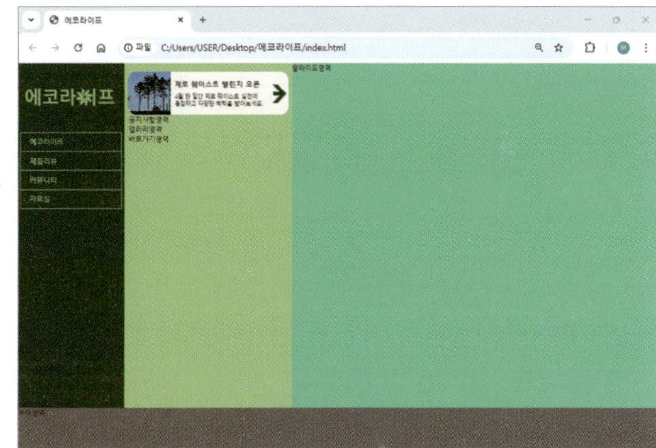

첫 번째 게시글에 〈a href="#" class="pop"〉을 미리 지정하면, 자바스크립트에서 .pop 클래스로 선택하여 팝업을 띄우는 클릭 이벤트를 연결할 수 있습니다.

• **object-fit 속성이란?**
  – object-fit은 이미지를 요소 크기 안에 어떻게 맞출지 설정하는 CSS 속성입니다.
  – 이미지가 박스 크기에 맞춰 늘어나거나 잘리는 방식을 제어할 수 있습니다.

• **object-fit 주요 속성값**
  – fill : 기본값. 요소 크기에 이미지를 꽉 채우되, 비율이 유지되지 않아 왜곡될 수 있음
  – contain : 이미지의 비율을 유지하며 요소 안에 모두 들어오도록 축소함. 빈 여백이 생길 수 있음
  – cover : 이미지 비율을 유지하면서 요소 전체를 덮도록 확대함. 일부가 잘릴 수 있음
  – none : 원본 이미지 크기를 그대로 유지하며, 박스보다 클 경우 넘침

```html
1   <!DOCTYPE html>
2   <html lang="ko">
3   <head>
4     <meta charset="UTF-8">
5     <meta name="viewport" content="width=device-width, initial-scale=1.0">
6     <title>object-fit 속성</title>
7     <link href="style.css" rel="stylesheet">
8   </head>
9   <body>
10    <table>
11      <tr>
12        <th>fill</th>
13        <th>contain</th>
14        <th>cover</th>
15        <th>none</th>
16      </tr>
17      <tr>
18        <td><img src="img.jpg" class="fill"></td>
19        <td><img src="img.jpg" class="contain"></td>
20        <td><img src="img.jpg" class="cover"></td>
21        <td><img src="img.jpg" class="none"></td>
22      </tr>
23    </table>
24  </body>
25  </html>
```
[index.html]

```css
# style.css > ...
1   @charset "utf-8";
2   img {
3       width: 200px;
4       height: 100px;
5   }
6   .fill {
7       object-fit: fill;/*기본값*/
8   }
9   .contain {
10      object-fit: contain;
11  }
12  .cover {
13      object-fit: cover;
14  }
15  .none {
16      object-fit: none;
17  }
```
[style.css]

💬 **요소** TIP

• 〈h2〉 : 공지사항 영역의 제목을 표시하는 요소
• 〈p〉 : 공지사항 게시글의 본문 내용을 담는 블록 요소
• 〈span〉 : 공지사항의 날짜처럼 간단한 텍스트 정보를 구분하여 표시할 때 사용하는 인라인 요소

03 공지사항 구조 작업하기

세부 지시사항 C.1 공지사항을 제작합니다. 공지사항의 타이틀 영역과 콘텐츠 영역을 구분하고 제공된 텍스트를 바탕으로 공지사항을 만들어 줍니다. 이때 첫 번째 콘텐츠 클릭(Click) 시 팝업이 나오도록 작업합니다.

01 'index.html' 문서의 '<article class="notice">' 사이에 공지사항 내용을 다음과 같이 작성합니다.

```html
<article class="notice">
    <h2>공지사항</h2>
    <ul>
        <li>
            <a href="#" class="pop">
                <p>[안내] 4월 친환경 챌린지 참여자 모집</p>
                <span class="date">2026-04-01</span>
            </a>
        </li>
        <li>
            <a href="#">
                <p>「에코마켓」 신규 입점 브랜드 소개</p>
                <span class="date">2026-03-29</span>
            </a>
        </li>
        <li>
            <a href="#">
                <p>커뮤니티 이용 가이드 및 운영 방침 공지</p>
                <span class="date">2026-03-25</span>
            </a>
        </li>
        <li>
            <a href="#">
                <p>[업데이트] 제로 웨이스트 실천 툴킷
자료실 오픈</p>
                <span class="date">2026-03-22</span>
            </a>
        </li>
    </ul>
</article>
```

```html
73    <article class="notice">
74        <h2>공지사항</h2>
75        <ul>
76            <li>
77                <a href="#" class="pop">
78                    <p>[안내] 4월 친환경 챌린지 참여자 모집</p>
79                    <span class="date">2026-04-01</span>
80                </a>
81            </li>
82            <li>
83                <a href="#">
84                    <p>「에코마켓」 신규 입점 브랜드 소개</p>
85                    <span class="date">2026-03-29</span>
86                </a>
87            </li>
88            <li>
89                <a href="#">
90                    <p>커뮤니티 이용 가이드 및 운영 방침 공지</p>
91                    <span class="date">2026-03-25</span>
92                </a>
93            </li>
94            <li>
95                <a href="#">
96                    <p>[업데이트] 제로 웨이스트 실천 툴킷 자료실 오픈</p>
97                    <span class="date">2026-03-22</span>
98                </a>
99            </li>
100       </ul>
101   </article>
```

[index.html]

01 'style.css' 문서에서 '.slide' 윗줄에 공지사항 스타일을 다음과 같이 작성합니다.

```css
.notice{
    margin-top: 20px;
}
.notice h2 {
    width:120px;
    color:#fff;
    text-align:center;
    font-size:18px;
    padding:10px 0;
    background:#014c29;
    border-radius:15px 15px 0 0;
}
.notice ul {
    border-top:3px solid #014c29;
    padding:5px 15px;
}
.notice ul li {
    border-bottom:1px solid #014c29;
}
.notice ul li a {
    display:block;
    padding:5px 0;
    position:relative;
}
.notice ul li p {
    width:260px;
    white-space:nowrap;
    overflow:hidden;
    text-overflow:ellipsis;
}
.notice ul li .date {
    position:absolute;
    right:0;
    top:5px;
}
```

```css
111  .notice{
112      margin-top: 20px;
113  }
114  .notice h2 {
115      width:120px;
116      color:□#fff;
117      text-align:center;
118      font-size:18px;
119      padding:10px 0;
120      background:■#014c29;
121      border-radius:15px 15px 0 0;
122  }
123  .notice ul {
124      border-top:3px solid ■#014c29;
125      padding:5px 15px;
126  }
127  .notice ul li {
128      border-bottom:1px solid ■#014c29;
129  }
130  .notice ul li a {
131      display:block;
132      padding:5px 0;
133      position:relative;
134  }
135  .notice ul li p {
136      width:260px;
137      white-space:nowrap;
138      overflow:hidden;
139      text-overflow:ellipsis;
140  }
141  .notice ul li .date {
142      position:absolute;
143      right:0;
144      top:5px;
145  }
```

[style.css]

- **.notice h2** : .notice의 하위 요소 〈h2〉에 스타일을 적용
- 텍스트 중앙 정렬, 배경색, 폰트 크기, 상단 모서리 둥글게 처리로 시각적 구분을 명확히 함
  - **text-align:center** : 텍스트 수평 중앙 정렬
  - **padding:10px 0** : 위 · 아래 내부 여백 10픽셀 설정
  - **border-radius:15px 15px 0 0** : 상단 모서리를 각각 15픽셀만큼 둥글게 설정
- **.notice ul li** : .notice의 하위 요소 〈ul〉의 하위 요소 〈li〉 지정
  - **border-bottom:1px solid #014c29** : 1픽셀 두께의 색상 #014c29 하단 실선 테두리 설정
- **.notice ul li span** : .notice의 하위 요소 〈ul〉의 하위 요소 〈li〉의 하위 요소 〈span〉 지정, 공지사항 날짜 스타일 적용
  - **position:absolute** : .notice ul li p 요소의 영향을 받지 않도록 공중에 띄워 작업
  - **right:0** : 기준 요소(.notice ul li a)의 오른쪽에서부터 0픽셀 왼쪽으로 배치
  - **top:5px** : 기준 요소(.notice ul li a)의 상단에서부터 5픽셀 아래로 배치
- **.notice ul li a** : .notice의 하위 요소 〈ul〉의 하위 요소 〈li〉의 하위 요소 〈a〉 지정
  - **position:relative** : .notice ul li span의 기준 역할
  - **padding:5px 0** : 위 · 아래 내부 여백 5픽셀 설정
- 제공되는 공지사항 텍스트가 길 것을 대비하여 말 줄임표 작업
  - **width:260px** : 표시 영역의 너비를 제한
  - **white-space:nowrap** : 텍스트가 영역보다 넘칠 때 줄바꿈 없이 한 줄로 표시
  - **overflow:hidden** : 넘친 텍스트를 숨김
  - **text-overflow:ellipsis** : 넘친 부분에 말줄임표(...)를 표시

02 작업한 모든 파일을 저장하고 'index. html' 문서가 활성화된 상태에서 상태표 시줄에 Go Live를 선택하여 웹 브라우저 인 '크롬(Chrome)'으로 작업 결과를 확인 합니다.

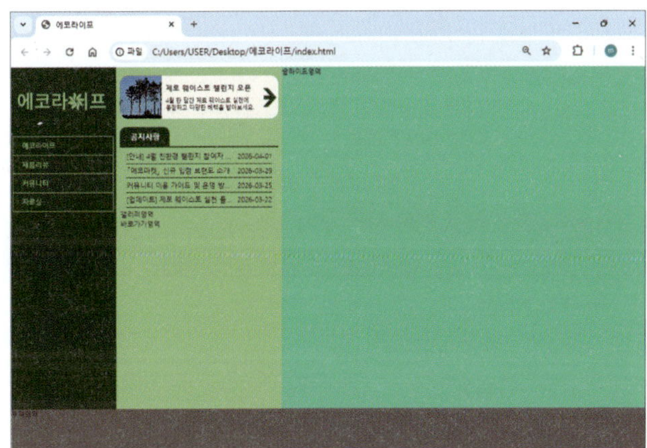

05 갤러리 구조 작업하기

세부 지시사항 C.2 갤러리를 제작합니다. 갤러리의 타이틀 영역과 콘텐츠 영역을 구분하고 제공된 이미지를 바탕으로 갤러리를 가로로 배치하여 작업합니다.

01 'index.html' 문서의 '`<article class="gall"></article>`' 사이에 갤러리 내용을 다음과 같이 작성합니다.

```html
<article class="gall">
    <h2>갤러리</h2>
    <ul>
        <li>
            <a href="#">
                <img src="images/g1.jpg" alt="제로 웨이스트 일상">
                <p class="txt">제로 웨이스트 일상</p>
            </a>
        </li>
        <li>
            <a href="#">
                <img src="images/g2.jpg" alt="에코 제품 사용 후기">
                <p class="txt">에코 제품 사용 후기</p>
            </a>
        </li>
    </ul>
</article>
```

```html
102    <article class="gall">
103        <h2>갤러리</h2>
104        <ul>
105            <li>
106                <a href="#">
107                    <img src="images/g1.jpg" alt="제로 웨이스트
                        일상">
108                    <p class="txt">제로 웨이스트 일상</p>
109                </a>
110            </li>
111            <li>
112                <a href="#">
113                    <img src="images/g2.jpg" alt="에코 제품
                        사용 후기">
114                    <p class="txt">에코 제품 사용 후기</p>
115                </a>
116            </li>
117        </ul>
118    </article>
```

[index.html]

> **💬 요소 TIP**
> - `<h2>` : 갤러리 영역의 제목 요소
> - `<p class="txt">` : 갤러리 이미지의 제목 요소

06 갤러리 스타일 작업하기

01 'style.css' 문서에서 '.slide' 윗줄에 갤러리 스타일을 다음과 같이 작성합니다.

```css
.gall {
    margin-top:20px;
}
.gall h2 {
    width:120px;
    color:#fff;
    text-align:center;
    font-size:18px;
    padding:10px 0;
    background:#014c29;
    border-radius:15px 15px 0 0;
}
.gall ul {
    border-top:3px solid #014c29;
    padding-top:20px;
    display:flex;
    gap:10px;
    justify-content:center;
}
.gall ul li {
    text-align:center;
}
.gall ul li a {
    display:block;
    height:100%;
}
.gall ul li img {
    width:150px;
    height:180px;
    object-fit:cover;
}
.gall ul li .txt {
    font-weight:bold;
    margin-top:10px;
}
```

```css
146  .gall {
147      margin-top:20px;
148  }
149  .gall h2 {
150      width:120px;
151      color:□#fff;
152      text-align:center;
153      font-size:18px;
154      padding:10px 0;
155      background:■#014c29;
156      border-radius:15px 15px 0 0;
157  }
158  .gall ul {
159      border-top:3px solid ■#014c29;
160      padding-top:20px;
161      display:flex;
162      gap:10px;
163      justify-content:center;
164  }
165  .gall ul li {
166      text-align:center;
167  }
168  .gall ul li a {
169      display:block;
170      height:100%;
171  }
172  .gall ul li img {
173      width:150px;
174      height:180px;
175      object-fit:cover;
176  }
177  .gall ul li .txt {
178      font-weight:bold;
179      margin-top:10px;
180  }
```

[style.css]

- **.gall h2** : .gall의 하위 요소 〈h2〉 지정, 텍스트 간의 위계질서가 보이도록 스타일 설정
- **.gall ul** : .gall의 하위 요소 〈ul〉 지정, 갤러리 리스트를 감싸 스타일 설정
  - **border-top:3px solid #014c29** : 3픽셀 두께의 색상 #014c29 상단 실선 테두리 설정
  - **padding-top:20px** : 위쪽 내부 여백 20픽셀 설정
  - **display:flex** : .gall ul를 플렉스 컨테이너로 설정, 자식 요소 〈li〉들을 수평으로 나열
  - **gap:10px** : flex로 나열된 자식 요소 〈li〉의 사이 간격 10픽셀 지정
  - **justify-content:center** : flex로 나열된 자식 요소 〈li〉를 수평 중앙 정렬
- **.gall ul li img** : .gall의 하위 요소 〈ul〉의 하위 요소 〈li〉 하위 요소 〈img〉 지정
  - **object-fit:cover** : 이미지가 요소의 크기에 맞춰 잘리더라도 비율을 유지하며 채우도록 설정

02 작업한 모든 파일을 저장하고 'index. html' 문서가 활성화된 상태에서 상태표 시줄에 Go Live를 선택하여 웹 브라우저 인 '크롬(Chrome)'으로 작업 결과를 확인 합니다.

07 바로가기 구조 작업하기

세부 지시사항 C.3 바로가기를 제작합니다. 바로가기 영역은 Contents 폴더에서 제공된 파일을 활용해 작업합니다.

01 'index.html' 문서의 '〈article class= "go"〉〈/article〉' 사이에 바로가기 내용을 다음과 같이 작성합니다.

```
〈article class="go"〉
    〈ul〉
        〈li〉
            〈a href="#"〉
                〈img src="images/
icon01.png" alt="친환경 마켓"〉
                〈h2 class="txt"〉친환경
〈br〉마켓〈/h2〉
            〈/a〉
```

```html
120  <article class="go">
121      <ul>
122          <li>
123              <a href="#">
124                  <img src="images/icon01.png" alt="친환경 마켓">
125                  <h2 class="txt">친환경<br>마켓</h2>
126              </a>
127          </li>
128          <li>
129              <a href="#">
130                  <img src="images/icon02.png" alt="실천가이드2">
131                  <h2 class="txt">실천<br>가이드</h2>
132              </a>
133          </li>
134          <li>
135              <a href="#">
136                  <img src="images/icon03.png" alt="에코 인증 갤러리3">
137                  <h2 class="txt">에코 인증<br>갤러리</h2>
138              </a>
139          </li>
140          <li>
141              <a href="#">
142                  <img src="images/icon04.png" alt="커뮤니티게시판4">
143                  <h2 class="txt">커뮤니티<br>게시판</h2>
144              </a>
145          </li>
146      </ul>
147  </article>
```

[index.html]

```html
            </li>
            <li>
                <a href="#">
                    <img src="images/
icon02.png" alt="실천가이드2">
                    <h2 class="txt">실천<br>
가이드</h2>
                </a>
            </li>
            <li>
                <a href="#">
                    <img src="images/
icon03.png" alt="에코 인증 갤러리3">
                    <h2 class="txt">에코 인
증<br> 갤러리</h2>
                </a>
            </li>
            <li>
                <a href="#">
                    <img src="images/
icon04.png" alt="커뮤니티게시판4">
                    <h2 class="txt">커뮤니티
<br>게시판</h2>
                </a>
            </li>
        </ul>
</article>
```

💬 **요소 TIP**

- `<h2 class="txt">` : 바로가기의 제목(이름) 영역. 여러 줄로 보여줄 땐 `<br>` 태그로 줄바꿈할 수 있음
- `<img src="...">` : 바로가기 아이콘 이미지를 넣는 태그
- `<a href="#">` : 항목 전체를 클릭할 수 있게 하는 요소
- `<li>` : 각 바로가기 항목을 구분하는 목록 태그

01 'style.css' 문서에서 '.slide' 스타일 윗줄에 바로가기 스타일을 다음과 같이 작성합니다.

```css
.go {
    margin-top:20px;
}
.go ul {
    border-top:3px solid #014c29;
    padding-top:30px;
    display:flex;
    gap:30px;
    justify-content:center;
}
.go ul li {
    text-align:center;
}
.go ul li .txt {
    margin-top:10px;
    font-size:14px;
}
```

```css
181  .go {
182      margin-top:20px;
183  }
184  .go ul {
185      border-top:3px solid ■ #014c29;
186      padding-top:30px;
187      display:flex;
188      gap:30px;
189      justify-content:center;
190  }
191  .go ul li {
192      text-align:center;
193  }
194  .go ul li .txt {
195      margin-top:10px;
196      font-size:14px;
197  }
```

[style.css]

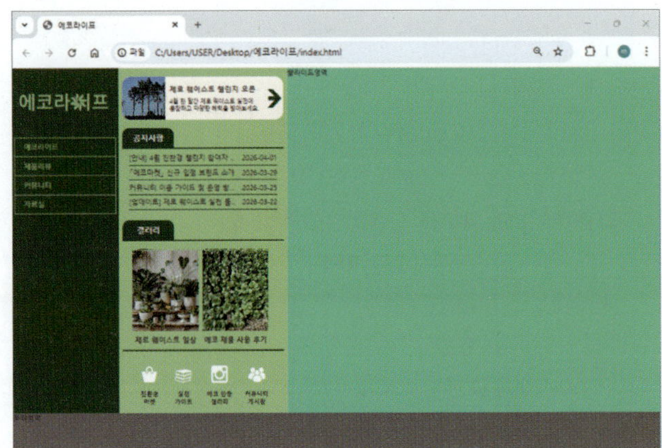

💬 **요소 TIP**

- **.go** : 〈article class="go"〉의 선택자로 바로가기 영역 지정
  - **margin-top** : 위쪽 바깥 여백 20픽셀 설정, 갤러리 영역과 사이 간격 설정
- **.go ul** : .go의 하위 요소 〈ul〉 지정
  - **display:flex** : .gall ul를 플렉스 컨테이너로 설정, 자식 요소(〈li〉)들을 수평으로 나열
  - **gap:30px** : flex로 나열된 자식 요소(〈li〉)의 사이 간격 30픽셀 지정
  - **justify-content:center** : flex로 나열된 자식 요소(〈li〉)를 수평 중앙 정렬
- **.go ul li** : .go의 하위 요소 〈ul〉의 하위 요소 〈li〉 지정
  - **text-align:center** : 수평 중앙 정렬로 〈img〉와 글자를 중앙 정렬
- **.go ul li .txt** : .go의 하위 요소 〈ul〉의 하위 요소 〈li〉의 하위 요소 〈h2 class="txt"〉 지정
  - **margin-top:10px** : 〈h2 class="txt"〉와 〈img〉의 사이 간격 설정
  - **font-size:14px** : 〈h2〉 태그의 폰트 크기를 14픽셀로 줄여줌

09 팝업창 구조 작업하기

세부 지시사항의 와이어프레임에서 팝업창의 형태를 확인합니다. Contents 폴더의 제공된 텍스트 파일을 사용하여 레이어 팝업(Layer Popup)을 제작합니다.

01 'index.html' 문서의 '</footer>' 다음 줄에 팝업창을 다음과 같이 작성합니다.

```
<div id="popup" class="popup">
    <h2>4월 친환경 챌린지 참여자 모집 안내</h2>
    <p class="img"><img src="images/pop.jpg" alt="4월 친환경 챌린지 참여자 모집 안내"></p>
    <p class="text">
        지속 가능한 지구를 위한 한 걸음!<br>
        4월 한 달간 진행되는 에코 챌린지에 참여해보세요.
    </p>
    <div class="close">
        <button>CLOSE X</button>
    </div>
</div>
```

```
155    <div id="popup" class="popup">
156        <h2>4월 친환경 챌린지 참여자 모집 안내</h2>
157        <p class="img">
158            <img src="images/pop.jpg" alt="4월 친환경 챌린지 참여자 모집 안내">
159        </p>
160        <p class="text">
161            지속 가능한 지구를 위한 한 걸음!<br>
162            4월 한 달간 진행되는 에코 챌린지에 참여해보세요.
163        </p>
164        <div class="close">
165            <button>CLOSE X</button>
166        </div>
167    </div>
168    </div>
169    </body>
170    </html>
```

[index.html]

요소 TIP

- **<div id="popup" class="popup">** : 팝업 전체를 감싸는 요소
  - **id="popup"** : 팝업을 특정해서 자바스크립트와 CSS 모두에서 직접 선택할 수 있도록 지정한 식별자
  - **class="popup"** : 공통 스타일을 적용하기 위해 사용
- **<p class="img">** : 팝업 내 이미지를 감싸주는 클래스 명이 img인 요소
- **<p class="text">** : 팝업 내 텍스트를 감싸주는 클래스 명이 text인 요소
- **<div class="close">** : 팝업 닫기 버튼을 감싸는 요소로, 버튼 위치 지정이나 정렬을 조절할 때 사용

01 'style.css' 문서의 'footer' 스타일 다음 줄에 팝업창의 스타일을 다음과 같이 작성합니다.

```css
#popup {
    position:absolute;
    width:500px;
    top:50%;
    left:50%;
    transform:translate(-50%, -50%);
    background:#fff;
    text-align:center;
    padding:20px;
    border:2px solid #014c29;
    border-radius:20px;
}
```

```css
206  #popup {
207      position:absolute;
208      width:500px;
209      top:50%;
210      left:50%;
211      transform:translate(-50%, -50%);
212      background:☐#fff;
213      text-align:center;
214      padding:20px;
215      border:2px solid ■#014c29;
216      border-radius:20px;
217      z-index:9999;
218  }
```

[style.css]

02 'style.css' 문서의 '.wrap'을 찾아 팝업창의 기준을 다음과 같이 작성합니다.

```css
.wrap {
    height:900px;
    position:relative;
}
```

```css
26   .wrap {
27       height:900px;
28       position:relative;
29   }
```

[style.css]

▶ **기적**의 TIP

- 팝업창은 모든 콘텐츠의 가장 위에 표시되어야 하므로, 공중에 띄워 작업합니다.
- #popup의 기준을 .wrap에 설정하여 .wrap의 가운데 배치합니다.

💬 **요소** TIP

- 공중에 띄운 요소를 가운데 배치하는 방법
  - **top:50%** : 기준 요소의 상단에서부터 50% 아래로 배치
  - **left:50%** : 기준 요소의 왼쪽으로부터 50% 오른쪽으로 배치
  - **transform:translate(-50%, -50%)** : 자신의 너비와 높이의 50%만큼 왼쪽과 위쪽으로 이동
- **text-align:center** : 요소 내의 텍스트 또는 인라인, 인라인 블록 요소를 수평 중앙 정렬
- **padding:20px** : 사방의 내부 여백을 20픽셀로 설정
- **border:2px solid #014c29** : 2픽셀 두께의 색상 #014c29 실선 테두리 설정
- **border-radius:20px** : 사방의 모서리를 20픽셀만큼 둥글게 설정
- **z-index:9999** : position 속성으로 설정된 요소에 쌓이는 순서를 결정할 수 있으며 순서가 클수록 위로 쌓임

03 팝업의 타이틀과 내용 스타일을 '#popup' 스타일 다음 줄에 다음과 같이 작성합니다.

```css
#popup h2 {
    color:#014c29;
    margin-bottom:20px;
}

#popup .text {
    margin:20px 0;
}

#popup .close {
    text-align:right;
}

#popup .close button {
    background:#014c29;
    padding:10px;
    color:#fff;
}

.popup .close button:hover {
    background:#333;
}
```

```css
220  #popup h2 {
221      color: #014c29;
222      margin-bottom:20px;
223  }
224  #popup .text {
225      margin:20px 0;
226  }
227  #popup .close {
228      text-align:right;
229  }
230  #popup .close button {
231      background: #014c29;
232      padding:10px;
233      color: #fff;
234  }
235  .popup .close button:hover {
236      background: #333;
237  }
```

[style.css]

04 작업한 모든 파일을 저장하고 'index. html' 문서가 활성화된 상태에서 상태표시줄에 Go Live를 선택하여 웹 브라우저인 '크롬(Chrome)'으로 작업 결과를 확인합니다. 팝업창의 스타일 작업이 완료되었다면 팝업창을 숨깁니다.

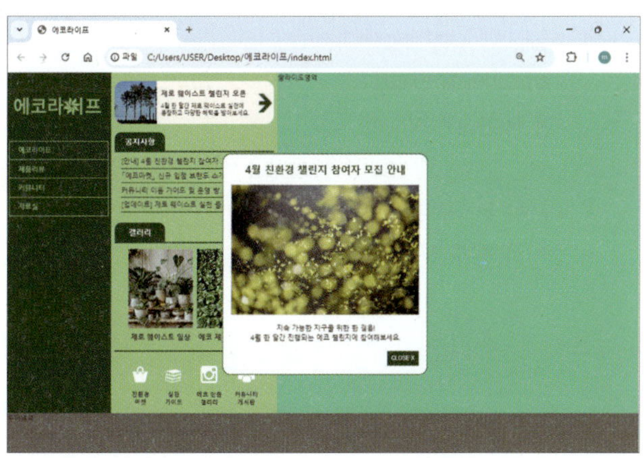

```css
#popup {
    position:absolute;
    width:500px;
    top:50%;
    left:50%;
    transform:translate(-50%, -50%);
    background:#fff;
    text-align:center;
    padding:20px;
    border:2px solid #014c29;
    border-radius:20px;
    z-index:9999;
    display:none;
}
```

```
207    #popup {
208        position:absolute;
209        width:500px;
210        top:50%;
211        left:50%;
212        transform:translate(-50%, -50%);
213        background:□#fff;
214        text-align:center;
215        padding:20px;
216        border:2px solid ■#014c29;
217        border-radius:20px;
218        z-index:9999;
219        display:none;
220    }
```

[style.css]

💬 **요소 TIP**

display:none : 요소를 선택하여 숨김(스크립트에서 추가 작업 예정)

⓫ 팝업창 스크립트 작업하기

세부 지시사항의 C.2 공지사항 팝업 효과를 구현합니다. 공지사항의 첫 번째 게시글을 클릭(Click) 시 레이어 팝업(Layer Popup)이 나오도록 작업하며, 레이어 팝업의 Close 버튼을 클릭하면 해당 레이어 팝업이 닫히도록 작업합니다.

01 '`script.js`' 문서에서 마지막 줄에 팝업창 스크립트를 다음과 같이 작성합니다.

```javascript
//팝업
$(".pop").click(function(e){
    e.preventDefault();
    $("#popup").show();
});
$(".close button").click(function(){
    $("#popup").hide();
})
```

```
8     //팝업
9     $(".pop").click(function(e){
10        e.preventDefault();
11        $("#popup").show();
12    });
13    $(".close button").click(function(){
14        $("#popup").hide();
15    })
```

[script.js]

- $(".pop") : jQuery 선택자로, 공지사항 영역 내 첫 번째 게시글에 지정된 .pop 클래스를 선택
- .click(function(){ ... }) : jQuery에서 제공하는 이벤트 메서드로 클릭 시 {}(중괄호) 내 실행문을 실행
- $("#popup") : 팝업창 전체를 감싸는 id="popup" 요소를 선택하는 jQuery 선택자
- show()/hide() : show()는 요소를 표시하는 메서드, hide()는 요소를 숨기는 메서드
- e.preventDefault(); : 이벤트 발생 시 브라우저의 기본 동작을 막기 위한 메서드

<a href="#">처럼 임시 링크를 클릭할 경우, 페이지 상단으로 이동하는 기본 링크 동작을 차단하고, 자바스크립트로 지정한 동작만 실행되도록 설정할 수 있습니다.

---

02 작업한 모든 파일을 저장하고 'index. html' 문서가 활성화된 상태에서 상태표 시줄에 Go Live를 선택하여 웹 브라우저 인 '크롬(Chrome)'으로 작업 결과를 확인 합니다.

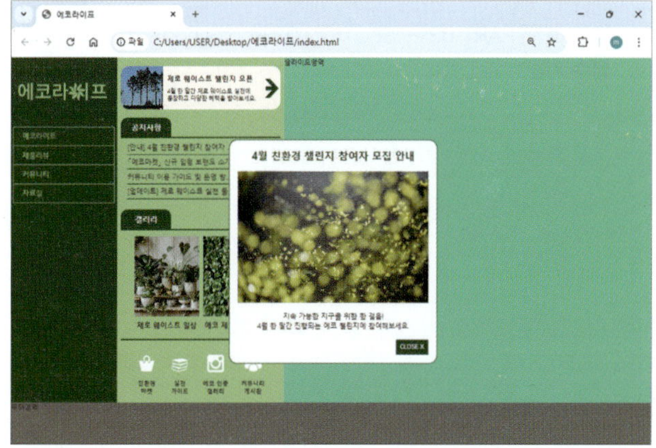

03 공지사항 첫 번째 게시글을 클릭하면 팝 업창이 열리고, Close 버튼을 클릭하면 팝업창이 닫힙니다.

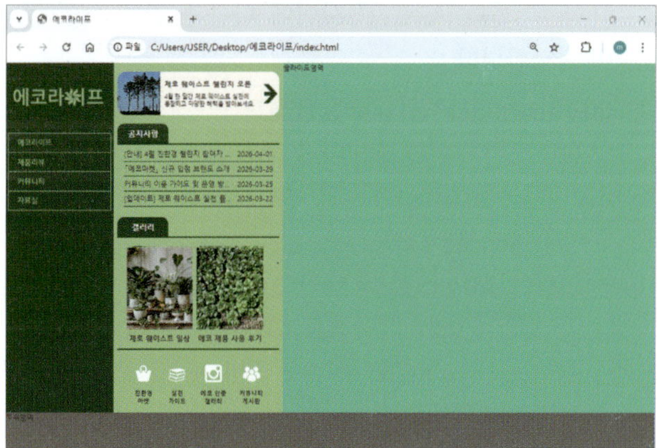

01 슬라이드 영역 구조 작업하기

세부 지시사항의 B 슬라이드를 제작합니다. 먼저 슬라이드의 구조를 잡은 후 제공된 텍스트 간의 위계질서를 직관적으로 알 수 있도록 글자체, 굵기, 색상, 크기를 적절하게 설정합니다.

01 '수험자 제공 폴더'에 있는 이미지를 'images' 폴더로 복사합니다. 이미지 크기를 확인한 후, 필요하다면 크기를 조정하고, 파일명도 필요한 경우 수정합니다.

[참고하기] PART 03 – SECTION 02 Photoshop 필수 기능

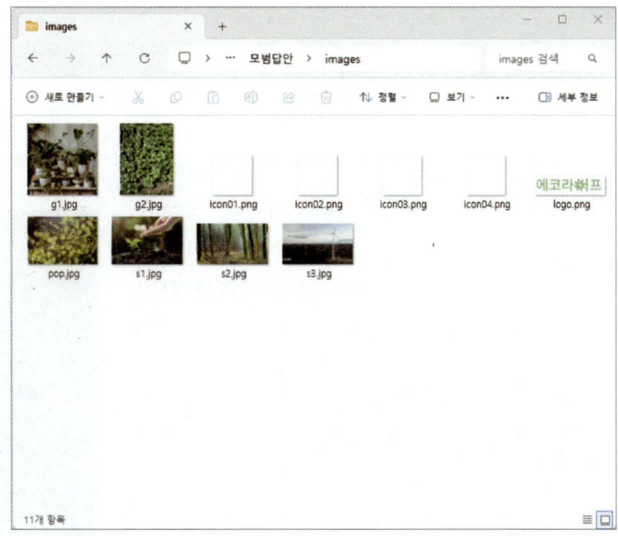

02 'index.html' 문서에서 '<div id="slide" class="slide"></div>' 사이에 다음과 같이 작성합니다.

```html
<div id="slide" class="slide">
  <ul>
    <li class="s1">
      <a href="#">
        <div class="text">
          <h2>친환경 제품 리뷰</h2>
          <p>환경을 생각하는 소비, 제대로 알고 선택하세요! </p>
        </div>
      </a>
    </li>
    <li class="s2">
      <a href="#">
        <div class="text">
          <h2>제로 웨이스트 실천법</h2>
          <p>오늘부터 실천하는 제로 웨이스트! </p>
        </div>
      </a>
    </li>
    <li class="s3">
      <a href="#">
        <div class="text">
          <h2>에코 커뮤니티에 참여하세요</h2>
          <p>회원들과 정보를 공유하고 실천을 이어가요</p>
        </div>
      </a>
    </li>
  </ul>
</div>
```

[index.html]

```
          <h2>제로 웨이스트 실천법</h2>
          <p>오늘부터 실천하는 제로 웨이
스트!</p>
        </div>
      </a>
    </li>
    <li class="s3">
      <a href="#">
        <div class="text">
          <h2>에코 커뮤니티에 참여하세
요</h2>
          <p>회원들과 정보를 공유하고 실
천을 이어가요</p>
        </div>
      </a>
    </li>
  </ul>
</div>
```

🏁 기적의 TIP

id="slide"는 해당 요소를 고유하게 식별하기 위한 식별자로, 자바스크립트나 CSS에서 특정 요소를 직접 지정할 때 사용합니다.

💬 요소 TIP

- **class="slide"** : CSS에서 공통 스타일을 적용하거나 여러 요소에 동일한 스타일을 부여할 때 사용
- **<li class="s1">** : 각 항목에 개별적인 배경 이미지나 스타일을 지정할 수 있으며, 일반적으로 CSS에서 background-image 속성을 이용해 이미지 배경을 설정

02 슬라이드 영역 스타일 작업하기

세부 지시사항의 B 슬라이드 애니메이션 효과를 확인합니다. 슬라이드 애니메이션이 위에서 아래 또는 아래에서 위로 이동하는 애니메이션을 고려하여 스타일을 작업합니다.

01 'style.css' 문서를 활성화하여 '.slide'를 찾아 배경색을 지우고 다음과 같이 작성합니다.

```css
.slide {
    width:calc(100% - 650px);
}
.slide ul{
    height:2400px
}
.slide ul li {
    width:100%;
    height:800px;
}
.slide ul li a {
    display:block;
    height:100%;
}
.slide ul li.s1 {
    background:url(../images/s1.jpg)
no-repeat center/cover;
}
.slide ul li.s2 {
    background:url(../images/s2.jpg)
no-repeat center/cover;
}
.slide ul li.s3 {
    background:url(../images/s3.jpg)
no-repeat center/cover;
}
```

```css
199    .slide {
200        width:calc(100% - 650px);
201    }
202    .slide ul{
203        height:2400px;
204    }
205    .slide ul li {
206        width:100%;
207        height:800px;
208    }
209    .slide ul li a {
210        display:block;
211        height:100%;
212    }
213    .slide ul li.s1 {
214        background:url(../images/s1.jpg) no-repeat center/cover;
215    }
216    .slide ul li.s2 {
217        background:url(../images/s2.jpg) no-repeat center/cover;
218    }
219    .slide ul li.s3 {
220        background:url(../images/s3.jpg) no-repeat center/cover;
221    }
```

[style.css]

💬 **요소 TIP**

- **.slide ul li a** : .slide 하위 요소 〈ul〉의 하위 요소 〈li〉의 하위 요소 〈a〉 선택자로 클릭할 영역의 스타일 지정
  - **display:block** : 〈a〉 요소 성질을 블록 요소로 변경
  - **height:100%** : 〈a〉 요소의 부모 영역(〈li〉)의 높이만큼 채워줌
- **.slide ul li.s1** : .slide 하위 요소 〈ul〉의 하위 요소 〈li〉 중 클래스 명이 s1인 요소 선택자로 슬라이드 배경 스타일 지정
- **background:url(../images/s1.jpg) no-repeat center/cover** : 배경 CSS 속성 함축형
  - **background** : 이미지 경로, 반복 여부, 위치, 크기, 색상 등을 하나의 속성으로 축약해서 작성할 수 있음
    예 background:url(경로) no-repeat center/cover

02 각 슬라이드의 텍스트를 글자체, 굵기, 색상, 크기를 적절하게 설정하여, 가독성을 높이고, 독창성이 드러나도록 스타일을 작성합니다.

```css
.slide ul li {
    width:100%;
    height:800px;
    position:relative;
}

.slide ul li .text {
    position:absolute;
    top:50%;
    left:50%;
    transform:translate(-50%, -50%);
    background:#014c29;
    color:#fff;
    text-align:center;
    padding:20px;
    border-radius:20px 0;
    font-size:20px;
}

.slide ul li .text h2 {
    margin-bottom:20px;
}
```

```css
202    .slide ul{
203        height:2400px;
204    }
205    .slide ul li {
206        width:100%;
207        height:800px;
208        position:relative;
209    }
210    .slide ul li .text {
211        position:absolute;
212        top:50%;
213        left:50%;
214        transform:translate(-50%, -50%);
215        background: ■ #014c29;
216        color:□#fff;
217        text-align:center;
218        padding:20px;
219        border-radius:20px 0;
220        font-size:20px;
221    }
222    .slide ul li .text h2 {
223        margin-bottom:20px;
224    }
```

[style.css]

03 .slide ul 영역이 .slide 영역보다 넘치는 부분을 숨겨주기 위해 다음과 같이 작성합니다.

```css
.slide {
    width:calc(100% - 650px);
    overflow:hidden;
}
```

```css
199    .slide {
200        width:calc(100% - 650px);
201        overflow:hidden;
202    }
```

[style.css]

💬 **요소 TIP**

- **.slide ul li .text** : .slide 하위 요소 〈ul〉의 하위 요소 〈li〉의 하위 요소 〈div class="text"〉 지정하여 슬라이드 텍스트 스타일 적용
  - **position:absolute** : .slide ul li h2를 공중에 띄워 상위 요소(.slide ul li)에 기준을 설정하여, 절대 위치로 지정
  - **border-radius:20px 0** : 왼쪽 상단과 왼쪽 하단 모서리에 20픽셀의 둥근 테두리를 설정
- 공중에 띄운 요소를 가운데 배치하는 방법
  - **top:50%** : 기준 요소의 상단에서부터 50% 아래로 배치
  - **left:50%** : 기준 요소의 왼쪽으로부터 50% 오른쪽으로 배치
  - **transform:translate(-50%, -50%)** : 자신의 가로/세로 크기의 50%만큼 왼쪽과 위로 이동시켜 정확한 정중앙에 배치

04 작업한 모든 파일을 저장하고 'index. html' 문서가 활성화된 상태에서 상태표 시줄에 Go Live를 선택하여 웹 브라우저 인 '크롬(Chrome)'으로 작업 결과를 확인 합니다.

③ 슬라이드 스크립트 작업하기

세부 지시사항의 B 슬라이드 애니메이션 효과를 구현합니다. 슬라이드 애니메이션이 위에서 아래 또는 아래에서 위로 이동하는 애니메이션으로 매 3초 이내 다른 이미지로 전환되어야 하며, 웹사이트 열었을 때 자동으로 시작되어 반복적인 슬라이드가 되도록 제이쿼리(jQuery)로 작업합니다.

01 'script.js' 문서를 활성화합니다. 그리고 마지막 줄에 다음과 같이 슬라이드 스크립트를 작성합니다.

```
//슬라이드
$(".slide ul").animate({margin-
Top:"-800"},1000);
```

```
16    //슬라이드
17    $(".slide ul").animate({marginTop:"-800"},1000);
```

[script.js]

02 다음 슬라이드가 나올 수 있도록 i 변수를 만들어 슬라이드 공식을 작성합니다.

```
//슬라이드
let i = 0;
i++;
$(".slide ul").animate({marginTop:-800 *
i},1000);
```

```
16    //슬라이드
17    let i = 0;
18    i++;
19    $(".slide ul").animate({marginTop:-800 * i},1000);
```

[script.js]

03 실행문을 반복하기 위해 해당 실행문을 함수로 감싸고, 마지막 줄에서 함수를 호출하여 실행합니다.

```
//슬라이드
let i = 0;
function slide(){
    i++;
    $(".slide ul").animate({marginTop:-800 * i},1000);
}
slide();
```

```
16    //슬라이드
17    let i = 0;
18    function slide(){
19        i++;
20        $(".slide ul").animate({marginTop:-800 * i},1000);
21    }
22    slide();
```

[script.js]

04 반복적으로 함수를 호출하기 위해 'slide();'를 'setInterval'로 변경합니다.

```
//슬라이드
let i = 0;
function slide(){
    i++;
    $(".slide ul").animate({marginTop:-800 * i},1000);
}
setInterval(slide, 3000);
```

```
16    //슬라이드
17    let i = 0;
18    function slide(){
19        i++;
20        $(".slide ul").animate({marginTop:-800 * i},1000);
21    }
22    setInterval(slide, 3000);
```

[script.js]

05 변수 i의 값이 증감식으로 인하여 무한대로 올라가므로 제어문을 통해 세 번째 슬라이드 다음 첫 번째 슬라이드가 보여지도록 작성합니다.

```
let i = 0
function slide(){
    if(i<2){
        i++;
    }else{
        i=0;
    }
    $(".slide ul").animate({marginTop:-800 * i},1000);
}
setInterval(slide, 3000);
```

```
16    //슬라이드
17    let i = 0
18    function slide(){
19        if(i<2){
20            i++;
21        }else{
22            i=0;
23        }
24        $(".slide ul").animate({marginTop:-800 * i},1000);
25    }
26    setInterval(slide, 3000);
```

[script.js]

06 작업한 모든 파일을 저장하고 'index.
html' 문서가 활성화된 상태에서 상태표
시줄에 Go Live를 선택하여 웹 브라우저
인 '크롬(Chrome)'으로 작업 결과를 확인
합니다. 웹 브라우저에서 슬라이드가 위
로 이동하는 애니메이션이 3초마다 진행
됩니다.

💬 요소 TIP

- **let i=0** : 변수 i 선언 후 0을 할당
- **i++** : 증감 연산자로, 변수 i의 값을 1씩 증가시키는 역할
- **$(".slide ul")** : jQuery 선택자로, .slide의 하위 요소 〈ul〉 슬라이드 띠 선택
- **$("요소 선택").animate({속성:"속성값"}, 적용 시간)** : 요소 선택하여 애니메이션 적용
- **if(조건문){실행문1}else{실행문2}** : 조건문이 참일 때 실행문1을 실행하고 거짓일 때 실행문2를 실행
- **setInterval(함수명, 밀리초)** : 지정한 시간 간격마다 주어진 함수를 반복해서 실행
- **밀리초(ms)** : 1초의 1/1,000, 1초는 1,000밀리초

🏁 기적의 TIP

무한반복 슬라이드 스크립트 작성하기
스크립트 코드는 다양한 방법으로 작성할 수 있으므로 수험자 임의로 수정 및 변경하여 사용하셔도 됩니다.

01 .slide ul을 위로 이동하는 제이쿼리를 작성
합니다.

```
$(".slide ul").animate({
    marginTop:-800
},1000)
```

```
1   $(".slide ul").animate({
2       marginTop:-800
3   },1000)
```

[script.js]

02 웹 브라우저에서 .slide ul의 이동을 확인한
후, 첫 번째 슬라이드가 .slide ul 뒤에 붙도
록 콜백 함수로 작성합니다.

```
$(".slide ul").animate({
    marginTop:-800
},1000,function(){
    $(".slide ul").append($(".slide ul li").
first());
})
```

```
17      $(".slide ul").animate({
18        marginTop: -800
19      },1000,function(){
20        $(".slide ul").append($(".slide ul li").first());
21      })
```

[script.js]

03 첫 번째 슬라이드가 뒤로 이동하면 첫 번째 슬라이드의 자리에 두 번째 슬라이드가 배치되어, 우리 눈에는 세 번째 슬라이드가 보이게 됩니다. 하지만, 두 번째 슬라이드가 보여야 하므로 .slide ul의 위치를 다시 조정합니다.

```
$(".slide ul").animate({
    marginTop:-800
},1000,function(){
    $(".slide ul").append($(".slide ul li").
first());
    $(".slide ul").css({marginTop:0});
})
```

```
17    $(".slide ul").animate({
18      marginTop: -800
19    },1000,function(){
20      $(".slide ul").append($(".slide ul li").first());
21      $(".slide ul").css({marginTop:0});
22    })
```

[script.js]

04 반복적으로 함수를 호출하기 위해 'slide();'를 'setInterval'로 변경합니다.

```
function slide(){
    $(".slide ul").animate({
        marginTop:-800
    },1000,function(){
        $(".slide ul").append($(".slide ul
li").first());
        $(".slide ul").css({marginTop:0});
    })
}
setInterval(slide, 3000);
```

```
17    function slide() {
18      $(".slide ul").animate({
19        marginTop: -800
20      }, 1000, function(){
21        $(".slide ul").append($(".slide ul li").first());
22        $(".slide ul").css({marginTop:0});
23      })
24    }
25    setInterval(slide,3000);
```

[script.js]

💬 **요소 TIP**

- **콜백 함수** : 특정 작업이 완료된 후 실행되는 함수
- **$("선택 요소").append("새로운 요소")** : 선택 요소 끝에 새로운 요소를 추가
- **$(".slide ul li").first()** : jQuery 선택자로, 클래스가 slide인 요소 내 〈ul〉 태그 안에 있는 첫 번째 〈li〉 요소를 지정

01 하단 로고 제작하기

세부 지시사항에 따라 D Footer 영역의 로고를 제작합니다. 이때 로고는 무채색(Grayscale)으로 변경하여 하단에 배치해야 하므로, 포토샵을 사용하여 로고를 무채색으로 변경합니다.

01 하단 로고 제작을 위해 포토샵을 실행 후 [파일(File)] – [열기(Open)] 또는 [Ctrl] +[O]을 눌러, 'images' 폴더 안에 있는 'logo.png' 파일을 열어줍니다.

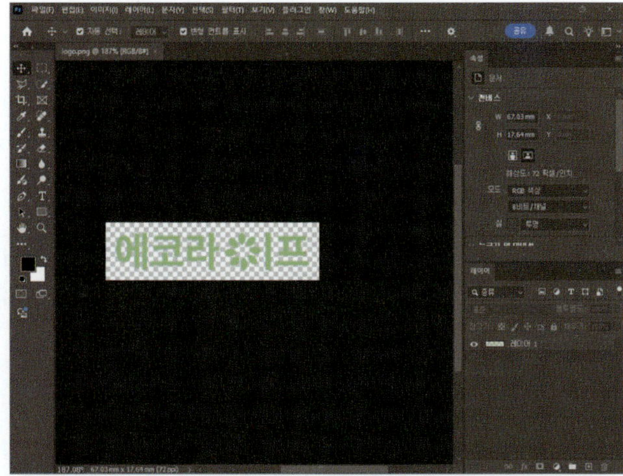

02 [이미지(Image)] – [조정(Adjustment)] – [채도 감소(Desaturate)]를 선택합니다.

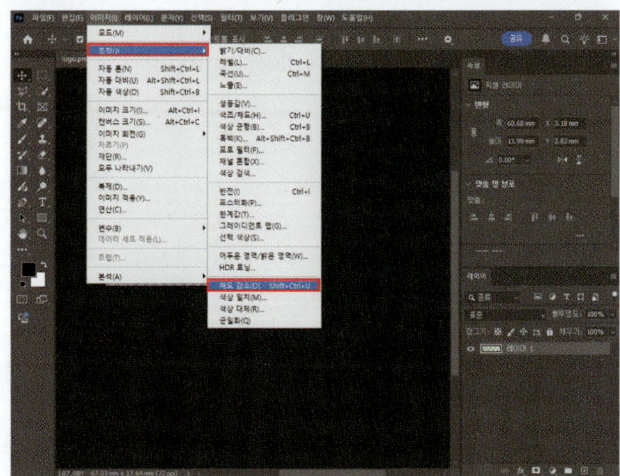

03 이미지가 무채색으로 변경된 것을 확인하고 [파일(File)] – [내보내기(Export)] – [PNG로 빠른 내보내기(Quick Export as PNG)]를 선택하고, 파일 형식 '*.png' 로 'images' 폴더 안에 저장합니다.

– 파일 이름 : flogo.png

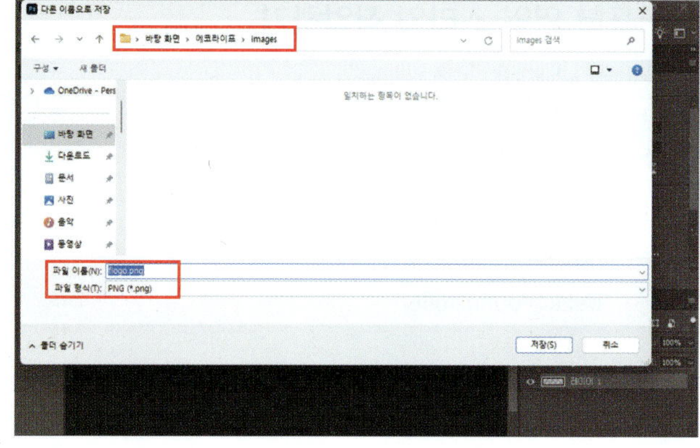

02 푸터 영역 구조 작업하기

제공된 텍스트와 이미지를 이용하여 하단 로고, 하단 메뉴, Copyright를 작업합니다.

01 'index.html' 문서 '<footer id="footer"> </footer>' 영역 내 텍스트를 지우고 하단 로고, 패밀리사이트, Copyright 순으로 다음과 같이 작성합니다.

```html
<footer id="footer">
    <p class="flogo">
        <img src="images/flogo.png" alt="에코라이프">
    </p>
    <select>
        <option>Family site</option>
        <option>한국환경공단</option>
        <option>제로웨이스트샵</option>
        <option>지구의날</option>
    </select>
    <p class="fcopy">
        COPYRIGHT &copy; 2026 에코라이프.
All Rights Reserved.
    </p>
</footer>
```

```html
177    <footer id="footer">
178        <p class="flogo">
179            <img src="images/flogo.png" alt="에코라이프">
180        </p>
181        <select>
182            <option>Family site</option>
183            <option>한국환경공단</option>
184            <option>제로웨이스트샵</option>
185            <option>지구의날</option>
186        </select>
187        <p class="fcopy">
188            COPYRIGHT &copy; 2026 에코라이프. All Rights Reserved.
189        </p>
190    </footer>
```

[index.html]

💬 요소 TIP

- **<footer>** : 웹사이트의 하단 영역을 나타내며, 로고, 저작권, 사이트 정보 등을 묶어주는 용도
- **<select>** : Family site 메뉴로, 다른 기관 사이트나 협력 사이트로 바로 이동할 수 있도록 선택지를 제공
- **©** : HTML에서 저작권 기호( )를 출력할 때 사용하는 특수 문자 코드

01 'style.css' 문서에서 'footer'를 찾아 하단 영역 스타일을 다음과 같이 작성합니다.

```css
footer {
    height:100px;
    background:#666;
    color:#fff;
    display:flex;
    gap:50px;
    align-items:center;
    padding-left:10px;
    position:relative;
}
footer select{
    position:absolute;
    top:35px;
    right:20px;
    width:150px;
    height:30px;
}
```

```
239  footer {
240      height:100px;
241      background: ■ #666;
242      color:□ #fff;
243      display:flex;
244      gap:50px;
245      align-items:center;
246      padding-left:10px;
247      position:relative;
248  }
249  footer select{
250      position: absolute;
251      top: 35px;
252      right: 20px;
253      width: 150px;
254      height: 30px;
255  }
```

[style.css]

💬 **요소 TIP**

- **footer** : 〈footer〉 선택자로 하단 영역 스타일 지정
  - **color:#fff** : 〈footer〉에 글자 색상을 흰색으로 설정하면, 하위 요소들에 상속되어 .fcopy의 글자가 흰색으로 설정
  - **display:flex** : 〈footer〉를 플렉스 컨테이너로 설정, 자식 요소(.flogo, .fcopy)들을 수평으로 나열
  - **gap:20px** : flex로 나열된 자식 요소(.flogo, .fcopy)의 사이 간격 20픽셀 지정
  - **align-items:center** : 플렉스 컨테이너 영역(〈footer〉)에서 자식 요소(.flogo, .fcopy)를 수직 중앙 정렬
  - **padding-left:20px** : 왼쪽 내부 여백 20픽셀 설정
- **footer select** : 〈footer〉의 하위 요소 〈select〉 지정
  - **position: absolute;** : 푸터 내부에서 select 요소의 위치를 고정시킴
  - **top:35px; right:20px;** : 푸터의 오른쪽 상단에서 20px 떨어진 위치, 위에서 35px 내려간 위치에 배치
  - **width:150px; height:30px;** : select 박스의 크기를 일정하게 통일

02 작업한 모든 파일을 저장하고 'index.html' 문서가 활성화된 상태에서 상태표시줄에 Go Live를 선택하여 웹 브라우저인 '크롬(Chrome)'으로 작업 결과를 확인합니다.

03 웹 브라우저에서 작업 결과를 확인할 때 브라우저 창을 줄여 레이아웃을 점검합니다. 이때 웹 페이지가 반응하며 가로 스크롤이 나타났으면 하는 지점을 확인하고, 다음과 같이 '.wrap'에 최소 너비 값을 입력합니다.

```css
.wrap {
    height:900px;
    position:relative;
    min-width:1200px;
}
```

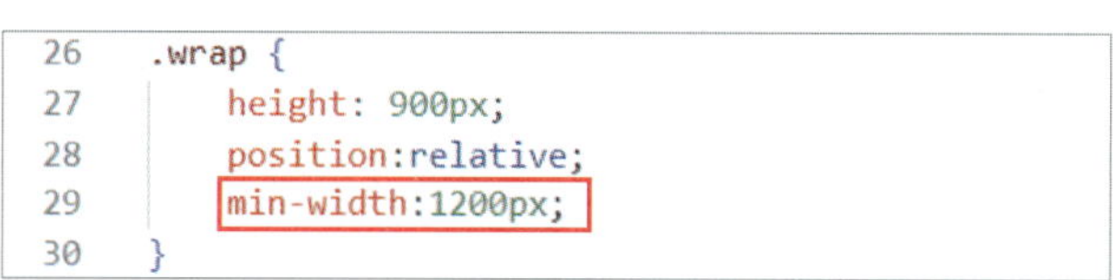

[style.css]

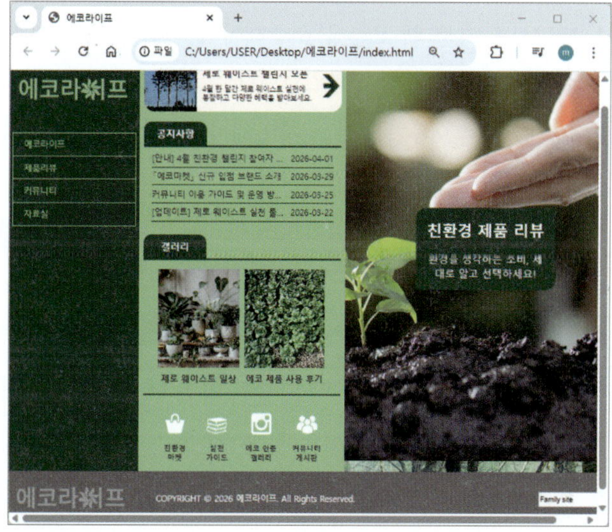

브라우저 창의 너비를 확인하려면 개발자 도구(F12)를 열어놓은 상태에서 창을 줄여, 웹 브라우저 우측 상단에서 너비를 확인할 수 있습니다.

요소 TIP

- **min-width:1200px** : 요소(.wrap)의 최소 너비를 1200픽셀로 설정하여, 브라우저 창을 1200px 이하일 때 가로 스크롤이 생기면서 웹 페이지가 반응하지 않도록 함
- **min-width** : 최소한의 레이아웃 안전선을 유지할 수 있어 너무 작은 화면에서 디자인이 무너지는 걸 방지할 수 있음

최종 결과물 Check!

작업을 완료했다면 최종 결과물을 확인해야 합니다.

제출 방법

1. 수험자의 비번호로 된 폴더를 제출합니다.

2. 비번호로 된 폴더 안에 'index.html', 'images', 'js', 'css' 폴더와 작업한 파일이 저장되어 있는지 확인합니다.

3. 'index.html'를 열었을 때 모든 리소스가 표시되고 정상 작동해야 합니다.

4. 비번호로 된 폴더의 용량이 10MB가 초과되지 않아야 합니다.(ai, psd 파일은 제출하지 않습니다.)

기술적 준수사항

1. HTML5 기준 웹 표준을 준수해야 합니다. 현장에서 인터넷 사용이 불가하므로 연습 시 HTML 유효성 검사로 오류가 있는지 확인합니다.

2. CSS3 기준 오류가 없도록 작업해야 합니다. 현장에서 인터넷 사용이 불가하므로 연습 시 CSS 유효성 검사로 오류가 있는지 확인합니다.

3. 스크립트 오류가 표시되지 않아야 합니다. 웹 브라우저에서 F12를 눌러 개발자 도구를 실행한 후, 콘솔(Console) 탭에서 오류가 있는지 확인합니다.

4. 'index.html'을 열었을 때 Tab으로 요소를 이동, 선택할 수 있어야 합니다.

5. 'index.html'을 열었을 때 다양한 화면 해상도에서 페이지 레이아웃이 정상적으로 표시되어야 합니다.

6. 페이지 전체는 CSS를 이용해 레이아웃을 구성해야 합니다.

7. 브라우저에서 CSS를 '사용 안 함'으로 설정하면 콘텐츠가 기본적으로 세로로 나열되어 표시됩니다.

8. 모든 이미지는 대체 텍스트(alt 속성)를 포함하여 이미지의 의미나 용도를 명확히 전달해야 합니다.

9. 텍스트 간의 위계질서를 직관적으로 알 수 있어야 합니다.

10. 제작된 사이트의 최신 버전의 Google Chrome 브라우저에서 레이아웃, 구성 요소의 크기 및 위치 등이 정상적으로 표시되어야 합니다.

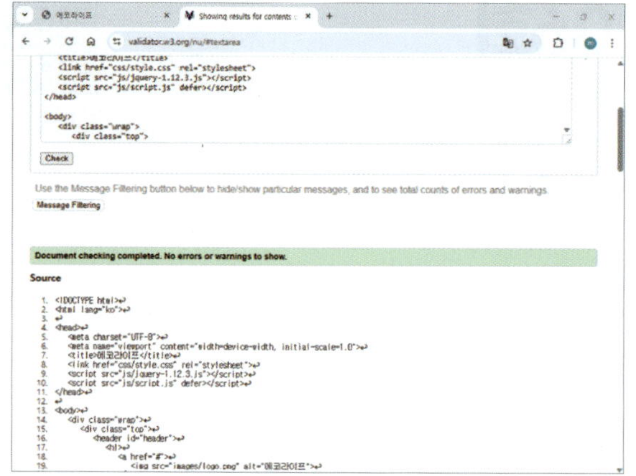

▲ HTML 유효성 검사 – 오류 없음

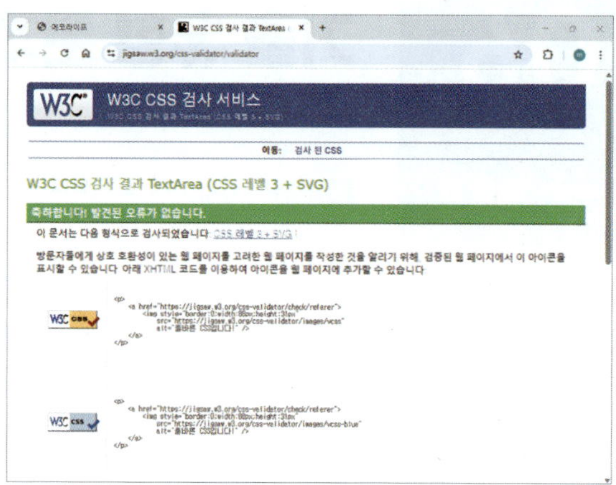

▲ CSS 유효성 검사 – 오류 없음

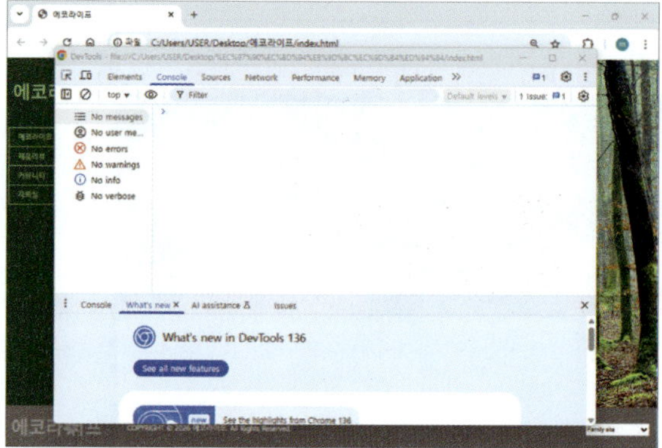

▲ JavaScript와 jQuery의 오류 검사 – 오류 없음

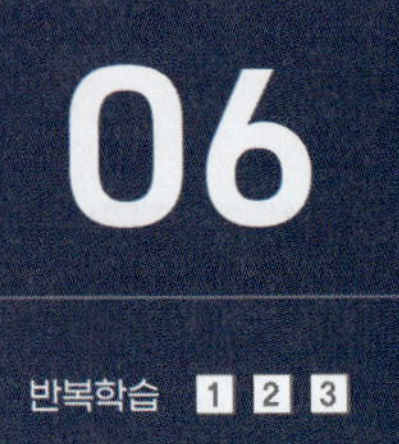

반복학습 1 2 3

작업파일 [PART04 〉 기출유형문제 06회 〉 수험자 제공 파일]을 열어서 작업하세요.

[공개 문제 : F 유형]

크리에이티브마켓 웹사이트 제작

자격종목	웹디자인개발기능사	과제명	크리에이티브마켓

※ 시험시간 : 3시간

1. 요구사항

※ 다음 요구사항을 준수하고, 주어진 자료(수험자 제공 파일)를 활용하여 시험시간 내에 웹 페이지를 제작한 뒤, **10MB 용량이 초과하지 않게** 저장 후 제출하시오.

※ 웹 페이지 코딩은 **HTML5 기준 웹 표준**을 준수하여야 하며, 요구사항에 지정되지 않은 요소들은 주제 특성에 맞게 자유롭게 디자인하시오.

※ 문제에서 지시하지 않은 와이어프레임 영역 비율, 레이아웃, 텍스트의 글자체/색상/크기, 요소별 크기, 색상 등은 수험자가 과제명(가.주제) 특성에 맞게 자유롭게 디자인하시오.

가. 주제 : 크리에이티브마켓 홈페이지 제작

나. 개요

청년 창작자들의 창의적인 제품을 소개하고 판매할 수 있는 온라인 마켓 플랫폼 「크리에이티브 마켓」 홈페이지를 제작하고자 한다. 방문자들이 제품을 탐색하고, 창작자 정보를 확인하며, 직접 구매까지 할 수 있도록 구성된 웹사이트 제작을 요청하였다. 아래의 요구사항에 따라 메인 페이지를 제작하시오.

다. 제작 내용

01) 메인 페이지를 디자인하고 HTML, CSS, JavaScript 기반의 웹페이지를 제작한다. (이때 jQuery 라이브러리, 이미지, 텍스트 등 제공된 리소스를 활용하여 제작할 수 있다.)

02) HTML과 CSS의 문자 인코딩(charset)은 반드시 UTF–8을 사용해야 한다.

03) 컬러 가이드

주조색 (Main color)	보조색 (Sub color)	배경색 (Background color)	기본 텍스트의 색 (Text color)
자유롭게 지정	자유롭게 지정	#FFFFFF	#333333

04) 사이트 맵(Site map)

Index page / 메인(Main)			
메인 메뉴(Main menu)	카테고리	창작자소개	스토어	커뮤니티
서브 메뉴(Sub menu)	수공예품 디자인소품 굿즈 패션잡화	인기창작자 신규입점 인터뷰	베스트아이템 신상품 할인상품 한정판굿즈	구매후기 추천아이템 자유게시판 창작이야기

05] 와이어프레임(Wireframe)

〈C영역 콘텐츠 각각의 넓이는 수험자가 판단〉

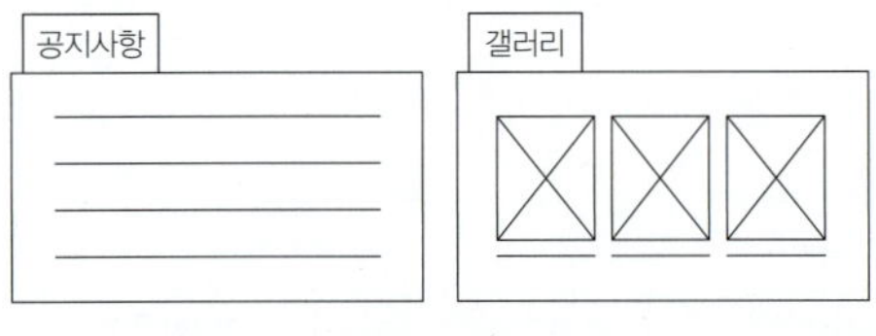

〈공지사항, 갤러리 별도 구성〉

〈모달 레이어 팝업 제작〉

라. 세부 영역별 지시사항

영역 및 명칭	세부 지시사항
Ⓐ Header	**A.1 로고** ○ Header 폴더에 제공된 로고를 삽입한다. 로고의 색은 과제명(가.주제)에 맞게 반드시 변경하여야 한다. ※ 로고의 크기 변경 시, 가로세로 비율(종횡비, Aspect ratio)을 유지하여야 한다. 　(가로세로 비율을 유지하며 크기변경 가능) **A.2 메뉴 구성** ※ 사이트 구조도를 참고하여 메인 메뉴(Main menu)와 서브 메뉴(Sub menu)로 구성한다. **(1) 메인 메뉴(Main menu) 효과 [와이어프레임 참조]** ○ 메인 메뉴 중 하나에 마우스를 올리면(Mouse over) 하이라이트 되고, 벗어나면(Mouse out) 하이라이트를 해제한다. ○ 메인 메뉴를 마우스로 올리면(Mouse over) 서브 메뉴 영역이 부드럽게 나타나 서브 메뉴가 보이도록 한다. ○ 메인 메뉴에서 마우스 커서가 벗어나면(Mouse out) 서브 메뉴 영역은 부드럽게 사라져야 한다. **(2) 서브 메뉴 영역 효과** ○ 서브 메뉴 영역은 메인 페이지 콘텐츠를 고려하여 배경색을 설정한다. ○ 서브 메뉴 중 하나에 마우스를 올리면(Mouse over) 하이라이트 되고 벗어나면(Mouse out) 하이라이트를 해제한다. ○ 마우스 커서가 메뉴 영역을 벗어나면(Mouse out) 서브 메뉴 영역은 부드럽게 사라져야 한다.
Ⓑ Slide	**B. Slide 이미지 제작** ○ [Slide] 폴더에 제공된 3개의 이미지로 제작한다. ○ [Slide] 폴더에 제공된 3개의 텍스트를 각 이미지에 적용하되, 텍스트의 글자체, 굵기, 색상, 크기를 적절하게 설정하여 가독성을 높이고, 독창성이 드러나도록 제작한다. **B. Slide 애니메이션 작업** ※ 위에서 작업한 결과물을 이용하여 슬라이드 작업을 한다. ○ 이미지 슬라이드는 「Fade-in, Fade-out」 효과를 이용하여 제작한다. 　(하나의 이미지가 서서히 사라지고, 다른 이미지가 서서히 나타나는 효과이다.) ○ 슬라이드는 매 3초 이내로 하나의 이미지에서 다른 이미지로 전환되어야 한다. ○ 웹사이트를 열었을 때 자동으로 시작되어 반복적으로(마지막 이미지가 슬라이드되면 다시 첫 번째 이미지가 슬라이드 되는 방식) 슬라이드 되어야 한다.
Ⓒ Contents	**C.1 바로가기** ○ Contents 폴더의 제공된 파일을 활용하여 편집 또는 디자인하여 제작한다. **C.2 배너** ○ Contents 폴더의 제공된 파일을 활용하여 편집 또는 디자인하여 제작한다. **C.3 공지사항** ○ 공지사항 타이틀 영역과 콘텐츠 영역을 구분하여 표현해야 한다. ○ 콘텐츠는 수험자 제공자 파일에 제공된 텍스트를 적용하여 제작한다. ○ 공지사항의 첫 번째 콘텐츠를 클릭할 경우 모달 레이어 팝업창(Modal Layer Popup)이 나타나며, 모달 레이어 팝업창 안에 닫기 버튼을 배치하여, 클릭 시 해당 팝업창을 닫을 수 있도록 한다. [와이어프레임 참조] ○ 모달 레이어 팝업의 제목과 내용은 Contents 폴더의 제공된 텍스트 파일을 사용한다. **C.4 갤러리** ○ Contents에 제공된 이미지를 사용하여 가로 방향으로 배치한다. [와이어프레임 참조] ○ 갤러리의 이미지에 마우스 오버(Mouse over) 시 해당 객체의 투명도(Opacity)에 변화가 있어야 한다. ※ 콘텐츠는 HTML 태그로 작성해야 하며, 이미지로 삽입해서는 안 된다.
Ⓓ Footer	**D. Footer** ○ 수험자 제공 파일에 제공된 텍스트를 사용하여 Copyright, SNS(3개), 패밀리사이트를 제작한다.

<table><tr><td>자격종목</td><td>웹디자인개발기능사</td><td>과제명</td><td>크리에이티브마켓</td></tr></table>

마. 기술적 준수사항

01) 웹 페이지 코딩은 HTML5 기준 웹 표준을 준수하여야 하며, **HTML 유효성 검사(W3C validator)**에서 오류('ERROR')가 없도록 코딩하여야 한다.

   ※ HTML 유효성 검사 서비스는 시험 시 제공하지 않는다.(인터넷 사용불가)

02) CSS는 별도의 파일로 제작하여 링크하여야 하며, **CSS3 기준(W3C validator)**에서 오류('ERROR')가 없도록 코딩되어야 한다.

03) JavaScript 코드는 별도의 파일로 제작하여 연결하여야 하며 Google Chrome 브라우저에 내장된 개발도구의 Console 탭에서 오류('ERROR')가 표시되지 않아야 한다.

04) 별도로 지정하지 않은 상호작용이 필요한 모든 콘텐츠(로고, 메뉴, 버튼, 바로가기 등)는 임시 링크(예 : #)를 적용하고 'Tab(Tab)' 키로 이동 선택할 수 있어야 한다.

05) 사이트는 다양한 화면 해상도에서 일관성 있는 페이지 레이아웃을 제공해야 한다.

06) 웹 페이지 전체 레이아웃은 Table 태그 사용이 아닌 CSS를 통한 레이아웃 작업으로 해야 한다.

07) 브라우저에서 CSS를 "사용 안 함"으로 설정한 경우 콘텐츠가 세로로 나열된다.

08) 타이틀 텍스트(Title text), 바디 텍스트(Body text), 메뉴 텍스트(Menu text)의 각 글자체/굵기/색상/크기 등을 적절하게 설정하여 사용자가 텍스트 간의 위계질서(Hierarchy)를 직관적으로 알 수 있도록 한다.

09) 모든 이미지에는 이미지에 대한 대체 텍스트를 표현할 수 있는 alt 속성이 있어야 한다.

10) 제작된 사이트 메인페이지의 레이아웃, 구성요소의 크기 및 위치 등은 최신 버전의 Google Chrome에서 정상적으로 동작해야 한다.

바. 제출방법

01) 수험자는 비번호로 된 폴더명으로 완성된 작품 파일을 저장하여 제출한다.

02) 폴더 안에는 images, script, css 등의 자료를 분류하여 저장한 폴더도 포함되어 있어야 하며, 메인페이지는 반드시 최상위 폴더에 index.html로 저장하여 제출해야 한다.

03) 수험자는 제출하는 폴더에 index.html을 열었을 때 연결되거나 표시되어야 할 모든 리소스들을 포함하여 제출해야 하며 수험자의 컴퓨터가 아닌 채점위원의 컴퓨터에서 정상 작동해야 한다.

04) 전체 결과물의 용량은 10MB 용량이 초과되지 않게 제출하며 ai, psd 등 웹서비스에 사용하지 않는 파일은 제출하지 않는다.

<table>
<tr><td>자격종목</td><td>웹디자인개발기능사</td><td>과제명</td><td>크리에이티브마켓</td></tr>
</table>

2. 수험자 유의사항

※ 다음의 유의사항을 고려하여 요구사항을 완성하시오.

01) 수험자 인적사항 및 답안작성은 반드시 검은색 필기구만 사용하여야 하며, 그 외 연필류, 유색 필기구, 지워지는 펜 등을 사용한 답안은 채점하지 않으며 0점 처리된다.

02) 수험에 필요한 소프트웨어 및 참고자료가 하드웨어에 설치되어 있는지 확인 후 작업하시오.

03) 참고자료의 내용 중 오자 및 탈자 등이 있을 때는 수정하여 작업하시오.

04) 지참 공구[수험표, 신분증, 필기도구] 이외의 참고자료 및 외부장치(USB, 키보드, 마우스, 이어폰) 등 **어떠한 물품도 시험 중에는 지참할 수 없다는 점을 유의하시오.**

　(단, 시설목록 이외의 정품 소프트웨어(폰트 제외)를 설치하고자 할 때에는 감독위원의 입회하에 설치하여 사용하시오.)

05) 수험자가 컴퓨터 활용 미숙 등으로 인한 시험의 진행이 어렵다고 판단되었을 때는 감독위원은 시험을 중지시키고 실격 처리할 수 있음을 유의하시오.

06) **바탕화면에 수험자 본인의 '비번호'를 이름으로 한 폴더에 완성된 작품의 파일만을 저장하시오.**

07) 모든 작품을 감독위원 또는 채점위원이 검토하여 동일한 작품이 발견될 경우 관련된 수험자 모두를 부정행위로 처리됨을 유의하시오.

08) 장시간 컴퓨터 작업으로 신체에 무리가 가지 않게 적절한 몸풀기(스트레칭) 후 작업하시오.

09) **다음 사항에 대해서는 실격에 해당되어 채점 대상에서 제외됩니다.**

　가) 수험자 본인이 수험 도중 시험에 대한 기권 의사를 밝히고 시험을 포기한 경우

　나) 작업 범위(용량, 시간)를 초과하거나, 요구사항과 현저히 다른 경우(채점위원이 판단)

　다) **Slide가 JavaScript(jQuery포함), CSS 중 하나 이상의 방법을 이용하여 제작되지 않은 경우**

　　※ 움직이는 Slide를 제작하지 않고 이미지 하나만 배치한 경우도 실격 처리됨

　라) 수험자 미숙으로 비번호 폴더에 완성된 작품 파일을 저장하지 못했을 경우

　마) 압축프로그램을 사용하여 작품을 압축 후 제출한 경우

　바) 과제 기준 20% 이상 완성되지 않은(채점위원이 판단)

3. 지급재료 목록

일련 번호	재료명	규격	단위	수량	비고
1	수험자료 USB 메모리	32GB 이상	개	1	시험장당
2	USB 메모리	32GB 이상	개	1	시험장당 1개씩(채점위원용) ※수험자들의 작품 관리

※ 국가기술자격 실기시험 지급재료는 시험종료 후(기권, 결시자 포함) 수험자에게 지급하지 않습니다.

1 STEP　웹 페이지 기본 설정　　약 15분

01 HTML5 버전 index.html 만들기

문제를 풀기 전 컴퓨터 바탕화면에 본인에게 부여된 '비번호' 폴더를 생성합니다. '비번호' 폴더 안에 'images', 'css', 'js' 폴더를 각각 생성하고, 주어진 수험자 제공 파일들을 각 폴더에 맞게 정리합니다. 본 교재는 '비번호' 대신 '크리에이티브마켓' 폴더 설정 후 작업을 진행합니다.

* 이 책에서는 웹 문서 편집 프로그램으로 Visual Studio Code를 사용합니다.

01 Visual Studio Code를 실행합니다. [시작 화면]에서 [폴더 열기]를 선택하거나, 상단 메뉴에서 [파일] – [폴더 열기]를 클릭합니다.

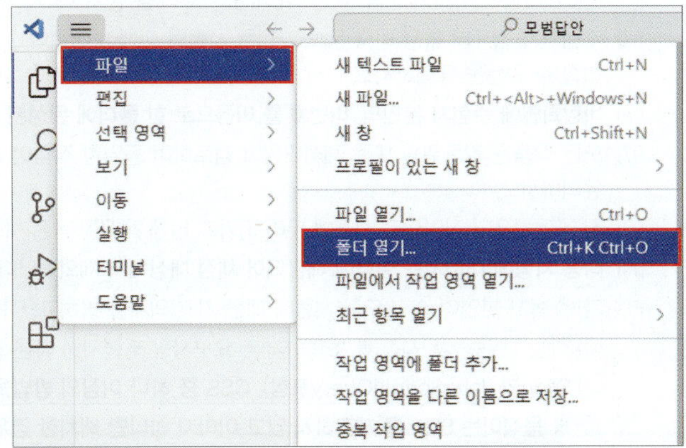

02 바탕화면에 생성한 '크리에이티브마켓' 폴더를 선택합니다.

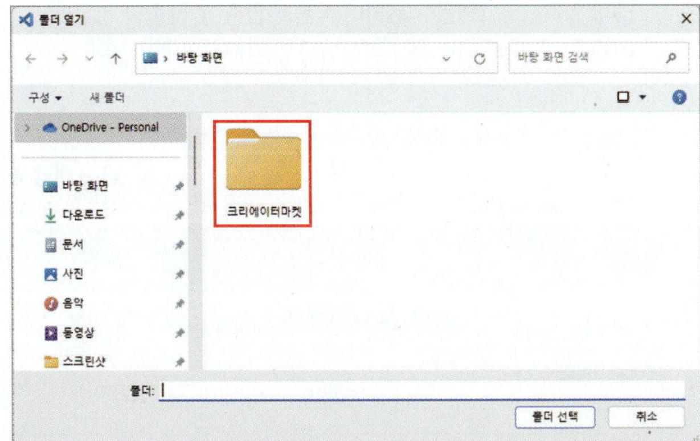

03 Visual Studio Code 좌측의 탐색기 아이콘을 클릭하여 패널을 활성화합니다. 탐색기 패널에는 미리 생성한 'images', 'css', 'js' 폴더가 표시됩니다.

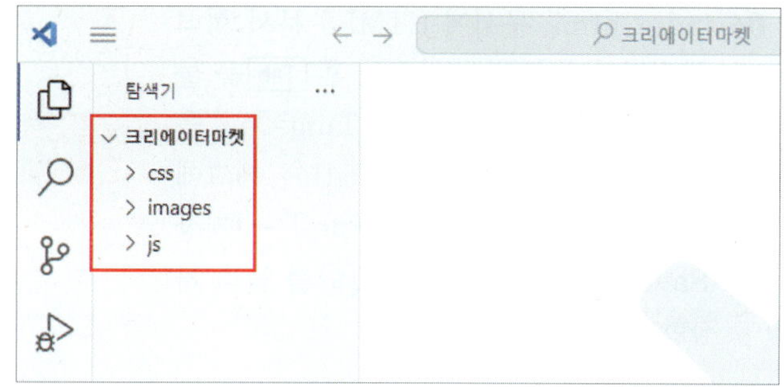

04 탐색기 패널에서 '새 파일' 아이콘을 클릭하여 '크리에이티브마켓' 폴더 내부에 새 파일을 생성합니다.

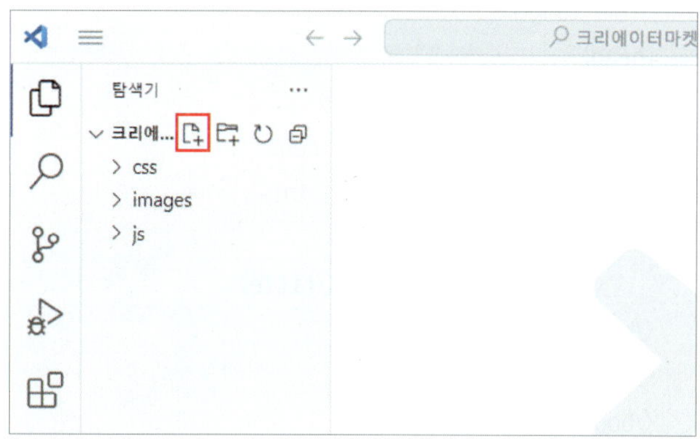

05 파일명을 'index.html'로 변경하고 Enter 를 입력합니다. 그러면 편집 영역에 'index. html' 문서가 활성화되며, Windows 탐색기에서 '크리에이티브마켓' 폴더 안에 해당 파일이 생성된 것을 확인할 수 있습니다.

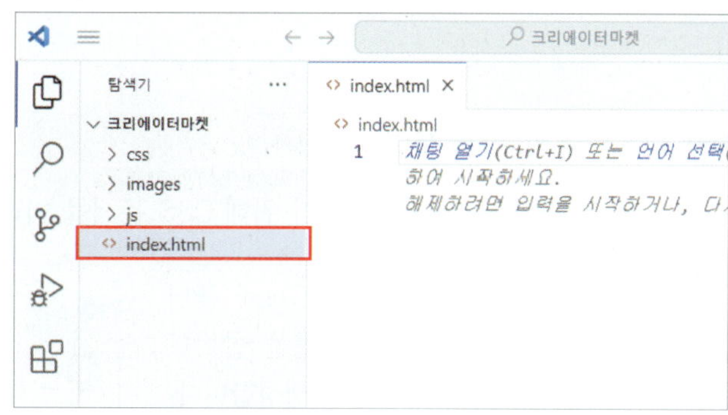

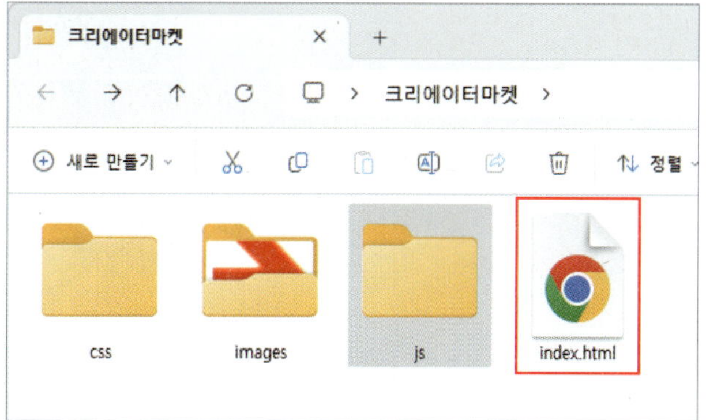

06 'index.html' 문서에 HTML5 문서 형식을 입력하거나, '!'를 입력한 후 [Tab]을 눌러 자동 완성합니다. 이때 'lang="en"'을 'lang="ko"'로 변경하고, 〈title〉 태그에 과제명을 입력한 후 [파일(File)] – [저장(Save)] 또는 단축키 [Ctrl]+[S]를 눌러 저장합니다.

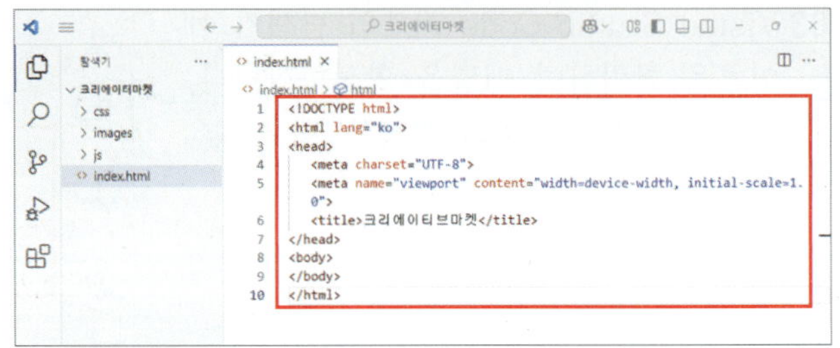

[index.html]

```
〈!DOCTYPE html〉
〈html lang="ko"〉
〈head〉
    〈meta charset="UTF-8"〉
    〈meta name="viewport" con-
tent="width=device-width, ini-
tial-scale=1.0"〉
    〈title〉크리에이티브마켓〈/title〉
〈/head〉
〈body〉
〈/body〉
〈/html〉
```

② CSS 문서 만들기

작업을 시작하기 전, 실수를 줄이기 위해 CSS 문서를 미리 생성합니다.

01 탐색기 패널에서 미리 생성한 'css' 폴더를 선택한 후, '새 파일' 아이콘을 클릭하여 해당 폴더 내부에 새 파일을 생성합니다.

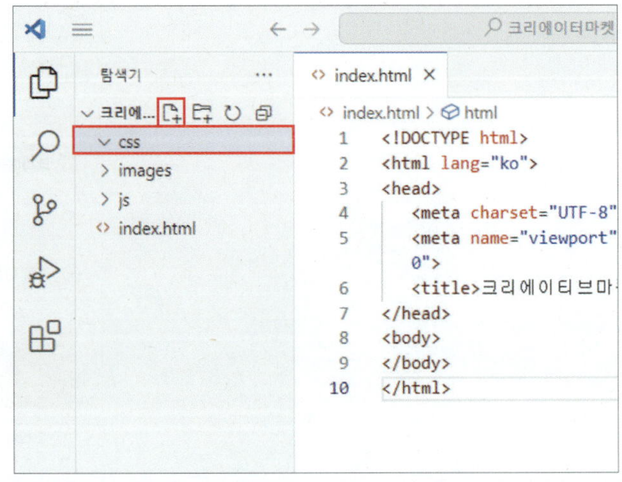

02 파일명을 'style.css'로 변경하고 Enter 를 입력합니다. 그러면 편집 영역에 'style. css' 문서가 활성화됩니다.

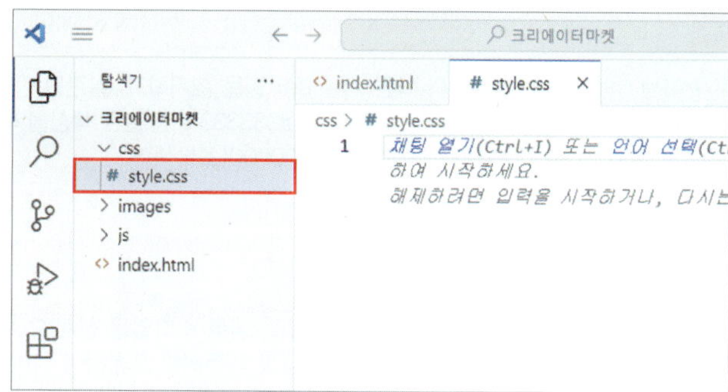

03 'style.css' 문서에 문자 인코딩 방식인 '@charset "utf-8";'을 입력한 후, 리셋 CSS를 작성합니다. 작성이 완료되면 [파일(File)] – [저장(Save)] 또는 단축키 Ctrl + S 를 눌러 저장합니다.

```css
@charset "utf-8";
* {
  margin:0;
  padding:0;
  box-sizing:border-box;
}
li {
  list-style:none;
}
a {
  text-decoration:none;
  color:inherit;
}
img {
  vertical-align:top;
  max-width:100%;
}
button {
  cursor:pointer;
  border:0;
}
body {
  background:#369;
  color:#333;
}
```

```css
@charset "utf-8";
/*기본 CSS 리셋*/
* {
  margin:0; /*기본 상하좌우 여백값 0으로 설정*/
  padding:0; /*기본 상하좌우 패딩값 0으로 설정*/
  box-sizing:border-box; /* 패딩과 테두리를 포함하여 요소의 너비를 유지 */
}
li {
  list-style:none; /* 목록 항목의 불릿을 숨김 */
}
a {
  text-decoration:none; /* 링크의 밑줄을 제거 */
  color:inherit; /* 링크의 글자 색상을 부모 요소로부터 상속받음 */
}
img {
  vertical-align:top; /* 이미지의 아래쪽 여백을 제거하고, 상단 정렬 */
  max-width:100%; /* 이미지를 부모 요소의 너비에 맞춤 (이미지가 깨지지 않도록) */
}
button {
  cursor:pointer; /* 버튼을 손가락 커서로 표시 */
  border:0; /*버튼 기본 테두리값 0으로 설정*/
}
body {
  background: #369; /*배경색 #369표시*/
  color: #333
}
```

[style.css]

- 리셋 CSS는 브라우저마다 다른 기본 스타일을 제거하고, 일관된 디자인을 적용하기 위해 사용합니다.
- "color: #333;"은 16진수 색상 표현으로, #333333과 동일한 색상을 나타내는 함축형 표기법입니다.
  예 #f00 → #ff0000(빨간색), #0f0 → #00ff00(초록색)

💬 **요소** TIP

- ***** : 모든 HTML 요소를 선택하는 선택자로, 공통 스타일을 전체 요소에 적용할 때 사용
- **box-sizing:border-box** : 요소의 패딩과 테두리를 포함하여 너비를 계산하게 설정
- **list-style:none** : 목록 항목의 불릿 기호를 제거
- **text-decoration:none** : 〈a〉 요소의 밑줄을 제거
- **color:inherit** : 〈a〉 요소에 부모의 색상을 명시적으로 상속받도록 설정
- **vertical-align:top** : 〈img〉 요소를 부모 요소의 상단에 정렬하고, 인라인 요소에서 발생하는 하단 공백을 제거
- **max-width:100%** : 이미지가 부모 요소의 너비를 초과하지 않도록 제한하며, 원본 크기보다 커지지 않도록 설정
- **cursor:pointer** : 마우스를 올렸을 때 손가락 모양 커서로 변경되어 클릭 가능하다는 시각적 힌트를 제공

03 Script 문서 만들기

작업을 시작하기 전, 실수를 줄이기 위해 script 문서를 미리 생성합니다.

01 수험자 제공 파일인 제이쿼리 라이브러리 파일 'jquery-1.12.3.js'를 '크리에이티브 마켓' 폴더 내의 'js' 폴더로 이동해 둡니다.

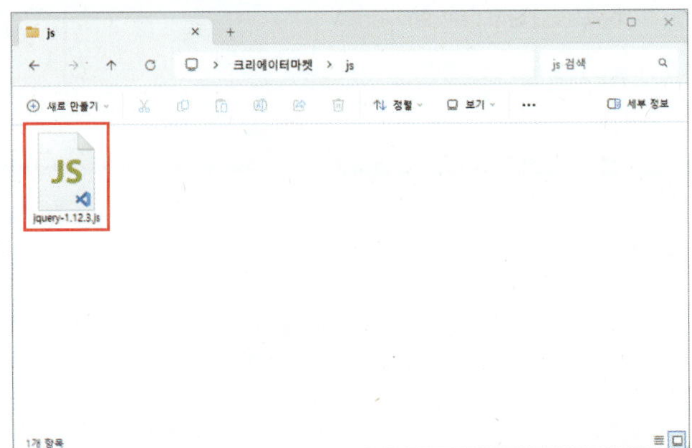

02 Visual Studio Code 탐색기 패널에서 'js' 폴더를 선택한 후, '새 파일' 아이콘을 클릭하여 해당 폴더 내부에 새 파일을 생성합니다.

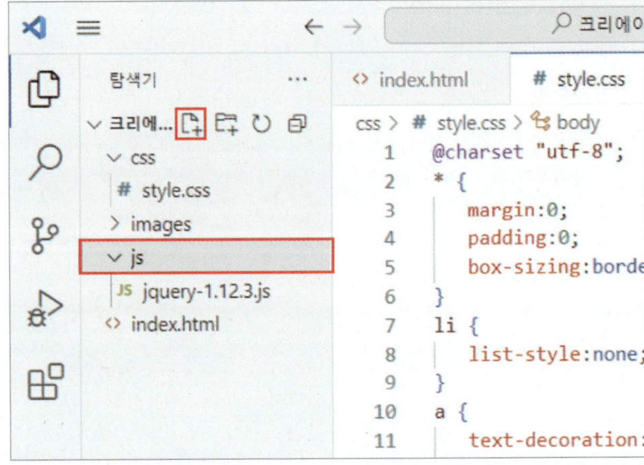

03 새 파일의 이름을 'script.js'로 변경하고 Enter 를 입력합니다. 그러면 편집 영역에 'script.js' 문서가 활성화됩니다.

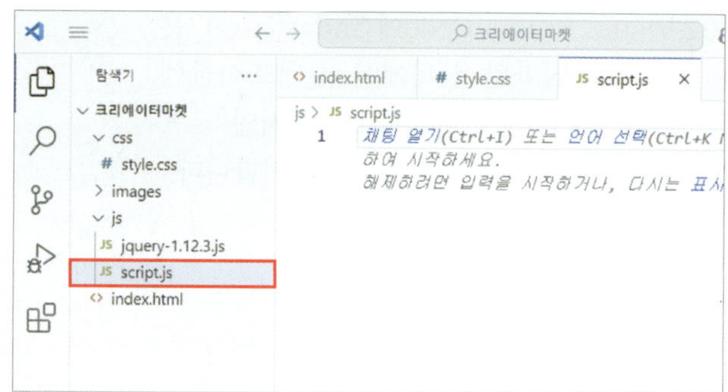

04 'script.js' 문서에 'alert("경고창");'을 입력한 후, Ctrl + S 를 눌러 저장합니다.

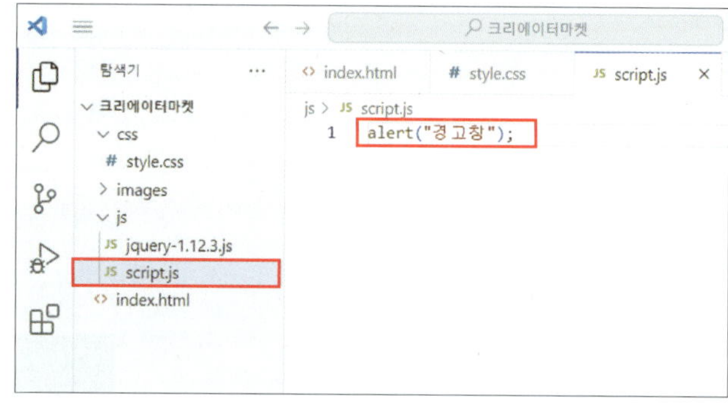

04 index 문서에 CSS, Script 문서 연결하기

index.html 문서에 CSS 파일, script 파일, jQuery 라이브러리를 연결합니다.

01 'index.html' 파일에서 <head> 태그 안에 CSS 파일과 JavaScript 파일을 연결한 후, Ctrl + S 를 눌러 저장합니다. JavaScript 파일을 연결할 때에는 jQuery 라이브러리를 먼저, 그 다음에 script.js 파일을 연결합니다.

```
<link href="css/style.css" rel="-stylesheet">
<script src="js/jquery-1.12.3.js" defer></script>
<script src="js/script.js" defer></script>
```


[index.html]

02 Visual Studio Code에 'index.html' 문서가 활성화된 상태에서 상태표시줄에 Go Live를 선택하여 웹 브라우저인 '크롬(Chrome)'으로 작업 결과를 확인합니다.

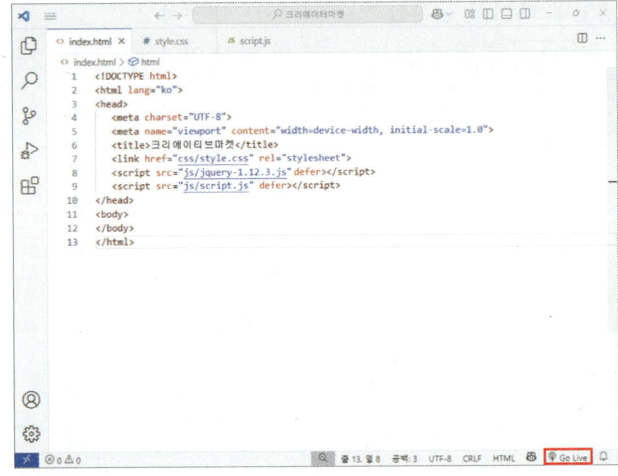

[index.html]

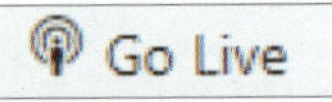

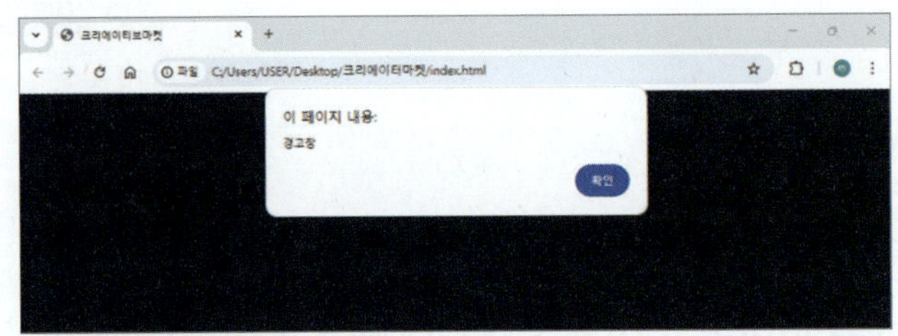

03 웹 브라우저의 배경색 '#369'와 경고창이 뜬다면 CSS와 Script 문서가 잘 연결된 것입니다. 확인 후 'style.css'에서 body 색상을 '#fff'로 변경하고 'script.js' 문서에서 경고창 스크립트를 삭제합니다.

[style.css]

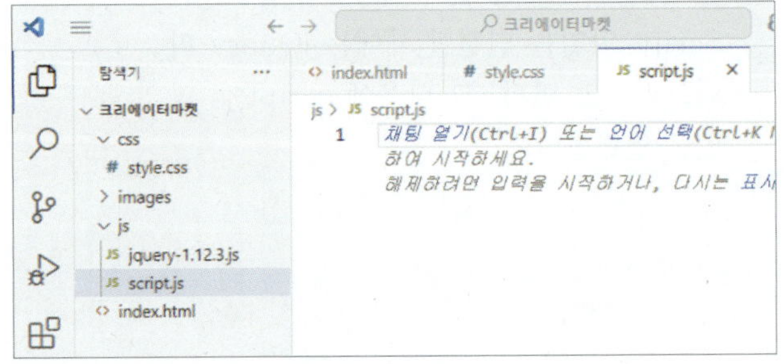

[script.js]

➕ 더 알기 TIP

- 외부 스크립트에 defer 속성을 지정하면, HTML 문서의 해석이 끝난 뒤 스크립트가 실행되도록 시점을 지연시킬 수 있습니다.
- defer와 같은 효과는 $(function(){ ... }) 구문을 통해서도 얻을 수 있으며, 두 방식은 목적은 같지만 사용 위치와 작성 방법이 다르기 때문에 상황에 따라 적절하게 선택할 수 있습니다.
  [참고하기] PART02 – SECTION 04 jQuery 기본 다지기
- Go Live가 설치되지 않은 경우, 바탕화면의 '크리에이터마켓' 폴더 안에 있는 'index.html' 파일을 크롬 브라우저로 열어 작업 결과를 확인합니다.

01 레이아웃 HTML 구조 작업하기

요구사항정의서에 있는 와이어프레임을 바탕으로 주어진 콘텐츠와 수치를 파악하여 레이아웃을 제작합니다. 문제에서 지시하지 않은 부분은 자유롭게 설정합니다.

01 먼저, 요구사항정의서에 제시된 와이어프레임을 참고하여 HTML로 영역을 구분하는 코드를 작성합니다. 다음과 같이 작성한 후, [파일(File)] – [저장(Save)] 또는 단축키 Ctrl + S 를 눌러 저장합니다.

```
<div class="wrap">
    <header id="header">
        헤더영역
    </header>
    <section id="slide" class="slide">
        슬라이드영역
    </section>
    <div class="contents">
        <article class="go">
            바로가기영역
        </article>
        <article class="banner">
            배너영역
        </article>
        <article class="board">
            <div class="notice">
                공지사항영역
            </div>
            <div class="gall">
                갤러리영역
            </div>
        </article>
    </div>
    <footer id="footer">
        푸터영역
    </footer>
</div>
```

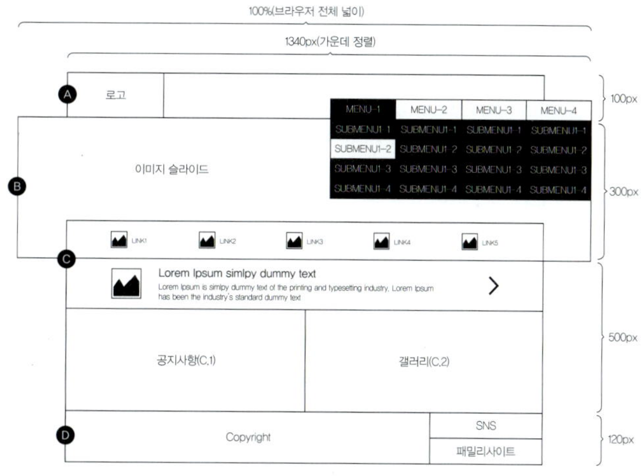


```
<body>
  <div class="wrap">
    <header id="header">
      헤더영역
    </header>
    <section id="slide" class="slide">
      슬라이드영역
    </section>
    <div class="contents">
      <article class="go">
        바로가기영역
      </article>
      <article class="banner">
        배너영역
      </article>
      <article class="board">
        <div class="notice">
          공지사항영역
        </div>
        <div class="gall">
          갤러리영역
        </div>
      </article>
    </div><!--//contents 닫는 태그-->
    <footer id="footer">
      푸터영역
    </footer>
  </div><!--//wrap 닫는 태그-->
</body>
</html>
```

[index.html]

- HTML 주석은 〈!--로 시작하고 --〉로 끝납니다.
- 주석은 웹 문서의 콘텐츠에 영향을 주지 않고 각 영역을 구분하기 쉽게 해줍니다.
- id 속성은 문서 내에서 고유해야 하며, CSS나 자바스크립트에서 특정 요소를 선택할 때 사용됩니다.
- 홈페이지 구조화 작업 시 각 영역에 맞게 타이틀(헤더 영역, 슬라이드 영역 등)을 채우고 영역 작업 시 타이틀을 지우며 작업합니다.

- 〈div class="wrap"〉 : 전체를 감싸는 영역
- 〈header id="header"〉 : 웹 페이지 상단의 머리글 영역으로, 보통 로고, 사이트 이름, 내비게이션 메뉴 등이 들어감
- 〈section id="slide" class="slide"〉 : 슬라이드처럼 독립적인 주제를 가진 콘텐츠 영역을 구분할 때 사용
- 〈div class="contents"〉 : 바로가기, 배너, 공지사항, 갤러리를 감싸는 영역
- 〈article〉 : 독립적으로 구분할 수 있는 콘텐츠 영역으로 바로가기, 배너, 게시판을 각각 감싸는 영역
- 〈footer〉 : 웹 페이지의 바닥글 영역으로 하단 로고, 저작권, 패밀리사이트, SNS 등 포함하는 영역

02 'index.html' 문서가 활성화된 상태에서 상태표시줄에 Go Live를 선택하여 웹 브라우저인 '크롬(Chrome)'으로 작업 결과를 확인합니다.

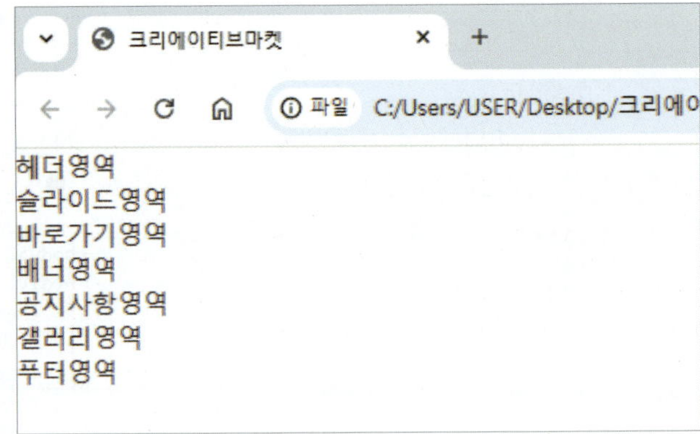

② 레이아웃 스타일 작업하기

HTML 구조를 기반으로 CSS 스타일을 적용하여, 요구사항정의서에 제시된 와이어프레임을 기준으로 레이아웃을 제작합니다.

01 'style.css' 파일에서 HTML 구조에 맞춘 레이아웃 스타일을 'body' 스타일 아래에 입력하고, [파일(File)] – [저장(Save)] 또는 단축키 Ctrl + S 를 눌러 저장합니다.

```
header {
    width:1340px;
    margin:auto;
    height:100px;
    background:#f45750;
}
```

```
26   header {
27       width:1340px;
28       margin:auto;
29       height:100px;
30       background: #f45750;
31   }
```

```css
.slide {
    background:#40b0f9;
    height:300px;
}
.contents {
    width:1340px;
    margin:auto;
    position:relative;
}
.go {
    height:100px;
    background:#00d2a5;
    position:absolute;
    top:-100px;
    left:0;
    width:100%;
}
.banner {
    height:250px;
    background:#f4f8fb;
}
.board {
    height:250px;
    display:flex;
}
.board div {
    width:50%;
}
.board .gall {
    background:#ff884d;
}
footer {
    width:1340px;
    height:120px;
    margin:auto;
    background:#666;
}
```

```css
32  .slide {
33      background: #40b0f9;
34      height:300px;
35  }
36  .contents {
37      width:1340px;
38      margin:auto;
39      position:relative;
40  }
41  .go {
42      height:100px;
43      background: #00d2a5;
44      position:absolute;
45      top:-100px;
46      left:0;
47      width:100%;
48  }
49  .banner {
50      height:250px;
51      background: #f4f8fb;
52  }
53  .board {
54      height:250px;
55      display:flex;
56  }
57  .board div {
58      width:50%;
59  }
60  .board .gall {
61      background: #ff884d;
62  }
63  footer {
64      width:1340px;
65      height:120px;
66      margin:auto;
67      background: #666;
68  }
```

[style.css]

- CSS 주석은 /*로 시작하고 */로 끝납니다. 주석은 브라우저에 적용되지 않으며, 코드 설명이나 메모용으로 사용됩니다.
- 클래스명은 의미 있는 단어로 작성하는 것이 좋으며, 일반적으로 영문 소문자로 시작하는 것이 권장됩니다.
- 클래스 선택자는 마침표(.)를 사용해 표기하고, 태그 선택자는 마침표 없이 HTML 태그 이름 그대로 사용합니다.
- 배경색 지정은 시각적으로 각 영역의 구분을 쉽게 하기 위해 임시로 지정하며, 실제 작업 시에는 삭제하거나 디자인에 맞는 색으로 수정합니다.
- CSS 선택자는 구체성에 따라 우선순위가 결정되며, 같은 요소에 여러 스타일이 적용될 경우 더 구체적인 선택자가 우선 적용됩니다.

[참고하기] PART 02 – SECTION 02 CSS 기본 다지기

💬 **요소** TIP

- **header** : 〈header〉의 선택자로 헤더 영역이 수평 중앙에 올 수 있도록 스타일 지정
  - **margin:auto** : 콘텐츠(블록 요소)를 수평 중앙에 배치할 때 사용(너비 값 필수)
  - **width:1340px** : 요구사항정의서에 표시된 너비 값
- **.contents** : 〈div class="contents"〉 선택자로 바로가기, 배너, 공지사항, 갤러리 영역을 전체 감싸는 컨테이너 역할
  - **margin:auto** : 콘텐츠(블록 요소)를 수평 중앙에 배치할 때 사용(너비 값 필수)
- **.go** : 〈article class="go"〉의 선택자로 바로가기 영역 스타일 지정
  - **position:absolute** : 공중에 띄워 상위 요소(.contents)에 기준을 설정하여 절대 위치로 지정
  - **top:−100px** : 기준 요소(.contents)의 상단에서부터 음수(위쪽으로) 100픽셀 배치
  - **width:100%** : 기준 요소(.contents)의 영역만큼 너비를 100% 설정
- **.board** : 〈article class="board"〉 선택자로 공지사항, 갤러리는 감싸는 역할
  - **display:flex** : 〈article class="board"〉를 플렉스 컨테이너로 설정하여, 자식 요소(〈div〉)들을 수평으로 나열. 이때 자식 요소는 부모 요소의 높이만큼 stretch 되어 들어가므로 부모 요소에 높이 값이 있는 것이 유리
- **.board div** : 〈article class="board"〉의 하위 요소 〈div〉 지정
  - **width:50%** : 부모 요소(〈article class="board"〉) 너비의 50% 설정

02 'index.html' 문서가 활성화된 상태에서 상태표시줄에 Go Live를 선택하여 웹 브라우저인 '크롬(Chrome)'으로 작업 결과를 확인합니다.

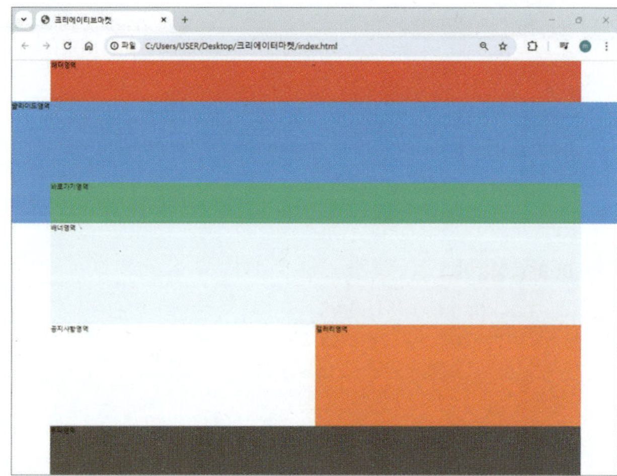

01 로고 제작하기

세부 지시사항의 A.1 로고를 제작합니다. 수험자 제공 파일 중 Header 폴더에 있는 로고를 과제 주제에 맞게 색상을 반드시 변경하여, 가로, 세로 비율을 유지하며 제작합니다.

* 교재의 로고는 예시일 뿐이며, 기본 요건을 충족한다면 자유롭게 변형하여 제작해도 됩니다.

01 로고 제작을 위해 포토샵을 실행한 후 [파일(File)] – [열기(Open)] 또는 Ctrl + O 를 눌러 'logo.png' 파일을 불러옵니다.

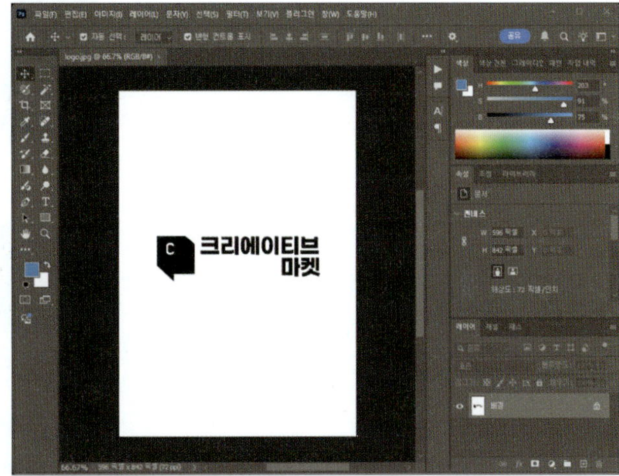

02 도구 상자 패널에서 자르기 도구( )를 선택한 후, 자를 영역을 조절합니다. 그런 다음 Enter 를 누르면 선택된 부분만 남고, 해당 영역에 맞게 문서가 잘립니다.

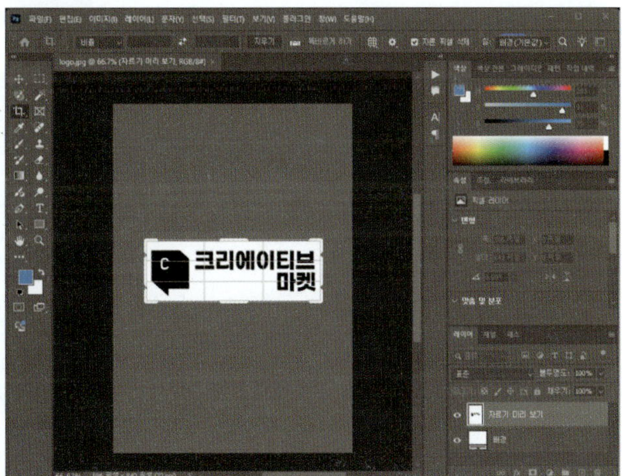

03 로고의 흰색 배경을 제거하기 전에, 먼저 레이어 패널에서 '레이어1'의 자물쇠 아이콘을 클릭하여 잠금을 해제합니다. 자동 선택 도구(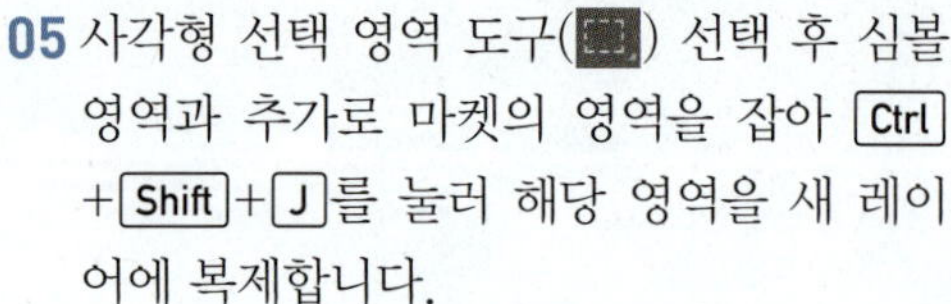)를 선택한 후, 도구 상자 옵션에서 허용치(Tolerance)를 '20'으로 설정하고, 인접(Contiguous) 옵션의 체크를 해제합니다. 그런 다음, 흰색 영역을 선택합니다. 흰색 영역이 선택되면 [Delete]를 눌러 선택된 영역을 삭제합니다. 마지막으로 [Ctrl]+[D]를 눌러 선택 영역을 해제합니다.

04 [이미지(Image)] – [이미지 크기(Image Size)]를 선택합니다. 종횡비 제한이 활성화된 상태에서 이미지 크기 대화상자의 '폭(Width)'을 '250px'로 설정합니다. 이렇게 하면 폭에 맞춰 높이도 자동으로 조절됩니다.

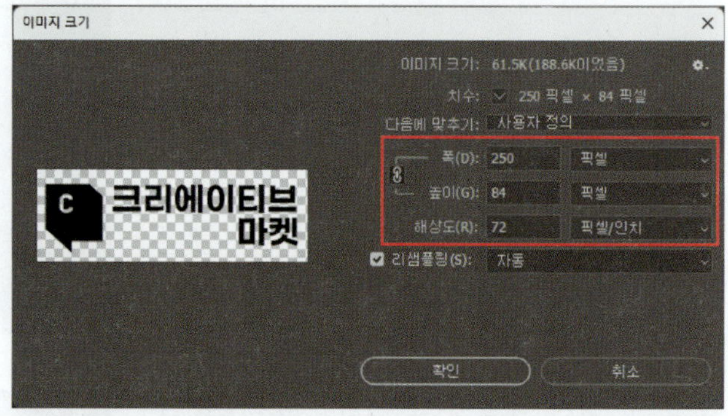

05 사각형 선택 영역 도구(□) 선택 후 심볼 영역과 추가로 마켓의 영역을 잡아 [Ctrl]+[Shift]+[J]를 눌러 해당 영역을 새 레이어에 복제합니다.

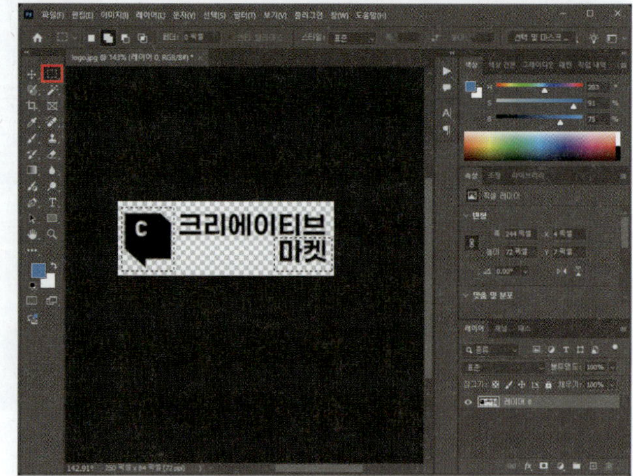

06 복제된 '새 레이어'를 선택 후 [레이어 스타일(fx)] – [색상 오버레이 (Color Overlay)]를 선택하여 선택 색상 '#fb0000'를 넣습니다.

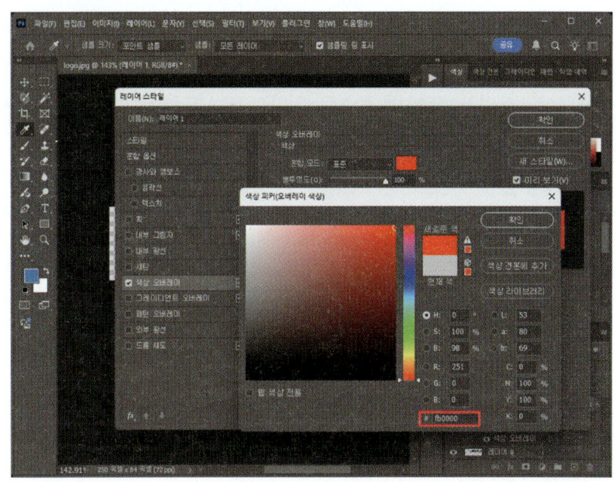

07 [파일(File)] – [다른 이름으로 저장(Save as)] 또는 Shift + Ctrl + S 를 눌러, 파일 형식 '*.psd'로 원본을 저장합니다. 그리고 [파일(File)] – [내보내기(Export)] – [PNG로 빠른 내보내기(Quick Export as PNG)]를 선택하고 파일 형식 '*.png'로 'images' 폴더 안에 저장합니다.

– 파일명 : logo.png

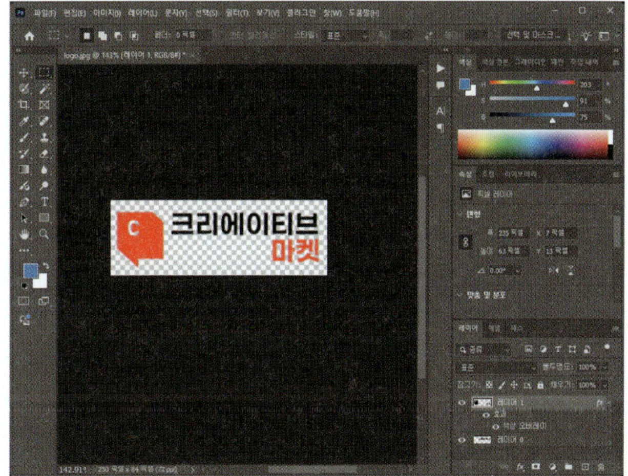

포토샵에서 PNG 파일로 저장하는 방법
- [파일(File)] – [다른 이름으로 저장(Save as)] – [파일 형식 : PNG] (버전 22.4 이전)
- [파일(File)] – [사본 저장(Save a Copy)] – [파일 형식 : PNG] (버전 22.4 이후)
- [파일(File)] – [내보내기(Export)] – [PNG로 빠른 내보내기(Quick Export as PNG)]

Photoshop의 레이어 스타일 f(x) 효과
포토샵의 레이어 스타일은 텍스트, 이미지 또는 도형 레이어에 다양한 시각 효과를 추가하여 디자인을 향상시킬 수 있는 강력한 도구입니다.

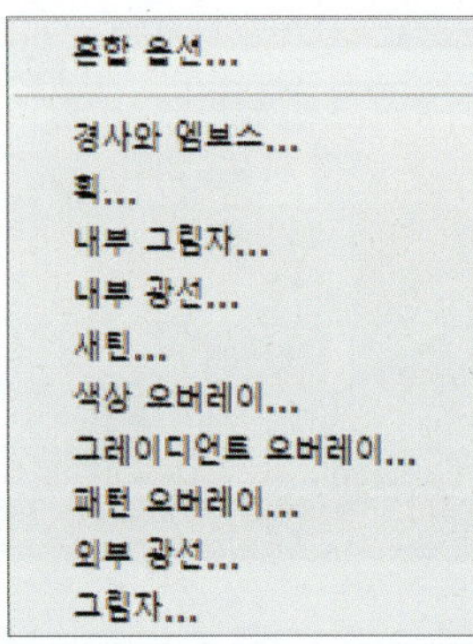

• 주요 레이어 스타일 효과
  – **그림자(Drop Shadow)** : 레이어에 그림자를 추가하여 입체감을 줍니다.
  – **외부 광선(Outer Glow)** : 레이어 주위에 빛나는 효과를 추가합니다.
  – **내부 광선(Inner Glow)** : 레이어 내부에서 빛나는 효과를 추가합니다.
  – **경사와 엠보스(Bevel and Emboss)** : 레이어의 가장자리에 입체감을 줍니다.
  – **색상 오버레이(Color Overlay)** : 레이어에 단일 색상을 덮어씁니다.
  – **그라디언트 오버레이(Gradient Overlay)** : 레이어에 그라디언트를 덮어씁니다.
  – **패턴 오버레이(Pattern Overlay)** : 레이어에 패턴을 덮어씁니다.
  – **획(Stroke)** : 레이어의 가장자리에 테두리를 추가합니다.
  – **새틴(Satin)** : 부드러운 광택과 깊이감을 추가합니다.
  – **내부 그림자(Inner Shadow)** : 레이어에 내부 그림자를 추가하여 입체감을 줍니다.

* 주제에 맞게 다양한 스타일 효과를 넣으셔도 됩니다.

⑫ 헤더 영역 로고 작업하기

세부 지시사항의 A.1 로고를 문서에 추가합니다.

01 Visual studio code에 'index.html' 문서를 열어, '<header id="header">' 영역 안 글자를 지우고 다음과 같이 작성합니다.

```html
<h1>
    <a href="#">
        <img src="images/logo.png"
alt="크리에이티브마켓">
    </a>
</h1>
```

```html
12  <div class="wrap">
13      <header id="header">
14          <h1>
15              <a href="#">
16                  <img src="images/logo.png" alt="크리에이티브마켓">
17              </a>
18          </h1>
19      </header>
```

[index.html]

02 문서 저장 후 'index.html' 문서가 활성화된 상태에서 상태표시줄에 Go Live를 선택 또는 윈도우 탐색기에서 'index.html'을 웹 브라우저인 '크롬(Chrome)'으로 작업 결과를 확인합니다.

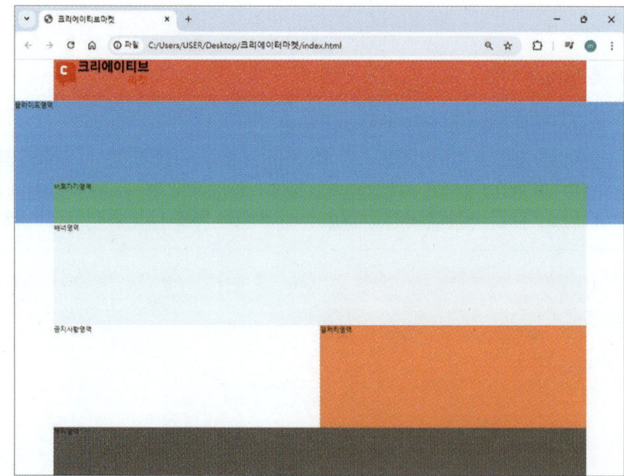

03 헤더 영역 메뉴 작업하기

세부 지시사항의 A.2 메뉴를 구성합니다. 사이트 맵과 구조도를 참고하여 메인메뉴(Main menu)와 서브
메뉴(Sub menu)를 구성합니다.

01 요구사항정의서의 와이어프레임 메뉴 형
태를 확인합니다.

02 'index.html' 문서 '<header id="header">' 영역 내
'</h1>' 다음 줄에 요구사항정의서의 '사이트 맵'을
참고하여 메뉴를 다음과 같이 작성합니다.

```html
<nav id="nav">
    <ul>
        <li>
            <a href="#">카테고리</a>
            <ul class="sub">
                <li><a href="#">수공예품</a></li>
                <li><a href="#">디자인소품</a></li>
                <li><a href="#">굿즈</a></li>
                <li><a href="#">패션잡화</a></li>
            </ul>
        </li>
        <li>
            <a href="#">창작자소개</a>
            <ul class="sub">
                <li><a href="#">인기창작자</a></li>
                <li><a href="#">신규입점</a></li>
                <li><a href="#">인터뷰</a></li>
            </ul>
        </li>
        <li>
```

```
14  <div class="wrap">
15      <header id="header">
16          <h1>
17              <a href="#">
18                  <img src="images/logo.png" alt="크리에이티브마켓">
19              </a>
20          </h1>
21          <nav id="nav">
22              <ul>
23                  <li>
24                      <a href="#">카테고리</a>
25                      <ul class="sub">
26                          <li><a href="#">수공예품</a></li>
27                          <li><a href="#">디자인소품</a></li>
28                          <li><a href="#">굿즈</a></li>
29                          <li><a href="#">패션잡화</a></li>
30                      </ul>
31                  </li>
32                  <li>
33                      <a href="#">창작자소개</a>
34                      <ul class="sub">
35                          <li><a href="#">인기창작자</a></li>
36                          <li><a href="#">신규입점</a></li>
37                          <li><a href="#">인터뷰</a></li>
38                      </ul>
39                  </li>
40                  <li>
41                      <a href="#">스토어</a>
42                      <ul class="sub">
43                          <li><a href="#">베스트아이템</a></li>
44                          <li><a href="#">신상품</a></li>
45                          <li><a href="#">할인상품</a></li>
46                          <li><a href="#">한정판굿즈</a></li>
47                      </ul>
48                  </li>
49                  <li>
50                      <a href="#">커뮤니티</a>
51                      <ul class="sub">
52                          <li><a href="#">구매후기</a></li>
53                          <li><a href="#">추천아이템</a></li>
54                          <li><a href="#">자유게시판</a></li>
55                          <li><a href="#">창작이야기</a></li>
56                      </ul>
57                  </li>
58              </ul>
59          </nav>
60      </header>
```

[index.html]

```html
        <a href="#">스토어</a>
        <ul class="sub">
            <li><a href="#">베스트아이템</a></li>
            <li><a href="#">신상품</a></li>
            <li><a href="#">할인상품</a></li>
            <li><a href="#">한정판굿즈</a></li>
        </ul>
    </li>
    <li>
        <a href="#">커뮤니티</a>
        <ul class="sub">
            <li><a href="#">구매후기</a></li>
            <li><a href="#">추천아이템</a></li>
            <li><a href="#">자유게시판</a></li>
            <li><a href="#">창작이야기</a></li>
        </ul>
    </li>
  </ul>
</nav>
```

＋ 더 알기 TIP

- 메뉴 작업 시 <nav>로 감싼 후, 순서가 없는 목록 태그인 <ul>, <li>로 작업합니다.
- 중첩목록 작업 시 쌍으로 올바르게 중첩되어야 하며, 태그가 제대로 닫혀야 합니다.
- 서브 메뉴 <ul> 요소에 클래스 명 'sub'로 설정합니다.

💬 요소 TIP

<a href="#"> : 임시 링크 추가(기술적 준수사항)

04 헤더 영역 스타일 작업하기

헤더 영역의 로고를 배치하고, 메인 메뉴(Main menu)에 마우스를 올리면(Mouse over) 하이라이트 되며, 벗어나면(Mouse out) 하이라이트가 해제됩니다. 또한, 서브 메뉴 중 하나에 마우스를 올리면 하이라이트 되고, 벗어나면 하이라이트가 해제됩니다.

01 먼저 'style.css' 문서를 활성화하여 'header'
에 기존 배경색을 삭제하고, 다음과 같이
작성합니다.

```css
header {
    width:1340px;
    margin:auto;
    height:100px;
    padding-top:20px;
}
```

```css
26    header {
27        width:1340px;
28        margin:auto;
29        height:100px;
30        padding-top:20px;
31    }
```
[style.css]

02 'header' 스타일 다음 줄에 메뉴를 공중
에 띄워 서브 메뉴가 슬라이드 위에 펼쳐
질 수 있도록 다음과 같이 작성합니다.

```css
header {
    width:1340px;
    margin:auto;
    height:100px;
    padding-top:20px;
    position:relative;
}
nav {
    position:absolute;
    top:60px;
    right:0;
    z-index:10;
}
```

```css
26    header {
27        width:1340px;
28        margin:auto;
29        height:100px;
30        padding-top:20px;
31        position:relative;
32    }
33    nav {
34        position:absolute;
35        top:60px;
36        right:0;
37        z-index:10;
38    }
```
[style.css]

+ 더 알기 TIP

CSS 작성 시 CSS 속성 중 순서는 필수적으로 지켜야 하는 규칙은 없지만, 가독성과 유지보수를 위해 일관된 순서를 유지하는 것이 좋습니다.

💬 요소 TIP

- **header** : 〈header〉의 선택자로 헤더 영역 스타일 지정
  - **position:relative** : 공중에 띄운 〈nav〉의 기준 역할
  - **padding-top:20px** : 위쪽 내부 여백에 20픽셀을 설정하여 로고를 아래로 이동
  - **margin:auto** : 콘텐츠(블록 요소)를 중앙에 배치할 때 사용(너비 값 필수)
- **nav** : 〈nav〉 선택자로 메뉴 스타일 지정
  - **position:absolute** : 공중에 띄워 상위 요소(header)에 기준 설정 후, 절대 위치로 지정
  - **top:60px** : 기준 요소 〈header〉의 상단에서부터 60픽셀 아래로 배치
  - **right:0** : 기준 요소 〈header〉의 오른쪽에 배치
  - **z-index** : position 속성으로 설정된 요소에 쌓이는 순서를 결정할 수 있으며 순서가 클수록 위로 쌓임

03 메인 메뉴가 나란히 나올 수 있도록 'nav' 스타일 다음 줄에 작성합니다.

```css
nav>ul{
    display:flex;
}
```

```
33    nav {
34        position:absolute;
35        top:60px;
36        right:0;
37        z-index:10;
38    }
39    nav>ul{
40        display:flex;
41    }
```

[style.css]

04 메뉴의 클릭할 수 있는 영역은 'nav>ul' 스타일 다음 줄에 다음과 같이 작성합니다.

```css
nav>ul>li>a {
    background:#ff0404;
    color:#fff;
    padding:10px 0;
    display:block;
    width:160px;
    text-align:center;
}
nav>ul>li:hover>a {
    background:#212121;
}
.sub {
    height:145px;
    background:#212121;
}
.sub a {
    background:#212121;
    display:block;
    padding:5px;
    text-align:center;
    color:#fff;
}
.sub a:hover {
    background:#ff0404;
}
```

```
39    nav>ul{
40        display:flex;
41    }
42    nav>ul>li>a {
43        background: #ff0404;
44        color: #fff;
45        padding:10px 0;
46        display:block;
47        width:160px;
48        text-align:center;
49    }
50    nav>ul>li:hover>a {
51        background: #212121;
52    }
53    .sub {
54        height:145px;
55        background: #212121;
56    }
57    .sub a {
58        background: #212121;
59        display:block;
60        padding:5px;
61        text-align:center;
62        color: #fff;
63    }
64    .sub a:hover {
65        background: #ff0404;
66    }
```

[style.css]

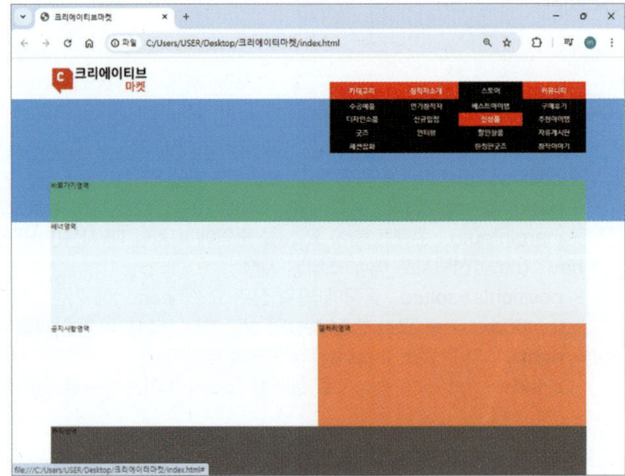

05 메인 메뉴와 서브 메뉴 스타일을 확인 후 마우스를 올려 하이라이트 효과까지 확인합니다. 잘 적용이 되었다면 '.sub'를 찾아 서브 메뉴를 숨겨줍니다.

```css
.sub {
    height:145px;
    background:#212121;
    display:none;
}
```

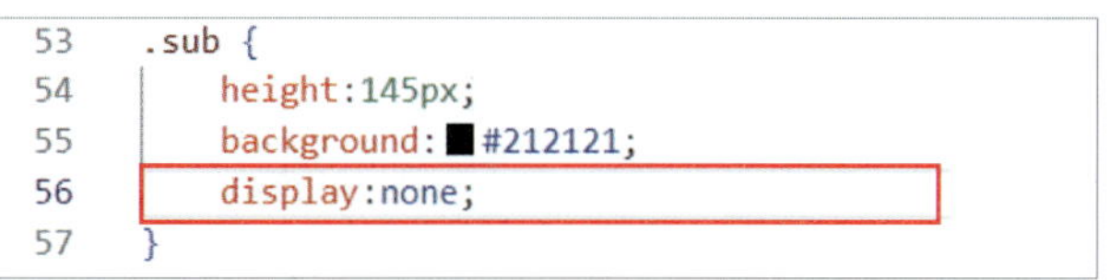

[style.css]

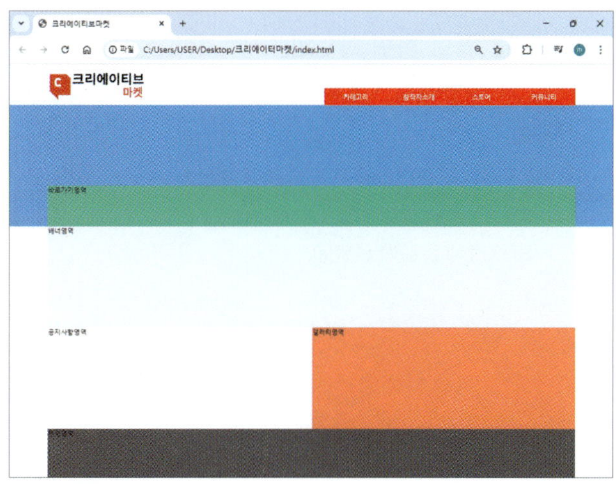

- **nav>ul** : ⟨nav⟩의 자식 요소 ⟨ul⟩ 지정
  - **display:flex** : nav>ul를 플렉스 컨테이너로 설정하여, 자식 요소(⟨li⟩)들을 수평으로 나열
- **nav>ul>li>a** : ⟨nav⟩의 자식 요소 ⟨ul⟩의 자식 요소 ⟨li⟩의 자식 요소 ⟨a⟩ 지정
  - **display:block** : 블록 요소 성질로 변경
  - **text-align:center** : 요소 내의 텍스트 수평 중앙 정렬
- **nav>ul>li:hover>a** : ⟨nav⟩의 자식 요소 ⟨ul⟩의 자식 요소 ⟨li⟩에 마우스 올렸을 때 ⟨a⟩ 지정(마우스 올렸을 때 하이라이트 효과)
- **.sub** : ⟨ul class="sub"⟩ 지정하여 서브 메뉴 스타일 지정
  - **height:145px** : 2차 메뉴의 개수가 달라 높이가 일정하지 않으므로, 높이 값을 임의로 지정
  - **display:none** : 요소를 선택하여 숨김(스크립트에서 추가 작업 예정)
- **.sub a** : .sub의 하위 요소 ⟨a⟩ 지정
  - **display:block** : 요소 성질을 블록 요소로 바꾸면서 부모 요소의 너비를 채울 수 있음
  - **padding:5px** : 사방 내부 여백 5픽셀 설정

세부 지시사항의 A.2 메뉴 효과를 구현합니다. 메인 메뉴(Main menu)에 마우스를 올리면(Mouse over) 서브 메뉴(Sub menu) 영역이 슬라이드 다운(Slide down)으로 보이도록 하고, 벗어나면(Mouse out) 서브 메뉴 영역은 슬라이드 업(Slide Up)으로 사라지는 작업을 제이쿼리(jQuery)로 진행합니다.

01 먼저 'js' 폴더 하위 파일인 'script.js' 문서를 활성화하여 작성합니다.

```
//메뉴
$("nav>ul>li").mouseenter(function(){

    $(".sub").stop().slideDown();
})
$("nav>ul>li").mouseleave(function(){
    $(".sub").stop().slideUp();
})
```

[script.js]

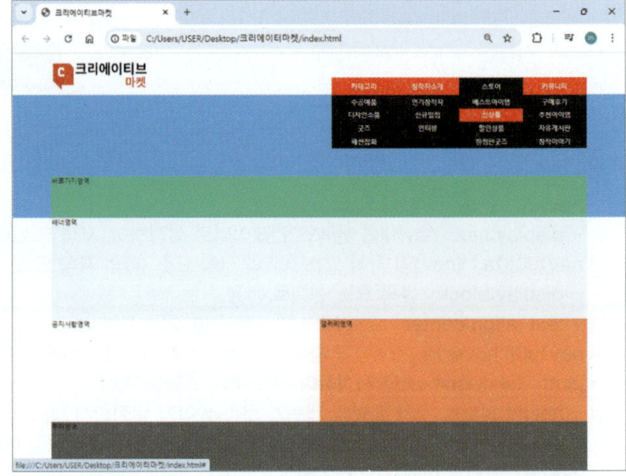

---

⑪ 슬라이드 영역 구조 작업하기

세부 지시사항의 B 슬라이드를 제작합니다. 먼저 슬라이드의 구조를 잡은 후 제공된 텍스트 간의 위계질서를 직관적으로 알 수 있도록 글자체, 굵기, 색상, 크기를 적절하게 설정합니다.

01 '수험자 제공 폴더'에 있는 이미지를 'images' 폴더로 복사합니다. 이미지 크기를 확인한 후, 필요하다면 크기를 조정하고, 파일명도 필요한 경우 수정합니다.

[참고하기] PART 03 – SECTION 02 Photoshop 필수 기능

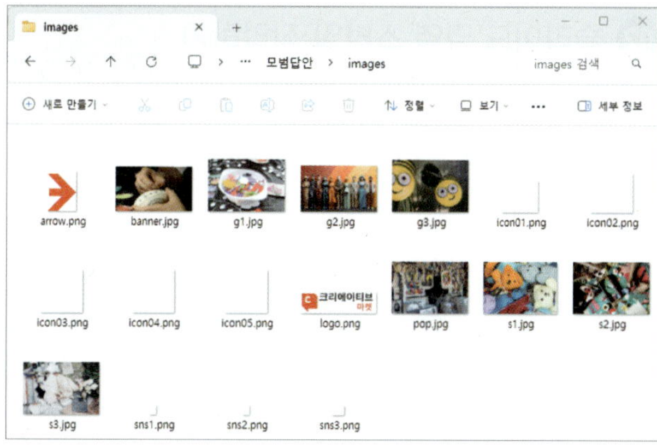

02 'index.html' 문서에서 '<section id="slide" class="slide"></section>' 사이에 다음과 같이 작성합니다.

```html
<section id="slide" class="slide">
    <ul>
        <li class="s1">
            <a href="#">
                <h2>이달의 추천 크리에이터</h2>
            </a>
        </li>
        <li class="s2">
            <a href="#">
                <h2>매주 새로운 창작 제품 업데이트!</h2>
            </a>
        </li>
        <li class="s3">
            <a href="#">
                <h2>창작자 입점 안내</h2>
            </a>
        </li>
    </ul>
</section>
```

```html
61  <section id="slide" class="slide">
62      <ul>
63          <li class="s1">
64              <a href="#">
65                  <h2>이달의 추천 크리에이터</h2>
66              </a>
67          </li>
68          <li class="s2">
69              <a href="#">
70                  <h2>매주 새로운 창작 제품 업데이트!</h2>
71              </a>
72          </li>
73          <li class="s3">
74              <a href="#">
75                  <h2>창작자 입점 안내</h2>
76              </a>
77          </li>
78      </ul>
79  </section>
```

[index.html]

- **id="slide"** : 해당 요소를 고유하게 식별하기 위한 식별자로, 자바스크립트나 CSS에서 특정 요소를 직접 지정할 때 사용
- **class="slide"** : CSS에서 공통 스타일을 적용하거나 여러 요소에 동일한 스타일을 부여할 때 사용
- **<li class="s1">** : 각 항목에 개별적인 배경 이미지나 스타일을 지정할 수 있으며, 일반적으로 CSS에서 background-image 속성을 이용해 이미지 배경 설정

02 슬라이드 영역 스타일 작업하기

01 'style.css' 문서를 활성화하여 '.slide'를 찾아 배경색을 지우고 다음과 같이 작성 합니다.

```css
.slide {
    height:300px;
}
.slide ul li {
    width:100%;
    height:300px;
}
.slide ul li a {
    display:block;
    height:100%;
}
.slide ul li.s1 {
    background:url(../images/s1.jpg)
no-repeat center/cover;
}
.slide ul li.s2 {
    background:url(../images/s2.jpg)
no-repeat center/cover;
}
.slide ul li.s3 {
    background:url(../images/s3.jpg)
no-repeat center/cover;
}
```

```css
68    .slide {
69        height:300px;
70    }
71    .slide ul li {
72        width:100%;
73        height:300px;
74    }
75    .slide ul li a {
76        display:block;
77        height:100%;
78    }
79    .slide ul li.s1 {
80        background:url(../images/s1.jpg) no-repeat center/cover;
81    }
82    .slide ul li.s2 {
83        background:url(../images/s2.jpg) no-repeat center/cover;
84    }
85    .slide ul li.s3 {
86        background:url(../images/s3.jpg) no-repeat center/cover;
```

[style.css]

- **.slide ul li** : 슬라이드 각각의 항목을 감싸는 요소로, 배경 이미지를 적용할 수 있도록 너비와 높이를 지정
- **.slide ul li a** : .slide 내부의 〈ul〉 하위 〈li〉 요소 안에 있는 〈a〉 요소를 선택하는 구조로, 클릭 가능한 영역에 스타일을 적용할 때 사용
  - **display:block** : 〈a〉를 블록 요소로 변경하여 전체 영역에 스타일을 적용
  - **height:100%** : 〈a〉 요소의 높이를 부모 요소인 〈li〉의 높이만큼 채우도록 설정
- **.slide ul li.s1** : .slide 하위의 〈ul〉 안에서 〈li〉 요소 중 class="s1"인 요소를 선택하는 구조로, 슬라이드 개별 항목에 배경 이미지를 설정할 때 사용
- **background:url(../images/s1.jpg) no-repeat center/cover** : 배경 CSS 속성 함축형
  - 배경 이미지의 경로, 반복 여부, 위치(center), 크기(cover)를 한 줄에 축약한 배경 속성 단축 표현
    예 background:url(경로) no-repeat center/cover

02 Fade-in, Fade-out 애니메이션 효과를 위해 '.slide ul li'를 찾아 다음과 같이 스타일을 작성합니다.

```css
.slide {
    height:300px;
    position:relative;
}
.slide ul li {
    width:100%;
    height:300px;
    position:absolute;
    top:0;
    left:0;
}
```

```css
68  .slide {
69      height:300px;
70      position:relative;
71  }
72  .slide ul li {
73      width:100%;
74      height:300px;
75      position:absolute;
76      top:0;
77      left:0;
78  }
```
[style.css]

03 각 슬라이드의 텍스트를 글자체, 굵기, 색상, 크기를 적절하게 설정하여, 가독성을 높이고, 독창성이 드러나도록 '.contents' 윗줄에 스타일을 작성합니다.

```css
.slide ul li h2 {
    color: #212121;
    font-size:35px;
    position:absolute;
    top:50px;
    left:50%;
    background:rgba(255, 255, 255, 0.5);
    padding:20px;
    border-radius:20px;
    transform:translate(-50%, 0);
}
```

```css
79  .slide ul li h2 {
80      color: #212121;
81      font-size:35px;
82      position:absolute;
83      top:50px;
84      left:50%;
85      background: rgba(255, 255, 255, 0.5);
86      padding:20px;
87      border-radius:20px;
88      transform:translate(-50%, 0);
89  }
```
[style.css]

Fade-in, Fade-out 애니메이션은 .slide ul li 요소들을 모두 겹쳐서 배치한 뒤, 하나씩 보이게 하여 연출합니다.

💬 **요소** TIP

- **.slide ul li** : 슬라이드 각각의 항목으로, position: absolute로 공중에 띄워 동일한 위치에 겹치도록 설정
  - **position: absolute** : 각 슬라이드를 공중에 띄워 모두 겹치도록 설정
- **.slide ul li h2** : .slide 하위 요소 〈ul〉의 하위 요소 〈li〉의 하위 요소 〈h2〉 지정하여 슬라이드 텍스트 스타일 적용
  - **position:absolute** : .slide ul li h2를 공중에 띄워 상위 요소 .slide ul li에 기준을 설정하여, 절대 위치로 지정(기준을 설정할 요소에 position 속성(relative, absolute, fixed, sticky) 중 하나가 설정되어 있으면, 해당 요소가 기준이 됨)
  - **left:50px** : 기준 요소인 .slide ul li의 왼쪽 모서리를 기준으로 50px 위치에 배치
  - **bottom:50%** : 기준 요소인 .slide ul li의 아래쪽 모서리를 기준으로 50% 위치에 배치
  - **transform:translate(−50%, 0)** : 요소의 가로 위치를 기준점(여기선 left:50%)에서 자신의 너비의 절반만큼 왼쪽으로 이동시켜, 텍스트가 가운데 정렬되도록 조정

04 웹 브라우저 접속 시 첫 번째 슬라이드는 보여주고, 나머지 슬라이드는 숨기기 위해 다음과 같이 작성합니다.

```css
.slide ul li {
    width:100%;
    height:300px;
    position:absolute;
    top:0;
    left:0;
    display:none;
}
.slide ul li.s1 {
    background:url(../images/s1.jpg)
no-repeat center/cover;
    display:block;
}
```

```css
72    .slide ul li {
73        width:100%;
74        height:300px;
75        position:absolute;
76        top:0;
77        left:0;
78        display:none;
79    }
```
[style.css]

```css
95    .slide ul li.s1 {
96        background:url(../images/s1.jpg) no-repeat center/cover;
97        display:block;
98    }
```
[style.css]

💬 **요소** TIP

- **display: none** : 해당 요소를 화면에서 숨기는 역할을 하며, 슬라이드 전환 등에서 사용자가 보지 못하도록 초기 상태로 설정할 때 사용
- **display: block** : 숨겨진 요소를 다시 화면에 표시하는 역할을 하며, 첫 번째 슬라이드처럼 처음부터 보이게 해야 하는 요소에 사용

.slide ul li 요소에 display: none을 설정하고, .slide ul li.s1에만 display: block을 지정하면 웹 브라우저 접속 시 첫 번째 슬라이드만 보이고 나머지는 숨겨진 상태로 준비됩니다.

05 작업한 모든 파일을 저장하고 'index. html' 문서가 활성화된 상태에서 상태표 시줄에 Go Live를 선택하여 웹 브라우저 인 '크롬(Chrome)'으로 작업 결과를 확인 합니다.

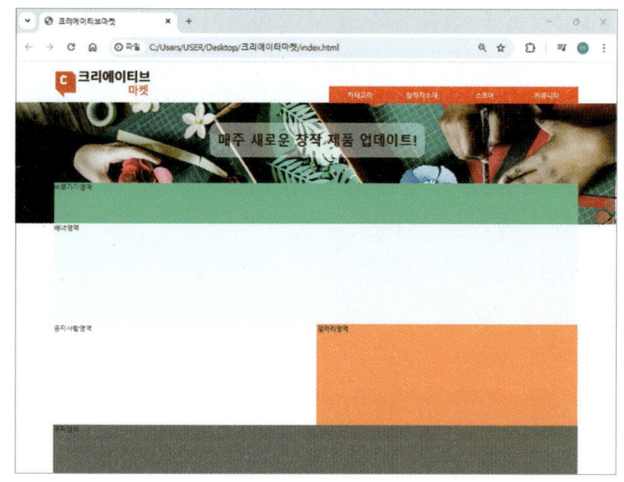

03 슬라이드 스크립트 작업하기

세부 지시사항의 B 슬라이드 애니메이션 효과를 구현합니다. 슬라이드 애니메이션이 Fade-in, Fade-out 애니메이션으로 매 3초 이내 다른 이미지로 전환되어야 하며, 웹사이트 열었을 때 자동으로 시작되어 반복적인 슬라이드가 되도록 제이쿼리(jQuery)로 작업합니다.

01 'script.js' 문서를 활성화합니다. 그리고 메뉴 스크립트 다음 줄에 '.slide ul li' 중 보여지고 있는 첫 번째 슬라이드를 숨기 고 다음 슬라이드가 보이도록 제이쿼리를 작성합니다.

```
//슬라이드
$(".slide ul li").eq(0).fadeOut();
$(".slide ul li").eq(1).fadeIn();
```

```
8    //슬라이드
9    $(".slide ul li").eq(0).fadeOut();
10   $(".slide ul li").eq(1).fadeIn();
```

[script.js]

02 다음 Fade in/out 애니메이션을 예상하 여 제이쿼리를 작성합니다.

```
//슬라이드
$(".slide ul li").fadeOut();
$(".slide ul li").eq(1).fadeIn();
//3초후
$(".slide ul li").fadeOut();
$(".slide ul li").eq(2).fadeIn();
//3초후
$(".slide ul li").fadeOut();
$(".slide ul li").eq(0).fadeIn();
```

```
8    //슬라이드
9    $(".slide ul li").fadeOut();
10   $(".slide ul li").eq(1).fadeIn();
11   //3초후
12   $(".slide ul li").fadeOut();
13   $(".slide ul li").eq(2).fadeIn();
14   //3초후
15   $(".slide ul li").fadeOut();
16   $(".slide ul li").eq(0).fadeIn();
```

[script.js]

03 슬라이드 전환 코드를 간소화하기 위해 반복되는 부분을 생략하고, 변수 i를 활용하여 슬라이드 공식을 다음과 같이 작성합니다. 이때, 애니메이션이 겹쳐 발생하는 문제를 방지하기 위해 stop() 메서드를 함께 사용합니다.

```
//슬라이드
let i = 0;
i++;
$(".slide ul li").stop().fadeOut();
$(".slide ul li").eq(i).stop().fadeIn();
```

```
 8    //슬라이드
 9    let i = 0;
10    i++;
11    $(".slide ul li").stop().fadeOut();
12    $(".slide ul li").eq(i).stop().fadeIn();
```

[script.js]

04 실행문을 반복하기 위해 함수로 해당 실행문을 감싸줍니다.

```
//슬라이드
let i=0;
function slide(){
    i++;
    $(".slide ul li").stop().fadeOut();
    $(".slide ul li").eq(i).stop().fadeIn();
}
slide();
```

```
 8    //슬라이드
 9    let i=0;
10    function slide(){
11        i++;
12        $(".slide ul li").stop().fadeOut();
13        $(".slide ul li").eq(i).stop().fadeIn();
14    }
15    slide();
```

[script.js]

05 반복적으로 함수를 호출하기 위해 'slide();'를 'setInterval'로 변경합니다.

```
//슬라이드
let i=0;
function slide(){
    i++;
    $(".slide ul li").stop().fadeOut();
    $(".slide ul li").eq(i).stop().fadeIn();
}
setInterval(slide, 3000);
```

```
 8    //슬라이드
 9    let i=0;
10    function slide(){
11        i++;
12        $(".slide ul li").stop().fadeOut();
13        $(".slide ul li").eq(i).stop().fadeIn();
14    }
15
16    setInterval(slide, 3000);
```

[script.js]

06 i++(증감식)로 인하여 변수가 계속 증가 됩니다. 조건을 걸어 마지막 슬라이드 다음 첫 번째 슬라이드가 나타날 수 있도록 다음과 같이 작성합니다.

```
//슬라이드
let i=0;
function slide(){
    if(i<2){
        i++;
    }else{
        i=0;
    }
    $(".slide ul li").stop().fadeOut();
    $(".slide ul li").eq(i).stop().fadeIn();
}
setInterval(slide, 3000);
```

```
 8    //슬라이드
 9    let i=0;
10    function slide(){
11        if(i<2){
12            i++;
13        }else{
14            i=0;
15        }
16        $(".slide ul li").stop().fadeOut();
17        $(".slide ul li").eq(i).stop().fadeIn();
18    }
19    setInterval(slide, 3000);
```

[script.js]

07 작업한 모든 파일을 저장하고 'index. html' 문서가 활성화된 상태에서 상태표시줄에 Go Live를 선택하여 웹 브라우저인 '크롬(Chrome)'으로 작업 결과를 확인합니다. 브라우저에서 슬라이드 사라지고 다음 슬라이드가 나타나는 애니메이션이 3초마다 진행됩니다.

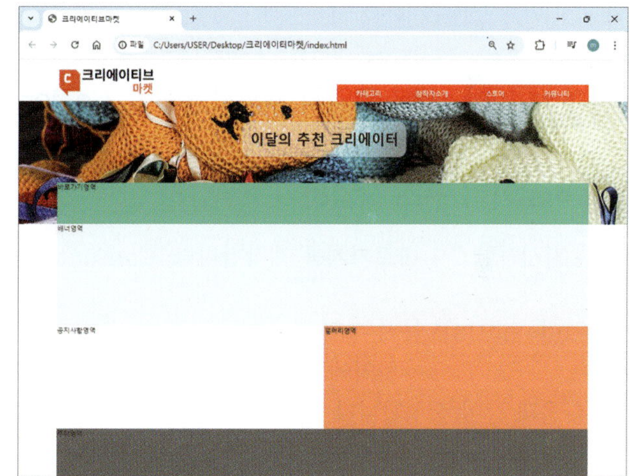

💬 요소 TIP

- **let i = 0** : 변수 i 선언 후 0을 할당
- **i++** : 증감 연산자로, 변수 i의 값을 1씩 증가시키는 역할
- **$(".slide ul li")** : .slide의 자식 요소 〈ul〉의 자식 요소 모든 li 요소 선택
- **eq(index)** : ()(괄호) 안에 index 번호를 넣으며 선택한 요소 집합 중 지정된 인덱스에 해당하는 요소를 선택
- **fadeIn()/fadeOut()** : fadeIn()은 요소가 점점 나타나고, fadeOut()은 요소가 점점 사라짐
- **.stop()** : 이전에 실행 중인 애니메이션을 중단시켜, 빠르게 연속 실행되는 애니메이션 충돌을 방지할 수 있음
- **if(조건문){실행문1}else{실행문2}** : 조건문이 참일 때 실행문1을 실행하고 거짓일 때 실행문2를 실행
- **setInterval(함수명, 밀리초)** : 지정한 시간 간격(밀리초)마다 해당 함수를 반복 실행하는 자바스크립트 내장 함수
- **밀리초(ms)** : 1초는 1,000밀리초이며, 1밀리초는 1초의 1/1,000에 해당

- **자바스크립트 인덱스(Index)란?**
  인덱스(Index)는 배열(Array) 또는 문자열(String) 내의 특정 요소나 문자에 접근할 때 사용하는 숫자 값이다. 자바스크립트에서 인덱스는 0부터 시작합니다.

- **인덱스 예시**
  - var colors = ["RED", "GREEN", "BLUE"];
  - console.log(colors[0]); // 콘솔창에 "RED" 출력
  - console.log(colors[1]); // 콘솔창에 "GREEN" 출력
  - console.log(colors[2]); // 콘솔창에 "BLUE" 출력

[script.js]

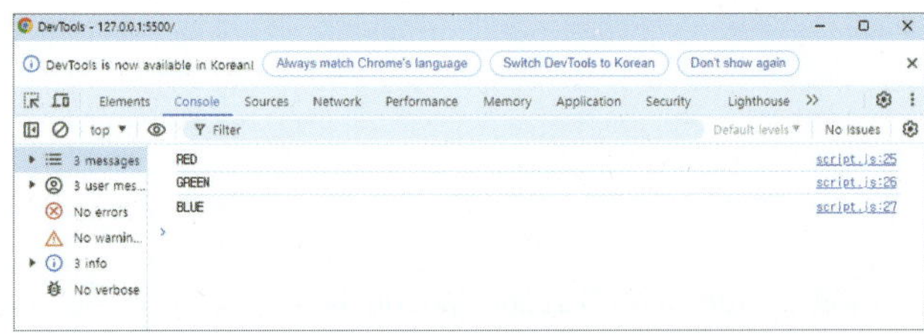

- **콘솔창 확인 방법**
  웹 브라우저(크롬 기준)에서 F12 키 또는 Ctrl+Shift+I를 눌러 개발자 도구를 열고, 상단 탭에서 Console(콘솔)을 클릭하면 자바스크립트 출력 결과를 확인할 수 있습니다.

---

5 STEP 세부 영역별 지시사항 – ⓒ Contents 영역 약 45분

01 바로가기 구조 작업하기

세부 지시사항 C.1 바로가기를 제작합니다. Contents 폴더의 제공된 파일을 활용하여 작업합니다.

01 'index.html' 문서의 '<article class="go"></article>' 사이에 바로가기 내용을 다음과 같이 작성합니다.

```
<article class="go">
    <ul>
        <li>
            <a href="#">
                <h2>
                    <img src="images/icon01.png" alt="전체상품">
                    전체상품
                </h2>
            </a>
```

```
80    <div class="contents">
81        <article class="go">
82            <ul>
83                <li>
84                    <a href="#">
85                        <h2>
86                            <img src="images/icon01.png" alt="전체상품">
87                            전체상품
88                        </h2>
89                    </a>
```

```html
        </li>
        <li>
            <a href="#">
                <h2>
                    <img src="images/icon02.png" alt="추천상품">
                    추천상품
                </h2>
            </a>
        </li>
        <li>
            <a href="#">
                <h2>
                    <img src="images/icon03.png" alt="크리에이터소개">
                    크리에이터소개
                </h2>
            </a>
        </li>
        <li>
            <a href="#">
                <h2>
                    <img src="images/icon04.png" alt="리뷰갤러리">
                    리뷰갤러리
                </h2>
            </a>
        </li>
        <li>
            <a href="#">
                <h2>
                    <img src="images/icon05.png" alt="입점신청">
                    입점신청
                </h2>
            </a>
        </li>
    </ul>
</article>
```

```html
 90             </li>
 91             <li>
 92                 <a href="#">
 93                     <h2>
 94                         <img src="images/icon02.png" alt="추천상품">
 95                         추천상품
 96                     </h2>
 97                 </a>
 98             </li>
 99             <li>
100                 <a href="#">
101                     <h2>
102                         <img src="images/icon03.png" alt="크리에이터소개">
103                         크리에이터소개
104                     </h2>
105                 </a>
106             </li>
107             <li>
108                 <a href="#">
109                     <h2>
110                         <img src="images/icon04.png" alt="리뷰갤러리">
111                         리뷰갤러리
112                     </h2>
113                 </a>
114             </li>
115             <li>
116                 <a href="#">
117                     <h2>
118                         <img src="images/icon05.png" alt="입점신청">
119                         입점신청
120                     </h2>
121                 </a>
122             </li>
123         </ul>
124     </article>
```

[index.html]

02 바로가기 스타일 작업하기

01 'style.css' 문서에서 '.go'를 찾아 배경색을 지우고, 다음 줄에 스타일을 다음과 같이 작성합니다.

```css
.go ul {
    display:flex;
    color:#fff;
    height:100%;
}
.go ul li {
    flex-grow:1;
    text-align:center;
    background:#ff0404;
}
.go ul li a {
    display:block;
    height:100%;
    padding-top:30px;
}
```

```
110    .go {
111        height:100px;
112        position:absolute;
113        top:-100px;
114        left:0;
115        width:100%;
116    }
117    .go ul {
118        display:flex;
119        color: ☐ #fff;
120        height:100%;
121    }
122    .go ul li {
123        flex-grow:1;
124        text-align:center;
125        background: ■ #ff0404;
126    }
127    .go ul li a {
128        display:block;
129        height:100%;
130        padding-top:30px;
131    }
```

[style.css]

02 바로가기 아이콘 영역 스타일을 '.go ul li' 스타일 다음 줄에 다음과 같이 작성합니다.

```css
.go ul li:nth-child(even) {
    background:#212121;
}
.go ul li h2 {
    font-size:18px;
}
.go ul li img {
    vertical-align:middle;
    margin-right:10px;
}
```

```css
122    .go ul li {
123        flex-grow:1;
124        text-align:center;
125        background: #ff0404;
126    }
127    .go ul li:nth-child(even) {
128        background: #212121;
129    }
130    .go ul li h2 {
131        font-size:18px;
132    }
133    .go ul li img {
134        vertical-align:middle;
135        margin-right:10px;
136    }
137    .go ul li a {
138        display:block;
139        height:100%;
140        padding-top:30px;
141    }
```

[style.css]

💬 **요소 TIP**

- **.go ul li:nth-child(even)** : 〈article class="go"〉의 하위 요소 〈ul〉의 하위 요소 〈li〉 중 짝수 번째 〈li〉 지정
- **.go ul li img** : 〈article class="go"〉의 하위 요소 〈ul〉의 하위 요소 〈img〉 지정
  - **vertical-align:middle** : 텍스트를 이미지의 수직 중앙에 배치
  - **margin-right:10px** : 오른쪽 바깥 여백 10픽셀 설정하여 이미지와 글자 사이 간격 설정

03 작업한 모든 파일을 저장하고 'index.html' 문서가 활성화된 상태에서 상태표시줄에 Go Live를 선택하여 웹 브라우저인 '크롬(Chrome)'으로 작업 결과를 확인합니다.

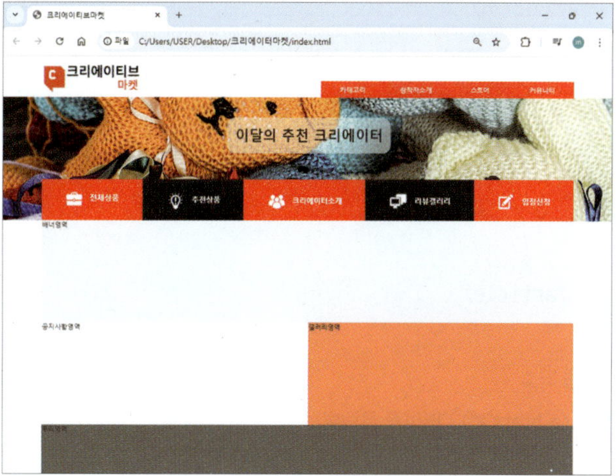

03 배너 작업하기

세부 지시사항 C.2 배너를 제작합니다. Contents 폴더의 제공된 파일을 활용하여 작업합니다.

01 'index.html' 문서의 '<article class="banner"></article>' 사이에 배너 내용을 다음과 같이 작성합니다.

```html
<article class="banner">
    <a href="#">
        <p class="imgBox">
            <img src="images/banner.jpg" alt="홍길동인터뷰">
        </p>
        <div class="txtBox">
            <h2> CREATOR INTERVIEW</h2>
            <p class="date">2026-05-13</p>
            <p class="txt">"창작은 내 일상의 언어예요."
                청년 창작자들의 진짜 이야기를 담은 인터뷰
                지금, 그들의 창작 여정을 만나보세요.</p>
        </div>
        <p class="arrow">
            <img src="images/arrow.png" alt="바로가기">
        </p>
    </a>
</article>
```

```
125        <article class="banner">
126            <a href="#">
127                <p class="imgBox">
128                    <img src="images/banner.jpg" alt="홍길동인터뷰">
129                </p>
130                <div class="txtBox">
131                    <h2> CREATOR INTERVIEW</h2>
132                    <p class="date">2026-05-13</p>
133                    <p class="txt">"창작은 내 일상의 언어예요."
134                        청년 창작자들의 진짜 이야기를 담은 인터뷰
135                        지금, 그들의 창작 여정을 만나보세요.</p>
136                </div>
137                <p class="arrow">
138                    <img src="images/arrow.png" alt="바로가기">
139                </p>
140            </a>
141        </article>
```

[index.html]

💬 요소 TIP

- **<a href="#">** : 배너를 클릭할 수 있는 영역 설정
- **<p class="imgBox">** : 배너의 이미지를 감싸는 영역
- **<div class="txtBox">** : 배너의 텍스트를 감싸는 영역
- **<p class="arrow">** : 배너의 화살표를 감싸는 영역
- **<h2>** : 배너 영역의 제목 요소

01 'style.css' 문서에서 '.banner'를 찾아 다음과 같이 작성합니다.

```css
.banner {
    height:250px;
    background:#f4f8fb;
    padding:20px;
}
.banner a {
    display:flex;
    height:100%;
    gap:30px;
    align-items:center;
}
.banner .imgBox img {
    width:300px;
    height:160px;
    object-fit:cover;
    border-radius:20px;
}
.banner .txtBox {
    flex-grow:1;
}
.banner .txtBox h2 {
    color: #ff0404;
    margin-bottom:10px;
    font-size:30px;
}
.banner .txtBox .date {
    margin-bottom:5px;
    font-weight:bold;
}
.banner .arrow {
    flex-grow:1;
    text-align:center;
}
```

```css
142    .banner {
143        height:250px;
144        background: #f4f8fb;
145        padding:20px;
146    }
147    .banner a {
148        display:flex;
149        height:100%;
150        gap:30px;
151        align-items:center;
152    }
153    .banner .imgBox img {
154        width:300px;
155        height:160px;
156        object-fit:cover;
157        border-radius:20px;
158    }
159    .banner .txtBox {
160        flex-grow:1;
161    }
162    .banner .txtBox h2 {
163        color: #ff0404;
164        margin-bottom:10px;
165        font-size:30px;
166    }
167    .banner .txtBox .date {
168        margin-bottom:5px;
169        font-weight:bold;
170    }
171    .banner .arrow {
172        flex-grow:1;
173        text-align:center;
174    }
```

[style.css]

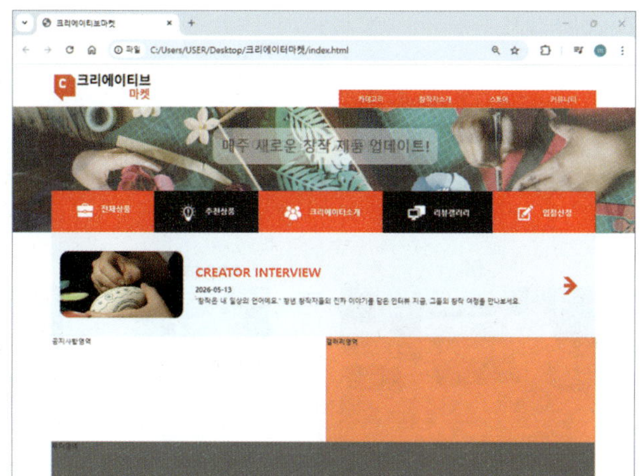

- **.banner a** : 배너를 감싸는 영역으로 클릭할 수 있도록 설정
  - **display:flex** : .banner a를 플렉스 컨테이너로 설정하여, 자식 요소(.imgBox, .txtBox, .arrow)들을 수평으로 나열
  - **height:100%** : 부모 영역(.banner a)의 높이만큼 채워줌
  - **align-items:center** : 플렉스 컨테이너 영역(.banner a)에서 자식 요소(.imgBox, .txtBox, .arrow)를 수직 중앙으로 정렬
- **.banner .imgBox img** : .banner의 하위 요소 〈div class="imgBox"〉의 하위 요소 〈img〉 지정
  - **object-fit:cover** : 이미지가 요소의 크기에 맞춰 잘리더라도 비율을 유지하며 채우도록 설정
  - **border-radius:20px;** : 〈img〉의 사방의 모서리를 20픽셀만큼 둥글게 설정
- **.banner .arrow** : .banner의 하위 요소 〈p class="arrow"〉 선택자
  - **flex-grow:1** : 플렉스 컨테이너 영역의 하위 요소 나열 후 남은 공간을 균등하게 확장하도록 설정
  - **text-align:center** : 하위 요소 〈img〉를 수평 중앙 정렬

- **object-fit 속성이란?**
  - object-fit은 이미지를 요소 크기 안에 어떻게 맞출지 설정하는 CSS 속성입니다.
  - 이미지가 박스 크기에 맞춰 늘어나거나 잘리는 방식을 제어할 수 있습니다.

- **object-fit 주요 속성값**
  - fill : 기본값. 요소 크기에 이미지를 꽉 채우되, 비율이 유지되지 않아 왜곡될 수 있음
  - contain : 이미지의 비율을 유지하며 요소 안에 모두 들어오도록 축소하며 빈 여백이 생길 수 있음
  - cover : 이미지 비율을 유지하면서 요소 전체를 덮도록 확대하며 일부가 잘릴 수 있음
  - none : 원본 이미지 크기를 그대로 유지하며, 박스보다 클 경우 넘침

```html
1  <!DOCTYPE html>
2  <html lang="ko">
3  <head>
4    <meta charset="UTF-8">
5    <meta name="viewport" content="width=device-width, initial-scale=1.0">
6    <title>object-fit 속성</title>
7    <link href="style.css" rel="stylesheet">
8  </head>
9  <body>
10   <table>
11     <tr>
12       <th>fill</th>
13       <th>contain</th>
14       <th>cover</th>
15       <th>none</th>
16     </tr>
17     <tr>
18       <td><img src="img.jpg" class="fill"></td>
19       <td><img src="img.jpg" class="contain"></td>
20       <td><img src="img.jpg" class="cover"></td>
21       <td><img src="img.jpg" class="none"></td>
22     </tr>
23   </table>
24 </body>
25 </html>
```

[index.html]

```css
# style.css > ...
1  @charset "utf-8";
2  img {
3    width: 200px;
4    height: 100px;
5  }
6  .fill {
7    object-fit: fill;/*기본값*/
8  }
9  .contain {
10   object-fit: contain;
11 }
12 .cover {
13   object-fit: cover;
14 }
15 .none {
16   object-fit: none;
17 }
```

[style.css]

세부 지시사항 C.3 공지사항을 제작합니다. Contents 폴더의 제공된 파일을 활용하여 작업합니다.

01 'index.html' 문서의 '<div class="notice"></div>' 사이에 배너 내용을 다음과 같이 작성합니다.

```html
<div class="notice">
    <h2>공지사항</h2>
    <ul>
        <li>
            <a href="#" class="pop">
                <p>[모집] 2026 상반기 청년 창작자 입점 모집 안내</p>
                <span>2026.03.25</span>
            </a>
        </li>
        <li>
            <a href="#">
                <p>시스템 점검 안내 (4월 5일 AM 2:00~4:00)</p>
                <span>2026.03.15</span>
            </a>
        </li>
        <li>
            <a href="#">
                <p>신규 카테고리 &lt;디지털 굿즈&gt; 오픈 안내</p>
                <span>2026.02.20</span>
            </a>
        </li>
        <li>
            <a href="#">
                <p>배송 및 반품 정책 개편 사전 안내</p>
                <span>2026.01.01</span>
            </a>
        </li>
    </ul>
</div>
```

```html
<article class="board">
    <div class="notice">
        <h2>공지사항</h2>
        <ul>
            <li>
                <a href="#" class="pop">
                    <p>[모집] 2026 상반기 청년 창작자 입점 모집 안내</p>
                    <span>2026.03.25</span>
                </a>
            </li>
            <li>
                <a href="#">
                    <p>시스템 점검 안내 (4월 5일 AM 2:00~4:00)</p>
                    <span>2026.03.15</span>
                </a>
            </li>
            <li>
                <a href="#">
                    <p>신규 카테고리 &lt;디지털 굿즈&gt; 오픈 안내</p>
                    <span>2026.02.20</span>
                </a>
            </li>
            <li>
                <a href="#">
                    <p>배송 및 반품 정책 개편 사전 안내</p>
                    <span>2026.01.01</span>
                </a>
            </li>
        </ul>
    </div>
```

[index.html]

06 공지사항 스타일 작업하기

세부 지시사항 C.3 공지사항을 제작합니다. Contents 폴더의 제공된 파일을 활용하여 작업합니다.

01 'style.css' 문서에서 '.board div'를 찾아 다음과 같이 작성합니다.

```css
.board div {
    width:50%;
    padding:20px;
}
.board div h2 {
    background:#212121;
    color:#fff;
    text-align:center;
    width:150px;
    padding:10px 0;
    font-size:20px;
}
.notice ul {
    border-top:3px solid #212121;
    padding:5px 0;
}
.notice ul li:nth-child(even) {
    background:#ccc;
}
.notice ul li a {
    display:block;
    padding:5px;
    position:relative;
}
```

```css
175    .board div {
176        width:50%;
177        padding:20px;
178    }
179    .board div h2 {
180        background: #212121;
181        color: #fff;
182        text-align:center;
183        width:150px;
184        padding:10px 0;
185        font-size:20px;
186    }
187    .notice ul {
188        border-top:3px solid #212121;
189        padding:5px 0;
190    }
191    .notice ul li:nth-child(even) {
192        background: #ccc;
193    }
194    .notice ul li a {
195        display:block;
196        padding:5px;
197        position:relative;
198    }
199    .notice ul li p {
200        width:460px;
201        white-space:nowrap;
202        overflow:hidden;
203        text-overflow:ellipsis;
204    }
205    .notice ul li span {
206        position:absolute;
207        right:5px;
208        top:5px;
209    }
```

[style.css]

```css
.notice ul li p {
    width:460px;
    white-space:nowrap;
    overflow:hidden;
    text-overflow:ellipsis;
}
.notice ul li span {
    position:absolute;
    right:5px;
    top:5px;
}
```

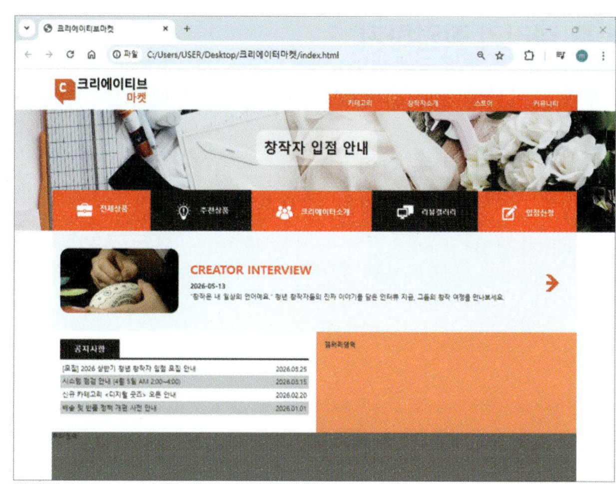

요소 TIP

- **.board div h2** : 〈div class="board"〉 의 하위 요소 〈div〉의 하위 요소 〈h2〉 지정
  - **padding:10px 0** : 위 · 아래 내부 여백 10픽셀 설정
- **.notice ul li:nth-child(even)** : .notice의 하위 요소 〈ul〉의 하위 요소 〈li〉 중 짝수 번째 〈li〉 지정
- **.notice ul li span** : .notice의 하위 요소 〈ul〉의 하위 요소 〈li〉의 하위 요소 〈span〉 지정, 공지사항 날짜 스타일 적용
  - **position:absolute** : .notice ul li p 요소의 영향을 받지 않도록 공중에 띄워 작업
  - **right:5px** : 기준 요소(.notice ul li a)의 오른쪽에서부터 5픽셀 왼쪽으로 배치
  - **top:5px** : 기준 요소(.notice ul li a)의 상단에서부터 5픽셀 아래로 배치
- **.notice ul li a** : .notice의 하위 요소 〈ul〉의 하위 요소 〈li〉의 하위 요소 〈a〉 지정
  - **position:relative** : .notice ul li span의 기준 역할
  - **padding:5px** : 사방 내부 여백 5픽셀 설정

07 갤러리 작업하기

세부 지시사항 C.4 갤러리를 제작합니다. Contents 폴더의 제공된 파일을 활용하여 작업합니다.

01 'index.html' 문서의 '<div class="gall"></div>' 사이에 갤러리 내용을 다음과 같이 작성합니다.

```
<div class="gall">
    <h2>갤러리</h2>
    <ul>
        <li>
            <a href="#">
                <p class="box"><img src="images/g1.jpg" alt="크리에이터 작업공간"></p>
                <span>크리에이터 작업공간</span>
            </a>
        </li>
        <li>
            <a href="#">
                <p class="box"><img src="images/g2.jpg" alt="팝업스토어 후기"></p>
                <span>팝업스토어 후기</span>
            </a>
        </li>
        <li>
            <a href="#">
                <p class="box"><img src="images/g3.jpg" alt="크리에이터 작업공간"></p>
                <span>크리에이터 작업공간</span>
            </a>
        </li>
    </ul>
</div>
```

```
172    <div class="gall">
173        <h2>갤러리</h2>
174        <ul>
175            <li>
176                <a href="#">
177                    <p class="box">
178                        <img src="images/g1.jpg" alt="크리에이터 작업공간">
179                    </p>
180                    <span>크리에이터 작업공간</span>
181                </a>
182            </li>
183            <li>
184                <a href="#">
185                    <p class="box">
186                        <img src="images/g2.jpg" alt="팝업스토어 후기">
187                    </p>
188                    <span>팝업스토어 후기</span>
189                </a>
190            </li>
191            <li>
192                <a href="#">
193                    <p class="box">
194                        <img src="images/g3.jpg" alt="크리에이터 작업공간">
195                    </p>
196                    <span>크리에이터 작업공간</span>
197                </a>
198            </li>
199        </ul>
200    </div>
201    </article>
202    </div>
```

[index.html]

- 〈p class="box"〉 : 갤러리 이미지를 감싸는 영역
- 〈span〉 : 갤러리 이미지의 설명 영역

08 갤러리 스타일 작업하기

01 'style.css' 문서에서 '.board .gall'을 지우고 다음 줄에 다음과 같이 작성합니다.

```css
.gall ul {
    display:flex;
    gap:20px;
    border-top:3px solid #212121;
    padding-top:10px;
}
.gall ul li {
    text-align:center;
    font-weight:bold;
}
.gall ul li a {
    display:block;
    height:100%;
}
.gall ul li:hover img {
    opacity:0.5;
}
.gall .box {
    margin-bottom:10px;
}
.gall .box img {
    width:200px;
    height:100px;
    object-fit:cover;
}
```

```css
214  .gall ul {
215      display:flex;
216      gap:20px;
217      border-top:3px solid #212121;
218      padding-top:10px;
219  }
220  .gall ul li {
221      text-align:center;
222      font-weight:bold;
223  }
224  .gall ul li a {
225      display:block;
226      height:100%;
227  }
228  .gall ul li:hover img {
229      opacity:0.5;
230  }
231  .gall .box {
232      margin-bottom:10px;
233  }
234  .gall .box img {
235      width:200px;
236      height:100px;
237      object-fit:cover;
238  }
```

[style.css]

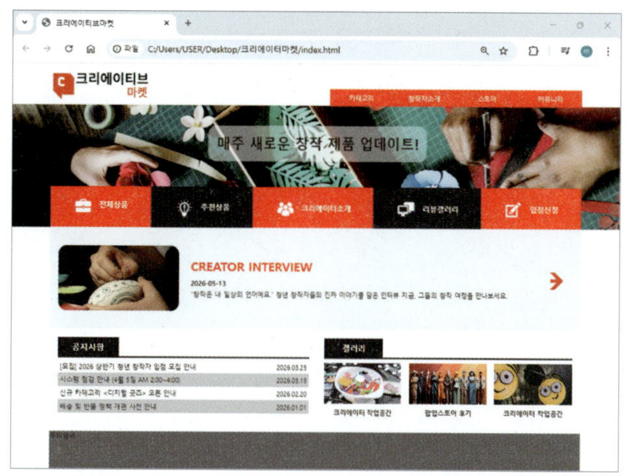

.gall h2는 공지사항 스타일 작업 시 작성했던 .board div h2 스타일이 적용됩니다.

- **.gall ul** : .gall의 하위 요소 <ul> 지정, 갤러리 리스트를 감싸 스타일 설정
  - **border-top:3px solid #212121** : 3픽셀 두께의 색상 #212121 상단 실선 테두리 설정
  - **padding-top:10px** : 위쪽 내부 여백 10픽셀로 설정
  - **display:flex** : .gall ul를 플렉스 컨테이너로 설정, 자식 요소 <li>들을 수평으로 나열
  - **gap:20px** : flex로 나열된 자식 요소 <li>의 사이 간격 20픽셀 지정
- **.gall ul li** : .gall의 하위 요소 <ul>의 하위 요소 <li> 지정
  - **text-align:center** : 요소 내의 텍스트 또는 인라인, 인라인 블록 요소를 수평 중앙 정렬
- **.gall ul li:hover img** : .gall의 하위 요소 <ul>의 하위 요소 <li>에 마우스를 올렸을 때의 하위 요소 <img> 지정(마우스 올렸을 때 이미지에 투명도 효과 적용)
- **.gall .box img** : .gall의 하위 요소 .box의 하위 요소 <img> 지정
  - **object-fit:cover** : 이미지가 요소의 크기에 맞춰 잘리더라도 비율을 유지하며 채우도록 설정

09 팝업창 구조 작업하기

세부 지시사항의 와이어프레임에서 팝업창의 형태를 확인합니다. Contents 폴더의 제공된 텍스트 파일을 사용하여 모달 레이어 팝업(Modal Layer Popup)을 제작합니다.

01 'index.html' 문서의 '</footer>' 다음 줄에 팝업창을 다음과 같이 작성합니다.

```
<div id="popup" class="popup">
    <div class="popcon">
        <h2>2026 상반기 청년 창작자 입점 모집 안내</h2>
        <p class="img"><img src="images/pop.jpg" alt="2026 상반기 청년 창작자 입점 모집 안내"></p>
        <p class="text">
            당신의 창의력을 세상과 나눌 시간!<br>
            「크리에이티브 마켓」이 청년 창작자 여러분을 기다립니다.
            <strong>모집기간 : 2026년 4월 1일 ~ 4월 15일</strong>
        </p>
        <div class="close"><button>CLOSE X</button></div>
    </div>
</div>
```

```
206  <div id="popup" class="popup">
207      <div class="popcon">
208          <h2>2026 상반기 청년 창작자 입점 모집 안내</h2>
209          <p class="img"><img src="images/pop.jpg" alt="2026 상반기 청년 창작자 입점 모집
             안내"></p>
210          <p class="text">
211              당신의 창의력을 세상과 나눌 시간!<br>
212              「크리에이티브 마켓」이 청년 창작자 여러분을 기다립니다.
213              <strong>모집기간 : 2026년 4월 1일 ~ 4월 15일</strong>
214          </p>
215          <div class="close"><button>CLOSE X</button></div>
216      </div>
217  </div>
218      </div>
219  </body>
220
221  </html>
```

[index.html]

💬 **요소 TIP**

- 〈div id="popup" class="popup"〉 : 전체 팝업 영역을 감싸주는 클래스 명이 popup인 요소
- 〈div class="popcon"〉 : 팝업의 콘텐츠를 감싸주는 클래스 명이 popcon인 요소
- 〈p class="img"〉 : 팝업 내 이미지를 감싸주는 클래스 명이 img인 요소
- 〈p class="text"〉 : 팝업 내 텍스트를 감싸주는 클래스 명이 text인 요소
- 〈div class="close"〉 : 팝업 내 버튼 요소를 감싸주는 클래스 명이 close인 요소

⑩ 팝업창 스타일 작업하기

01 'style.css' 문서의 마지막 줄에 팝업창의 스타일을 다음과 같이 작성합니다.

```css
#popup {
    position:absolute;
    top:0;
    left:0;
    width:100%;
    height:100%;
    background:rgba(0, 0, 0, 0.5);
    z-index:9999;
}
.popcon {
    position: absolute;
    width:500px;
    top:50%;
    left:50%;
    transform:translate(-50%, -50%);
    background:#fff;
    text-align:center;
    padding:20px;
    border-radius:20px;
}
```

```
245   #popup {
246       position:absolute;
247       top:0;
248       left:0;
249       width:100%;
250       height:100%;
251       background:■rgba(0, 0, 0, 0.5);
252       z-index:9999;
253   }
254   .popcon {
255       position:absolute;
256       width:500px;
257       top:50%;
258       left:50%;
259       transform:translate(-50%, -50%);
260       background:□#fff;
261       text-align:center;
262       padding:20px;
263       border-radius:20px;
264   }
```

[style.css]

02 'style.css' 문서의 'body' 스타일 다음 줄에 팝업창의 기준을 다음과 같이 작성합니다.

```css
.wrap{
    position:relative;
}
```

```
26   .wrap{
27       position:relative;
28   }
```

[style.css]

• 팝업창은 모든 콘텐츠의 가장 위에 표시되어야 하므로, 공중에 띄워 작업합니다.
• 팝업창을 홈페이지 가운데 배치하기 위해 .wrap에 기준을 설정합니다.

💬 요소 TIP

• **#popup** : <div id="popup" class="popup">의 선택자로 배경 콘텐츠 상호작용을 차단된다는 것을 보여주기 위해 어두운 배경을 설정
  - **z-index:9999** : position 속성으로 설정된 요소에 쌓이는 순서를 결정, 팝업은 모든 콘텐츠의 제일 위에 있어야 하므로 값을 9999로 설정
• 공중에 띄운 요소를 가운데 배치하는 방법
  - **top:50%** : 기준 요소의 상단에서부터 50% 아래로 배치
  - **left:50%** : 기준 요소의 왼쪽으로부터 50% 오른쪽으로 배치
  - **transform:translate(−50%, −50%)** : 자신의 너비와 높이의 50%만큼 왼쪽과 위쪽으로 이동
• **text-align:center** : 요소 내의 텍스트 또는 인라인, 인라인 블록 요소(<img>, <button>)를 중앙 정렬
• **padding:20px** : 사방의 내부 여백을 20픽셀 설정
• **border-radius:20px** : 사방의 모서리를 20픽셀만큼 둥글게 설정

03 팝업 타이틀과 내용의 스타일을 '#popup' 다음 줄에 다음과 같이 작성합니다.

```css
.popcon h2 {
    color:#ff0404;
    margin-bottom:20px;
}
.popcon .text {
    margin:20px 0;
}
.popcon strong {
    display:block;
}
.popcon .close {
    text-align:right;
}
.popcon .close button {
    background: #212121;
    padding:10px;
    color:#fff;
}
.popcon .close button:hover {
    background:#ff0404;
}
```

```css
268  .popcon h2 {
269      color: #ff0404;
270      margin-bottom:20px;
271  }
272  .popcon .text {
273      margin:20px 0;
274  }
275  .popcon strong {
276      display:block;
277  }
278  .popcon .close {
279      text-align:right;
280  }
281  .popcon .close button {
282      background: #212121;
283      padding:10px;
284      color: #fff;
285  }
286  .popcon .close button:hover {
287      background: #ff0404;
288  }
```

[style.css]

- **.popcon .text** : .popcon의 하위 요소 .text를 지정하여 팝업 내 텍스트 스타일 지정
  - margin:20px 0 : 위 · 아래 바깥 여백 20픽셀 설정
- **.popcon strong** : .popcon의 하위 요소 strong를 지정하여 팝업 내 텍스트 스타일 지정
  - display:block : 블록 요소로 만들어, 한 줄 전체를 차지하며 줄바꿈이 자동으로 일어나도록 설정
- **.popcon .close** : .popcon의 하위 요소 .close를 지정하여 팝업 내 버튼을 감싸는 영역
  - text-align:right : 인라인 블록 요소인 〈button〉 우측 정렬
- **.popcon .close button** : .popcon의 하위 요소 .close 하위 요소 〈button〉 지정
- **.popcon .close button:hover** : .popcon의 하위 요소 .close 하위 요소 button에 마우스를 올렸을 때 스타일 지정

04 작업한 모든 파일을 저장하고 'index.html' 문서가 활성화된 상태에서 상태표시줄에 Go Live를 선택하여 웹 브라우저인 '크롬(Chrome)'으로 작업 결과를 확인합니다. 팝업창의 스타일 작업이 완료되었다면 팝업창을 숨깁니다.

```css
#popup {
    position:absolute;
    top:0;
    left:0;
    width:100%;
    height:100%;
    background:rgba(0, 0, 0, 0.5);
    z-index:9999;
    display:none;
}
```

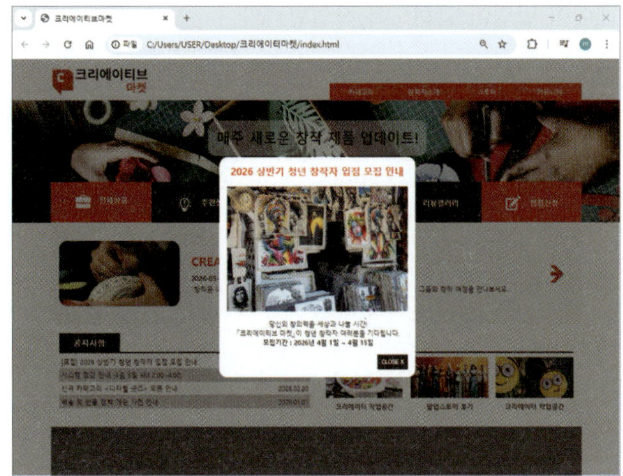

```css
248    #popup {
249        position:absolute;
250        top:0;
251        left:0;
252        width:100%;
253        height:100%;
254        background: rgba(0, 0, 0, 0.5);
255        z-index:9999;
256        display:none;
257    }
```

[style.css]

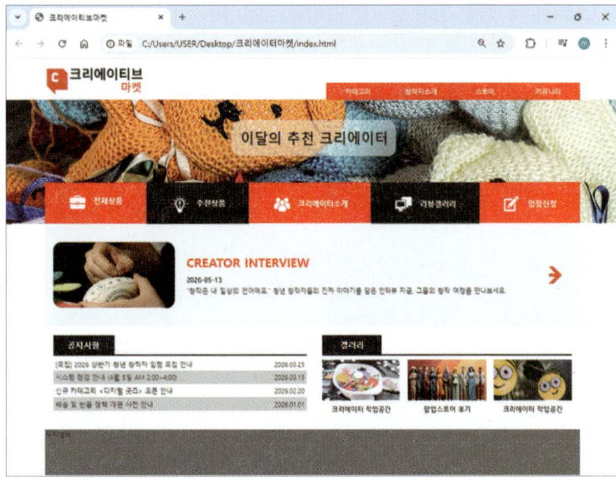

⑪ 팝업창 스크립트 작업하기

세부 지시사항의 C.3 공지사항 팝업 효과를 구현합니다. 공지사항의 첫 번째 게시글을 클릭(Click) 시 모달 레이어 팝업(Modal Layer Popup)이 나오도록 작업하며, 레이어 팝업의 Close 버튼을 클릭하면 해당 레이어 팝업이 닫히도록 작업합니다.

01 'script.js' 문서에서 마지막 줄에 '팝업' 창 스크립트를 다음과 같이 작성합니다.

```
//팝업
$(".pop").click(function(e){
    e.preventDefault();
    $("#popup").show();
});
$(".close button").click(function(){
    $("#popup").hide();
})
```

```
20    //팝업
21    $(".pop").click(function(e){
22        e.preventDefault();
23        $("#popup").show();
24    });
25    $(".close button").click(function(){
26        $("#popup").hide();
27    })
```

[script.js]

02 작업한 모든 파일을 저장하고 'index.html' 문서가 활성화된 상태에서 상태표시줄에 Go Live를 선택하여 웹 브라우저인 '크롬(Chrome)'으로 작업 결과를 확인합니다.

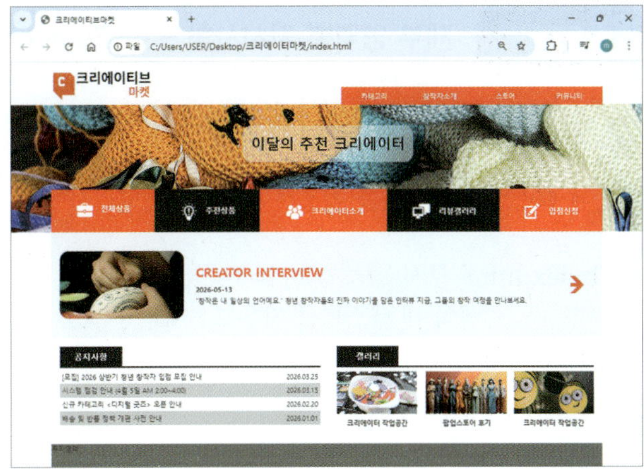

03 공지사항 첫 번째 게시글을 클릭하면 팝업창이 열리고, Close 버튼을 클릭하면 팝업창이 닫힙니다.

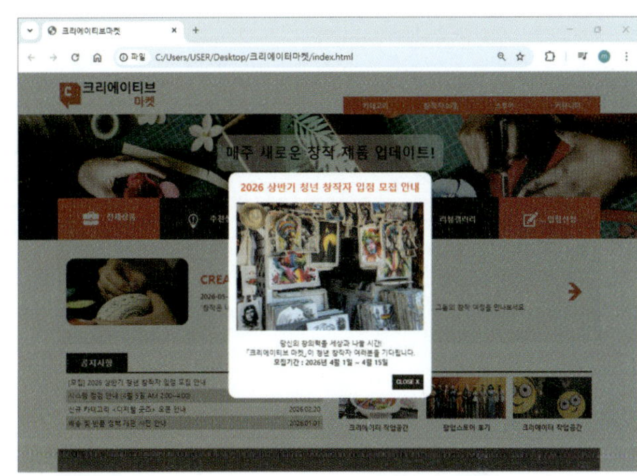

- **레이어 팝업 & 모달 레이어 팝업**
  웹디자인개발기능사 실기시험의 팝업창 종류는 레이어 팝업과 모달 레이어 팝업으로 구분되어 출제되고 있습니다.
- **레이어 팝업**
  레이어 팝업(Layer Popup)은 웹 페이지 위에 나타나는 팝업창으로, 사용자에게 특정 메시지나 정보를 표시합니다. 레이어 팝업은 배경 콘텐츠와 동시에 상호작용할 수 있으며, 일반적으로 닫기 버튼으로 닫을 수 있습니다.
- **모달 레이어 팝업**
  모달 레이어 팝업(Modal Layer Popup)은 웹 페이지 위에 나타나는 팝업창으로, 팝업이 열려 있는 동안 배경 콘텐츠와의 상호작용을 차단합니다. 사용자에게 배경 콘텐츠 상호 작용을 차단된다는 것을 보여주기 위해 어두운 배경을 설정하며 사용자에게 팝업을 닫기 전까지 다른 작업을 할 수 없도록 제한하며, 주로 경고 메시지나 필수 동의 절차 등 중요한 작업에 사용됩니다.

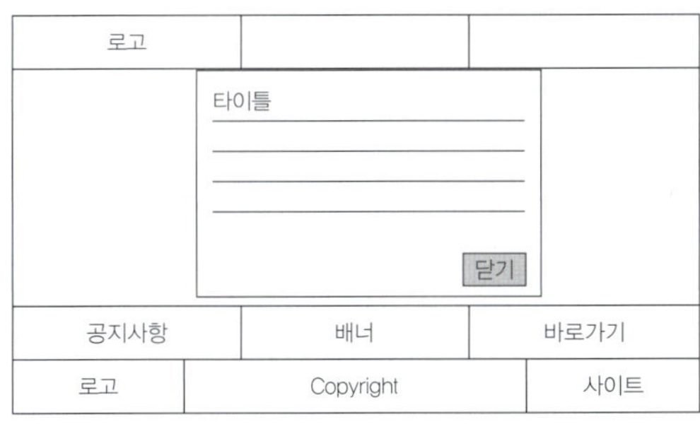

레이어 팝업

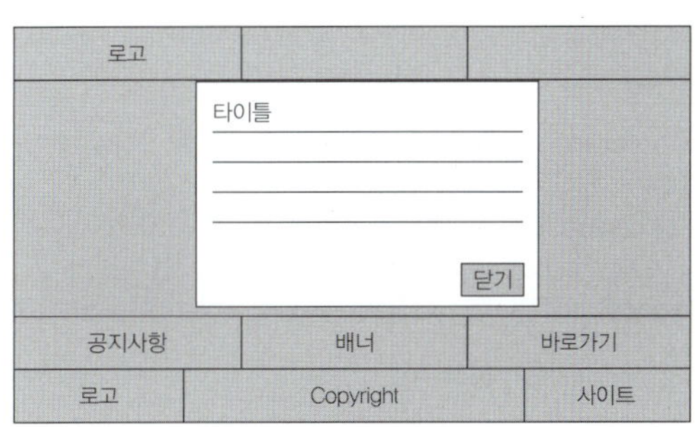

모달 레이어 팝업

01 푸터 영역 구조 작업하기

제공된 텍스트와 이미지를 이용하여 SNS, 패밀리사이트, Copyright를 작업합니다.

01 'index.html' 문서 '<footer id="footer"> </footer>' 영역 내 텍스트를 지우고 SNS, 패밀리사이트, Copyright 순으로 다음과 같이 작성합니다.

```html
<footer id="footer">
    <div>
        <ul class="fsns">
            <li><a href="#"><img src="images/sns1.png" alt="sns1"></a></li>
            <li><a href="#"><img src="images/sns2.png" alt="sns2"></a></li>
            <li><a href="#"><img src="images/sns3.png" alt="sns3"></a></li>
        </ul>
        <select name="familysite">
            <option>Family Site</option>
            <option>중소기업유통센터</option>
            <option>디자인코리아</option>
        </select>
    </div>
    <p class="fcopy">
        COPYRIGHT &copy; 2026 CreativeMarket. All Rights Reserved.
    </p>
</footer>
```

```html
203    <footer id="footer">
204        <div>
205            <ul class="fsns">
206                <li><a href="#"><img src="images/sns1.png" alt="sns1"></a></li>
207                <li><a href="#"><img src="images/sns2.png" alt="sns2"></a></li>
208                <li><a href="#"><img src="images/sns3.png" alt="sns3"></a></li>
209            </ul>
210            <select name="familysite">
211                <option>Family Site</option>
212                <option>중소기업유통센터</option>
213                <option>디자인코리아</option>
214            </select>
215        </div>
216        <p class="fcopy">
217            COPYRIGHT &copy; 2026 CreativeMarket. All Rights Reserved.
218        </p>
219    </footer>
```

[index.html]

💬 **요소 TIP**

- **<footer id="footer">** : SNS와 패밀리사이트, Copyright를 묶어주는 요소
- **<div>** : SNS와 패밀리사이트를 묶어주는 요소
- **<ul class="fsns">** : SNS 리스트를 묶어주는 요소
- **<select name="familysite">** : familysite 라는 이름을 가진 드롭다운 메뉴
- **©** : HTML에서 저작권 기호( )를 표시하기 위한 특수 문자

02 푸터 영역 스타일 작업하기

01 ‘style.css’ 문서에서 ‘footer’를 찾아 푸터
영역 스타일을 다음과 같이 작성합니다.

```css
footer {
    width:1340px;
    height:120px;
    margin:auto;
    background:#666;
    padding-left:20px;
    padding-top:40px;
    color:#fff;
    position:relative;
}
footer div {
    position:absolute;
    top:30px;
    right:20px;
}
```

```css
242  footer {
243      width:1340px;
244      height:120px;
245      margin:auto;
246      background: #666;
247      padding-left:20px;
248      padding-top:40px;
249      color: #fff;
250      position:relative;
251  }
252  footer div {
253      position:absolute;
254      top:30px;
255      right:20px;
256  }
```

[style.css]

💬 요소 TIP

- **footer** : 〈footer〉의 선택자로 하단 영역 스타일 지정
  color:#fff : 〈footer〉에 글자 색상을 흰색으로 설정하면, 하위 요소들에 상속되어 .fcopy의 글자가 흰색으로 설정
- **footer div** : 〈footer〉의 하위 요소 〈div〉 선택자로 SNS와 패밀리사이트를 감싸는 영역으로 스타일 지정
  – **position:absolute** : footer div를 공중에 띄워 상위 요소 〈footer〉에 기준을 설정하여 원하는 위치에 절대 위치로 지정

02 SNS 스타일과 패밀리사이트 스타일을 'footer div' 다음 줄에 다음과 같이 작성합니다.

```css
footer .fsns {
    display:flex;
    gap:5px;
    justify-content: center;
}
footer .fsns a {
    width:30px;
    height:30px;
    display:block;
    border-radius:50%;
    text-align:center;
    padding-top:9px;
}
footer .fsns li:nth-child(1) a {
    background:#47b749;
}
footer .fsns li:nth-child(2) a {
    background:#3c5b9a;
}
footer .fsns li:nth-child(3) a {
    background:red;
}
footer select {
    margin-top:10px;
}
```

```css
257  footer .fsns {
258      display:flex;
259      gap:5px;
260      justify-content: center;
261  }
262  footer .fsns a {
263      width:30px;
264      height:30px;
265      display:block;
266      border-radius:50%;
267      text-align:center;
268      padding-top:9px;
269  }
270  footer .fsns li:nth-child(1) a {
271      background: #47b749;
272  }
273  footer .fsns li:nth-child(2) a {
274      background: #3c5b9a;
275  }
276  footer .fsns li:nth-child(3) a {
277      background: red;
278  }
279  footer select {
280      margin-top:10px;
281  }
```

[style.css]

03 작업한 모든 파일을 저장하고 'index. html' 문서가 활성화된 상태에서 상태표 시줄에 Go Live를 선택하여 웹 브라우저 인 '크롬(Chrome)'으로 작업 결과를 확인 합니다.

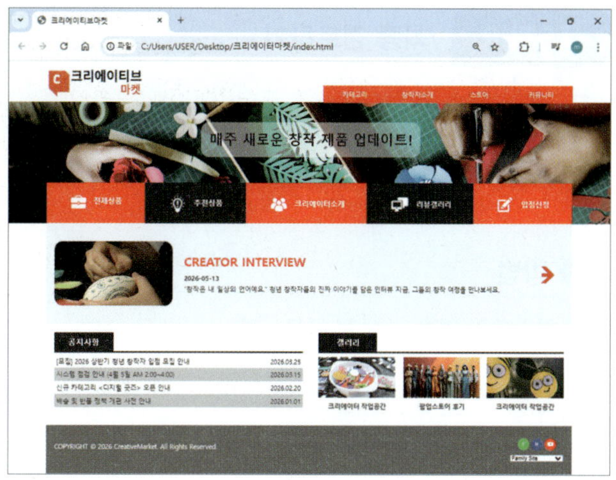

04 웹 브라우저에서 작업 결과를 확인할 때 브라우저 창을 줄여 레이아웃을 점검합니다. 이때 웹 페이지 가 반응하며 가로 스크롤이 나타났으면 하는 지점을 확인하고, 다음과 같이 '.wrap'에 최소 너비 값을 입력합니다.

```
.wrap {
position: relative;
min-width: 1340px;
}
```

➕ 더 알기 TIP

브라우저 창의 너비를 확인하려면 개발자 도구(F12)를 열어놓은 상태에서 창을 줄여, 웹 브라우저 우측 상단에서 너비를 확인할 수 있습니다.

💬 요소 TIP

min-width: 1,340px : 요소(.wrap)의 최소 너비를 1,340픽셀로 설정하여, 브라우저 창을 1,340px 이하일 때 가로 스크롤이 생기면서 웹 페이지가 반응하지 않도록 함

최종 결과물 Check!

작업을 완료했다면 최종 결과물을 확인해야 합니다.

제출 방법

1. 수험자의 비번호로 된 폴더를 제출합니다.

2. 비번호로 된 폴더 안에 'index.html', 'images', 'js', 'css' 폴더와 작업한 파일이 저장되어 있는지 확인합니다.

3. 'index.html'를 열었을 때 모든 리소스가 표시되고 정상 작동해야 합니다.

4. 비번호로 된 폴더의 용량이 10MB가 초과되지 않아야 합니다. (ai, psd 파일은 제출하지 않습니다.)

기술적 준수사항

1. HTML5 기준 웹 표준을 준수해야 합니다. 현장에서 인터넷 사용이 불가하므로 연습 시 HTML 유효성 검사로 오류가 있는지 확인합니다.

2. CSS3 기준 오류가 없도록 작업해야 합니다. 현장에서 인터넷 사용이 불가하므로 연습 시 CSS 유효성 검사로 오류가 있는지 확인합니다.

3. 스크립트 오류가 표시되지 않아야 합니다. 웹 브라우저에서 F12를 눌러 개발자 도구를 실행한 후, 콘솔 (Console) 탭에서 오류가 있는지 확인합니다.

4. 'index.html'을 열었을 때 Tab으로 요소를 이동, 선택할 수 있어야 합니다.

5. 'index.html'을 열었을 때 다양한 화면 해상도에서 페이지 레이아웃이 정상적으로 표시되어야 합니다.

6. 페이지 전체는 CSS를 이용해 레이아웃을 구성해야 합니다.

7. 브라우저에서 CSS를 '사용 안 함'으로 설정하면 콘텐츠가 기본적으로 세로로 나열되어 표시됩니다.

8. 모든 이미지는 대체 텍스트(alt 속성)를 포함하여 이미지의 의미나 용도를 명확히 전달해야 합니다.

9. 텍스트 간의 위계질서를 직관적으로 알 수 있어야 합니다.

10. 제작된 사이트의 최신 버전의 Google Chrome 브라우저에서 레이아웃, 구성 요소의 크기 및 위치 등이 정상적으로 표시되어야 합니다.

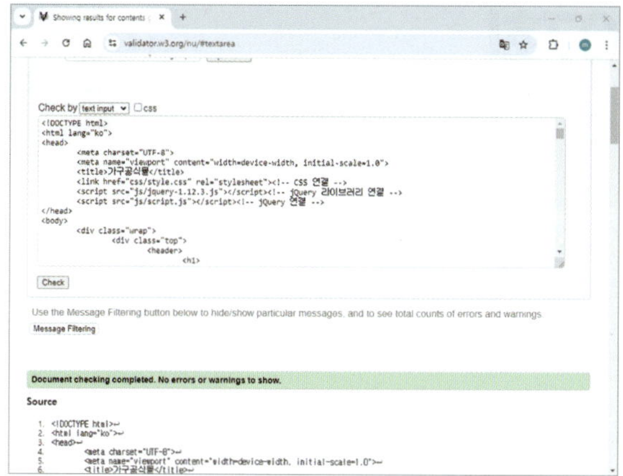

▲ HTML 유효성 검사 – 오류 없음

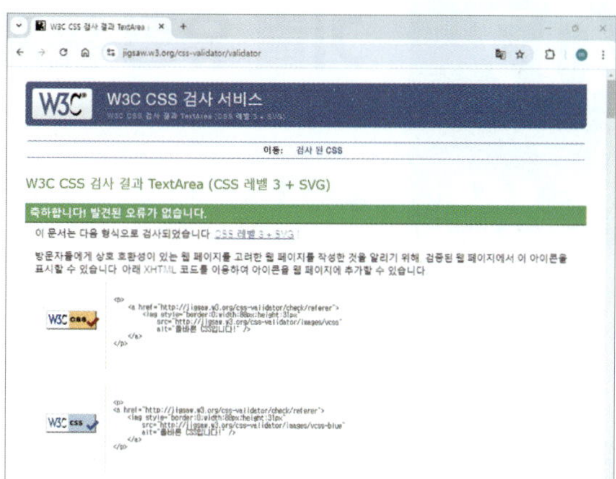

▲ HTML 유효성 검사 – 오류 없음

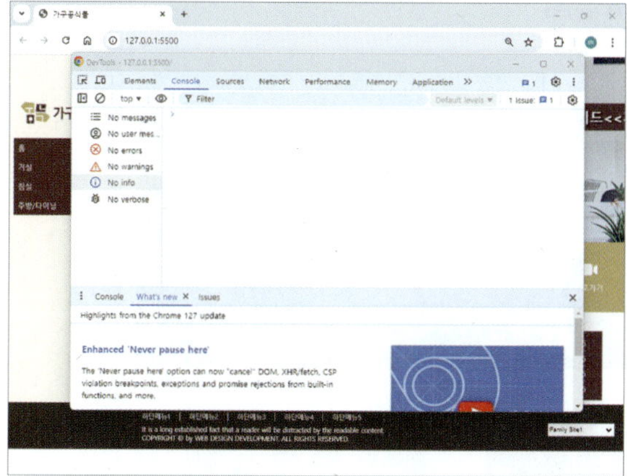

▲ JavaScript와 jQuery의 오류 검사 – 오류 없음

07 기출 유형 문제 07회

작업파일 [PART04 〉 기출유형문제 07회 〉 수험자 제공 파일]을 열어서 작업하세요.

[공개 문제 : A 유형]

서울진로ON 웹사이트 제작

자격종목	웹디자인개발기능사	과제명	서울진로ON

※ 시험시간 : 3시간

1. 요구사항

※ 다음 요구사항을 준수하고, 주어진 자료(수험자 제공 파일)를 활용하여 시험시간 내에 웹 페이지를 제작한 뒤, **10MB 용량이 초과하지 않게** 저장 후 제출하시오.

※ 웹 페이지 코딩은 **HTML5 기준 웹 표준**을 준수하여야 하며, 요구사항에 지정되지 않는 요소들은 주제 특성에 맞게 자유롭게 디자인하시오.

※ 문제에서 지시하지 않은 와이어프레임 영역 비율, 레이아웃, 텍스트의 글자체/색상/크기, 요소별 크기, 색상 등은 수험자가 과제명(가.주제) 특성에 맞게 자유롭게 디자인하시오.

가. 주제 : 서울진로ON 홈페이지 제작

나. 개요

서울시교육청에서는 중 · 고등학생들을 위한 진로체험 정보 플랫폼 「서울 진로 ON」 홈페이지를 제작하고자 한다. 학생들이 다양한 직업 체험, 진로 교육, 진학 상담 정보를 확인할 수 있도록 구성된 웹사이트 제작을 요청하였다. 아래의 요구사항에 따라 메인 페이지를 제작하시오.

다. 제작 내용

01) 메인 페이지를 디자인하고 HTML, CSS, JavaScript 기반의 웹페이지를 제작한다. (이때 jQuery 라이브러리, 이미지, 텍스트 등 제공된 리소스를 활용하여 제작할 수 있다.)

02) HTML과 CSS의 문자 인코딩(charset)은 반드시 UTF-8을 사용해야 한다.

03) 컬러 가이드

주조색 (Main color)	보조색 (Sub color)	배경색 (Background color)	기본 텍스트의 색 (Text color)
#47b253	#75531a	#FFFFFF	#333333

04) 사이트 맵(Site map)

Index page / 메인(Main)			
메인 메뉴(Main menu)	진로탐색	진학정보	커뮤니티	고객지원
서브 메뉴(Sub menu)	직업백과 적성검사 유형별추천 진로인터뷰	대입전형 학과소개 입시일정 학교별자료실	진로고민 멘토Q&A 체험후기 진로뉴스	문의하기 자료다운 연간일정표

05) 와이어프레임(Wireframe)

100%(브라우저 전체 넓이)

1200px(가운데 정렬)

A 로고

MENU-1 | MENU-2 | MENU-3 | MENU-4 … 100px

SUBMENU1-1
SUBMENU1-2
SUBMENU1-3
SUBMENU1-4

B 이미지 슬라이드 … 300px

C 공지사항(C.1) | 갤러리(C.2) | 배너(C.3) … 200px

하단 메뉴
D Copyright … 100px

〈C영역 콘텐츠 각각의 넓이는 수험자가 판단〉

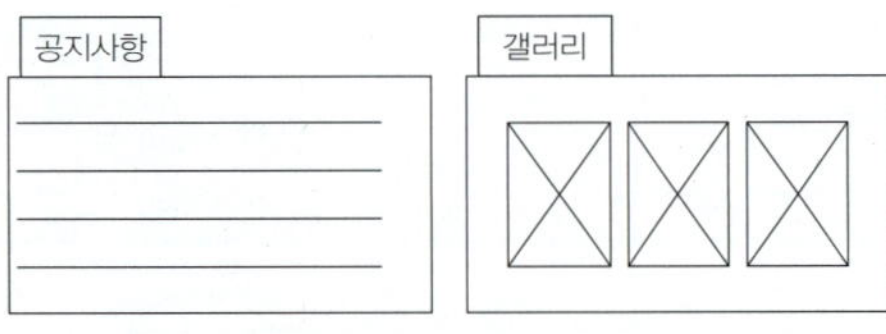

〈공지사항, 갤러리 별도 구성〉

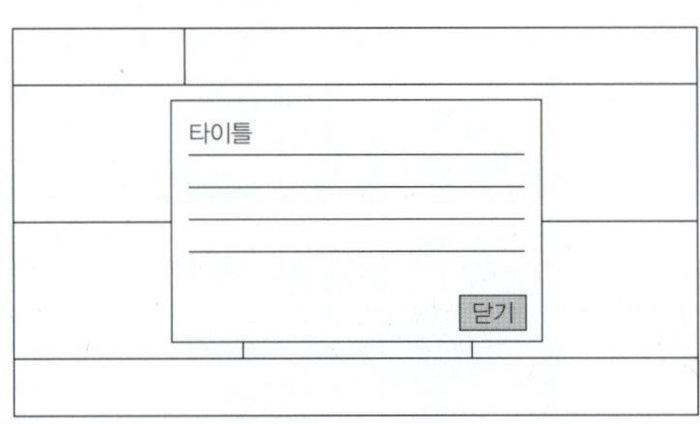

〈레이어 팝업 제작〉

<table>
<tr><td>자격종목</td><td>웹디자인개발기능사</td><td>과제명</td><td>서울진로ON</td></tr>
</table>

라. 세부 영역별 지시사항

영역 및 명칭	세부 지시사항
⒜ Header	**A.1 로고** ○ Header 폴더에 제공된 로고를 삽입한다. 로고의 색은 과제명(가.주제)에 맞게 반드시 변경하여야 한다. ※ 로고의 크기 변경 시, 가로세로 비율(종횡비, Aspect ratio)을 유지하여야 한다. 　(가로세로 비율을 유지하며 크기 변경 가능) **A.2 메뉴 구성** ※ 사이트 구조도를 참고하여 메인 메뉴(Main menu)와 서브 메뉴(Sub menu)로 구성한다. **(1) 메인 메뉴(Main menu) 효과 [와이어프레임 참조]** ○ 메인 메뉴 중 하나에 마우스를 올리면(Mouse over) 하이라이트 되고, 벗어나면(Mouse out) 하이라이트를 해제한다. ○ 메인 메뉴를 마우스로 올리면(Mouse over) 서브 메뉴 영역이 부드럽게 나타나 서브 메뉴가 보이도록 한다. ○ 메인 메뉴에서 마우스커서가 벗어나면(Mouse out) 서브 메뉴 영역은 부드럽게 사라져야 한다. **(2) 서브 메뉴 영역 효과** ○ 서브 메뉴 영역은 메인 페이지 콘텐츠를 고려하여 배경색을 설정한다. ○ 서브 메뉴 중 하나에 마우스를 올리면(Mouse over) 하이라이트 되고 벗어나면(Mouse out) 하이라이트를 해제한다. ○ 마우스 커서가 메뉴 영역을 벗어나면(Mouse out) 서브 메뉴 영역은 부드럽게 사라져야 한다.
⒝ Slide	**B. Slide 이미지 제작** ○ [Slide] 폴더에 제공된 3개의 이미지로 제작한다. ○ [Slide] 폴더에 제공된 3개의 텍스트를 각 이미지에 적용하되, 텍스트의 글자체, 굵기, 색상, 크기를 적절하게 설정하여 가독성을 높이고, 독창성이 드러나도록 제작한다. **B. Slide 애니메이션 작업** ※ 위에서 작업한 결과물을 이용하여 슬라이드 작업을 한다. ○ 이미지 슬라이드는 「Fade-in, Fade-out」 효과를 이용하여 제작한다. 　(하나의 이미지가 서서히 사라지고, 다른 이미지가 서서히 나타나는 효과이다.) ○ 슬라이드는 매 3초 이내로 하나의 이미지에서 다른 이미지로 전환되어야 한다. ○ 웹사이트를 열었을 때 자동으로 시작되어 반복적으로(마지막 이미지가 슬라이드되면 다시 첫 번째 이미지가 슬라이드 되는 방식) 슬라이드 되어야 한다.
⒞ Contents	**C.1 공지사항** ○ 공지사항 타이틀 영역과 콘텐츠 영역을 구분하여 표현해야 한다. ○ 콘텐츠는 수험자 제공자 파일에 제공된 텍스트를 적용하여 제작한다. ○ 공지사항의 첫 번째 콘텐츠를 클릭할 경우 레이어 팝업창(Layer Popup)이 나타나며, 레이어 팝업창 안에 닫기 버튼을 배치하여, 클릭 시 해당 팝업창을 닫을 수 있도록 한다. [와이어프레임 참조] ○ 레이어 팝업의 제목과 내용은 수험자 제공자 파일에 제공된 텍스트 파일을 사용한다. **C.2 갤러리** ○ Contents 폴더에 제공된 이미지를 사용하여 가로 방향으로 배치한다. [와이어프레임 참조] ○ 갤러리의 이미지에 마우스 오버(Mouse over) 시 해당 객체의 투명도(Opacity) 변화가 있어야 한다. **C.3 바로가기** ○ Contents 폴더의 제공된 파일을 활용하여 편집 또는 디자인하여 제작한다. ※ 콘텐츠는 HTML 태그로 작성해야 하며, 이미지로 삽입해서는 안 된다.
⒟ Footer	**D. Footer** ○ 수험자 제공 파일에 제공된 텍스트를 사용하여 하단 메뉴, Copyright를 제작한다.

<table>
<tr><td>자격종목</td><td>웹디자인개발기능사</td><td>과제명</td><td>서울진로ON</td></tr>
</table>

마. 기술적 준수사항

01) 웹 페이지 코딩은 HTML5 기준 웹 표준을 준수하여야 하며, **HTML 유효성 검사(W3C validator)**에서 오류('ERROR')가 없도록 코딩하여야 한다.

　※ HTML 유효성 검사 서비스는 시험 시 제공하지 않는다. (인터넷 사용불가)

02) CSS는 별도의 파일로 제작하여 링크하여야 하며, **CSS3 기준(W3C validator)**에서 오류('ERROR')가 없도록 코딩되어야 한다.

03) JavaScript 코드는 별도의 파일로 제작하여 연결하여야 하며 Google Chrome 브라우저에 내장된 개발도구의 Console 탭에서 오류('ERROR')가 표시되지 않아야 한다.

04) 별도로 지정하지 않은 상호작용이 필요한 모든 콘텐츠(로고, 메뉴, 버튼, 바로가기 등)는 임시 링크(예 : #)를 적용하고 'Tab(Tab)' 키로 이동 선택할 수 있어야 한다.

05) 사이트는 다양한 화면 해상도에서 일관성 있는 페이지 레이아웃을 제공해야 한다.

06) 웹 페이지 전체 레이아웃은 Table 태그 사용이 아닌 CSS를 통한 레이아웃 작업으로 해야 한다.

07) 브라우저에서 CSS를 "사용 안 함"으로 설정한 경우 콘텐츠가 세로로 나열된다.

08) 타이틀 텍스트(Title text), 바디 텍스트(Body text), 메뉴 텍스트(Menu text)의 각 글자체/굵기/색상/크기 등을 적절하게 설정하여 사용자가 텍스트 간의 위계질서(Hierarchy)를 직관적으로 알 수 있도록 한다.

09) 모든 이미지에는 이미지에 대한 대체 텍스트를 표현할 수 있는 alt 속성이 있어야 한다.

10) 제작된 사이트 메인페이지의 레이아웃, 구성요소의 크기 및 위치 등은 최신 버전의 Google Chrome에서 정상적으로 동작해야 한다.

바. 제출방법

01) 수험자는 비번호로 된 폴더명으로 완성된 작품 파일을 저장하여 제출한다.

02) 폴더 안에는 images, script, css 등의 자료를 분류하여 저장한 폴더도 포함되어 있어야 하며, 메인페이지는 반드시 최상위 폴더에 index.html로 저장하여 제출해야 한다.

03) 수험자는 제출하는 폴더에 index.html을 열었을 때 연결되거나 표시되어야 할 모든 리소스들을 포함하여 제출해야 하며 수험자의 컴퓨터가 아닌 채점위원의 컴퓨터에서 정상 작동해야 한다.

04) 전체 결과물의 용량은 10MB 용량이 초과되지 않게 제출하며 ai, psd 등 웹서비스에 사용하지 않는 파일은 제출하지 않는다.

자격종목	웹디자인개발기능사	과제명	서울진로ON

2. 수험자 유의사항

※ 다음의 유의사항을 고려하여 요구사항을 완성하시오.

01) 수험자 인적사항 및 답안작성은 반드시 검은색 필기구만 사용하여야 하며, 그 외 연필류, 유색 필기구, 지워지는 펜 등을 사용한 답안은 채점하지 않으며 0점 처리된다.

02) 수험에 필요한 소프트웨어 및 참고자료가 하드웨어에 설치되어 있는지 확인 후 작업하시오.

03) 참고자료의 내용 중 오자 및 탈자 등이 있을 때는 수정하여 작업하시오.

04) 지참 공구[수험표, 신분증, 필기도구] 이외의 참고자료 및 외부장치(USB, 키보드, 마우스, 이어폰) 등 **어떠한 물품도 시험 중에는 지참할 수 없다는 점을 유의하시오.**

    (단, 시설목록 이외의 정품 소프트웨어(폰트 제외)를 설치하고자 할 때에는 감독위원의 입회하에 설치하여 사용하시오.)

05) 수험자가 컴퓨터 활용 미숙 등으로 인한 시험의 진행이 어렵다고 판단되었을 때는 감독위원은 시험을 중지시키고 실격 처리할 수 있음을 유의하시오.

06) **바탕화면에 수험자 본인의 '비번호'를 이름으로 한 폴더에 완성된 작품의 파일만을 저장하시오.**

07) 모든 작품을 감독위원 또는 채점위원이 검토하여 동일한 작품이 발견될 경우 관련된 수험자 모두를 부정행위로 처리됨을 유의하시오.

08) 장시간 컴퓨터 작업으로 신체에 무리가 가지 않게 적절한 몸풀기(스트레칭) 후 작업하시오.

09) **다음 사항에 대해서는 실격에 해당되어 채점 대상에서 제외됩니다.**

    가) 수험자 본인이 수험 도중 시험에 대한 기권 의사를 밝히고 시험을 포기한 경우

    나) 작업 범위(용량, 시간)를 초과하거나, 요구사항과 현저히 다른 경우(채점위원이 판단)

    다) **Slide가 JavaScript(jQuery포함), CSS 중 하나 이상의 방법을 이용하여 제작되지 않은 경우**

      ※ 움직이는 Slide를 제작하지 않고 이미지 하나만 배치한 경우도 실격 처리됨

    라) 수험사 미숙으로 비번호 폴더에 완성된 작품 파일을 저장하지 못했을 경우

    마) 압축프로그램을 사용하여 작품을 압축 후 제출한 경우

    바) 과제 기준 20% 이상 완성되지 않은(채점위원이 판단)

3. 지급재료 목록

일련 번호	재료명	규격	단위	수량	비고
1	수험자료 USB 메모리	32GB 이상	개	1	시험장당
2	USB 메모리	32GB 이상	개	1	시험장당 1개씩(채점위원용) ※수험자들의 작품 관리

※ 국가기술자격 실기시험 지급재료는 시험종료 후(기권, 결시자 포함) 수험자에게 지급하지 않습니다.

1 STEP　웹 페이지 기본 설정　　약 15분

01 HTML5 버전 index.html 만들기

문제를 풀기 전 컴퓨터 바탕화면에 본인에게 부여된 '비번호' 폴더를 생성합니다. '비번호' 폴더 안에 'img', 'css', 'js' 폴더를 각각 생성하고, 주어진 수험자 제공 파일들을 각 폴더에 맞게 정리합니다. 본 교재는 '비번호' 대신 '서울진로ON' 폴더 설정 후 작업을 진행합니다.

* 이 책에서는 웹 문서 편집 프로그램으로 Visual Studio Code를 사용합니다.

01 Visual Studio Code를 실행 후 [시작 화면]에서 [폴더 열기]를 선택하거나, 상단 메뉴에서 [파일] – [폴더 열기]를 클릭합니다.

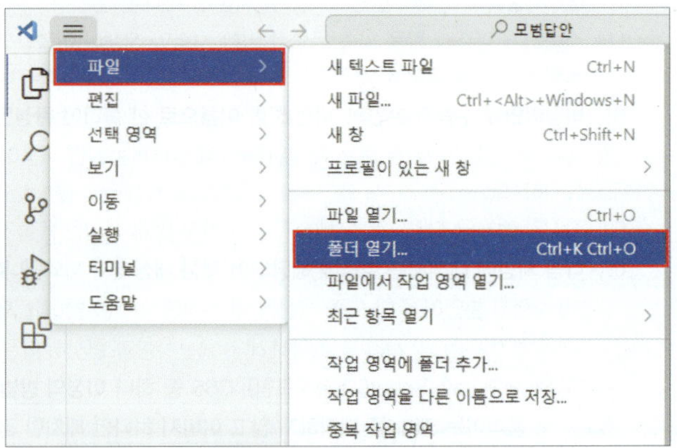

02 바탕화면에 생성한 '서울진로ON' 폴더를 선택합니다.

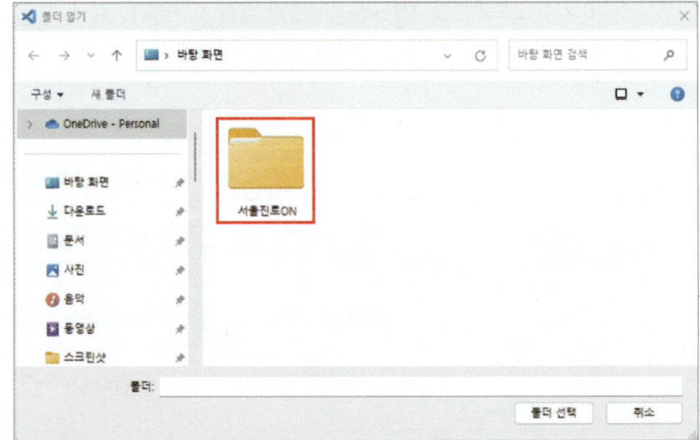

03 Visual Studio Code 좌측의 탐색기 아이콘을 클릭하여 패널을 활성화합니다. 탐색기 패널에는 미리 생성한 'images', 'css', 'js' 폴더가 표시됩니다.

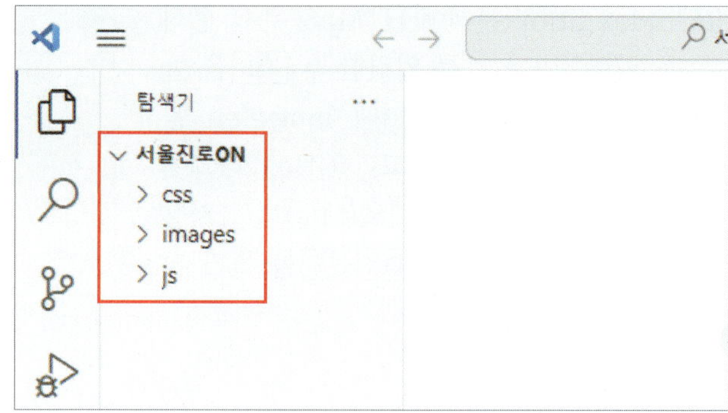

04 탐색기 패널에서 '새 파일' 아이콘을 클릭하여 '서울진로ON' 폴더 내부에 새 파일을 생성합니다.

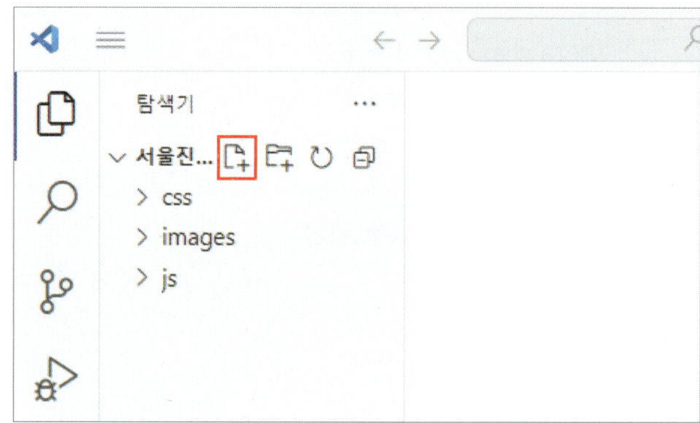

05 파일명을 'index.html'로 변경하고 Enter 를 입력합니다. 그러면 편집 영역에 'index.html' 문서가 활성화되며, Windows 탐색기에서 '서울진로ON' 폴더 안에 해당 파일이 생성된 것을 확인할 수 있습니다.

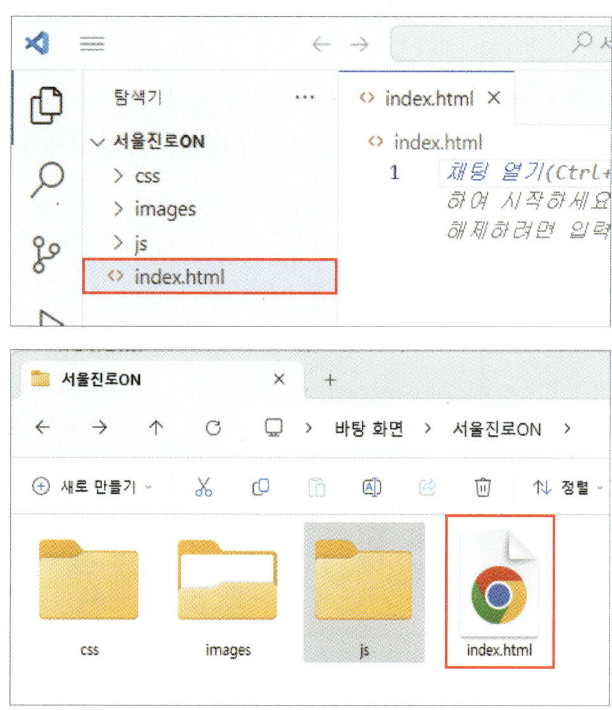

모든 작업 폴더와 파일 이름은 영문으로, 띄어쓰기 없이 작성합니다.

06 'index.html' 문서에 HTML5 문서 형식을 입력하거나, '!'를 입력한 후 [Tab]을 눌러 자동 완성합니다. 이때 'lang="en"'을 'lang="ko"'로 변경하고, 〈title〉 태그에 과제명을 입력한 후 [파일(File)] – [저장(Save)] 또는 단축키 [Ctrl]+[S]를 눌러 저장합니다.

〈!DOCTYPE html〉
〈html lang="ko"〉
〈head〉
　　〈meta charset="UTF-8"〉
　　〈meta name="viewport" content="width=device-width, initial-scale=1.0"〉
　　〈title〉서울진로ON〈/title〉
〈/head〉
〈body〉
〈/body〉
〈/html〉

[index.html]

02 CSS 문서 만들기

작업을 시작하기 전, 실수를 줄이기 위해 CSS 문서를 미리 생성합니다.

01 탐색기 패널에서 미리 생성한 'css' 폴더를 선택한 후, '새 파일' 아이콘을 클릭하여 해당 폴더 내부에 새 파일을 생성합니다.

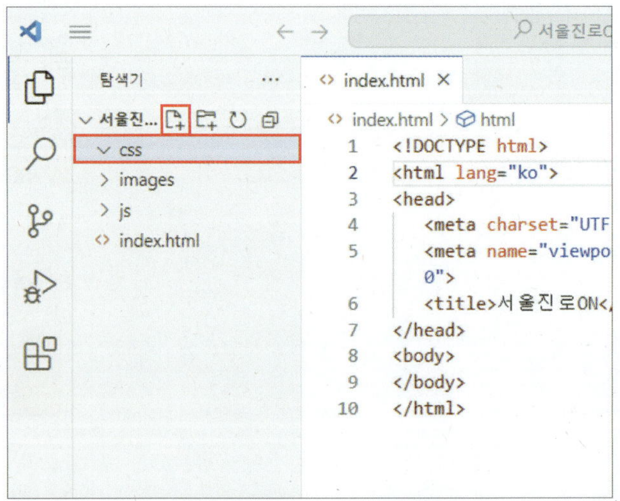

02 파일명을 'style.css'로 변경하고 [Enter]를 입력합니다. 그러면 편집 영역에 'style.css' 문서가 활성화됩니다.

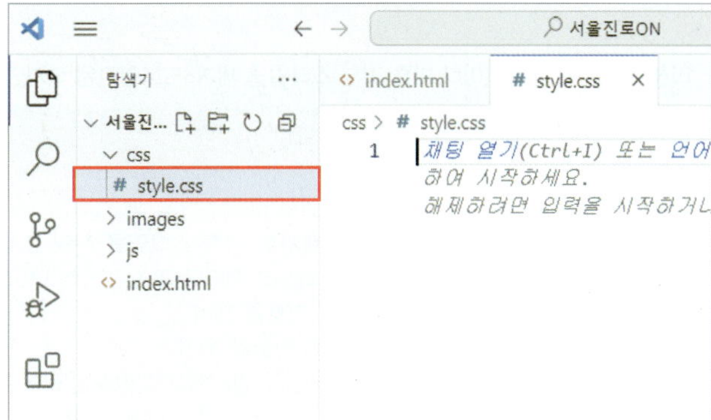

03 'style.css' 문서에 문자 인코딩 방식인 '@charset "utf-8";'을 입력한 후, 리셋 CSS를 작성합니다. 작성이 완료되면 [파일(File)] – [저장(Save)] 또는 단축키 [Ctrl]+[S]를 눌러 저장합니다.

```css
@charset "utf-8";
* {
  margin:0;
  padding:0;
  box-sizing:border-box;
}
li {
  list-style:none;
}
a {
  text-decoration:none;
  color:inherit;
}
img {
  vertical-align:top;
  max-width:100%;
}
button {
  cursor:pointer;
  border:0;
}
body {
  background:#369;
  color:#333;
}
```

```css
@charset "utf-8";
/*기본 CSS 리셋*/
* {
  margin:0; /*기본 상하좌우 여백값 0으로 설정*/
  padding:0; /*기본 상하좌우 패딩값 0으로 설정*/
  box-sizing:border-box; /* 패딩과 테두리를 포함하여 요소의 너비를 유지 */
}
li {
  list-style:none; /* 목록 항목의 불릿을 숨김 */
}
a {
  text-decoration:none; /* 링크의 밑줄을 제거 */
  color:inherit; /* 링크의 글자 색상을 부모 요소로부터 상속받음 */
}
img {
  vertical-align:top; /* 이미지의 아래쪽 여백을 제거하고, 상단 정렬 */
  max-width:100%; /* 이미지를 부모 요소의 너비에 맞춤 (이미지가 깨지지 않도록) */
}
button {
  cursor:pointer; /* 버튼을 손가락 커서로 표시 */
  border:0; /*버튼 기본 테두리값 0으로 설정*/
}
body {
  background: #369; /*배경색 #369표시*/
  color: #333
}
```

[style.css]

03 Script 문서 만들기

작업을 시작하기 전, 실수를 줄이기 위해 script 문서를 미리 생성합니다.

01 수험자 제공 파일인 제이쿼리 라이브러리 파일 'jquery-1.12.3.js'를 '서울진로ON' 폴더 내의 'js' 폴더로 이동해 둡니다.

02 Visual Studio Code 탐색기 패널에서 'js' 폴더를 선택한 후, '새 파일' 아이콘을 클릭하여 해당 폴더 내부에 새 파일을 생성합니다.

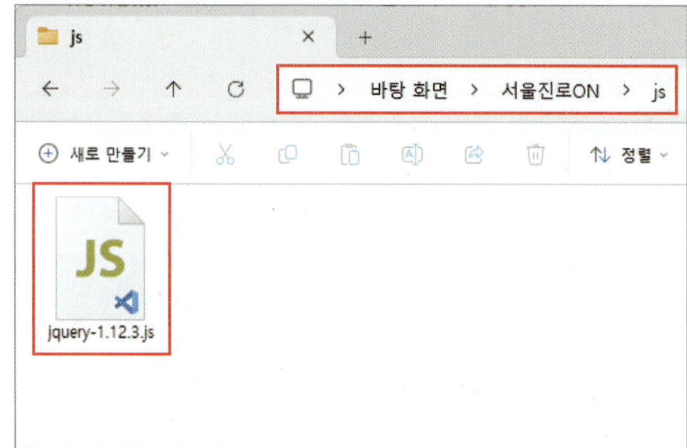

03 새 파일의 이름을 'script.js'로 변경하고 Enter 를 입력합니다. 그러면 편집 영역에 'script.js' 문서가 활성화됩니다.

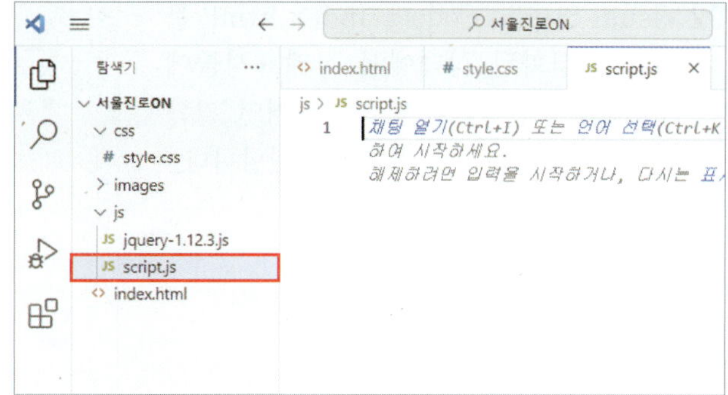

04 'script.js' 문서에 'alert("경고창");'을 입력한 후, Ctrl + S 를 눌러 저장합니다.

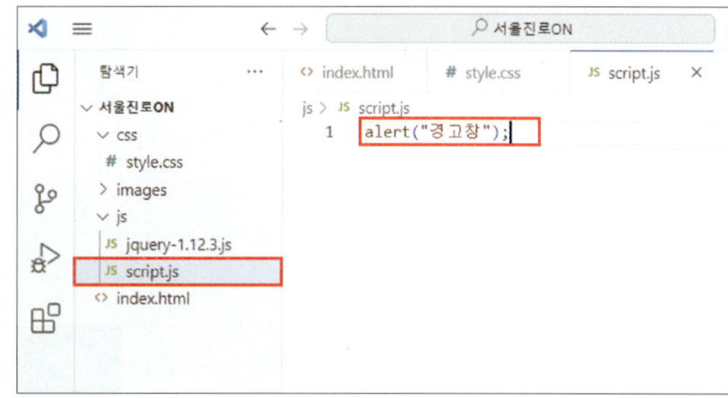

04 index 문서에 CSS, Script 문서 연결하기

index.html 문서에 CSS 파일, script 파일, jQuery 라이브러리를 연결합니다.

01 'index.html' 파일에서 <head> 태그 안에 CSS 파일과 JavaScript 파일을 연결한 후, Ctrl + S 를 눌러 저장합니다. Java Script 파일을 연결할 때에는 jQuery 라이브러리를 먼저, 그 다음에 script.js 파일을 연결합니다.

<link href="css/style.css" rel="stylesheet">
<script src="js/jquery-1.12.3.js" defer></script>
<script src="js/script.js" defer></script>

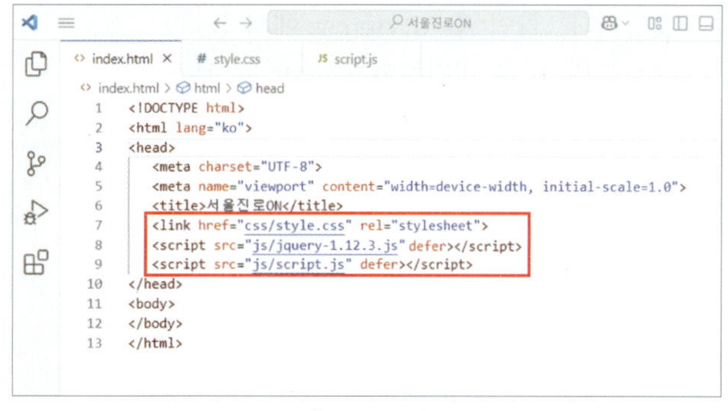

[index.html]

02 Visual Studio Code에 'index.html' 문서가 활성화된 상태에서 상태표시줄에 Go Live를 선택하여 웹 브라우저인 '크롬(Chrome)'으로 작업 결과를 확인합니다.

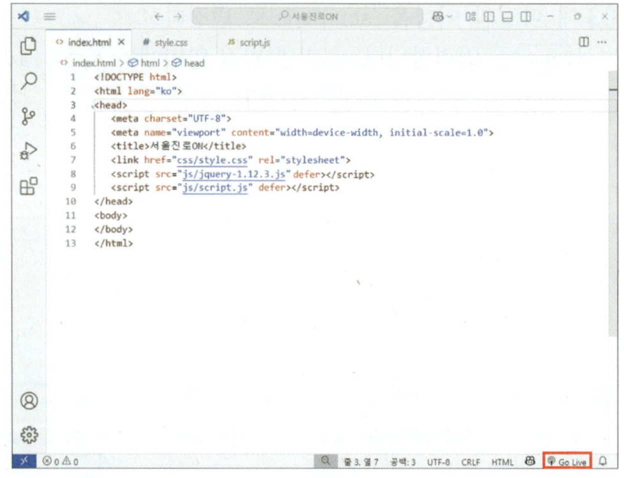

[index.html]

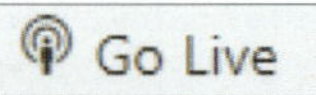

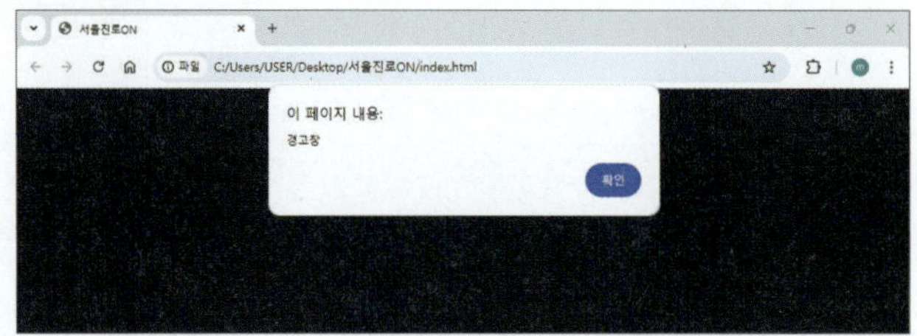

03 웹 브라우저의 배경색 '#369'와 경고창이 뜬다면 CSS와 Script 문서가 잘 연결된 것입니다. 확인 후 'style.css'에서 body 색상을 '#fff'로 변경하고 'script.js' 문서에서 경고창 스크립트를 삭제합니다.

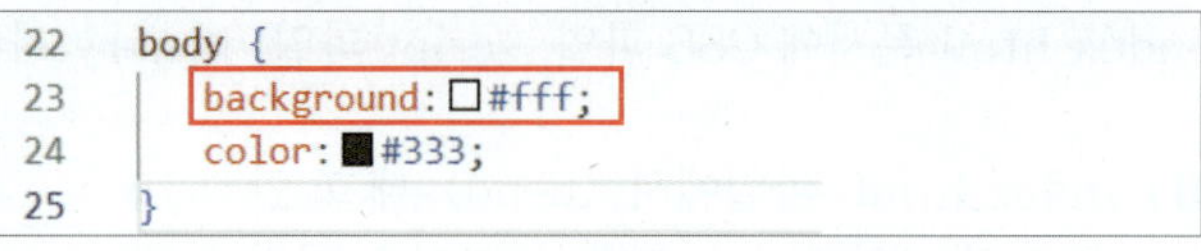

[style.css]

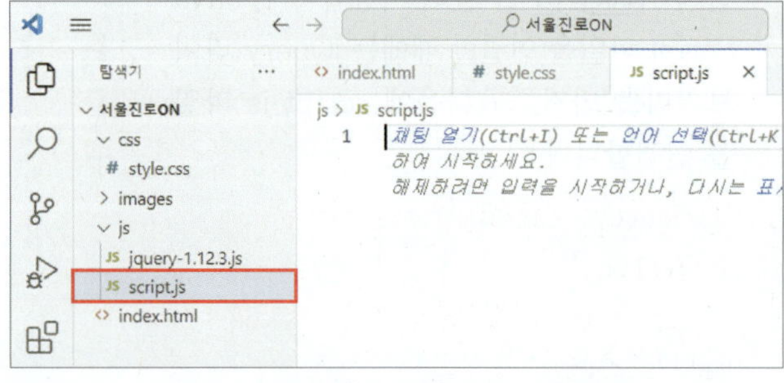

[script.js]

➕ 더 알기 TIP

- 외부 스크립트에 defer 속성을 지정하면, HTML 문서의 해석이 끝난 뒤 스크립트가 실행되도록 시점을 지연시킬 수 있습니다.
- defer와 같은 효과는 $(function(){ ... }) 구문을 통해서도 얻을 수 있으며, 두 방식은 목적은 같지만 사용 위치와 작성 방법이 다르기 때문에 상황에 따라 적절하게 선택할 수 있습니다.
  [참고하기] PART 02 – SECTION 04 jQuery 기본 다지기
- Go Live가 설치되지 않은 경우, 바탕화면의 '서울진로ON' 폴더 안에 있는 'index.html' 파일을 크롬 브라우저로 열어 작업 결과를 확인합니다.

01 레이아웃 HTML 구조 작업하기

요구사항정의서에 있는 와이어프레임을 바탕으로 주어진 콘텐츠와 수치를 파악하여 레이아웃을 제작합니다. 문제에서 지시하지 않은 부분은 자유롭게 설정합니다.

01 먼저, 요구사항정의서에 제시된 와이어프레임을 참고하여 HTML로 영역을 구분하는 코드를 작성합니다. 다음과 같이 작성한 후, [파일(File)] – [저장(Save)] 또는 단축키 Ctrl + S 를 눌러 저장합니다.

```
〈div class="wrap"〉
    〈div class="inner"〉
        〈header id="header"〉
            헤더영역
        〈/header〉
        〈section id="slide" class="slide"〉
            슬라이드영역
        〈/section〉
        〈div class="contents"〉
            〈article class="notice"〉
                공지사항영역
            〈/article〉
            〈article class="gall"〉
                갤러리영역
            〈/article〉
            〈article class="go"〉
                바로가기영역
            〈/article〉
        〈/div〉
        〈footer id="footer"〉
            푸터영역
        〈/footer〉
    〈/div〉
〈/div〉
```

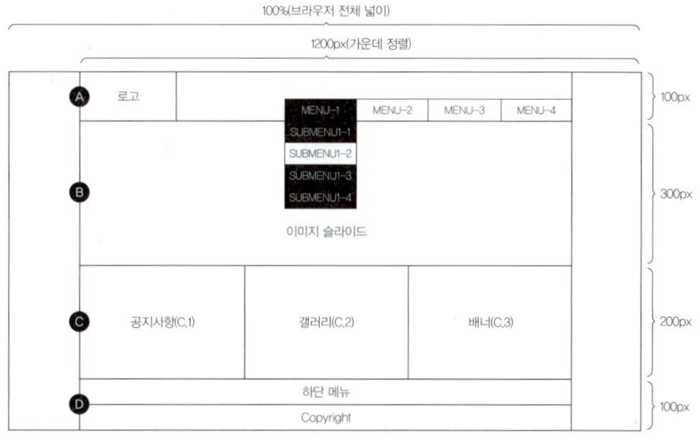


```html
11    <body>
12      <div class="wrap">
13        <div class="inner">
14          <header id="header">
15            헤더영역
16          </header>
17          <section id="slide" class="slide">
18            슬라이드영역
19          </section>
20          <div class="contents">
21            <article class="notice">
22              공지 사항영역
23            </article>
24            <article class="gall">
25              갤러리영역
26            </article>
27            <article class="go">
28              바로가기영역
29            </article>
30          </div>
31          <footer id="footer">
32            푸터영역
33          </footer>
34        </div><!--//inner 닫는 태그-->
35      </div><!--//wrap 닫는 태그-->
36    </body>
37  </html>
```

[index.html]

- HTML 주석은 ⟨!--로 시작하고 --⟩로 끝납니다.
- 주석은 웹 문서의 콘텐츠에 영향을 주지 않고 각 영역을 구분하기 쉽게 해줍니다.
- id 속성은 문서 내에서 고유해야 하며, CSS나 자바스크립트에서 특정 요소를 선택할 때 사용됩니다.
- 홈페이지 구조화 작업 시 각 영역에 맞게 타이틀(헤더 영역, 슬라이드 영역 등)을 채우고 영역 작업 시 타이틀을 지우며 작업합니다.
- class 속성은 여러 요소에 반복 사용 가능하며, 스타일 적용을 위한 이름을 지정할 때 사용됩니다.

- ⟨div⟩ : 문서의 레이아웃을 구성하거나 여러 요소를 그룹화할 때 사용하는 일반 블록 요소
- ⟨div class="wrap"⟩ : 웹 페이지의 전체 레이아웃을 감싸는 최상위 컨테이너 역할
- ⟨div class="inner"⟩ : 내부 콘텐츠를 감싸는 컨테이너 역할
- ⟨header id="header"⟩ : 웹 페이지 상단의 머리글 영역으로, 보통 로고, 사이트 이름, 내비게이션 메뉴 등이 들어감
- ⟨section id="slide" class="slide"⟩ : 슬라이드처럼 독립적인 주제를 가진 콘텐츠 영역을 구분할 때 사용
- ⟨div class="contents"⟩ : 공지사항, 갤러리, 바로가기 영역을 묶는 컨테이너 역할
- ⟨article⟩ : 공지사항, 갤러리, 바로가기처럼 독립적으로 구성 가능한 콘텐츠 블록을 나타낼 때 사용
- ⟨footer id="footer"⟩ : 웹 페이지의 하단 영역으로, 일반적으로 저작권, 연락처, 패밀리사이트, SNS 링크 등이 포함됨

02 'style.css' 파일에서 HTML 구조에 맞춘 레이아웃 스타일을 'body' 스타일 아래에 입력하고, [파일(File)] – [저장(Save)] 또는 단축키 Ctrl+S 를 눌러 저장합니다.

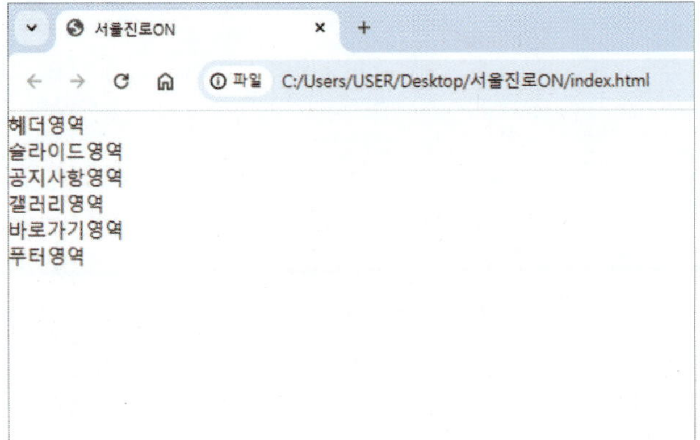

02 레이아웃 스타일 작업하기

HTML 구조를 기반으로 CSS 스타일을 적용하여, 요구사항정의서에 제시된 와이어프레임 레이아웃을 제작합니다.

01 'style.css' 파일에서 HTML 구조에 맞춘 레이아웃 스타일을 'body' 스타일 아래에 입력하고, [파일(File)] – [저장(Save)] 또는 단축키 Ctrl+S 를 눌러 저장합니다.

```css
.inner{
    width:1200px;
    margin:auto;
}
header{
    height:100px;
    background:#f45750;
}
.slide{
    height:300px;
    background:#40b0f9;
}
.contents{
    height:200px;
    display:flex;
    background:#ff884d;
}
.contents article{
    width:400px;
}
.contents .gall{
    background:#00d2a5;
}
footer{
    height:100px;
    background:#333;
}
```

```css
26  .inner{
27      width:1200px;
28      margin:auto;
29  }
30  header{
31      height:100px;
32      background: #f45750;
33  }
34  .slide{
35      height:300px;
36      background: #40b0f9;
37  }
38  .contents{
39      height:200px;
40      display:flex;
41      background: #ff884d;
42  }
43  .contents article{
44      width:400px;
45  }
46  .contents .gall{
47      background: #00d2a5;
48  }
49  footer{
50      height:100px;
51      background: #333;
52  }
```

[style.css]

＋ 더 알기 TIP

- CSS 주석은 /*로 시작하고 */로 끝납니다. 주석은 브라우저에 적용되지 않으며, 코드 설명이나 메모용으로 사용됩니다.
- 클래스명은 의미 있는 단어로 작성하는 것이 좋으며, 일반적으로 영문 소문자로 시작하는 것이 권장됩니다.
- 클래스 선택자는 마침표(.)를 사용해 표기하고, 태그 선택자는 마침표 없이 HTML 태그 이름 그대로 사용합니다.
- 배경색 지정은 시각적으로 각 영역의 구분을 쉽게 하기 위해 임시로 지정하며, 실제 작업 시에는 삭제하거나 디자인에 맞는 색으로 수정합니다.
- CSS 선택자는 구체성에 따라 우선순위가 결정되며, 같은 요소에 여러 스타일이 적용될 경우 더 구체적인 선택자가 우선 적용됩니다.

[참고하기] PART 02 – SECTION 02 CSS 기본 다지기

- **.inner** : 〈div class="inner"〉 선택자로 내부 콘텐츠가 수평 중앙에 올 수 있도록 스타일 지정
  - **margin:auto** : 콘텐츠(블록 요소)를 수평 중앙에 배치할 때 사용(너비 값 필수)
  - **width:1200px** : 요구사항정의서에 표시된 너비 값
- **.contents** : 〈div class="contents"〉 선택자로 공지사항/갤러리, 배너, 바로가기 영역을 전체 감싸는 컨테이너 역할
  - **display:flex** : 〈div class="contents"〉를 플렉스 컨테이너로 설정하여, 자식 요소(article)들을 수평으로 나열. 이때 자식 요소는 부모 요소의 높이만큼 stretch되어 들어가므로 부모 요소에 높이 값이 있는 것이 유리
  - **height** : 요구사항정의서에 표시된 높이 값 입력
- **.contents article** : 〈div class="contents"〉의 자식 요소 〈article〉을 모두 선택하는 선택자

02 'index.html' 문서가 활성화된 상태에서 상태표시줄에 Go Live를 선택하여 웹 브라우저인 '크롬(Chrome)'으로 작업 결과를 확인합니다.

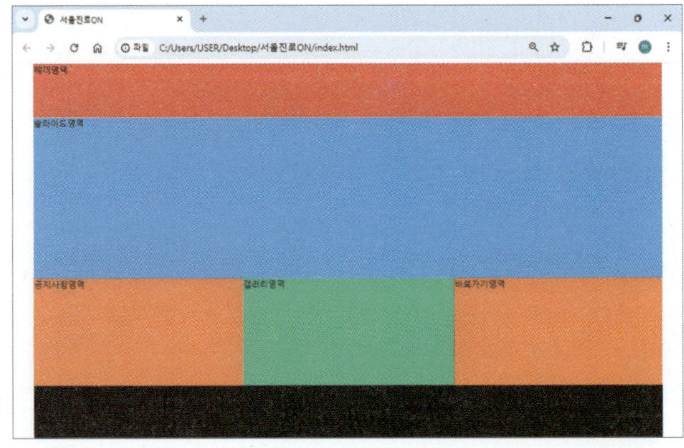

| **3 STEP** | **세부 영역별 지시사항 – Ⓐ Header 영역** | 약 35분 |

01 로고 제작하기

세부 지시사항의 A.1 로고를 제작합니다. 수험자 제공 파일 중 Header 폴더에 있는 로고를 과제 주제에 맞게 색상을 반드시 변경하여, 가로, 세로 비율을 유지하며 제작합니다.

* 교재의 로고는 예시일 뿐이며, 기본 요건을 충족한다면 자유롭게 변형하여 제작해도 됩니다.

01 로고 제작을 위해 포토샵을 실행 후 [파일(File)] – [열기(Open)] 또는 Ctrl + O 를 눌러 'logo.png' 파일을 불러옵니다.

02 도구 상자 패널에서 자르기 도구(🔲)를 선택한 후, 자를 영역을 조절합니다. 그런 다음 Enter 를 누르면 선택된 부분만 남고, 해당 영역에 맞게 문서가 잘립니다. 로고의 흰색 배경을 제거하기 전에, 먼저 레이어 패널에서 '레이어1'의 자물쇠 아이콘을 클릭하여 잠금을 해제합니다.

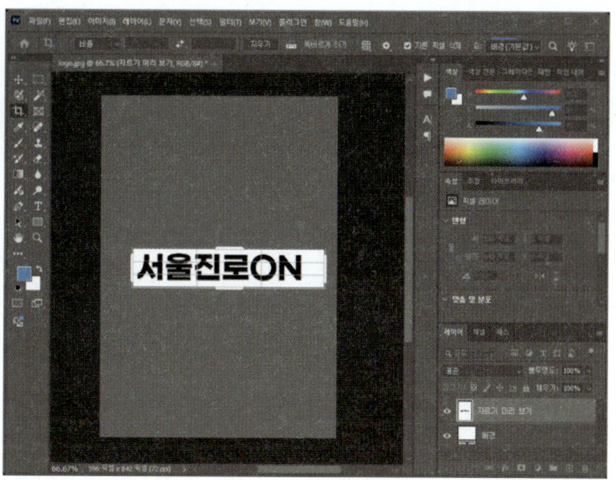

03 자동 선택 도구(🖌)를 선택한 후, 상단 도구 상자 옵션에서 허용치(Tolerance)를 '20'으로 설정하고, 인접(Contiguous) 옵션의 체크를 해제합니다. 그런 다음, 흰색 영역을 선택합니다. 흰색 영역이 선택되면 Delete 를 눌러 선택된 영역을 삭제합니다. 마지막으로 Ctrl + D 를 눌러 선택 영역을 해제합니다.

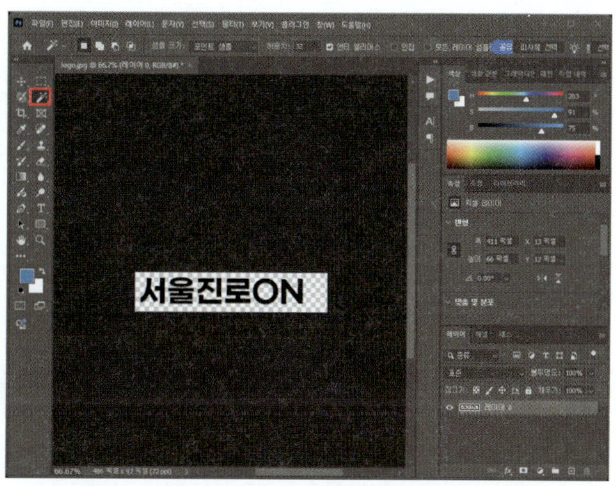

04 도구 상자에서 사각형 선택 영역 도구(⬚)를 선택 후 'ON' 부분만 선택 영역으로 잡아 도구 Ctrl + Shift + J 를 눌러 해당 영역을 새 레이어에 복제합니다.

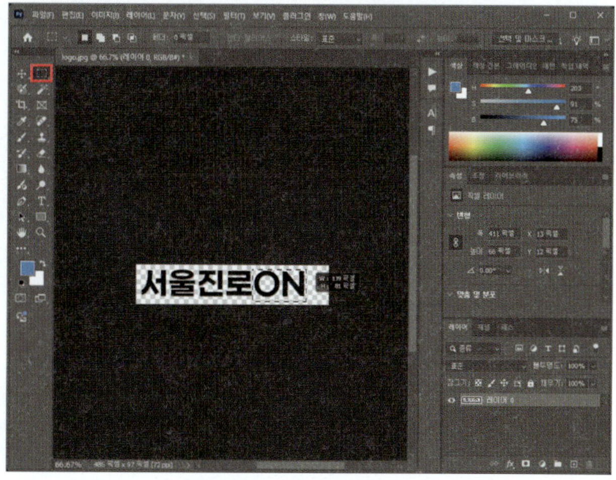

05 사각형 모양 도구(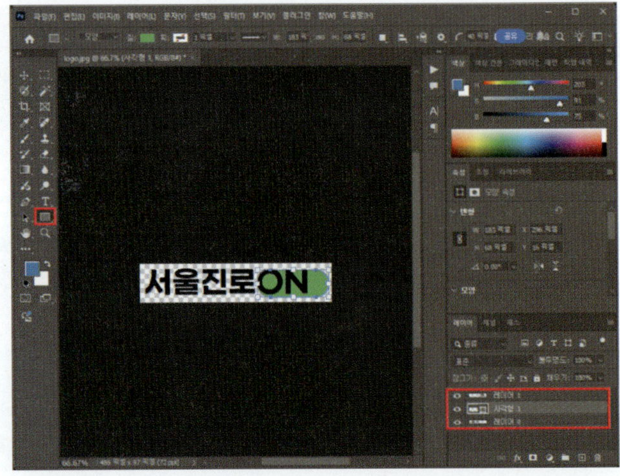) 로 모서리 둥근 정도를 '40px'로 설정 후 on 위에 그려줍니다. 그리고 칠 색을 '#47b253'로 설정합니다. 레이어 순서를 정리하여 'on' 레이어가 위로 올라올 수 있도록 합니다.

06 'on'을 선택하여 [레이어 스타일(fx)] − [색상 오버레이(Color Overlay)]를 선택 후 '#ffffff'으로 설정합니다.

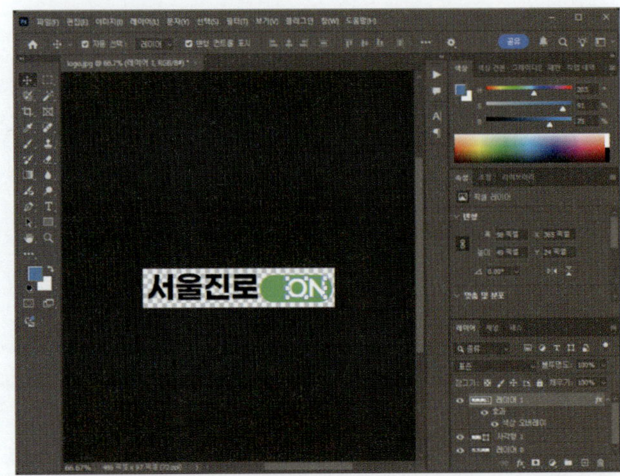

07 요소의 위치를 정리한 뒤, 원형 모양 도구()로 흰색(#ffffff) 타원을 추가합니다.

08 [이미지(Image)] – [이미지 크기(Image Size)]를 선택합니다.

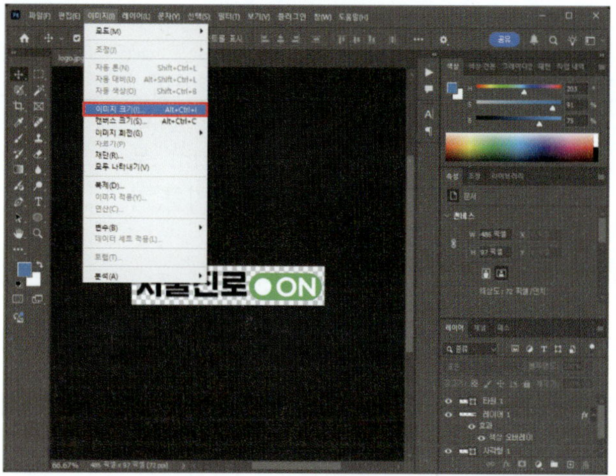

09 종횡비 제한이 활성화된 상태에서 이미지 크기 대화상자의 '폭(Width)'을 '200px'로 설정합니다. 이렇게 하면 폭에 맞춰 높이도 자동으로 조절됩니다.

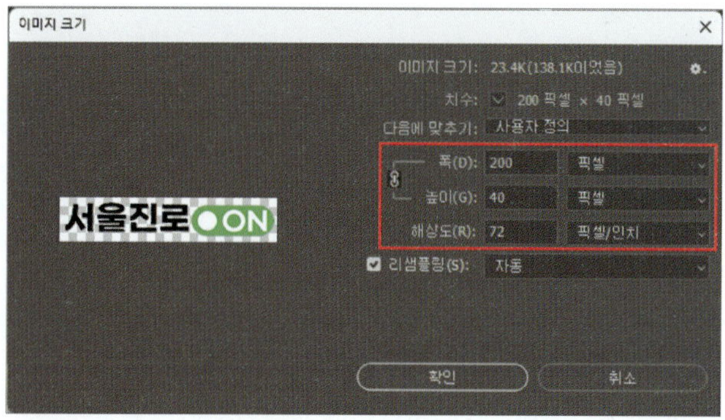

10 [파일(File)] – [다른 이름으로 저장(Save as)] 또는 Shift + Ctrl + S를 눌러, 파일 형식 '*.psd'로 원본을 저장합니다. 그리고 [파일(File)] – [내보내기(Export)] – [PNG로 빠른 내보내기(Quick Export as PNG)]를 선택하고 파일 형식 '*.png'로 'images' 폴더 안에 저장합니다.

－ 파일명 : logo.png

세부 지시사항의 A.1 로고를 문서에 추가합니다.

01 Visual studio code에 'index.html' 문서를 열어, '<header>' 영역 안 글자를 지우고 다음과 같이 작성합니다.

```html
<h1>
    <a href="#">
        <img src="images/logo.png"
alt="서울진로ON">
    </a>
</h1>
```

[index.html]

02 문서 저장 후 'index.html' 문서가 활성화된 상태에서 상태표시줄에 Go Live를 선택 또는 윈도우 탐색기에서 'index.html'을 웹 브라우저인 '크롬(Chrome)'으로 작업 결과를 확인합니다.

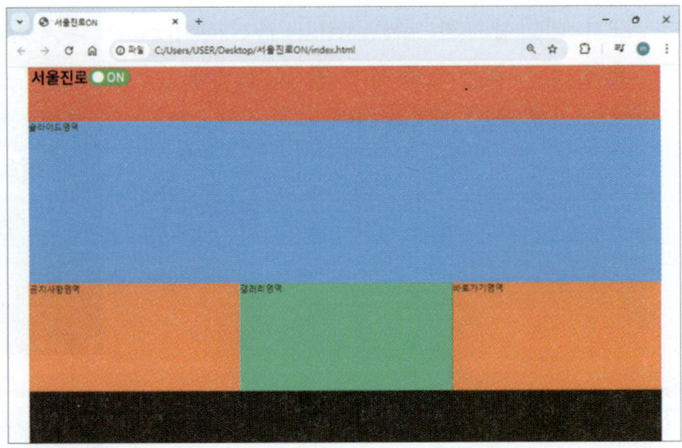

03 헤더 영역 메뉴 작업하기

세부 지시사항의 A.2 메뉴를 구성합니다. 사이트 맵과 구조도를 참고하여 메인메뉴(Main menu)와 서브메뉴(Sub menu)를 구성합니다.

01 요구사항정의서의 와이어프레임 메뉴 형태를 확인합니다.

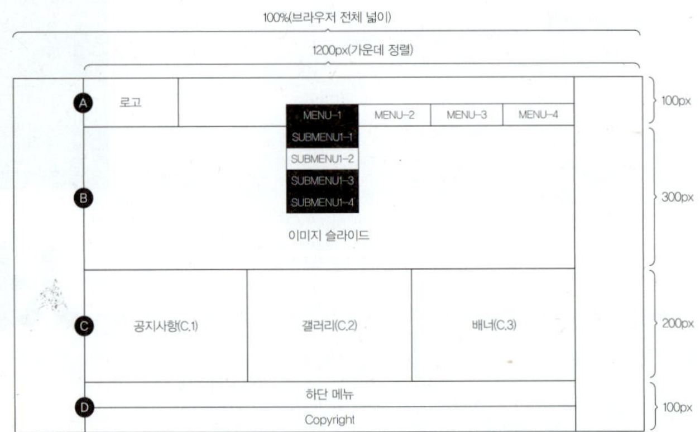

02 'index.html' 문서 〈header id="header"〉 영역 내
'〈/h1〉' 다음 줄에 요구사항정의서의 '사이트 맵'을
참고하여 메뉴를 다음과 같이 작성합니다.

```
〈nav id="nav"〉
    〈ul〉
        〈li〉〈a href="#"〉진로탐색〈/a〉
            〈ul class="sub"〉
                〈li〉〈a href="#"〉직업백과〈/a〉〈/li〉
                〈li〉〈a href="#"〉적성검사〈/a〉〈/li〉
                〈li〉〈a href="#"〉유형별추천〈/a〉〈/li〉
                〈li〉〈a href="#"〉진로인터뷰〈/a〉〈/li〉
            〈/ul〉
        〈/li〉
        〈li〉〈a href="#"〉진학정보〈/a〉
            〈ul class="sub"〉
                〈li〉〈a href="#"〉대입전형〈/a〉〈/li〉
                〈li〉〈a href="#"〉학과소개〈/a〉〈/li〉
                〈li〉〈a href="#"〉입시일정〈/a〉〈/li〉
                〈li〉〈a href="#"〉학교별자료실〈/a〉〈/li〉
            〈/ul〉
        〈/li〉
        〈li〉〈a href="#"〉커뮤니티〈/a〉
            〈ul class="sub"〉
                〈li〉〈a href="#"〉진로고민 〈/a〉〈/li〉
                〈li〉〈a href="#"〉멘토Q&A〈/a〉〈/li〉
                〈li〉〈a href="#"〉체험후기〈/a〉〈/li〉
                〈li〉〈a href="#"〉진로뉴스〈/a〉〈/li〉
            〈/ul〉
        〈/li〉
        〈li〉〈a href="#"〉고객지원〈/a〉
            〈ul class="sub"〉
                〈li〉〈a href="#"〉문의하기〈/a〉〈/li〉
                〈li〉〈a href="#"〉자료다운〈/a〉〈/li〉
                〈li〉〈a href="#"〉연간일정표〈/a〉〈/li〉
            〈/ul〉
        〈/li〉
    〈/ul〉
〈/nav〉
```

```
16    <header id="header">
17        <h1>
18            <a href="#">
19                <img src="images/logo.png" alt="서울진로ON">
20            </a>
21        </h1>
22        <nav id="nav">
23            <ul>
24                <li><a href="#">진로탐색</a>
25                    <ul class="sub">
26                        <li><a href="#">직업백과</a></li>
27                        <li><a href="#">적성검사</a></li>
28                        <li><a href="#">유형별추천</a></li>
29                        <li><a href="#">진로인터뷰</a></li>
30                    </ul>
31                </li>
32                <li><a href="#">진학정보</a>
33                    <ul class="sub">
34                        <li><a href="#">대입전형</a></li>
35                        <li><a href="#">학과소개</a></li>
36                        <li><a href="#">입시일정</a></li>
37                        <li><a href="#">학교별자료실</a></li>
38                    </ul>
39                </li>
40                <li><a href="#">커뮤니티</a>
41                    <ul class="sub">
42                        <li><a href="#">진로고민 </a></li>
43                        <li><a href="#">멘토Q&A</a></li>
44                        <li><a href="#">체험후기</a></li>
45                        <li><a href="#">진로뉴스</a></li>
46                    </ul>
47                </li>
48                <li><a href="#">고객지원</a>
49                    <ul class="sub">
50                        <li><a href="#">문의하기</a></li>
51                        <li><a href="#">자료다운</a></li>
52                        <li><a href="#">연간일정표</a></li>
53                    </ul>
54                </li>
55            </ul>
56        </nav>
57    </header>
```

[index.html]

💬 **요소** TIP

〈a href="#"〉 : 임시 링크 추가(기술적 준수사항)

- 메뉴 작업 시 〈nav〉로 감싼 후, 순서가 없는 목록 태그인 〈ul〉, 〈li〉로 작업합니다.
- 중첩목록 작업 시 쌍으로 올바르게 중첩되어야 하며, 태그가 제대로 닫혀야 합니다.
- 서브 메뉴 〈ul〉 요소에 클래스 명 'sub'로 설정합니다.

04 헤더 영역 스타일 작업하기

헤더 영역의 로고를 배치하고, 메인 메뉴(Main menu)에 마우스를 올리면(Mouse over) 하이라이트 되며, 벗어나면(Mouse out) 하이라이트가 해제됩니다. 또한, 서브 메뉴 중 하나에 마우스를 올리면 하이라이트 되고, 벗어나면 하이라이트가 해제됩니다.

01 먼저 'style.css' 문서를 활성화하여 'header'의 기존 배경색을 삭제하고, 배경색과 안쪽 여백을 작성합니다.

```css
header{
    height:100px;
    padding-top:35px;
    padding-left:10px;
}
```

```
30    header{
31        height:100px;
32        padding-top:35px;
33        padding-left:10px;
34    }
```
[style.css]

02 'header' 스타일 다음 줄에 메뉴를 공중에 띄워 서브 메뉴가 슬라이드 위에 펼쳐질 수 있도록 다음과 같이 작성합니다.

```css
header{
    position:relative;
    height:100px;
    padding-top:35px;
    padding-left:10px;
}
nav{
    position:absolute;
    top:56px;
    right:0px;
    z-index:6;
}
```

```
30    header{
31        position:relative;
32        height:100px;
33        padding-top:35px;
34        padding-left:10px;
35    }
36    nav{
37        position:absolute;
38        top:56px;
39        right:0px;
40        z-index:6;
41    }
```
[style.css]

- **header** : 〈header〉 선택자로 상단 헤더 영역의 스타일 지정
  - **position:relative** : 공중에 띄운 〈nav〉의 기준 역할
- **nav** : 〈nav〉 선택자로 메뉴 스타일 지정
  - **position:absolute** : 공중에 띄워 상위 요소(header)에 기준 설정 후, 절대 위치로 지정
  - **z-index** : position 속성으로 설정된 요소에 쌓이는 순서를 결정할 수 있으며 순서가 클수록 위로 쌓임

03 메인 메뉴가 나란히 나올 수 있도록 '**nav**' 스타일 다음 줄에 작성합니다.

```
nav>ul{
    display:flex;
}
```

```
36    nav{
37        position:absolute;
38        top:56px;
39        right:0px;
40        z-index:6;
41    }
42    nav>ul{
43        display:flex;
44    }
```

[style.css]

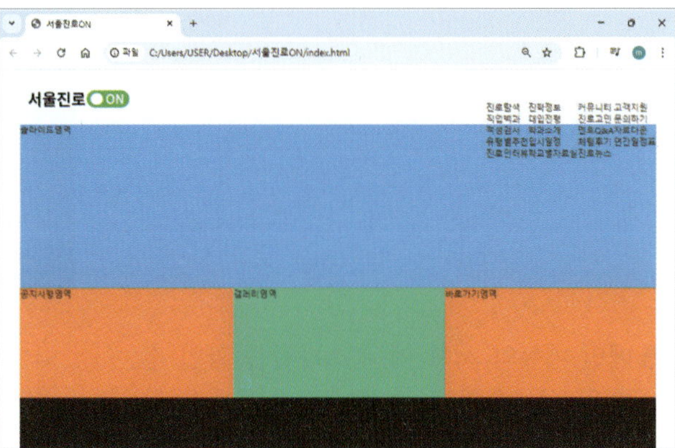

04 메뉴의 클릭할 수 있는 영역은 '**nav>ul**' 스타일 다음 줄에 다음과 같이 작성합니다.

```
nav>ul>li>a{
    display:block;
    width:120px;
    text-align:center;
    font-weight:bold;
    padding:10px;
    background:#47b253;
    color:#fff;
}
nav>ul>li:hover>a{
    background:#75531a;
    color:#fff;
}
.sub li a{
    display:block;
    background:#fff;
    padding:5px;
    text-align:center;
    font-size:14px;
}
```

```
36    nav{
37        position:absolute;
38        top:56px;
39        right:0px;
40        z-index:6;
41    }
42    nav>ul{
43        display:flex;
44    }
45    nav>ul>li>a{
46        display:block;
47        width:120px;
48        text-align:center;
49        font-weight:bold;
50        padding:10px;
51        background: #47b253;
52        color: #fff;
53    }
54    nav>ul>li:hover>a{
55        background: #75531a;
56        color: #fff;
57    }
58    .sub li a{
59        display:block;
60        background: #fff;
61        padding:5px;
62        text-align:center;
63        font-size:14px;
64    }
```

```css
.sub li a:hover{
    background: #75531a;
    color: #fff;
}
```

```
65    .sub li a:hover{
66        background: ■ #75531a;
67        color: □ #fff;
68    }
```

[style.css]

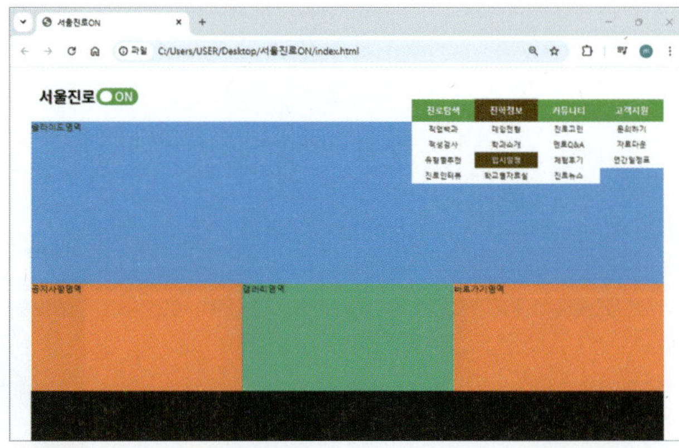

05 메인 메뉴와 서브 메뉴 스타일을 확인 후 마우스를 올려 하이라이트 효과까지 확인합니다. 잘 적용이 되었다면 'nav〉ul〉li:hover〉a' 스타일 다음 줄에 서브 메뉴를 숨겨줍니다.

```css
.sub{
    display:none;
}
```

```
54    nav>ul>li:hover>a{
55        background: ■ #75531a;
56        color: □ #fff;
57    }
58    .sub{
59        display:none;
60    }
```

[style.css]

💬 **요소 TIP**

- **nav〉ul** : 〈nav〉의 자식 요소 〈ul〉 지정
  - **display:flex** : nav〉ul를 플렉스 컨테이너로 설정하여, 자식 요소 〈li〉들을 수평으로 나열
- **nav〉ul〉li〉a** : 〈nav〉의 자식 요소 〈ul〉의 자식 요소 〈li〉의 자식 요소 〈a〉 지정
  - **display:block** : 〈a〉는 인라인 요소이므로 width, height가 들어가지 않음. 그래서 display:block으로 변경하여 width, height, padding 스타일 속성 적용
- **width:120px** : 〈a〉의 너비 설정(임의로 설정 가능)
  - **text–align:center** : 텍스트나 인라인 요소의 내용을 가운데 정렬할 때 사용하며, 보통 블록 요소에 적용
- **nav〉ul〉li:hover〉a** : 〈nav〉의 자식 요소 〈ul〉의 자식 요소 〈li〉에 마우스 올렸을 때 〈a〉 지정(마우스 올렸을 때 하이라이트 효과)
- **.sub** : 〈ul class="sub"〉 지정하여 서브 메뉴 스타일 지정
  - **display:none** : 요소를 선택하여 숨김(스크립트에서 추가 작업 예정)
- **.sub li a** : .sub의 자식 요소 〈li〉의 자식 요소 〈a〉 지정
  - **display:block** : 요소 성질을 블록 요소로 바꾸면서 부모 요소의 가로 너비를 채울 수 있음
  - **padding:5px** : 사방의 내부 여백을 5픽셀로 설정
  - **font–size:14px** : 폰트 사이즈 14픽셀 설정(기본 폰트 사이즈 16픽셀)

- 자신이 설정한 웹 페이지의 주조색과 보조색이 잘 드러나도록 제작합니다.
- 블록 요소는 기본적으로 수직으로 쌓이며, 너비와 높이 속성을 자유롭게 지정할 수 있습니다. 대표적인 블록 요소로는 〈div〉, 〈p〉, 〈section〉 등이 있습니다.
- 인라인 요소는 한 줄에 나란히 배치되며, 기본적으로 너비와 높이를 지정할 수 없습니다. 대표적인 인라인 요소는 〈a〉, 〈span〉, 〈strong〉 등이 있습니다.

05 메뉴 스크립트 작업하기

세부 지시사항의 A.2 메뉴 효과를 구현합니다. 메인 메뉴(Main menu)에 마우스를 올리면(Mouse over) 해당 서브 메뉴(Sub menu) 영역이 슬라이드 다운(Slide down)으로 보이도록 하고, 벗어나면(Mouse out) 서브 메뉴 영역은 슬라이드 업(Slide Up)으로 사라지는 작업을 제이쿼리(jQuery)로 진행합니다.

01 먼저 'js' 폴더 하위 파일인 'script.js' 문서를 활성화하여 작성합니다.

```
//메뉴
$("nav>ul>li").mouseenter(function(){
    $(this).children(".sub").stop().slideDown();
})
$("nav>ul>li").mouseleave(function(){
    $(this).children(".sub").stop().slideUp();
})
```

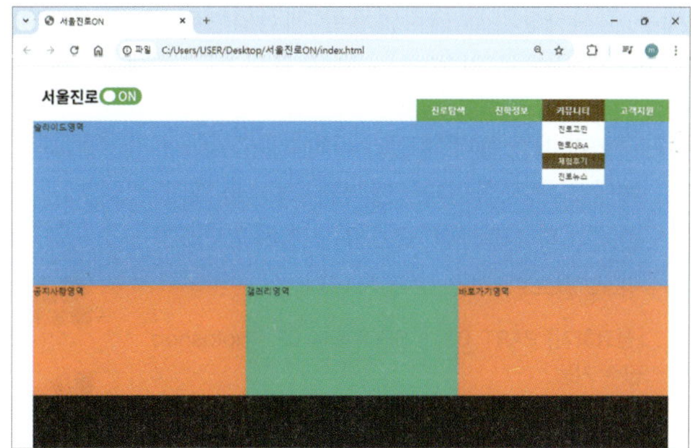

[script.js]

- **$** : jQuery에서 HTML 요소를 선택하거나 jQuery 객체를 생성할 때 사용하는 단축 표기
- **$("nav>ul>li")** : jQuery 선택자로, 〈nav〉 자식 요소인 〈ul〉 자식 요소인 모든 〈li〉 선택
- **mouseenter/mouseleave** : jQuery에서 제공하는 이벤트 메서드로, 마우스가 요소에 진입하거나 요소를 떠날 때 발생하는 이벤트를 처리
- **$(this)** : 이벤트가 발생한 현재 요소를 가리키며, 이 경우에는 마우스가 올라간 특정 〈li〉 요소를 의미
- **children()** :선택한 요소의 직계 자식 요소만을 선택할 때 사용
- **stop()** : 현재 실행 중인 애니메이션을 즉시 중지시켜 중복 애니메이션이 발생하는 것을 방지
- **slideDown()/slideUp()** : slideDown()은 요소를 슬라이드 다운하여 보여주고, slideUp()은 요소를 슬라이드 업하여 숨김

메뉴 스크립트 다르게 작성하기

```
$("nav>ul>li").mouseenter(function(){
    $(this).children(".sub").stop().slideDown();
})
$("nav>ul>li").mouseleave(function(){
    $(this).children(".sub").stop().slideUp();
})
```
[script]

```
$("nav>ul>li").mouseover(function(){
    $(this).children(".sub").stop().slideDown();
})
$("nav>ul>li").mouseout(function(){
    $(this).children(".sub").stop().slideUp();
})
```
[script]

- mouseenter/mouseleave
  - 요소 자체에만 반응하며, 자식 요소로 마우스가 이동해도 다시 이벤트가 발생하지 않습니다.
  - 중복 실행을 방지하고 부드러운 메뉴 인터랙션에 적합합니다.
- mouseover/mouseout
  - 요소뿐만 아니라 자식 요소까지 포함해 이벤트가 발생하므로, 마우스 이동 시 여러 번 이벤트가 반복 실행될 수 있습니다.

* 두 방식 모두 사용 가능하지만, 실제 메뉴 구현에서는 mouseenter/mouseleave 사용을 권장합니다.

---

4 STEP 세부 영역별 지시사항 – ⓑ Slide 영역   약 35분

01 슬라이드 영역 구조 작업하기

세부 지시사항의 B 슬라이드를 제작합니다. 먼저 슬라이드의 구조를 잡은 후 제공된 텍스트 간의 위계질서를 직관적으로 알 수 있도록 글자체, 굵기, 색상, 크기를 적절하게 설정합니다.

01 '수험자 제공 폴더'에 있는 이미지를 'images' 폴더로 복사합니다. 이미지 크기를 확인한 후, 필요하다면 크기를 조정하고, 파일명도 필요한 경우 수정합니다.

[참고하기] PART 03 – SECTION 02 Photoshop 필수 기능

02 'index.html' 문서에서 '<section id="slide" class="slide"></section>' 사이에 다음과 같이 작성합니다.

```
<section id="slide" class="slide">
    <ul>
        <li class="s1">
            <a href="#">
                <h2>다양한 진로체험 프로그램을 한눈에 확인하고 신청해보세요!</h2>
            </a>
        </li>
        <li class="s2">
            <a href="#">
                <h2>나에게 맞는 진로와 진학 방향을 전문가와 함께 고민해보세요.</h2>
            </a>
        </li>
        <li class="s3">
            <a href="#">
                <h2>관심 있는 직업의 업무 관련 학과 정보를 쉽게 찾아볼 수 있어요.</h2>
            </a>
        </li>
    </ul>
</section>
```

```
58  <section id="slide" class="slide">
59      <ul>
60          <li class="s1">
61              <a href="#">
62                  <h2>다양한 진로체험 프로그램을 한눈에 확인하고 신청해보세요!</h2>
63              </a>
64          </li>
65          <li class="s2">
66              <a href="#">
67                  <h2>나에게 맞는 진로와 진학 방향을 전문가와 함께 고민해보세요.</h2>
68              </a>
69          </li>
70          <li class="s3">
71              <a href="#">
72                  <h2>관심 있는 직업의 업무 관련 학과 정보를 쉽게 찾아볼 수 있어요.</h2>
73              </a>
74          </li>
75      </ul>
76  </section>
```

[index.html]

기적의 TIP

id="slide"는 해당 요소를 고유하게 식별하기 위한 식별자로, 자바스크립트나 CSS에서 특정 요소를 직접 지정할 때 사용합니다.

요소 TIP

- **class="slide"** : CSS에서 공통 스타일을 적용하거나 여러 요소에 동일한 스타일을 부여할 때 사용
- **<li class="s1">** : 각 항목에 개별적인 배경 이미지나 스타일을 지정할 수 있으며, 일반적으로 CSS에서 background-image 속성을 이용해 이미지 배경 설정

02 슬라이드 영역 스타일 작업하기

세부 지시사항의 B 슬라이드 애니메이션 효과를 확인합니다. 하나의 이미지가 점점 사라지고 다음 이미지가 점점 나타나는 애니메이션을 고려하여 스타일을 작업합니다.

01 'style.css' 문서를 활성화하여 '.slide'를 찾아 배경색을 지우고 다음과 같이 작성합니다.

```css
.slide {
    height:300px;
}
.slide ul li {
    width:1200px;
    height:300px;
}
.slide ul li a {
    display:block;
    height:100%;
}
.slide ul li.s1 {
    background:url(../images/s1.jpg)
no-repeat center/cover;
}
.slide ul li.s2 {
    background:url(../images/s2.jpg)
no-repeat center/cover;
}
.slide ul li.s3 {
    background:url(../images/s3.jpg)
no-repeat center/cover;
}
```

```css
72  .slide {
73      height:300px;
74  }
75  .slide ul li {
76      width:1200px;
77      height:300px;
78  }
79  .slide ul li a {
80      display:block;
81      height:100%;
82  }
83  .slide ul li.s1 {
84      background:url(../images/s1.jpg) no-repeat center/cover;
85  }
86  .slide ul li.s2 {
87      background:url(../images/s2.jpg) no-repeat center/cover;
88  }
89  .slide ul li.s3 {
90      background:url(../images/s3.jpg) no-repeat center/cover;
91  }
```

[style.css]

💬 **요소 TIP**

- **.slide ul li** : 슬라이드 각각의 항목을 감싸는 요소로, 배경 이미지를 적용할 수 있도록 너비와 높이 지정
- **.slide ul li a** : .slide 내부의 〈ul〉 하위 〈li〉 요소 안에 있는 〈a〉 요소를 선택하는 구조로, 클릭 가능한 영역에 스타일을 적용할 때 사용
  - **display:block** : 〈a〉를 블록 요소로 변경하여 전체 영역에 스타일 적용
  - **height:100%** : 〈a〉 요소의 높이를 부모 요소인 〈li〉의 높이만큼 채우도록 설정
- **.slide ul li.s1** : .slide 하위의 〈ul〉 안에서 〈li〉 요소 중 class="s1"인 요소를 선택하는 구조로, 슬라이드 개별 항목에 배경 이미지를 설정할 때 사용
- **background:url(../images/s1.jpg) no-repeat center/cover** : 배경 CSS 속성 함축형
  - background는 이미지 경로, 반복 여부, 위치, 크기, 색상 등을 하나의 속성으로 축약해서 작성할 수 있음
    예) background:url(경로) no-repeat center/cover

02 Fade-in, Fade-out 애니메이션 효과를 위해, '.slide ul li'를 찾아 다음과 같이 스타일을 작성합니다.

```css
.slide {
    height:300px;
    position:relative;
}
.slide ul li {
    width:1200px;
    height:300px;
    position:absolute;
    top:0;
    left:0;
}
```

```css
72    .slide {
73        height:300px;
74        position:relative;
75    }
76    .slide ul li {
77        width:1200px;
78        height:300px;
79        position:absolute;
80        top:0;
81        left:0;
82    }
```

[style.css]

03 각 슬라이드의 텍스트를 글자체, 굵기, 색상, 크기를 적절하게 설정하여, 가독성을 높이고, 독창성이 드러나도록 '.slide ul li a {' 윗줄에 스타일을 작성합니다.

```css
.slide ul li h2 {
    position:absolute;
    left:0;
    bottom:0;
    font-size:28px;
    font-weight:bold;
    background:rgba(0,0,0,.7);
    color:#fff;
    width:100%;
    padding:20px;
}
```

```css
83    .slide ul li h2 {
84        position:absolute;
85        left:0;
86        bottom:0;
87        font-size:28px;
88        font-weight:bold;
89        background: ■ rgba(0,0,0,.7);
90        color: □ #fff;
91        width:100%;
92        padding:20px;
93    }
```

[style.css]

➕ **더 알기** TIP

Fade-in, Fade-out 애니메이션은 .slide ul li 요소들을 모두 겹쳐서 배치한 뒤, 하나씩 보이게 하여 연출합니다.

💬 **요소** TIP

- **.slide ul li** : 슬라이드 각각의 항목으로, position: absolute로 공중에 띄워 동일한 위치에 겹치도록 설정
  - **position: absolute** : 각 슬라이드를 공중에 띄워 모두 겹치도록 설정
- **.slide ul li h2** : .slide 하위 요소 〈ul〉의 하위 요소 〈li〉의 하위 요소 〈h2〉 지정하여 슬라이드 텍스트 스타일 적용
  - **position:absolute** : .slide ul li h2를 공중에 띄워 상위 요소 .slide ul li에 기준을 설정하여, 절대 위치로 지정(기준을 설정할 요소에 position 속성(relative, absolute, fixed, sticky) 중 하나가 설정되어 있으면, 해당 요소가 기준이 됨)
- **left: 0** : 기준 요소인 .slide ul li의 왼쪽 모서리를 기준으로 0 위치에 배치
- **bottom: 0** : 기준 요소인 .slide ul li의 아래쪽 모서리를 기준으로 0 위치에 배치

RGB 색상 입력 방법
포토샵의 색상 피커에서 RGB 값을 확인하고 입력합니다.

04 웹 브라우저 접속 시 첫 번째 슬라이드는 보여주고, 나머지 슬라이드는 숨기기 위해 다음과 같이 작성합니다.

```css
.slide ul li {
    width:1200px;
    height:300px;
    position:absolute;
    top:0;
    left:0;
    display:none;
}
.slide ul li.s1 {
    background:url(../images/s1.jpg)
no-repeat center/cover;
    display:block;
}
```

```css
76  .slide ul li {
77      width:1200px;
78      height:300px;
79      position:absolute;
80      top:0;
81      left:0;
82      display:none;
83  }
```
[style.css]

```css
99   .slide ul li.s1 {
100      background:url(../images/s1.jpg) no-repeat center/cover;
101      display:block;
102  }
```
[style.css]

- **display:none** : 해당 요소를 화면에서 숨기는 역할을 하며, 슬라이드 전환 등에서 사용자가 보지 못하도록 초기 상태로 설정할 때 사용
- **display:block** : 숨겨진 요소를 다시 화면에 표시하는 역할을 하며, 첫 번째 슬라이드처럼 처음부터 보이게 해야 하는 요소에 사용

.slide ul li 요소에 display:none을 설정하고, .slide ul li.s1에만 display:block을 지정하면 웹 브라우저 접속 시 첫 번째 슬라이드만 보이고 나머지는 숨겨진 상태로 준비합니다.

05 작업한 모든 파일을 저장하고 'index. html' 문서가 활성화된 상태에서 상태표 시줄에 Go Live를 선택하여 웹 브라우저 인 '크롬(Chrome)'으로 작업 결과를 확인 합니다.

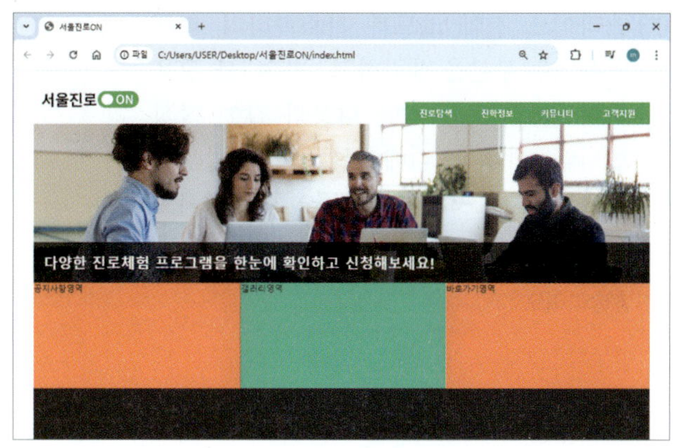

🄌 슬라이드 스크립트 작업하기

세부 지시사항의 B 슬라이드 애니메이션 효과를 구현합니다. 슬라이드 애니메이션이 Fade-in, Fade-out 애니메이션으로 매 3초 이내 다른 이미지로 전환되어야 하며, 웹사이트 열었을 때 자동으로 시작되어 반복적인 슬라이드가 되도록 제이쿼리(jQuery)로 작업합니다.

01 'script.js' 문서를 활성화합니다. 그리고 메뉴 스크립트 다음 줄에 .slide ul li 중 보여지고 있는 첫 번째 슬라이드를 숨기 고 다음 슬라이드가 보이도록 제이쿼리를 작성합니다.

```
//슬라이드
$(".slide ul li").eq(0).fadeOut();
$(".slide ul li").eq(1).fadeIn();
```

```
 8    //슬라이드
 9    $(".slide ul li").eq(0).fadeOut();
10    $(".slide ul li").eq(1).fadeIn();
```

[script.js]

02 다음 Fade in/out 애니메이션을 예상하 여 제이쿼리를 작성합니다.

```
//슬라이드
$(".slide ul li").fadeOut();
$(".slide ul li").eq(1).fadeIn();
//3초후
$(".slide ul li").fadeOut();
$(".slide ul li").eq(2).fadeIn();
//3초후
$(".slide ul li").fadeOut();
$(".slide ul li").eq(0).fadeIn();
```

```
 8    //슬라이드
 9    $(".slide ul li").fadeOut();
10    $(".slide ul li").eq(1).fadeIn();
11    //3초후
12    $(".slide ul li").fadeOut();
13    $(".slide ul li").eq(2).fadeIn();
14    //3초후
15    $(".slide ul li").fadeOut();
16    $(".slide ul li").eq(0).fadeIn();
```

[script.js]

03 슬라이드 전환 코드를 간소화하기 위해 반복되는 부분을 생략하고, 변수 i를 활용하여 슬라이드 공식을 다음과 같이 작성합니다. 이때, 애니메이션이 겹쳐 발생하는 문제를 방지하기 위해 stop() 메서드를 함께 사용합니다.

```javascript
//슬라이드
let i = 0;
i++;
$(".slide ul li").stop().fadeOut();
$(".slide ul li").eq(i).stop().fadeIn();
```

```javascript
 8    //슬라이드
 9    let i = 0;
10    i++;
11    $(".slide ul li").stop().fadeOut();
12    $(".slide ul li").eq(i).stop().fadeIn();
```

[script.js]

04 실행문을 반복하기 위해 함수로 해당 실행문을 감싸줍니다.

```javascript
//슬라이드
let i=0;
function slide(){
    i++;
    $(".slide ul li").stop().fadeOut();
    $(".slide ul li").eq(i).stop().fadeIn();
}
slide();
```

```javascript
 8    //슬라이드
 9    let i=0;
10    function slide(){
11        i++;
12        $(".slide ul li").stop().fadeOut();
13        $(".slide ul li").eq(i).stop().fadeIn();
14    }
15    slide();
```

[script.js]

05 반복적으로 함수를 호출하기 위해 'slide();'를 'setInterval'로 변경합니다.

```javascript
//슬라이드
let i=0;
function slide(){
    i++;
    $(".slide ul li").stop().fadeOut();
    $(".slide ul li").eq(i).stop().fadeIn();
}
setInterval(slide, 3000);
```

```javascript
 8    //슬라이드
 9    let i=0;
10    function slide(){
11        i++;
12        $(".slide ul li").stop().fadeOut();
13        $(".slide ul li").eq(i).stop().fadeIn();
14    }
15
16    setInterval(slide, 3000);
```

[script.js]

06 i++(증감식)로 인하여 변수가 계속 증가 됩니다. 조건을 걸어 마지막 슬라이드 다음 첫 번째 슬라이드가 나타날 수 있도록 다음과 같이 작성합니다.

```
//슬라이드
let i=0;
function slide(){
    if(i<2){
        i++;
    }else{
        i=0;
    }
    $(".slide ul li").stop().fadeOut();
    $(".slide ul li").eq(i).stop().fadeIn();
}
setInterval(slide, 3000);
```

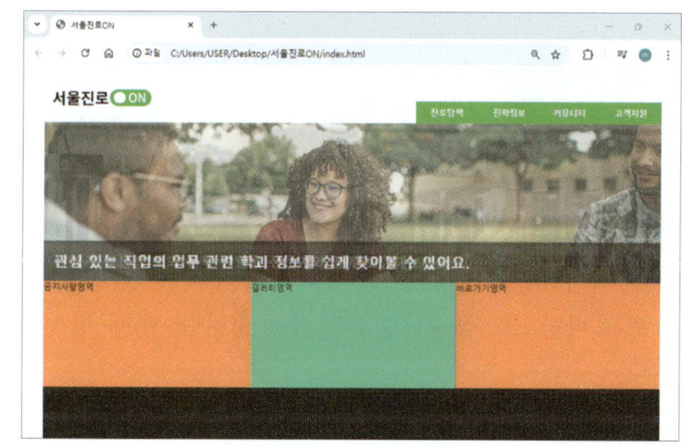

[script.js]

07 작업한 모든 파일을 저장하고 'index. html' 문서가 활성화된 상태에서 상태표 시줄에 Go Live를 선택하여 웹 브라우저 인 '크롬(Chrome)'으로 작업 결과를 확인 합니다. 웹 브라우저에서 슬라이드 사라 지고 다음 슬라이드가 나타나는 애니메이 션이 3초마다 진행됩니다.

💬 요소 TIP

- **let i = 0** : 변수 i 선언 후 0을 할당
- **i++** : 증감 연산자로, 변수 i의 값을 1씩 증가시키는 역할
- **$(".slide ul li")** : .slide의 자식 요소 〈ul〉의 자식 요소 모든 li 요소 선택
- **eq(index)** : ()(괄호)안에 index 번호를 넣으며 선택한 요소 집합 중 지정된 인덱스에 해당하는 요소를 선택
- **fadeIn()/fadeOut()** : fadeIn()은 요소가 점점 나타나고, fadeOut()은 요소가 점점 사라짐
- **.stop()** : 이전에 실행 중인 애니메이션을 중단시켜, 빠르게 연속 실행되는 애니메이션 충돌을 방지할 수 있음
- **if(조건문){실행문1}else{실행문2}** : 조건문이 참일 때 실행문1을 실행하고 거짓일 때 실행문2를 실행
- **setInterval(함수명, 밀리초)** : 지정한 시간 간격(밀리초)마다 해당 함수를 반복 실행하는 자바스크립트 내장 함수
- **밀리초(ms)** : 1초는 1,000밀리초이며, 1밀리초는 1초의 1/1,000에 해당

- **자바스크립트 인덱스(Index)란?**
  인덱스(Index)는 배열(Array) 또는 문자열(String) 내의 특정 요소나 문자에 접근할 때 사용하는 숫자 값입니다. 자바스크립트에서 인덱스는 0부터 시작합니다.

- **인덱스 예시**
  - var colors = ["RED", "GREEN", "BLUE"];
  - console.log(colors[0]); // 콘솔창에 "RED" 출력
  - console.log(colors[1]); // 콘솔창에 "GREEN" 출력
  - console.log(colors[2]); // 콘솔창에 "BLUE" 출력

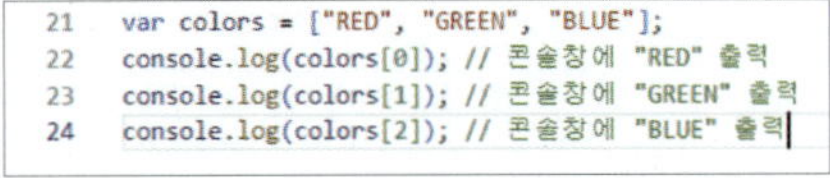

```
21    var colors = ["RED", "GREEN", "BLUE"];
22    console.log(colors[0]); // 콘솔창에 "RED" 출력
23    console.log(colors[1]); // 콘솔창에 "GREEN" 출력
24    console.log(colors[2]); // 콘솔창에 "BLUE" 출력
```
[script.js]

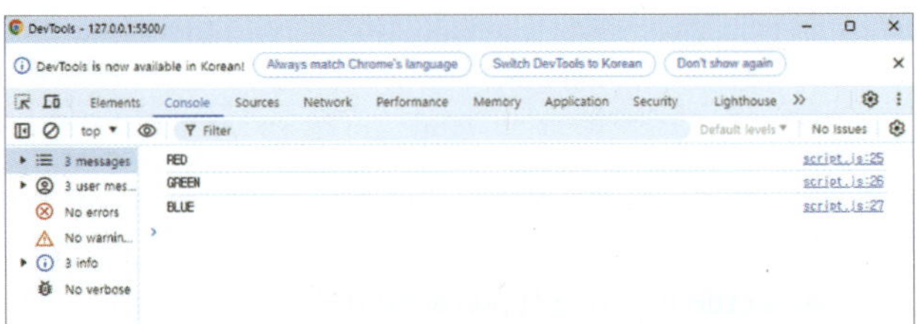

- **콘솔창 확인 방법**
  웹 브라우저(크롬 기준)에서 F12 키 또는 Ctrl + Shift + I 를 눌러 개발자 도구를 열고, 상단 탭에서 Console(콘솔)을 클릭하면 자바스크립트 출력 결과를 확인할 수 있습니다.

---

5 STEP　세부 영역별 지시사항 – ⓒ Contents 영역　　약 40분

01 공지사항 구조 작업하기

세부 지시사항 C.1 공지사항을 제작합니다. 공지사항의 타이틀 영역과 콘텐츠 영역을 구분하고 제공된 텍스트를 바탕으로 공지사항을 만들어 줍니다. 이때 첫 번째 콘텐츠 클릭(Click) 시 팝업이 나오도록 작업합니다.

01 'index.html' 문서의 '<article class="notice"></article>' 사이에 공지사항 내용을 다음과 같이 작성합니다.

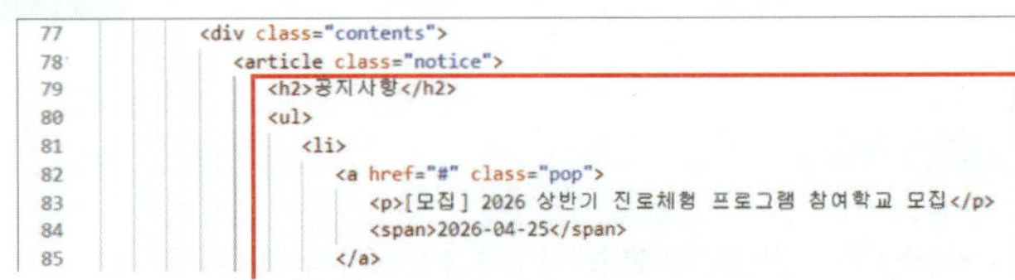

```
<article class="notice">
    <h2>공지사항</h2>
    <ul>
        <li>
            <a href="#" class="pop">
                <p>[모집] 2026 상반기 진로
체험 프로그램 참여학교 모집</p>
                <span>2026-04-25</span>
            </a>
```

```html
        </li>
        <li>
            <a href="#">
                <p>서울 진로 ON 시스템 점검 안내 (4/6 새벽 2시~4시)</p>
                <span>2026-04-01</span>
            </a>
        </li>
        <li>
            <a href="#">
                <p>4월 추천 진로 콘텐츠 업데이트 안내</p>
                <span>2026-02-20</span>
            </a>
        </li>
        <li>
            <a href="#">
                <p>진로상담 연계 프로그램 사전예약 오픈 안내</p>
                <span>2026-01-01</span>
            </a>
        </li>
    </ul>
</article>
```

```
 86                 </li>
 87                 <li>
 88                     <a href="#">
 89                         <p>서울 진로 ON 시스템 점검 안내 (4/6 새벽 2시~4시)</p>
 90                         <span>2026-04-01</span>
 91                     </a>
 92                 </li>
 93                 <li>
 94                     <a href="#">
 95                         <p>4월 추천 진로 콘텐츠 업데이트 안내</p>
 96                         <span>2026-02-20</span>
 97                     </a>
 98                 </li>
 99                 <li>
100                     <a href="#">
101                         <p>진로상담 연계 프로그램 사전예약 오픈 안내</p>
102                         <span>2026-01-01</span>
103                     </a>
104                 </li>
105             </ul>
106         </article>
```

[index.html]

＋ 더 알기 TIP

첫 번째 게시글에 <a href="#" class="pop">을 미리 지정하면, 자바스크립트에서 .pop 클래스로 선택하여 팝업을 띄우는 클릭 이벤트를 연결할 수 있습니다.

💬 요소 TIP

- <h2> : 공지사항 영역의 제목을 표시하는 요소
- <p> : 공지사항 게시글의 본문 내용을 담는 블록 요소
- <span> : 공지사항의 날짜처럼 간단한 텍스트 정보를 구분하여 표시할 때 사용하는 인라인 요소

🔵02 공지사항 스타일 작업하기

01 'style.css' 문서에서 '.contents'의 배경색을 지우고 '.contents article' 스타일 다음 줄에 공지사항 제목 스타일을 작성합니다.

```css
.contents .notice {
    padding:10px;
}
.notice h2 {
    background:#47b253;
    color:#fff;
    border-radius:10px 10px 0 0;
    width:120px;
    text-align:center;
    padding:5px 0;
    font-size:20px;
}
```

```css
109    .contents{
110        height:200px;
111        display:flex;
112    }
113    .contents article{
114        width:400px;
115    }
116    .contents .notice {
117        padding:10px;
118    }
119    .notice h2 {
120        background: #47b253;
121        color: #fff;
122        border-radius:10px 10px 0 0;
123        width:120px;
124        text-align:center;
125        padding:5px 0;
126        font-size:20px;
127    }
```

[style.css]

> **💬 요소 TIP**
>
> - **.notice h2** : .notice의 하위 요소 ⟨h2⟩를 지정하여 타이틀 영역의 스타일 설정
>   - **border-radius:10px 10px 0 0** : 요소의 상단 모서리를 각각 10픽셀만큼 둥글게 설정
>   - **width:120px** : ⟨h2⟩의 너비
>   - **text-align:center** : 텍스트 중앙 정렬
>   - **padding:5px 0** : 위·아래 내부 여백 5픽셀 설정
>   - **font-size:20px** : ⟨h2⟩ 폰트사이즈 20픽셀 설정(h2 기본 폰트 사이즈 24픽셀)

02 공지사항 게시판 스타일을 '.notice h2' 스타일 다음 줄에 다음과 같이 작성합니다.

```css
.notice ul {
    background:#47b253;
    padding:5px 15px;
}
.notice ul li {
    border-bottom:1px dashed #fff;
}
.notice ul li:last-child {
    border-bottom:none;
}
```

```css
129    .notice ul {
130        background: #47b253;
131        padding:5px 15px;
132    }
133    .notice ul li {
134        border-bottom:1px dashed #fff;
135    }
136    .notice ul li:last-child {
137        border-bottom:none;
138    }
```

```css
.notice ul li a {
    display:block;
    padding:5px 0;
    position:relative;
    color:#fff;
}
.notice ul li p {
    width:200px;
    white-space:nowrap;
    overflow:hidden;
    text-overflow:ellipsis;
}
.notice ul li span {
    position:absolute;
    right:0;
    top:5px;
}
```

```css
139    .notice ul li a {
140        display:block;
141        padding:5px 0;
142        position:relative;
143        color:☐#fff;
144    }
145    .notice ul li p {
146        width:200px;
147        white-space:nowrap;
148        overflow:hidden;
149        text-overflow:ellipsis;
150    }
151    .notice ul li span {
152        position:absolute;
153        right:0;
154        top:5px;
155    }
```

[style.css]

💬 요소 TIP

- **.notice ul li** : .notice의 하위 요소 〈ul〉의 하위 요소 〈li〉 지정
  - **border-bottom:1px dashed #fff** : 1픽셀 두께의 색상 #fff 하단 점선 테두리 설정
- **.notice ul li:last-child** : .notice의 하위 요소 〈ul〉의 하위 요소 〈li〉 중 마지막 〈li〉 지정
  - **border-bottom: none** : 하단 테두리를 제거
- **.notice ul li span** : .notice의 하위 요소 〈ul〉의 하위 요소 〈li〉의 하위 요소 〈span〉 지정, 공지사항 날짜 스타일 적용
  - **position: absolute** : 부모 요소인 〈a〉를 기준으로 위치를 절대적으로 지정
- **.notice ul li a** : .notice의 하위 요소 〈ul〉의 하위 요소 〈li〉의 하위 요소 〈a〉 지정
  - **position:relative** : .notice ul li span의 기준 역할
  - **padding:5px 0** : 위 · 아래 내부 여백 5픽셀 설정
- 제공되는 공지사항 텍스트가 길 것을 대비하여 말 줄임표 작업
  - **width:200px** : 표시 영역의 너비를 제한
  - **white-space:nowrap** : 텍스트가 영역보다 넘칠 때 줄바꿈 없이 한 줄로 표시
  - **overflow:hidden** : 넘친 텍스트를 숨김
  - **text-overflow:ellipsis** : 넘친 부분에 말줄임표(...)를 표시

03 작업한 모든 파일을 저장하고 'index.html' 문서가 활성화된 상태에서 상태표시줄에 Go Live를 선택하여 웹 브라우저인 '크롬(Chrome)'으로 작업 결과를 확인합니다.

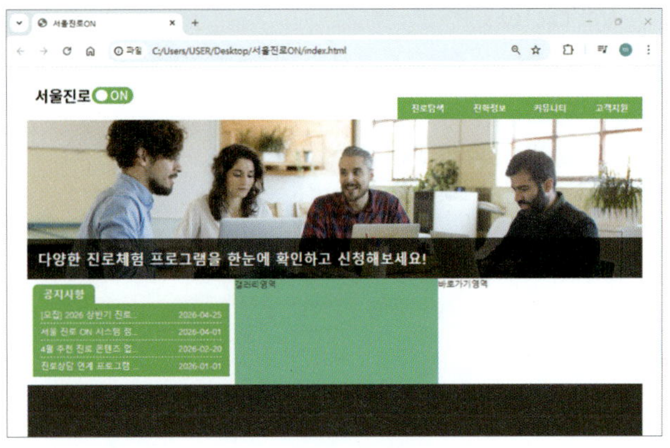

03 갤러리 구조 작업하기

세부 지시사항 C.2 갤러리를 제작합니다. 갤러리의 타이틀 영역과 콘텐츠 영역을 구분하고 제공된 이미지를 바탕으로 갤러리를 가로로 배치합니다. 이때 갤러리 이미지 마우스 오버(Mouse over) 시 해당 객체의 투명도(Opacity) 변화가 있도록 작업합니다.

01 'index.html' 문서의 '`<article class="gall"></article>`' 사이에 갤러리 내용을 다음과 같이 작성합니다.

```html
<article class="gall">
    <h2>갤러리</h2>
    <ul>
        <li>
            <a href="#">
                <img src="images/g1.jpg" alt="갤러리 후기1">
            </a>
        </li>
        <li>
            <a href="#">
                <img src="images/g2.jpg" alt="갤러리 후기2">
            </a>
        </li>
        <li>
            <a href="#">
                <img src="images/g3.jpg" alt="갤러리 후기3">
            </a>
        </li>
    </ul>
</article>
```

```html
107     <article class="gall">
108         <h2>갤러리</h2>
109         <ul>
110             <li>
111                 <a href="#">
112                     <img src="images/g1.jpg" alt="갤러리 후기1">
113                 </a>
114             </li>
115             <li>
116                 <a href="#">
117                     <img src="images/g2.jpg" alt="갤러리 후기2">
118                 </a>
119             </li>
120             <li>
121                 <a href="#">
122                     <img src="images/g3.jpg" alt="갤러리 후기3">
123                 </a>
124             </li>
125         </ul>
126     </article>
```

[index.html]

💬 요소 TIP

`<h2>` : 갤러리 영역의 제목 요소

04 갤러리 스타일 작업하기

01 'style.css' 문서에서 '.contents .gall'을 찾아 배경색을 지우고 갤러리 스타일을 다음과 같이 작성합니다.

```css
.contents .gall{
    padding:10px;
}
.gall h2 {
    background:#75531a;
    color:#fff;
    border-radius:10px 10px 0 0;
    width:120px;
    text-align:center;
    padding:5px 0;
    font-size:20px;
}
.gall ul {
    display: flex;
    justify-content: space-around;
    background: #75531a;
    padding: 10px;
    gap: 10px;
}
.gall ul li img {
    width: 120px;
    height: 120px;
    object-fit: cover;
}
.gall ul li:hover {
    opacity: 0.7;
}
```

```
155   .contents .gall{
156       padding:10px;
157   }
158   .gall h2 {
159       background: #75531a;
160       color: #fff;
161       border-radius:10px 10px 0 0;
162       width:120px;
163       text-align:center;
164       padding:5px 0;
165       font-size:20px;
166   }
167   .gall ul {
168       display:flex;
169       justify-content: space-around;
170       background: #75531a;
171       padding:10px;
172       gap:10px;
173   }
174   .gall ul li img {
175       width:120px;
176       height:120px;
177       object-fit:cover;
178   }
179   .gall ul li:hover {
180       opacity:0.7;
181   }
```

[style.css]

💬 **요소 TIP**

- **border-radius:10px 10px 0 0** : 상단 좌우 모서리를 각각 10픽셀만큼 둥글게 설정
- **display:flex** : .gall ul를 플렉스 컨테이너로 설정하여, 자식 요소 〈li〉들을 수평으로 나열
- **gap:10px** : flex로 나열된 자식 요소 〈li〉의 사이 간격 10픽셀 지정
- **justify-content:space-around** : flex로 나열된 자식 요소 〈li〉들을 플렉스 컨테이너 영역(.gall ul) 내 균등한 간격으로 배치, 아이템들 사이와 컨테이너의 양 끝에 동일한 여백 설정
- **.gall ul li img** : 이미지의 크기를 고정하면서 비율 유지
  - **object-fit:cover** : 이미지가 지정된 크기를 넘지 않도록 유지하며 채워지도록 설정
- **.gall ul li:hover** : 갤러리 항목에 마우스를 올렸을 때 효과 적용
  - **opacity:0.7** : 투명도를 70%로 설정하여 강조 효과

02 작업한 모든 파일을 저장하고 'index.html' 문서가 활성화된 상태에서 상태표시줄에 Go Live를 선택하여 웹 브라우저인 '크롬(Chrome)'으로 작업 결과를 확인합니다.

기적의 TIP

- **object-fit 속성이란?**
  - object-fit은 이미지를 요소 크기 안에 어떻게 맞출지 설정하는 CSS 속성입니다.
  - 이미지가 박스 크기에 맞춰 늘어나거나 잘리는 방식을 제어할 수 있습니다.

- **object-fit 주요 속성값**
  - fill : 기본값. 요소 크기에 이미지를 꽉 채우되, 비율이 유지되지 않아 왜곡될 수 있음
  - contain : 이미지의 비율을 유지하며 요소 안에 모두 들어오도록 축소함. 빈 여백이 생길 수 있음
  - cover : 이미지 비율을 유지하면서 요소 전체를 덮도록 확대함. 일부가 잘릴 수 있음
  - none : 원본 이미지 크기를 그대로 유지하며, 박스보다 클 경우 넘침

```html
<!DOCTYPE html>
<html lang="ko">
<head>
    <meta charset="UTF-8">
    <meta name="viewport" content="width=device-width, initial-scale=1.0">
    <title>object-fit 속성</title>
    <link href="style.css" rel="stylesheet">
</head>
<body>
    <table>
      <tr>
        <th>fill</th>
        <th>contain</th>
        <th>cover</th>
        <th>none</th>
      </tr>
      <tr>
        <td><img src="img.jpg" class="fill"></td>
        <td><img src="img.jpg" class="contain"></td>
        <td><img src="img.jpg" class="cover"></td>
        <td><img src="img.jpg" class="none"></td>
      </tr>
    </table>
</body>
</html>
```

[index.html]

```css
# style.css > ...
@charset "utf-8";
img {
    width: 200px;
    height: 100px;
}
.fill {
    object-fit: fill;/*기본값*/
}
.contain {
    object-fit: contain;
}
.cover {
    object-fit: cover;
}
.none {
    object-fit: none;
}
```

[style.css]

05 바로가기 구조 작업하기

세부 지시사항 C.3 바로가기를 제작합니다. 바로가기 영역은 Contents 폴더에서 제공된 파일을 활용해 작업합니다.

01 'index.html' 문서의 '<article class="go"></article>' 사이에 바로가기 내용을 다음과 같이 작성합니다.

```html
<article class="go">
    <h2>바로가기</h2>
    <ul>
        <li>
            <a href="#">
                <p><img src="images/icon01.png" alt="바로가기1"></p>
                <span>바로가기1</span>
            </a>
        </li>
        <li>
            <a href="#">
                <p><img src="images/icon02.png" alt="바로가기2"></p>
                <span>바로가기2</span>
            </a>
        </li>
        <li>
            <a href="#">
                <p><img src="images/icon03.png" alt="바로가기3"></p>
                <span>바로가기3</span>
            </a>
        </li>
    </ul>
</article>
```

```html
127     <article class="go">
128         <h2>바로가기</h2>
129         <ul>
130             <li>
131                 <a href="#">
132                     <p><img src="images/icon01.png" alt="바로가기1"></p>
133                     <span>바로가기1</span>
134                 </a>
135             </li>
136             <li>
137                 <a href="#">
138                     <p><img src="images/icon02.png" alt="바로가기2"></p>
139                     <span>바로가기2</span>
140                 </a>
141             </li>
142             <li>
143                 <a href="#">
144                     <p><img src="images/icon03.png" alt="바로가기3"></p>
145                     <span>바로가기3</span>
146                 </a>
147             </li>
148         </ul>
149     </article>
```

[index.html]

> 💬 **요소 TIP**
>
> - **<h2>** : 바로가기 영역의 제목 요소
> - **<p>** : 바로가기 아이콘 이미지를 감싸주는 요소
> - **<span>** : 바로가기 아이콘 이름 요소

01 'style.css' 문서에서 'footer' 스타일 윗
줄에 바로가기 스타일을 다음과 같이 작성
합니다.

```css
.contents .go {
    background:#eee;
    padding:10px;
}
.go h2 {
    color:#47b253;
    margin-bottom:20px;
}
.go ul {
    display:flex;
    justify-content:center;
    gap:20px
}
.go ul li {
    text-align:center;
}
.go ul li a {
    display:block;
    height:100%;
}
.go ul li p {
    width:80px;
    height:80px;
    background:#47b253;
    padding-top:20px;
    border-radius:20px;
    margin-bottom:5px;
}
.go ul li span {
    font-weight:bold;
}
```

```
182   .contents .go {
183       background: ☐ #eee;
184       padding:10px;
185   }
186   .go h2 {
187       color: ■ #47b253;
188       margin-bottom:20px;
189   }
190   .go ul {
191       display:flex;
192       justify-content:center;
193       gap:20px
194   }
195   .go ul li {
196       text-align:center;
197   }
198   .go ul li a {
199       display:block;
200       height:100%;
201   }
202   .go ul li p {
203       width:80px;
204       height:80px;
205       background: ■ #47b253;
206       padding-top:20px;
207       border-radius:20px;
208       margin-bottom:5px;
209   }
210   .go ul li span {
211       font-weight:bold;
212   }
```

[style.css]

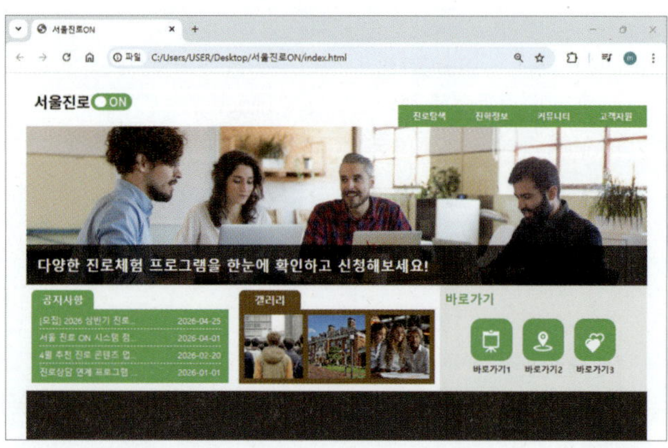

- **display:flex** : .go ul을 플렉스 컨테이너로 설정하여, 자식 요소 〈li〉들을 수평으로 나열
- **justify-content:center** : flex로 나열된 자식 요소 〈li〉를 수평 중앙 정렬
- **.go ul li** : .go의 하위 요소 〈ul〉의 하위 요소 〈li〉의 하위 요소 지정하여 바로가기 리스트의 스타일 지정
  - **text-align:center** : 수평 중앙 정렬이 상속되어 .go ul li의 하위 요소인 〈img〉, 〈span〉을 수평 중앙 정렬
- **.go ul li p** : .go의 하위 요소 〈ul〉의 하위 요소 〈li〉의 하위 요소 〈p〉를 지정하여 바로가기 아이콘을 감싸는 컨테이너 스타일 지정
  - **padding-top:20px** : 위쪽 내부 여백을 20픽셀 설정하여, 〈img〉가 아래로 내려오도록 설정
  - **border-radius:20px** : 사방의 모서리를 20픽셀만큼 둥글게 설정
  - **margin-bottom:5px** : 아래쪽 바깥 여백 5픽셀 설정하여 〈span〉 요소 사이를 띄워줌
  - **.go ul li span** : .go의 하위 요소 〈ul〉의 하위 요소 〈li〉의 하위 요소 〈span〉 지정하여 바로가기 아이콘 이름 스타일 지정
  - **font-weight:bold** : 텍스트를 굵게 설정

07 팝업창 구조 작업하기

세부 지시사항의 와이어프레임에서 팝업창의 형태를 확인합니다. Contents 폴더의 제공된 텍스트 파일을 사용하여 레이어 팝업(Layer Popup)을 제작합니다.

01 'index.html' 문서의 '</div><!-- //inner 닫은 태그-->' 다음 줄에 팝업창을 다음과 같이 작성합니다.

```
<div id="popup" class="popup">
    <div class="popcon">
        <h2>2026 상반기 진로체험 프로그램<br> 참여학교 모집 안내</h2>
        <p class="img"><img src="images/pop.jpg" alt="2026 상반기 진로체험 프로그램 참여학교 모집 안내"></p>
        <p class="text">
            서울시교육청과 함께하는<br>
「서울 진로 ON」 상반기 진로체험 프로그램에 참여할 학교를 모집합니다.
            <strong>2025년 4월 2일(화) ~ 4월 15일(화)</strong>
        </p>
        <div class="close"><button>CLOSE X</button></div>
    </div>
</div>
```

```
155  <div id="popup" class="popup">
156      <div class="popcon">
157          <h2>2026 상반기 진로체험 프로그램<br> 참여학교 모집 안내</h2>
158          <p class="img"><img src="images/pop.jpg" alt="2026 상반기 진로체험 프로그램
                 참여학교 모집 안내"></p>
159          <p class="text">
160              서울시교육청과 함께하는<br>
161          「서울 진로 ON」 상반기 진로체험 프로그램에 참여할 학교를 모집합니다.
162              <strong>2025년 4월 2일(화) ~ 4월 15일(화)</strong>
163          </p>
164          <div class="close"><button>CLOSE X</button></div>
165      </div>
166  </div>
167      </div>
168  </body>
169  </html>
```

[index.html]

08 팝업창 스타일 작업하기

01 'style.css' 문서의 마지막 줄에 팝업창의 스타일을 다음과 같이 작성합니다.

```css
#popup {
    position:absolute;
    width:500px;
    top:50%;
    left:50%;
    transform:translate(-50%, -50%);
    background:#fff;
    text-align:center;
    padding:20px;
    border:2px solid #75531a;
    border-radius:20px;
    z-index:9999;
}
```

```
217   #popup {
218       position:absolute;
219       width:500px;
220       top:50%;
221       left:50%;
222       transform:translate(-50%, -50%);
223       background: ☐ #fff;
224       text-align:center;
225       padding:20px;
226       border:2px solid ■ #75531a;
227       border-radius:20px;
228       z-index:9999;
229   }
```

[style.css]

02 'style.css' 문서의 'body' 스타일 다음 줄에 팝업창의 기준을 다음과 같이 작성합니다.

```css
.wrap{
    position:relative;
}
```

```
26    .wrap{
27        position:relative;
28    }
```

[style.css]

- 공중에 띄운 요소를 가운데 배치하는 방법
  - **top:50%** : 기준 요소의 상단에서부터 50% 아래로 배치
  - **left:50%** : 기준 요소의 왼쪽으로부터 50% 오른쪽으로 배치
  - **transform:translate(−50%, −50%)** : 자신의 가로/세로 크기의 50%만큼 왼쪽과 위로 이동시켜 정확한 정중앙에 배치
- **text-align:center** : 요소 내의 텍스트 또는 인라인, 인라인 블록 요소를 중앙 정렬
- **padding:20px** : 사방의 내부 여백을 20픽셀로 설정
- **border-radius:20px** : 사방의 모서리를 20픽셀만큼 둥글게 설정
- **wrap{position:relative}** : absolute 요소(#popup)의 기준이 되기 위해 .wrap에 relative를 지정함

03 팝업 타이틀과 내용의 스타일을 '#popup' 다음 줄에 다음과 같이 작성합니다.

```css
#popup h2 {
    color:#75531a;
    margin-bottom:20px;
}
#popup .text {
    margin:20px 0;
}
#popup .close {
    text-align:right;
}
#popup .close button{
    background:#75531a;
    border:0;
    padding:10px;
    color:#fff;
}
```

```
233   #popup h2 {
234       color: #75531a;
235       margin-bottom:20px;
236   }
237   #popup .text {
238       margin:20px 0;
239   }
240   #popup .close {
241       text-align:right;
242   }
243   #popup .close button{
244       background: #75531a;
245       border:0;
246       padding:10px;
247       color: #fff;
248   }
```

[style.css]

- **#popup .text** : #popup의 하위 요소 .text를 지정하여 팝업 내 텍스트 스타일 지정
  - **margin:20px 0** : 위 · 아래 바깥 여백 20픽셀 설정
- **#popup .close** : #popup의 하위 요소 .close를 지정하여 팝업 내 버튼을 감싸는 영역
  - **text-align:right** : 인라인 또는 인라인−블록 요소인 <button>이 오른쪽으로 정렬되도록 설정
- **#popup .close button** : #popup의 하위 요소 .close 하위 요소 <button> 지정

04 작업한 모든 파일을 저장하고 'index. html' 문서가 활성화된 상태에서 상태표 시줄에 Go Live를 선택하여 웹 브라우저 인 '크롬(Chrome)'으로 작업 결과를 확인 합니다. 팝업창의 스타일 작업이 완료되 었다면 팝업창을 숨깁니다.

```
#popup {
    position:absolute;
    width:500px;
    top:50%;
    left:50%;
    transform:translate(-50%, -50%);
    background:#fff;
    text-align:center;
    padding:20px;
    border:2px solid #75531a;
    border-radius:20px;
    z-index:9999;
    display:none;
}
```

```
222  #popup {
223      position:absolute;
224      width:500px;
225      top:50%;
226      left:50%;
227      transform:translate(-50%, -50%);
228      background: □#fff;
229      text-align:center;
230      padding:20px;
231      border:2px solid ■#75531a;
232      border-radius:20px;
233      z-index:9999;
234      display:none;
235  }
```

[style.css]

⑨ 팝업창 스크립트 작업하기

세부 지시사항의 C.1 공지사항 팝업 효과를 구현합니다. 공지사항의 첫 번째 게시글을 클릭(Click)시 레이어 팝업(Layer Popup)이 나오고, 레이어 팝업의 Close 버튼을 클릭하면 레이어 팝업이 닫히도록 작업합니다.

01 'script.js' 문서에서 마지막 줄에 '팝업' 창 스크립트를 다음과 같이 작성합니다.

```
//팝업
$(".pop").click(function(e){
    e.preventDefault();
    $("#popup").show();
});
$(".close button").click(function(){
    $("#popup").hide();
})
```

```
20   //팝업
21   $(".pop").click(function(e){
22       e.preventDefault();
23       $("#popup").show();
24   });
25   $(".close button").click(function(){
26       $("#popup").hide();
27   })
```

[script.js]

- $(".pop") : jQuery 선택자로, 공지사항 영역 내 첫 번째 게시글에 지정된 .pop 클래스를 선택
- .click(function(){ ... }) : jQuery에서 제공하는 이벤트 메서드로 클릭 시 {}(중괄호) 내 실행문을 실행
- $("#popup") : 팝업창 전체를 감싸는 id="popup" 요소를 선택하는 jQuery 선택자
- show()/hide() : 선택한 요소를 보이거나 숨기는 jQuery 메서드로, display 속성을 조절하여 화면에서 요소의 표시 여부를 제어
- e.preventDefault(); : 이벤트 발생 시 브라우저의 기본 동작을 막기 위한 메서드

〈a href="#"〉처럼 임시 링크를 클릭할 경우, 페이지 상단으로 이동하는 기본 링크 동작을 차단하고, 자바스크립트로 지정한 동작만 실행되도록 설정할 수 있습니다.

02 작업한 모든 파일을 저장하고 'index. html' 문서가 활성화된 상태에서 상태표 시줄에 Go Live를 선택하여 웹 브라우저 인 '크롬(Chrome)'으로 작업 결과를 확인 합니다.

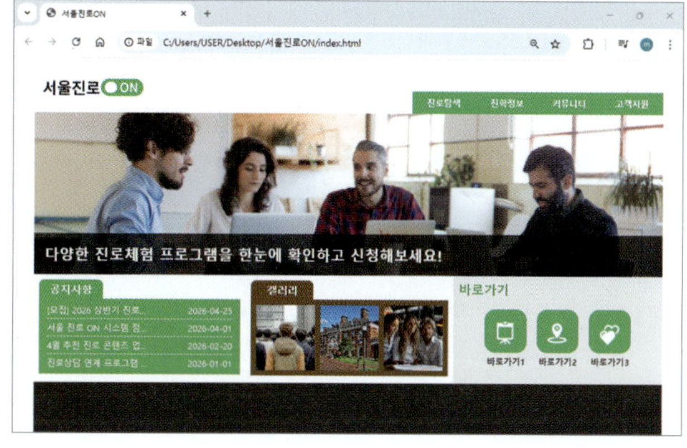

03 공지사항 첫 번째 게시글을 클릭하면 팝 업칭이 열리고, Close 버튼을 글릭하면 팝업창이 닫힙니다.

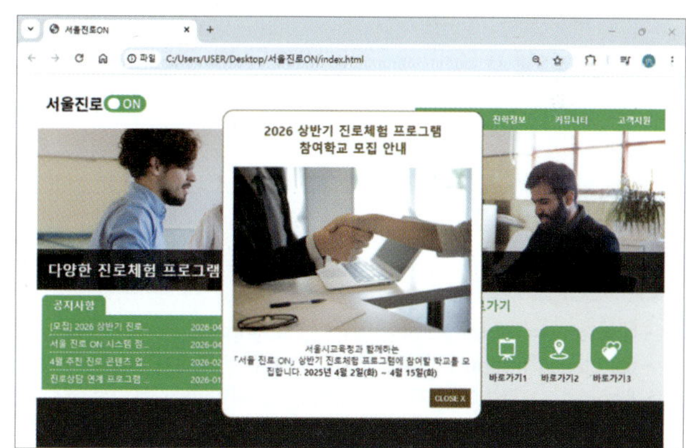

01 푸터 영역 구조 작업하기

제공된 텍스트와 이미지를 이용하여 하단 메뉴와 Copyright를 작업합니다.

01 'index.html' 문서 '<footer id="footer"></footer>' 영역 내 텍스트를 지우고 하단 메뉴, Copyright 순으로 다음과 같이 작성합니다.

```
<footer id="footer">
    <ul class="fmenu">
        <li><a href="#">회사소개</a></li>
        <li><a href="#">찾아오시는길</a></li>
        <li><a href="#">개인정보처리방침</a></li>
        <li><a href="#">이용약관</a></li>
        <li><a href="#">고객지원</a></li>
        <li><a href="#">제휴문의</a></li>
    </ul>
    <p class="fcopy">
        COPYRIGHT © 2026 서울진로ON. All
Rights Reserved.
    </p>
</footer>
```

```
151    <footer id="footer">
152        <ul class="fmenu">
153            <li><a href="#">회사소개</a></li>
154            <li><a href="#">찾아오시는길</a></li>
155            <li><a href="#">개인정보처리방침</a></li>
156            <li><a href="#">이용약관</a></li>
157            <li><a href="#">고객지원</a></li>
158            <li><a href="#">제휴문의</a></li>
159        </ul>
160        <p class="fcopy">
161            COPYRIGHT © 2026 서울진로ON. All Rights Reserved.
162        </p>
163    </footer>
```

[index.html]

> **💬 요소 TIP**
> - <footer id="footer"> : 하단 메뉴와 Copyright를 감싸주는 요소
> - <ul class="fmenu"> : 하단 메뉴를 감싸주는 요소
> - © : HTML에서 저작권 기호( )를 출력할 때 사용하는 특수 문자 코드

01 'style.css' 문서에서 'footer'를 찾아 푸터 영역 스타일을 다음과 같이 작성합니다.

```css
footer{
    height:100px;
    background:#333;
    color:#fff;
    padding-top:30px;
}
```

```css
216  footer {
217      height:100px;
218      background:■ #333;
219      color:□ #fff;
220      padding-top:30px;
221  }
```
[style.css]

💬 요소 TIP

- **footer** : 〈footer〉의 선택자로 하단 영역 스타일 지정
  - **color:#fff** : 〈footer〉에 글자 색상을 흰색으로 설정하면, 하위 요소들에 상속되어 .fcopy의 글자가 흰색으로 설정
  - **padding-top:30px** : 〈footer〉 내부의 상단 여백 30px 지정

02 하단 메뉴의 스타일을 아래와 같이 작성하여 'footer' 스타일 바로 다음 줄에 추가합니다.

```css
footer .fmenu{
    display:flex;
    gap:10px;
    justify-content: center;
}
footer .fmenu li{
    border-right:1px solid #fff;
    padding-right:10px;
    font-size:14px;
}
footer .fmenu li:last-child{
    border-right:0;
}
footer .fcopy{
    margin-top:10px;
    font-size:13px;
    text-align:center;
}
```

```css
222  footer .fmenu{
223      display:flex;
224      gap:10px;
225      justify-content:center;
226  }
227  footer .fmenu li{
228      border-right:1px solid □ #fff;
229      padding-right:10px;
230      font-size:14px;
231  }
232  footer .fmenu li:last-child{
233      border-right:0;
234  }
235  footer .fcopy{
236      margin-top:10px;
237      font-size:13px;
238      text-align:center;
239  }
```
[style.css]

- **.fmenu** : <ul class="fmenu"> 선택자로 하단 메뉴 스타일 지정
  - **display:flex** : .fmenu를 플렉스 컨테이너로 설정하여, 자식 요소 <li>들을 수평으로 나열
  - **gap:10px** : flex로 나열된 자식 요소 <li>의 사이 간격 10픽셀 지정
  - **justify-content: center** : 플렉스 컨테이너의 자식 요소들을 수평 방향으로 가운데 정렬할 때 사용
- **.fmenu li** : footer의 하위 요소 .fmenu의 하위 요소 <li> 지정
  - **border-right:1px solid #fff** : 1픽셀 두께의 색상 #fff 우측 실선 테두리 설정
  - **padding-right:10px** : 오른쪽 내부 여백 10픽셀 설정
- **.fmenu li:last-child** : .fmenu의 하위 요소 <li> 중 마지막 <li> 지정
  - **border-right:none** : 우측 테두리 제거
- **footer .fcopy** : footer 태그 하위 요소 .fcopy 지정
  - **text-align:center** : 요소 내부의 텍스트를 수평 방향으로 가운데 정렬

03 작업한 모든 파일을 저장하고 'index. html' 문서가 활성화된 상태에서 상태표 시줄에 Go Live를 선택하여 웹 브라우저 인 '크롬(Chrome)'으로 작업 결과를 확인 합니다.

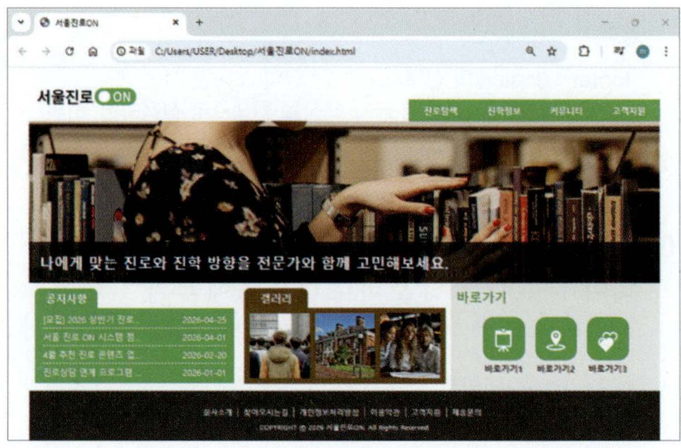

---

7 STEP   **최종 검토하기**   약 15분

최종 결과물 Check!

작업을 완료했다면 최종 결과물을 확인합니다.

제출 방법

1. 수험자의 비번호로 된 폴더를 제출합니다.

2. 비번호로 된 폴더 안에 'index.html', 'images', 'js', 'css' 폴더와 작업한 파일이 저장되어 있는지 확인합 니다.

3. 'index.html'를 열었을 때 모든 리소스가 표시되고 정상 작동해야 합니다.

4. 비번호로 된 폴더의 용량이 10MB가 초과되지 않아야 합니다. (ai, psd 파일은 제출하지 않습니다.)

기술적 준수사항

1. HTML5 기준 웹 표준을 준수해야 합니다. 현장에서 인터넷 사용이 불가하므로 연습 시 HTML 유효성 검사로 오류가 있는지 확인합니다.

2. CSS3 기준 오류가 없도록 작업해야 합니다. 현장에서 인터넷 사용이 불가하므로 연습 시 CSS 유효성 검사로 오류가 있는지 확인합니다.

3. 스크립트 오류가 표시되지 않아야 합니다. 웹 브라우저에서 F12를 눌러 개발자 도구를 실행한 후, 콘솔(Console) 탭에서 오류가 있는지 확인합니다.

4. 'index.html'을 열었을 때 Tab 으로 요소를 이동, 선택할 수 있어야 합니다.

5. 'index.html'을 열었을 때 다양한 화면 해상도에서 페이지 레이아웃이 정상적으로 표시되어야 합니다.

6. 페이지 전체는 CSS를 이용해 레이아웃을 구성해야 합니다.

7. 브라우저에서 CSS를 '사용 안 함'으로 설정하면 콘텐츠가 기본적으로 세로로 나열되어 표시됩니다.

8. 모든 이미지는 대체 텍스트(alt 속성)를 포함하여 이미지의 의미나 용도를 명확히 전달해야 합니다.

9. 텍스트 간의 위계질서를 직관적으로 알 수 있어야 합니다.

10. 제작된 사이트의 최신 버전의 Google Chrome 브라우저에서 레이아웃, 구성 요소의 크기 및 위치 등이 정상적으로 표시되어야 합니다.

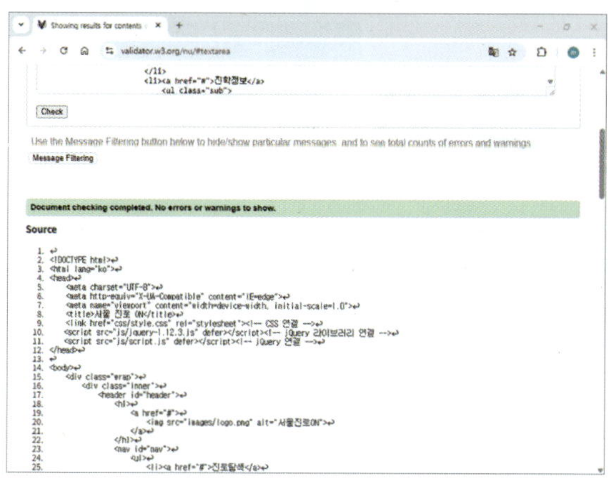

▲ HTML 유효성 검사 – 오류 없음

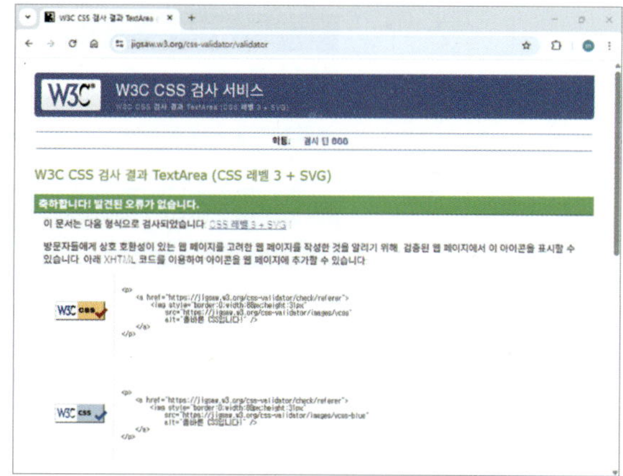

▲ CSS 유효성 검사 – 오류 없음

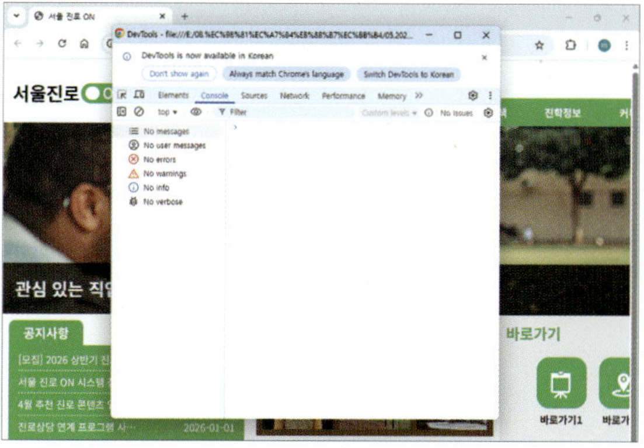

▲ JavaScript와 jQuery의 오류 검사 – 오류 없음

기출 유형 문제 08회

작업파일 [PART04 〉 기출유형문제 08회 〉 수험자 제공 파일]을 열어서 작업하세요.

[공개 문제 : C 유형]

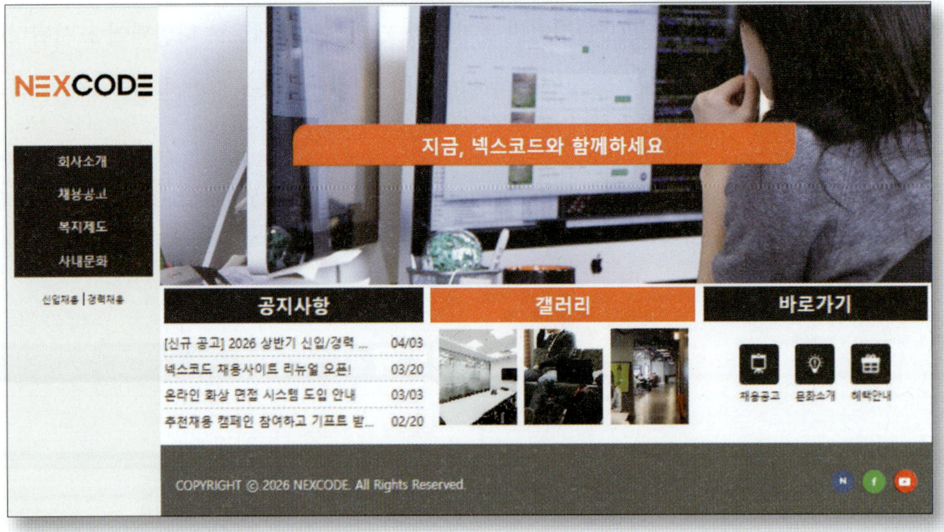

넥스코드 웹사이트 제작

실기시험 문제 가이드

자격종목	웹디자인개발기능사	과제명	넥스코드

※ 시험시간 : 3시간

1. 요구사항

※ 다음 요구사항을 준수하고, 주어진 자료(수험자 제공 파일)를 활용하여 시험시간 내에 웹 페이지를 제작한 뒤, **10MB 용량이 초과하지 않게** 저장 후 제출하시오.

※ 웹 페이지 코딩은 **HTML5 기준 웹 표준**을 준수하여야 하며, 요구사항에 지정되지 않은 요소들은 주제 특성에 맞게 자유롭게 디자인하시오.

※ 문제에서 지시하지 않은 와이어프레임 영역 비율, 레이아웃, 텍스트의 글자체/색상/크기, 요소별 크기, 색상 등은 수험자가 과제명(가.주제) 특성에 맞게 자유롭게 디자인하시오.

가. 주제 : 넥스코드 홈페이지 제작

나. 개요

글로벌 IT 기업 넥스코드(NexCode)에서는 인재 채용 전용 플랫폼을 구축하고자 한다. 개발자, 디자이너, 기획자 등 다양한 직무에 대한 채용 공고, 복지 소개, 사내 문화 등을 제공하는 웹사이트 제작을 요청하였다. 아래의 요구사항에 따라 메인 페이지를 제작하시오.

다. 제작 내용

01) 메인 페이지를 디자인하고 HTML, CSS, JavaScript 기반의 웹페이지를 제작한다. (이때 jQuery 라이브러리, 이미지, 텍스트 등 제공된 리소스를 활용하여 제작할 수 있다.)

02) HTML과 CSS의 문자 인코딩(charset)은 반드시 UTF-8을 사용해야 한다.

03) 컬러 가이드

주조색 (Main color)	보조색 (Sub color)	배경색 (Background color)	기본 텍스트의 색 (Text color)
#ff6114	#333333	#FFFFFF	#333333

04) 사이트 맵(Site map)

Index page / 메인(Main)			
메인 메뉴(Main menu)	회사소개	채용공고	복지제도	사내문화
서브 메뉴(Sub menu)	기업개요 핵심가치 글로벌지사 CEO 인사말	개발직군 디자인직군 기획직군 마케팅직군	유연근무제 자기계발 건강검진 사내동호회	직무인터뷰 프로젝트사례 오피스투어

05) 와이어프레임(Wireframe)

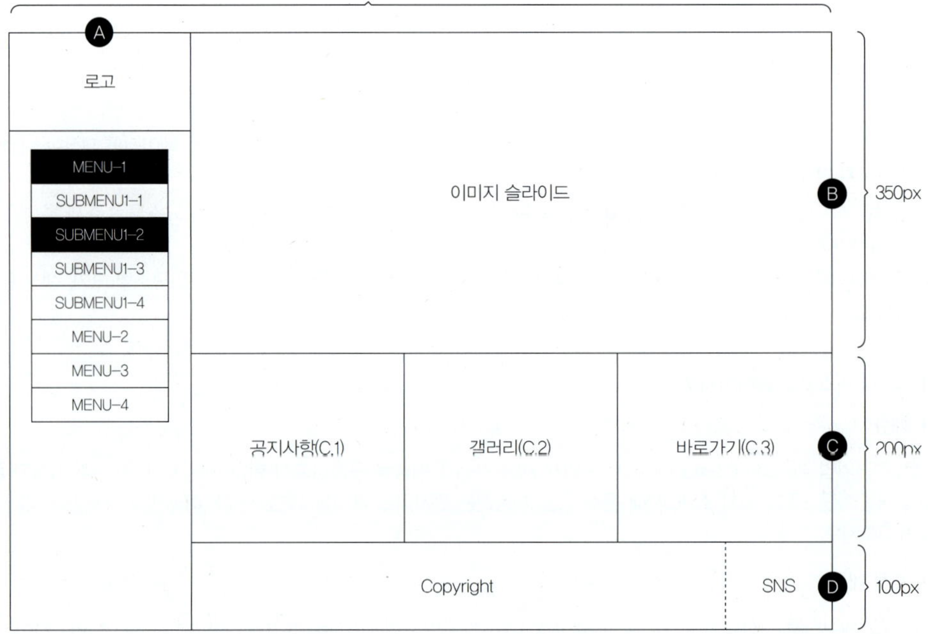

〈C영역 콘텐츠 각각의 넓이는 수험자가 판단〉

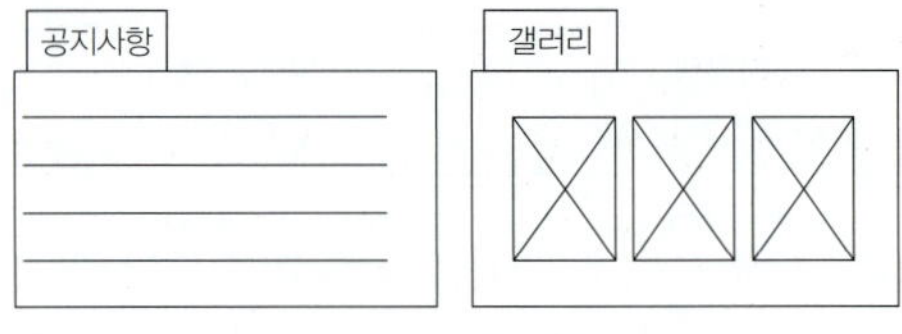

〈공지사항, 갤러리 별도 구성〉

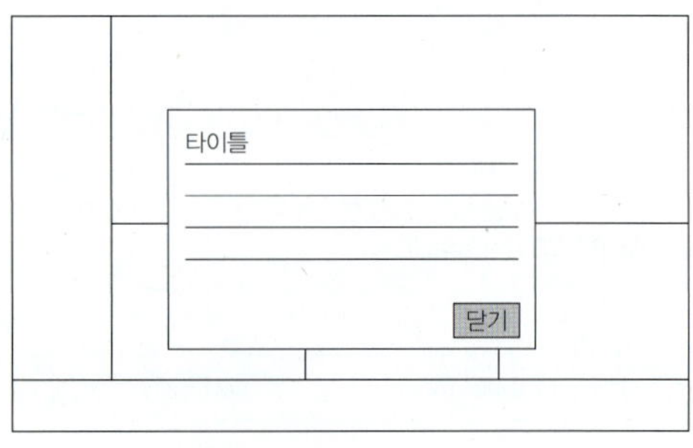

〈레이어 팝업 제작〉

<table>
<tr><td>자격종목</td><td>웹디자인개발기능사</td><td>과제명</td><td>넥스코드</td></tr>
</table>

라. 세부 영역별 지시사항

영역 및 명칭	세부 지시사항
Ⓐ Header	**A.1 로고** ○ Header 폴더에 제공된 로고를 삽입한다. 로고의 색은 과제명(가.주제)에 맞게 반드시 변경하여야 한다. ※ 로고의 크기 변경 시, 가로세로 비율(종횡비, Aspect ratio)을 유지하여야 한다. 　(가로세로 비율을 유지하며 크기 변경 가능) **A.2 메뉴 구성** ※ 사이트 구조도를 참고하여 메인 메뉴(Main menu)와 서브 메뉴(Sub menu)로 구성하고, 별도의 스팟 메뉴(Spot menu)를 둔다. 스팟 메뉴 명칭은 「신입채용」과 「경력채용」으로 각각 지정한다. (1) **메인 메뉴(Main menu) 효과 [와이어프레임 참조]** ○ 메인 메뉴 중 하나에 마우스를 올리면(Mouse over) 하이라이트 되고, 벗어나면(Mouse out) 하이라이트를 해제한다. ○ 메인 메뉴를 마우스로 올리면(Mouse over) 서브 메뉴 영역이 부드럽게 나타나 서브 메뉴가 보이도록 한다. ○ 메인 메뉴에서 마우스 커서가 벗어나면(Mouse out) 서브 메뉴 영역은 부드럽게 사라져야 한다. (2) **서브 메뉴 영역 효과** ○ 서브 메뉴 영역은 메인 페이지 콘텐츠를 고려하여 배경색을 설정한다. ○ 서브 메뉴 중 하나에 마우스를 올리면(Mouse over) 하이라이트 되고 벗어나면(Mouse out) 하이라이트를 해제한다. ○ 마우스 커서가 메뉴 영역을 벗어나면(Mouse out) 서브 메뉴 영역은 부드럽게 사라져야 한다.
Ⓑ Slide	**B. Slide 이미지 제작** ○ [Slide] 폴더에 제공된 3개의 이미지로 제작한다. ○ [Slide] 폴더에 제공된 3개의 텍스트를 각 이미지에 적용하되, 텍스트의 글자체, 굵기, 색상, 크기를 적절하게 설정하여 가독성을 높이고, 독창성이 드러나도록 제작한다. **B. Slide 애니메이션 작업** ※ 위에서 작업한 결과물을 이용하여 슬라이드 작업을 한다. ○ 이미지 전환 시 단순한 전환은 피하며, 이미지가 좌에서 우 또는 우에서 좌로 이동하면서 전환되어야 한다. ○ 슬라이드는 매 3초 이내로 하나의 이미지에서 다른 이미지로 전환되어야 한다. ○ 웹사이트를 열었을 때 자동으로 시작되어 반복적으로 재생되며, 마지막 이미지 후에는 다시 첫 번째 이미지로 전환되도록 한다.
Ⓒ Contents	**C.1 공지사항** ○ 공지사항 타이틀 영역과 콘텐츠 영역을 구분하여 표현해야 한다. ○ 콘텐츠는 수험자 제공자 파일에 제공된 텍스트를 적용하여 제작한다. ○ 공지사항의 첫 번째 콘텐츠를 클릭(Click)할 경우 레이어 팝업창(Layer Popup)이 나타나며, 레이어 팝업창 안에 닫기 버튼을 배치하여, 클릭 시 해당 팝업창을 닫을 수 있도록 한다. [와이어프레임 참조] ○ 레이어 팝업의 제목과 내용은 수험자 제공자 파일에 제공된 텍스트 파일을 사용한다. **C.2 갤러리** ○ Contents 폴더에 제공된 이미지를 사용하여 가로 방향으로 배치한다. [와이어프레임 참조] **C.3 바로가기** ○ Contents 폴더의 제공된 파일을 활용하여 편집 또는 디자인하여 제작한다. ※ 콘텐츠는 HTML 태그로 작성해야 하며, 이미지로 삽입해서는 안 된다.
Ⓓ Footer	**D. Footer** ○ 수험자 제공 파일에 제공된 텍스트를 사용하여 Copyright, SNS(3개)를 제작한다.

마. 기술적 준수사항

01) 웹 페이지 코딩은 HTML5 기준 웹 표준을 준수하여야 하며, **HTML 유효성 검사(W3C validator)**에서 오류('ERROR')가 없도록 코딩하여야 한다.

    ※ HTML 유효성 검사 서비스는 시험 시 제공하지 않는다. (인터넷 사용불가)

02) CSS는 별도의 파일로 제작하여 링크하여야 하며, **CSS3 기준(W3C validator)**에서 오류('ERROR')가 없도록 코딩되어야 한다.

03) JavaScript 코드는 별도의 파일로 제작하여 연결하여야 하며 Google Chrome 브라우저에 내장된 개발도구의 Console 탭에서 오류('ERROR')가 표시되지 않아야 한다.

04) 별도로 지정하지 않은 상호작용이 필요한 모든 콘텐츠(로고, 메뉴, 버튼, 바로가기 등)는 임시 링크(예 : #)를 적용하고 'Tab(Tab)' 키로 이동 선택할 수 있어야 한다.

05) 사이트는 다양한 화면 해상도에서 일관성 있는 페이지 레이아웃을 제공해야 한다.

06) 웹 페이지 전체 레이아웃은 Table 태그 사용이 아닌 CSS를 통한 레이아웃 작업으로 해야 한다.

07) 브라우저에서 CSS를 "사용 안 함"으로 설정한 경우 콘텐츠가 세로로 나열됩니다.

08) 타이틀 텍스트(Title text), 바디 텍스트(Body text), 메뉴 텍스트(Menu text)의 각 글자체/굵기/색상/크기 등을 적절하게 설정하여 사용자가 텍스트 간의 위계질서(Hierarchy)를 직관적으로 알 수 있도록 한다.

09) 모든 이미지에는 이미지에 대한 대체 텍스트를 표현할 수 있는 alt 속성이 있어야 한다.

10) 제작된 사이트 메인페이지의 레이아웃, 구성요소의 크기 및 위치 등은 최신 버전의 Google Chrome에서 정상적으로 동작해야 한다.

바. 제출방법

01) 수험자는 비번호로 된 폴더명으로 완성된 작품 파일을 저장하여 제출한다.

02) 폴더 안에는 images, script, css 등의 자료를 분류하여 저장한 폴더도 포함되어 있어야 하며, 메인페이지는 반드시 최상위 폴더에 index.html로 저장하여 제출해야 한다.

03) 수험자는 제출하는 폴더에 index.html을 열었을 때 연결되거나 표시되어야 할 모든 리소스들을 포함하여 제출해야 하며 수험자의 컴퓨터가 아닌 채점위원의 컴퓨터에서 정상 작동해야 한다.

04) 전체 결과물의 용량은 10MB 용량이 초과되지 않게 제출하며 ai, psd 등 웹서비스에 사용하지 않는 파일은 제출하지 않는다.

<table>
<tr><td>자격종목</td><td>웹디자인개발기능사</td><td>과제명</td><td>넥스코드</td></tr>
</table>

2. 수험자 유의사항

※ 다음의 유의사항을 고려하여 요구사항을 완성하시오.

01) 수험자 인적사항 및 답안작성은 반드시 검은색 필기구만 사용하여야 하며, 그 외 연필류, 유색 필기구, 지워지는 펜 등을 사용한 답안은 채점하지 않으며 0점 처리된다.

02) 수험에 필요한 소프트웨어 및 참고자료가 하드웨어에 설치되어 있는지 확인 후 작업하시오.

03) 참고자료의 내용 중 오자 및 탈자 등이 있을 때는 수정하여 작업하시오.

04) 지참 공구[수험표, 신분증, 필기도구] 이외의 참고자료 및 외부장치(USB, 키보드, 마우스, 이어폰) 등 **어떠한 물품도 시험 중에는 지참할 수 없다는 점을 유의하시오.**

　　(단, 시설목록 이외의 정품 소프트웨어(폰트 제외)를 설치하고자 할 때에는 감독위원의 입회하에 설치하여 사용하시오.)

05) 수험자가 컴퓨터 활용 미숙 등으로 인한 시험의 진행이 어렵다고 판단되었을 때는 감독위원은 시험을 중지시키고 실격 처리할 수 있음을 유의하시오.

06) **바탕화면에 수험자 본인의 '비번호'를 이름으로 한 폴더에 완성된 작품의 파일만을 저장하시오.**

07) 모든 작품을 감독위원 또는 채점위원이 검토하여 동일한 작품이 발견될 경우 관련된 수험자 모두를 부정행위로 처리됨을 유의하시오.

08) 장시간 컴퓨터 작업으로 신체에 무리가 가지 않게 적절한 몸풀기(스트레칭) 후 작업하시오.

09) **다음 사항에 대해서는 실격에 해당되어 채점 대상에서 제외됩니다.**

　　가) 수험자 본인이 수험 도중 시험에 대한 기권 의사를 밝히고 시험을 포기한 경우

　　나) 작업 범위(용량, 시간)를 초과하거나, 요구사항과 현저히 다른 경우(채점위원이 판단)

　　다) **Slide가 JavaScript(jQuery포함), CSS 중 하나 이상의 방법을 이용하여 제작되지 않은 경우**

　　　　※ 움직이는 Slide를 제작하지 않고 이미지 하나만 배치한 경우도 실격 처리됨

　　라) 수험자 미숙으로 비번호 폴더에 완성된 작품 파일을 저장하지 못했을 경우

　　마) 압축프로그램을 사용하여 작품을 압축 후 제출한 경우

　　바) 과제 기준 20% 이상 완성되지 않은(채점위원이 판단)

3. 지급재료 목록

일련 번호	재료명	규격	단위	수량	비고
1	수험자료 USB 메모리	32GB 이상	개	1	시험장당
2	USB 메모리	32GB 이상	개	1	시험장당 1개씩(채점위원용) ※수험자들의 작품 관리

※ 국가기술자격 실기시험 지급재료는 시험종료 후(기권, 결시자 포함) 수험자에게 지급하지 않습니다.

1 STEP   웹 페이지 기본 설정   약 15분

01 HTML5 버전 index.html 만들기

문제를 풀기 전 컴퓨터 바탕화면에 본인에게 부여된 '비번호' 폴더를 생성합니다. '비번호' 폴더 안에 'images', 'css', 'js' 폴더를 각각 생성하고, 주어진 수험자 제공 파일들을 각 폴더에 맞게 정리합니다. 본 교재는 '비번호' 대신 '넥스코드' 폴더 설정 후 작업을 진행합니다.

* 이 책에서는 웹 문서 편집 프로그램으로 Visual Studio Code를 사용합니다.

01 Visual Studio Code를 실행합니다. [시작 화면] – [폴더 열기] 또는 상단 메뉴에서 [파일] – [폴더 열기]를 선택합니다.

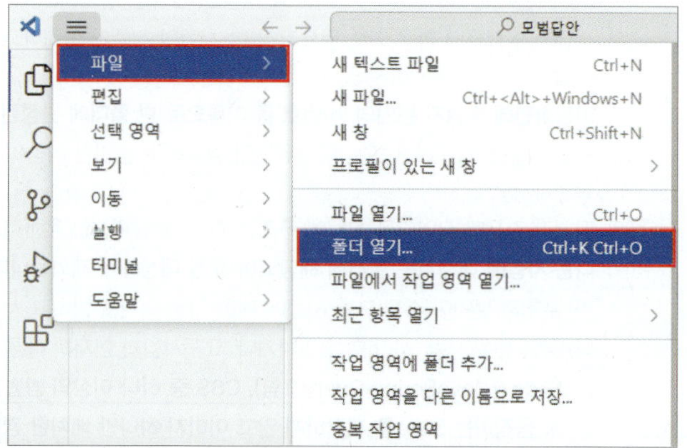

02 바탕화면에 미리 생성해 둔 '넥스코드' 폴더를 선택합니다.

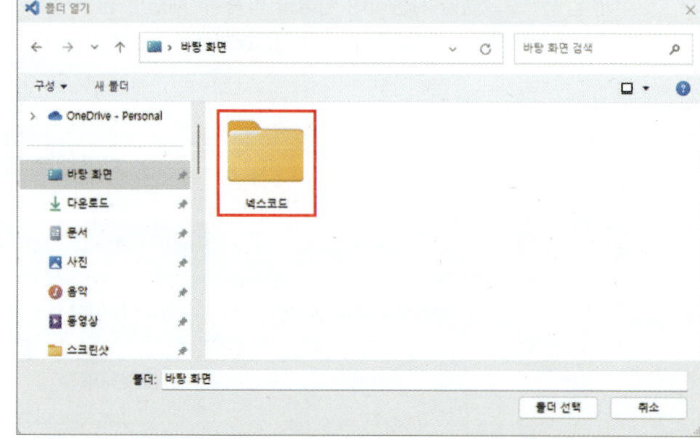

03 Visual Studio Code 좌측의 탐색기 아이콘을 클릭하여 패널을 활성화합니다. 탐색기 패널에는 미리 생성한 'images', 'css', 'js' 폴더가 표시됩니다.

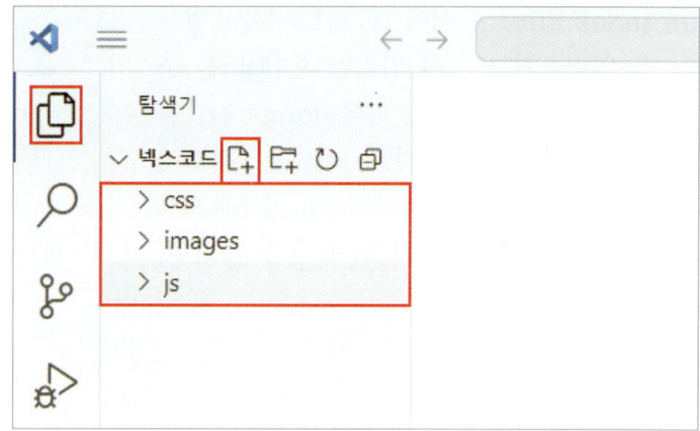

04 탐색기 패널에서 '새 파일' 아이콘을 클릭하여 '넥스코드' 폴더 내부에 새 파일을 생성합니다.

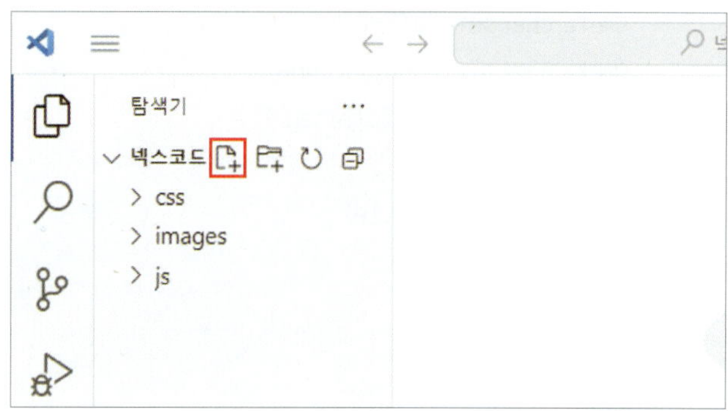

05 파일명을 'index.html'로 변경하고 Enter 를 입력합니다. 그러면 편집 영역에 'index.html' 문서가 활성화되며, Windows 탐색기에서 '넥스코드' 폴더 안에 해당 파일이 생성된 것을 확인할 수 있습니다.

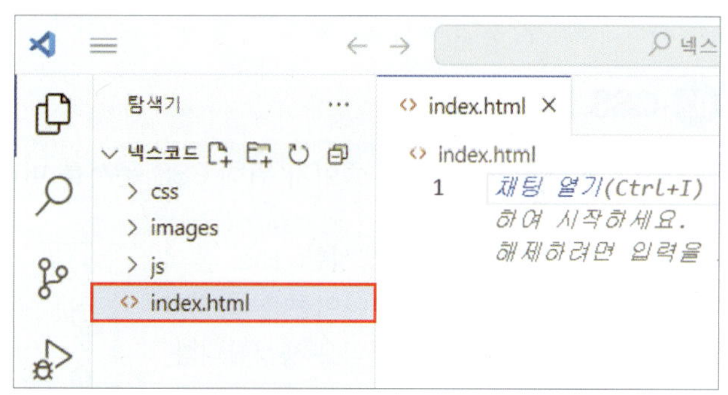

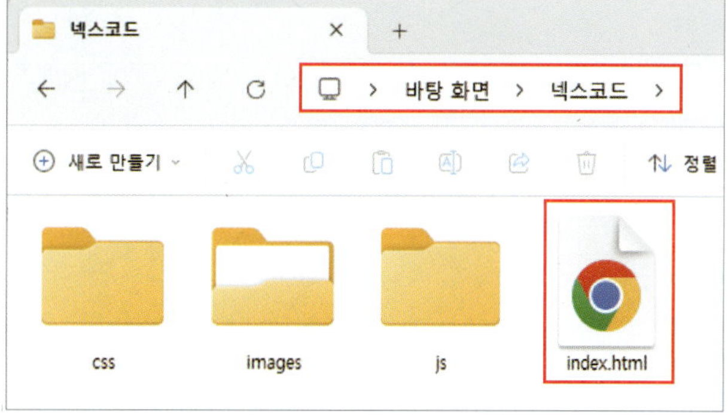

기적의 TIP

모든 작업 폴더와 파일 이름은 영문으로, 띄어쓰기 없이 작성합니다.

06 'index.html' 문서에 HTML5 문서 형식을 입력하거나, '!'를 입력한 후 [Tab]을 눌러 자동 완성합니다. 이때 'lang="en"'을 'lang="ko"'로 변경하고, 〈title〉 태그에 과제명을 입력한 후 [파일(File)] – [저장(Save)] 또는 단축키 [Ctrl]+[S]를 눌러 저장합니다.

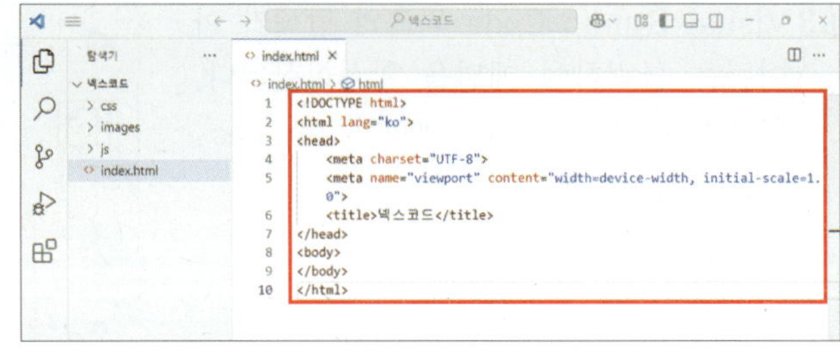

[index.html]

```
<!DOCTYPE html>
<html lang="ko">
<head>
    <meta charset="UTF-8">
    <meta name="viewport" content="width=device-width, ini-
tial-scale=1.0">
    <title>넥스코드</title>
</head>
<body>
</body>
</html>
```

02 CSS 문서 만들기

작업을 시작하기 전, 실수를 줄이기 위해 CSS 문서를 미리 생성합니다.

01 탐색기 패널에서 미리 생성한 'css' 폴더를 선택한 후, '새 파일' 아이콘을 클릭하여 해당 폴더 내부에 새 파일을 생성합니다.

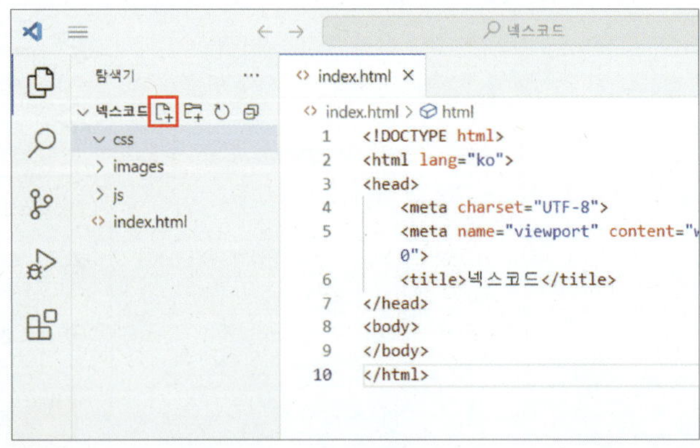

02 파일명을 'style.css'로 변경하고 [Enter]를 입력합니다. 그러면 편집 영역에 'style. css' 문서가 활성화됩니다.

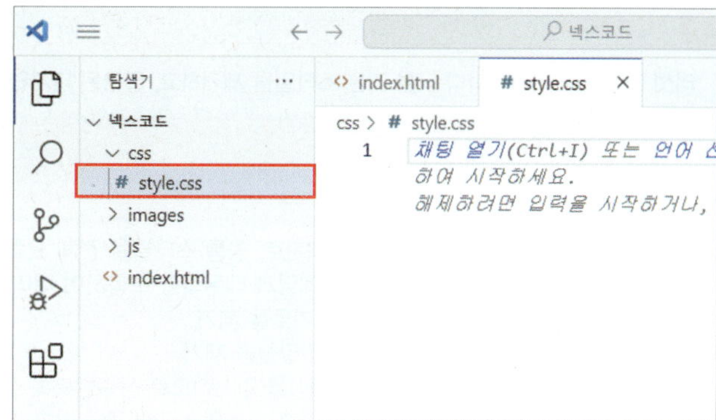

03 'style.css' 문서에 문자 인코딩 방식인 '@charset "utf-8";'을 입력한 후, 리셋 CSS를 작성합니다. 작성이 완료되면 [파일(File)] – [저장(Save)] 또는 단축키 [Ctrl]+[S]를 눌러 저장합니다.

```css
@charset "utf-8";
* {
  margin:0;
  padding:0;
  box-sizing:border-box;
}
li {
  list-style:none;
}
a {
  text-decoration:none;
  color:inherit;
}
img {
  vertical-align:top;
  max-width:100%;
}
button {
  cursor:pointer;
  border:0;
}
body {
  background:#369;
  color:#333;
}
```

```css
@charset "utf-8";
/*기본 CSS 리셋*/
* {
  margin:0; /*기본 상하좌우 여백값 0으로 설정*/
  padding:0; /*기본 상하좌우 패딩값 0으로 설정*/
  box-sizing:border-box; /* 패딩과 테두리를 포함하여 요소의 너비를 유지 */
}
li {
  list-style:none; /* 목록 항목의 불릿을 숨김 */
}
a {
  text-decoration:none; /* 링크의 밑줄을 제거 */
  color:inherit; /* 링크의 글자 색상을 부모 요소로부터 상속받음 */
}
img {
  vertical-align:top; /* 이미지의 아래쪽 여백을 제거하고, 상단 정렬 */
  max-width:100%; /* 이미지를 부모 요소의 너비에 맞춤 (이미지가 깨지지 않도록) */
}
button {
  cursor:pointer; /* 버튼을 손가락 커서로 표시 */
  border:0; /*버튼 기본 테두리값 0으로 설정*/
}
body {
  background: #369; /*배경색 #369표시*/
  color: #333
}
```

[style.css]

리셋 CSS는 브라우저마다 다른 기본 스타일을 제거하고, 일관된 디자인을 적용하기 위해 사용합니다.

- * : 모든 HTML 요소를 선택하는 선택자로, 공통 스타일을 전체 요소에 적용할 때 사용
- box-sizing:border-box : 요소의 패딩과 테두리를 포함하여 너비를 계산하게 설정
- list-style:none : 목록 항목의 불릿 기호를 제거
- text-decoration:none : 〈a〉 요소의 밑줄을 제거
- color:inherit : 〈a〉 요소에 부모의 색상을 명시적으로 상속받도록 설정
- vertical-align:top : 〈img〉 요소를 부모 요소의 상단에 정렬하고, 인라인 요소에서 발생하는 하단 공백을 제거
- max-width:100% : 이미지가 부모 요소의 너비를 초과하지 않도록 제한하며, 원본 크기보다 커지지 않도록 설정
- cursor:pointer : 마우스를 올렸을 때 손가락 모양 커서로 변경되어 클릭 가능하다는 시각적 힌트를 제공
- "color: #333;" : 16진수 색상 표현으로, #333333과 동일한 색상을 나타내는 함축형 표기법
  - 예 #f00 → #ff0000(빨간색), #0f0 → #00ff00(초록색)

03 Script 문서 만들기

작업을 시작하기 전, 실수를 줄이기 위해 script 문서를 미리 생성합니다.

01 수험자 제공 파일인 제이쿼리 라이브러리 파일 'jquery-1.12.3.js'를 '넥스코드' 폴더 내의 'js' 폴더로 이동해 둡니다.

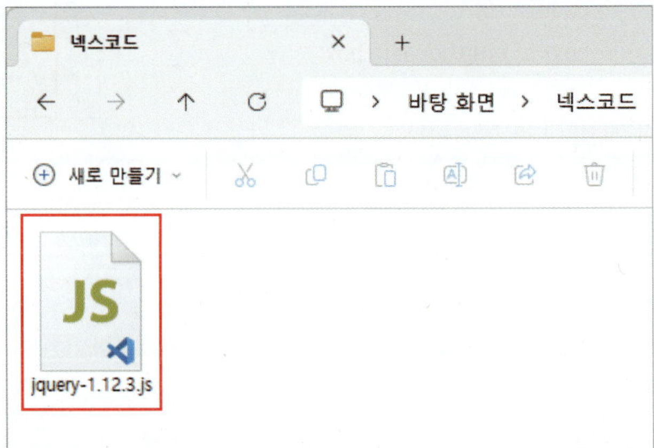

02 Visual Studio Code 탐색기 패널에서 'js' 폴더를 선택한 후, '새 파일' 아이콘을 클릭하여 해당 폴더 내부에 새 파일을 생성합니다.

03 새 파일의 이름을 'script.js'로 변경하고 [Enter]를 입력합니다. 그러면 편집 영역에 'script.js' 문서가 활성화됩니다.

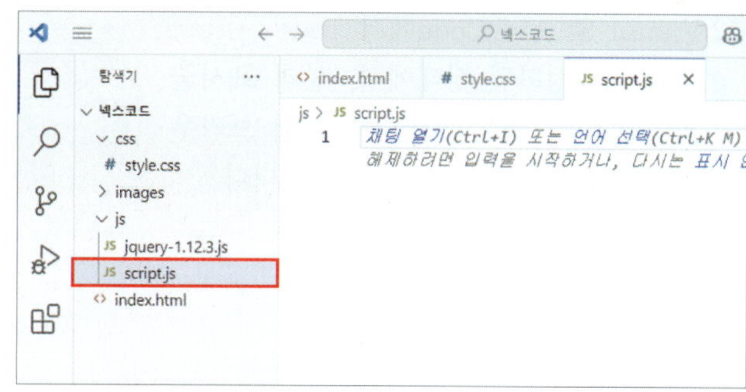

04 'script.js' 문서에 'alert("경고창");'을 입력한 후, [Ctrl]+[S]를 눌러 저장합니다.

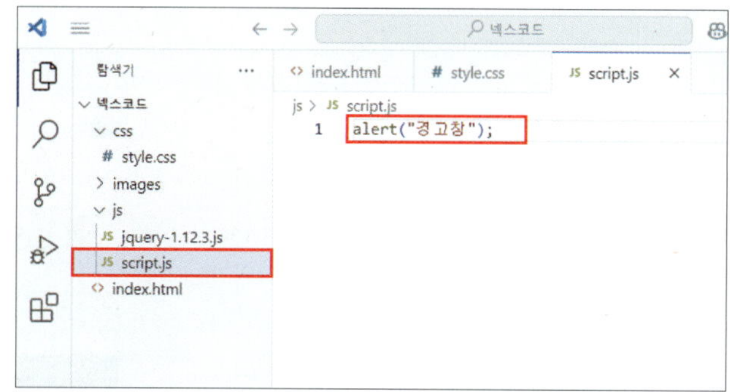

04 index 문서에 CSS, Script 문서 연결하기

index.html 문서에 CSS 파일, script 파일, jQuery 라이브러리를 연결합니다.

01 'index.html' 파일에서 CSS와 JavaScript 문서를 〈head〉 태그 내부에 연결한 후, [Ctrl]+[S]를 눌러 저장합니다. JavaScript 문서 연결 시, jQuery 라이브러리를 먼저 연결한 후, script.js 파일을 나중에 연결합니다.

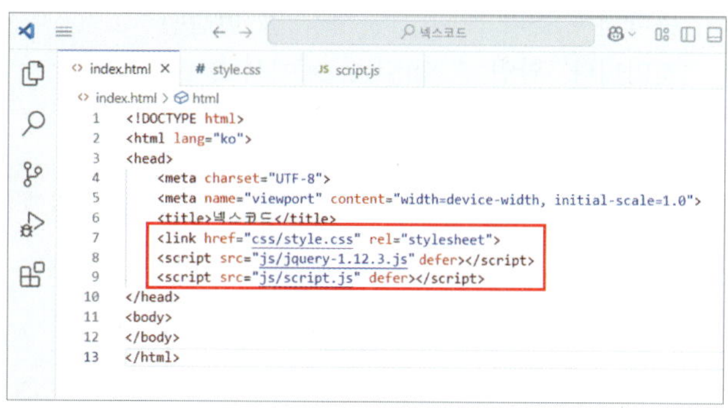

[index.html]

```
<link href="css/style.css" rel="-
stylesheet">
<script src="js/jquery-1.12.3.js" de-
fer></script>
<script src="js/script.js" defer></
script>
```

02 Visual Studio Code에서 'index.html' 문서가 활성화된 상태에서, 상태 표시줄의 Go Live 버튼을 클릭하여 웹 브라우저인 '크롬(Chrome)'에서 실행합니다.

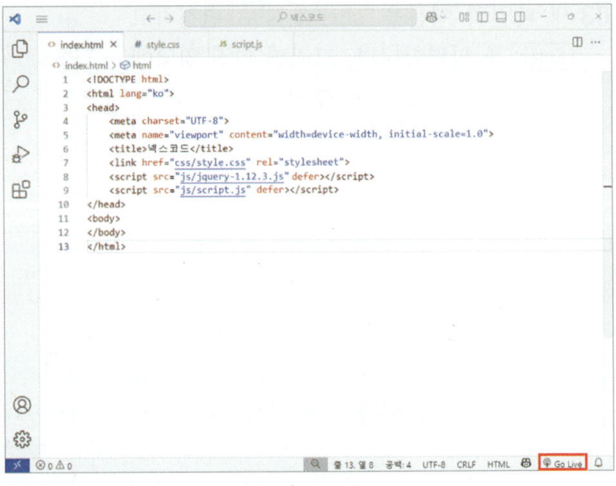

[index.html]

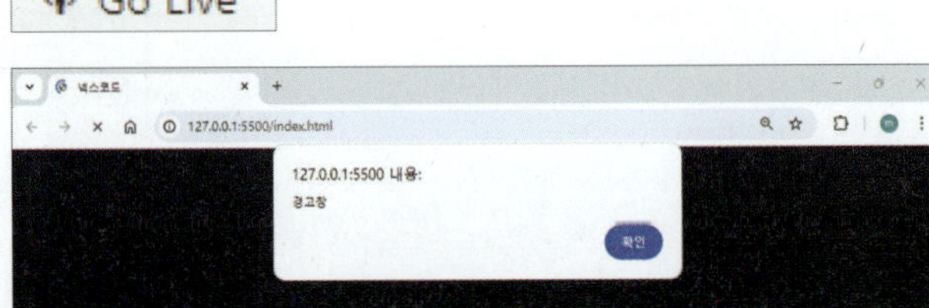

03 웹 브라우저의 배경색 '#369'와 경고창이 뜬다면 CSS와 Script 문서가 잘 연결된 것입니다. 확인 후 'style.css'에서 body 색상을 '#fff'로 변경하고 'script.js' 문서에서 경고창 스크립트를 삭제합니다.

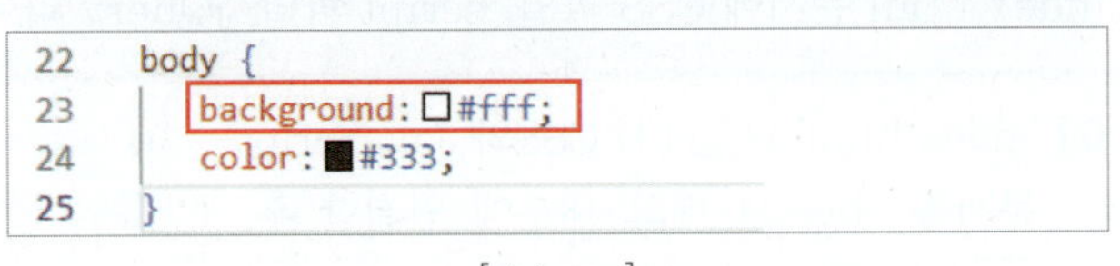

```
22    body {
23        background: #fff;
24        color: #333;
25    }
```

[style.css]

```
<> index.html       # style.css       JS script.js   ×

js > JS script.js
  1    채팅 열기(Ctrl+I) 또는 언어 선택(Ctrl+K M) 또는
       해제하려면 입력을 시작하거나, 다시는 표시 안 함
```

[script.js]

＋ 더 알기 TIP

- 외부 스크립트에 defer 속성을 지정하면, HTML 문서의 해석이 끝난 뒤 스크립트가 실행되도록 시점을 지연시킬 수 있습니다.
- defer와 같은 효과는 $(function(){ ... }) 구문을 통해서도 얻을 수 있으며, 두 방식은 목적은 같지만 사용 위치와 작성 방법이 다르기 때문에 상황에 따라 적절하게 선택할 수 있습니다.
  [참고하기] PART 02 – SECTION 04 jQuery 기본 다지기
- Go Live가 설치되지 않은 경우, 바탕화면의 '넥스코드' 폴더 안에 있는 'index.html' 파일을 크롬 브라우저로 열어 작업 결과를 확인합니다.

01 레이아웃 HTML 구조 작업하기

요구사항정의서에 제시된 와이어프레임을 바탕으로, 콘텐츠 구성과 수치를 파악하여 레이아웃을 제작합니다. 문제에서 지시하지 않은 부분은 수험자가 자유롭게 설정합니다.

01 먼저, 요구사항정의서에 제시된 와이어프레임을 참고하여 HTML로 영역을 구분하는 코드를 작성합니다. 다음과 같이 작성한 후, [파일(File)] – [저장(Save)] 또는 단축키 Ctrl+S 를 눌러 저장합니다.

```
<div class="wrap">
    <header id="header">
        헤더영역
    </header>
    <div class="contents">
        <section id="slide" class="slide">
            슬라이드영역
        </section>
        <div class="con">
            <article class="notice">
                공지사항영역
            </article>
            <article class="gall">
                갤러리영역
            </article>
            <article class="go">
                바로가기영역
            </article>
        </div>
        <footer id="footer">
            푸터영역
        </footer>
    </div>
</div>
```

```
11    <body>
12      <div class="wrap">
13        <header id="header">
14          헤더영역
15        </header>
16        <div class="contents">
17          <section id="slide" class="slide">
18            슬라이드영여
19          </section>
20          <div class="con">
21            <article class="notice">
22              공지사항영역
23            </article>
24            <article class="gall">
25              갤러리영역
26            </article>
27            <article class="go">
28              바로가기영역
29            </article>
30          </div>
31          <footer id="footer">
32            푸터영역
33          </footer>
34        </div><!--//contents 닫는 태그-->
35      </div><!--//wrap 닫는 태그-->
36    </body>
37    </html>
```

[index.html]

- HTML 주석은 〈!--로 시작하고 --〉로 끝납니다.
- id 속성은 문서 내에서 고유해야 하며, CSS나 자바스크립트에서 특정 요소를 선택할 때 사용됩니다.
- class 속성은 여러 요소에 반복 사용이 가능하며, 스타일 적용을 위한 이름을 지정할 때 사용됩니다.
- 시맨틱 태그(header, section, article, footer)는 웹 페이지의 구조와 의미를 명확히 하기 위해 사용됩니다. 필요에 따라 div 태그로 대체할 수도 있습니다.

- 〈div〉 : 문서의 레이아웃을 구성하거나 여러 요소를 그룹화할 때 사용하는 일반 블록 요소
- 〈div class="wrap"〉 : 웹 페이지의 전체 레이아웃을 감싸는 최상위 컨테이너 역할을 함
- 〈header id="header"〉 : 웹 페이지 상단의 머리글 영역으로, 보통 로고, 사이트 이름, 내비게이션 메뉴 등이 들어감
- 〈div class="contents"〉 : 본문 콘텐츠 영역을 감싸는 컨테이너로, 슬라이드와 하위 콘텐츠를 포함
- 〈section id="slide" class="slide"〉 : 슬라이드처럼 독립적인 주제를 가진 콘텐츠 영역을 구분할 때 사용됨
- 〈div class="con"〉 : 공지사항, 갤러리, 바로가기 영역을 묶는 컨테이너 역할을 함
- 〈article〉 : 공지사항, 갤러리, 바로가기처럼 독립적으로 구성 가능한 콘텐츠 블록을 나타낼 때 사용됨
- 〈footer id="footer"〉 : 웹 페이지의 하단 영역으로, 일반적으로 저작권, 연락처, 패밀리사이트, SNS 링크 등이 포함됨

02 레이아웃 스타일 작업하기

HTML 구조를 기반으로 CSS 스타일을 적용하여, 요구사항정의서에 제시된 와이어프레임을 기준으로 레이아웃을 제작합니다.

01 'style.css' 파일에서 HTML 구조에 맞춘 레이아웃 스타일을 'body' 스타일 아래에 입력하고, [파일(File)] – [저장(Save)] 또는 단축키 Ctrl + S 를 눌러 저장합니다.

```css
.wrap {
    width:1200px;
    height:650px;
    display:flex;
}
header {
    width:200px;
    background:#f45750;
}
.contents {
    width:1000px;
}
.slide {
    height:350px;
    background:#40b0f9;
}
```

```css
26    .wrap {
27        width:1200px;
28        height:650px;
29        display:flex;
30    }
31    header {
32        width:200px;
33        background: #f45750;
34    }
35    .contents {
36        width:1000px;
37    }
38    .slide {
39        height:350px;
40        background: #40b0f9;
41    }
```

```css
.con{
    height:200px;
    display:flex;
    background:#ff884d;
}
.notice {
    width:350px;
}
.gall {
    width:350px;
    background:#00d2a5;
}
.go {
    width:300px;
}
footer {
    height:100px;
    background:#666;
}
```

```css
42  .con{
43      height:200px;
44      display:flex;
45      background: #ff884d;
46  }
47  .notice {
48      width:350px;
49  }
50  .gall {
51      width:350px;
52      background: #00d2a5;
53  }
54  .go {
55      width:300px;
56  }
57  footer {
58      height:100px;
59      background: #666;
60  }
```

[style.css]

➕ 더 알기 TIP

- CSS 주석은 /*로 시작하고 */로 끝납니다. 주석은 브라우저에 적용되지 않으며, 코드 설명이나 메모용으로 사용됩니다.
- 클래스명은 의미 있는 단어로 작성하는 것이 좋으며, 일반적으로 영문 소문자로 시작하는 것이 권장됩니다.
- 클래스 선택자는 마침표(.)를 사용해 표기하고, 태그 선택자는 마침표 없이 HTML 태그 이름 그대로 사용합니다.
- 배경색 지정은 시각적으로 각 영역의 구분을 쉽게 하기 위해 임시로 지정하며, 실제 작업 시에는 삭제하거나 디자인에 맞는 색으로 수정합니다.
- CSS 선택자는 구체성에 따라 우선순위가 결정되며, 같은 요소에 여러 스타일이 적용될 경우 더 구체적인 선택자가 우선 적용됩니다.

[참고하기] PART 02 – SECTION 02 CSS 기본 다지기

💬 요소 TIP

- **.wrap** : <div class="wrap">에 적용된 클래스 선택자로, 전체 콘텐츠를 감싸는 역할
  - display:flex를 적용하여 .wrap을 플렉스 컨테이너로 만들면 자식 요소인 header, .contents가 수평으로 정렬, 이때 자식 요소들은 기본적으로 부모 요소의 높이만큼 늘어나는(stretch) 성질을 가지므로, .wrap에 높이값이 지정되어 있는 것이 유리
- **.con** : <div class="con">에 적용된 클래스 선택자로, 공지사항, 갤러리, 바로가기 영역을 감싸는 컨테이너 역할
  - **display:flex** : .con은 플렉스 컨테이너가 되며, 자식 요소인 <article>들 가로로 나란히 배치

02 문서 저장 후 'index.html' 문서가 활성
화된 상태에서 상태표시줄에 Go Live
를 선택 또는 윈도우 탐색기에서 'index.
html'을 웹 브라우저인 '크롬(Chrome)'
으로 작업 결과를 확인합니다.

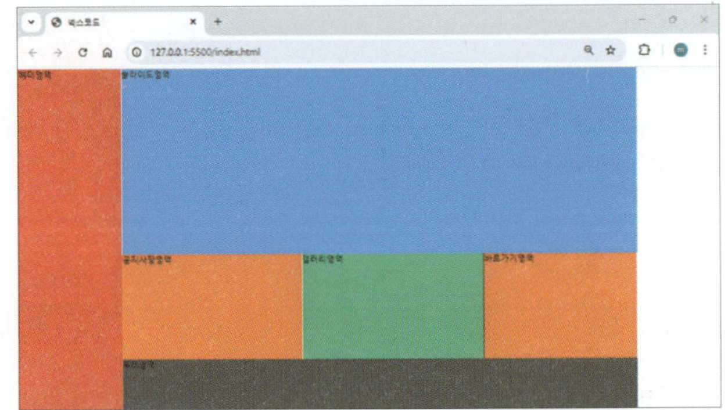

01 로고 제작하기

세부 지시사항의 A.1 로고를 제작합니다. 수험자 제공 파일 중 Header 폴더에 있는 로고를 과제 주제에
맞게 색상을 반드시 변경하여, 가로, 세로 비율을 유지하며 제작합니다.

* 교재의 로고는 예시일 뿐이며, 기본 요건을 충족한다면 자유롭게 변형하여 제작해도 됩니다.

01 로고 제작을 위해 포토샵을 실행 후 [파일
(File)] – [열기(Open)] 또는 Ctrl+O 를
눌러 'logo.png' 파일을 불러옵니다.

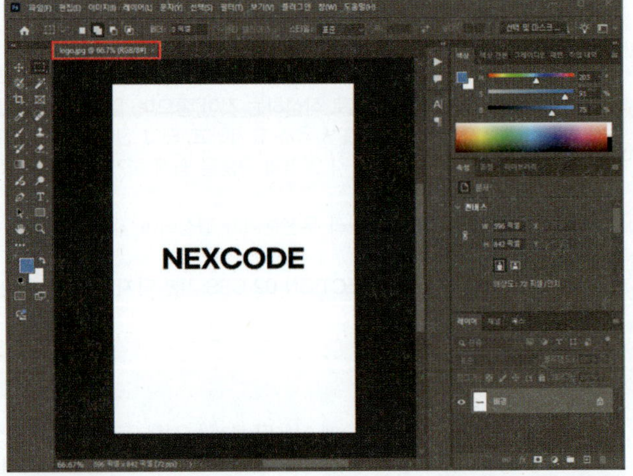

02 도구 상자 패널에서 자르기 도구를 선택한 후, 자를 영역을 조절합니다. 그 다음 [Enter]를 누르면 선택한 부분만 남고, 해당 영역에 맞게 문서가 잘립니다.

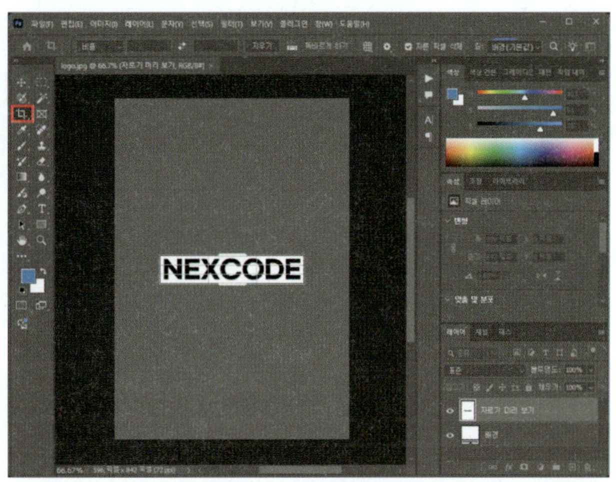

03 로고의 흰색 배경을 제거하기 전에, 먼저 레이어 패널에서 '레이어 0'의 자물쇠 아이콘을 클릭하여 잠금을 해제합니다. 이렇게 하면 레이어가 잠금 해제되어 편집할 수 있게 됩니다.

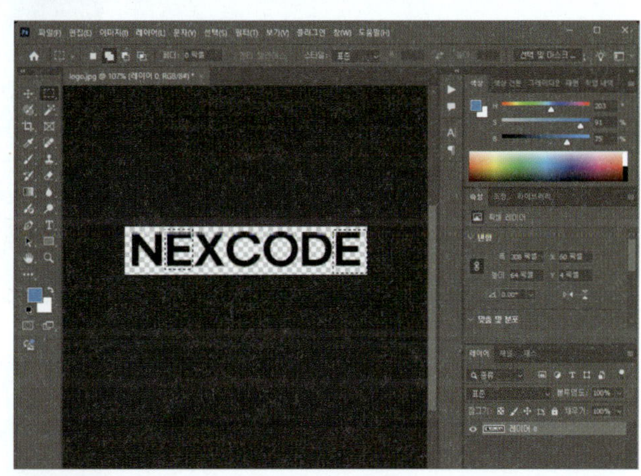

04 도구 상자에서 사각형 선택 영역 도구 선택 후 '알파벳 E'를 선택하고 [Delete]를 눌러 삭제합니다.

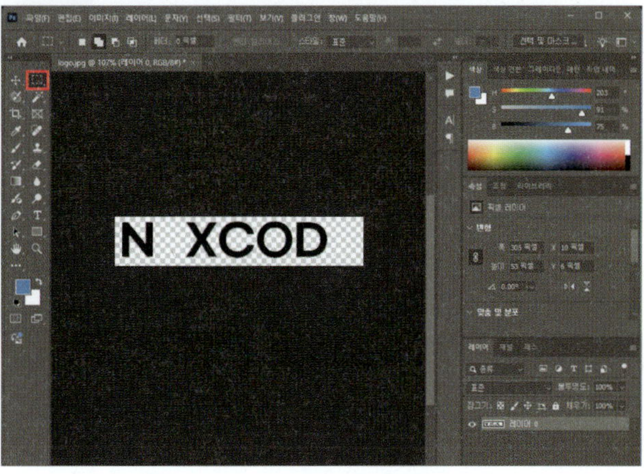

05 도구상자에서 사각형 모양 도구(▣)을 선택하여 'E'처럼 보이도록 사각형 3개를 만들어 줍니다.

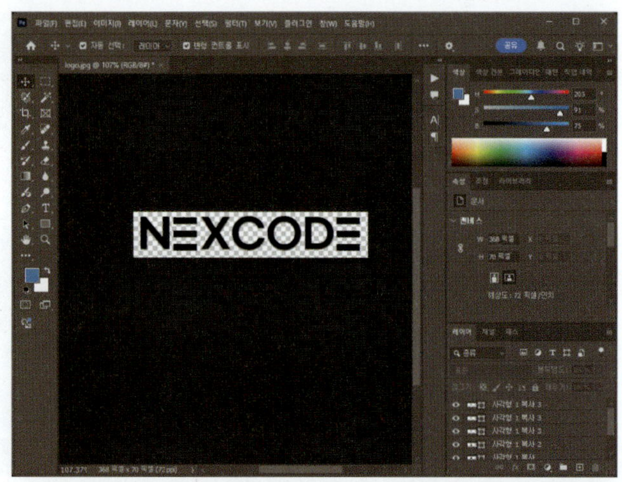

06 'N'과 'X'를 사각형 선택 영역 도구(▣)로 선택 후 [Ctrl]+[Shift]+[J]를 눌러 복제합니다. 이때 레이어 패널에 '레이어 0'이 선택되어 있어야 합니다.

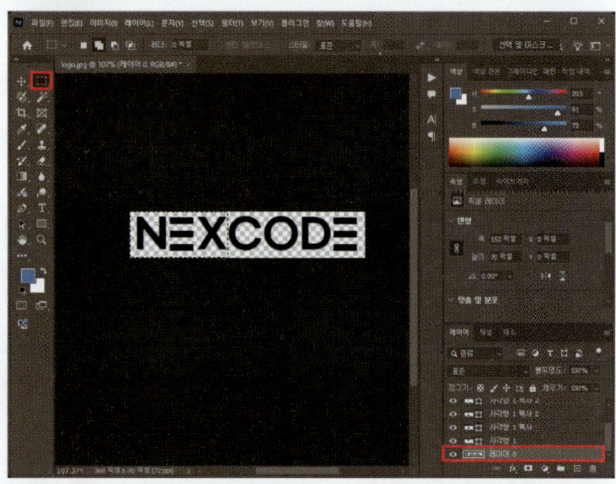

07 복제한 레이어를 선택한 뒤, [f(x)] − [색상 오버레이(Color Overlay)]를 클릭하고 색상을 '#ff6114'로 설정합니다. 이어지는 작업으로, 'NEX'에 배치된 사각형 3개를 모두 선택한 후, 동일하게 색상 '#ff6114'로 변경합니다. 색상 변경은 해당 레이어 썸네일을 더블 클릭하거나, 모양 도구를 선택한 뒤 상단 컨트롤 패널에서 변경할 수 있습니다.

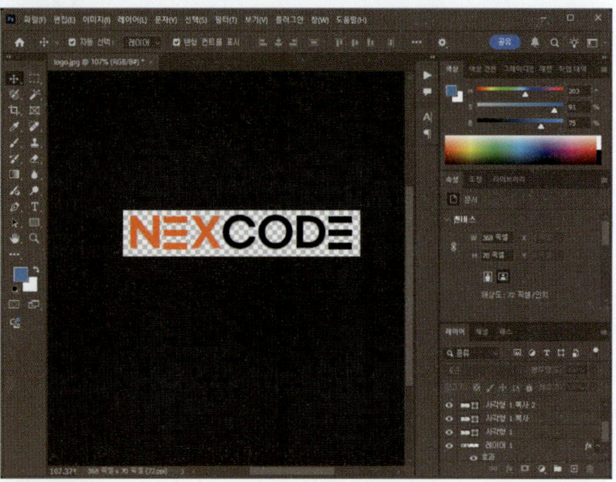

08 [이미지(Image)] – [이미지 크기(Image Size)]를 선택합니다. 종횡비 제한이 활성화된 상태에서 이미지 크기 대화상자의 '폭(Width)'을 '180px'로 설정합니다. 이렇게 하면 폭에 맞춰 높이도 자동으로 조절됩니다.

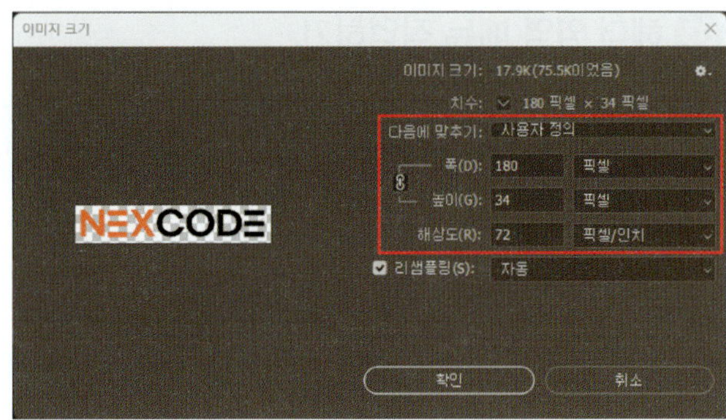

09 [파일(File)] – [다른 이름으로 저장(Save as)] 또는 Shift + Ctrl + S 를 눌러, 파일 형식 '*.psd'로 원본을 저장합니다. 그리고 [파일(File)] – [내보내기(Export)] – [PNG로 빠른 내보내기(Quick Export as PNG)]를 선택하고 파일 형식 '*.png'로 'magesi' 폴더 안에 저장합니다.

– 파일명 : logo.png

② 헤더 영역 로고 작업하기

세부 지시사항의 A.1 로고를 문서에 추가합니다.

01 Visual studio code에 'index.html' 문서를 열어, '<header id="header">' 영역 안 글자를 지우고 다음과 같이 작성합니다.

```html
<h1>
    <a href="#">
        <img src="images/logo.png"
alt="넥스코드">
    </a>
</h1>
```

[index.html]

02 문서 저장 후 'index.html' 문서가 활성화된 상태에서 상태표시줄에 Go Live 를 선택 또는 윈도우 탐색기에서 'index.html'을 웹 브라우저인 '크롬(Chrome)'으로 작업 결과를 확인합니다.

03 헤더 영역 메뉴 작업하기

세부 지시사항의 A.2 메뉴를 구성합니다. 사이트 맵과 구조도를 참고하여 메인메뉴(Main menu)와 서브메뉴(Sub menu)를 구성합니다.

01 요구사항정의서의 와이어프레임 메뉴 형태를 확인합니다.

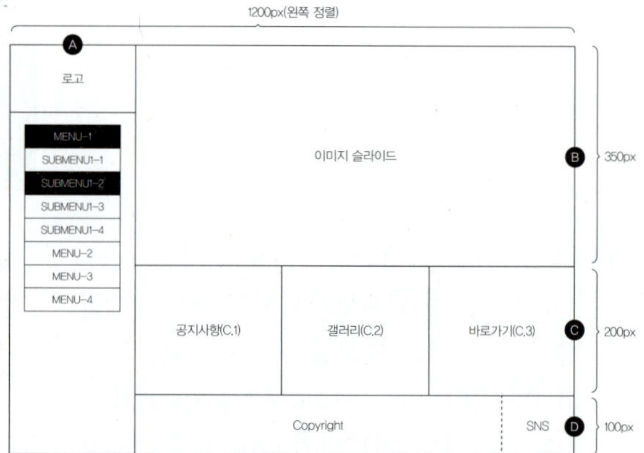

02 'index.html' 문서 <header id="header"> 영역 내 '</h1>' 다음 줄에 요구사항정의서의 '사이트 맵'을 참고하여 메뉴를 다음과 같이 작성합니다.

```
<nav id="nav">
    <ul>
        <li><a href="#">회사소개</a>
            <ul class="sub">
                <li><a href="#">기업개요</a></li>
                <li><a href="#">핵심가치</a></li>
                <li><a href="#">글로벌지사</a></li>
                <li><a href="#">CEO 인사말</a></li>
            </ul>
        </li>
        <li><a href="#">채용공고</a>
            <ul class="sub">
                <li><a href="#">개발직군</a></li>
                <li><a href="#">디자인직군</a></li>
                <li><a href="#">기획직군</a></li>
                <li><a href="#">마케팅직군</a></li>
            </ul>
        </li>
```

```
15    <header id="header">
16        <h1>
17            <a href="#">
18                <img src="images/logo.png" alt="넥스코드">
19            </a>
20        </h1>
21        <nav id="nav">
22            <ul>
23                <li><a href="#">회사소개</a>
24                    <ul class="sub">
25                        <li><a href="#">기업개요</a></li>
26                        <li><a href="#">핵심가치</a></li>
27                        <li><a href="#">글로벌지사</a></li>
28                        <li><a href="#">CEO 인사말</a></li>
29                    </ul>
30                </li>
31                <li><a href="#">채용공고</a>
32                    <ul class="sub">
33                        <li><a href="#">개발직군</a></li>
34                        <li><a href="#">디자인직군</a></li>
35                        <li><a href="#">기획직군</a></li>
36                        <li><a href="#">마케팅직군</a></li>
37                    </ul>
38                </li>
39                <li><a href="#">복지제도</a>
40                    <ul class="sub">
41                        <li><a href="#">유연근무제</a></li>
42                        <li><a href="#">자기계발</a></li>
43                        <li><a href="#">건강검진</a></li>
44                        <li><a href="#">사내동호회</a></li>
45                    </ul>
46                </li>
47                <li><a href="#">사내문화</a>
48                    <ul class="sub">
49                        <li><a href="#">직무인터뷰</a></li>
50                        <li><a href="#">프로젝트사례</a></li>
51                        <li><a href="#">오피스투어</a></li>
52                    </ul>
53                </li>
54            </ul>
55        </nav>
56    </header>
```

[index.html]

```
<li><a href="#">복지제도</a>
    <ul class="sub">
        <li><a href="#">유연근무제</a></li>
        <li><a href="#">자기계발</a></li>
        <li><a href="#">건강검진</a></li>
        <li><a href="#">사내동호회</a></li>
    </ul>
</li>
<li><a href="#">사내문화</a>
    <ul class="sub">
        <li><a href="#">직무인터뷰</a></li>
        <li><a href="#">프로젝트사례</a></li>
        <li><a href="#">오피스투어</a></li>
    </ul>
</li>
    </ul>
</nav>
```

+ 더 알기 TIP

- 메뉴를 구성할 때는 ⟨nav⟩ 요소로 감싸 내비게이션 영역임을 명확히 합니다.
- 중첩목록 작업 시 쌍으로 올바르게 중첩되어야 하며, 태그가 제대로 닫혀야 합니다.
- 서브 메뉴 ⟨ul⟩에는 클래스명을 sub으로 지정하여 구분하고 제어할 수 있게 합니다.

💬 요소 TIP

⟨a href="#"⟩ : 임시 링크 추가(기술적 준수사항)

03 스팟 메뉴를 작업하기 위해 '⟨/nav⟩' 다음 줄에 다음과 같이 작성합니다.

```
<p class="spot">
    <a href="#">신입채용</a>
    <a href="#">경력채용</a>
</p>
```

```
48                    <ul class="sub">
49                        <li><a href="#">직무인터뷰</a></li>
50                        <li><a href="#">프로젝트사례</a></li>
51                        <li><a href="#">오피스투어</a></li>
52                    </ul>
53                </li>
54            </ul>
55        </nav>
56        <p class="spot">
57            <a href="#">신입채용</a>
58            <a href="#">경력채용</a>
59        </p>
60    </header>
```

[index.html]

💬 요소 TIP

- **⟨p class="spot"⟩** : 스팟 메뉴를 감싸는 영역
- **⟨a href="#"⟩** : ⟨a⟩ 요소는 인라인 요소로, 다음 ⟨a⟩ 요소와 나란히 배치됨

04 헤더 영역 스타일 작업하기

헤더 영역의 로고를 배치하고, 메인 메뉴(Main menu)에 마우스를 올리면(Mouse over) 하이라이트 되며, 벗어나면(Mouse out) 하이라이트가 해제됩니다. 또한, 서브 메뉴 중 하나에 마우스를 올리면 하이라이트 되고, 벗어나면 하이라이트가 해제됩니다.

01 먼저 'style.css' 문서를 활성화하여 'header'의 기존 배경색을 삭제하고, 배경색과 안쪽 여백을 작성합니다.

```css
header{
    width:200px;
    background:#f7f7f4;
    padding:80px 10px;
}
```

```
31    header{
32        width:200px;
33        background:□#f7f7f4;
34        padding:80px 10px;
35    }
```
[style.css]

02 'header' 스타일 다음 줄에 로고와 메뉴 사이 간격을 주기 위해 다음과 같이 작성합니다.

```css
nav{
    margin-top:50px;
}
```

```
31    header{
32        width:200px;
33        background:□#f7f7f4;
34        padding:80px 10px;
35    }
36    nav{
37        margin-top:50px;
38    }
```
[style.css]

+ 더 알기 TIP

CSS를 작성할 때 속성의 순서에는 필수적인 규칙이 없지만, 가독성과 유지보수 측면에서 일관된 순서를 유지하는 것이 좋습니다.

💬 요소 TIP

- **header** : 〈header〉 선택자로 좌측 헤더 영역의 스타일 지정
  - **padding:80px 10px** : 위 · 아래 내부 여백 80픽셀, 좌 · 우 내부 여백 10픽셀
- **nav** : 〈nav〉 선택자로 메뉴 스타일 지정
  - **margin-top:50px** : 위쪽 바깥 여백을 50픽셀로 설정하여, 〈h1〉과 〈nav〉 사이 간격 설정

03 메뉴를 클릭할 수 있는 영역은 'nav' 스타일 다음 줄에 다음과 같이 작성합니다.

```
nav>ul>li>a {
    display:block;
    background:#333;
    padding:10px 0;
    text-align:center;
    color:#fff;
}
nav>ul>li:hover>a {
    background:#ff6114;
    color:#fff;
}
```

```
36  nav{
37      margin-top:50px;
38  }
39  nav>ul>li>a {
40      display:block;
41      background: #333;
42      padding:10px 0;
43      text-align:center;
44      color: #fff;
45  }
46  nav>ul>li:hover>a {
47      background: #ff6114;
48      color: #fff;
49  }
```

[style.css]

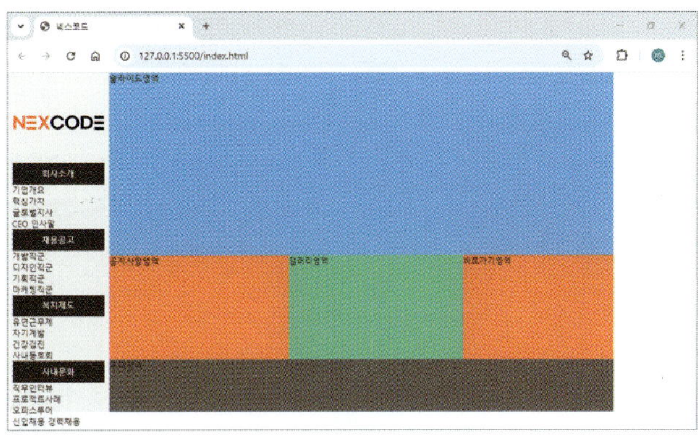

- 블록 요소는 기본적으로 수직으로 쌓이며, 너비와 높이 속성을 자유롭게 지정할 수 있습니다. 예 <div>, <p>, <section> 등
- 인라인 요소는 한 줄에 나란히 배치되며, 기본적으로 너비와 높이를 지정할 수 없습니다. 예 <a>, <span>, <strong> 등

요소 TIP

- **nav>ul>li>a** : <nav>의 자식 요소 <ul>의 자식 요소 <li>의 자식 요소 <a> 지정
  - **display:block** : <a>는 인라인 요소이므로 width와 height 값을 적용해도 반영되지 않음. 따라서 display:block으로 변경하여 전체 영역을 클릭 가능하게 만들 수 있고, width, height, padding 등의 박스 모델 속성을 자유롭게 적용할 수 있음

04 서브 메뉴 스타일을 다음과 같이 작성합
니다.

```
.sub li a {
    display:block;
    padding:10px 0;
    background:#666;
    color:#fff;
    text-align:center;
}
.sub li a:hover {
    background:#f7f7f4;
    color:#ff6114;
}
```

```
46   nav>ul>li:hover>a {
47       background: #ff6114;
48       color: #fff;
49   }
50   .sub li a {
51       display: block;
52       padding: 10px 0;
53       background: #666;
54       color: #fff;
55       text-align: center;
56   }
57   .sub li a:hover {
58       background: #f7f7f4;
59       color: #ff6114;
60   }
```

[style.css]

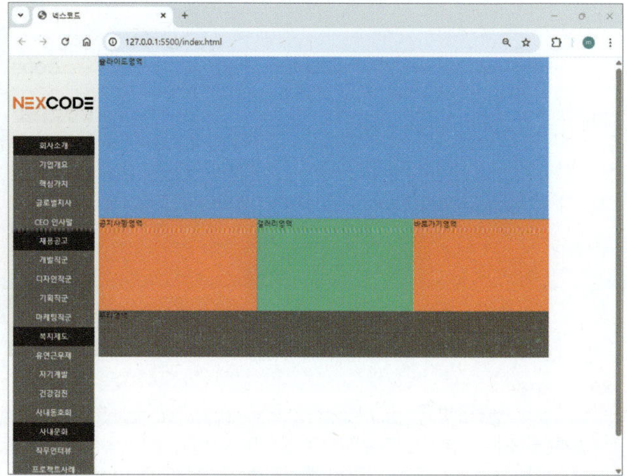

05 메인 메뉴와 서브 메뉴 스타일을 확인 후
마우스를 올려 하이라이트 효과까지 확
인합니다. 잘 적용이 되었다면 'nav>ul>
li:hover>a' 스타일 다음 줄에 서브 메뉴
를 숨겨줍니다.

```
.sub {
    display:none;
}
```

```
50   .sub {
51       display:none;
52   }
53   .sub li a {
54       display:block;
55       padding:10px 0;
56       background: #666;
57       color: #fff;
58       text-align: center;
59   }
```

[style.css]

💬 **요소** TIP

- **.sub li a** : .sub의 자식 요소 <li>의 자식 요소 <a> 지정
  - **display:block** : 요소 성질을 블록 요소로 바꾸면서 부모 요소의 너비를 채울 수 있음
  - **padding:10px 0** : 위·아래 내부 여백 10픽셀, 좌·우 내부 여백 0픽셀 설정
- **.sub** : <ul class="sub"> 지정하여 서브 메뉴 스타일 지정
  - **display:none** : 요소를 선택하여 숨김(스크립트에서 추가 작업 예정)

06 스팟 메뉴 스타일을 '.sub li a:hover' 스타일 다음 줄에 작성합니다.

```css
.spot {
    font-size:12px;
    text-align:center;
    margin-top:20px;
}
.spot a:first-child {
    border-right:1px solid #333;
    padding-right:5px;
}
```

```css
64  .spot {
65      font-size:12px;
66      text-align:center;
67      margin-top:20px;
68  }
69  .spot a:first-child {
70      border-right:1px solid ■ #333;
71      padding-right:5px;
72  }
```

[style.css]

🗨 요소 TIP

- **.spot** : ⟨p class="spot"⟩ 선택자로 ⟨a⟩를 감싸는 영역 지정
  - **text-align:center** : 요소 내의 ⟨a⟩ 인라인 요소 수평 가운데 정렬
  - **font-size:12px** : 폰트 사이즈 12픽셀 설정(기본 폰트 사이즈 16픽셀)
- **.spot a:first-child** : ⟨p class="spot"⟩의 하위 요소 ⟨a⟩ 중 첫 번째 ⟨a⟩ 지정
  - **border-right:1px solid #333** : 1픽셀 두께의 색상 #333 우측 실선 테두리 설정
  - **padding-right:5px** : 오른쪽 내부 여백 5픽셀 설정

🔵05 메뉴 스크립트 작업하기

세부 지시시항의 A.2 메뉴 효과를 구현합니다. 메인 메뉴(Main menu)에 마우스를 올리면(Mouse over) 해당 서브 메뉴(Sub menu) 영역이 슬라이드 다운(Slide down)으로 보이도록 하고, 벗어나면(Mouse out) 서브 메뉴 영역은 슬라이드 업(Slide Up)으로 사라지는 작업을 제이쿼리(jQuery)로 진행합니다.

01 먼저 'js' 폴더 하위 파일인 'script.js' 문서를 활성화하여 작성합니다.

```javascript
//메뉴
$("nav>ul>li").mouseenter(function(){
    $(this).children(".sub").stop().slideDown();
})
$("nav>ul>li").mouseleave(function(){
    $(this).children(".sub").stop().slideUp();
})
```

```javascript
    //메뉴
1   //메뉴
2   $("nav>ul>li").mouseenter(function(){
3       $(this).children(".sub").stop().slideDown();
4   })
5   $("nav>ul>li").mouseleave(function(){
6       $(this).children(".sub").stop().slideUp();
7   })
```

[script.js]

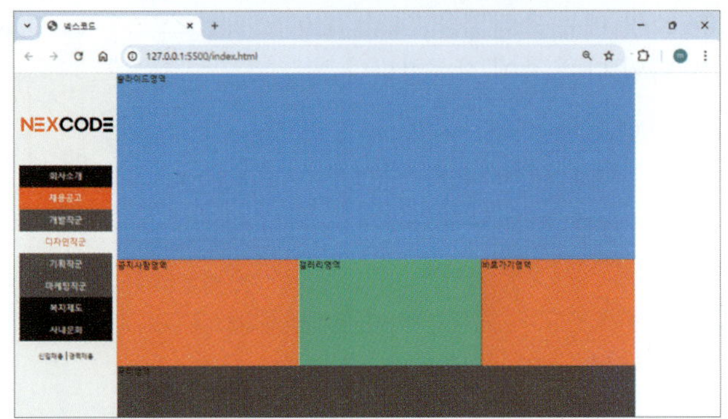

> 💬 **요소** TIP
>
> - **$** : jQuery에서 HTML 요소를 선택하거나 jQuery 객체를 생성할 때 사용하는 단축 표기
> - **$("nav>ul>li")** : jQuery 선택자로, 〈nav〉 자식 요소인 〈ul〉 자식 요소인 모든 〈li〉 선택
> - **mouseenter/mouseleave** : jQuery에서 제공하는 이벤트 메서드로, 마우스가 요소에 진입하거나 요소를 떠날 때 발생하는 이벤트를 처리
> - **$(this)** : 이벤트가 발생한 현재 요소를 가리키며, 이 경우에는 마우스가 올라간 특정 〈li〉 요소를 의미
> - **children()** : 선택한 요소의 직계 자식 요소만을 선택할 때 사용
> - **stop()** : 현재 실행 중인 애니메이션을 즉시 중지시켜 중복 애니메이션이 발생하는 것을 방지
> - **slideDown()/slideUp()** : slideDown()은 요소를 슬라이드 다운하여 보여주고, slideUp()은 요소를 슬라이드 업하여 숨김

---

4 STEP   세부 영역별 지시사항 – ⑧ Slide 영역   약 35분

01 슬라이드 영역 구조 작업하기

세부 지시사항의 B 슬라이드를 제작합니다. 먼저 슬라이드의 구조를 잡은 후 제공된 텍스트 간의 위계질서를 직관적으로 알 수 있도록 글자체, 굵기, 색상, 크기를 적절하게 설정합니다.

01 '수험자 제공 폴더'에 있는 이미지를 'images' 폴더로 복사합니다. 이미지 크기를 확인한 후, 필요하다면 크기를 조정하고, 파일명도 필요한 경우 수정합니다.

[참고하기] PART 03 – SECTION 02 Photoshop 필수 기능

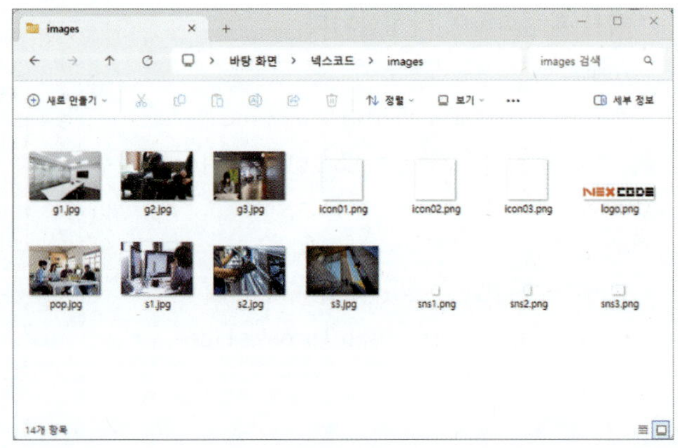

02 ‘index.html’ 문서에서 ‘⟨section id="slide" class="slide"⟩⟨/section⟩’ 사이에 다음과 같이 작성합니다.

⟨section id="slide" class="slide"⟩
  ⟨ul⟩
    ⟨li class="s1"⟩
      ⟨a href="#"⟩
        ⟨h2⟩지금, 넥스코드와 함께하세요⟨/h2⟩
      ⟨/a⟩
    ⟨/li⟩
    ⟨li class="s2"⟩
      ⟨a href="#"⟩
        ⟨h2⟩수평적인 조직문화, 자율 출퇴근, 글로벌 프로젝트!⟨/h2⟩
      ⟨/a⟩
    ⟨/li⟩
    ⟨li class="s3"⟩
      ⟨a href="#"⟩
        ⟨h2⟩탄탄한 복지로 더 오래, 더 즐겁게! ⟨/h2⟩
      ⟨/a⟩
    ⟨/li⟩
  ⟨/ul⟩
⟨/section⟩

```
61      <div class="contents">
62          <section id="slide" class="slide">
63              <ul>
64                  <li class="s1">
65                      <a href="#">
66                          <h2>지금, 넥스코드와 함께하세요</h2>
67                      </a>
68                  </li>
69                  <li class="s2">
70                      <a href="#">
71                          <h2>수평적인 조직문화, 자율 출퇴근, 글로벌 프로젝트!</h2>
72                      </a>
73                  </li>
74                  <li class="s3">
75                      <a href="#">
76                          <h2>탄탄한 복지로 더 오래, 더 즐겁게! </h2>
77                      </a>
78                  </li>
79              </ul>
80          </section>
```

[index.html]

➕ **더 알기** TIP

• id="slide"는 해당 요소를 고유하게 식별하기 위한 식별자로, 자바스크립트나 CSS에서 특정 요소를 직접 지정할 때 사용합니다.
• class="slide"는 CSS에서 공통 스타일을 적용하거나 여러 요소에 동일한 스타일을 부여할 때 사용합니다.

💬 **요소** TIP

⟨li class="s1"⟩ : 각 항목에 개별적인 배경 이미지나 스타일을 지정할 수 있으며, 일반적으로 CSS에서 background−image 속성을 이용해 이미지 배경을 설정

세부 지시사항의 B 슬라이드 애니메이션 효과를 확인합니다. 슬라이드 애니메이션이 좌에서 우 또는 우에서 좌로 이동하는 애니메이션을 고려하여 스타일을 작업합니다.

01 'style.css' 문서를 활성화하여 '.slide'를 찾아 배경색을 지우고 다음과 같이 작성합니다.

```css
.slide {
    height:350px;
}
.slide ul li {
    width:1000px;
    height:350px;
}
.slide ul li a {
    display:block;
    height:100%;
}
.slide ul li.s1 {
    background:url(../images/s1.jpg)
no-repeat center/cover;
}
.slide ul li.s2 {
    background:url(../images/s2.jpg)
no-repeat center/cover;
}
.slide ul li.s3 {
    background:url(../images/s3.jpg)
no-repeat center/cover;
}
```

```
76    .slide {
77        height:350px;
78    }
79    .slide ul li {
80        width:1000px;
81        height:350px;
82    }
83    .slide ul li a {
84        display:block;
85        height:100%;
86    }
87    .slide ul li.s1 {
88        background:url(../images/s1.jpg) no-repeat center/cover;
89    }
90    .slide ul li.s2 {
91        background:url(../images/s2.jpg) no-repeat center/cover;
92    }
93    .slide ul li.s3 {
94        background:url(../images/s3.jpg) no-repeat center/cover;
95    }
```

[style.css]

💬 **요소 TIP**

- **.slide ul li** : 슬라이드 각각의 항목을 감싸는 요소로, 배경 이미지를 적용할 수 있도록 너비와 높이를 지정
- **.slide ul li a** : .slide 내부의 〈ul〉 하위 〈li〉 요소 안에 있는 〈a〉 요소를 선택하는 구조로, 클릭 가능한 영역에 스타일을 적용할 때 사용
  - **display:block** : 〈a〉를 블록 요소로 변경하여 전체 영역에 스타일을 적용
  - **height:100%** : 〈a〉 요소의 높이를 부모 요소인 〈li〉의 높이만큼 채우도록 설정
- **.slide ul li.s1** : .slide 하위의 〈ul〉 안에서 〈li〉 요소 중 class="s1"인 요소를 선택하는 구조로, 슬라이드 개별 항목에 배경 이미지를 설정할 때 사용
- **background:url(../images/s1.jpg) no-repeat center/cover** : 배경 CSS 속성 함축형
  - background는 이미지 경로, 반복 여부, 위치, 크기, 색상 등을 하나의 속성으로 축약해서 작성할 수 있습니다.
    예 background:url(경로) no-repeat center/cover

02 슬라이드 애니메이션이 좌에서 우 또는 우에서 좌로 이동하는 애니메이션이므로 '.slide' 스타일 다음 줄에 슬라이드를 나열하는 CSS를 작성합니다.

```css
.slide ul{
    width:3000px;
    display:flex;
}
```

```css
76    .slide {
77        height:350px;
78    }
79    .slide ul{
80        width:3000px;
81        display:flex;
82    }
```
[style.css]

03 각 슬라이드의 텍스트를 글자체, 굵기, 색상, 크기를 적절하게 설정하여 가독성을 높이고, 독창성이 드러나도록 스타일을 작성합니다.

```css
.slide ul li {
    width:1000px;
    height:350px;
    position:relative;
}
.slide ul li h2 {
    position:absolute;
    top:50%;
    left:50%;
    transform:translate(-50%, -50%);
    background:#ff6114;
    border-radius:20px 0;
    padding:10px 40px;
    color:#fff;
    width:650px;
    text-align:center;
}
```

```css
83    .slide ul li {
84        width:1000px;
85        height:350px;
86        position:relative;
87    }
```
[style.css]

```css
101    .slide ul li h2 {
102        position:absolute;
103        top:50%;
104        left:50%;
105        transform:translate(-50%, -50%);
106        background: #ff6114;
107        border-radius:20px 0;
108        padding:10px 40px;
109        color: #fff;
110        width:650px;
111        text-align:center;
112    }
```
[style.css]

04 .slide ul 영역이 .slide 영역보다 넘치는 부분을 숨겨주기 위해 다음과 같이 작성합니다.

```css
.slide {
    height:350px;
    overflow:hidden;
}
```

```css
76    .slide {
77        height:350px;
78        overflow:hidden;
79    }
```
[style.css]

- **.slide ul** : .slide 하위 요소 〈ul〉에 슬라이드가 좌, 우로 이동할 수 있는 슬라이드 띠 역할
  - **display:flex** : .slide ul를 플렉스 컨테이너로 설정하여, 자식 요소 〈li〉들을 수평으로 나열
  - **width:3000px** : .slide ul의 width는 슬라이드 항목 하나의 너비(1000px)에 슬라이드 개수(3)를 곱해 3000px로 설정

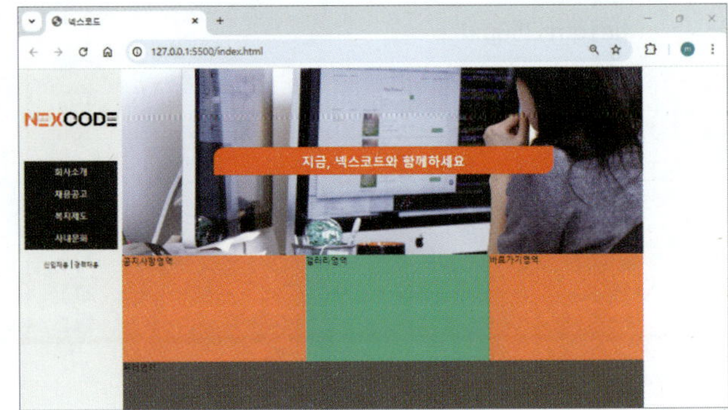

- **.slide ul li h2** : .slide 하위 요소 〈ul〉의 하위 요소 〈li〉의 하위 요소 〈h2〉 지정하여 슬라이드 텍스트 스타일 적용
  - **position:absolute** : .slide ul li h2를 공중에 띄워 상위 요소 .slide ul li에 기준 설정 후, 절대 위치로 지정
  - **border-radius:20px 0** : 왼쪽 위 모서리는 20픽셀, 오른쪽 아래는 0으로 설정된 비대칭 둥근 테두리
- 공중에 띄운 요소를 가운데 배치하는 방법
  - **top:50%** : 기준 요소의 상단에서부터 50% 아래로 배치
  - **left:50%** : 기준 요소의 왼쪽으로부터 50% 오른쪽으로 배치
  - **transform:translate(−50%, −50%)** : 자신의 가로/세로 크기의 50%만큼 왼쪽과 위로 이동시켜 정확한 정중앙에 배치

05 작업한 모든 파일을 저장하고 'index. html' 문서가 활성화된 상태에서 상태표시줄에 Go Live를 선택하여 웹 브라우저인 '크롬(Chrome)'으로 작업 결과를 확인합니다.

03 슬라이드 스크립트 작업하기

세부 지시사항의 B 슬라이드 애니메이션 효과를 구현합니다. 슬라이드 애니메이션이 좌에서 우 또는 우에서 좌로 이동하는 애니메이션으로 매 3초 이내 다른 이미지로 전환되어야 하며 웹사이트를 열었을 때, 자동으로 시작되어 반복적인 슬라이드가 되도록 제이쿼리(jQuery)로 작업합니다.

01 'script.js' 문서를 활성화합니다. 그리고 '메뉴 스크립트' 다음 줄에 '.slide ul'을 좌로 이동하는 제이쿼리를 작성합니다.

```
//슬라이드
$(".slide ul").animate({margin-
Left:-1000},1000);
```

```
8    //슬라이드
9    $(".slide ul").animate({marginLeft:-1000},1000);
```

[script.js]

02 다음 슬라이드가 나올 수 있도록 변수 i를 만들어 슬라이드 공식을 작성합니다.

```
//슬라이드
let i = 0;
i++;
$(".slide ul").animate({marginLeft:-1000 * i},1000);
```

```
 8    //슬라이드
 9    let i = 0;
10    i++;
11    $(".slide ul").animate({marginLeft:-1000 * i},1000);
```

[script.js]

03 실행문을 반복하기 위해 실행문을 함수로 감싸고, 마지막 줄에서 함수를 호출하여 실행합니다. 이때 함수의 이름은 'slide'로 임의로 지정합니다.

```
//슬라이드
let i = 0;
function slide(){
    i++;
    $(".slide ul").animate({margin-
Left:-1000 * i},1000);
}
slide();
```

```
 8    //슬라이드
 9    let i = 0;
10    function slide(){
11        i++;
12        $(".slide ul").animate({marginLeft:-1000 * i},1000);
13    }
14
15    slide();
```

[script.js]

04 반복적으로 함수를 호출하기 위해 'slide();'를 'setInterval'로 변경합니다.

```
//슬라이드
let i = 0;
function slide(){
    i++;
    $(".slide ul").animate({margin-
Left:-1000 * i},1000);
}
setInterval(slide, 3000);
```

```
 8    //슬라이드
 9    let i = 0;
10    function slide(){
11        i++;
12        $(".slide ul").animate({marginLeft:-1000 * i},1000);
13    }
14    setInterval(slide, 3000);
```

[script.js]

05 증감식으로 인하여 변수 i의 값이 무한대로 올라가므로 제어문을 통해 세 번째 슬라이드 다음 첫 번째 슬라이드가 보여지도록 작성합니다.

```
let i = 0;
function slide(){
    if(i<2){
        i++;
    }else{
        i=0;
    }
    $(".slide ul").animate({margin-
Left:-1000 * i},1000);
}
setInterval(slide, 3000);
```

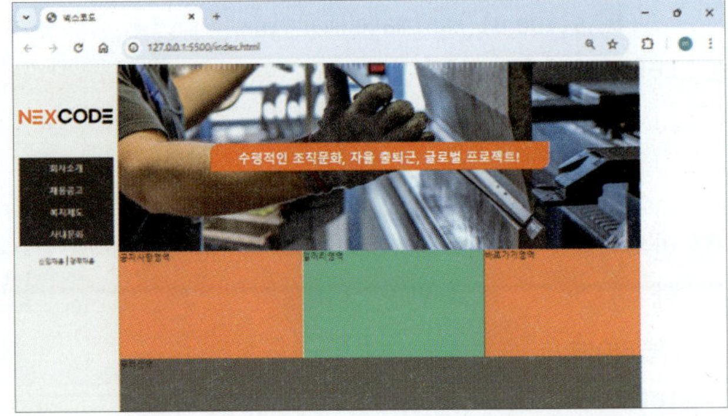

```
 8   //슬라이드
 9   let i = 0;
10   function slide(){
11       if(i<2){
12           i++;
13       }else{
14           i=0;
15       }
16       $(".slide ul").animate({marginLeft:-1000 * i},1000);
17   }
18   setInterval(slide, 3000);
```

[script.js]

06 작업한 모든 파일을 저장하고 'index.html' 문서가 활성화된 상태에서 상태표시줄에 Go Live를 선택하여 웹 브라우저인 '크롬(Chrome)'으로 작업 결과를 확인합니다. 웹 브라우저에서 슬라이드가 좌로 이동하는 애니메이션이 3초마다 진행됩니다.

🗨 요소 TIP

- **let i = 0** : 변수 i 선언 후 0을 할당
- **i++** : 증감 연산자로, 변수 i의 값을 1씩 증가시키는 역할
- **$(".slide ul")** : jQuery 선택자로, .slide의 하위 요소 〈ul〉 슬라이드 띠 선택
- **$(".slide ul").animate({marginLeft:-1000})** : .slide ul의 margin-left 값이 -1000만큼 이동하는 애니메이션
- **$("요소 선택").animate({속성:"속성값"}, 적용 시간)** : 요소 선택하여 애니메이션 적용

> $(".slide ul").animate({marginLeft:-1000},1000) = $(".slide ul").animate({"margin-left":"-1000"},1000)

- **marginLeft** : 자바스크립트 객체의 속성으로, camelCase 표기법을 따름. 자바스크립트 문법에서는 속성 이름에 하이픈(-)을 사용할 수 없기 때문에 margin-left는 marginLeft로 작성해야 함
- **"margin-left"** : 문자열로 표현된 CSS 속성명이며, 문자열로 처리되는 경우에는 하이픈이 허용
- **-1000** : 숫자형 데이터(Number)로, 계산이 가능하며 애니메이션 속도와 거리 조절에 직접 사용될 수 있음
- **"-1000"** : 문자열 데이터(String)로, 일반적으로는 jQuery에서 자동 형변환이 일어나지만, 명확하게 숫자로 처리하는 것이 더 안정적
- **if(조건문){실행문1}else{실행문2}** : 조건문이 참일 때 실행문1을 실행하고 거짓일 때 실행문2를 실행
- **setInterval(함수명, 밀리초)** : 지정한 시간 간격(밀리초)마다 해당 함수를 반복 실행하는 자바스크립트 내장 함수
- **밀리초(ms)** : 1초는 1,000밀리초이며, 1밀리초는 1초의 1/1,000에 해당

좌, 우 슬라이드 공식 만들기

슬라이드 애니메이션을 구현할 때는 .slide ul의 margin-left 위치 값을 기준으로 움직임을 계산합니다. 기본 위치는 0px이며, 슬라이드가 한 칸씩 이동할 때마다 -1000px씩 왼쪽으로 이동합니다. 슬라이드가 3개일 경우, 0 → -1000 → -2000 → 0의 순으로 순환됩니다.

.slide(.slide ul 기준역할)

슬라이드01	슬라이드02	슬라이드03

.slide ul {margin-left:0}

3초 후 (변수 i = 1)

.slide(.slide ul 기준역할)

슬라이드01	슬라이드02	슬라이드03

.slide ul {margin-left:-1000px}

3초 후 (변수 i = 2)

.slide(.slide ul 기준역할)

슬라이드01	슬라이드02	슬라이드03

.slide ul {margin-left:-2000px}

변수 i	0	1	2	3 → 0
margin-left 값(단위 : px)	0	-1000	-2000	0
설명	슬라이드1 표시	슬라이드2 표시	슬라이드3 표시	다시 슬라이드1로 순환

---

5 STEP 　세부 영역별 지시사항 – ⓒ Contents 영역　　약 40분

01 공지사항 구조 작업하기

세부 지시사항 C.1 공지사항을 제작합니다. 공지사항의 타이틀 영역과 콘텐츠 영역을 구분하고 제공된 텍스트를 바탕으로 공지사항을 만들어 줍니다. 이때 첫 번째 콘텐츠 클릭(Click) 시 팝업이 나오도록 작업합니다.

01 'index.html' 문서의 'article class= "notice"></article>' 사이에 공지사항 내용을 다음과 같이 작성합니다.

```
<article class="notice">
    <h2>공지사항</h2>
    <ul>
        <li>
            <a href="#" class="pop">
                <p>[신규 공고] 2026 상반기 신입/경력 채용 오픈 안내</p>
                <span>04/03</span>
            </a>
        </li>
        <li>
            <a href="#">
                <p>넥스코드 채용사이트 리뉴얼 오픈!</p>
                <span>03/20</span>
            </a>
        </li>
        <li>
            <a href="#">
                <p>온라인 화상 면접 시스템 도입 안내</p>
                <span>03/03</span>
            </a>
        </li>
        <li>
            <a href="#">
                <p>추천채용 캠페인 참여하고 기프트 받자!</p>
                <span>02/20</span>
            </a>
        </li>
    </ul>
</article>
```

```
 81        <div class="con">
 82            <article class="notice">
 83                <h2>공지사항</h2>
 84                <ul>
 85                    <li>
 86                        <a href="#" class="pop">
 87                            <p>[신규 공고] 2026 상반기 신입/경력 채용 오픈 안내</p>
 88                            <span>04/03</span>
 89                        </a>
 90                    </li>
 91                    <li>
 92                        <a href="#">
 93                            <p>넥스코드 채용사이트 리뉴얼 오픈!</p>
 94                            <span>04/03</span>
 95                        </a>
 96                    </li>
 97                    <li>
 98                        <a href="#">
 99                            <p>온라인 화상 면접 시스템 도입 안내</p>
100                            <span>04/03</span>
101                        </a>
102                    </li>
103                    <li>
104                        <a href="#">
105                            <p>추천채용 캠페인 참여하고 기프트 받자!</p>
106                            <span>04/03</span>
107                        </a>
108                    </li>
109                </ul>
110            </article>
```

[index.html]

➕ 더 알기 TIP

첫 번째 게시글에 <a href="#" class="pop">을 미리 지정하면, 자바스크립트에서 .pop 클래스로 선택하여 팝업을 띄우는 클릭 이벤트를 연결할 수 있습니다.

- 〈h2〉 : 공지사항 영역의 제목을 표시하는 요소
- 〈p〉 : 공지사항 게시글의 본문 내용을 담는 블록 요소
- 〈span〉 : 공지사항의 날짜처럼 간단한 텍스트 정보를 구분하여 표시할 때 사용하는 인라인 요소

02 공지사항 스타일 작업하기

01 'style.css' 문서에서 '.con'의 배경색을 지우고 '.notice'를 찾아 다음과 같이 작성합니다.

```css
.con{
    height:200px;
    display:flex;
}
.notice {
    width:350px;
    padding:5px;
}
.notice h2 {
    background:#333;
    padding:5px;
    color:#fff;
    text-align:center;
}
```

```css
114    .con {
115        height:200px;
116        display:flex;
117    }
118    .notice {
119        width:350px;
120        padding:5px;
121    }
122    .notice h2 {
123        background: ■ #333;
124        padding:5px;
125        color: □ #fff;
126        text-align:center;
127    }
```

[style.css]

- **.notice h2** : .notice의 하위 요소 〈h2〉를 지정하여 타이틀 영역의 스타일 설정
  - **text-align:center** : 텍스트 가운데 정렬
  - **padding:5px** : 사방 내부 여백 5픽셀 설정

02 공지사항 게시판 스타일을 '.notice h2' 스타일 다음 줄에 다음과 같이 작성합니다.

```css
.notice ul {
    margin-top:10px;
}

.notice ul li {
    border-bottom:1px dashed #ccc;
}

.notice ul li:last-child {
    border-bottom:none
}

.notice ul li a {
    display:block;
    padding:5px 0;
    position:relative;
}

.notice ul li p {
    width:280px;
    white-space:nowrap;
    overflow:hidden;
    text-overflow:ellipsis;
}

.notice ul li span {
    position:absolute;
    right:0;
    top:5px;
}
```

```css
128  .notice ul {
129      margin-top:10px;
130  }
131  .notice ul li {
132      border-bottom:1px dashed #ccc;
133  }
134  .notice ul li:last-child {
135      border-bottom:none
136  }
137  .notice ul li a {
138      display:block;
139      padding:5px 0;
140      position:relative;
141  }
142  .notice ul li p {
143      width:280px;
144      white-space:nowrap;
145      overflow:hidden;
146      text-overflow:ellipsis;
147  }
148  .notice ul li span {
149      position:absolute;
150      right:0;
151      top:5px;
152  }
```

[style.css]

💬 **요소 TIP**

- **.notice ul li** : .notice의 하위 요소 〈ul〉의 하위 요소 〈li〉 지정
  - **border-bottom:1px dashed #fff** : 1픽셀 두께의 색상 #fff 하단 점선 테두리 설정
- **.notice ul li:last-child** : .notice의 하위 요소 〈ul〉의 하위 요소 〈li〉 중 마지막 〈li〉 지정
  - **border-bottom: none** : 하단 테두리를 제거
- **.notice ul li span** : .notice의 하위 요소 〈ul〉의 하위 요소 〈li〉의 하위 요소 〈span〉 지정, 공지사항 날짜 스타일 적용
  - **position: absolute** : 부모 요소인 〈a〉를 기준으로 위치를 절대적으로 지정
- **.notice ul li a** : .notice의 하위 요소 〈ul〉의 하위 요소 〈li〉의 하위 요소 〈a〉 지정
  - **position:relative** : .notice ul li span의 기준 역할
  - **padding:5px 0** : 위·아래 내부 여백 5픽셀 설정
- 제공되는 공지사항 텍스트가 길 것을 대비하여 말 줄임표 작업
  - **width:280px** : 표시 영역의 너비를 제한
  - **white-space:nowrap** : 텍스트가 영역보다 넘칠 때 줄바꿈 없이 한 줄로 표시
  - **overflow:hidden** : 넘친 텍스트를 숨김
  - **text-overflow:ellipsis** : 넘친 부분에 말줄임표(...)를 표시

03 작업한 모든 파일을 저장하고 'index.html' 문서가 활성화된 상태에서 상태표시줄에 Go Live를 선택하여 웹 브라우저인 '크롬(Chrome)'으로 작업 결과를 확인합니다.

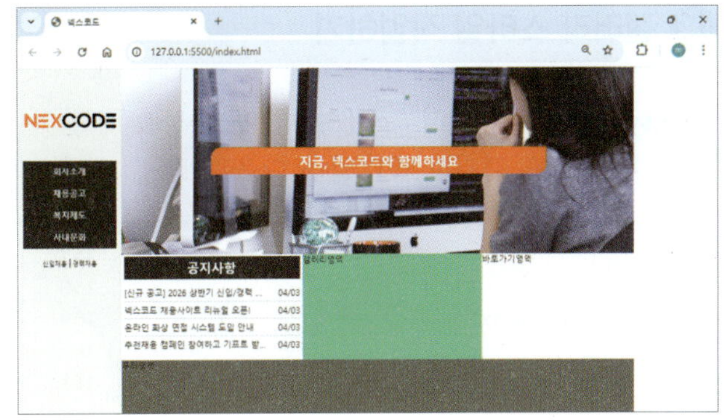

③ 갤러리 구조 작업하기

세부 지시사항 C.2 갤러리를 제작합니다. 갤러리의 타이틀 영역과 콘텐츠 영역을 구분하고 제공된 이미지를 바탕으로 갤러리를 가로로 배치하여 작업합니다.

01 'index.html' 문서의 '<article class="gall"></article>' 사이에 갤러리 내용을 다음과 같이 작성합니다.

```
<article class="gall">
    <h2>갤러리</h2>
    <ul>
        <li><a href="#"><img src="images/g1.jpg" alt="사내 사진1"></a></li>
        <li><a href="#"><img src="images/g2.jpg" alt="사내 사진2"></a></li>
        <li><a href="#"><img src="images/g3.jpg" alt="사내 사진3"></a></li>
    </ul>
</article>
```

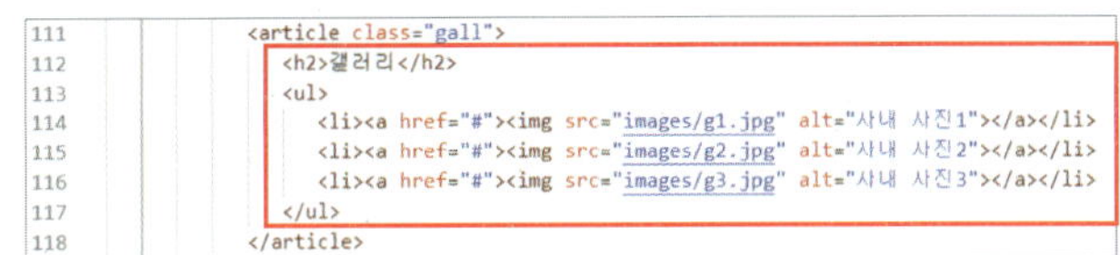

[index.html]

💬 요소 TIP

<h2> : 갤러리 영역의 제목 요소

01 'style.css' 문서에서 '.gall'을 찾아 배경색을 지우고 갤러리 스타일을 다음과 같이 작성합니다.

```css
.gall{
    width:350px;
    padding:5px;
}
.gall h2 {
    background: #ff6114;
    padding:5px;
    color:#fff;
    text-align:center;
}
.gall ul {
    display:flex;
    gap:10px;
    margin-top:10px;
    justify-content:center
}
.gall ul li img {
    width:100px;
    height:120px;
    object-fit:cover;
}
```

```css
153   .gall{
154       width:350px;
155       padding:5px;
156   }
157   .gall h2 {
158       background:  #ff6114;
159       padding:5px;
160       color: #fff;
161       text-align:center;
162   }
163   .gall ul {
164       display:flex;
165       gap:10px;
166       margin-top:10px;
167       justify-content:center
168   }
169   .gall ul li img {
170       width:100px;
171       height:120px;
172       object-fit:cover;
173   }
```

[style.css]

> **💬 요소 TIP**
>
> - **.gall h2** : .gall의 하위 요소 〈h2〉 지정, 텍스트 간의 위계질서가 보이도록 스타일 설정
> - **.gall ul** : .gall의 하위 요소 〈ul〉 지정
>   - **display:flex** : .gall ul를 플렉스 컨테이너로 설정, 자식 요소 〈li〉들을 수평으로 나열
>   - **gap:10px** : flex로 나열된 자식 요소 〈li〉의 사이 간격 10픽셀 지정
>   - **margin-top:10px** : 위쪽 바깥 여백 10픽셀 설정하여 〈h2〉와 〈ul〉의 사이 간격 설정
>   - **justify-content:center** : flex로 배치된 자식 요소 〈li〉를 수평 가운데 정렬할 때 사용
> - **.gall ul li img** : .gall의 하위 요소 〈ul〉의 하위 요소 〈li〉 하위 요소 〈img〉 지정
>   - **object-fit** : cover를 통해 이미지가 지정된 크기를 넘지 않도록 비율 유지하며 채워지게 함

02 작업한 모든 파일을 저장하고 'index. html' 문서가 활성화된 상태에서 상태표 시줄에 Go Live를 선택하여 웹 브라우저 인 '크롬(Chrome)'으로 작업 결과를 확인 합니다.

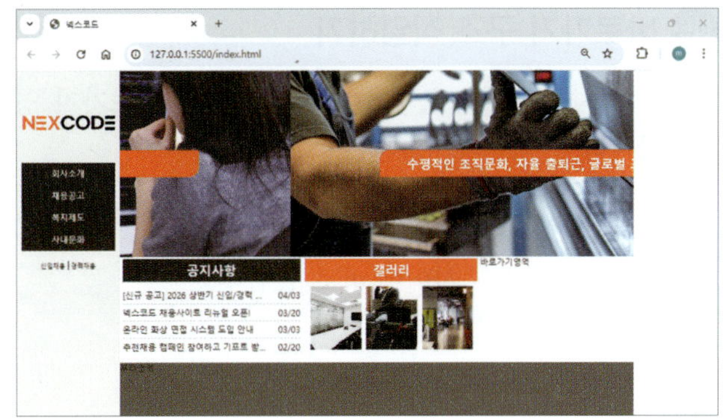

- **object–fit 속성이란?**
  - object–fit은 이미지를 요소 크기 안에 어떻게 맞출지 설정하는 CSS 속성입니다.
  - 이미지가 박스 크기에 맞춰 늘어나거나 잘리는 방식을 제어할 수 있습니다.

- **object–fit 주요 속성값**
  - fill : 기본값. 요소 크기에 이미지를 꽉 채우되, 비율이 유지되지 않아 왜곡될 수 있음
  - contain : 이미지의 비율을 유지하며 요소 안에 모두 들어오도록 축소. 빈 여백이 생길 수 있음
  - cover : 이미지 비율을 유지하면서 요소 전체를 덮도록 확대함. 일부가 잘릴 수 있음
  - none : 원본 이미지 크기를 그대로 유지하며, 박스보다 클 경우 넘침

```html
1   <!DOCTYPE html>
2   <html lang="ko">
3   <head>
4     <meta charset="UTF-8">
5     <meta name="viewport" content="width=device-width, initial-scale=1.0">
6     <title>object-fit 속성</title>
7     <link href="style.css" rel="stylesheet">
8   </head>
9   <body>
10    <table>
11      <tr>
12        <th>fill</th>
13        <th>contain</th>
14        <th>cover</th>
15        <th>none</th>
16      </tr>
17      <tr>
18        <td><img src="img.jpg" class="fill"></td>
19        <td><img src="img.jpg" class="contain"></td>
20        <td><img src="img.jpg" class="cover"></td>
21        <td><img src="img.jpg" class="none"></td>
22      </tr>
23    </table>
24  </body>
25  </html>
```

[index.html]

```css
# style.css > ...
1   @charset "utf-8";
2   img {
3     width: 200px;
4     height: 100px;
5   }
6   .fill {
7     object-fit: fill;/*기본값*/
8   }
9   .contain {
10    object-fit: contain;
11  }
12  ..cover {
13    object-fit: cover;
14  }
15  .none {
16    object-fit: none;
17  }
```

[style.css]

05 바로가기 구조 작업하기

세부 지시사항 C.3 바로가기를 제작합니다. 바로가기 영역은 Contents 폴더에서 제공된 파일을 활용해 작업합니다.

01 'index.html' 문서의 '`<article class="go"></article>`' 사이에 바로가기 내용을 다음과 같이 작성합니다.

```
<article class="go">
    <h2>바로가기</h2>
    <ul>
        <li>
            <a href="#">
                <div><img src="images/icon01.png" alt="채용공고"></div>
                <p>채용공고</p>
            </a>
        </li>
        <li>
            <a href="#">
                <div><img src="images/icon02.png" alt="문화소개"></div>
                <p>문화소개</p>
            </a>
        </li>
        <li>
            <a href="#">
                <div><img src="images/icon03.png" alt="혜택안내"></div>
                <p>혜택안내</p>
            </a>
        </li>
    </ul>
</article>
```

```
119         <article class="go">
120             <h2>바로가기</h2>
121             <ul>
122                 <li>
123                     <a href="#">
124                         <div><img src="images/icon01.png" alt="채용공고"></div>
125                         <p>채용공고</p>
126                     </a>
127                 </li>
128                 <li>
129                     <a href="#">
130                         <div><img src="images/icon02.png" alt="문화소개"></div>
131                         <p>문화소개</p>
132                     </a>
133                 </li>
134                 <li>
135                     <a href="#">
136                         <div><img src="images/icon03.png" alt="혜택안내"></div>
137                         <p>혜택안내</p>
138                     </a>
139                 </li>
140             </ul>
141         </article>
142     </div>
```

[index.html]

🗨 요소 TIP

`<h2>` : 바로가기 영역의 제목 요소

06 바로가기 스타일 작업하기

01 'style.css' 문서에서 '.go'를 찾아 바로가기 스타일을 다음과 같이 작성합니다.

```css
.go {
    width:300px;
    padding:5px;
}
.go h2 {
    background:#333;
    padding:5px;
    color:#fff;
    text-align:center;
}
.go ul {
    display:flex;
    gap:20px;
    margin-top:30px;
    justify-content:center;
}
.go ul li div {
    width:50px;
    height:50px;
    border-radius:5px;
    background:#333;
    text-align:center;
    padding-top:10px;
}
.go ul li:hover div {
    background:#ff6114;
}
.go ul li div img {
    width:30px;
}
.go ul li p {
    font-size:13px;
    margin-top:5px;
}
.go ul li a {
    display:block;
    height:100%;
}
```

```css
174    .go {
175        width:300px;
176        padding:5px;
177    }
178    .go h2 {
179        background: #333;
180        padding:5px;
181        color: #fff;
182        text-align:center;
183    }
184    .go ul {
185        display:flex;
186        gap:20px;
187        margin-top:30px;
188        justify-content:center;
189    }
190    .go ul li div {
191        width:50px;
192        height:50px;
193        border-radius:5px;
194        background: #333;
195        text-align:center;
196        padding-top:10px;
197    }
198    .go ul li:hover div {
199        background: #ff6114;
200    }
201    .go ul li div img {
202        width:30px;
203    }
204    .go ul li p {
205        font-size:13px;
206        margin-top:5px;
207    }
208    .go ul li a {
209        display:block;
210        height:100%;
211    }
```

[style.css]

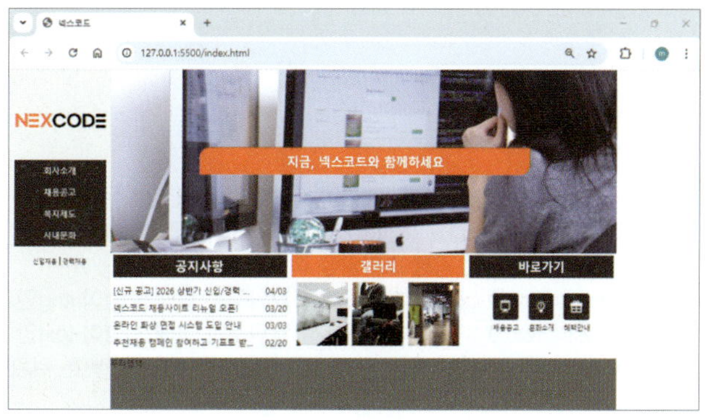

- **.go ul li div img** : 바로가기 아이콘 이미지를 선택하여 스타일을 지정
  - **width:30px** : <img>의 너비 조절 시 높이는 자동으로 비율에 맞춰 줄어듦
- **.go ul li a** : .go의 하위 요소 <ul>의 하위 요소 <li>의 하위 요소 <a> 지정, 클릭할 수 있는 영역 지정
- **.go ul li:hover div** : 바로가기 항목에 마우스를 올렸을 때(:hover), 내부의 <div> 요소에 스타일을 적용하는 선택자

➕ **더 알기 TIP**

마우스 오버(Mouse over) 시 시각적 피드백을 줄 수 있어 사용자 경험(UX)을 향상시키는 효과가 있습니다.

07 팝업창 구조 작업하기

세부 지시사항의 와이어프레임에서 팝업창의 형태를 확인합니다. Contents 폴더의 제공된 텍스트 파일을 사용하여 레이어 팝업(Layer Popup)을 제작합니다.

01 'index.html' 문서의 '</div><!-- //wrap 닫은 태그-->' 안쪽 위치에 팝업창을 다음과 같이 작성합니다.

```html
<div id="popup" class="popup">
    <h2>2026 상반기 신입/경력 채용 오픈 안내</h2>
    <p class="img"><img src="images/pop.jpg" alt="2026 상반기 신입/경력 채용 오픈 안내"></p>
    <p class="text">넥스코드와 함께 성장할 인재를 찾습니다!<br>
        2026년 상반기 신입 및 경력직 채용이 시작되었습니다.</p>
    <div class="close"><button>CLOSE X</button></div>
</div>
```

```
147    <div id="popup" class="popup">
148        <h2>2026 상반기 신입/경력 채용 오픈 안내</h2>
149        <p class="img"><img src="images/pop.jpg" alt="2026 상반기 신입/경력 채용 오픈
           안내"></p>
150        <p class="text">넥스코드와 함께 성장할 인재를 찾습니다!<br>
151            2026년 상반기 신입 및 경력직 채용이 시작되었습니다.</p>
152        <div class="close"><button>CLOSE X</button></div>
153    </div>
```

[index.html]

- **<div id="popup" class="popup">** : 팝업 전체를 감싸는 요소
  - **id="popup"** : 팝업을 특정해서 자바스크립트와 CSS 모두에서 직접 선택할 수 있도록 지정한 식별자
  - **class="popup"** : 공통 스타일을 적용하기 위해 사용
- **<p class="img">** : 팝업 내 이미지를 감싸주는 클래스 명이 img인 요소
- **<p class="text">** : 팝업 내 텍스트를 감싸주는 클래스 명이 text인 요소
- **<div class="close">** : 팝업 닫기 버튼을 감싸는 요소로, 버튼 위치 지정이나 정렬을 조절할 때 사용

01 'style.css' 문서의 'footer' 스타일 다음 줄에 팝업창의 스타일을 다음과 같이 작성합니다.

```css
#popup{
    position:absolute;
    top:50%;
    left:50%;
    transform:translate(-50%, -50%);
    background:#fff;
    border-radius:20px;
    text-align:center;
    padding:20px;
    z-index:9999;
}
```

```css
216  #popup{
217      position: absolute;
218      top: 50%;
219      left: 50%;
220      transform: translate(-50%, -50%);
221      background: #fff;
222      border-radius: 20px;
223      text-align: center;
224      padding: 20px;
225      z-index: 9999;
226  }
```

[style.css]

02 'style.css' 문서의 '.wrap'을 찾아 팝업창의 기준을 다음과 같이 작성합니다.

```css
.wrap{
    width:1200px;
    height:650px;
    display:flex;
    position:relative;
}
```

```css
26  .wrap{
27      width:1200px;
28      height:650px;
29      display:flex;
30      position:relative;
31  }
```

[style.css]

➕ 더 알기 TIP

- 팝업창은 모든 콘텐츠 위에 표시되어야 하므로 공중에 띄워 작업합니다.
- id 속성은 class처럼 CSS에서 사용할 수 있으며, 선택자 앞에 #을 붙여 스타일을 지정합니다. 예를 들어, id="popup"인 요소에 스타일을 적용하려면 #popup { ... } 형태로 작성합니다.
- #popup은 position: absolute로 설정되어 있으며, position: relative가 적용된 .wrap 요소를 기준으로 가운데 정렬됩니다.

💬 요소 TIP

- 공중에 띄운 요소를 가운데 배치하는 방법
  - **top:50%** : 기준 요소의 상단에서부터 50% 아래로 배치
  - **left:50%** : 기준 요소의 왼쪽으로부터 50% 오른쪽으로 배치
  - **transform:translate(-50%, -50%)** : 자신의 가로/세로 크기의 50%만큼 왼쪽과 위로 이동시켜 정확한 정중앙에 배치
- **text-align:center** : 요소 내의 텍스트 또는 인라인, 인라인 블록 요소를 가운데 정렬
- **padding:20px** : 사방의 내부 여백을 20픽셀로 설정
- **border-radius:20px** : 사방의 모서리를 20픽셀만큼 둥글게 설정
- **z-index:9999** : position 속성으로 설정된 요소에 쌓이는 순서를 결정할 수 있으며 순서가 클수록 위로 쌓임

03 팝업 타이틀과 내용의 스타일을 '#popup' 다음 줄에 다음과 같이 작성합니다.

```css
#popup h2{
    color:#333;
    margin-bottom:20px;
}

#popup .close{
    text-align:right;
    margin-top:20px;
}

#popup .img {
    margin:10px 0;
}

#popup button{
    background:#333;
    color:#fff;
    padding:10px;
}
```

```css
228  #popup h2{
229      color: ■#333;
230      margin-bottom: 20px;
231  }
232  #popup .close{
233      text-align: right;
234      margin-top: 20px;
235  }
236  #popup .img {
237      margin: 10px 0;
238  }
239  #popup button{
240      background: ■#333;
241      color: □#fff;
242      padding:10px;
243  }
```

[style.css]

💬 **요소 TIP**

- **#popup .close** : #popup의 하위 요소 .close를 지정하여 팝업 내 버튼을 감싸는 영역
  - **text-align:right** : 인라인 블록 요소인 ⟨button⟩ 우측 정렬
- **#popup .close button** : #popup의 하위 요소 .close 하위 요소 ⟨button⟩ 지정
  - **border:0** : ⟨button⟩의 기본 테두리를 제거

---

04 작업한 모든 파일을 저장하고 'index.html' 문서가 활성화된 상태에서 상태표시줄에 Go Live를 선택하여 웹 브라우저인 '크롬(Chrome)'으로 작업 결과를 확인합니다. 팝업창의 스타일 작업이 완료되었다면 팝업창을 숨깁니다.

```css
#popup{
    position:absolute;
    top:50%;
    left: 50%;
    transform:translate(-50%, -50%);
    background:#fff;
    border-radius:20px;
    text-align:center;
    padding:20px;
    z-index:9999;
    display:none;
}
```

```
216    #popup{
217        position:absolute;
218        top:50%;
219        left:50%;
220        transform:translate(-50%, -50%);
221        background:□#fff;
222        border-radius:20px;
223        text-align:center;
224        padding:20px;
225        z-index:9999;
226        display:none;
227    }
```

[style.css]

💬 **요소 TIP**

display: none : 요소를 선택하여 숨김(스크립트에서 추가 작업 예정)

09 팝업창 스크립트 작업하기

세부 지시사항의 C.1 공지사항 팝업 효과를 구현합니다. 공지사항의 첫 번째 게시글을 클릭(Click) 시 레이어 팝업(Layer Popup)이 나오도록 작업하고, 레이어 팝업의 Close 버튼을 클릭하면 해당 레이어 팝업이 닫히도록 작업합니다.

01 'script.js' 문서에서 마지막 줄에 '팝업' 창 스크립트를 다음과 같이 작성합니다.

```javascript
//팝업
$(".pop").click(function(e){
    e.preventDefault();
    $("#popup").show();
});
$(".close button").click(function(){
    $("#popup").hide();
})
```

```
19    //팝업
20    $(".pop").click(function(e){
21        e.preventDefault();
22        $("#popup").show();
23    });
24    $(".close button").click(function(){
25        $("#popup").hide();
26    })
```

[script.js]

💬 **요소 TIP**

- **$(".pop")** : jQuery 선택자로, 공지사항 영역 내 첫 번째 게시글에 지정된 .pop 클래스를 선택
- **.click(function(){ ... })** : jQuery에서 제공하는 이벤트 메서드로 클릭 시 {}(중괄호) 내 실행문을 실행
- **$("#popup")** : 팝업창 전체를 감싸는 id="popup" 요소를 선택하는 jQuery 선택자
- **show()/hide()** : show()는 요소를 표시하는 메서드, hide()는 요소를 숨기는 메서드
- **e.preventDefault();** : 이벤트 발생 시 브라우저의 기본 동작을 막기 위한 메서드

〈a href="#"〉처럼 임시 링크를 클릭할 경우, 페이지 상단으로 이동하는 기본 링크 동작을 차단하고, 자바스크립트로 지정한 동작만 실행되도록 설정할 수 있습니다.

02 작업한 모든 파일을 저장하고 'index. html' 문서가 활성화된 상태에서 상태표 시줄에 Go Live를 선택하여 웹 브라우저 인 '크롬(Chrome)'으로 작업 결과를 확인 합니다.

03 공지사항 첫 번째 게시글을 클릭하면 팝 업창이 열리고, Close 버튼을 클릭하면 팝업창이 닫힙니다.

- **레이어 팝업 & 모달 레이어 팝업**
  웹디자인개발기능사 실기시험의 팝업창 종류는 레이어 팝업과 모달 레이어 팝업으로 구분되어 출제되고 있습니다.

- **레이어 팝업**
  레이어 팝업(Layer Popup)은 웹 페이지 위에 나타나는 팝업창으로, 사용자에게 특정 메시지나 정보를 표시합니다. 레이어 팝 업은 배경 콘텐츠와 동시에 상호작용할 수 있으며, 일반적으로 닫기 버튼으로 닫을 수 있습니다.

- **모달 레이어 팝업**
  모달 레이어 팝업(Modal Layer Popup)은 웹 페이지 위에 나타나는 팝업창으로, 팝업이 열려 있는 동안 배경 콘텐츠와의 상호 작용을 차단합니다. 사용자에게 배경 콘텐츠 상호 작용을 차단된다는 것을 보여주기 위해 어두운 배경을 설정하며 사용자에게 팝업을 닫기 전까지 다른 작업을 할 수 없도록 제한하며, 주로 경고 메시지나 필수 동의 절차 등 중요한 작업에 사용됩니다.

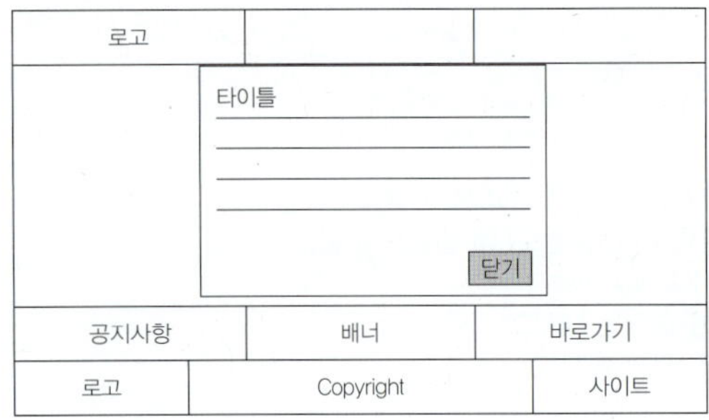
레이어 팝업

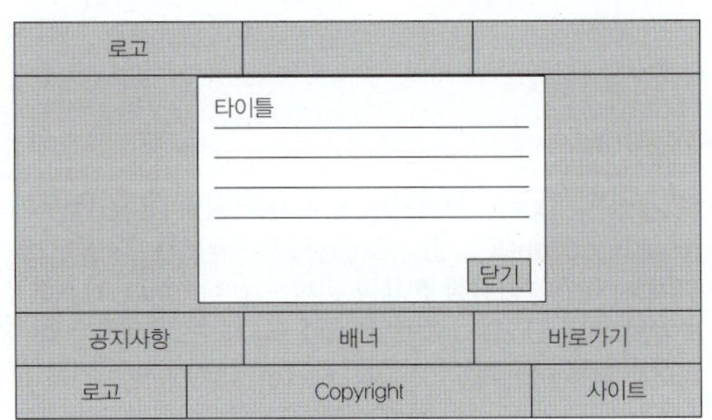
모달 레이어 팝업

01 푸터 영역 구조 작업하기

제공된 텍스트와 이미지를 이용하여 Copyright, SNS를 작업합니다.

01 'index.html' 문서 '<footer id="footer"> </footer>' 영역 내 텍스트를 지우고 SNS, Copyright 순으로 다음과 같이 작성합니다.

```html
<footer id="footer">
  <ul class="fsns">
      <li><a href="#"><img src="images/sns1.png" alt="sns1"></a></li>
      <li><a href="#"><img src="images/sns2.png" alt="sns2"></a></li>
      <li><a href="#"><img src="images/sns3.png" alt="sns3"></a></li>
  </ul>
  <p>
      COPYRIGHT © 2026 NEXCODE. All Rights Reserved.
  </p>
</footer>
```

```html
143        <footer id="footer">
144            <ul class="fsns">
145                <li><a href="#"><img src="images/sns1.png" alt="네이버블로그"></a></li>
146                <li><a href="#"><img src="images/sns2.png" alt="페이스북"></a></li>
147                <li><a href="#"><img src="images/sns3.png" alt="유튜브"></a></li>
148            </ul>
149            <p>
150                COPYRIGHT © 2026 NEXCODE. All Rights Reserved.
151            </p>
152        </footer>
153    </div>
```

[index.html]

💬 요소 TIP

- **<footer>** : SNS와 Copyright를 묶어주는 요소
- **<ul class="fsns">** : SNS 리스트를 묶어주는 요소
- **©** : HTML에서 저작권 기호(©)를 출력할 때 사용하는 특수 문자 코드

01 'style.css' 문서에서 'footer'를 찾아 푸터 영역 스타일을 다음과 같이 작성합니다.

```
footer {
    height:100px;
    background:#666;
    color:#fff;
    padding-left:20px;
    padding-top:40px;
}
```

```
213    footer {
214        height:100px;
215        background: #666;
216        color: #fff;
217        padding-left:20px;
218        padding-top:40px;
219    }
```

[style.css]

> **요소 TIP**
>
> • **footer** : 〈footer〉 선택자로 하단 영역 스타일 지정
> - **color:#fff** : 〈footer〉에 글자 색상을 흰색으로 설정하면, 하위 요소들에 상속되어 .fcopy의 글자가 흰색으로 설정
> - **padding-left:20px** : 왼쪽 내부 여백 20픽셀 설정
> - **padding-top:40px** : 상단 내부 여백 40픽셀 설정

02 패밀리사이트와 SNS를 감싸는 영역을 공중에 띄워, footer를 기준으로 위치를 설정합니다. 그리고 'footer' 스타일 다음 줄에 다음과 같이 작성합니다.

```
footer {
    position:relative;
    height:100px;
    background:#666;
    color:#fff;
    padding-left:20px;
    padding-top:40px;
}
footer .fsns {
    position:absolute;
    top:35px;
    right:20px;
}
```

```
213    footer {
214        position:relative;
215        height:100px;
216        background: #666;
217        color: #fff;
218        padding-left:20px;
219        padding-top:40px;
220    }
221    footer .fsns {
222        position:absolute;
223        top:35px;
224        right:20px;
225    }
```

[style.css]

> **요소 TIP**
>
> • **footer:position** : relative를 설정하면, 하위 요소에서 position: absolute가 기준으로 삼을 수 있는 위치 기준이 됨
> • **footer .fsns** : 〈footer〉의 하위 요소 〈ul class="fsns"〉 선택자로 SNS를 감싸는 영역으로 스타일 지정
> - **position:absolute** : 〈ul class="fsns"〉를 공중에 띄워, 기준 요소인 〈footer〉 내부에서 원하는 위치에 절대적으로 배치

03 SNS 스타일을 'footer .fsns' 다음 줄에 다음과 같이 작성합니다.

```css
footer .fsns{
    display:flex;
    gap:10px;
    position:absolute;
    top:35px;
    right:20px;
}
footer .fsns li a {
    display:block;
    width:30px;
    height:30px;
    background:#fff;
    border-radius:50%;
    text-align:center;
    padding-top:9px;
}
footer .fsns li:first-child a {
    background:#3c5b9a;
}
footer .fsns li:nth-child(2) a {
    background:#47b749;
}
footer .fsns li:nth-child(3) a {
    background:red;
}
```

```css
221    footer .fsns{
222        display:flex;
223        gap:10px;
224        position:absolute;
225        top:35px;
226        right:20px;
227    }
228    footer .fsns li a {
229        display:block;
230        width:30px;
231        height:30px;
232        background: #fff;
233        border-radius:50%;
234        text-align:center;
235        padding-top:9px;
236    }
237    footer .fsns li:first-child a {
238        background: #3c5b9a;
239    }
240    footer .fsns li:nth-child(2) a {
241        background: #47b749;
242    }
243    footer .fsns li:nth-child(3) a {
244        background: red;
245    }
```

[style.css]

💬 **요소 TIP**

- **footer .fsns** : 〈footer〉의 하위 요소 〈ul class="fsns"〉 선택자로 SNS 영역 스타일 지정
  - **display:flex** : footer .fsns를 플렉스 컨테이너로 설정하여, 자식 요소 〈li〉들을 수평으로 나열
  - **gap:10px** : flex로 나열된 자식 요소 〈li〉의 사이 간격 10픽셀 지정
- **footer .fsns li a** : 〈footer〉의 하위 요소 .fsns의 하위 요소 〈li〉의 하위 요소 〈a〉 지정
  - **border-radius:50%** : 모서리를 둥글게 만들어, 정사각형 요소를 원형으로 변환
  - **text-align:center** : 〈a〉 요소 안의 아이콘을 수평으로 가운데 정렬
  - **padding-top:9px** : 아이콘이 버튼 영역 안에서 수직 중앙에 보이도록 조정
- **.fsns li:nth-child(1) a** : .fsns 내 첫 번째 〈li〉의 하위 요소 〈a〉 지정
- **.fsns li:nth-child(2) a** : .fsns 내 두 번째 〈li〉의 하위 요소 〈a〉 지정
- **.fsns li:nth-child(3) a** : .fsns 내 세 번째 〈li〉의 하위 요소 〈a〉 지정

04 작업한 모든 파일을 저장하고 'index. html' 문서가 활성화된 상태에서 상태표 시줄에 Go Live를 선택하여 웹 브라우저 인 '크롬(Chrome)'으로 작업 결과를 확인 합니다.

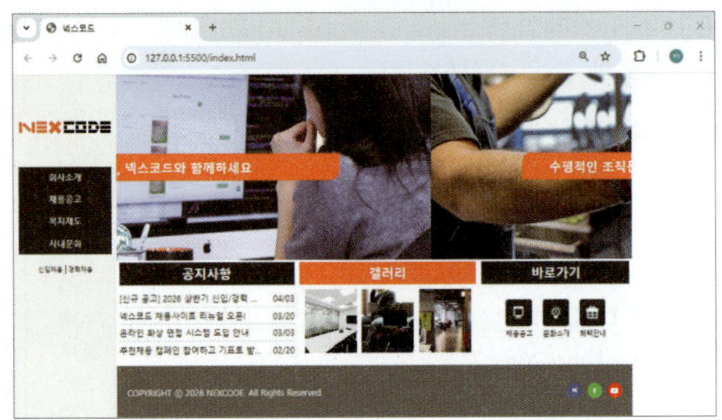

최종 결과물 Check!

작업을 완료했다면 최종 결과물을 확인해야 합니다.

제출 방법

1. 수험자의 비번호로 된 폴더를 제출합니다.

2. 비번호로 된 폴더 안에 'index.html', 'images', 'js', 'css' 폴더와 작업한 파일이 저장되어 있는지 확인합니다.

3. 'index.html'를 열었을 때 모든 리소스가 표시되고 정상 작동해야 합니다.

4. 비번호로 된 폴더의 용량이 10MB가 초과되지 않아야 합니다. (ai, psd 파일은 제출하지 않습니다.)

기술적 준수사항

1. HTML5 기준 웹 표준을 준수해야 합니다. 현장에서 인터넷 사용이 불가하므로 연습 시 HTML 유효성 검사로 오류가 있는지 확인합니다.

2. CSS3 기준 오류가 없도록 작업해야 합니다. 현장에서 인터넷 사용이 불가하므로 연습 시 CSS 유효성 검사로 오류가 있는지 확인합니다.

3. 스크립트 오류가 표시되지 않아야 합니다. 웹 브라우저에서 F12를 눌러 개발자 도구를 실행한 후, 콘솔 (Console) 탭에서 오류가 있는지 확인합니다.

4. 'index.html'을 열었을 때 Tab으로 요소를 이동, 선택할 수 있어야 합니다.

5. 'index.html'을 열었을 때 다양한 화면 해상도에서 페이지 레이아웃이 정상적으로 표시되어야 합니다.

6. 페이지 전체는 CSS를 이용해 레이아웃을 구성해야 합니다.

7. 브라우저에서 CSS를 '사용 안 함'으로 설정하면 콘텐츠가 기본적으로 세로로 나열되어 표시됩니다.

8. 모든 이미지는 대체 텍스트(alt 속성)를 포함하여 이미지의 의미나 용도를 명확히 전달해야 합니다.

9. 텍스트 간의 위계질서를 직관적으로 알 수 있어야 합니다.

10. 제작된 사이트의 최신 버전의 Google Chrome 브라우저에서 레이아웃, 구성 요소의 크기 및 위치 등이
정상적으로 표시되어야 합니다.

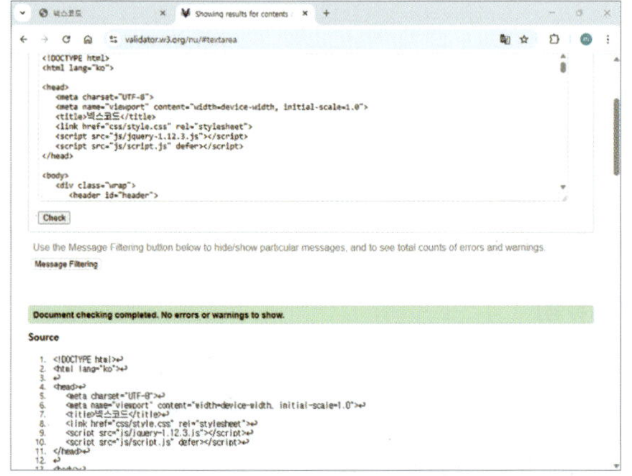

▲ HTML 유효성 검사 – 오류 없음

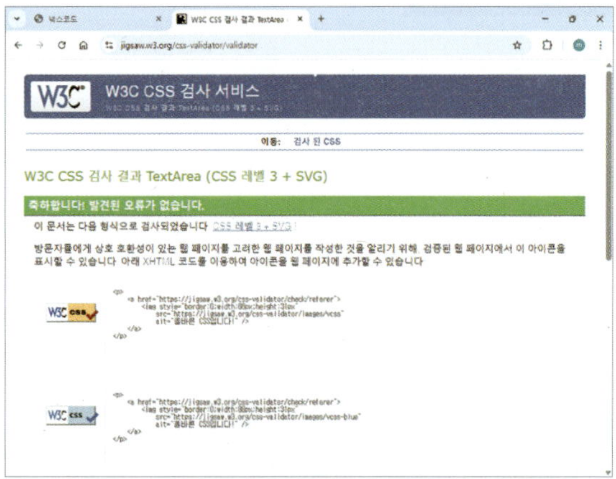

▲ CSS 유효성 검사 – 오류 없음

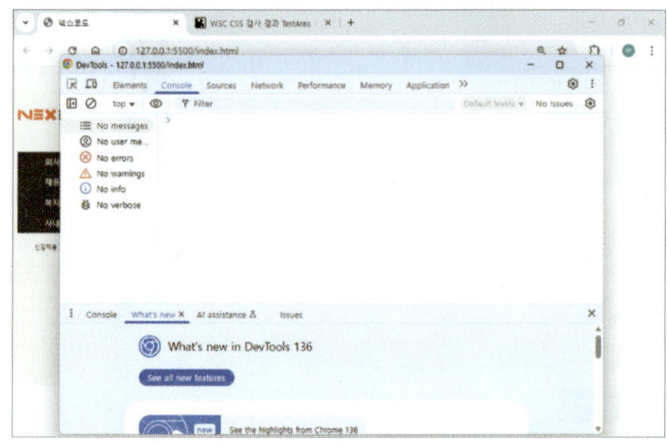

▲ JavaScript와 jQuery의 오류 검사 – 오류 없음

기출 유형 문제 09회

▶ 합격 강의

작업파일 [PART 04 〉 기출유형문제 09회 〉 수험자 제공 파일]을 열어서 작업하세요.

[공개 문제 : F 유형]

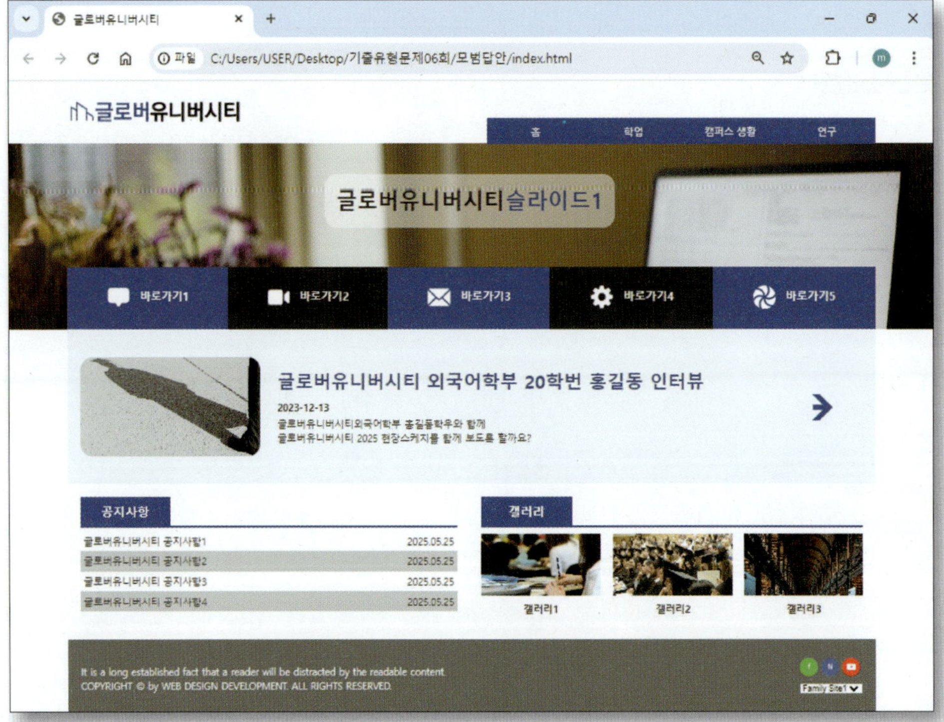

글로버유니버시티 웹사이트 제작

실기시험 문제 가이드

자격종목	웹디자인개발기능사	과제명	글로버유니버시티

※ 시험시간 : 3시간

1. 요구사항

※ 다음 요구사항을 준수하여 주어진 자료(수험자 제공 파일)를 활용하여 시험시간 내에 웹페이지를 제작 후 10MB **용량이 초과되지 않게** 저장 후 제출하시오.

※ 웹페이지 코딩은 **HTML5 기준 웹 표준**을 준수하여야 하며, 요구사항에 지정되지 않는 요소들은 주제 특성에 맞게 자유롭게 디자인하시오.

※ 문제에서 지시하지 않은 와이어프레임 영역 비율, 레이아웃, 텍스트의 글자체/색상/크기, 요소별 크기, 색상 등은 수험자가 과제명(가.주제) 특성에 맞게 자유롭게 디자인하시오.

가. 주제 : 글로버유니버시티 홈페이지 제작

나. 개요

세계에서 유명한 대학교인 「글로벌유니버시티」의 홈페이지를 제작하고자 한다. 학생과 방문객들이 다양한 학과, 강의, 행사, 그리고 캠퍼스 생활에 대한 정보를 얻을 수 있는 웹사이트 제작을 요청하였다. 아래의 요구사항에 따라 메인 페이지를 제작하시오.

다. 제작 내용

01) 메인 페이지를 디자인하고 HTML, CSS, JavaScript 기반의 웹페이지를 제작한다. (이때 jQuery 오픈소스, 이미지, 텍스트 등의 제공된 리소스를 활용하여 제작할 수 있다.)

02) HTML, CSS의 charset은 utf-8로 해야 한다.

03) 컬러 가이드

주조색 (Main color)	보조색 (Sub color)	배경색 (Background color)	기본 텍스트의 색 (Text color)
#1b3b86	#212121	#FFFFFF	#333333

04) 사이트 맵(Site map)

Index page / 메인(Main)				
메인 메뉴(Main menu)	홈	학업	캠퍼스 생활	연구
서브 메뉴 (Sub menu)	대학 소개 최신뉴스 공지사항 캠퍼스 갤러리	학부 프로그램 온라인 강의 학사 일정	기숙사 정보 식당 및 카페 건강 및 복시 캠퍼스 이벤트	연구 센터 연구 프로젝트 교수 연구실 학술지

05) 와이어프레임(Wireframe)

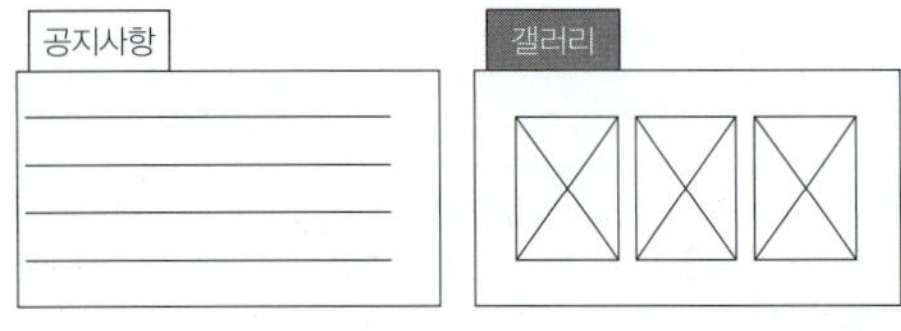

〈공지사항, 갤러리 별도 구성〉

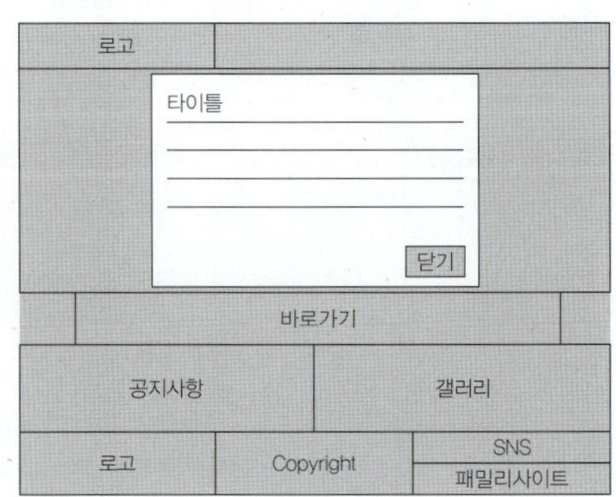

〈모달 레이어 팝업창 구성〉

라. 세부 영역별 지시사항

영역 및 명칭	세부 지시사항
Ⓐ Header	**A.1 로고** ○ 가로세로 300픽셀×60픽셀 크기로 웹사이트의 이미지에 적합한 로고를 직접 디자인하여 삽입한다. ○ 심벌과 로고명이 포함된 완전한 형태로 디자인한다. 로고명은 Header 폴더의 제공된 텍스트 사용한다. **A.2 메뉴 구성** ※ 사이트 구조도를 참고하여 메인 메뉴(Main menu)와 서브 메뉴(Sub menu)로 구성한다. (1) 메인 메뉴(Main menu) 효과 [와이어프레임 참조] ○ 메인 메뉴 중 하나에 마우스를 올리면(Mouse over) 하이라이트 되고, 벗어나면(Mouse out) 하이라이트를 해제한다. ○ 메인 메뉴를 마우스로 올리면(Mouse over) 서브 메뉴 영역이 부드럽게 나타나면서, 서브 메뉴가 보이도록 한다. ○ 메인 메뉴에서 마우스 커서가 벗어나면(Mouse out) 서브 메뉴 영역은 부드럽게 사라져야 한다. (2) 서브 메뉴 영역 효과 ○ 서브 메뉴 영역은 메인 페이지 콘텐츠를 고려하여 배경 색상을 설정한다. ○ 서브 메뉴 중 하나에 마우스를 올리면(Mouse over) 하이라이트 되고 벗어나면(Mouse out) 하이라이트를 해제한다. ○ 마우스 커서가 메뉴 영역을 벗어나면(Mouse out) 서브 메뉴 영역은 부드럽게 사라져야 한다.
Ⓑ Slide	**B. Slide 이미지 제작** ○ [Slide] 폴더에 제공된 3개의 이미지로 제작한다. ○ [Slide] 폴더에 제공된 3개의 텍스트를 각 이미지에 적용하되, 텍스트의 글자체, 굵기, 색상, 크기를 적절하게 설정하여 가독성을 높이고, 독창성이 드러나도록 제작한다. **B. Slide 애니메이션 작업** ※ 위에서 작업한 결과물을 이용하여 슬라이드 작업을 한다. ○ 이미지 슬라이드는 「Fade-in, Fade-out」 효과를 이용하여 제작한다. (하나의 이미지가 서서히 사라지고, 다른 이미지가 서서히 나타나는 효과이다.) ○ 슬라이드는 매 3초 이내로 하나의 이미지에서 다른 이미지로 전환되어야 한다. ○ 웹사이트를 열었을 때 자동으로 시작되어 반복적으로(마지막 이미지가 슬라이드 되면 다시 첫 번째 이미지가 슬라이드 되는 방식) 슬라이드 되어야 한다.
Ⓒ Contents	**C.1 바로가기** ○ Contents 폴더의 제공된 파일을 활용하여 편집 또는 디자인하여 제작한다. **C.2 배너** ○ Contents 폴더의 제공된 파일을 활용하여 편집 또는 디자인하여 제작한다. **C.3 공지사항** ○ 공지사항 타이틀 영역과 콘텐츠 영역을 구분하여 표현해야 한다. ○ 콘텐츠는 Contents 폴더의 제공된 텍스트를 적용하여 제작한다. ○ 공지사항의 첫 번째 콘텐츠를 클릭(Click)할 경우 레이어 팝업창(Layer Pop_up)이 나타나며, 레이어 팝업창 내에 닫기 버튼을 두어서 클릭하면 해당 팝업창이 닫혀야 한다. [와이어프레임 참조] ○ 레이어 팝업의 제목과 내용은 Contents 폴더의 제공된 텍스트 파일을 사용한다. **C.4 갤러리** ○ Contents 폴더의 제공된 이미지 3개를 사용하여 가로 방향으로 배치한다. [와이어프레임 참조] ○ 갤러리의 이미지에 마우스 오버(mouse over) 시 해당 객체의 투명도(Opacity)에 변화가 있어야 한다. ※ 콘텐츠는 HTML 코딩으로 작성해야 하며, 이미지로 삽입하면 안 된다.
Ⓓ Footer	**D. Footer** ○ Footer 폴더의 제공된 텍스트를 사용하여 Copyright, SNS(3개), 패밀리사이트를 제작한다.

<table>
<tr><td>자격종목</td><td>웹디자인개발기능사</td><td>과제명</td><td>글로버유니버시티</td></tr>
</table>

마. 기술적 준수사항

01) 웹페이지 코딩은 HTML5 기준 웹 표준을 준수하여야 하며, HTML 유효성 검사(**W3C validator**)에서 오류('ERROR')가 없도록 코딩하여야 한다.

　※ HTML 유효성 검사 서비스는 시험 시 제공하지 않는다. (인터넷 사용불가)

02) CSS는 별도의 파일로 제작하여 링크하여야 하며, **CSS3 기준(W3C validator)**에서 오류('ERROR')가 없도록 코딩되어야 한다.

03) JavaScript 코드는 별도의 파일로 제작하여 연결하여야 하며 브라우저(Google Chrome)에 내장된 개발도구의 Console 탭에서 오류('ERROR')가 표시되지 않아야 한다.

04) 별도로 지정하지 않은 상호작용이 필요한 모든 콘텐츠(로고, 메뉴, 버튼, 바로가기 등)는 임시 링크(예 : #)를 적용하고 'Tab(Tab)'으로 이동 선택할 수 있어야 한다.

05) 사이트는 다양한 화면 해상도에서 일관성 있는 페이지 레이아웃을 제공해야 한다.

06) 웹 페이지 전체 레이아웃은 Table 태그 사용이 아닌 CSS를 통한 레이아웃 작업으로 해야 한다.

07) 브라우저에서 CSS를 "사용안함"으로 설정한 경우 콘텐츠가 세로로 나열된다.

08) 타이틀 텍스트(Title text), 바디 텍스트(Body text), 메뉴 텍스트(Menu text)의 각 글자체/굵기/색상/크기 등을 적절하게 설정하여 사용자가 텍스트간의 위계질서(Hierarchy)를 직관적으로 알 수 있도록 한다.

09) 모든 이미지에는 이미지에 내한 내체 텍스트를 표현할 수 있는 alt 속성이 있어야 한다.

10) 제작된 사이트 메인페이지의 레이아웃, 구성요소의 크기 및 위치 등은 최신 버전의 **Google Chrome**에서 정상적으로 동작해야 한다.

바. 제출방법

01) 수험자는 비번호로 된 폴더명으로 완성된 작품 파일을 저장하여 제출한다.

02) 폴더 안에는 images, script, css 등의 자료를 분류하여 저장한 폴더도 포함되어 있어야 하며, 메인페이지는 반드시 최상위 폴더에 index.html로 저장하여 제출해야 한다.

03) 수험자는 제출하는 폴더에 index.html을 열었을 때 연결되거나 표시되어야 할 모든 리소스들을 포함하여 제출해야 하며 수험자의 컴퓨터가 아닌 채점위원의 컴퓨터에서 정상 작동해야 한다.

04) 전체 결과물의 용량은 10MB 용량이 초과되지 않게 제출하며 ai, psd 등 웹서비스에 사용하지 않는 파일은 제출하지 않는다.

<table>
<tr><td>자격종목</td><td>웹디자인개발기능사</td><td>과제명</td><td>글로버유니버시티</td></tr>
</table>

2. 수험자 유의사항

※ 다음의 유의사항을 고려하여 요구사항을 완성하시오.

01) 수험자 인적사항 및 답안작성은 반드시 검은색 필기구만 사용하여야 하며, 그 외 연필류, 유색 필기구, 지워지는 펜 등을 사용한 답안은 채점하지 않으며 0점 처리됩니다.

02) 수험에 필요한 소프트웨어 및 참고자료가 하드웨어에 설치되어 있는지 확인 후 작업하시오.

03) 참고자료의 내용 중 오자 및 탈자 등이 있을 때는 수정하여 작업하시오.

04) 지참공구[수험표, 신분증, 필기도구] 이외의 참고자료 및 외부장치(USB, 키보드, 마우스, 이어폰) 등 **어떠한 물품도 시험 중에 지참할 수 없음을 유의하시오.**

　　(단, 시설목록 이외의 정품 소프트웨어(폰트 제외)를 설치하고자 할 때에는 감독위원의 입회하에 설치하여 사용하시오.)

05) 수험자가 컴퓨터 활용 미숙 등으로 인한 시험의 진행이 어렵다고 판단되었을 때는 감독위원은 시험을 중지시키고 실격처리를 할 수 있음을 유의하시오.

06) **바탕화면에 수험자 본인의 '비번호' 이름을 가진 폴더에 완성된 작품의 파일만을 저장하시오.**

07) 모든 작품을 감독위원 또는 채점위원이 검토하여 복사된 작품(동일 작품)이 있을 때에는 관련된 수험자 모두를 부정행위로 처리됨을 유의하시오.

08) 장시간 컴퓨터 작업으로 신체에 무리가 가지 않도록 적절한 몸풀기(스트레칭) 후 작업하시오.

09) **다음 사항에 대해서는 실격에 해당되어 채점 대상에서 제외됩니다.**

　　가) 수험자 본인이 수험 도중 시험에 대한 포기(기권) 의사를 표시하고 포기하는 경우

　　나) 작업범위(용량, 시간)를 초과하거나, 요구사항과 현격히 다른 경우(채점위원이 판단)

　　다) Slide가 JavaScript(jQuery포함), CSS 중 하나 이상의 방법을 이용하여 제작되지 않은 경우

　　　※ 움직이는 Slide를 제작하지 않고 이미지 하나만 배치한 경우도 실격처리 됨

　　라) 수험자 미숙으로 비번호 폴더에 완성된 작품 파일을 저장하지 못했을 경우

　　마) 압축 프로그램을 사용하여 작품을 압축 후 제출한 경우

　　바) 과제기준 20% 이상 완성이 되지 않은 경우(채점위원이 판단)

3. 지급재료 목록

일련 번호	재료명	규격	단위	수량	비고
1	수험자료 USB 메모리	32GB 이상	개	1	시험장당
2	USB 메모리	32GB 이상	개	1	시험장당 1개씩(채점위원용) ※수험자들의 작품 관리

※ 국가기술자격 실기시험 지급재료는 시험종료 후(기권, 결시자 포함) 수험자에게 지급하지 않습니다.

1 STEP　웹 페이지 기본 설정　　　　약 15분

01 HTML5 버전 index.html 만들기

문제를 풀기 전 컴퓨터 바탕화면에 본인에게 부여된 '비번호' 폴더를 생성합니다. '비번호' 폴더 안에 'images', 'css', 'js' 폴더를 각각 생성하고, 주어진 수험자 제공 파일들을 각 폴더에 맞게 정리합니다. 본 교재는 '비번호' 대신 '글로버유니버시티' 폴더 설정 후 작업을 진행합니다.

* 이 책에서는 웹 문서 편집 프로그램으로 Visual Studio Code를 사용합니다.

01 Visual Studio Code를 실행합니다. [시작 화면] – [폴더 열기] 또는 상단 메뉴에서 [파일] – [폴더 열기] 선택합니다.

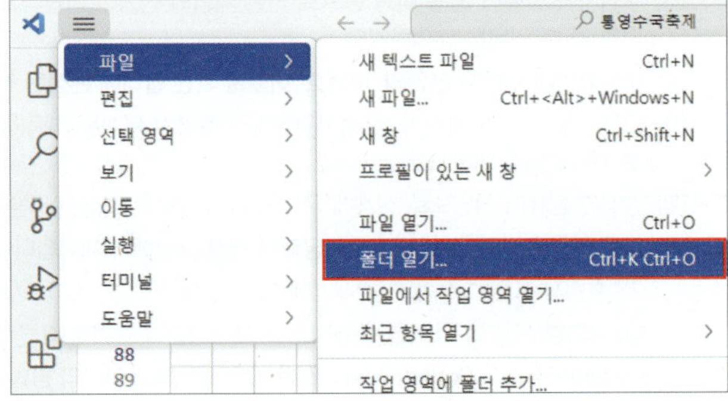

02 바탕화면에 미리 생성해 둔 '글로버유니버시티' 폴더를 선택합니다.

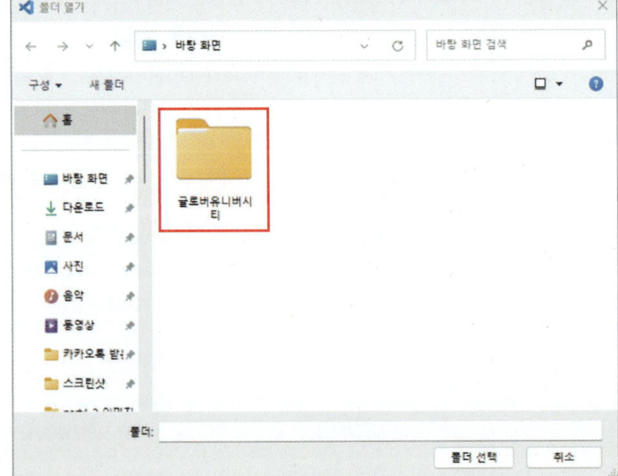

03 Visual Studio Code 좌측 탐색기 아이콘을 선택하여 탐색기 패널을 활성화합니다. 탐색기 패널에는 미리 만들어 놓은 'images', 'css', 'js' 폴더가 있습니다.

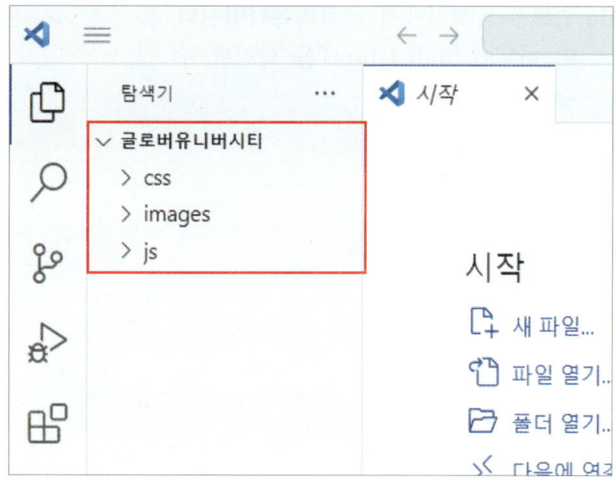

04 탐색기 패널에서 '새 파일' 아이콘을 선택하면, '글로버유니버시티' 폴더 하위에 새 파일이 생성됩니다.

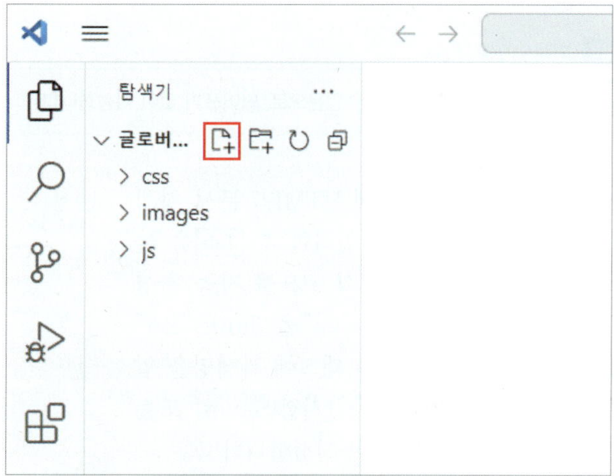

05 파일명을 'index.html'로 변경한 후 Enter 를 누르면, 우측 코드 창에 'index.html' 문서가 활성화됩니다.

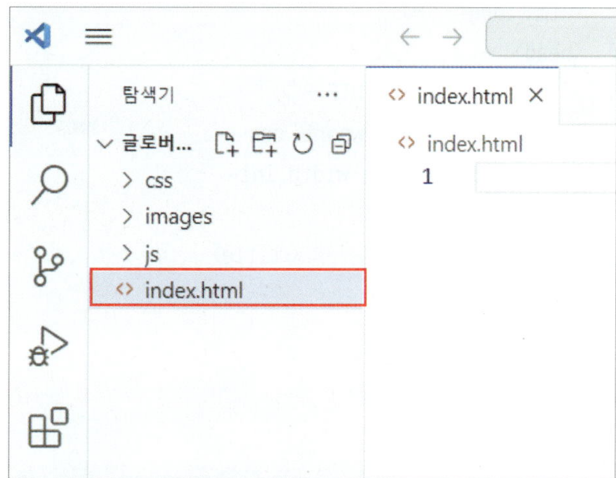

06 윈도우 탐색기에서 '글로버유니버시티' 폴더 하위에 'index.html'을 확인할 수 있습니다.

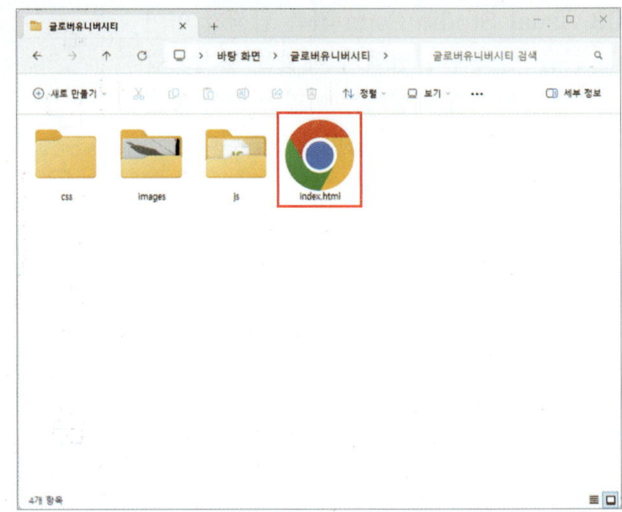

모든 작업 폴더와 파일 이름은 영문으로, 띄어쓰기 없이 작성합니다.

---

07 'index.html' 문서에 HTML5 문서 형식을 작성하거나 '!'를 입력한 후 `Tab`을 눌러 HTML5 문서 형식 코드를 자동 완성합니다. 이때 'lang="en"'을 'lang="ko"'로 변경하고, 〈title〉 태그에 과제명을 입력 후 [파일(File)] – [저장(Save)] 또는 `Ctrl`+`S`를 선택하여 저장합니다.

〈!DOCTYPE html〉
〈html lang="ko"〉
〈head〉
　　〈meta charset="UTF-8"〉
　　〈meta name="viewport" content="width=device-width, initial-scale=1.0"〉
　　〈title〉글로버유니버시티〈/title〉
〈/head〉
〈body〉
〈/body〉
〈/html〉

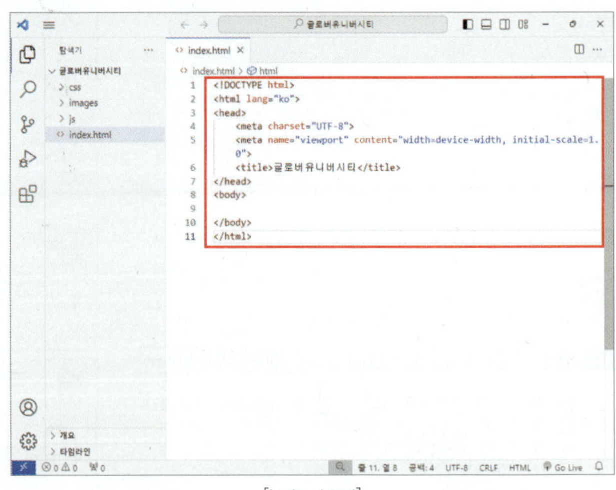

[index.html]

02 CSS 문서 만들기

작업을 시작하기 전, 실수를 줄이기 위해 미리 CSS 문서를 만듭니다.

01 탐색기 패널에 미리 만들어 놓은 'css' 폴더 선택 후 '새 파일' 아이콘을 선택하면 'css' 폴더 하위에 새 파일이 생성됩니다.

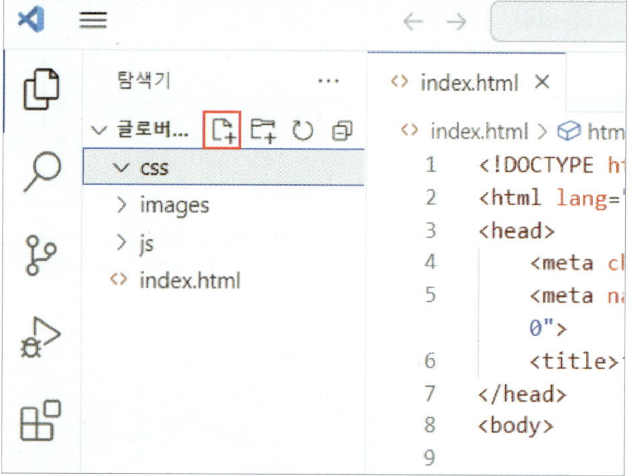

02 새 파일의 파일명을 'style.css'로 변경한 후 Enter 를 누르면, 우측 코드 창에 'style. css' 문서가 활성화된 것을 확인할 수 있습니다.

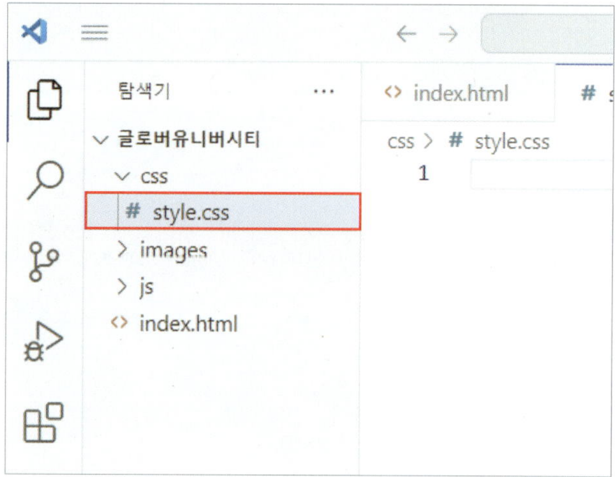

03 'style.css' 문서에 문자 인코딩 방식을 지정하는 '@charset "utf-8";' 입력 후 리셋 CSS를 입력하고, [파일(File)] – [저장(Save)] 또는 Ctrl + S 를 선택하여 저장합니다.

```css
@charset "utf-8";
*{
    margin:0;
    padding:0;
    box-sizing:border-box;
}
li{
    list-style:none;
}
a{
    text-decoration:none;
    color:inherit;
}
img{
    vertical-align:top;
    max-width:100%;
}
button{
    cursor:pointer;
}
body{
    background:#369;
    color:#333
}
```

```css
1   @charset "utf-8";
2   /*기본 CSS 리셋*/
3   * {
4     margin: 0; /*기본 상하좌우 여백값 0으로 설정*/
5     padding: 0; /*기본 상하좌우 패딩값 0으로 설정*/
6     box-sizing: border-box; /* 패딩과 테두리를 포함하여 요소의 너비를 유지 */
7   }
8   li {
9     list-style: none; /* 목록 항목의 불릿을 숨김 */
10  }
11  a {
12    text-decoration: none; /* 링크의 밑줄을 제거 */
13    color: inherit; /* 링크의 글자 색상을 부모 요소로부터 상속받음 */
14  }
15  img {
16    vertical-align: top; /* 이미지의 아래쪽 여백을 제거하고, 상단 정렬 */
17    max-width: 100%; /* 이미지를 부모 요소의 너비에 맞춤 (이미지가 깨지지 않도록) */
18  }
19  button {
20    cursor: pointer; /* 버튼을 손가락 커서로 표시 */
21  }
22  body {
23    background: #369; /*배경색 #369표시*/
24    color: #333
25  }
```

[style.css]

> 요소 TIP
> - 리셋 CSS는 모든 요소의 기본 스타일을 제거하기 위해 리셋 CSS를 작성
> - * : 모든 HTML 요소 선택자로, 공통 스타일을 적용 시 사용
> - box-sizing:border-box : 요소의 패딩과 테두리를 포함하여 요소의 너비 설정
> - list-style:none : 목록 리스트의 불릿 숨김
> - text-decoration:none : 〈a〉의 밑줄 제거
> - color:inherit : 〈a〉는 글자 색을 상속받을 수 없으므로 글자 색상을 부모 요소로부터 상속받을 수 있게 설정
> - vertical-align:top : 〈img〉를 부모 요소 상단에 정렬
> - max-width:100% : 본래 이미지 크기보다 커지지 않으며, 부모 요소의 너비를 초과하지 않도록 설정
> - cursor:pointer : 요소 위 마우스 포인터를 올렸을 때 커서 모양을 손가락 모양으로 변경
> - color : '#333'은 16진수 표기법으로 'color:#333333'과 같은 색상을 나타내며, '#333'은 각 자리 숫자가 2번 반복된 6자리 값과 동일(예 'color:#f00' → 'color:#ff0000' 빨간색)

🔵03 Script 문서 만들기

작업을 시작하기 전, 실수를 줄이기 위해 미리 Script 문서를 만듭니다.

01 수험자 제공 파일인 제이쿼리 라이브러리 파일 'jquery-1.12.3.js'를 '글로버유니버 시티' 하위 폴더의 'js' 폴더로 이동해 둡니다.

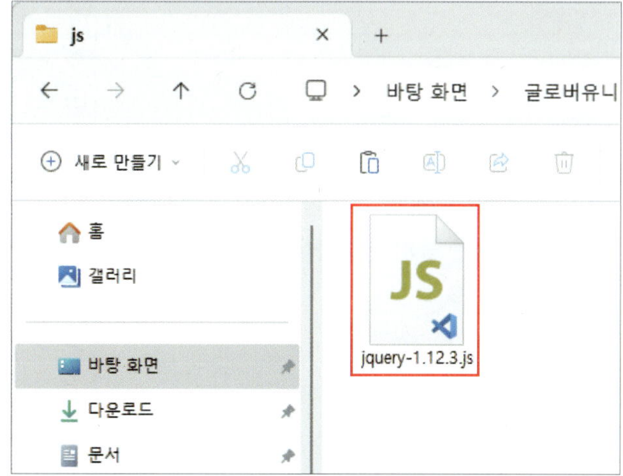

02 Visual Studio Code 탐색기 패널의 'js' 폴더 선택 후 '새 파일' 아이콘을 선택하면 하위에 새 파일이 생성됩니다.

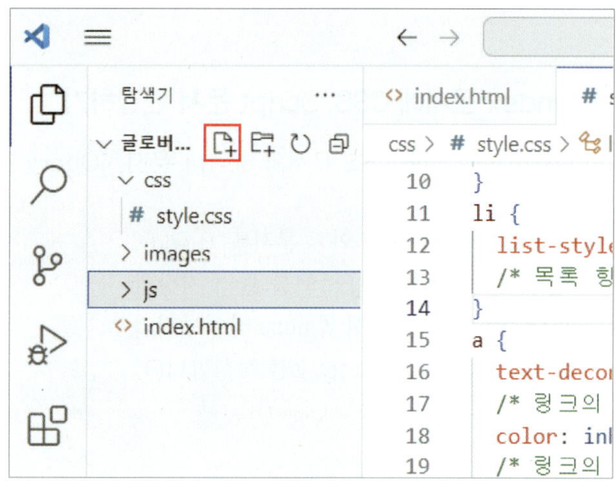

03 새 파일의 파일명을 'script.js'로 변경한 후 Enter 를 누르면, 우측 코드 창에 'script. js' 문서가 활성화된 것을 확인할 수 있습니다.

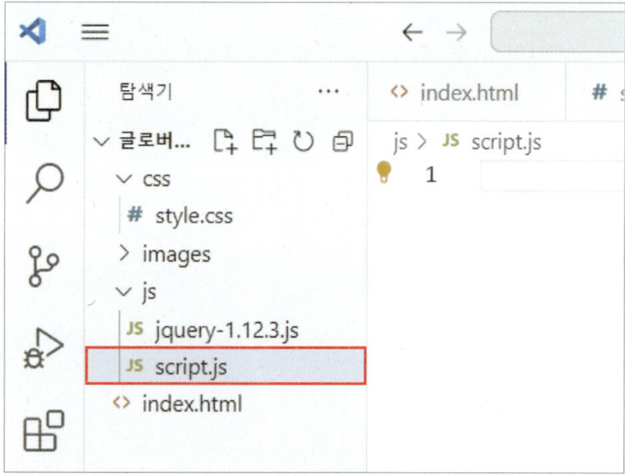

04 'script.js' 문서에 '$(function(){...})'을 입력합니다.

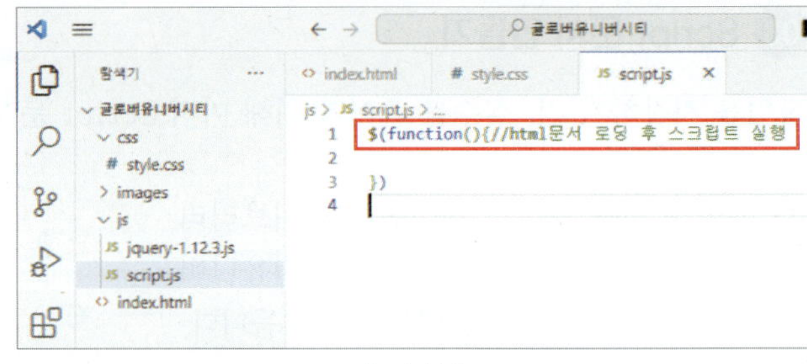

[script.js]

05 {...}(중괄호) 안 'alert("경고")'를 입력 후 [Ctrl] + [S]를 눌러 저장합니다.

```
$(function(){
    alert("경고");
})
```

[script.js]

04 index 문서에 CSS, Script 문서 연결하기

'index.html'문서에 CSS 문서와 Script 문서, jQuery 라이브러리를 연결합니다.

01 'index.html'에서 css와 js 문서를 '<head>' 태그 내 연결 후 [Ctrl] + [S]를 눌러 저장합니다. js 문서 연결 시 jQuery 라이브러리를 먼저 작성하고, script.js를 작성합니다.

```html
<link href="css/style.css" rel=
"stylesheet">
<script src="js/jquery-1.12.3.js">
</script>
<script src="js/script.js"></script>
```

```html
1   <!DOCTYPE html>
2   <html lang="ko">
3   <head>
4       <meta charset="UTF-8">
5       <meta name="viewport" content="width=device-width, initial-scale=1.0">
6       <title>글로벌유니버시티</title>
7       <link href="css/style.css" rel="stylesheet"><!-- CSS 연결 -->
8       <script src="js/jquery-1.12.3.js"></script><!-- jQuery 라이브러리 연결 -->
9       <script src="js/script.js"></script><!-- jQuery 연결 -->
10  </head>
11  <body>
12
13  </body>
14  </html>
```

[index.html]

02 Visual Studio Code에 'index.html' 문서가 활성화된 상태에서 상태표시줄에 Go Live를 선택하여 웹 브라우저인 '크롬(Chrome)'으로 확인합니다.

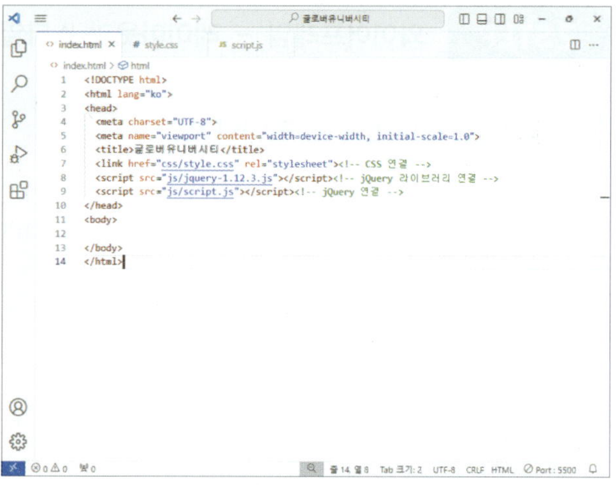

[index.html]

03 웹 브라우저의 배경색 '#369'와 경고창이 뜬다면 CSS와 Script 문서가 잘 연결된 것입니다. 확인 후 'style.css'에서 body 색상을 '#fff'로 변경하고 'script.js' 문서에서 경고창 스크립트를 삭제합니다.

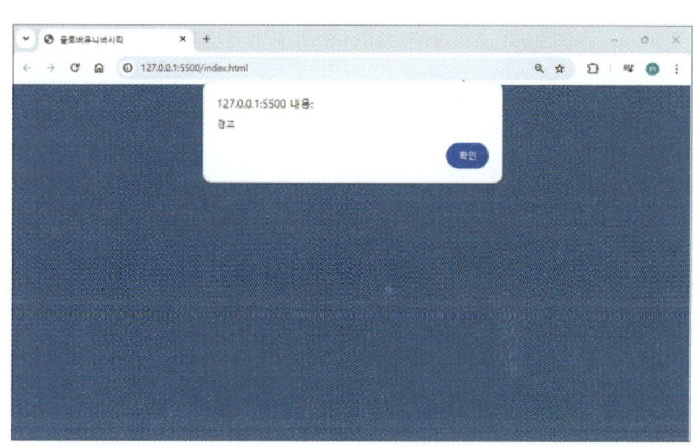

```css
22  body {
23      background: □#fff; /*배경색 #fff 표시 - 요구사항정의서*/
24      color: ■#333;/*글자색 #333 표시 - 요구사항정의서*/
25  }
```

[style.css]

[script.js]

Go Live가 설치되지 않았을 때 바탕화면에서 '글로버유니버시티' 폴더의 하위 파일 'index.html' 문서를 웹 브라우저인 '크롬(Chrome)'으로 열어 작업 결과를 확인할 수 있습니다.

01 레이아웃 HTML 구조 작업하기

요구사항정의서에 있는 와이어프레임을 바탕으로 주어진 콘텐츠와 수치를 파악하여 레이아웃을 제작합니다. 문제에서 지시하지 않은 부분은 자유롭게 설정합니다.

01 먼저, 요구사항정의서의 와이어프레임을 보면서 HTML로 영역을 구분하는 코드를 작성합니다. 다음과 같이 작성하고 [파일(File)] – [저장(Save)] 또는 Ctrl + S 를 선택하여 저장합니다.

```html
<div class="wrap">
    <header>
        헤더영역
    </header>
    <section class="slide">
        슬라이드영역
    </section>
    <div class="contents">
        <article class="go">
            바로가기영역
        </article>
        <article class="banner">
            배너영역
        </article>
        <article class="board">
            <div class="notice">
                공지사항영역
            </div>
            <div class="gall">
                갤러리영역
            </div>
        </article>
    </div>
    <footer>
        푸터영역
    </footer>
</div>
```

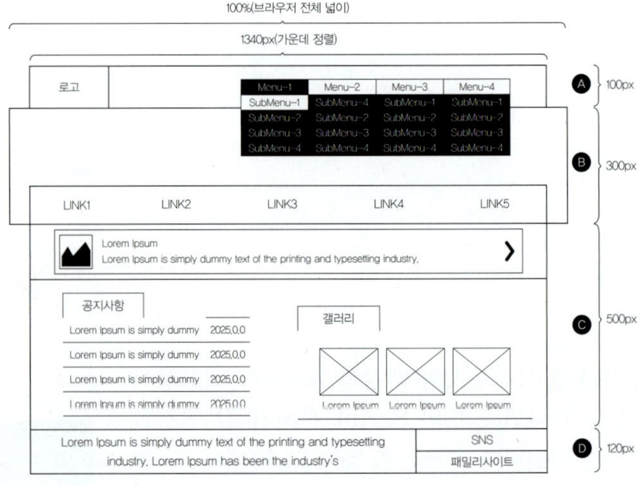


```html
1   <!DOCTYPE html>
2   <html lang="ko">
3   <head>
4     <meta charset="UTF-8">
5     <meta name="viewport" content="width=device-width, initial-scale=1.0">
6     <title>글로벌유니버시티</title>
7     <link href="css/style.css" rel="stylesheet"><!-- CSS 연결 -->
8     <script src="js/jquery-1.12.3.js"></script><!-- jQuery 라이브러리 연결 -->
9     <script src="js/script.js"></script><!-- jQuery 연결 -->
10  </head>
11  <body>
12    <div class="wrap">
13      <header>
14        헤더영역
15      </header>
16      <section class="slide">
17        슬라이드영역
18      </section>
19      <div class="contents"><!--contents영역-->
20        <article class="go">
21          바로가기영역
22        </article>
23        <article class="banner">
24          배너영역
25        </article>
26        <article class="board">
27          <div class="notice"><!--notice영역-->
28            공지사항영역
29          </div><!--//notice 닫은 영역-->
30          <div class="gall"><!--gall영역-->
31            갤러리영역
32          </div>
33        </article><!--//gall 닫은 영역-->
34      </div><!--//contents 닫은 영역-->
35      <footer>
36        푸터영역
37      </footer>
38    </div>
39  </body>
40  </html>
```

[index.html]

• HTML 주석은 〈!--로 시작하고 --〉로 끝납니다.
• 홈페이지 구조화 작업 시 시맨틱태그를 사용했으나, 다른 태그로 변경할 수 있습니다.
• 클래스 명은 각 영역에 맞게 설정했으나, 원하는 이름으로 변경할 수 있습니다.

• class : 태그의 속성으로 각 태그의 이름을 지정하여 스타일을 적용하기 위해 사용되는 속성
• 〈div class="wrap"〉 : 전체를 감싸는 영역
• 〈header〉 : 웹 페이지 머리글 영역으로 로고와 메뉴를 포함하는 영역
• 〈section class="slide"〉 : 독립적인 주제를 가진 영역으로 슬라이드를 감싸는 영역
• 〈div class="contents"〉 : 바로가기, 배너, 공지사항, 갤러리를 감싸는 영역
• 〈article〉 : 독립적으로 구분할 수 있는 콘텐츠 영역으로 바로가기, 배너, 게시판을 각각 감싸는 영역
• 〈footer〉 : 웹 페이지의 바닥글 영역으로 하단 로고, 저작권, 패밀리사이트, SNS 등 포함하는 영역

02 'index.html' 문서가 활성화된 상태에서 상태표시줄에 Go Live를 선택하여 웹 브라우저인 '크롬(Chrome)'으로 작업 결과를 확인합니다.

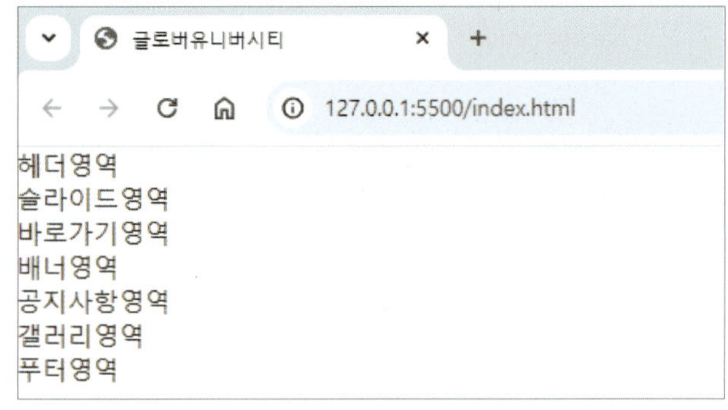

HTML 구조를 기반으로 CSS 스타일을 적용하여, 요구사항정의서에 제시된 와이어프레임 레이아웃을 제작합니다.

01 'style.css' 문서에서 HTML 구조에 맞게 레이아웃 스타일을 'body' 스타일 다음 줄에 다음과 같이 입력하고, [파일(File)] − [저장(Save)] 또는 Ctrl + S 를 선택하여 저장합니다.

```css
header {
    width:1340px;
    margin:auto;
    height:100px;
    background:#f45750;
}
.slide {
    background:#40b0f9;
    height:300px;
}
.contents {
    width:1340px;
    margin:auto;
    position:relative;
}
.go {
    height:100px;
    background:#00d2a5;
    position:absolute;
    top:-100px;
    left:0;
    width:100%;
}
.banner {
    height:250px;
    background:#f4f8fb;
}
.board {
    height:250px;
    display:flex;
}
```

```css
26  header {
27    width:1340px;
28    margin:auto;
29    height:100px;
30    background:#f45750;
31  }
32  .slide {
33    background:#40b0f9;
34    height:300px;
35  }
36  .contents {
37    width:1340px;
38    margin:auto;
39    position:relative;
40  }
41  .go {
42    height:100px;
43    background:#00d2a5;
44    position:absolute;
45    top:-100px;
46    left:0;
47    width:100%;
48  }
49  .banner {
50    height:250px;
51    background:#f4f8fb;
52  }
53  .board {
54    height:250px;
55    display:flex;
56  }
57  .board div {
58    width:50%;
59  }
60  .board .gall {
61    background:#ff884d;
62  }
63  footer {
64    width:1340px;
65    height:120px;
66    margin:auto;
67    background:#666;
68  }
```

[style.css]

```css
.board div {
    width:50%;
}
.board .gall {
    background:#ff884d;
}
footer {
    width:1340px;
    height:120px;
    margin:auto;
    background:#666;
}
```


- 배경색은 영역을 확인하기 위해 넣으므로 임의 색상을 입력하여 확인 후 삭제합니다.
- CSS 작성 시 속성의 순서는 필수적으로 지켜야 하는 규칙은 없지만, 가독성과 유지보수를 위해 일관된 순서를 유지하는 것이 좋습니다.
- CSS는 선택자가 구체적으로 작성된 순서에 따라 우선적으로 적용됩니다.
  [참고하기] PART 02 – SECTION 02 CSS 기본 다지기

💬 **요소** TIP

- **header** : 〈header〉의 선택자로 헤더 영역이 수평 중앙에 올 수 있도록 스타일 지정
  - **margin:auto** : 콘텐츠(블록 요소)를 수평 중앙에 배치할 때 사용(너비 값 필수)
  - **width:1340px** : 요구사항정의서에 표시된 너비 값
- **.contents** : 〈div class="contents"〉 신택자로 바로가기, 배너, 공지사항, 갤러리 영역을 전체 감싸는 킨테이너 억할
  - **margin:auto** : 콘텐츠(블록 요소)를 수평 중앙에 배치할 때 사용(너비 값 필수)
- **.go** : 〈article class="go"〉의 선택자로 바로가기 영역 스타일 지정
  - **position:absolute** : 공중에 띄워 상위 요소(.contents)에 기준을 설정하여 절대 위치로 지정
  - **top:-100px** : 기준 요소(.contents)의 상단에서부터 음수(위쪽으로) 100픽셀 배치
  - **width:100%** : 기준 요소(.contents)의 영역만큼 너비를 100% 설정
- **.board** : 〈article class="board"〉 선택자로 공지사항, 갤러리는 감싸는 역할
  - **display:flex** : 〈article class="board"〉를 플렉스 컨테이너로 설정하여, 자식 요소(〈div〉)들을 수평으로 나열. 이때 자식 요소는 부모 요소의 높이만큼 stretch 되어 들어가므로 부모 요소에 높이 값이 있는 것이 유리
- **.board div** : 〈article class="board"〉의 하위 요소 〈div〉 지정
  - **width:50%** : 부모 요소(〈article class="board"〉) 너비의 50% 설정

02 'index.html' 문서가 활성화된 상태에서 상태표시줄에 Go Live를 선택하여 웹 브라우저인 '크롬(Chrome)'으로 작업 결과를 확인합니다.

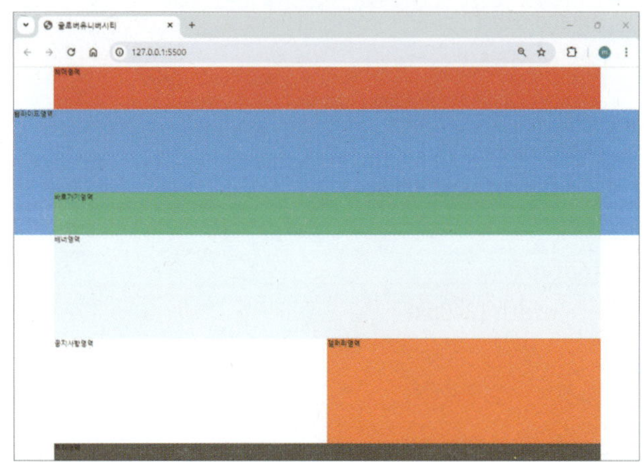

3 STEP　　세부 영역별 지시사항 − Ⓐ Header 영역　　　약 30분

01 로고 제작하기

세부 지시사항의 A.1 로고를 제작합니다. 가로 300px, 세로 60px 크기의 로고를 직접 디자인합니다. 로고의 형태는 심볼이 있는 타입으로 Header 폴더의 제공된 텍스트를 사용하여 제작합니다.

01 로고 제작을 위해 일러스트레이터를 실행 후 [파일(File)] − [새로 만들기(New)] 또는 Ctrl + N 을 눌러, '새로운 문서 만들기'를 합니다. 새로운 문서 만들기 대화상자에서 '만들기(Create)'를 선택합니다.

　– 폭(Width) : 300px
　– 높이(Height) : 60px
　– 색상 모드(Color Mode) : RGB 색상
　– 래스터 효과(Raster Effects) : 스크린(72ppi)

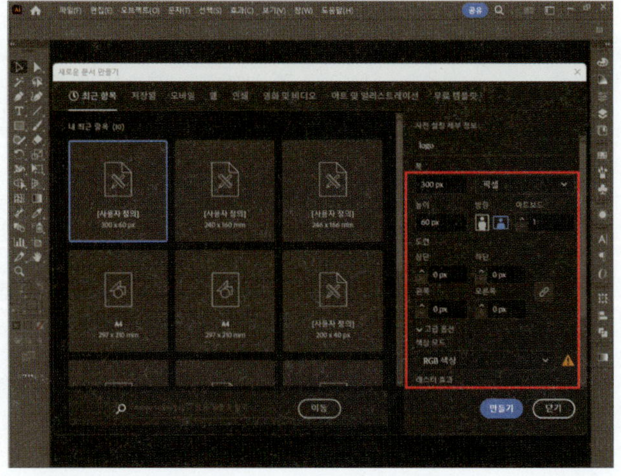

02 도구 상자에서 문자 도구(T)를 선택한 후, 대지(Artboard)를 클릭하여 '글로버 유니버시티'를 입력하고 Esc 를 눌러 입력을 완료합니다.

- 서체(Character) : KoPob돋움체 Bold
- 글자 크기 : 35pt
- 칠 색상 : #000000

03 글자 객체를 수정하려면, 더블 클릭하여 편집 모드로 들어갑니다. '글로버'를 블록 선택한 다음, 칠 색상을 '#1b3b86'으로 변경하고 선택 도구(▷)를 눌러 위치를 이동합니다.

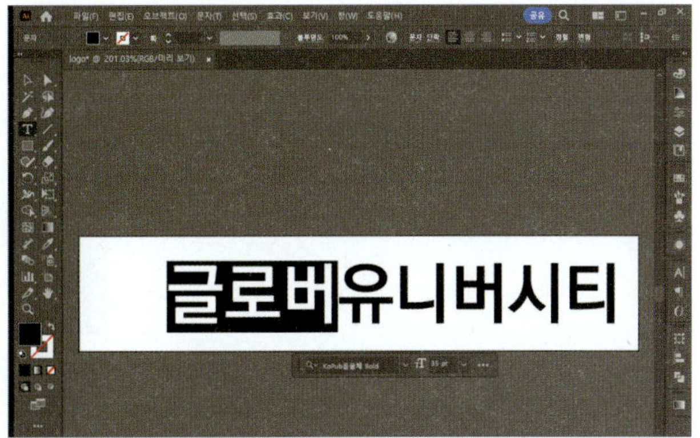

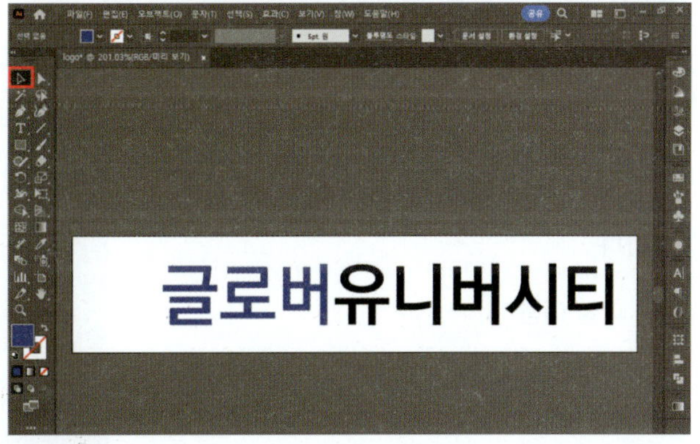

04 심볼을 만들기 위해 펜 도구(✎)를 선택하고, 칠과 선 교체를 선택 후 가운데 건물부터 그립니다. 펜 도구로 대지를 클릭하여 포인트를 만들고, 다음 포인트를 클릭하면 직선이 연결됩니다. 작업이 끝나면 Esc 나 Enter 를 눌러 마무리합니다.

05 펜 도구로 그린 건물을 선택 도구로 선택한 후, Alt 를 누른 상태에서 드래그 앤 드롭하면 해당 오브젝트가 복제됩니다. 만약 그린 건물을 수정하려면 직접 선택 도구(▶)를 사용하여 오브젝트의 포인트를 선택하고 수정할 수 있습니다.

06 심볼을 전체 잡은 상태에서 상단 컨트롤 패널의 획(Stroke)을 '2pt'로 수정합니다.

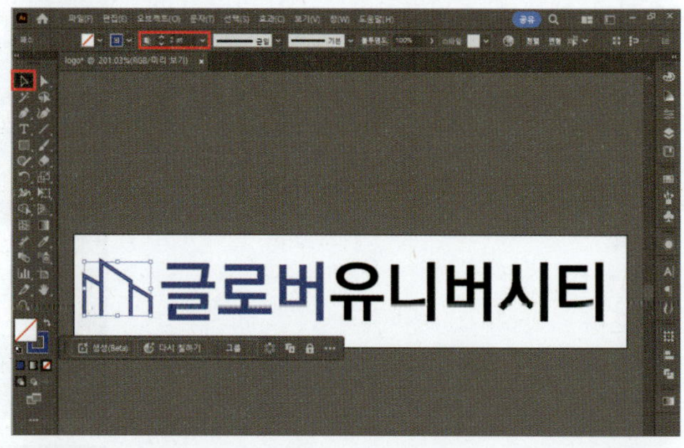

07 작업이 완료되면 [파일(File)] – [내보내기(Export)] – [웹용으로 저장(Save for Web)]을 선택하여 파일 형식을 'PNG-24'로 설정한 후, 'images' 폴더에 저장합니다.

　– 파일 이름 : logo.png

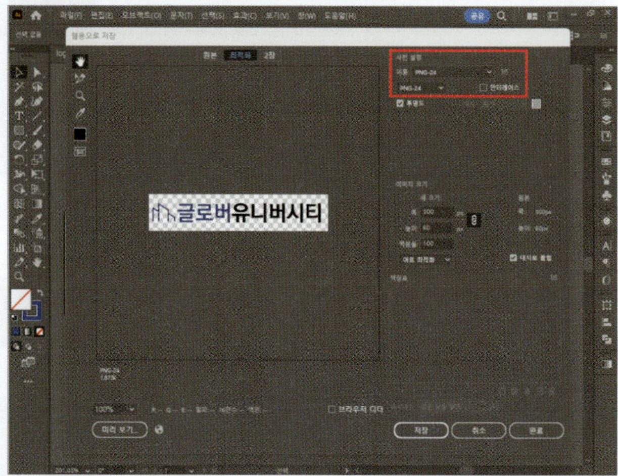

세부 지시사항의 A.1 로고를 문서에 추가합니다.

01 Visual studio code에 'index.html' 문서를 열어, '⟨header⟩' 영역 안 글자를 지우고 다음과 같이 작성합니다.

```
⟨h1⟩
    ⟨a href="#"⟩
        ⟨img src="images/logo.png" alt=
"글로버유니버시티"⟩
    ⟨/a⟩
⟨/h1⟩
```

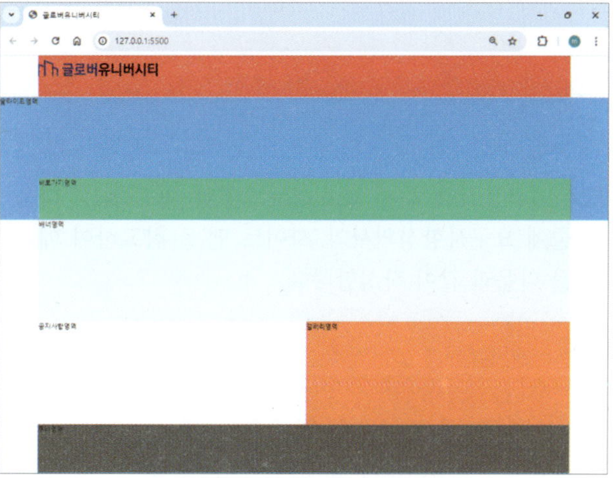

[index.html]

02 문서 저장 후 'index.html' 문서가 활성화된 상태에서 상태표시줄에 Go Live를 선택 또는 윈도우 탐색기에서 'index.html'을 웹 브라우저인 '크롬(Chrome)'으로 작업 결과를 확인합니다.

03 헤더 영역 메뉴 작업하기

세부 지시사항의 A.2 메뉴를 구성합니다. 사이트 맵과 구조도를 참고하여 메인 메뉴(Main menu)와 서브 메뉴(Sub menu)를 구성합니다.

01 요구사항정의서의 와이어프레임 메뉴 형태를 확인합니다.

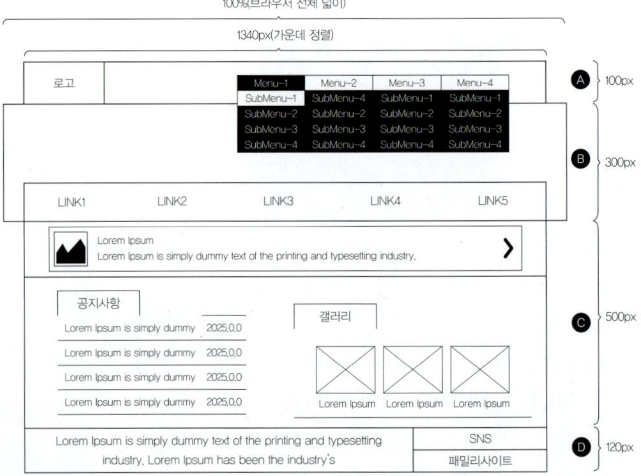

02 'index.html' 문서 <header> 영역 내 '</h1>' 다음 줄에 요구사항정의서의 '사이트 맵'을 참고하여 메뉴를 다음과 같이 작성합니다.

```html
<nav>
    <ul>
        <li>
            <a href="#">홈</a>
            <ul class="sub">
                <li><a href="#">대학 소개</a></li>
                <li><a href="#">최신 뉴스</a></li>
                <li><a href="#">공지사항</a></li>
                <li><a href="#">캠퍼스 갤러리</a></li>
            </ul>
        </li>
        <li>
            <a href="#">학업</a>
            <ul class="sub">
                <li><a href="#">학부 프로그램</a></li>
                <li><a href="#">온라인 강의</a></li>
                <li><a href="#">학사 일정</a></li>
            </ul>
        </li>
        <li>
```

```html
13    <header>
14      <h1>
15        <a href="#">
16          <img src="images/logo.png" alt="글로버유니버시티">
17        </a>
18      </h1>
19      <nav>
20        <ul>
21          <li>
22            <a href="#">홈</a>
23            <ul class="sub">
24              <li><a href="#">대학 소개</a></li>
25              <li><a href="#">최신 뉴스</a></li>
26              <li><a href="#">공지사항</a></li>
27              <li><a href="#">캠퍼스 갤러리</a></li>
28            </ul>
29          </li>
30          <li>
31            <a href="#">학업</a>
32            <ul class="sub">
33              <li><a href="#">학부 프로그램</a></li>
34              <li><a href="#">온라인 강의</a></li>
35              <li><a href="#">학사 일정</a></li>
36            </ul>
37          </li>
38          <li>
39            <a href="#">캠퍼스 생활</a>
40            <ul class="sub">
41              <li><a href="#">기숙사 정보</a></li>
42              <li><a href="#">식당 및 카페</a></li>
43              <li><a href="#">건강 및 복지</a></li>
44              <li><a href="#">캠퍼스 이벤트</a></li>
45            </ul>
46          </li>
47          <li>
48            <a href="#">연구</a>
49            <ul class="sub">
50              <li><a href="#">연구 센터</a></li>
51              <li><a href="#">연구 프로젝트</a></li>
52              <li><a href="#">교수 연구실</a></li>
53              <li><a href="#">학술지</a></li>
54            </ul>
55          </li>
56        </ul>
57      </nav>
58    </header>
```

[index.html]

```html
            <a href="#">캠퍼스 생활</a>
            <ul class="sub">
                <li><a href="#">기숙사 정보</a></li>
                <li><a href="#">식당 및 카페</a></li>
                <li><a href="#">건강 및 복지</a></li>
                <li><a href="#">캠퍼스 이벤트</a></li>
            </ul>
        </li>
        <li>
            <a href="#">연구</a>
            <ul class="sub">
                <li><a href="#">연구 센터</a></li>
                <li><a href="#">연구 프로젝트</a></li>
                <li><a href="#">교수 연구실</a></li>
                <li><a href="#">학술지</a></li>
            </ul>
        </li>
    </ul>
</nav>
```


- 메뉴 작업 시 〈nav〉로 감싼 후, 순서가 없는 목록 태그인 〈ul〉, 〈li〉로 작업합니다.
- 중첩목록 작업 시 쌍으로 올바르게 중첩되어야 하며, 태그가 제대로 닫혀야 합니다.
- 서브 메뉴 〈ul〉 요소에 클래스 명 'sub'로 설정합니다.

〈a href="#"〉 : 임시 링크 추가(기술적 준수사항)

04 헤더 영역 스타일 작업하기

헤더 영역의 로고를 배치하고, 메인 메뉴(Main menu)에 마우스를 올리면(Mouse over) 하이라이트 되며, 벗어나면(Mouse out) 하이라이트가 해제됩니다. 또한, 서브 메뉴 중 하나에 마우스를 올리면 하이라이트 되고, 벗어나면 하이라이트가 해제됩니다.

01 먼저 'style.css' 문서를 활성화하여 'header'에 기존 배경색을 삭제하고, 다음과 같이 작성합니다.

```css
header {
    width:1340px;
    margin:auto;
    height:100px;
    padding-top:20px;
}
```

```
36    header {
37        width:1340px;
38        margin:auto;
39        height:100px;
40        padding-top:20px;
41    }
```
[style.css]

02 'header' 스타일 다음 줄에 메뉴를 공중에 띄워 서브 메뉴가 슬라이드 위에 펼쳐질 수 있도록 다음과 같이 작성합니다.

```css
header {
    width:1340px;
    margin:auto;
    height:100px;
    padding-top:20px;
    position:relative;
}
nav {
    position:absolute;
    top:60px;
    right:0;
    z-index:10;
}
```

```
36    header {
37        width:1340px;
38        margin:auto;
39        height:100px;
40        padding-top:20px;
41        position:relative;
42    }
43    nav {
44        position:absolute;
45        top:60px;
46        right:0;
47        z-index:10;
48    }
```
[style.css]

CSS 작성 시 CSS 속성의 순서는 필수적으로 지켜야 하는 규칙은 없지만, 가독성과 유지보수를 위해 일관된 순서를 유지하는 것이 좋습니다.

💬 **요소** TIP

- **header** : 〈header〉의 선택자로 헤더 영역 스타일 지정
  - **position:relative** : 공중에 띄운 〈nav〉의 기준 역할
  - **padding-top:20px** : 위쪽 내부 여백 20픽셀 설정하여 로고를 아래로 이동
  - **margin:auto** : 콘텐츠(블록 요소)를 중앙에 배치할 때 사용(너비 값 필수)
- **nav** : 〈nav〉 선택자로 메뉴 스타일 지정
  - **position:absolute** : 공중에 띄워 상위 요소(header)에 기준 설정 후, 절대 위치로 지정
  - **top:60px** : 기준 요소(〈header〉)의 상단에서부터 60픽셀 아래로 배치
  - **right:0** : 기준 요소(〈header〉)의 오른쪽에 배치
  - **z-index** : position 속성으로 설정된 요소에 쌓이는 순서를 결정할 수 있으며 순서가 클수록 위로 쌓임

03 메인 메뉴가 나란히 나올 수 있도록 'nav' 스타일 다음 줄에 작성합니다.

nav>ul{

    display:flex;

}

```
43    nav {
44        position:absolute;
45        top:60px;
46        right:0;
47        z-index:10;
48    }
49    nav>ul{
50        display:flex;
51    }
```

[style.css]

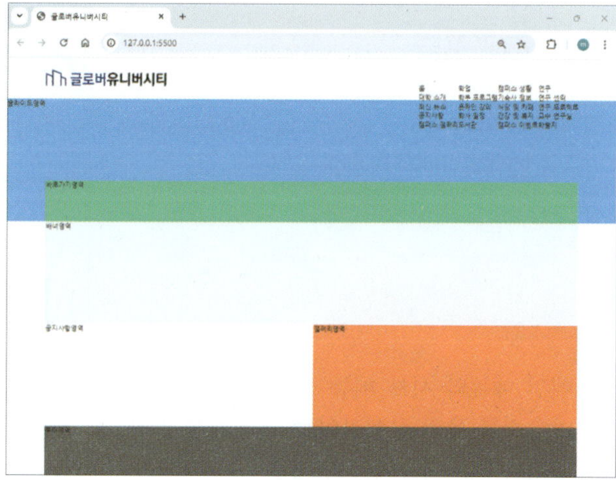

04 메뉴의 클릭할 수 있는 영역은 'nav>ul'
스타일 다음 줄에 다음과 같이 작성합니다.

```css
nav>ul>li>a {
    background:#1b3b86;
    color:#fff;
    padding:10px 0;
    display:block;
    width:160px;
    text-align:center;
}
nav>ul>li:hover>a {
    background:#212121;
}
.sub {
    height:125px;
    background:#212121;
}
.sub a {
    background:#212121;
    display:block;
    padding:5px;
    text-align:center;
    color:#fff;
}
.sub a:hover {
    background:#1b3b86;
}
```

```css
44  nav>ul>li>a {
45    background: #1b3b86;
46    color: #fff;
47    padding: 10px 0;
48    display: block;
49    width: 160px;
50    text-align: center;
51  }
52  nav>ul>li:hover>a {
53    background: #212121;
54  }
55  .sub {
56    height: 125px;
57    background: #212121;
58  }
59  .sub a {
60    background: #212121;
61    display: block;
62    padding: 5px;
63    text-align: center;
64    color: #fff;
65  }
66  .sub a:hover {
67    background: #1b3b86;
68  }
```

[style.css]

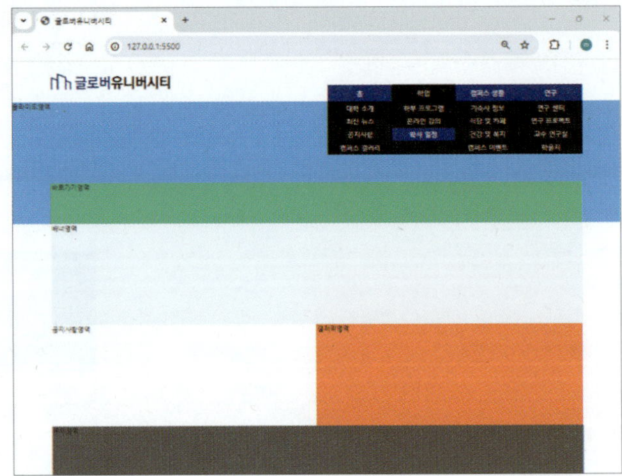

05 메인 메뉴와 서브 메뉴 스타일을 확인 후
마우스를 올려 하이라이트 효과까지 확인
합니다. 잘 적용이 되었다면 '.sub'를 찾
아 서브 메뉴를 숨겨줍니다.

```css
.sub {
    height:125px;
    background:#212121;
    display:none;
}
```

```css
60  nav>ul>li:hover>a {
61    background: #212121;
62  }
63  .sub {
64    height: 125px;
65    background: #212121;
66    display:none;
67  }
68  .sub a {
69    background: #212121;
70    display: block;
71    padding: 5px;
72    text-align: center;
73    color: #fff;
74  }
```

[style.css]

- **nav>ul** : 〈nav〉의 자식 요소 〈ul〉 지정
  - **display:flex** : nav>ul를 플렉스 컨테이너로 설정하여, 자식 요소(〈li〉들)을 수평으로 나열
- **nav>ul>li>a** : 〈nav〉의 자식 요소 〈ul〉의 자식 요소 〈li〉의 자식 요소 〈a〉 지정
  - **display:block** : 블록 요소 성질로 변경
  - **text-align:center** : 요소 내의 텍스트 수평 중앙 정렬
- **nav>ul>li:hover>a** : 〈nav〉의 자식 요소 〈ul〉의 자식 요소 〈li〉에 마우스 올렸을 때 〈a〉 지정(마우스 올렸을 때 하이라이트 효과)
- **.sub** : 〈div class="sub"〉 지정하여 서브 메뉴 스타일 지정
  - **height:125px** : 2차 메뉴의 개수가 달라 높이가 일정하지 않으므로, 높이 값을 임의로 지정
  - **display:none** : 요소를 선택하여 숨김(스크립트에서 추가 작업 예정)
- **.sub a** : .sub의 하위 요소 〈a〉 지정
  - **display:block** : 요소 성질을 블록 요소로 바꾸면서 부모 요소의 너비를 채울 수 있음
  - **padding:5px** : 사방 내부 여백 5픽셀 설정

05 메뉴 스크립트 작업하기

세부 지시사항의 A.2 메뉴 효과를 구현합니다. 메인 메뉴(Main menu)에 마우스를 올리면(Mouse over) 서브 메뉴(Sub menu) 영역이 슬라이드 다운(Slide down)으로 보이도록 하고, 벗어나면(Mouse out) 서브 메뉴 영역은 슬라이드 업(Slide Up)으로 사라지는 작업을 제이쿼리(jQuery)로 진행합니다.

01 먼저 'js' 폴더 하위 파일인 'script.js' 문서를 활성화합니다. 그리고 '$(function() {...})'의 '{...}(중괄호)' 내에 작성합니다.

```javascript
//메뉴
$("nav>ul>li").mouseenter(function(){
    $(".sub").stop().slideDown();
})
$("nav>ul>li").mouseleave(function(){
    $(".sub").stop().slideUp();
})
```

```javascript
1  $(function(){//html문서 로딩 후 스크립트 실행
2    //메뉴
3    $("nav>ul>li").mouseenter(function(){
4      $(".sub").stop().slideDown();
5    })
6    $("nav>ul>li").mouseleave(function(){
7    $(".sub").stop().slideUp();
8    })
9  })
```

[script.js]

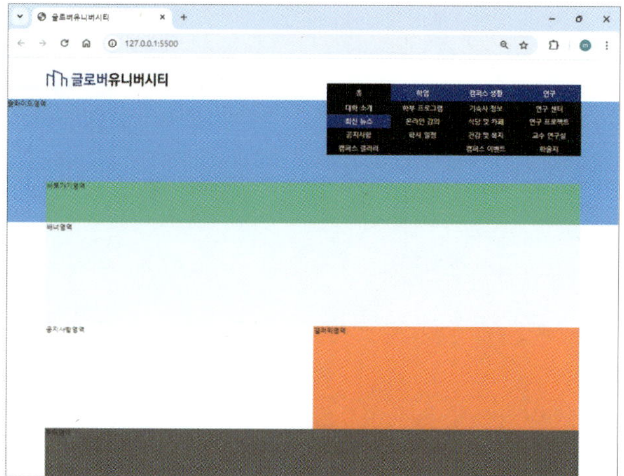

- **$(function( ){...})** : html 문서 로딩 후 스크립트를 실행하는 구문
- **$** : jQuery 객체를 생성하거나 선택자로 HTML 요소를 찾는 데 사용되는 단축 표기
- **$("nav〉ul〉li")** : jQuery 선택자로, 〈nav〉 자식 요소인 〈ul〉 자식 요소인 모든 〈li〉 선택
- **mouseenter/mouseleave** : jQuery에서 제공하는 이벤트 메서드로, 마우스가 요소에 진입하거나 요소를 떠날 때 발생하는 이벤트를 처리
- **$(this)** : 현재 선택된 요소로 nav〉ul〉li 요소 중 마우스가 올라간 〈li〉 요소
- **children( )** : 선택한 요소의 직계 자식 요소들을 선택
- **stop( )** : 현재 진행 중인 애니메이션을 즉시 멈추고 중복 애니메이션 발생을 방지
- **slideDown( )/slideUp( )** : slideDown( )은 요소를 슬라이드 다운하여 보여주고, slideUp( )은 요소를 슬라이드 업하여 숨김

4 STEP 세부 영역별 지시사항 – Ⓑ Slide 영역   약 35분

01 슬라이드 영역 구조 작업하기

세부 지시사항의 B 슬라이드를 제작합니다. 먼저 슬라이드의 구조를 잡은 후 제공된 텍스트 간의 위계질서를 직관적으로 알 수 있도록 글자체, 굵기, 색상, 크기를 적절하게 설정합니다.

01 '수험자 제공 폴더'에 있는 이미지를 'images' 폴더로 복사합니다. 이미지 크기를 확인한 후, 필요하다면 크기를 조정하고, 파일명도 필요한 경우 수정합니다.

[참고하기] PART 03 – SECTION 02 Photoshop 필수 기능

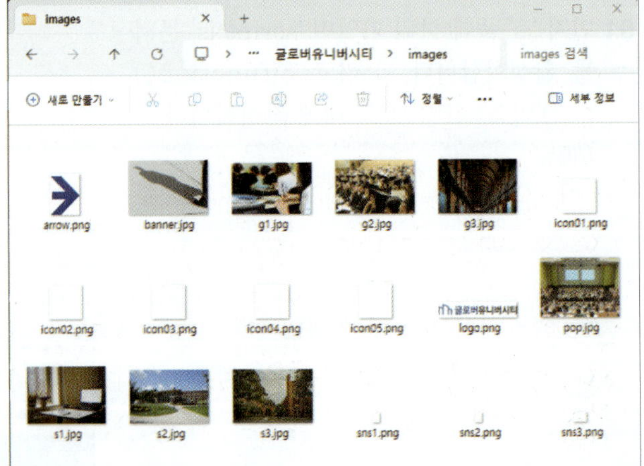

02 'index.html' 문서에서 '<section class="slide"></section>' 사이에 다음과 같이 작성합니다.

```
<section class="slide">
    <ul>
        <li class="s1">
            <a href="#">
                <h2><span>글로버유니버시티</span>슬라이드1</h2>
            </a>
        </li>
        <li class="s2">
            <a href="#">
                <h2><span>글로버유니버시티</span>슬라이드2</h2>
            </a>
        </li>
        <li class="s3">
            <a href="#">
                <h2><span>글로버유니버시티</span>슬라이드3</h2>
            </a>
        </li>
    </ul>
</section>
```

```
60    <section class="slide">
61        <ul>
62            <li class="s1">
63                <a href="#">
64                    <h2><span>글로버유니버시티</span>슬라이드1</h2>
65                </a>
66            </li>
67            <li class="s2">
68                <a href="#">
69                    <h2><span>글로버유니버시티</span>슬라이드2</h2>
70                </a>
71            </li>
72            <li class="s3">
73                <a href="#">
74                    <h2><span>글로버유니버시티</span>슬라이드3</h2>
75                </a>
76            </li>
77        </ul>
78    </section>
```

[index.html]

요소 TIP

- **<li class="s1">** : 각각 배경 이미지를 넣을 수 있도록 클래스 작업
- **<h2>** : 제목 요소 지정
- **<span>** : 특정 텍스트에 스타일을 적용하기 위해 감싸주는 요소

세부 지시사항의 B 슬라이드 애니메이션 효과를 확인합니다. 하나의 이미지가 점점 사라지고 다음 이미지가 점점 나타나는 애니메이션을 고려하여 스타일을 작업합니다.

01 'style.css' 문서를 활성화하여 '.slide'를 찾아 배경색을 지우고 다음과 같이 작성합니다.

```css
.slide {
    height:300px;
}
.slide ul li {
    width:100%;
    height:300px;
}
.slide ul li a {
    display:block;
    height:100%;
}
.slide ul li.s1 {
    background:url(../images/s1.jpg)
no-repeat center/cover;
}
.slide ul li.s2 {
    background:url(../images/s2.jpg)
no-repeat center/cover;
}
.slide ul li.s3 {
    background:url(../images/s3.jpg)
no-repeat center/cover;
}
```

```css
66  .slide {
67    height:300px;
68  }
69  .slide ul li {
70    width:100%;
71    height:300px
72  }
73  .slide ul li a {
74    display:block;
75    height:100%;
76  }
77  .slide ul li.s1 {
78    background:url(../images/s1.jpg) no-repeat center/cover;
79  }
80  .slide ul li.s2 {
81    background:url(../images/s2.jpg) no-repeat center/cover;
82  }
83  .slide ul li.s3 {
84    background:url(../images/s3.jpg) no-repeat center/cover;
85  }
```

[style.css]

> **💬 요소 TIP**
>
> - **.slide ul li** : 각 슬라이드 배경이 들어갈 수 있도록 영역을 너비와 높이 설정
> - **.slide ul li a** : .slide 하위 요소 〈ul〉의 하위 요소 〈li〉의 하위 요소 〈a〉 선택자로 클릭할 영역의 스타일 지정
>   - **display:block** : 〈a〉 요소 성질을 블록 요소로 변경
>   - **height:100%** : 〈a〉 요소의 부모 영역(〈li〉)의 높이만큼 채워줌
> - **.slide ul li.s1** : .slide 하위 요소 〈ul〉의 하위 요소 〈li〉 중 클래스 명이 s1인 요소 선택자로 슬라이드 배경 스타일 지정
> - **background:url(../images/s1.jpg) no-repeat center/cover** : 배경 CSS 속성 함축형
>   - **background** : 색상 경로 반복 위치/크기순으로 작성(색상이 없는 경우 생략 가능)

02 Fade-in, Fade-out 애니메이션 효과를 위해, '.slide ul li'를 찾아 다음과 같이 스타일을 작성합니다.

```css
.slide {
    height:300px;
    position:relative;
}
.slide ul li {
    width:100%;
    height:300px;
    position:absolute;
    top:0;
    left:0;
}
```

03 각 슬라이드의 텍스트를 글자체, 굵기, 색상, 크기를 적절하게 설정하여, 가독성을 높이고, 독창성이 드러나도록 '.contents' 윗줄에 스타일을 작성합니다.

```css
.slide li h2 {
    color:#1b3b86;
    font-size:35px;
    position:absolute;
    top:50px;
    left:50%;
    background:rgba(255, 255, 255, 0.5);
    padding:20px;
    border-radius:20px;
    transform:translate(-50%, 0);
}
.slide li h2 span {
    color:#212121;
}
```

```
66    .slide {
67      height:300px;
68      position:relative;
69    }
70    .slide ul li {
71      width:100%;
72      height:300px;
73      position:absolute;
74      top:0;
75      left:0;
76    }
77    .slide ul li a {
78      display:block;
79      height:100%;
80    }
```
[style.css]

```
87    .slide ul li.s3 {
88      background:url(../images/s3.jpg) no-repeat center/cover;
89    }
90    .slide li h2 {
91      color:#1b3b86;
92      font-size:35px;
93      position:absolute;
94      top:50px;
95      left:50%;
96      background:rgba(255, 255, 255, 0.5);
97      padding:20px;
98      border-radius:20px;
99      transform:translate(-50%, 0);
100   }
101   .slide li h2 span {
102     color:#212121;
103   }
104   .contents {
105     width:1340px;
106     margin:auto;
107     position:relative;
108   }
```
[style.css]

💬 **요소 TIP**

- Fade-in, Fade-out 애니메이션 효과는 각 슬라이드(.slide ul li)가 모두 겹치도록 함
- **.slide ul li** : .slide의 하위 요소 〈ul〉의 하위 요소 〈li〉 지정
  - **position:absolute** : 각 슬라이드를 공중에 띄워 모두 겹치도록 설정
- **.slide li h2** : .slide 하위 요소 〈li〉의 하위 요소 〈h2〉 지정하여 슬라이드 텍스트 스타일 적용
  - **position:absolute** : .slide ul li h2를 공중에 띄워 상위 요소(.slide ul li)에 기준을 설정하여, 절대 위치로 지정(기준을 설정할 요소에 position:absolute가 있다면 자동으로 해당 요소에 기준이 설정)
  - **background:rgba(255, 255, 255, 0.5)** : 배경색을 50% 투명한 흰색으로 설정
  - **top:50px** : 기준 요소(.slide ul li)의 상단에서부터 50픽셀 아래로 배치
  - **transform:translate(-50%, 0)** : 자신의 너비의 50%만큼 왼쪽으로 이동

04 웹 브라우저 접속 시 첫 번째 슬라이드는 보여주고, 나머지 슬라이드는 숨기기 위해 다음과 같이 작성합니다.

```css
.slide ul li {
    width:100%;
    height:300px;
    position:absolute;
    top:0;
    left:0;
    display:none;
}
.slide ul li.s1 {
    background:url(../images/s1.jpg)
no-repeat center/cover;
    display:block;
}
```

```css
66    .slide {
67      height:300px;
68      position:relative;
69    }
70    .slide ul li {
71      width:100%;
72      height:300px;
73      position:absolute;
74      top:0;
75      left:0;
76      display:none;
77    }
78    .slide ul li a {
79      display:block;
80      height:100%;
81    }
82    .slide ul li.s1 {
83      background:url(../images/s1.jpg) no-repeat center/cover;
84      display:block;
85    }
```

[style.css]

💬 요소 TIP

• **display:none** : 요소를 선택하여 숨김(스크립트에서 추가 작업 예정)
• **display:block** : 숨겨진 요소를 선택하여 표시함

---

05 작업한 모든 파일을 저장하고 'index. html' 문서가 활성화된 상태에서 상태표시줄에 Go Live를 선택하여 웹 브라우저인 '크롬(Chrome)'으로 작업 결과를 확인합니다.

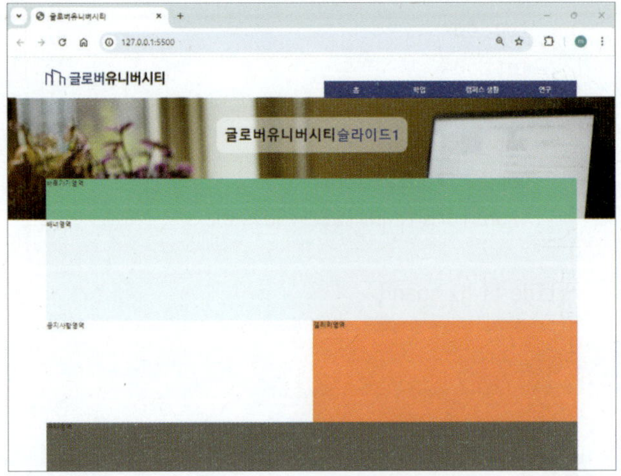

03 슬라이드 스크립트 작업하기

세부 지시사항의 B 슬라이드 애니메이션 효과를 구현합니다. 슬라이드 애니메이션이 Fade-in, Fade-out 애니메이션으로 매 3초 이내 다른 이미지로 전환되어야 하며, 웹사이트 열었을 때 자동으로 시작되어 반복적인 슬라이드가 되도록 제이쿼리(jQuery)로 작업합니다.

01 'script.js' 문서를 활성화합니다. 그리고 메뉴 스크립트 다음 줄에 .slide ul li 중 보여지고 있는 첫 번째 슬라이드를 숨기고 다음 슬라이드가 보이도록 제이쿼리를 작성합니다.

```
//슬라이드
$(".slide ul li").eq(0).fadeOut();
$(".slide ul li").eq(1).fadeIn();
```

```
1    $(function(){//html문서 로딩 후 스크립트 실행
2      //메뉴
3      $("nav>ul>li").mouseenter(function(){
4        $(".sub").stop().slideDown();
5      })
6      $("nav>ul>li").mouseleave(function(){
7        $(".sub").stop().slideUp();
8      })
9      //슬라이드
10     $(".slide ul li").eq(0).fadeOut();
11     $(".slide ul li").eq(1).fadeIn();
12   })
```
[script.js]

02 다음 Fade in/out 애니메이션을 예상하여 제이쿼리를 작성합니다.

```
//슬라이드
$(".slide ul li").fadeOut();
$(".slide ul li").eq(1).fadeIn();
//3초후
$(".slide ul li").fadeOut();
$(".slidc ul li").cq(2).fadeIn();
//3초후
$(".slide ul li").fadeOut();
$(".slide ul li").eq(0).fadeIn();
```

```
9      //슬라이드
10     $(".slide ul li").fadeOut();
11     $(".slide ul li").eq(1).fadeIn();
12     //3초후
13     $(".slide ul li").fadeOut();
14     $(".slide ul li").eq(2).fadeIn();
15     //3초후
16     $(".slide ul li").fadeOut();
17     $(".slide ul li").eq(0).fadeIn();
```
[script.js]

03 스크립트를 참고하여 생략할 수 있는 부분을 정리하고, 변수 i를 만들어 슬라이드 공식을 다음과 같이 작성합니다.

```
//슬라이드
let i=0;
i++;
$(".slide ul li").fadeOut();
$(".slide ul li").eq(i).fadeIn();
```

```
9      //슬라이드
10     let i=0;
11     i++;
12     $(".slide ul li").fadeOut();
13     $(".slide ul li").eq(i).fadeIn();
```
[script.js]

04 실행문을 반복하기 위해 함수로 해당 실행문을 감싸줍니다.

```
//슬라이드
let i=0;
function slide(){
    i++;
    $(".slide ul li").fadeOut();
    $(".slide ul li").eq(i).fadeIn();
}
slide();
```

```
 9    //슬라이드
10    let i=0;
11    function slide(){
12        i++;
13        $(".slide ul li").fadeOut();
14        $(".slide ul li").eq(i).fadeIn();
15    }
16    slide();
```

[script.js]

05 반복적으로 함수를 호출하기 위해 'slide();'를 'setInterval'로 변경합니다.

```
//슬라이드
let i=0;
function slide(){
    i++;
    $(".slide ul li").fadeOut();
    $(".slide ul li").eq(i).fadeIn();
}
setInterval(slide, 3000);
```

```
 9    //슬라이드
10    let i=0;
11    function slide(){
12        i++;
13        $(".slide ul li").fadeOut();
14        $(".slide ul li").eq(i).fadeIn();
15    }
16    setInterval(slide, 3000);
```

[script.js]

06 i++(증감식)로 인하여 변수가 계속 증가됩니다. 조건을 걸어 마지막 슬라이드 다음 첫 번째 슬라이드가 나타날 수 있도록 다음과 같이 작성합니다.

```
//슬라이드
let i=0;
function slide(){
    if(i<2){
        i++;
    }else{
        i=0;
    }
    $(".slide ul li").fadeOut();
    $(".slide ul li").eq(i).fadeIn();
}
setInterval(slide, 3000);
```

```
 9    //슬라이드
10    let i=0;
11    function slide(){
12        if(i<2){
13            i++;
14        }else{
15            i=0;
16        }
17        $(".slide ul li").fadeOut();
18        $(".slide ul li").eq(i).fadeIn();
19    }
20    setInterval(slide, 3000);
```

[script.js]

07 작업한 모든 파일을 저장하고 'index. html' 문서가 활성화된 상태에서 상태표 시줄에 Go Live를 선택하여 웹 브라우저 인 '크롬(Chrome)'으로 작업 결과를 확인 합니다. 웹 브라우저에서 슬라이드 사라 지고 다음 슬라이드가 나타나는 애니메이 션이 3초마다 진행됩니다.

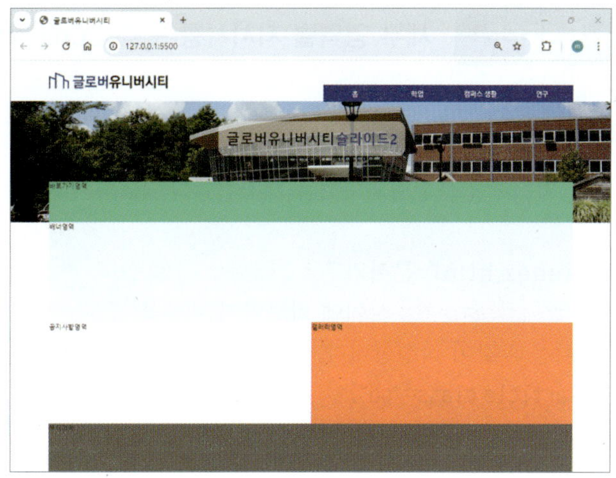

- **let i = 0** : 변수 i 선언 후 0을 할당
- **i + +** : 증감 연산자로, 변수 i의 값을 1씩 증가시키는 역할
- **$(".slide ul li")** : .slide의 자식 요소 〈ul〉의 자식 요소 모든 li 요소 선택
- **eq(index)** : ( )(괄호)안에 index 번호를 넣으며 선택한 요소 집합 중 지정된 인덱스에 해당하는 요소를 선택
- **fadeIn( )/fadeOut( )** : fadeIn( )은 요소가 점점 나타나고, fadeOut( )은 요소가 점점 사라짐
- **if(조건문){실행문1}else{실행문2}** : 조건문이 참일 때 실행문1을 실행하고 거짓일 때 실행문2를 실행
- **setInterval(함수명, 밀리초)** : 지정한 시간 간격마다 주어진 함수를 반복해서 실행
- **밀리초(ms)** : 1초의 1/1,000, 1초는 1,000밀리초

- **자바스크립트 인덱스(Index)란?**
  인덱스(Index)는 배열(Array) 또는 문자열(String) 내의 특정 요소나 문자에 접근하기 위해 사용되는 숫자입니다. 인덱스는 일반 적으로 0부터 시작합니다.

- **인덱스 예시**
  var color = ["RED", "GREEN", "BLUE"];
  console.log(colors[0]); // 콘솔창 "RED" 출력
  console.log(colors[1]); // 콘솔창 "GREEN" 출력
  console.log(colors[2]); // 콘솔창 "BLUE" 출력

```
22
23   //인덱스 예시
24   var color = ["RED", "GREEN", "BLUE"];
25   console.log(color[0]); // 콘솔창 "RED" 출력
26   console.log(color[1]); // 콘솔창 "GREEN" 출력
27   console.log(color[2]); // 콘솔창 "BLUE" 출력
28
29
```

[script.js]

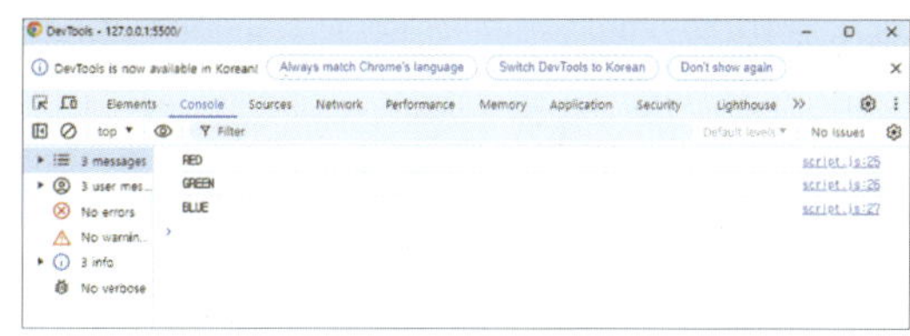

01　바로가기 구조 작업하기

세부 지시사항 C.1 바로가기를 제작합니다. Contents 폴더의 제공된 파일을 활용하여 작업합니다.

01 'index.html' 문서의 '<article class="go"></article>' 사이에 바로가기 내용을 다음과 같이 작성합니다.

```
<article class="go">
    <ul>
        <li>
            <a href="#">
                <h2>
                    <img src="images/
icon01.png" alt="바로가기1">
                    바로가기1
                </h2>
            </a>
        </li>
        <li>
            <a href="#">
                <h2>
                    <img src="images/
icon02.png" alt="바로가기2">
                    바로가기2
                </h2>
            </a>
        </li>
        <li>
            <a href="#">
                <h2>
                    <img src="images/
icon03.png" alt="바로가기3">
                    바로가기3
                </h2>
            </a>
        </li>
        <li>
```

```
 79    <div class="contents"><!--contents영역-->
 80      <article class="go">
 81        <ul>
 82          <li>
 83            <a href="#">
 84              <h2>
 85                <img src="images/icon01.png" alt="바로가기1">
 86                바로가기1
 87              </h2>
 88            </a>
 89          </li>
 90          <li>
 91            <a href="#">
 92              <h2>
 93                <img src="images/icon02.png" alt="바로가기2">
 94                바로가기2
 95              </h2>
 96            </a>
 97          </li>
 98          <li>
 99            <a href="#">
100              <h2>
101                <img src="images/icon03.png" alt="바로가기3">
102                바로가기3
103              </h2>
104            </a>
105          </li>
106          <li>
107            <a href="#">
108              <h2>
109                <img src="images/icon04.png" alt="바로가기4">
110                바로가기4
111              </h2>
112            </a>
113          </li>
114          <li>
115            <a href="#">
116              <h2>
117                <img src="images/icon05.png" alt="바로가기5">
118                바로가기5
119              </h2>
120            </a>
121          </li>
122        </ul>
123      </article>
```

[index.html]

```html
                <a href="#">
                    <h2>
                        <img src="images/
icon04.png" alt="바로가기4">
                        바로가기4
                    </h2>
                </a>
            </li>
            <li>
                <a href="#">
                    <h2>
                        <img src="images/
icon05.png" alt="바로가기5">
                        바로가기5
                    </h2>
                </a>
            </li>
        </ul>
    </article>
```

02 바로가기 스타일 작업하기

01 'style.css' 문서에서 '.go'를 찾아 배경색을 지우고, 다음 줄에 스타일을 다음과 같이 작성합니다.

```css
.go ul {
    display:flex;
    color:#fff;
    height:100%;
}
.go ul li {
    flex-grow:1;
    text-align:center;
    background:#1b3b86;
}
.go ul li a {
    display:block;
    height:100%;
    padding-top:30px;
}
```

```css
111   .go {
112     height:100px;
113     position:absolute;
114     top:-100px;
115     left:0;
116     width:100%;
117   }
118   .go ul {
119     display:flex;
120     color:☐#fff;
121     height:100%;
122   }
123   .go ul li {
124     flex-grow:1;
125     text-align:center;
126     background:■#1b3b86;
127   }
128   .go ul li a {
129     display:block;
130     height:100%;
131     padding-top:30px;
132   }
```

[style.css]

- **.go** : 〈article class="go"〉 선택자로 바로가기 영역 스타일 정의
- **.go ul** : 〈article class="go"〉의 하위 요소 〈ul〉 선택자
  - **display:flex** : .go ul를 플렉스 컨테이너로 설정, 자식 요소(〈li〉)들을 수평으로 나열
- **.go ul li** : 〈article class="go"〉의 하위 요소 〈ul〉의 하위 요소 〈li〉 선택자
  - **flex-grow:1** : 플렉스 컨테이너 영역의 하위 요소 나열 후 남은 공간을 균등하게 확장하도록 설정
  - **text-align:center** : 〈img〉와 글자를 수평 중앙 정렬 설정
- **.go ul li a** : 바로가기 클릭할 수 있는 영역 지정
  - **height:100%** : 부모 요소만큼 높이를 채워 클릭할 수 있는 영역을 확보
  - **padding-top:30px** : 위쪽 내부 여백 30픽셀 설정

02 바로가기 아이콘 영역 스타일을 '.go ul li' 스타일 다음 줄에 다음과 같이 작성합니다.

```
.go ul li:nth-child(even) {
    background:#212121;
}
.go ul li h2 {
    font-size:18px;
}
.go ul li img {
    vertical-align:middle;
    margin-right:10px;
}
```

```
128  .go ul li:nth-child(even) {
129    background: #212121;
130  }
131  .go ul li h2 {
132    font-size:18px;
133  }
134  .go ul li img {
135    vertical-align:middle;
136    margin-right:10px;
137  }
138  .go ul li a {
139    display:block;
140    height:100%;
141    padding-top:30px;
142  }
```

[style.css]

- **.go ul li:nth-child(even)** : 〈article class="go"〉의 하위 요소 〈ul〉의 하위 요소 〈li〉 중 짝수 번째 〈li〉 지정
- **.go ul li img** : 〈article class="go"〉의 하위 요소 〈ul〉의 하위 요소 〈img〉 지정
  - **vertical-align:middle** : 텍스트를 이미지의 수직 중앙에 배치
  - **margin-right:10px** : 오른쪽 바깥 여백 10픽셀 설정하여 이미지와 글자 사이 간격 설정

03 작업한 모든 파일을 저장하고 'index. html' 문서가 활성화된 상태에서 상태표 시줄에 Go Live를 선택하여 웹 브라우저 인 '크롬(Chrome)'으로 작업 결과를 확인 합니다.

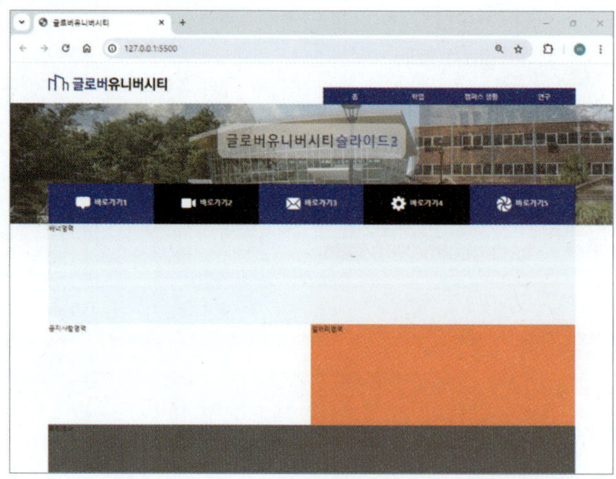

③ 배너 작업하기

세부 지시사항 C.2 배너를 제작합니다. Contents 폴더의 제공된 파일을 활용하여 작업합니다.

01 'index.html' 문서의 '<article class="banner"></article>' 사이에 배너 내용을 다음과 같이 작성합니다.

```
<article class="banner">
    <a href="#">
        <p class="imgBox">
            <img src="images/banner.jpg" alt="홍길동인터뷰">
        </p>
        <div class="txtBox">
            <h2>글로버유니버시티 외국어학부 20학번 홍길동 인터뷰</h2>
            <p class="date">2023-12-13</p>
            <p class="txt">글로버유니버시티외국어학부 홍길동학우와 함께<br>
                글로버유니버시티 2025 현장 스케치를 함께 보도록 할까요?</p>
        </div>
        <p class="arrow">
            <img src="images/arrow.png" alt="바로가기">
        </p>
    </a>
</article>
```

```
119   <article class="banner">
120     <a href="#">
121       <p class="imgBox">
122         <img src="images/banner.jpg" alt="홍길동인터뷰">
123       </p>
124       <div class="txtBox">
125         <h2>글로버유니버시티 외국어학부 20학번 홍길동 인터뷰</h2>
126         <p class="date">2023-12-13</p>
127         <p class="txt">글로버유니버시티외국어학부 홍길동학우와 함께<br>
128           글로버유니버시티 2025 현장스케치를 함께 보도록 할까요?</p>
129       </div>
130       <p class="arrow">
131         <img src="images/arrow.png" alt="바로가기">
132       </p>
133     </a>
134   </article>
```

[index.html]

> **💬 요소 TIP**
>
> - **<a href="#">** : 배너를 클릭할 수 있는 영역 설정
> - **<p class="imgBox">** : 배너의 이미지를 감싸는 영역
> - **<div class="txtBox">** : 배너의 텍스트를 감싸는 영역
> - **<div class="arrow">** : 배너의 화살표를 감싸는 영역
> - **<h2>** : 배너 영역의 제목 요소

01 'style.css' 문서에서 '.banner'를 찾아 다음과 같이 작성합니다.

```css
.banner {
    height:250px;
    background:#f4f8fb;
    padding:20px
}
.banner a {
    display:flex;
    height:100%;
    gap:30px;
    align-items:center;
}
.banner .imgBox img {
    width:300px;
    height:160px;
    object-fit:cover;
    border-radius:20px;
}
.banner .txtBox {
    flex-grow:1;
}
.banner .txtBox h2 {
    color:#1b3b86;
    margin-bottom:10px;
    font-size:30px;
}
.banner .txtBox .date {
    margin-bottom:5px;
    font-weight:bold;
}
.banner .arrow {
    flex-grow:1;
    text-align:center;
}
```

```css
154    .banner {
155      height:250px;
156      background:#f4f8fb;
157      padding:20px
158    }
159    .banner a {
160      display:flex;
161      height:100%;
162      gap:30px;
163      align-items:center;
164    }
165    .banner .imgBox img {
166      width:300px;
167      height:160px;
168      object-fit:cover;
169      border-radius:20px;
170    }
171    .banner .txtBox {
172      flex-grow:1;
173    }
174    .banner .txtBox h2 {
175      color:#1b3b86;
176      margin-bottom:10px;
177      font-size:30px;
178    }
179    .banner .txtBox .date {
180      margin-bottom:5px;
181      font-weight:bold;
182    }
183    .banner .arrow {
184      flex-grow:1;
185      text-align:center;
186    }
```

[style.css]

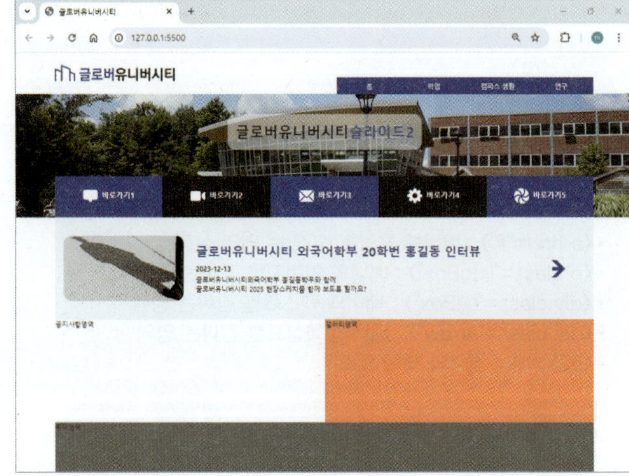

- **.banner a** : 배너를 감싸는 영역으로 클릭할 수 있도록 설정
  - **display:flex** : .banner a를 플렉스 컨테이너로 설정하여, 자식 요소(.imgBox, .txtBox, .arrow)들을 수평으로 나열
  - **height:100%** : 부모 영역(.banner a)의 높이만큼 채워줌
  - **align-items:center** : 플렉스 컨테이너 영역(.banner a)에서 자식 요소(.imgBox, .txtBox, .arrow)를 수직 중앙으로 정렬
- **.banner .imgBox img** : .banner의 하위 요소 <div class="imgBox">의 하위 요소 <img> 지정
  - **object-fit:cover** : 이미지가 요소의 크기에 맞춰 잘리더라도 비율을 유지하며 채우도록 설정
  - **border-radius:20px;** : <img>의 사방의 모서리를 20픽셀만큼 둥글게 설정
- **.banner .arrow** : .banner의 하위 요소 <div class="arrow"> 선택자
  - **flex-grow:1** : 플렉스 컨테이너 영역의 하위 요소 나열 후 남은 공간을 균등하게 확장하도록 설정
  - **text-align:center** : 하위 요소 <img>를 수평 중앙 정렬

05 공지사항 작업하기

세부 지시사항 C.3 공지사항을 제작합니다. Contents 폴더의 제공된 파일을 활용하여 작업합니다.

01 'index.html' 문서의 '<div class="notice"></div>' 사이에 배너 내용을 다음과 같이 작성합니다.

```
<div class="notice">
    <h2>공지사항</h2>
    <ul>
        <li>
            <a href="#" class="pop">
                <p>글로버유니버시티 공지사항1</p>
                <span class="date">2025.05.25</span>
            </a>
        </li>
        <li>
            <a href="#">
                <p>글로버유니버시티 공지사항2</p>
                <span class="date">2025.05.25</span>
            </a>
        </li>
        <li>
            <a href="#">
                <p>글로버유니버시티 공지사항3</p>
```

```
140    <article class="board">
141        <div class="notice"><!--notice영역-->
142            <h2>공지사항</h2>
143            <ul>
144                <li>
145                    <a href="#" class="pop">
146                        <p>글로버유니버시티 공지사항1</p>
147                        <span class="date">2025.05.25</span>
148                    </a>
149                </li>
150                <li>
151                    <a href="#">
152                        <p>글로버유니버시디 공지사항2</p>
153                        <span class="date">2025.05.25</span>
154                    </a>
155                </li>
156                <li>
157                    <a href="#">
158                        <p>글로버유니버시티 공지사항3</p>
159                        <span class="date">2025.05.25</span>
160                    </a>
161                </li>
162                <li>
163                    <a href="#">
164                        <p>글로버유니버시티 공지사항4</p>
165                        <span class="date">2025.05.25</span>
166                    </a>
167                </li>
168            </ul>
169        </div><!--//notice 닫은 영역-->
170        <div class="gall"><!--gall영역-->
171            갤러리영역
172        </div>
173    </article><!--//gall 닫은 영역-->
```

[index.html]

```html
                <span class="-
date">2025. 05.25</span>
            </a>
        </li>
        <li>
            <a href="#">
                <p>글로버유니버시티 공지사
항4</p>
                <span class="-
date">2025. 05.25</span>
            </a>
        </li>
    </ul>
</div>
```

➕ 더 알기 TIP

첫 번째 게시글을 클릭 시 팝업창이 나올 수 있도록 미리 <a href="#" class="pop">를 작업합니다.

💬 요소 TIP

- <h2> : 공지사항 영역의 제목 요소
- <p> : 공지사항의 게시글
- **<span class="date">** : 공지사항 게시글의 날짜

06 공지사항, 갤러리 스타일 작업하기

세부 지시사항 C.3 공지사항을 제작합니다. Contents 폴더의 제공된 파일을 활용하여 작업합니다.

01 'style.css' 문서에서 'board div'를 찾아 다음과 같이 작성합니다.

```css
.board div {
    width:50%;
    padding:20px;
}
.board div h2 {
    background:#1b3b86;
    color:#fff;
    text-align:center;
    width:150px;
    padding:10px 0;
    font-size:20px;
}
.notice ul {
    border-top:3px solid #1b3b86;
    padding:5px 0;
}
.notice ul li:nth-child(even) {
    background:#ccc;
}
.notice ul li a {
    display:block;
    padding:5px;
    position:relative;
}
.notice ul li p {
    width:260px;
    white-space:nowrap;
    overflow:hidden;
    text-overflow:ellipsis;
}
.notice ul li span {
    position:absolute;
    right:5px;
    top:5px;
}
```

```css
191  .board div {
192      width:50%;
193      padding:20px;
194  }
195  .board div h2 {
196      background:#1b3b86;
197      color:#fff;
198      text-align:center;
199      width:150px;
200      padding:10px 0;
201      font-size:20px;
202  }
203  .notice ul {
204      border-top:3px solid #1b3b86;
205      padding:5px 0;
206  }
207  .notice ul li:nth-child(even) {
208      background:#ccc;
209  }
210  .notice ul li a {
211      display:block;
212      padding:5px 5px;
213      position:relative;
214  }
215  .notice ul li p {
216      width:260px;
217      white-space:nowrap;
218      overflow:hidden;
219      text-overflow:ellipsis;
220  }
221  .notice ul li span {
222      position:absolute;
223      right:5px;
224      top:5px;
225  }
226  .board .gall {
227      background:#ff884d;
228  }
```

[style.css]

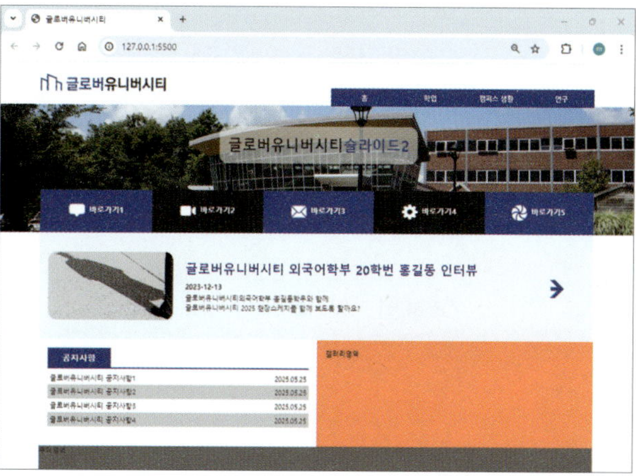

- **.board div h2** : <div class="board> 의 하위 요소 <div>의 하위 요소 <h2> 지정
  - **padding:10px 0** : 위 · 아래 내부 여백 10픽셀 설정
- **.notice ul li:nth-child(even)** : .notice의 하위 요소 <ul>의 하위 요소 <li> 중 짝수 번째 <li> 지정
- **.notice ul li span** : .notice의 하위 요소 <ul>의 하위 요소 <li>의 하위 요소 <span> 지정, 공지사항 날짜 스타일 적용
  - **position:absolute** : .notice ul li p 요소의 영향을 받지 않도록 공중에 띄워 작업
  - **right:5px** : 기준 요소(.notice ul li a)의 오른쪽에서부터 5픽셀 왼쪽으로 배치
  - **top:5px** : 기준 요소(.notice ul li a)의 상단에서부터 5픽셀 아래로 배치
- **.notice ul li a** : .notice의 하위 요소 <ul>의 하위 요소 <li>의 하위 요소 <a> 지정
  - **position:relative** : .notice ul li span의 기준 역할
  - **padding:5px** : 사방 내부 여백 5픽셀 설정

07 갤러리 작업하기

세부 지시사항 C.4 갤러리를 제작합니다. Contents 폴더의 제공된 파일을 활용하여 작업합니다.

01 'index.html' 문서의 '<div class="gall"></div>' 사이에 갤러리 내용을 다음과 같이 작성합니다.

```html
<div class="gall">
    <h2>갤러리</h2>
    <ul>
        <li>
            <a href="#">
                <p class="box"><img src="images/g1.jpg" alt="갤러리1"></p>
                <span>갤러리1</span>
            </a>
        </li>
        <li>
            <a href="#">
                <p class="box"><img src="images/g2.jpg" alt="갤러리2"></p>
                <span>갤러리2</span>
            </a>
        </li>
        <li>
            <a href="#">
                <p class="box"><img src="images/g3.jpg" alt="갤러리3"></p>
                <span>갤러리3</span>
            </a>
```

```html
170   <div class="gall"><!--gall영역 -->
171       <h2>갤러리</h2>
172       <ul>
173           <li>
174               <a href="#">
175                   <p class="box"><img src="images/g1.jpg" alt="갤러리1"></p>
176                   <span>갤러리1</span>
177               </a>
178           </li>
179           <li>
180               <a href="#">
181                   <p class="box"><img src="images/g2.jpg" alt="갤러리2"></p>
182                   <span>갤러리2</span>
183               </a>
184           </li>
185           <li>
186               <a href="#">
187                   <p class="box"><img src="images/g3.jpg" alt="갤러리3"></p>
188                   <span>갤러리3</span>
189               </a>
190           </li>
191       </ul>
192   </div><!--//gall 닫은 영역 -->
193   </article>
194   </div><!--//contents 닫은 영역 -->
```

[index.html]

```html
      </li>
    </ul>
  </div>
</article>
```


- **<p class="box">** : 갤러리 이미지를 감싸는 영역
- **<span>** : 갤러리 이미지의 설명 영역

08 갤러리 스타일 작업하기

01 'style.css' 문서에서 '.board .gall'의 배
경색을 지우고 다음 줄에 다음과 같이 작
성합니다.

```css
.gall ul {
    display:flex;
    gap:20px;
    border-top:3px solid #1b3b86;
    padding-top:10px;
}
.gall ul li {
    text-align:center;
    font-weight:bold;
}
.gall ul li a {
    display:block;
    height:100%;
}
.gall ul li:hover img {
    opacity:0.5;
}
.gall .box {
    margin-bottom:10px;
}
.gall .box img {
    width:200px;
    height:100px;
    object-fit:cover;
}
```

```css
228  .gall ul {
229      display:flex;
230      gap:20px;
231      border-top:3px solid #1b3b86;
232  }
233  .gall ul li {
234      text-align:center;
235      font-weight:bold;
236      padding-top:10px;
237  }
238  .gall ul li a {
239      display:block;
240      height:100%;
241  }
242  .gall ul li:hover img {
243      opacity:0.5;
244  }
245  .gall .box {
246      margin-bottom:10px;
247  }
248  .gall .box img {
249      width:200px;
250      height:100px;
251      object-fit:cover;
252  }
```

[style.css]

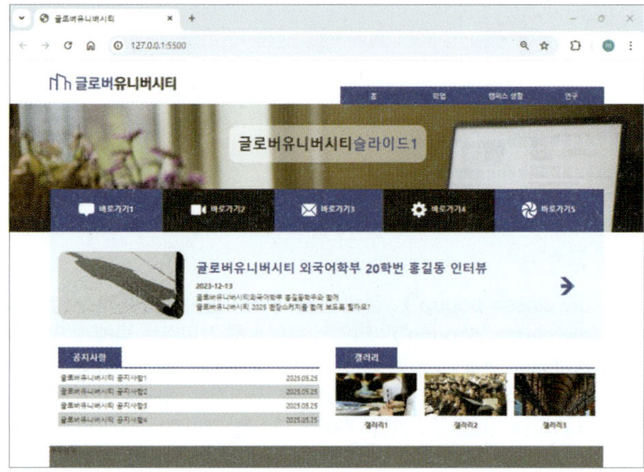

- .gall h2는 공지사항 스타일 작업 시 작성했던 .board div h2 스타일이 적용됨
- .gall ul : .gall의 하위 요소 <ul> 지정, 갤러리 리스트를 감싸 스타일 설정
  - **border-top:3px solid #014c29** : 3픽셀 두께의 색상 #014c29 상단 실선 테두리 설정
  - **padding-top:10px** : 위쪽 내부 여백 10픽셀 설정
  - **display:flex** : .gall ul를 플렉스 컨테이너로 설정, 자식 요소(<li>)들을 수평으로 나열
  - **gap:20px** : flex로 나열된 자식 요소(<li>)의 사이 간격 20픽셀 지정
- .gall ul li : .gall의 하위 요소 <ul>의 하위 요소 <li> 지정
  - **text-align:center** : 요소 내의 텍스트 또는 인라인, 인라인 블록 요소를 수평 중앙 정렬
- .gall ul li:hover img : .gall의 하위 요소 <ul>의 하위 요소 <li>에 마우스를 올렸을 때의 하위 요소 <img> 지정(마우스 올렸을 때 이미지에 투명도 효과 적용)
- .gall .box img : .gall의 하위 요소 .box의 하위 요소 <img> 지정
  - **object-fit:cover** : 이미지가 요소의 크기에 맞춰 잘리더라도 비율을 유지하며 채우도록 설정

09 팝업창 구조 작업하기

세부 지시사항의 와이어프레임에서 팝업창의 형태를 확인합니다. Contents 폴더의 제공된 텍스트 파일을 사용하여 모달 레이어 팝업(Modal Layer Popup)을 제작합니다.

01 'index.html' 문서의 '</footer>' 다음 줄에 팝업창을 다음과 같이 작성합니다.

```html
<div class="popup">
    <div class="popcon">
        <h2>글로버유니버시티 공지사항1</h2>
        <p class="img"><img src="images/pop.jpg" alt="팝업 이미지 설명"></p>
        <p class="text">
            글로버유니버시티 공지사항<br>
            팝업창 내용입니다. <br>
            <strong>강조하고 싶을 부분은 강조해주세요!</strong>
        </p>
        <p class="close"><button>CLOSE X</button></p>
    </div><!--//popcon 닫은 태그-->
</div><!--//popup 닫은 태그-->
```

[index.html]

- <div class="popup"> : 전체 팝업 영역을 감싸주는 클래스 명이 popup인 요소
- <div class="popcon"> : 팝업의 콘텐츠를 감싸주는 클래스 명이 popcon인 요소
- <p class="img"> : 팝업 내 이미지를 감싸주는 클래스 명이 img인 요소
- <p class="text"> : 팝업 내 텍스트를 감싸주는 클래스 명이 text인 요소
- <p class="close"> : 팝업 내 버튼 요소를 감싸주는 클래스 명이 close인 요소

01 'style.css' 문서의 마지막 줄에 팝업창의
스타일을 다음과 같이 작성합니다.

```
.popup {
    position:absolute;
    top:0;
    left:0;
    width:100%;
    height:100%;
    background:rgba(0, 0, 0, 0.5);
    z-index:9999;
}
.popcon {
    position: absolute;
    width:500px;
    top:50%;
    left:50%;
    transform:translate(-50%, -50%);
    background:#fff;
    text-align:center;
    padding:20px;
    border:2px solid #1b3b86;
    border-radius:20px;
}
```

```
263    .popup {
264        position:absolute;
265        top:0;
266        left:0;
267        width:100%;
268        height:100%;
269        background: rgba(0, 0, 0, 0.5);
270        z-index:9999;
271    }
272    .popcon {
273        position: absolute;
274        width:500px;
275        top:50%;
276        left:50%;
277        transform:translate(-50%, -50%);
278        background: #fff;
279        text-align:center;
280        padding:20px;
281        border:2px solid #1b3b86;
282        border-radius:20px;
283    }
```

[style.css]

02 'style.css' 문서의 'body' 스타일 다음
줄에 팝업창의 기준을 다음과 같이 작성
합니다.

```
.wrap{
    position:relative;
}
```

```
36    .wrap{
37        position:relative;
38    }
39    header {
40        width:1340px;
41        margin:auto;
42        height:100px;
43        padding-top:20px;
44        position:relative;
45    }
```

[style.css]

- 팝업창은 모든 콘텐츠의 가장 위에 표시되어야 하므로, 공중에 띄워 작업함
- 팝업창을 홈페이지 가운데 배치하기 위해 .wrap에 기준을 설정함
- **.popup** : <div class="popup">의 선택자로 배경 콘텐츠 상호 작용을 차단된다는 것을 보여주기 위해 어두운 배경을 설정
  - **z-index:9999** : position 속성으로 설정된 요소에 쌓이는 순서를 결정, 팝업은 모든 콘텐츠의 제일 위에 있어야 하므로 값을 9999로 설정
- 공중에 띄운 요소를 가운데 배치하는 방법
  - **top:50%** : 기준 요소의 상단에서부터 50% 아래로 배치
  - **left:50%** : 기준 요소의 왼쪽으로부터 50% 오른쪽으로 배치
  - **transform:translate(-50%, -50%)** : 자신의 너비와 높이의 50%만큼 왼쪽과 위쪽으로 이동
- **text-align:center** : 요소 내의 텍스트 또는 인라인, 인라인 블록 요소(<img>, <button>)를 중앙 정렬
- **padding:20px** : 사방의 내부 여백을 20픽셀 설정
- **border-radius:20px** : 사방의 모서리를 20픽셀만큼 둥글게 설정

03 팝업의 타이틀과 내용 스타일을 다음과 같이 작성합니다.

```css
.popcon h2 {
    color:#1b3b86;
    margin-bottom:20px;
}
.popup .text {
    margin:20px 0;
}
.popup .close {
    text-align:right;
}
.popup .close button {
    background:#1b3b86;
    border:0;
    padding:10px;
    color:#fff;
}
.popup .close button:hover {
    background:#333;
}
```

```css
283    .popcon h2 {
284        color: #1b3b86;
285        margin-bottom:20px;
286    }
287    .popup .text {
288        margin:20px 0;
289    }
290    .popup .close {
291        text-align:right;
292    }
293    .popup .close button {
294        background: #1b3b86;
295        border:0;
296        padding:10px;
297        color: #fff;
298    }
299    .popup .close button:hover {
300        background: #333;
301    }
```

[style.css]

- **.popup .text** : .popup의 하위 요소 .text를 지정하여 팝업 내 텍스트 스타일 지정
  - **margin:20px 0** : 위 · 아래 바깥 여백 20픽셀 설정
- **.popup .close** : .popup의 하위 요소 .close를 지정하여 팝업 내 버튼을 감싸는 영역
  - **text-align:right** : 인라인 블록 요소인 <button> 우측 정렬
- **.popup .close button** : .popup의 하위 요소 .close 하위 요소 <button> 지정
  - **border:0** : <button>의 기본 테두리를 제거
- **.popup .close button:hover** : .popup의 하위 요소 .close 하위 요소 button에 마우스를 올렸을 때 스타일 지정
- **.popup .close button** : .popup의 하위 요소 .close 하위 요소 <button> 지정

04 작업한 모든 파일을 저장하고 'index.html' 문서가 활성화된 상태에서 상태표시줄에 Go Live를 선택하여 웹 브라우저인 '크롬(Chrome)'으로 작업 결과를 확인합니다. 팝업창의 스타일 작업이 완료되었다면 팝업창을 숨깁니다.

```
.popup {
    position:absolute;
    top:0;
    left:0;
    width:100%;
    height:100%;
    background:rgba(0, 0, 0, 0.5);
    z-index:9999;
    display:none;
}
```

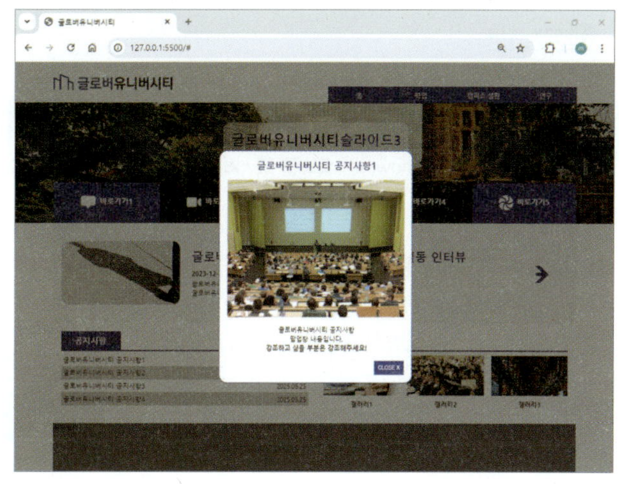

```
263    .popup {
264        position:absolute;
265        top:0;
266        left:0;
267        width:100%;
268        height:100%;
269        background: ■rgba(0, 0, 0, 0.5);
270        z-index:9999;
271        display: none;
272    }
```

[style.css]

요소 TIP

display:none : 요소를 선택하여 숨김(스크립트에서 추가 작업 예정)

⑪ 팝업창 스크립트 작업하기

01 'script.js' 문서에서 마지막 줄 '})' 안쪽에 팝업창 스크립트를 다음과 같이 작성합니다.

```
//팝업
$(".pop").click(function(){
    $(".popup").show();
    return false;
})
$(".close button").click(function(){
    $(".popup").hide();
})
```

```
21    //팝업
22    $(".pop").click(function(){
23        $(".popup").show();
24        return false;
25    })
26    $(".close button").click(function(){
27        $(".popup").hide();
28    })
```

[script.js]

- $(".pop") : jQuery 선택자로, HTML 문서 내 공지사항의 첫 번째 게시물 .pop 지정
- .click(function( ){ ... }) : jQuery에서 제공하는 이벤트 메서드로 클릭 시 {}(중괄호) 내 실행문을 실행
- $(".popup") : jQuery 선택자로, 숨겨 놓은 팝업창의 .popup 요소 지정
- show( )/hide( ) : show( )는 요소를 표시하는 이벤트, hide( )는 요소를 숨기는 이벤트

02 작업한 모든 파일을 저장하고 'index. html' 문서가 활성화된 상태에서 상태표시줄에 Go Live를 선택하여 웹 브라우저인 '크롬(Chrome)'으로 작업 결과를 확인합니다.

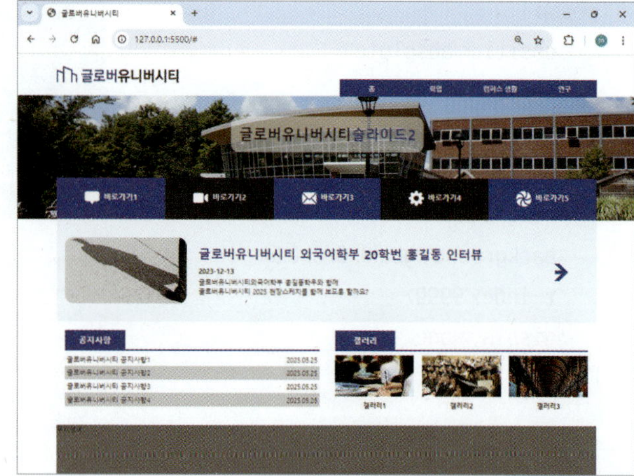

03 공지사항 첫 번째 게시글을 클릭하면 팝업창이 열리고, Close 버튼을 클릭하면 팝업창이 닫힙니다.

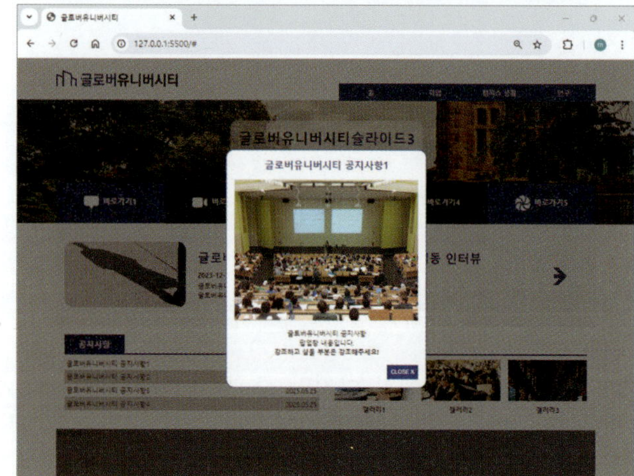

01 푸터 영역 구조 작업하기

제공된 텍스트와 이미지를 이용하여 SNS, 패밀리사이트, Copyright를 작업합니다.

01 'index.html' 문서 '<footer></footer>' 영역 내 텍스트를 지우고 SNS, 패밀리사이트, Copyright 순으로 다음과 같이 작성합니다.

```html
<footer>
    <div>
        <ul class="fsns">
            <li><a href="#"><img src="images/sns1.png" alt="sns1"></a></li>
            <li><a href="#"><img src="images/sns2.png" alt="sns2"></a></li>
            <li><a href="#"><img src="images/sns3.png" alt="sns3"></a></li>
        </ul>
        <select name="familysite">
            <option>Family Site1</option>
            <option>Family Site2</option>
            <option>Family Site3</option>
        </select>
    </div>
    <p class="fcopy">
        It is a long established fact that a reader will be distracted by the readable content.<br>
        COPYRIGHT &copy; by WEB DESIGN DEVELOPMENT. ALL RIGHTS RESERVED.
    </p>
</footer>
```

```html
190    <footer>
191      <div>
192        <ul class="fsns">
193          <li><a href="#"><img src="images/sns1.png" alt="sns1"></a></li>
194          <li><a href="#"><img src="images/sns2.png" alt="sns2"></a></li>
195          <li><a href="#"><img src="images/sns3.png" alt="sns3"></a></li>
196        </ul>
197        <select name="familysite">
198          <option>Family Site1</option>
199          <option>Family Site2</option>
200          <option>Family Site3</option>
201        </select>
202      </div>
203      <p class="fcopy">
204        It is a long established fact that a reader will be distracted by the readable
           content.<br>
205        COPYRIGHT &copy; by WEB DESIGN DEVELOPMENT. ALL RIGHTS RESERVED.
206      </p>
207    </footer>
```

[index.html]

- ⟨footer⟩ : SNS와 패밀리사이트, Copyright를 묶어주는 요소
- ⟨div⟩ : SNS와 패밀리사이트를 묶어주는 요소
- ⟨ul class="fsns"⟩ : SNS 리스트를 묶어주는 요소
- ⟨select name="familysite"⟩ : familysite 라는 이름을 가진 드롭다운 메뉴
- © : HTML에서 저작권 기호( )를 표시하기 위한 특수 문자

02 푸터 영역 스타일 작업하기

01 'style.css' 문서에서 'footer'를 찾아 푸터 영역 스타일을 다음과 같이 작성합니다.

```css
footer {
    height:120px;
    background:#666;
    width:1340px;
    margin:auto;
    padding-left:20px;
    padding-top:40px;
    color:#fff;
    position:relative;
}
footer div {
    position:absolute;
    top:30px;
    right:20px;
}
```

```css
254  footer {
255    height:120px;
256    background: #666;
257    width:1340px;
258    margin:auto;
259    padding-left:20px;
260    padding-top:40px;
261    color: #fff;
262    position:relative;
263  }
264  footer div {
265    position:absolute;
266    top:30px;
267    right:20px;
268  }
```

[style.css]

- **footer** : ⟨footer⟩의 선택자로 하단 영역 스타일 지정
  - **color:#fff** : ⟨footer⟩에 글자 색상을 흰색으로 설정하면, 하위 요소들에 상속되어 .fcopy의 글자가 흰색으로 설정
- **footer div** : ⟨footer⟩의 하위 요소 ⟨div⟩ 선택자로 SNS와 패밀리사이트 감싸는 영역으로 스타일 지정
  - **position:absolute** : footer div를 공중에 띄워 상위 요소(⟨footer⟩)에 기준을 설정하여 원하는 위치에 절대 위치로 지정

02 SNS 스타일과 패밀리사이트 스타일을 '`footer div`' 다음 줄에 다음과 같이 작성합니다.

```css
footer .fsns {
    display:flex;
    gap:5px
}
footer .fsns a {
    width:30px;
    height:30px;
    display:block;
    border-radius:50%;
    text-align:center;
    padding-top:9px;
}
footer .fsns li:nth-child(1) a {
    background:#47b749;
}
footer .fsns li:nth-child(2) a {
    background:#3c5b9a;
}
footer .fsns li:nth-child(3) a {
    background:red;
}
footer select {
    margin-top:10px;
}
```

```css
269  footer .fsns {
270      display:flex;
271      gap:5px
272  }
273  footer .fsns a {
274      width:30px;
275      height:30px;
276      display:block;
277      border-radius:50%;
278      text-align:center;
279      padding-top:9px;
280  }
281  footer .fsns li:nth-child(1) a {
282      background:■ #47b749;
283  }
284  footer .fsns li:nth-child(2) a {
285      background:■ #3c5b9a;
286  }
287  footer .fsns li:nth-child(3) a {
288      background:■ red;
289  }
290  footer select {
291      margin-top:10px;
292  }
```

[style.css]

💬 요소 TIP

- **footer .fsns** : ⟨footer⟩의 하위 요소 ⟨ul class="fsns"⟩ 선택자로 SNS 영역 스타일 지정
  - **display:flex** : footer .fsns를 플렉스 컨테이너로 설정하여, 자식 요소(⟨li⟩)들을 수평으로 나열
  - **gap:5px** : flex로 나열된 자식 요소(⟨li⟩)의 사이 간격 5픽셀 지정
- **footer .fsns a** : ⟨footer⟩의 하위 요소 .fsns의 하위 요소 ⟨a⟩ 지정
  - **border-radius:50%** : 모서리를 둥글게 만들어, 정사각형 요소를 원형으로 변환
  - **text-align:center** : 인라인 블록 요소인 ⟨img⟩ 수평 중앙 정렬
- **footer .fsns li:nth-child(1) a** : ⟨footer⟩의 하위 요소 .fsns 내 첫 번째 ⟨li⟩의 하위 요소 ⟨a⟩ 지정
- **footer .fsns li:nth-child(2) a** : ⟨footer⟩의 하위 요소 .fsns 내 두 번째 ⟨li⟩의 하위 요소 ⟨a⟩ 지정
- **footer .fsns li:nth-child(3) a** : ⟨footer⟩의 하위 요소 .fsns 내 세 번째 ⟨li⟩의 하위 요소 ⟨a⟩ 지정
- **footer select** : 드롭다운 메뉴 형태로 패밀리사이트 지정
  - **margin-top:10px** : select의 위쪽 바깥 여백 10픽셀 설정하여, .fsns 사이 간격 설정

03 작업한 모든 파일을 저장하고 'index.
html' 문서가 활성화된 상태에서 상태표
시줄에 Go Live를 선택하여 웹 브라우
저인 '크롬(Chrome)'으로 작업 결과를
확인합니다.

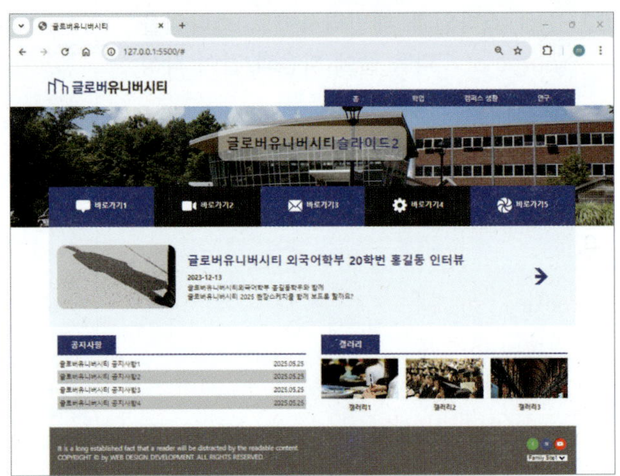

7 STEP   최종 검토하기   약 15분

최종 결과물 Check!

작업을 완료했다면 최종 결과물을 확인합니다.

제출 방법

1. 수험자의 비번호로 된 폴더를 제출합니다.

2. 비번호로 된 폴더 안에 'index.html', 'images', 'js', 'css' 폴더와 작업한 파일이 저장되어 있는지 확인합니다.

3. 'index.html'를 열었을 때 모든 리소스가 표시되고 정상 작동해야 합니다.

4. 비번호로 된 폴더의 용량이 10MB가 초과되지 않아야 합니다. (ai, psd 파일은 제출하지 않습니다.)

기술적 준수사항

1. HTML5 기준 웹 표준을 준수해야 합니다. 현장에서 인터넷 사용이 불가하므로 연습 시 HTML 유효성 검사로 오류가 있는지 확인합니다.

2. CSS3 기준 오류가 없도록 작업해야 합니다. 현장에서 인터넷 사용이 불가하므로 연습 시 CSS 유효성 검사로 오류가 있는지 확인합니다.

3. 스크립트 오류가 표시되지 않아야 합니다. 웹 브라우저에서 F12 를 눌러 개발자 도구를 실행한 후, 콘솔(Console) 탭에서 오류가 있는지 확인합니다.

4. 'index.html'을 열었을 때 Tab 으로 요소를 이동, 선택할 수 있어야 합니다.

5. 'index.html'을 열었을 때 다양한 화면 해상도에서 페이지 레이아웃이 정상적으로 표시되어야 합니다.

6. 페이지 전체는 CSS를 이용해 레이아웃을 구성해야 합니다.

7. 브라우저에서 CSS를 '사용 안 함'으로 설정하면 콘텐츠가 기본적으로 세로로 나열되어 표시됩니다.

8. 모든 이미지는 대체 텍스트(alt 속성)를 포함하여 이미지의 의미나 용도를 명확히 전달해야 합니다.

9. 텍스트 간의 위계질서를 직관적으로 알 수 있어야 합니다.

10. 제작된 사이트의 최신 버전의 Google Chrome 브라우저에서 레이아웃, 구성 요소의 크기 및 위치 등이 정상적으로 표시되어야 합니다.

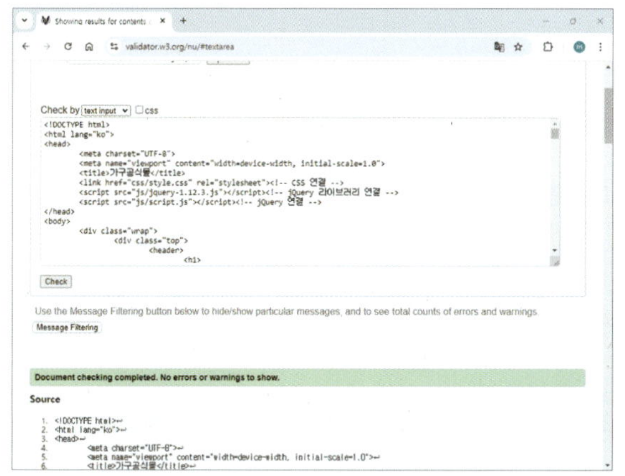

▲ HTML 유효성 검사 – 오류 없음

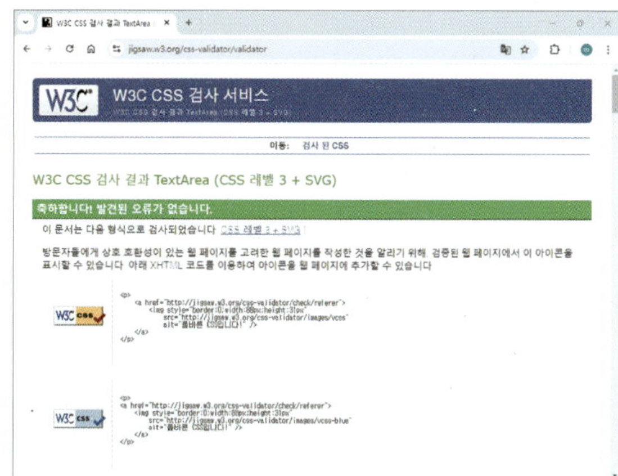

▲ HTML 유효성 검사 – 오류 없음

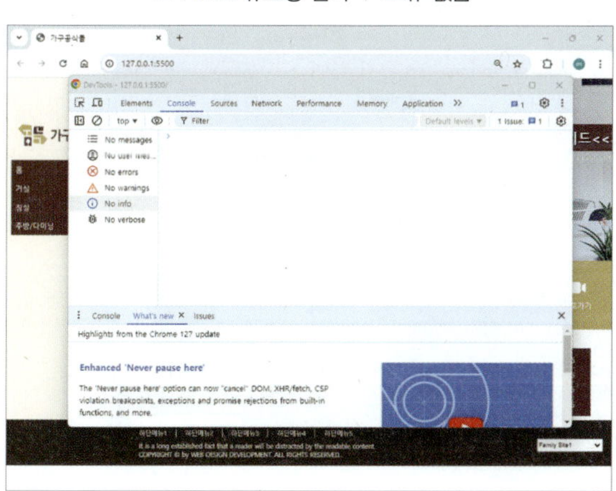

▲ JavaScript와 jQuery의 오류 검사 – 오류 없음

기출 유형 문제 10회

작업파일 [PART 04 〉 기출유형문제 10회 〉 수험자 제공 파일]을 열어서 작업하세요.

[공개 문제 : D 유형]

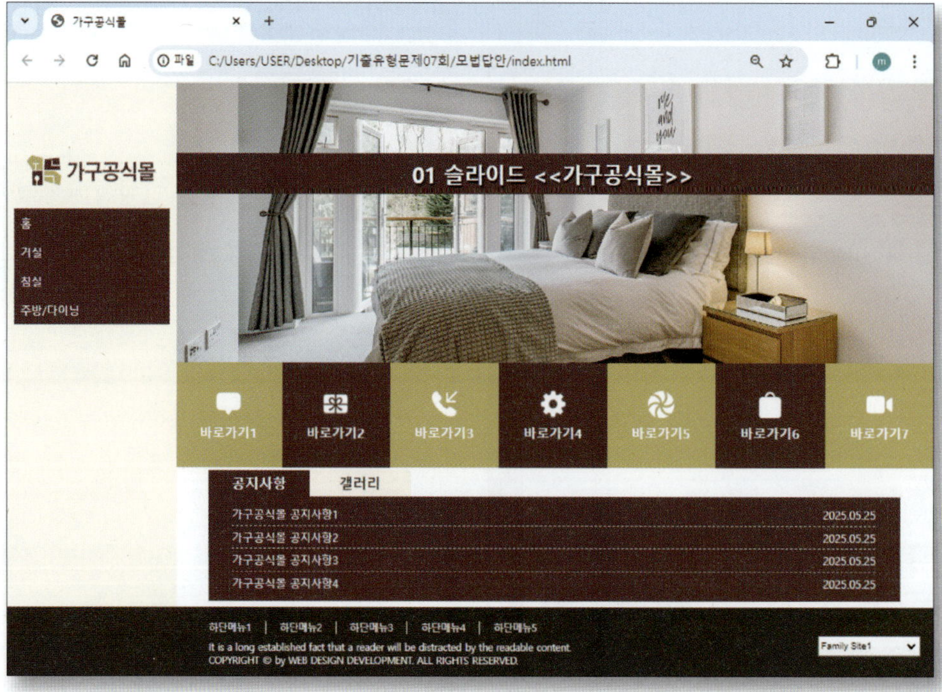

가구공식몰 웹사이트 제작

자격종목	웹디자인개발기능사	과제명	가구공식몰

※ 시험시간 : 3시간

1. 요구사항

※ 다음 요구사항을 준수하여 주어진 자료(수험자 제공 파일)를 활용하여 시험시간 내에 웹페이지를 제작 후 10MB **용량이 초과되지 않게** 저장 후 제출하시오.

※ 웹페이지 코딩은 **HTML5 기준 웹 표준**을 준수하여야 하며, 요구사항에 지정되지 않는 요소들은 주제 특성에 맞게 자유롭게 디자인하시오.

※문제에서 지시하지 않은 와이어프레임 영역 비율, 레이아웃, 텍스트의 글자체/색상/크기, 요소별 크기, 색상 등은 수험자가 과제명(가.주제) 특성에 맞게 자유롭게 디자인하시오.

가. 주제 : 가구공식몰 홈페이지 제작

나. 개요

다양한 가구를 판매하는 「가구공식몰」의 홈페이지를 제작하고자 한다. 고객들이 다양한 가구 제품과 최신 프로모션에 대한 정보를 얻고, 온라인으로 구매할 수 있는 웹사이트 제작을 요청하였다. 아래의 요구사항에 따라 메인 페이지를 제작하시오.

다. 제작 내용

01) 메인 페이지를 디자인하고 HTML, CSS, JavaScript 기반의 웹페이지를 제작한다. (이때 jQuery 오픈소스, 이미지, 텍스트 등의 제공된 리소스를 활용하여 제작할 수 있다.)

02) HTML, CSS의 charset은 utf-8로 해야 한다.

03) 컬러 가이드

주조색 (Main color)	보조색 (Sub color)	배경색 (Background color)	기본 텍스트의 색 (Text color)
자유롭게 지정	자유롭게 지정	#FFFFFF	#333333

04) 사이트 맵(Site map)

Index page / 메인(Main)				
메인 메뉴(Main menu)	홈	거실	침실	주방/다이닝
서브 메뉴 (Sub menu)	최신 소식 베스트셀러 신규 입고 고객센터	TV스탠드 책장 테이블 수납장	침대 프레임 매트리스 옷장 화장대	식탁 의자 수납장 식기류

05) 와이어프레임(Wireframe)

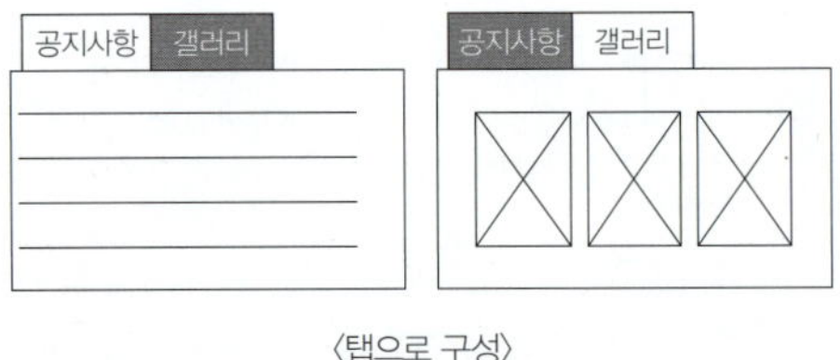

〈탭으로 구성〉

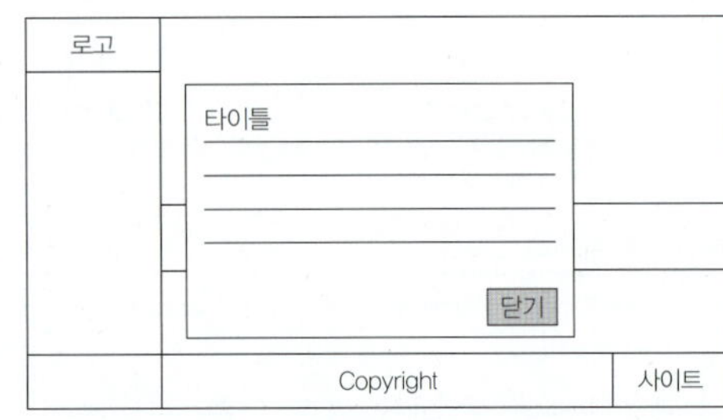

〈레이어 팝업창 구성〉

<table>
<tr><td>자격종목</td><td>웹디자인개발기능사</td><td>과제명</td><td>가구공식몰</td></tr>
</table>

라. 세부 영역별 지시사항

영역 및 명칭	세부 지시사항
Ⓐ Header	**A.1 로고** ㅇ 가로세로 200픽셀×50픽셀 크기로 웹사이트의 이미지에 적합한 로고를 직접 디자인하여 삽입한다. ㅇ 심벌과 로고명이 포함된 완전한 형태로 디자인한다. 로고명은 Header 폴더의 제공된 텍스트 사용한다. **A.2 메뉴 구성** ※ 사이트 구조도를 참고하여 메인 메뉴(Main menu)와 서브 메뉴(Sub menu)로 구성한다. **(1) 메인 메뉴(Main menu) 효과 [와이어프레임 참조]** ㅇ 메인 메뉴 중 하나에 마우스를 올리면(Mouse over) 하이라이트 되고, 벗어나면(Mouse out) 하이라이트를 해제한다. ㅇ 메인 메뉴를 마우스로 올리면(Mouse over) 서브 메뉴 영역이 부드럽게 나타나면서, 서브 메뉴가 보이도록 한다. ㅇ 메인 메뉴에서 마우스 커서가 벗어나면(Mouse out) 서브 메뉴 영역은 부드럽게 사라져야 한다. **(2) 서브 메뉴 영역 효과** ㅇ 서브 메뉴 영역은 메인 페이지 콘텐츠를 고려하여 배경 색상을 설정한다. ㅇ 서브 메뉴 중 하나에 마우스를 올리면(Mouse over) 하이라이트 되고 벗어나면(Mouse out) 하이라이트를 해제한다. ㅇ 마우스 커서가 메뉴 영역을 벗어나면(Mouse out) 서브 메뉴 영역은 부드럽게 사라져야 한다.
Ⓑ Slide	**B. Slide 이미지 제작** ㅇ [Slide] 폴더에 제공된 3개의 이미지로 제작한다. ㅇ [Slide] 폴더에 제공된 3개의 텍스트를 각 이미지에 적용하되, 텍스트의 글자체, 굵기, 색상, 크기를 적절하게 설정하여 가독성을 높이고, 독창성이 드러나도록 제작한다. **B. Slide 애니메이션 작업** ※ 위에서 작업한 결과물을 이용하여 슬라이드 작업을 한다. ㅇ 이미지만 바뀌면 안 되고, 이미지가 좌에서 우 또는 우에서 좌로 이동하면서 전환되어야 한다. ㅇ 슬라이드는 매 3초 이내로 하나의 이미지에서 다른 이미지로 전환되어야 한다. ㅇ 웹사이트를 열었을 때 자동으로 시작되어 반복적으로(마지막 이미지가 슬라이드 되면 다시 첫 번째 이미지가 슬라이드 되는 방식) 슬라이드 되어야한다.
Ⓒ Contents	**C. 1 바로가기** ㅇ Contents 폴더의 제공된 파일을 활용하여 편집 또는 디자인하여 제작한다. **C. 2 공지사항** ㅇ 공지사항 타이틀 영역과 콘텐츠 영역을 구분하여 표현해야 한다. ㅇ 콘텐츠는 Contents 폴더의 제공된 텍스트를 적용하여 제작한다. ㅇ 공지사항의 첫 번째 콘텐츠를 클릭(Click)할 경우 레이어 팝업창(Layer Pop_up)이 나타나며, 레이어 팝업창 내에 닫기 버튼을 두어서 클릭하면 해당 팝업창이 닫혀야 한다. [와이어프레임 참조] ㅇ 레이어 팝업의 제목과 내용은 Contents 폴더의 제공된 텍스트 파일을 사용한다. **C. 3 갤러리** ㅇ Contents 폴더의 제공된 이미지 3개를 사용하여 가로 방향으로 배치한다. [와이어프레임 참조] ㅇ 공지사항과 갤러리는 탭 기능을 이용하여 제작하여야 한다. ㅇ 각 탭을 클릭(Click) 시 해당 탭에 대한 내용이 보여야 한다. [와이어프레임 참조] ㅇ 갤러리의 이미지에 마우스 오버(Mouse over) 시 해당 객체의 투명도(Opacity)에 변화가 있어야 한다. ※ 콘텐츠는 HTML 코딩으로 작성해야 하며, 이미지로 삽입하면 안 된다.
Ⓓ Footer	**D. Footer** ㅇ 로고를 Grayscale(무채색)로 변경하고 사용자의 접근성을 고려하여 배치한다. ㅇ Footer 폴더의 제공된 텍스트를 사용하여 하단 메뉴, Copyright, 패밀리사이트를 제작한다.

마. 기술적 준수사항

01) 웹페이지 코딩은 HTML5 기준 웹 표준을 준수하여야 하며, HTML 유효성 검사(**W3C validator**)에서 오류('ERROR')가 없도록 코딩하여야 한다.

  ※ HTML 유효성 검사 서비스는 시험 시 제공하지 않는다. (인터넷 사용불가)

02) CSS는 별도의 파일로 제작하여 링크하여야 하며, **CSS3 기준(W3C validator)**에서 오류('ERROR')가 없도록 코딩되어야 한다.

03) JavaScript 코드는 별도의 파일로 제작하여 연결하여야 하며 브라우저(Google Chrome)에 내장된 개발도구의 Console 탭에서 오류('ERROR')가 표시되지 않아야 한다.

04) 별도로 지정하지 않은 상호작용이 필요한 모든 콘텐츠(로고, 메뉴, 버튼, 바로가기 등)는 임시 링크(예 : #)를 적용하고 'Tab(Tab)'으로 이동 선택할 수 있어야 한다.

05) 사이트는 다양한 화면 해상도에서 일관성 있는 페이지 레이아웃을 제공해야 한다.

06) 웹 페이지 전체 레이아웃은 Table 태그 사용이 아닌 CSS를 통한 레이아웃 작업으로 해야 한다.

07) 브라우저에서 CSS를 "사용안함"으로 설정한 경우 콘텐츠가 세로로 나열된다.

08) 타이틀 텍스트(Title text), 바디 텍스트(Body text), 메뉴 텍스트(Menu text)의 각 글자체/굵기/색상/크기 등을 적절하게 설정하여 사용자가 텍스트간의 위계질서(Hierarchy)를 직관적으로 알 수 있도록 한다.

09) 모든 이미지에는 이미지에 대한 대체 텍스트를 표현할 수 있는 alt 속성이 있어야 한다.

10) 제작된 사이트 메인페이지의 레이아웃, 구성요소의 크기 및 위치 등은 최신 버전의 **Google Chrome**에서 정상적으로 동작해야 한다.

바. 제출방법

01) 수험자는 비번호로 된 폴더명으로 완성된 작품 파일을 저장하여 제출한다.

02) 폴더 안에는 images, script, css 등의 자료를 분류하여 저장한 폴더도 포함되어 있어야 하며, 메인페이지는 반드시 최상위 폴더에 index.html로 저장하여 제출해야 한다.

03) 수험자는 제출하는 폴더에 index.html을 열었을 때 연결되거나 표시되어야 할 모든 리소스들을 포함하여 제출해야 하며 수험자의 컴퓨터가 아닌 채점위원의 컴퓨터에서 정상 작동해야 한다.

04) 전체 결과물의 용량은 10MB 용량이 초과되지 않게 제출하며 ai, psd 등 웹서비스에 사용하지 않는 파일은 제출하지 않는다.

<table>
<tr><td>**자격종목**</td><td>웹디자인개발기능사</td><td>**과제명**</td><td>가구공식몰</td></tr>
</table>

2. 수험자 유의사항

※ 다음의 유의사항을 고려하여 요구사항을 완성하시오.

01) 수험자 인적사항 및 답안작성은 반드시 검은색 필기구만 사용하여야 하며, 그 외 연필류, 유색 필기구, 지워지는 펜 등을 사용한 답안은 채점하지 않으며 0점 처리됩니다.

02) 수험에 필요한 소프트웨어 및 참고자료가 하드웨어에 설치되어 있는지 확인 후 작업하시오.

03) 참고자료의 내용 중 오자 및 탈자 등이 있을 때는 수정하여 작업하시오.

04) 지참공구[수험표, 신분증, 필기도구] 이외의 참고자료 및 외부장치(USB, 키보드, 마우스, 이어폰) 등 **어떠한 물품도 시험 중에 지참할 수 없음을 유의하시오.**

   (단, 시설목록 이외의 정품 소프트웨어(폰트 제외)를 설치하고자 할 때에는 감독위원의 입회하에 설치하여 사용하시오.)

05) 수험자가 컴퓨터 활용 미숙 등으로 인한 시험의 진행이 어렵다고 판단되었을 때는 감독위원은 시험을 중지시키고 실격처리를 할 수 있음을 유의하시오.

06) **바탕화면에 수험자 본인의 '비번호' 이름을 가진 폴더에 완성된 작품의 파일만을 저장하시오.**

07) 모든 작품을 감독위원 또는 채점위원이 검토하여 복사된 작품(동일 작품)이 있을 때에는 관련된 수험자 모두를 부정행위로 처리됨을 유의하시오.

08) 장시간 컴퓨터 작업으로 신체에 무리가 가지 않도록 적절한 몸풀기(스트레칭) 후 작업하시오.

09) **다음 사항에 대해서는 실격에 해당되어 채점 대상에서 제외됩니다.**

   가) 수험자 본인이 수험 도중 시험에 대한 포기(기권) 의사를 표시하고 포기하는 경우

   나) 작업범위(용량, 시간)를 초과하거나, 요구사항과 현격히 다른 경우(채점위원이 판단)

   다) **Slide가 JavaScript(jQuery포함), CSS 중 하나 이상의 방법을 이용하여 제작되지 않은 경우**

   　 ※ 움직이는 Slide를 제작하지 않고 이미지 하나만 배치한 경우도 실격처리 됨

   라) 수험자 미숙으로 비번호 폴더에 완성된 작품 파일을 저장하지 못했을 경우

   마) 압축 프로그램을 사용하여 작품을 압축 후 제출한 경우

   바) 과제기준 20%이상 완성이 되지 않은 경우(채점위원이 판단)

3. 지급재료 목록

일련 번호	재료명	규격	단위	수량	비고
1	수험자료 USB 메모리	32GB 이상	개	1	시험장당
2	USB 메모리	32GB 이상	개	1	시험장당 1개씩(채점위원용) ※ 수험자들의 작품 관리

※ 국가기술자격 실기시험 지급재료는 시험종료 후(기권, 결시자 포함) 수험자에게 지급하지 않습니다.

1 STEP 웹 페이지 기본 설정   약 15분

01 HTML5 버전 index.html 만들기

문제를 풀기 전 컴퓨터 바탕화면에 본인에게 부여된 '비번호' 폴더를 생성합니다. '비번호' 폴더 안에 'images', 'css', 'js' 폴더를 각각 생성하고, 주어진 수험자 제공 파일들을 각 폴더에 맞게 정리합니다. 본 교재는 '비번호' 대신 '가구공식몰' 폴더 설정 후 작업을 진행합니다.

** 이 책에서는 웹 문서 편집 프로그램으로 Visual Studio Code를 사용하였습니다.*

01 Visual Studio Code를 실행합니다. [시작 화면] – [폴더 열기] 또는 상단 메뉴에서 [파일] – [폴더 열기]를 선택합니다.

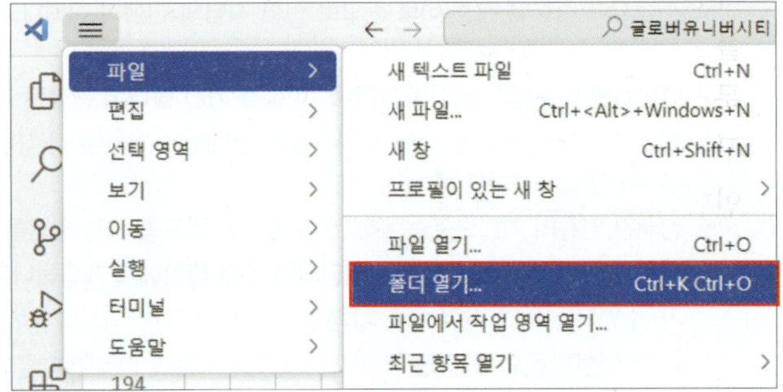

02 바탕화면에 미리 생성해 둔 '가구공식몰' 폴더를 선택합니다.

03 Visual Studio Code 좌측 탐색기 아이콘을 선택하여 탐색기 패널을 활성화합니다. 탐색기 패널에는 미리 만들어 놓은 'images', 'css', 'js' 폴더가 있습니다.

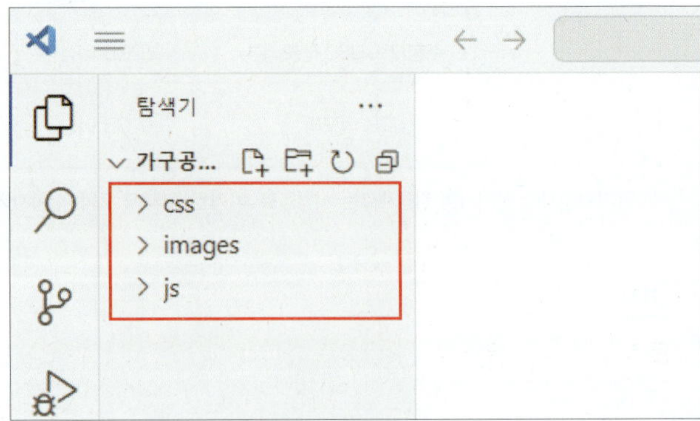

04 탐색기 패널에서 '새 파일' 아이콘을 선택
하면, '가구공식몰' 폴더 하위에 새 파일이
생성됩니다.

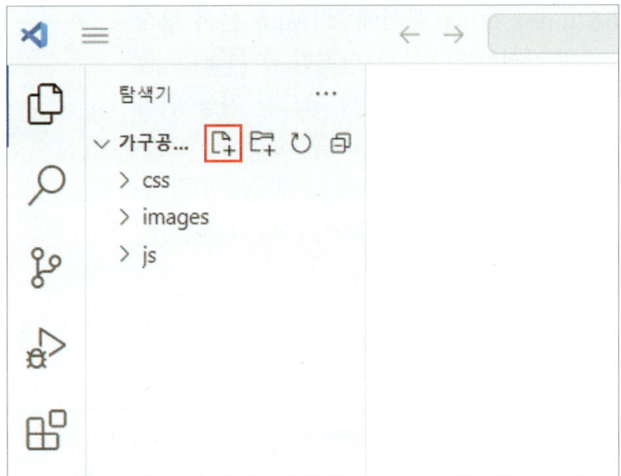

05 파일명을 'index.html'로 변경한 후 [Enter]
를 누르면, 우측 코드 창에 'index.html'
문서가 활성화되고 윈도우 탐색기에서 '가
구공식몰' 폴더 하위에 'index.html'을 확
인할 수 있습니다.

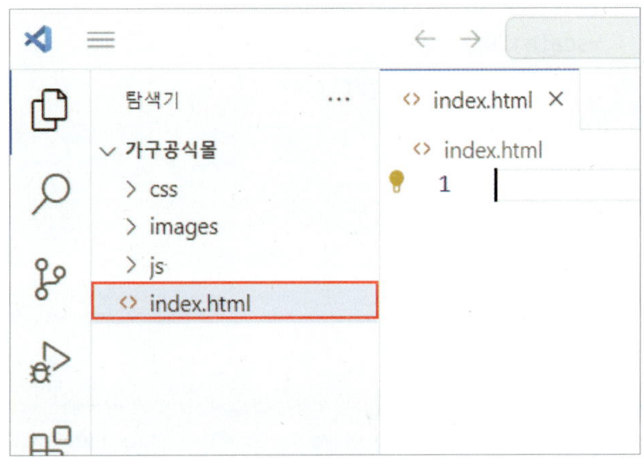

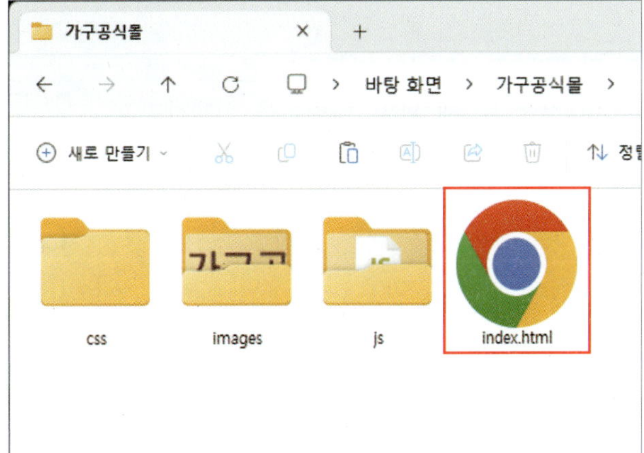

모든 작업 폴더와 파일 이름은 영문으로, 띄어쓰기 없이 작성합니다.

06 'index.html' 문서에 HTML5 문서 형식을 작성하거나 '!'를 입력한 후 [Tab]을 눌러 HTML5 문서 형식 코드를 자동 완성합니다. 이때 'lang="en"'을 'lang="ko"'로 변경하고, 〈title〉 태그에 과제명을 입력 후 [파일(File)] – [저장(Save)] 또는 [Ctrl]+[S]를 선택하여 저장합니다.

```
〈!DOCTYPE html〉
〈html lang="ko"〉
〈head〉
    〈meta charset="UTF-8"〉
    〈meta name="viewport" con-
tent="width=device-width, initial
-scale=1.0"〉
    〈title〉가구공식몰〈/title〉
〈/head〉
〈body〉
〈/body〉
〈/html〉
```

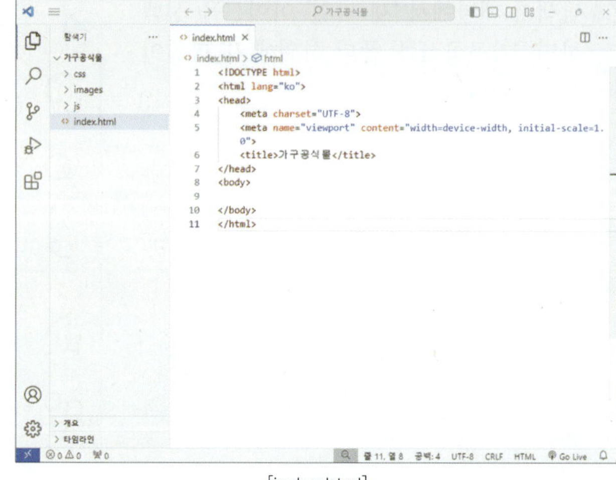

[index.html]

② CSS 문서 만들기

작업을 시작하기 전, 실수를 줄이기 위해 미리 CSS 문서를 만듭니다.

01 탐색기 패널에 미리 만들어 놓은 'css' 폴더 선택 후 '새 파일' 아이콘을 선택하면 'css' 폴더 하위에 새 파일이 생성됩니다.

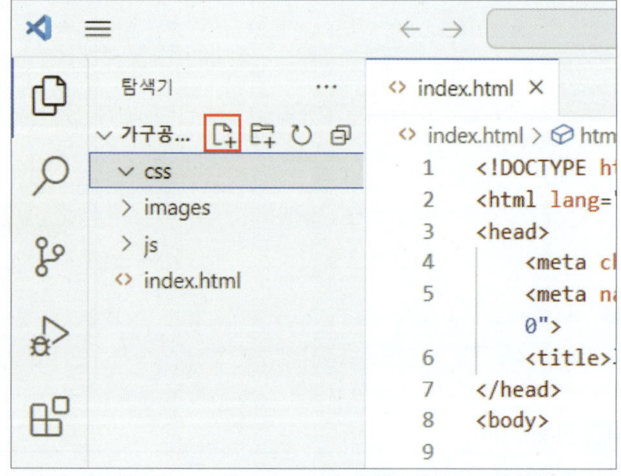

02 새 파일의 파일명을 'style.css'로 변경한 후 Enter 를 누르면, 우측 코드 창에 'style.css' 문서가 활성화된 것을 확인할 수 있습니다.

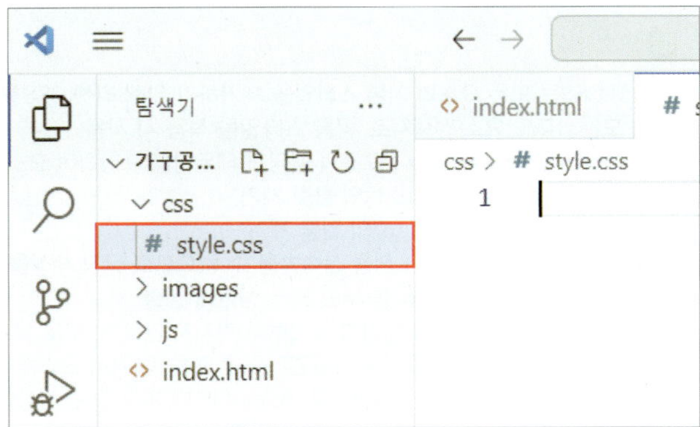

03 'style.css' 문서에 문자 인코딩 방식을 지정하는 '@charset "utf-8";' 입력 후 리셋 CSS를 입력하고, [파일(File)] – [저장(Save)] 또는 Ctrl + S 를 선택하여 저장합니다.

```
@charset "utf-8";
*{
    margin:0;
    padding:0;
    box-sizing:border-box;
}
li{
    list-style:none;
}
a{
    text-decoration:none;
    color:inherit;
}
img{
    vertical-align:top;
    max-width:100%;
}
button{
    cursor:pointer;
}
body{
    background:#369;
    color:#333
}
```

```
1   @charset "utf-8";
2   /*기본 CSS 리셋*/
3   * {
4     margin: 0; /*기본 상하좌우 여백값 0으로 설정*/
5     padding: 0; /*기본 상하좌우 패딩값 0으로 설정*/
6     box-sizing: border-box; /* 패딩과 테두리를 포함하여 요소의 너비를 유지 */
7   }
8   li {
9     list-style: none; /* 목록 항목의 불릿을 숨김 */
10  }
11  a {
12    text-decoration: none; /* 링크의 밑줄을 제거 */
13    color: inherit; /* 링크의 글자 색상을 부모 요소로부터 상속받음 */
14  }
15  img {
16    vertical-align: top; /* 이미지의 아래쪽 여백을 제거하고, 상단 정렬 */
17    max-width: 100%; /* 이미지를 부모 요소의 너비에 맞춤 (이미지가 깨지지 않도록) */
18  }
19  button {
20    cursor: pointer; /* 버튼을 손가락 커서로 표시 */
21  }
22  body {
23    background: #369; /*배경색 #369표시*/
24    color: #333
25  }
```

[style.css]

- 리셋 CSS는 모든 요소의 기본 스타일을 제거하기 위해 리셋 CSS를 작성합니다.
- * : 모든 HTML 요소 선택자로, 공통 스타일을 적용 시 사용
- box-sizing:border-box : 요소의 패딩과 테두리를 포함하여 요소의 너비 설정
- list-style:none : 목록 리스트의 불릿 제거
- text-decoration:none : ⟨a⟩의 밑줄 제거
- color:inherit : ⟨a⟩는 글자 색을 상속받을 수 없으므로 글자 색상을 부모 요소로부터 상속받을 수 있게 설정
- vertical-align:top : ⟨img⟩를 부모 요소 상단에 정렬
- max-width:100% : 본래 이미지 크기보다 커지지 않으며, 부모 요소의 너비를 초과하지 않도록 설정
- cursor:pointer : 요소 위 마우스 포인터를 올렸을 때 커서 모양을 손가락 모양으로 변경
- color : '#333'은 16진수 표기법으로 'color:#333333'과 같은 색상을 나타내며, '#333'은 각 자리 숫자가 2번 반복된 6자리 값과 동일(예 'color:#f00' → 'color:#ff0000'(빨간색)

03 Script 문서 만들기

작업을 시작하기 전, 실수를 줄이기 위해 미리 Script 문서를 만듭니다.

01 수험자 제공 파일인 제이쿼리 라이브러리 파일 'jquery-1.12.3.js'를 '가구공식몰' 하위 폴더의 'js' 폴더로 이동해 둡니다.

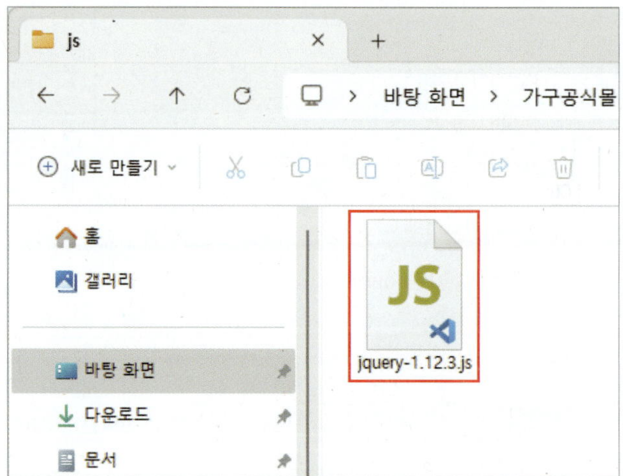

02 Visual Studio Code 탐색기 패널의 'js' 폴더 선택 후 '새 파일' 아이콘을 선택하면 하위에 새 파일이 생성됩니다.

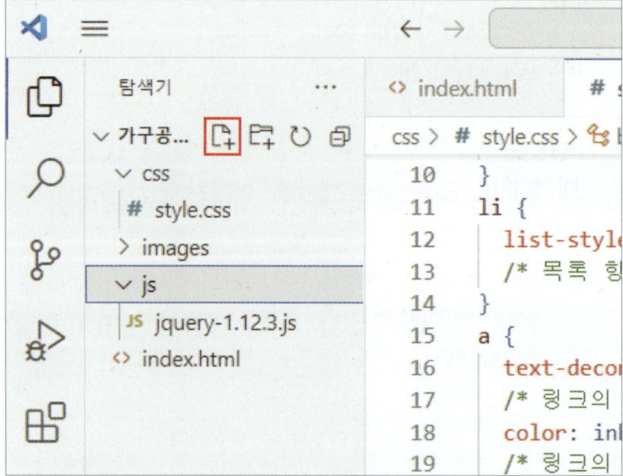

03 새 파일의 파일명을 'script.js'로 변경한 후 [Enter]를 누르면, 우측 코드 창에 'script.js' 문서가 활성화된 것을 확인할 수 있습니다.

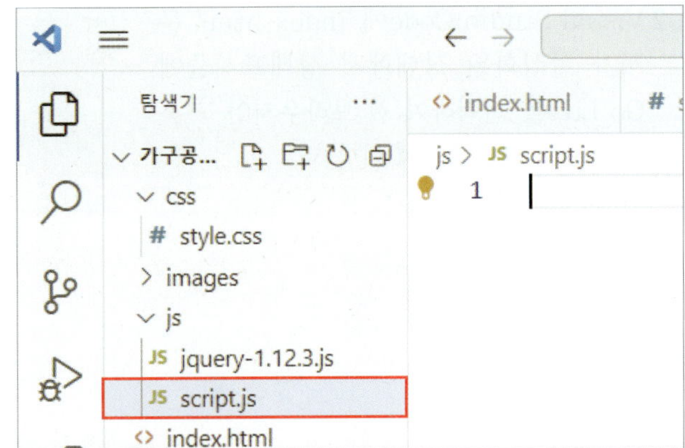

04 'script.js' 문서에 '$(function(){...})'을 입력합니다.

[script.js]

05 {...}(중괄호) 안 'alert("경고")'을 입력 후 [Ctrl] + [S]로 저장합니다.

```
$(function(){
    alert("경고");
})
```

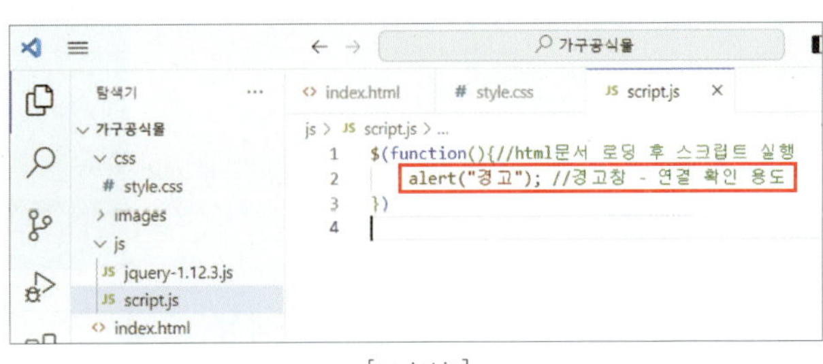

[script.js]

⑭ index 문서에 CSS, Script 문서 연결하기

'index.html' 문서에 CSS 문서와 Script 문서, jQuery 라이브러리를 연결합니다.

01 'index.html'에서 'css'와 'js' 문서를 <head> 태그 내 연결 후 [Ctrl] + [S]로 저장합니다. js 문서연결 시 jQuery 라이브러리를 먼저 작성하고, script.js를 작성합니다.

```
<link href="css/style.css" rel="stylesheet">
<script src="js/jquery-1.12.3.js"></script>
<script src="js/script.js"></script>
```

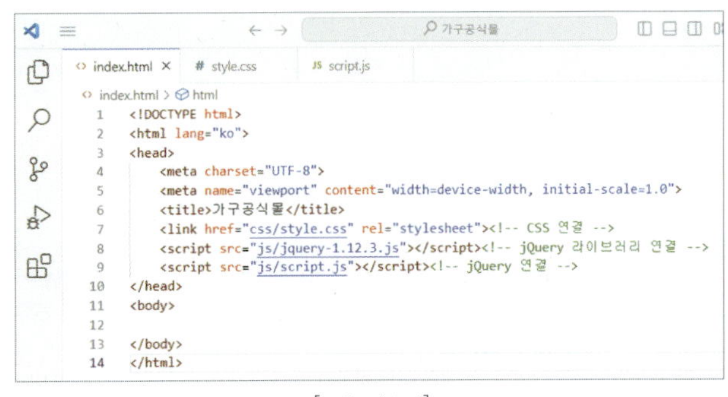

[index.html]

02 Visual Studio Code에 'index.html' 문
서가 활성화된 상태에서 상태표시줄에
Go Live를 선택하여 웹 브라우저인 '크롬
(Chrome)'으로 확인합니다.

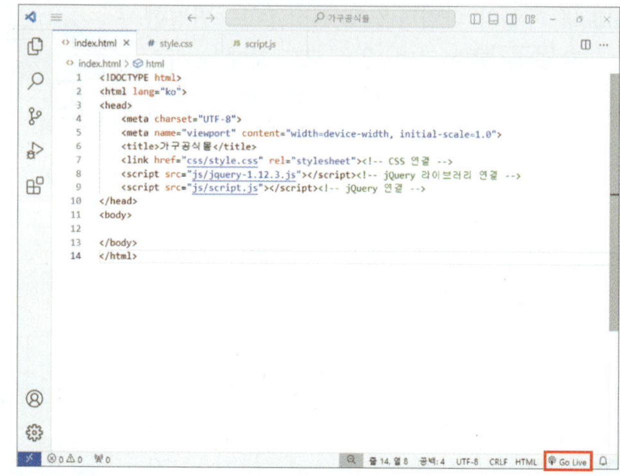

[index.html]

03 웹 브라우저의 배경색 '#369'와 경고창이
뜬다면 CSS와 Script 문서가 잘 연결된
것입니다.

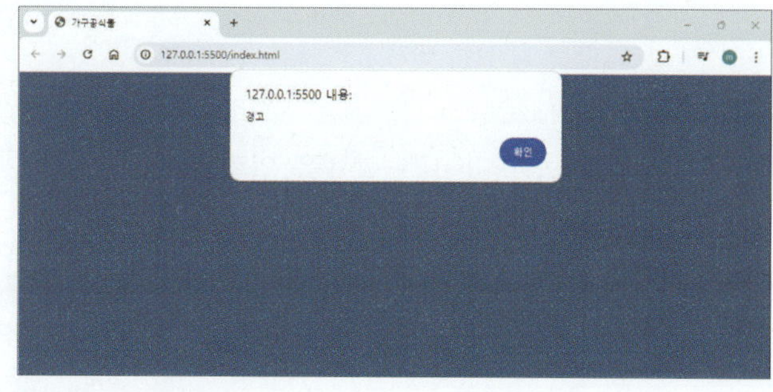

04 확인 후 'style.css'에서 body 색상을
'#fff'로 변경하고 'script.js' 문서에서 경
고창 스크립트를 삭제합니다.

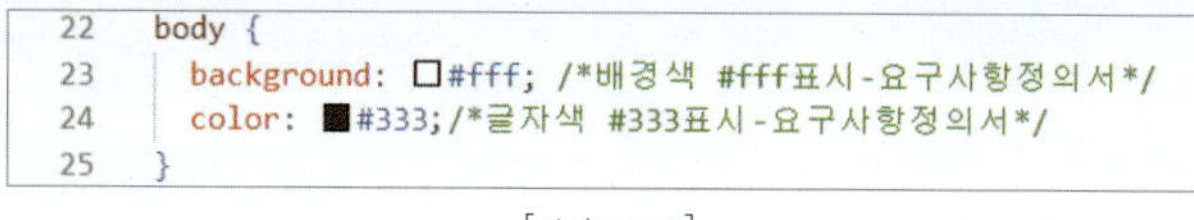

[style.css]

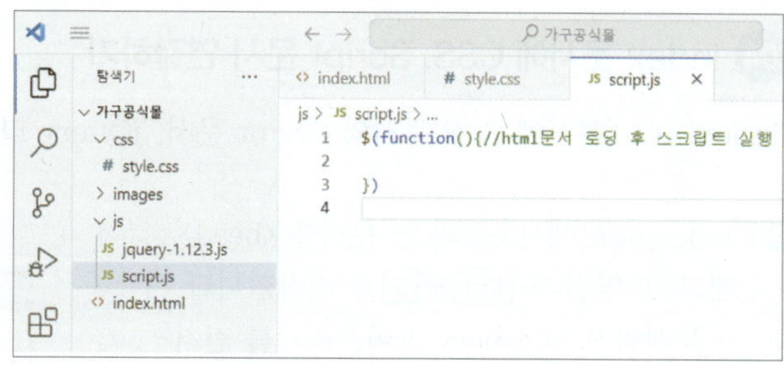

[script.js]

Go Live가 설치되지 않았을 때 바탕화면에서 '가구공식몰' 폴더의 하위 파일 'index.html' 문서를 웹 브라우저인 '크롬(Chrome)'으
로 열어 작업 결과를 확인할 수 있습니다.

01 레이아웃 HTML 구조 작업하기

요구사항정의서에 있는 와이어프레임을 바탕으로 주어진 콘텐츠와 수치를 파악하여 레이아웃을 제작합니다. 문제에서 지시하지 않은 부분은 자유롭게 설정합니다.

01 먼저, 요구사항정의서의 와이어프레임을 보면서 HTML로 영역을 구분하는 코드를 작성합니다. 다음과 같이 작성하고 [파일(File)] – [저장(Save)] 또는 Ctrl + S 를 선택하여 저장합니다.

```
<div class="wrap">
  <div class="top">
    <header>
        헤더영역
    </header>
    <div class="contents">
      <article class="slide">
          슬라이드영역
      </article>
      <article class="go">
          바로가기영역
      </article>
      <article class="con">
          콘텐츠영역
      </article>
    </div>
  </div>
  <footer>
      푸터영역
  </footer>
</div>
```

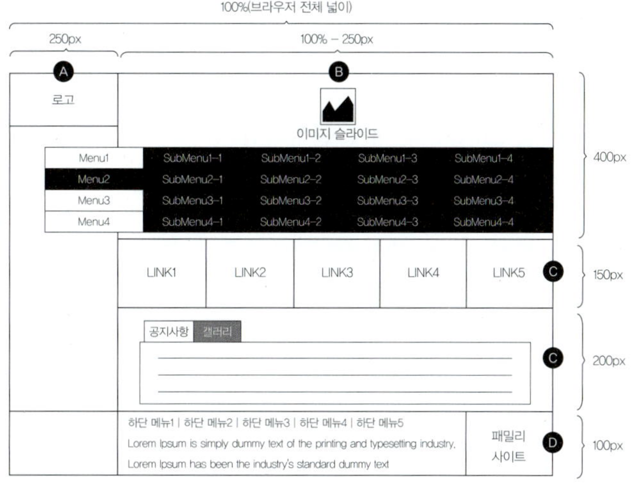


```html
1   <!DOCTYPE html>
2   <html lang="ko">
3   <head>
4     <meta charset="UTF-8">
5     <meta name="viewport" content="width-device-width, initial-scale=1.0">
6     <title>가구공식몰</title>
7     <link href="css/style.css" rel="stylesheet"><!-- CSS 연결 -->
8     <script src="js/jquery-1.12.3.js"></script><!-- jQuery 라이브러리 연결 -->
9     <script src="js/script.js"></script><!-- jQuery 연결 -->
10  </head>
11  <body>
12    <div class="wrap">
13      <div class="top">
14        <header>
15          헤더영역
16        </header>
17        <div class="contents">
18          <article class="slide">
19            슬라이드영역
20          </article>
21          <article class="go">
22            바로가기영역
23          </article>
24          <article class="con">
25            콘텐츠영역
26          </article>
27        </div><!--//top 닫은 태그-->
28      </div><!--//contents 닫은 태그-->
29      <footer>
30        푸터영역
31      </footer>
32    </div><!--//wrap 닫은 태그-->
33  </body>
34  </html>
```

[index.html]

- 홈페이지 구조화 작업 시 각 영역에 맞게 타이틀(헤더 영역, 슬라이드 영역 등)을 채우고 영역 작업 시 타이틀을 지우며 작업함
- HTML 주석은 〈!--로 시작하고 --〉로 끝남
- 클래스 명은 각 영역에 맞게 설정했으나, 원하는 이름으로 변경할 수 있음
- 〈div class="wrap"〉 : 전체를 감싸는 영역
- 〈div class="top"〉 : 헤더, 콘텐츠(슬라이드, 바로가기, 공지사항, 갤러리)를 감싸는 영역
- 〈header〉 : 웹 페이지 머리글 영역으로 로고와 메뉴를 포함하는 영역
- 〈div class="contents"〉 : 슬라이드, 바로가기, 공지사항, 갤러리를 감싸는 영역
- 〈section class="slide"〉 : 독립적인 주제를 가진 영역으로 슬라이드를 감싸는 영역
- 〈article〉 : 독립적으로 구분할 수 있는 콘텐츠 영역을 각각 감싸는 영역
- 〈footer〉 : 웹 페이지의 바닥글 영역으로 하단 로고, 저작권, 패밀리사이트, SNS 등 포함하는 영역

02 'index.html' 문서가 활성화된 상태에서 상태표시줄에 Go Live를 선택하여 웹 브라우저인 '크롬(Chrome)'으로 작업 결과를 확인합니다.

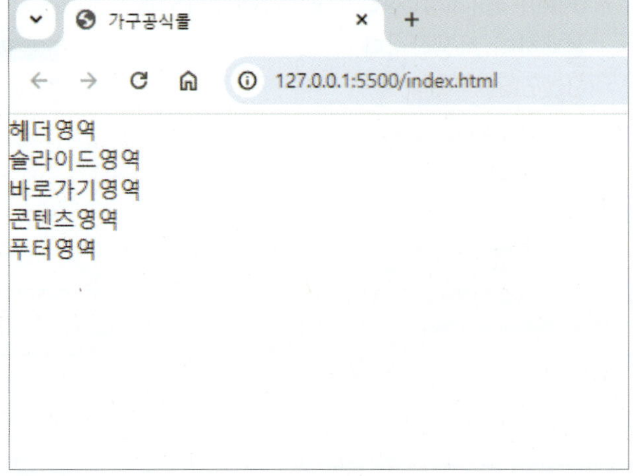

02 레이아웃 스타일 작업하기

HTML 구조를 기반으로 CSS 스타일을 적용하여, 요구사항정의서에 제시된 와이어프레임 레이아웃을 제작합니다.

01 'style.css' 문서에서 HTML 구조에 맞게 레이아웃 스타일을 'body' 스타일 다음 줄에 다음과 같이 입력하고, [파일(File)] − [저장(Save)] 또는 Ctrl + S 를 선택하여 저장합니다.

```css
.wrap {
    height:850px;
}
.top {
    height:750px;
    display:flex;
}
header {
    width:250px;
    background:#f45750;
}
.contents {
    width:calc(100% − 250px);
}
.slide {
    height:400px;
    background:#40b0f9;
}
.go{
    height:150px;
    background:#00d2a5;
}
.con {
    height:200px;
    background:#ff884d;
}
footer {
    height:100px;
    background:#666;
}
```

```css
26    .wrap {
27        height:850px;
28    }
29    .top {
30        height:750px;
31        display:flex;
32    }
33    header {
34        width:250px;
35        background: #f45750;
36    }
37    .contents {
38        width:calc(100% - 250px);
39    }
40    .slide {
41        height:400px;
42        background: #40b0f9;
43    }
44    .go{
45        height:150px;
46        background: #00d2a5;
47    }
48    .con {
49        height:200px;
50        background: #ff884d;
51    }
52    footer {
53        height:100px;
54        background: #666;
55    }
```

[style.css]

- CSS 주석은 /*로 시작하고 */로 끝납니다.
- 클래스 명은 의미 있는 이름으로 만들어야 하며, 반드시 영문 소문자로 작성해야 합니다. 또한, 숫자로 시작할 수 없습니다.
- CSS 작성 시 속성의 순서는 필수적으로 지켜야 하는 규칙은 없지만, 가독성과 유지보수를 위해 일관된 순서를 유지하는 것이 좋습니다.
- CSS는 선택자가 구체적으로 작성된 순서에 따라 우선적으로 적용됩니다.
  [참고하기] PART 02 – SECTION 02 CSS 기본 다지기

- **.wrap** : 〈div class="wrap"〉 선택자, 전체 콘텐츠를 감싸는 역할로 요구사항정의서에 표시된 높이 값 적용
- **.top** : 〈div class="top"〉 선택자로 〈footer〉를 제외한 헤더, 콘텐츠 전체를 감싸는 역할
  - **display:flex**: 〈div class="top"〉을 플렉스 컨테이너로 설정하여 자식 요소(header, .contents)들을 수평으로 나열. 이때 자식 요소는 부모 요소의 높이만큼 stretch 되어 들어가므로 부모 요소에 높이 값이 있는 것이 유리
- **.contents** : 〈div class="contents"〉 선택자로 슬라이드, 바로가기, 공지사항, 갤러리 영역 전체를 감싸는 컨테이너 역할
  - **width:calc(100% − 250px)** : CSS에서 요소의 너비를 계산하여 설정하는 방식으로 부모 요소(.top)의 전체 너비(100%)에서 250픽셀을 뺀 값을 요소의 너비로 설정

CSS calc( ) 함수의 사용법
'calc( )'는 CSS에서 두 개 이상의 값을 계산하여 속성값을 설정할 때 사용하는 함수입니다. 이 함수는 다양한 연산자(+, −, *, /)를 허용하여 정적인 CSS 값을 보다 유연하게 조정하여 고정된 여백을 고려한 레이아웃을 만들 수 있습니다.
작성 시 calc( ) 함수 내에서는 연산자와 피연산자 사이에 반드시 띄어쓰기를 넣어야 합니다.

/* 잘못된 표현 */	/* 올바른 표현 */
width:calc(100%−650px);	width:calc(100% − 650px);

02 'index.html' 문서가 활성화된 상태에서 상태표시줄에 Go Live를 선택하여 웹 브라우저인 '크롬(Chrome)'으로 작업 결과를 확인합니다.

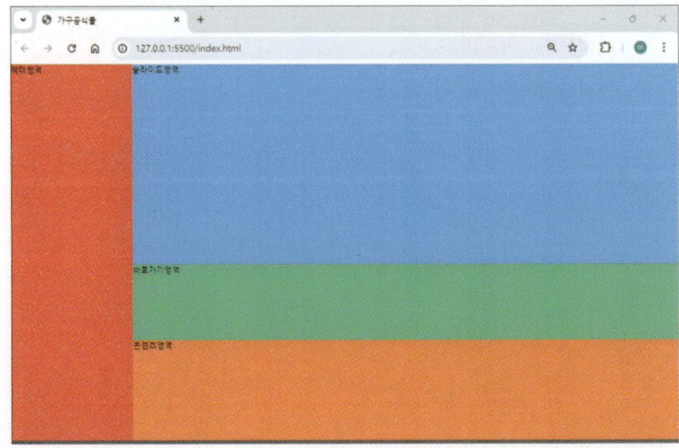

01 로고 제작하기

세부 지시사항의 A.1 로고를 제작합니다. 가로 200px, 세로 50px 크기의 로고를 직접 디자인합니다. 로고의 형태는 심볼이 있는 타입으로 Header 폴더의 제공된 텍스트를 사용하여 제작합니다.

01 로고 제작을 위해 일러스트레이터를 실행 후 [파일(File)] – [새로 만들기(New)] 또는 `Ctrl`+`N`을 눌러, '새로운 문서 만들기'를 합니다.

- 폭(Width) : 200px
- 높이(Height) : 50px
- 색상 모드(Color Mode) : RGB 색상
- 래스터 효과(Raster Effects) : 스크린(72ppi)

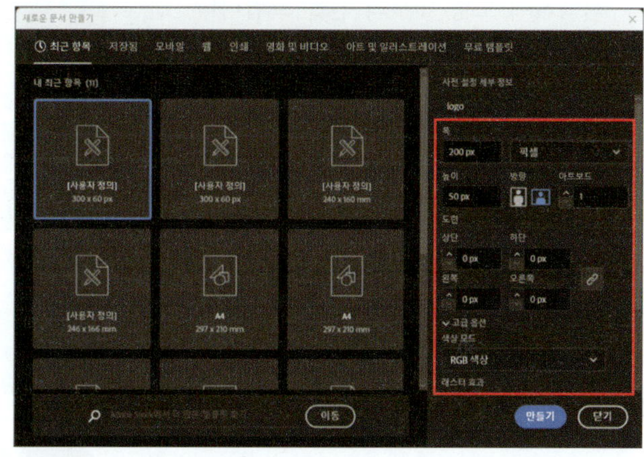

02 도구 상자 패널에서 문자 도구(T)를 선택하고, 대지를 클릭하여 '가구공식몰'을 설정 후 선택 도구를 누릅니다.

- 서체(Character) : KoPub돋움체 Bold
- 글자 크기 : 30pt
- 칠 색상 : #000000

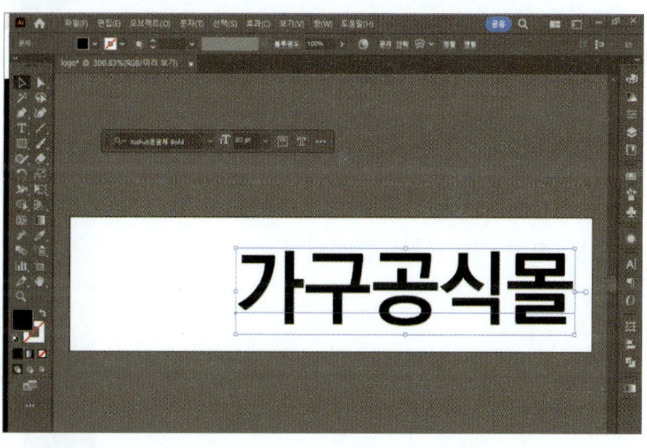

03 심볼을 만들기 위해 펜 도구(✏)를 선택하고, 클릭하며 선을 이어 나가 도형을 만듭니다.

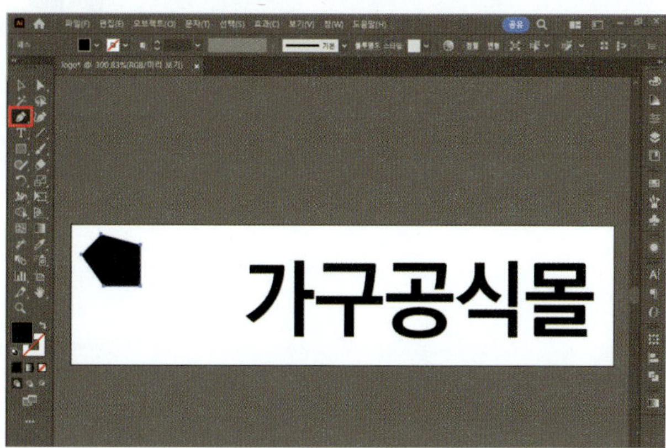

04 같은 방식으로 나머지 도형 3개를 그려줍니다.

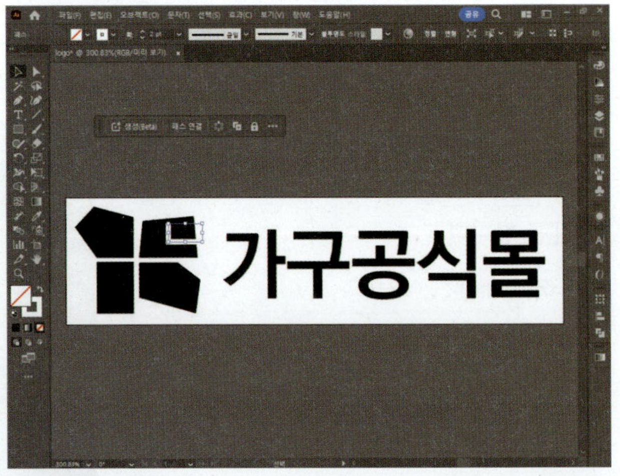

05 도형을 그린 후, 채우기 색상을 제거하고 선 색상 '#ffffff'로 설정 후 펜툴(   )을 선택하여 도형 내부의 선을 그립니다. 선을 끊어 그릴 때는, 작업이 끝나면 [Ctrl]를 누른 상태에서 다른 곳을 클릭하여 마무리합니다.

06 원형(   ) 도구를 선택 후 드래그하여 원을 그립니다. 원을 선택하여 칠 색상 '#ffffff' 설정하고 획 색상을 없앱니다.

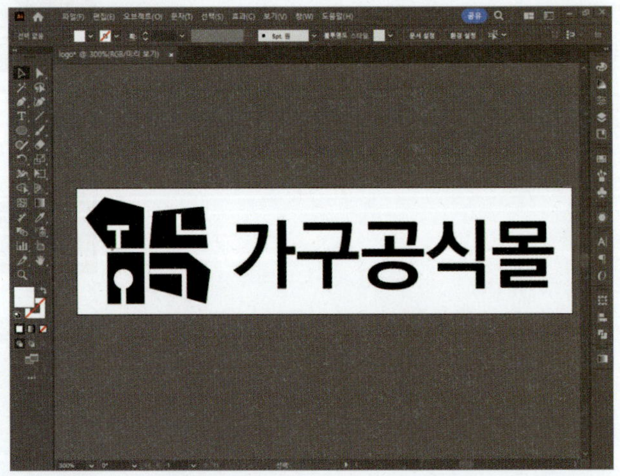

07 Shift 를 누른 상태로 선을 다중 선택한 후,
[오브젝트(Object)] – [확장(Expand)]을
선택하여 선을 면으로 변환합니다.

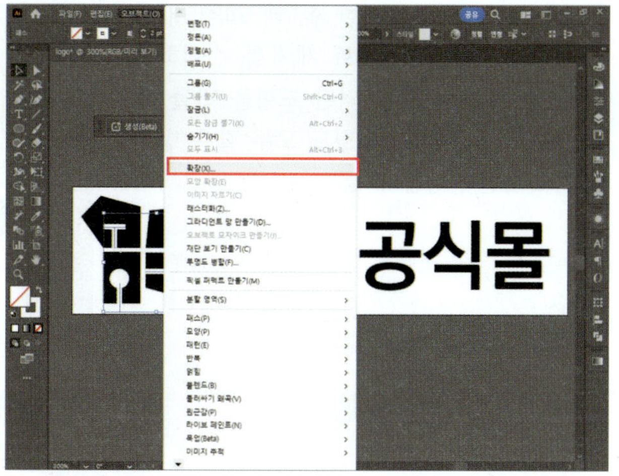

08 [창(Window)] – [패스파인더(Path-
finder)]를 선택해 패스파인더(Path-
finder) 패널을 엽니다.

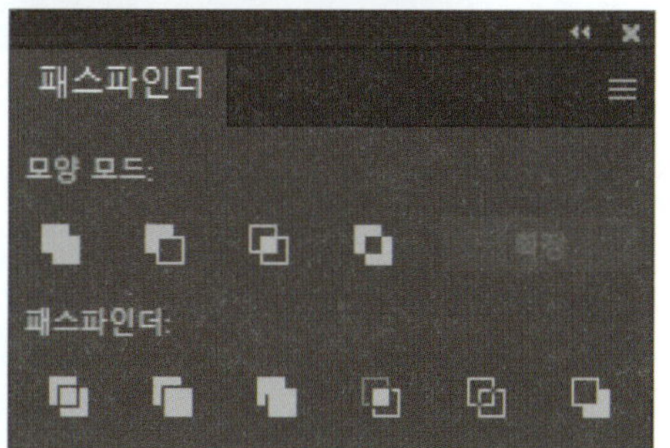

09 첫 번째 도형을 선택한 후, 패스파인더 패널에서 '앞면 오브젝트 제외'를 선택하면 흰색 오브젝트가 제외된 도형을 만들 수 있습니다. 나머지 도형도 모두 같은 방식으로 3번 진행합니다.

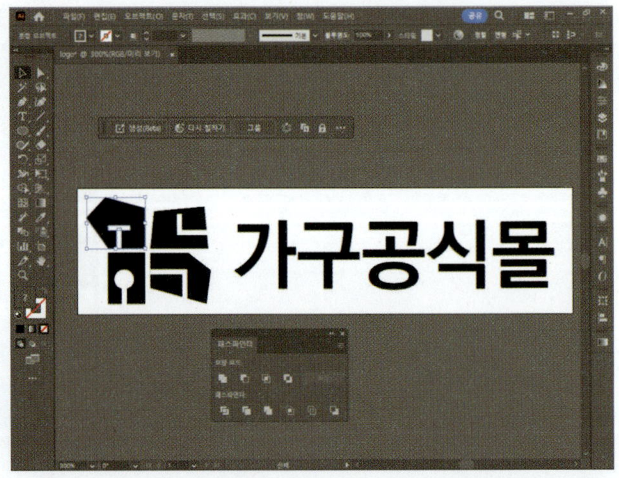

10 1번과 4번 도형을 Shift 를 누른 상태로 다중 선택한 후, 색상을 '#c8b169'로 변경합니다.

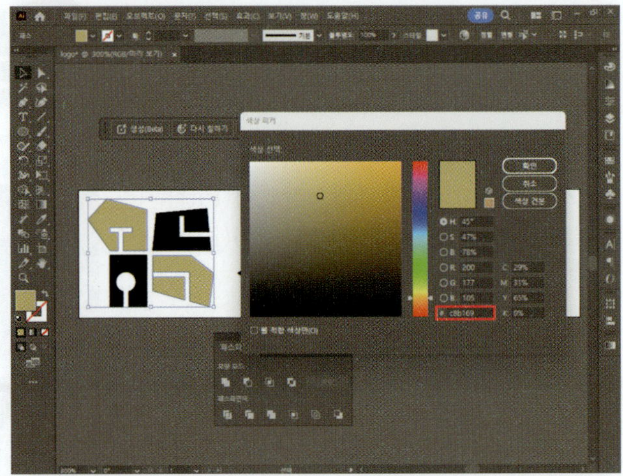

11 2번, 3번 도형과 글자도 Shift 를 누른 상태로 다중 선택한 후, 색상을 '#5a343c'로 변경합니다.

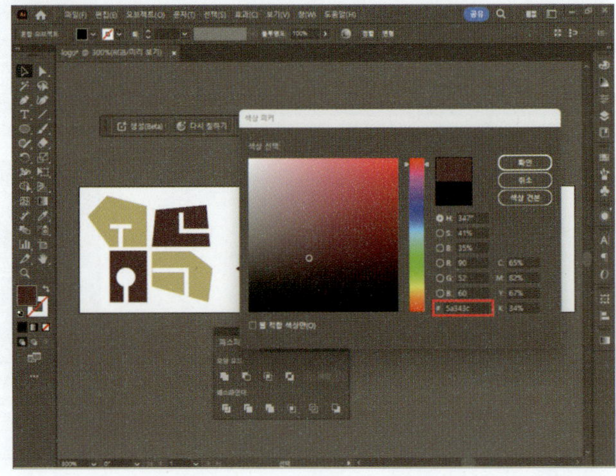

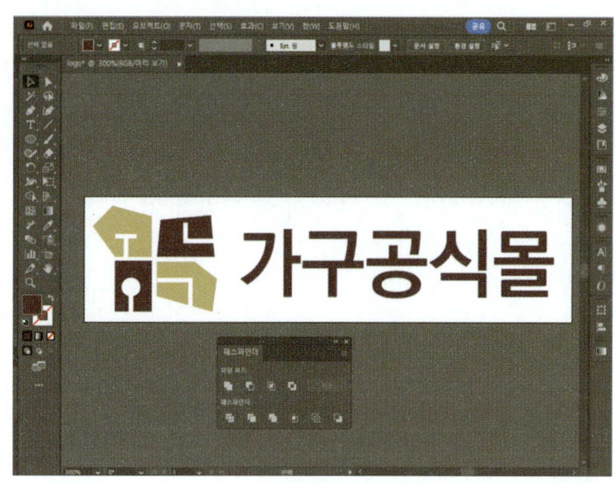

12 작업이 완료되면 [파일(File)] – [내보내기(Export)] – [웹용으로 저장(Save for Web)]을 선택하여 파일 형식을 'PNG-24'로 설정한 후, 'images' 폴더에 저장합니다.

– 파일 이름 : logo.png

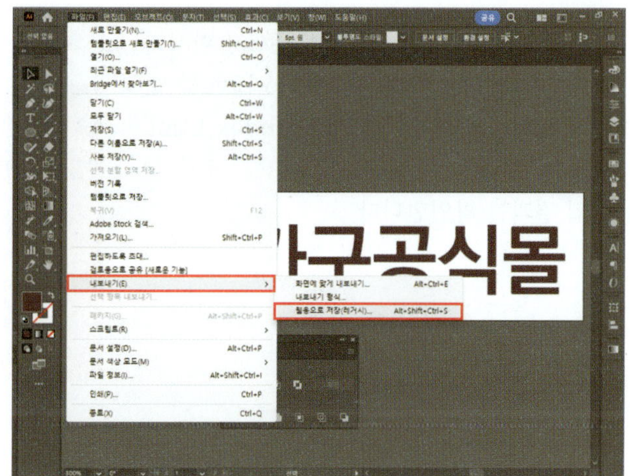

02 헤더 영역 로고 작업하기

세부 지시사항의 A.1 로고를 문서에 추가합니다.

01 Visual studio code에 'index.html' 문서를 열어, '⟨header⟩' 영역 안 글자를 지우고 다음과 같이 작성합니다.

```html
<h1>
    <a href="#">
        <img src="images/logo.png"
alt="가구공식몰">
    </a>
</h1>
```

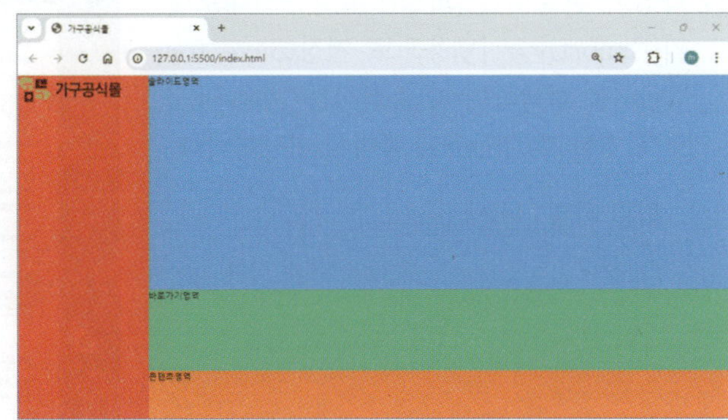

```html
14    <header>
15        <h1>
16            <a href="#">
17                <img src="images/logo.png" alt="가구공식몰">
18            </a>
19        </h1>
20    </header>
```

[index.html]

02 문서 저장 후 'index.html' 문서가 활성화된 상태에서 상태표시줄에 Go Live를 선택 또는 윈도우 탐색기에서 'index.html'을 웹 브라우저인 '크롬(Chrome)'으로 작업 결과를 확인합니다.

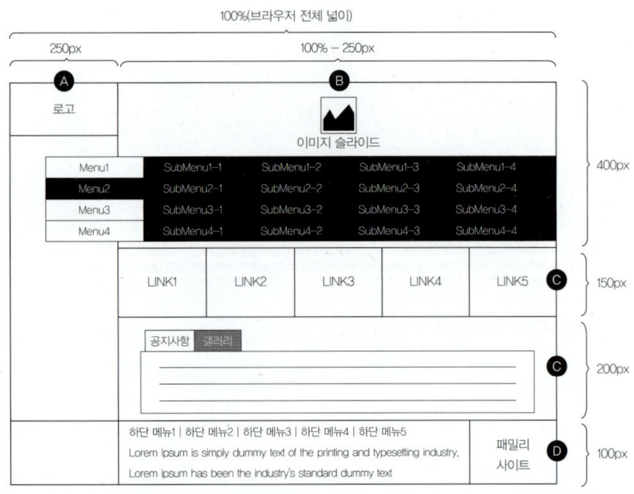

03 헤더 영역 메뉴 작업하기

세부 지시사항의 A.2 메뉴를 구성합니다. 사이트 맵과 구조도를 참고하여 메인 메뉴(Main menu)와 서브 메뉴(Sub menu)를 구성합니다.

01 요구사항정의서의 와이어프레임 메뉴 형태를 확인합니다.

02 'index.html' 문서 〈header〉영역 내 '〈/h1〉' 다음 줄에 요구사항정의서의 '사이트 맵'을 참고하여 메뉴를 다음과 같이 작성합니다.

```
<nav>
  <ul>
    <li>
        <a href="#">홈</a>
        <ul class="sub">
          <li><a href="#">최신 소식</a></li>
          <li><a href="#">베스트셀러</a></li>
          <li><a href="#">신규 입고</a></li>
          <li><a href="#">고객센터</a></li>
        </ul>
    </li>
    <li>
        <a href="#">거실</a>
        <ul class="sub">
          <li><a href="#">TV 스탠드</a></li>
          <li><a href="#">책장</a></li>
          <li><a href="#">테이블</a></li>
          <li><a href="#">수납장</a></li>
        </ul>
    </li>
    <li>
        <a href="#">침실</a>
        <ul class="sub">
          <li><a href="#">침대 프레임</a></li>
          <li><a href="#">매트리스</a></li>
          <li><a href="#">옷장</a></li>
          <li><a href="#">화장대</a></li>
        </ul>
    </li>
    <li>
        <a href="#">주방/다이닝</a>
        <ul class="sub">
          <li><a href="#">식탁</a></li>
          <li><a href="#">의자</a></li>
          <li><a href="#">수납장</a></li>
          <li><a href="#">식기류</a></li>
        </ul>
    </li>
  </ul>
</nav>
```

```
14    <header>
15        <h1>
16          <a href="#">
17            <img src="images/logo.png" alt="가구공식몰">
18          </a>
19        </h1>
20        <nav>
21          <ul>
22            <li>
23              <a href="#">홈</a>
24              <ul class="sub">
25                <li><a href="#">최신 소식</a></li>
26                <li><a href="#">베스트셀러</a></li>
27                <li><a href="#">신규 입고</a></li>
28                <li><a href="#">고객센터</a></li>
29              </ul>
30            </li>
31            <li>
32              <a href="#">거실</a>
33              <ul class="sub">
34                <li><a href="#">TV 스탠드</a></li>
35                <li><a href="#">책장</a></li>
36                <li><a href="#">테이블</a></li>
37                <li><a href="#">수납장</a></li>
38              </ul>
39            </li>
40            <li>
41              <a href="#">침실</a>
42              <ul class="sub">
43                <li><a href="#">침대 프레임</a></li>
44                <li><a href="#">매트리스</a></li>
45                <li><a href="#">옷장</a></li>
46                <li><a href="#">화장대</a></li>
47              </ul>
48            </li>
49            <li>
50              <a href="#">주방/다이닝</a>
51              <ul class="sub">
52                <li><a href="#">식탁</a></li>
53                <li><a href="#">의자</a></li>
54                <li><a href="#">수납장</a></li>
55                <li><a href="#">식기류</a></li>
56              </ul>
57            </li>
58          </ul>
59        </nav>
60    </header>
```

[index.html]

03 서브 메뉴의 배경을 작업하기 위해 '</nav>' 다음 줄
에 다음과 같이 입력합니다.

<div class="menuBg"></div>

```
49              <li>
50                <a href="#">주방/다이닝</a>
51                <ul class="sub">
52                  <li><a href="#">식탁</a></li>
53                  <li><a href="#">의자</a></li>
54                  <li><a href="#">수납장</a></li>
55                  <li><a href="#">식기류</a></li>
56                </ul>
57              </li>
58            </ul>
59          </nav>
60          <div class="menuBg"></div>
61        </header>
```

[index.html]

＋ 더 알기 TIP

- 메뉴 작업 시 〈nav〉로 감싼 후, 순서가 없는 목록 태그인 〈ul〉, 〈li〉로 작업합니다.
- 중첩목록 작업 시 쌍으로 올바르게 중첩되어야 하며, 태그가 제대로 닫혀야 합니다.
- 서브 메뉴 〈ul〉 요소에 클래스 명 'sub'로 설정합니다.

💬 요소 TIP

- 〈a href="#"〉 : 임시 링크 추가(기술적 준수사항)
- 〈div class="menuBg"〉〈/div〉 : 서브 메뉴의 배경 역할이므로 내용은 없음

④ 헤더 영역 스타일 작업하기

헤더 영역의 로고를 배치하고, 메인 메뉴(Main menu)에 마우스를 올리면(Mouse over) 하이라이트 되며,
벗어나면(Mouse out) 하이라이트가 해제됩니다. 또한, 서브 메뉴 중 하나에 마우스를 올리면 하이라이트
되고, 벗어나면 하이라이트가 해제됩니다.

01 먼저 'style.css' 문서를 활성화하여 'header'
의 기존 배경색을 삭제하고, 다음과 같이
작성합니다.

```
header {
  width:250px;
  background:#fffbf0;
  padding:100px 0;
}
header h1 {
  text-align:center;
  margin-bottom:30px;
}
```

```
33  header {
34    width:250px;
35    background: #fffbf0;
36    padding:100px 0;
37  }
38  header h1 {
39    text-align:center;
40    margin-bottom:30px;
41  }
```

[style.css]

- **header** : 〈header〉 선택자로 좌측 헤더 영역의 스타일 지정
  - **padding:100px 0** : 위 · 아래 내부 여백 100픽셀, 좌 · 우 내부 여백 0픽셀 설정
- **header h1** : 〈header〉의 하위 요소 〈h1〉 지정
  - **text-align:center** : 〈h1〉 하위 요소 〈img〉를 수평 중앙 정렬
  - **margin-bottom:30px** : 아래쪽 바깥 여백을 30픽셀 설정하여, 〈h1〉과 〈nav〉 사이 간격 설정

02 메뉴를 클릭할 수 있는 영역은 'header h1' 스타일 다음 줄에 다음과 같이 작성합니다.

```css
nav {
    padding:0 10px;
}
nav>ul>li>a {
    display:block;
    background:#5a343c;
    color:#fff;
    padding:10px;
}
nav>ul>li:hover>a {
    background:#c8b169;
    color:#fff;
}
```

```
43  nav {
44      padding:0 10px;
45  }
46  nav>ul>li>a {
47      display:block;
48      background: ■#5a343c;
49      color: □#fff;
50      padding:10px;
51  }
52  nav>ul>li:hover>a {
53      background: ■#c8b169;
54      color: □#fff;
55  }
```

[style.css]

- **nav** : 〈nav〉의 선택자로 메뉴를 감싸는 영역 지정
  - **padding:0 10px** : 위 · 아래 내부 여백 0픽셀, 좌 · 우 내부 여백 10픽셀 설정
- **nav>ul>li>a** : 〈nav〉의 자식 요소 〈ul〉의 자식 요소 〈li〉의 자식 요소 〈a〉 지정
  - **display:block** : 블록 요소 성질로 변경
  - **padding:10px** : 사방 내부 여백 10픽셀 설정
- **nav>ul>li:hover>a** : 〈nav〉의 자식 요소 〈ul〉의 자식 요소 〈li〉에 마우스 올렸을 때 자식 요소 〈a〉 지정(마우스 올렸을 때 하이라이트 효과)

03 서브 메뉴 스타일을 다음과 같이 작성합니다.

```css
nav>ul>li {
    position:relative;
}
.sub {
    position:absolute;
    top:0;
    left:230px;
    width:900px;
    z-index:10;
}
.sub li {
    display:inline-block;
    font-size:16px;
}
.sub li a {
    display:block;
    width:200px;
    padding:10px 20px;
    color:#fff;
}
.sub li a:hover {
    background:#c8b169;
    color:#fff;
}
```

```
46      nav>ul>li {
47    |     position:relative;
48      }
```

[style.css]

```
58      .sub {
59    |     position:absolute;
60    |     top:0;
61    |     left:230px;
62    |     width:900px;
63    |     z-index:10;
64      }
65      .sub li {
66    |     display:inline-block;
67    |     font-size:16px;
68      }
69      .sub li a {
70    |     display:block;
71    |     width:200px;
72    |     padding:10px 20px;
73    |     color:☐#fff;
74      }
75      .sub li a:hover {
76    |     background:▨#c8b169;
77    |     color:☐#fff;
78      }
```

[style.css]

- **nav>ul>li** : 〈nav〉의 하위 요소 〈ul〉의 하위 요소 〈li〉 지정
  - **position:relative** : .sub의 기준 역할
- **.sub** : 〈div class="sub"〉 선택자로, 서브 메뉴 스타일 지정
  - **position:absolute** : 공중에 띄워 상위 요소(nav>ul>li)에 기준을 설정하여 절대 위치로 지정
- **top:0** : 기준 요소(nav>ul>li)의 상단에서 위쪽으로 배치
- **left:230px** : 기준 요소(nav>ul>li)의 왼쪽에서 오른쪽으로 배치
- **.sub li** : 〈ul class="sub"〉의 하위 요소 〈li〉 지정
  - **display:inline-block** : 〈li〉 블록 요소를 인라인 블록 요소로 변경하여 나란히 배치
- 인라인 블록 요소는 수평 정렬이며, 너비와 높이 설정 가능
- **.sub li a** : 〈ul class="sub"〉의 하위 요소 〈li〉의 하위 요소 〈a〉 지정
  - **width:200px** : 요소의 너비를 200픽셀로 고정하여 일정하게 보이도록 설정

04 메인 메뉴와 서브 메뉴 스타일을 확인 후 마우스를 올려 하이라이트 효과까지 확인합니다. 잘 적용되었다면 '.sub li a:hover' 다음 줄에 다음과 같이 작성합니다.

```
.top {
    height:750px;
    display:flex;
    position:relative;
}
.menuBg {
    width:calc(100% − 240px);
    height:165px;
    position:absolute;
    top:180px;
    left:240px;
    background:rgba(0, 0, 0, 0.8);
    z-index:5;
}
```

```
29    .top {
30        height:750px;
31        display:flex;
32        position: relative;
33    }
```

[style.css]

```
80    .menuBg {
81        width:calc(100% - 240px);
82        height:165px;
83        position:absolute;
84        top:180px;
85        left:240px;
86        background: rgba(0, 0, 0, 0.8);
87        z-index:5;
88    }
```

[style.css]

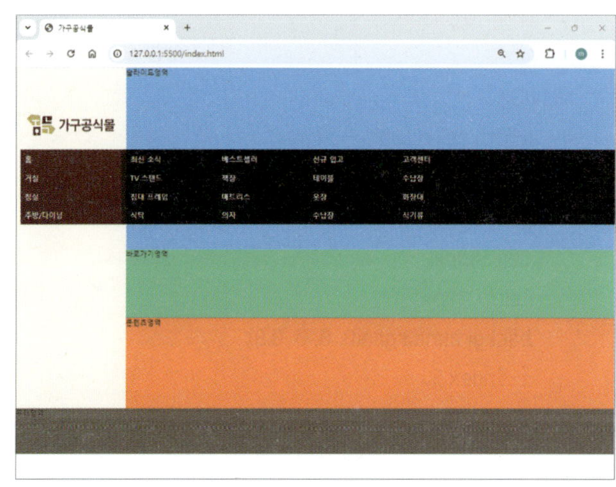

[style.css]

💬 **요소 TIP**

- **.top** : .menuBg의 기준 역할
- **.menuBg** : <div class="menuBg"> 선택자로 서브 메뉴 배경 스타일 적용, 내용이 없으므로 빠르게 CSS를 입력하여 영역을 확인하는 것을 추천
  - **width:calc(100% − 240px)** : 기준 요소(.top)의 너비를 기준으로 하여, 고정된 240픽셀을 제외한 나머지 부분을 요소의 너비로 설정
  - **position:absolute** : .menuBg를 공중에 띄워 상위 요소(.top)에 기준을 설정하여 절대 위치로 지정
  - **top:180px** : 기준 요소(.top)의 상단에서 위쪽으로 배치
  - **left:240px** : 기준 요소(.top)의 좌측에서 오른쪽으로 배치
  - **background:rgba(0, 0, 0, 0.8)** : 빨강(Red) 값은 0, 초록(Green) 값은 0, 파랑(Blue) 값은 0이며, 알파(Alpha) 값은 0.8로 0에서 1 사이의 값을 가지므로 80%의 불투명도 설정
  - **z-index:5** : <ul class="sub">보다 뒤에 있어야 하므로 <ul class="sub">의 z-index 값보다 작게 설정

05 메인 메뉴와 서브 메뉴, 서브 메뉴 배경 스타일 확인 후 마우스를 올려 하이라이트 효과까지 확인합니다. 잘 적용이 되었다면 'nav>ul>li:hover>a' 스타일 다음 줄에 서브 메뉴를 숨겨주고, '.menuBg'를 찾아 숨겨줍니다.

```css
.sub {
    position:absolute;
    top:0;
    left:230px;
    width:900px;
    z-index:10;
    display:none;
}
.menuBg {
    width:calc(100% - 240px);
    height:165px;
    position:absolute;
    top:180px;
    left:240px;
    background:rgba(0, 0, 0, 0.8);
    z-index:5;
    display:none;
}
```

```css
59    .sub {
60      position:absolute;
61      top:0;
62      left:230px;
63      width:900px;
64      z-index:10;
65      display: none;
66    }
```

[style.css]

```css
81    .menuBg {
82      width:calc(100% - 240px);
83      height:165px;
84      position:absolute;
85      top:180px;
86      left:240px;
87      background:■rgba(0, 0, 0, 0.8);
88      z-index:5;
89      display:none;
90    }
```

[style.css]

세부 지시사항의 A.2 메뉴 효과를 구현합니다. 메인 메뉴(Main menu)에 마우스를 올리면(Mouse over) 해당 서브 메뉴(Sub menu) 영역이 서서히 보이도록 하고(Fade in), 벗어나면(Mouse out) 서브 메뉴 영역이 서서히 사라지는 작업(Fade out)을 제이쿼리(jQuery)로 진행합니다.

01 먼저 'js' 폴더 하위 파일인 'script.js' 문서를 활성화합니다. 그리고 '$(function (){...})'의 '{...}(중괄호)' 내에 작성합니다.

```
//메뉴
$("nav>ul>li").mouseenter(function(){
    $(".sub, .menuBg").stop().fadeIn();
})
$("nav>ul>li").mouseleave(function(){
    $(".sub, .menuBg").stop().fadeOut();
})
```

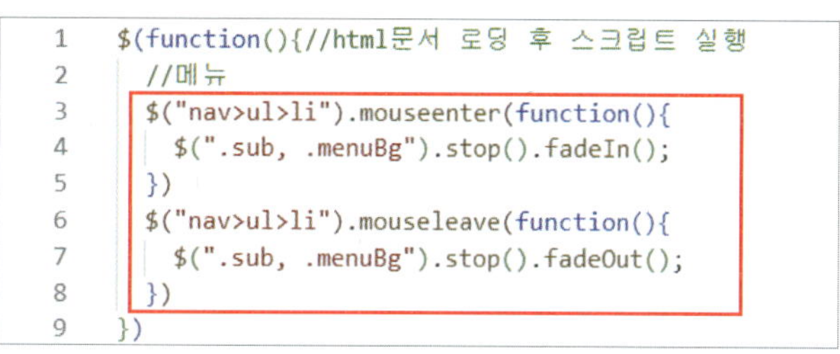

```
1   $(function(){//html문서 로딩 후 스크립트 실행
2     //메뉴
3     $("nav>ul>li").mouseenter(function(){
4       $(".sub, .menuBg").stop().fadeIn();
5     })
6     $("nav>ul>li").mouseleave(function(){
7       $(".sub, .menuBg").stop().fadeOut();
8     })
9   })
```

[script.js]

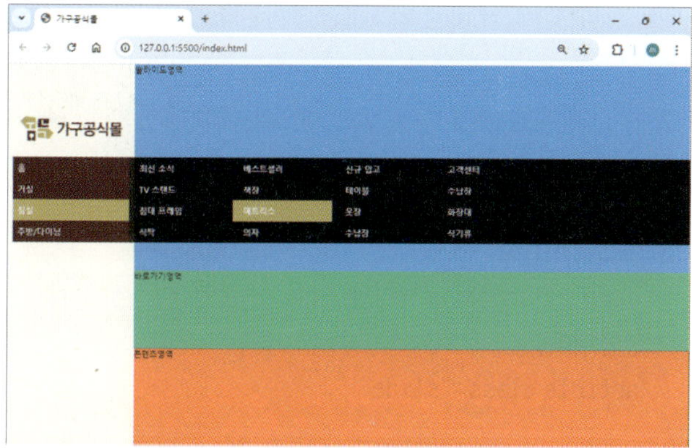

요소 TIP

- **$("nav>ul>li")** : jQuery 선택자로, ⟨nav⟩ 자식 요소인 ⟨ul⟩ 자식 요소인 모든 ⟨li⟩ 선택
- **mouseenter/mouseleave** : jQuery에서 제공하는 이벤트 메서드로, 마우스가 요소에 진입하거나 요소를 떠날 때 발생하는 이벤트를 처리
- **$(".sub, .menuBg")** : 클래스가 sub인 요소와 클래스가 menuBg인 요소 모두 선택
- **stop( )** : 현재 진행 중인 애니메이션을 즉시 멈추고 중복 애니메이션 발생을 방지
- **fadeIn( )/fadeOut( )** : fadeIn( )은 요소가 서서히 나타나고, fadeOut( )은 요소가 서서히 사라짐

01 슬라이드 영역 구조 작업하기

세부 지시사항의 B 슬라이드를 제작합니다. 먼저 슬라이드의 구조를 잡은 후 제공된 텍스트 간의 위계질서를 직관적으로 알 수 있도록 글자체, 굵기, 색상, 크기를 적절하게 설정합니다.

01 '수험자 제공 폴더'에 있는 이미지를 'images' 폴더로 복사합니다. 이미지 크기를 확인한 후, 필요하다면 크기를 조정하고, 파일명도 필요한 경우 수정합니다.

[참고하기] PART 03 – SECTION 02 Photoshop 필수 기능

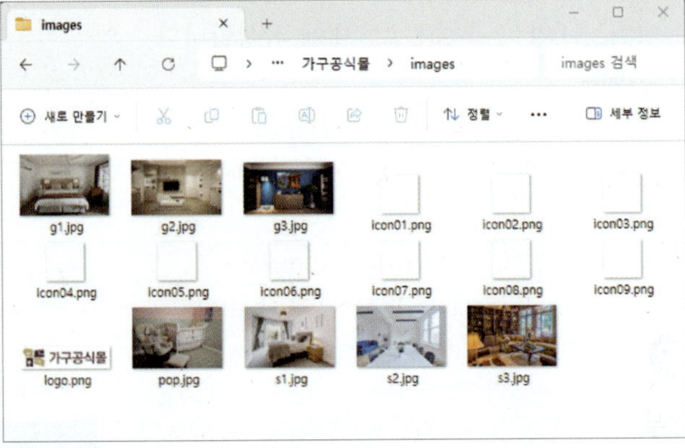

02 'index.html' 문서에서 '<article class="slide"></article>' 사이에 다음과 같이 작성합니다.

```
<article class="slide">
  <ul>
    <li class="s1">
      <a href="#">
        <h2 class="text">
          01 슬라이드 &lt;&lt;가구공식
몰&gt;&gt;
        </h2>
      </a>
    </li>
    <li class="s2">
      <a href="#">
        <h2 class="text">
          02 슬라이드&lt;&lt;가구공식
몰&gt;&gt;
        </h2>
      </a>
    </li>
    <li class="s3">
      <a href="#">
```

<table>
<tr><td>63</td><td><code><article class="slide"></code></td></tr>
<tr><td>64</td><td><code> <ul></code></td></tr>
<tr><td>65</td><td><code>   <li class="s1"></code></td></tr>
<tr><td>66</td><td><code>   <a href="#"></code></td></tr>
<tr><td>67</td><td><code>   <h2 class="text"></code></td></tr>
<tr><td>68</td><td><code>   01 슬라이드 <<가구공식몰>></code></td></tr>
<tr><td>69</td><td><code>   </h2></code></td></tr>
<tr><td>70</td><td><code>   </a></code></td></tr>
<tr><td>71</td><td><code>   </li></code></td></tr>
<tr><td>72</td><td><code>   <li class="s2"></code></td></tr>
<tr><td>73</td><td><code>   <a href="#"></code></td></tr>
<tr><td>74</td><td><code>   <h2 class="text"></code></td></tr>
<tr><td>75</td><td><code>   02 슬라이드<<가구공식 몰>></code></td></tr>
<tr><td>76</td><td><code>   </h2></code></td></tr>
<tr><td>77</td><td><code>   </a></code></td></tr>
<tr><td>78</td><td><code>   </li></code></td></tr>
<tr><td>79</td><td><code>   <li class="s3"></code></td></tr>
<tr><td>80</td><td><code>   <a href="#"></code></td></tr>
<tr><td>81</td><td><code>   <h2 class="text"></code></td></tr>
<tr><td>82</td><td><code>   03 슬라이드<<가구공식 몰>></code></td></tr>
<tr><td>83</td><td><code>   </h2></code></td></tr>
<tr><td>84</td><td><code>   </a></code></td></tr>
<tr><td>85</td><td><code>   </li></code></td></tr>
<tr><td>86</td><td><code> </ul></code></td></tr>
<tr><td>87</td><td><code></article></code></td></tr>
</table>

[index.html]

```html
        <h2 class="text">
            03 슬라이드&lt;&lt;가구공식
몰&gt;&gt;
        </h2>
      </a>
    </li>
  </ul>
</article>
```


- **<li class="s1">** : 각각 배경 이미지를 넣을 수 있도록 클래스 작업
- **<** : HTML에서 '<' 를 표시하기 위한 특수 문자

02 슬라이드 영역 스타일 작업하기

세부 지시사항의 B 슬라이드 애니메이션 효과를 확인합니다. 슬라이드 애니메이션이 좌에서 우 또는 우에서 좌로 이동하는 애니메이션을 고려하여 스타일을 작업합니다.

01 'style.css' 문서를 활성화하여 '.slide'를 찾아 배경색을 지우고 다음과 같이 작성합니다.

```css
.slide {
    height:400px;
}
.slide ul {
    display:flex;
    width:100%;
    height:100%
}
.slide ul li {
    width:100%;
    height:100%;
}
.slide ul li a {
    display:block;
    height:100%;
}
```

```css
94   .slide {
95       height:400px;
96   }
97   .slide ul {
98       display:flex;
99       width:100%;
100      height:100%
101  }
102  .slide ul li {
103      width:100%;
104      height:100%;
105  }
106  .slide ul li a {
107      display:block;
108      height:100%;
109  }
110  .slide ul li.s1 {
111      background:url(../images/s1.jpg) no-repeat center/cover;
112  }
113  .slide ul li.s2 {
114      background:url(../images/s2.jpg) no-repeat center/cover;
115  }
116  .slide ul li.s3 {
117      background:url(../images/s3.jpg) no-repeat center/cover;
118  }
```

[style.css]

```css
.slide ul li.s1 {
    background:url(../images/s1.jpg)
no-repeat center/cover;
}
.slide ul li.s2 {
    background:url(../images/s2.jpg)
no-repeat center/cover;
}
.slide ul li.s3 {
    background:url(../images/s3.jpg)
no-repeat center/cover;
}
```


02 슬라이드 애니메이션이 좌에서 우 또는 우에서 좌로 이동하는 애니메이션이므로 '.slide' 다음 줄에 다음과 같이 작성합니다.

```css
.slide ul {
    display:flex;
    width:300%;
    height:100%;
}
.slide ul li {
    width:calc(100% / 3);
    height:100%;
}
```

```
 97   .slide ul {
 98      display:flex;
 99      width:300%;
100      height:100%;
101   }
102   .slide ul li {
103      width:calc(100% / 3);
104      height:100%;
105   }
```

[style.css]

03 각 슬라이드의 텍스트를 글자체, 굵기, 색상, 크기를 적절하게 설정하여, 가독성을 높이고, 독창성이 드러나도록 '.go' 윗줄에 스타일을 작성합니다.

```css
.slide ul li {
    width:calc(100% / 3);
    height:100%;
    position:relative;
}
.slide ul li .text {
    position:absolute;
    top:100px;
    left:0;
    width:100%;
    font-size:30px;
    color:#fff;
    text-align:center;
    text-shadow:2px 2px 2px rgba(0, 0, 0, 0.8);
    background:#5a343c;
    padding:10px 0;
}
```

```css
102    .slide ul li {
103        width:calc(100% / 3);
104        height:100%;
105        position:relative;
106    }
```
[style.css]

```css
120    .slide ul li .text {
121        position:absolute;
122        top:100px;
123        left:0;
124        width:100%;
125        font-size:30px;
126        color:☐#fff;
127        text-align:center;
128        text-shadow:2px 2px 2px ■rgba(0, 0, 0, 0.8);
129        background:■#5a343c;
130        padding:10px 0;
131    }
```
[style.css]

04 .slide ul 영역이 .slide 영역보다 넘치는 부분을 숨겨주기 위해 다음과 같이 작성합니다.

```css
.slide {
    height:400px;
    overflow:hidden;
}
```

```css
94    .slide {
95        height:400px;
96        overflow:hidden;
97    }
```
[style.css]

💬 **요소 TIP**

- **.slide ul li .text** : .slide 하위 요소 〈ul〉의 하위 요소 〈li〉의 하위 요소 〈h2〉 지정하여 슬라이드 텍스트 스타일 적용
  - **position:absolute** : .slide ul li h2를 공중에 띄워 상위 요소(.slide ul li)에 기준을 설정하여, 절대 위치로 지정
  - **top:100px** : 기준 요소(.slide ul li)의 상단에서 아래쪽으로 100픽셀 배치
  - **left:0** : 기준 요소(.slide ul li)의 왼쪽에 배치
  - **text-shadow:2px 2px 2px rgba(0, 0, 0, 0.8)** : 그림자를 추가하는 속성으로 x축 2px, y축 2픽셀, 그림자의 흐림 정도 2픽셀, 그림자의 색상은 검정색 불투명도 80% 설정
- **overflow:hidden** : 요소의 영역보다 넘치는 영역을 숨김

05 작업한 모든 파일을 저장하고 'index. html' 문서가 활성화된 상태에서 상태표 시줄에 Go Live를 선택하여 웹 브라우저 인 '크롬(Chrome)'으로 작업 결과를 확인 합니다.

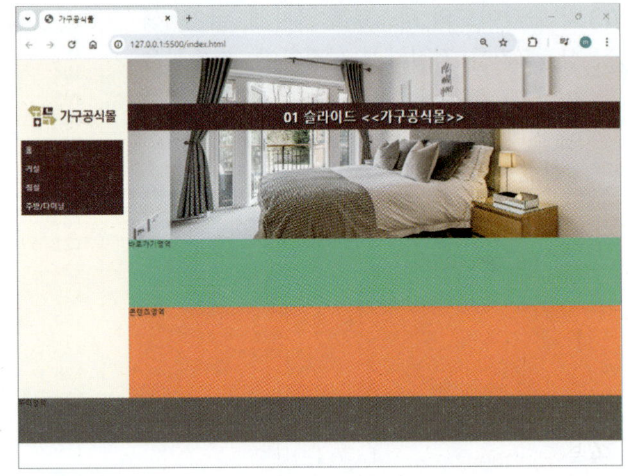

[style.css]

03 슬라이드 스크립트 작업하기

세부 지시사항의 B 슬라이드 애니메이션 효과를 구현합니다. 슬라이드 애니메이션이 좌에서 우 또는 우에 서 좌로 이동하는 애니메이션으로 매 3초 이내 다른 이미지로 전환되어야 하며 웹사이트 열었을 때, 자동 으로 시작되어 반복적인 슬라이드가 되도록 제이쿼리(jQuery)로 작업합니다.

01 'script.js' 문서를 활성화합니다. 그리고 '메뉴 스크립트' 다음 줄에 '.slide ul'을 좌로 이동하는 제이쿼리를 작성합니다.

//슬라이드
$(".slide ul").animate({margin-Left:"-100%"},1000);

```
1   $(function(){//html문서 로딩 후 스크립트 실행
2     //메뉴
3     $("nav>ul>li").mouseenter(function(){
4       $(".sub, .menuBg").stop().fadeIn();
5     })
6     $("nav>ul>li").mouseleave(function(){
7       $(".sub, .menuBg").stop().fadeOut();
8     })
9     //슬라이드
10    $(".slide ul").animate({marginLeft:"-100%"},1000);
11  })
```

[script.js]

02 실행문을 반복하기 위해 함수로 해당 실 행문을 감싸줍니다. 이때 함수의 이름은 'slide'로 임의로 지정합니다.

//슬라이드
let i = 0;
i++;
$(".slide ul").animate({marginLeft:-100 * i+"%"},1000)

```
9     //슬라이드
10    let i = 0;
11    i++;
12    $(".slide ul").animate({marginLeft:-100 * i + "%"},1000);
```

[script.js]

03 실행문을 반복하기 위해 함수로 해당 실행문을 감싸줍니다.

```
//슬라이드
let i = 0;
function slide(){
    i++;
    $(".slide ul").animate({margin-
Left:-100 * i+"%"},1000);
}
slide();
```

```
 9    //슬라이드
10    let i = 0;
11    function slide(){
12      i++;
13        $(".slide ul").animate({marginLeft:-100 * i + "%"},1000);
14    }
15    slide();
```

[script.js]

04 반복적으로 함수를 호출하기 위해 'slide();'를 'setInterval'로 변경합니다.

```
//슬라이드
let i = 0;
function slide(){
    i++;
    $(".slide ul").animate({margin-
Left:-100 * i+"%"},1000);
}
setInterval(slide, 3000);
```

```
 9    //슬라이드
10    let i = 0;
11    function slide(){
12      i++;
13        $(".slide ul").animate({marginLeft:-100 * i + "%"},1000);
14    }
15    setInterval(slide, 3000);
```

[script.js]

05 증감식으로 인하여 변수 i의 값이 무한대로 올라가므로 제어문을 통해 세 번째 슬라이드 다음 첫 번째 슬라이드가 보여지도록 작성합니다.

```
let i = 0
function slide(){
    if(i<2){
      i++;
    }else{
      i=0;
    }
    $(".slide ul").animate({marginLeft:
-100 * i+"%"},1000);
}
setInterval(slide, 3000);
```

```
 9    //슬라이드
10    let i = 0
11    function slide(){
12      if(i<2){
13        i++;
14      }else{
15        i=0;
16      }
17        $(".slide ul").animate({marginLeft:-100 * i + "%"},1000);
18    }
19    setInterval(slide, 3000);
```

[script.js]

06 작업한 모든 파일을 저장하고 'index. html' 문서가 활성화된 상태에서 상태표 시줄에 Go Live를 선택하여 웹 브라우저 인 '크롬(Chrome)'으로 작업 결과를 확인 합니다. 웹 브라우저에서 슬라이드가 왼 쪽으로 이동하는 애니메이션이 3초마다 진행됩니다.

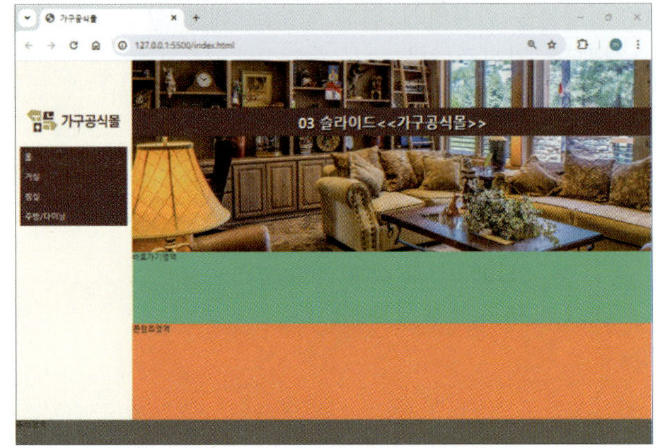

💬 요소 TIP

- **let i = 0** : 변수 i 선언 후 0을 할당
- **i++** : 증감 연산자로, 변수 i의 값을 1씩 증가시키는 역할
- **$(".slide ul")** : jQuery 선택자로, .slide의 하위 요소 〈ul〉 슬라이드 띠 선택
- **$(".slide ul").animate({marginLeft:−100 * i+"%"})** : .slide ul이 좌측으로 음수 100%만큼 이동하는 애니메이션
- **$("요소 선택").animate({속성:"속성값"}, 적용 시간)** : 요소 선택하여 애니메이션 적용
  - 속성 값 −100은 숫자형 데이터이며 i는 변수
  - "%"는 문자열 데이터이므로 −100 * i는 계산이 되고, 단위 '%'는 문자열로 결합해야 하기 때문에 +연산자를 사용하여 결합
- **if(조건문){실행문1}else{실행문2}** : 조건문이 참일 때 실행문1을 실행하고 거짓일 때 실행문2를 실행
- **setInterval(함수명, 밀리초)** : 지정한 시간 간격마다 주어진 함수를 반복해서 실행
- **밀리초(ms)** : 1초의 1/1,000, 1초는 1,000밀리초

🏳 기적의 TIP

무한반복 슬라이드 스크립트 작성하기
스크립트 코드는 다양한 방법으로 작성할 수 있으므로 수험자 임의로 수정 및 변경하여 사용하셔도 됩니다.

01 '.slide ul'을 좌로 이동하는 제이쿼리를 작성합니다.

```javascript
$(".slide ul").animate({
    marginLeft:"−100%"
},1000)
```

```
 9    //슬라이드
10    $(".slide ul").animate({
11      marginLeft:"-100%"
12    },1000)
```

[script.js]

02 웹 브라우저에서 '.slide ul'의 이동을 확 인한 후, 첫 번째 슬라이드가 '.slide ul' 뒤에 붙도록 콜백 함수로 작성합니다.

```javascript
$(".slide ul").animate({
    marginLeft:"−100%"
},1000,function( ){
    $(".slide ul").append($(".slide ul
li").first( );
})
```

```
 9    //슬라이드
10    $(".slide ul").animate({
11      marginLeft:"-100%"
12    },1000,function(){
13      $(".slide ul").append($(".slide ul li").first());
14    })
```

[script.js]

03 첫 번째 슬라이드가 뒤로 이동하면 첫 번째 슬라이드의 자리에 두 번째 슬라이드가 배치되어, 우리 눈에는 세 번째 슬라이드가 보이게 됩니다. 하지만, 두 번째 슬라이드가 보여야 하므로 '.slide ul'의 위치를 다시 조정합니다.

```
$(".slide ul").animate({
    marginLeft:"-100%"
},1000,function(){
    $(".slide ul").append($(".slide ul li").first());
    $(".slide ul").css({marginLeft:0});
})
```

```
 9    //슬라이드
10    $(".slide ul").animate({
11      marginLeft:"-100%"
12    },1000,function(){
13      $(".slide ul").append($(".slide ul li").first());
14      $(".slide ul").css({marginLeft:0});
15    })
```

[script.js]

04 반복적으로 함수를 호출하기 위해 'slide();'를 'setInterval'로 변경합니다.

```
function slide(){
    $(".slide ul").animate({
        marginLeft:"-100%"
    },1000,function(){
        $(".slide ul").append($(".slide ul li").first());
        $(".slide ul").css({marginLeft:0});
    })
}
setInterval(slide, 3000);
```

```
 9    //슬라이드
10    function slide(){
11      $(".slide ul").animate({
12        marginLeft:"-100%"
13      },1000,function(){
14        $(".slide ul").append($(".slide ul li").first());
15        $(".slide ul").css({marginLeft:0});
16      })
17    }
18    setInterval(slide, 3000);
```

[script.js]

💬 요소 TIP

- **콜백 함수** : 특정 작업이 완료된 후 실행되는 함수
- **$("선택 요소").append("새로운 요소")** : 선택 요소 끝에 새로운 요소를 추가
- **$(".slide ul li").first( )** : jQuery 선택자로, 클래스가 slide인 요소 내 〈ul〉 태그 안에 있는 첫 번째 〈li〉 요소를 지정
- **"-100%"** : "%"는 문자열 데이터이므로 숫자와 문자열을 함께 사용하기 위해 "-100%" 문자열 데이터로 표기

01 바로가기 구조 작업하기

세부 지시사항 C.1 바로가기를 제작합니다. Contents 폴더의 제공된 파일을 활용하여 작업합니다.

01 'index.html' 문서의 '<article class="go"></article>' 사이에 바로가기 내용을 다음과 같이 작성합니다.

```html
<article class="go">
  <ul>
    <li>
      <a href="#">
        <p><img src="images/icon01.png" alt="바로가기"></p>
        <h3>바로가기1</h3>
      </a>
    </li>
    <li>
      <a href="#">
        <p><img src="images/icon02.png" alt="바로가기"></p>
        <h3>바로가기2</h3>
      </a>
    </li>
    <li>
      <a href="#">
        <p><img src="images/icon03.png" alt="바로가기"></p>
        <h3>바로가기3</h3>
      </a>
    </li>
    <li>
      <a href="#">
        <p><img src="images/icon04.png" alt="바로가기"></p>
        <h3>바로가기4</h3>
      </a>
    </li>
    <li>
```

```html
 88   <article class="go">
 89     <ul>
 90       <li>
 91         <a href="#">
 92           <p><img src="images/icon01.png" alt="바로가기"></p>
 93           <h3>바로가기1</h3>
 94         </a>
 95       </li>
 96       <li>
 97         <a href="#">
 98           <p><img src="images/icon02.png" alt="바로가기"></p>
 99           <h3>바로가기2</h3>
100         </a>
101       </li>
102       <li>
103         <a href="#">
104           <p><img src="images/icon03.png" alt="바로가기"></p>
105           <h3>바로가기3</h3>
106         </a>
107       </li>
108       <li>
109         <a href="#">
110           <p><img src="images/icon04.png" alt="바로가기"></p>
111           <h3>바로가기4</h3>
112         </a>
113       </li>
114       <li>
115         <a href="#">
116           <p><img src="images/icon05.png" alt="바로가기"></p>
117           <h3>바로가기5</h3>
118         </a>
119       </li>
120       <li>
121         <a href="#">
122           <p><img src="images/icon06.png" alt="바로가기"></p>
123           <h3>바로가기6</h3>
124         </a>
125       </li>
126       <li>
127         <a href="#">
128           <p><img src="images/icon07.png" alt="바로가기"></p>
129           <h3>바로가기7</h3>
130         </a>
131       </li>
132     </ul>
133   </article>
```

[index.html]

```
        <a href="#">
            <p><img src="images/icon05.
png" alt="바로가기"></p>
            <h3>바로가기5</h3>
        </a>
    </li>
    <li>
        <a href="#">
            <p><img src="images/icon06.
png" alt="바로가기"></p>
            <h3>바로가기6</h3>
        </a>
    </li>
    <li>
        <a href="#">
            <p><img src="images/icon07.
png" alt="바로가기"></p>
            <h3>바로가기7</h3>
        </a>
    </li>
    </ul>
</article>
```

02 바로가기 스타일 작업하기

01 'style.css' 문서에서 '.go'를 찾아 다음과 같이 작성합니다.

```css
.go {
    height:150px;
    background:#5a343c;
}
.go ul {
    display:flex;
    text-align:center;
    height:100%;
}
```

```
133    .go {
134        height:150px;
135        background: #5a343c;
136    }
137    .go ul {
138        display:flex;
139        text-align:center;
140        height:100%;
141    }
142    .go ul li {
143        flex-grow:1;
144        color: #fff;
145    }
146    .go ul li:nth-child(odd) {
147        background: #c8b169;
148    }
```

```css
.go ul li {
    flex-grow:1;
    color:#fff;
}
.go ul li:nth-child(odd) {
    background:#c8b169;
}
.go ul li a {
    height:100%;
    display:block;
    padding-top:40px;
}
.go ul li p {
    margin-bottom:10px;
}
```

```
149   .go ul li a {
150       height:100%;
151       display:block;
152       padding-top:40px;
153   }
154   .go ul li p {
155       margin-bottom:10px;
156   }
```

[style.css]

> **요소 TIP**
>
> - **.go** : 〈article class="go"〉 선택자로 바로가기 영역 스타일 정의
> - **.go ul** : 〈article class="go"〉의 하위 요소 〈ul〉 선택자
>   - **display:flex** : .go ul를 플렉스 컨테이너로 설정하여 자식 요소(〈li〉)들을 수평으로 나열
>   - **text-align:center** : 요소 내의 텍스트 또는 인라인, 인라인 블록 요소를 수평 중앙 정렬
>   - **height:100%** : 부모 요소의 높이만큼 채워줌
> - **.go ul li** : 〈article class="go"〉의 하위 요소 〈ul〉의 하위 요소 〈li〉 선택자
>   - **flex-grow:1** : 플렉스 컨테이너 영역의 하위 요소 나열 후 남은 공간을 균등하게 확장하도록 설정
> - **.go ul li:nth-child(odd)** : 〈article class="go"〉의 하위 요소 〈ul〉의 하위 요소 〈li〉 중 홀수 번째 〈li〉 지정
> - **.go ul li a** : 〈article class="go"〉의 하위 요소 〈ul〉의 하위 요소 〈li〉의 하위 요소 〈a〉 지정하여 클릭할 수 있는 영역 스타일 설정
> - **.go ul li p** : 〈article class="go"〉의 하위 요소 〈ul〉의 하위 요소 〈li〉의 하위 요소 〈p〉 지정하여 바로가기 아이콘 스타일 설정
>   - **margin-bottom:10px** : 아래쪽 바깥 여백을 10픽셀 설정하여 〈p〉와 〈span〉 사이 간격을 설정

02 작업한 모든 파일을 저장하고 'index. html' 문서가 활성화된 상태에서 상태표 시줄에 Go Live를 선택하여 웹 브라우저 인 '크롬(Chrome)'으로 작업 결과를 확인 합니다.

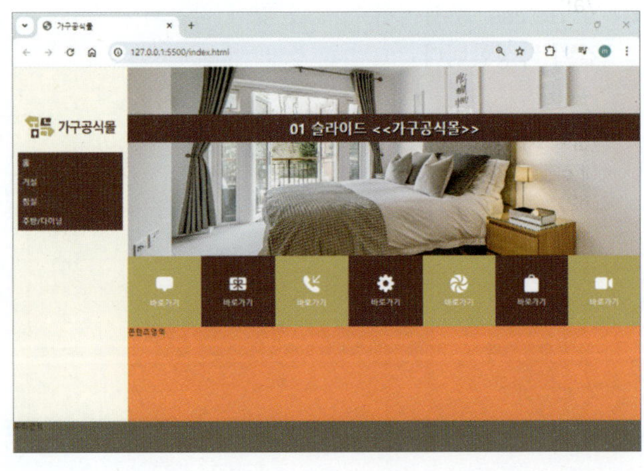

03 공지사항, 갤러리 구조 작업하기

세부 지시사항 C.2 공지사항, C.3 갤러리 탭 콘텐츠를 제작합니다. 공지사항의 타이틀 영역과 콘텐츠 영역을 구분하고 첫 번째 콘텐츠 클릭(Click) 시 팝업이 나오도록 작업합니다. 갤러리 영역은 제공된 이미지를 가로 방향으로 배치하고 공지사항과 갤러리는 탭 기능을 이용하여 각 탭을 클릭(Click) 시 해당 탭에 대한 내용이 보여야 합니다.

01 'index.html' 문서의 '<article class="con"></article>' 사이에 공지사항과 갤러리 탭 메뉴를 다음과 같이 작성합니다.

```
<article class="con">
    <ul class="tabmenu">
        <li class="on">
            <h2>
                <a href="#">공지사항</a>
            </h2>
            <div class="notice tabcon">
            </div>
        </li>
        <li>
            <h2>
                <a href="#">갤러리</a>
            </h2>
            <div class="gall tabcon">
            </div>
        </li>
    </ul>
</article>
```

```
134    <article class="con">
135        <ul class="tabmenu">
136            <li class="on">
137                <h2>
138                    <a href="#">공지사항</a>
139                </h2>
140                <div class="notice tabcon"><!--공지사항 tabcon-->
141                </div><!--//공지사항 tabcon-->
142            </li>
143            <li>
144                <h2>
145                    <a href="#">갤러리</a>
146                </h2>
147                <div class="gall tabcon"><!--갤러리 tabcon-->
148                </div><!--//갤러리 tabcon-->
149            </li>
150        </ul>
151    </article>
```

[index.html]

요소 TIP

- <ul class="tabmenu"> : 탭 메뉴 지정
- <li class="on"> : 공지사항 탭 메뉴 활성화를 위해 .on 추가
- <h2> : 제목 요소 지정
- <div class="notice tabcon"> : notice와 tabcon 클래스를 모두 적용한 div 정의
- <div class="gall tabcon"> : gall과 tabcon 클래스를 모두 적용한 div 정의

02 '`<div class="notice tabcon"></div>`' 사이에 공지사항 내용을 다음과 같이 작성합니다.

```html
<div class="notice tabcon">
    <ul>
        <li>
            <a href="#" class="pop">
                <p>가구공식몰 공지사항1</p>
                <span class="date">2025.05.25</span>
            </a>
        </li>
        <li>
            <a href="#">
                <p>가구공식몰 공지사항2</p>
                <span class="date">2025.05.25</span>
            </a>
        </li>
        <li>
            <a href="#">
                <p>가구공식몰 공지사항3</p>
                <span class="date">2025.05.25</span>
            </a>
        </li>
        <li>
            <a href="#">
                <p>가구공식몰 공지사항4</p>
                <span class="date">2025.05.25</span>
            </a>
        </li>
    </ul>
</div>
```

```html
136     <li class="on">
137       <h2>
138         <a href="#">공지사항</a>
139       </h2>
140       <div class="notice tabcon"><!--공지사항 tabcon-->
141         <ul>
142           <li>
143             <a href="#" class="pop">
144               <p>가구공식몰 공지사항1</p>
145               <span class="date">2025.05.25</span>
146             </a>
147           </li>
148           <li>
149             <a href="#">
150               <p>가구공식몰 공지사항2</p>
151               <span class="date">2025.05.25</span>
152             </a>
153           </li>
154           <li>
155             <a href="#">
156               <p>가구공식몰 공지사항3</p>
157               <span class="date">2025.05.25</span>
158             </a>
159           </li>
160           <li>
161             <a href="#">
162               <p>가구공식몰 공지사항4</p>
163               <span class="date">2025.05.25</span>
164             </a>
165           </li>
166         </ul>
167       </div><!--//공지사항 tabcon-->
168     </li>
```

[index.html]

요소 TIP

- 첫 번째 게시글을 클릭 시 팝업창이 나올 수 있도록 미리 `<a href="#" class="pop">` 작업
- `<p>` : 공지사항의 게시글 지정
- `<span class="date">` : 공지사항 게시글의 날짜 지정

03 '<div class="gall tabcon"></div>' 사이에 갤러리 내용을 다음과 같이 작성합니다.

```html
<div class="gall tabcon">
    <ul>
        <li>
            <a href="#">
                <p>
                    <img src="images/g1.jpg" alt="갤러리1">
                </p>
                <span>갤러리1</span>
            </a>
        </li>
        <li>
            <a href="#">
                <p>
                    <img src="images/g2.jpg" alt="갤러리2">
                </p>
                <span>갤러리2</span>
            </a>
        </li>        <li>
            <a href="#">
                <p>
                    <img src="images/g3.jpg" alt="갤러리3">
                </p>
                <span>갤러리3</span>
            </a>
        </li>
    </ul>
</div>
```

```html
170    <h2>
171      <a href="#">갤러리</a>
172    </h2>
173    <div class="gall tabcon"><!--갤러리 tabcon-->
174      <ul>
175        <li>
176          <a href="#">
177            <p>
178              <img src="images/g1.jpg" alt="갤러리1">
179            </p>
180            <span>갤러리1</span>
181          </a>
182        </li>
183        <li>
184          <a href="#">
185            <p>
186              <img src="images/g2.jpg" alt="갤러리2">
187            </p>
188            <span>갤러리2</span>
189          </a>
190        </li>
191        <li>
192          <a href="#">
193            <p>
194              <img src="images/g3.jpg" alt="갤러리3">
195            </p>
196            <span>갤러리3</span>
197          </a>
198        </li>
199      </ul>
200    </div><!--//갤러리 tabcon-->
```

[index.html]

＋ 더 알기 TIP

- 상호 작용이 필요한 모든 콘텐츠는 임시 링크('#')를 적용합니다(기술적 준수사항).
- alt 속성은 <img> 요소의 속성으로 이미지의 대체 텍스트를 입력합니다(기술적 준수사항).

01 'style.css' 문서에서 '.con'의 배경색을 지우고 '.con' 스타일 다음 줄에 탭 메뉴 스타일을 다음과 같이 작성합니다.

```css
.con {
    height:200px;
    padding-left:50px;
    padding-top:5px;
}
.tabmenu {
    display:flex
}
.tabmenu>li {
    width:150px;
    background:#fffbf0;
    text-align:center;
}
.tabmenu>li>h2>a {
    display:block;
    padding:5px;
    font-size:20px;
}
.tabmenu>li.on {
    background:#5a343c;
    color:#fff;
}
```

```css
157    .con {
158        height:200px;
159        padding-left:50px;
160        padding-top:5px;
161    }
162    .tabmenu {
163        display:flex
164    }
165    .tabmenu>li {
166        width:150px;
167        background: □#fffbf0;
168        text-align:center;
169    }
170    .tabmenu>li>h2>a {
171        display:block;
172        padding:5px;
173        font-size:20px;
174    }
175    .tabmenu>li.on {
176        background: ■#5a343c;
177        color: □#fff;
178    }
```

[style.css]

> **💬 요소 TIP**
>
> - **.con** : 공지사항과 갤러리를 감싸는 영역
>   - **padding-left:50px** : 왼쪽 내부 여백 50픽셀 설정
>   - **padding-top:5px** : 위쪽 내부 여백 5픽셀 설정
> - **display:flex** : .tabmenu를 플렉스 컨테이너로 설정하여, 자식 요소(⟨li⟩)들을 수평으로 나열
> - **.tabmenu>li>h2>a** : .tabmenu의 자식 요소 ⟨li⟩의 자식 요소 ⟨h2⟩의 자식 요소 ⟨a⟩ 지정
> - **.tabmenu>li.on** : .tabmenu 자식 요소 ⟨li⟩에 클래스가 on인 경우 지정(탭 메뉴가 활성화된 상태)

02 '.tabmenu>li.on' 다음 줄에 다음과 같이
작성합니다.

```
.con {
    height:200px;
    padding-left:50px;
    padding-top:5px;
position:relative;
}
.tabcon {
    position:absolute;
    width:calc(100% - 100px);
    left:50px;
    background:#5a343c;
    padding:10px 20px;
    height:150px;
}
```

```
157    .con {
158      height:200px;
159      padding-left:50px;
160      padding-top:5px;
161      position: relative;
162    }
```
[style.css]

```
180    .tabcon {
181      position:absolute;
182      width:calc(100% - 100px);
183      left:50px;
184      background: #5a343c;
185      padding:10px 20px;
186      height:150px;
187    }
```
[style.css]

요소 TIP

- **.tabcon** : <div class="notice tabcon"></div>과 <div class="gall tabcon"></div> 지정
  - **position:absolute** : 공중에 띄워 기준 요소(.con)를 설정하여, 절대 위치로 지정. 공지사항 내용과 갤러리 내용이 같은 자리에 나타나도록 겹치게 설정
  - **left:50px** : 기준 요소(.con)의 왼쪽에서 오른쪽으로 50픽셀 배치
- top과 bottom이 설정되지 않으면, 현재 위치에서 공중에 떠 있는 상태로 유지
  - **height** : 공지사항 내용과 갤러리 내용이 들어갈 높이 지정
  - **width:calc(100% - 100px)** : 기준 요소(.con)의 너비를 기준으로 하여, 고정된 100픽셀을 제외한 나머지 부분을 요소의 너비로 설정
- **.con** : .tabcon의 상위 요소
  - **position:relative** : .tabcon의 기준 역할

03 'style.css' 문서에서 '.tabcon' 스타일 다음 줄에 공지사항 게시판 스타일을 다음과 같이 작성합니다.

```css
.notice ul {
    padding:0 15px;
}

.notice ul li {
    border-bottom:1px dashed #ccc;
}

.notice ul li:last-child {
    border-bottom:none
}

.notice ul li a {
    display:block;
    padding:5px 0;
    position:relative;
}

.notice ul li p {
    width:80%;
    white-space:nowrap;
    overflow:hidden;
    text-overflow:ellipsis;
    text-align:left;
}

.notice ul li span {
    position:absolute;
    right:0;
    top:5px;
}

.gall {
    display:none;
}
```

```
188    .notice ul {
189        padding:0 15px;
190    }
191    .notice ul li {
192        border-bottom:1px dashed ■#ccc;
193    }
194    .notice ul li:last-child {
195        border-bottom:none
196    }
197    .notice ul li a {
198        display:block;
199        padding:5px 0;
200        position:relative;
201    }
202    .notice ul li p {
203        width:80%;
204        white-space:nowrap;
205        overflow:hidden;
206        text-overflow:ellipsis;
207        text-align:left;
208    }
209    .notice ul li span {
210        position:absolute;
211        right:0;
212        top:5px;
213    }
214    .gall {
215        display:none;
216    }
```

[index.html]

💬 **요소 TIP**

- **.notice ul li** : .notice 하위 요소 〈ul〉의 하위 요소 〈li〉 지정
  - **border-bottom:1px dashed #ccc** : 1픽셀 두께의 색상 #ccc 하단 점선 테두리 설정
- **.notice ul li:last-child** : .notice의 하위 요소 〈ul〉의 하위 요소 〈li〉 중 마지막 〈li〉 지정
  - **border-bottom:none** : 하단 테두리를 제거
- **.notice ul li a** : .notice의 하위 요소 〈ul〉의 하위 요소 〈li〉의 하위 요소 〈a〉 지정
- **.notice ul li span** : .notice의 하위 요소 〈ul〉의 하위 요소 〈li〉의 하위 요소 〈span〉 지정, 공지사항 날짜 스타일 적용
  - **position:absolute** : .notice ul li p 요소의 영향을 받지 않도록 공중에 띄워 작업
- **width:80%** : 부모 요소의 크기에 상대적으로 변화가 필요할 때 % 값 사용

04 'style.css' 문서에서 '.gall'를 찾아 '.notice'로 변경 후 갤러리 영역 스타일을 다음과 같이 작성합니다.

```css
.notice{
    display:none;
}

.gall ul {
    display:flex;
    gap:20px;
    justify-content:center;
}

.gall ul li a {
    display:block;
    height:100%;
    color:#fff;
}

.gall ul li p {
    margin-bottom:10px;
}

.gall ul li img {
    width:300px;
    height:100px;
    object-fit:cover;
}

.gall ul li:hover {
    opacity:0.5;
}
```

```css
214  .notice{
215      display:none;
216  }
217  .gall ul {
218      display:flex;
219      gap:20px;
220      justify-content:center;
221  }
222  .gall ul li a {
223      display:block;
224      height:100%;
225      color: □#fff;
226  }
227  .gall ul li p {
228      margin-bottom:10px;
229  }
230  .gall ul li img {
231      width:300px;
232      height:100px;
233      object-fit:cover;
234  }
235  .gall ul li:hover {
236      opacity:0.5;
237  }
```

[style.css]

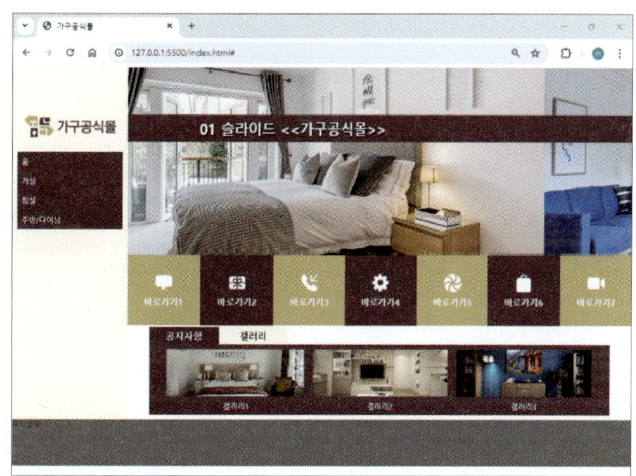

💬 요소 TIP

- **.notice** : 공지사항 영역 선택자로 숨겨놓고 갤러리 스타일 작업
  - **display:none** : 요소를 선택하여 숨김
- **.gall ul** : .gall의 하위 요소 ul 지정
  - **display:flex** : .gall ul를 플렉스 컨테이너로 설정, 자식 요소(⟨li⟩)들을 수평으로 나열
  - **gap:20px** : flex로 나열된 자식 요소(⟨li⟩)의 사이 간격 20픽셀 지정
  - **justify-content:center** : flex로 나열된 자식 요소(⟨li⟩)의 수평 중앙 정렬 지정

05 갤러리 스타일이 잘 적용되었다면 '.notice'를 '.gall'로 수정하여 갤러리는 숨기고, 공지사항 콘텐츠를 보이도록 작업합니다.

```
.gall{
    display:none
}
```

```
214   .gall{
215       display:none;
216   }
217   .gall ul {
218       display:flex;
219       gap:20px;
220       justify-content:center;
221   }
```

[style.css]

💬 **요소 TIP**

- **.notice** : 스크립트 작업 전 공지사항 내용은 보이도록 설정
- **.gall** : 스크립트 작업 전 갤러리 내용은 숨기도록 설정

06 작업한 모든 파일을 저장하고 'index.html' 문서가 활성화된 상태에서 상태표시줄에 Go Live를 선택하여 웹 브라우저인 '크롬(Chrome)'으로 작업 결과를 확인합니다.

🔵05 탭 메뉴 스크립트 작업하기

세부 지시사항 C.3 탭 메뉴 스크립트를 제작합니다. 각 탭을 클릭(Click) 시 해당 탭에 대한 내용이 보이도록 작업합니다.

01 'script.js' 문서에서 슬라이드 스크립트 다음 줄에 탭 메뉴 클릭 시 클릭한 탭 메뉴 제목을 활성화하고 기존 탭 메뉴 제목을 비활성화하도록 다음과 같이 작성하면 클릭한 탭 메뉴에 on 클래스가 들어가 활성화되고 기존 탭 메뉴의 on클래스가 제거되어 비활성화됩니다.

```
20    //탭 메뉴
21    $(".tabmenu>li").click(function(){
22        $(".tabmenu>li").removeClass("on");
23        $(this).addClass("on");
24    })
```

[script.js]

```
//탭메뉴
$(".tabmenu>li").click(function(){

    $(".tabmenu>li").removeClass("on");

    $(this).addClass("on");

})
```


- **$(".tabmenu>li")** : jQuery 선택자로, HTML 문서 내 .tabmenu 하위 요소 〈li〉 지정
- **.click(function( ){ ... })** : jQuery에서 제공하는 이벤트 메서드로 클릭 시 {}(중괄호) 내 실행문을 실행
- **$(this)** : 현재 선택된 요소로 .tabmenu>li 요소 중 클릭한 〈li〉 요소
- **.removeClass("on")** : 클래스 "on"을 제거
- **.addClass("on")** : 클래스 "on"을 추가

02 탭 메뉴 클릭 시 클릭한 탭 메뉴의 콘텐츠를 보여주기 위해 변수를 만들어 클릭한 탭 메뉴의 인덱스 번호를 알 수 있도록 다음과 같이 작성합니다.

```
//탭메뉴
let t;
$(".tabmenu>li").click(function( ){
    $(".tabmenu>li").removeClass("on");
    $(this).addClass("on");

    t = $(this).index( );
    console.log(t);
})
```

[style.css]

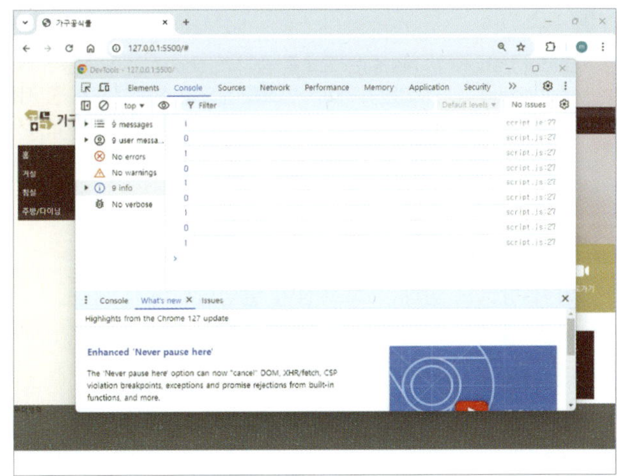

- **let t** : 변수 t 선언
- **t = $(this).index( );** : 변수 t에 클릭한 인덱스 번호를 할당
- **console.log(t)** : 웹 브라우저에서 F12를 눌러 개발자 도구를 실행 후 상단 탭 메뉴 'Console' 탭에서 확인

03 클릭한 탭 메뉴와 콘텐츠 인덱스 번호가 같은 콘텐츠를 보여줄 수 있도록 다음과 같이 작성합니다.

```
//탭메뉴
let t;
$(".tabmenu>li").click(function(){
    $(".tabmenu>li").removeClass("on");
    $(this).addClass("on");

    t = $(this).index();
    console.log(t);

    $(".tabcon").hide();
    $(".tabcon").eq(t).show();
})
```

```
20    //탭메뉴
21    let t;
22    $(".tabmenu>li").click(function(){
23      $(".tabmenu>li").removeClass("on");
24      $(this).addClass("on");
25
26      t = $(this).index();//클릭한 li의 인덱스 번호 t에 할당
27      console.log(t); //브라우저 F12를 눌러 콘솔창에서 확인
28
29      $(".tabcon").hide();
30      $(".tabcon").eq(t).show();
31    })
```

[script.js]

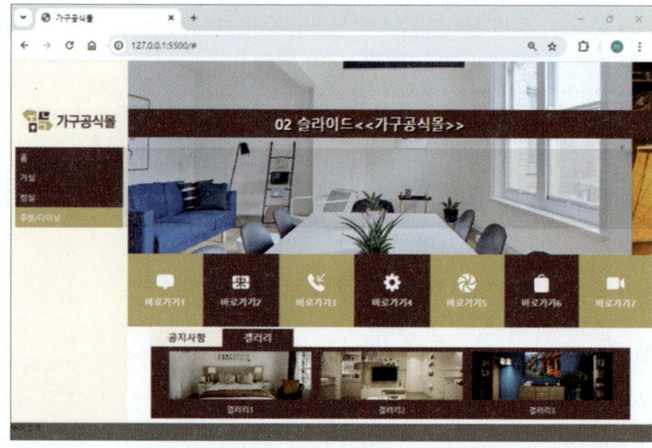

- **.hide( )/show( )** : hide( )는 요소를 숨기고, show( )는 요소를 보여줌
- **.eq(index)** : ( )(괄호)안에 index 번호를 넣으며 선택한 요소 중 지정된 인덱스에 해당하는 요소를 선택
- 스크립트는 순차적으로 실행되며, 오류가 발생 시 오류 발생 전까지의 코드만 실행되고, 그 이후의 코드는 실행되지 않음(오류는 개발자 도구에서 확인 가능)

---

04 탭 메뉴 클릭 시 〈a〉 태그가 포함되어 있어 임시 링크로 인해 새로고침이 발생합니다. 이를 방지하기 위해 링크를 차단하는 스크립트를 다음과 같이 작성합니다.

```
//탭메뉴
let t;
$(".tabmenu>li").click(function(){
    $(".tabmenu>li").removeClass("on");
    $(this).addClass("on");

    t = $(this).index();

    $(".tabcon").hide();
    $(".tabcon").eq(t).show();
    return false;
})
```

```
20    //탭메뉴
21    let t;
22    $(".tabmenu>li").click(function(){
23      $(".tabmenu>li").removeClass("on");
24      $(this).addClass("on");
25
26      t = $(this).index();//클릭한 li의 인덱스 번호 t에 할당
27      console.log(t); //브라우저 F12를 눌러 콘솔창에서 확인
28
29      $(".tabcon").hide();
30      $(".tabcon").eq(t).show();
31
32      return false;//링크차단
33    })
```

[script.js]

return false : 클릭 이벤트의 기본 동작(예 링크 클릭 시 페이지 이동)을 막음

05 작업한 모든 파일을 저장하고 'index.
html' 문서가 활성화된 상태에서 상태표
시줄에 Go Live를 선택하여 웹 브라우저
인 '크롬(Chrome)'으로 작업 결과를 확인
합니다.

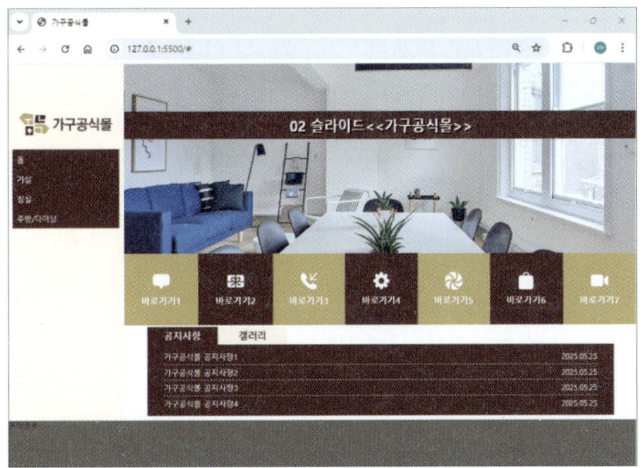

06 탭 메뉴 클릭 시 클릭한 탭 메뉴에 on 클
래스가 들어가 활성화되고, 해당 콘텐츠
가 활성화됩니다.

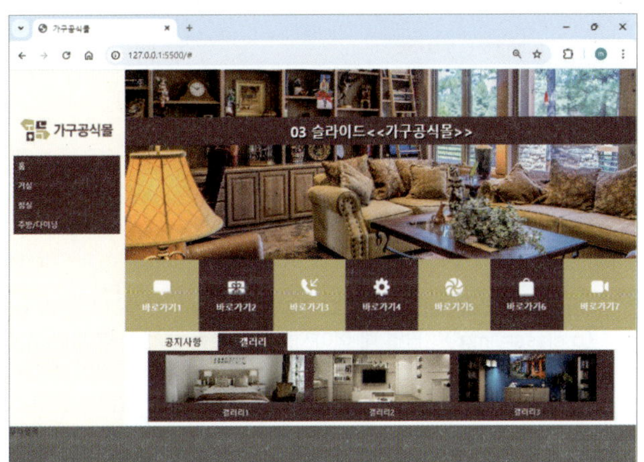

06 팝업창 구조 작업하기

세부 지시사항의 와이어프레임에서 팝업창의 형태를 확인합니다. Contents 폴더의 제공된 텍스트 파일을 사용하여 레이어 팝업(Layer Popup)을 제작합니다.

01 'index.html' 문서의 '</footer>' 다음 줄에 팝업창을 다음과 같이 작성합니다.

```html
<div class="popup">
    <h2>가구공식몰 공지사항</h2>
    <p class="img"><img src="images/pop.jpg" alt="가구공식몰 공지사항"></p>
    <p class="text">
        가구공식몰 공지사항<br>
        팝업창 내용입니다. <br>
        <strong>강조하고 싶을 부분은 강조해주세요!</strong>
    </p>
    <p class="close">
        <button>CLOSE X</button>
    </p>
</div>
```

```html
209    <div class="popup">
210        <h2>가구공식몰 공지사항</h2>
211        <p class="img"><img src="images/pop.jpg" alt="가구공식몰 공지사항"></p>
212        <p class="text">
213            가구공식몰 공지사항<br>
214            팝업창 내용입니다. <br>
215            <strong>강조하고 싶을 부분은 강조해주세요!</strong>
216        </p>
217        <p class="close">
218            <button>CLOSE X</button>
219        </p>
220    </div>
```

[index.html]

> **💬 요소 TIP**
>
> - **<div class="popup">** : 팝업의 콘텐츠를 감싸주는 클래스 명이 popup인 요소
> - **<p class="img">** : 팝업 내 이미지를 감싸주는 클래스 명이 img인 요소
> - **<p class="text">** : 팝업 내 텍스트를 감싸주는 클래스 명이 text인 요소
> - **<p class="close">** : 팝업 내 버튼 요소를 감싸주는 클래스 명이 close인 요소

---

07 팝업창 스타일 작업하기

01 'style.css' 문서의 'footer' 스타일 다음 줄에 팝업창의 스타일을 다음과 같이 작성합니다.

```css
.popup {
    position:absolute;
    width:500px;
    top:50%;
    left:50%;
    transform:translate(-50%, -50%);
```

```css
241    .popup {
242        position:absolute;
243        width:500px;
244        top:50%;
245        left:50%;
246        transform:translate(-50%, -50%);
247        background:#fff;
248        text-align:center;
249        padding:20px;
250        border:2px solid #5a343c;
251        border-radius:20px;
252        z-index:9999;
253    }
```

[style.css]

```css
    background:#fff;

    text-align:center;

    padding:20px;

    border:2px solid #5a343c;

    border-radius:20px;

    z-index:9999;
}
```

02 'style.css' 문서의 '.wrap'을 찾아 팝업 창의 기준을 다음과 같이 작성합니다.

```css
.wrap {

    height: 850px;

    position: relative;
}
```

```
26    .wrap {
27      height:850px;
28      position: relative;
29    }
```

[style.css]

- 팝업창은 모든 콘텐츠의 가장 위에 표시되어야 하므로, 공중에 띄워 작업함
- .popup의 기준을 .wrap에 설정하여 .wrap의 가운데 배치함
- 공중에 띄운 요소를 가운데 배치하는 방법
  - **top:50%** : 기준 요소의 상단에서 50% 아래로 배치
  - **left:50%** : 기준 요소의 좌측에서 50% 오른쪽으로 배치
  - **transform:translate(-50%, -50%)** : 자신의 너비와 높이의 50%만큼 왼쪽과 위쪽으로 이동
- **text-align:center** : 요소 내의 텍스트 또는 인라인, 인라인 블록 요소를 중앙 정렬
- **padding:20px** : 사방의 내부 여백을 20픽셀 설정
- **border-radius:20px** : 사방의 모서리를 20픽셀만큼 둥글게 설정
- **border:2px solid #5a343c** : 2픽셀 두께의 색상 #5a343c 실선 테두리 설정
- **z-index:9999** : position 속성으로 설정된 요소에 쌓이는 순서를 결정할 수 있으며 순서가 클수록 위로 쌓임

---

03 팝업의 타이틀과 내용 스타일을 다음과 같이 작성합니다.

```css
.popup h2 {

    color:#5a343c;

    margin-bottom:20px;
}

.popup .text {

    margin:20px 0;
}

.popup .close {

    text-align:right;
}
```

```
255    .popup h2 {
256      color:■#5a343c;
257      margin-bottom:20px;
258    }
259    .popup .text {
260      margin:20px 0;
261    }
262    .popup .close {
263      text-align:right;
264    }
265    .popup .close button {
266      background:■#5a343c;
267      border:0;
268      padding:10px;
269      color:□#fff;
270    }
271    .popup .close button:hover {
272      background:■#c8b169;
273    }
```

[style.css]

```css
.popup .close button {
  background:#5a343c;
  border:0;
  padding:10px;
  color:#fff;
}
.popup .close button:hover {
  background:#c8b169;
}
```

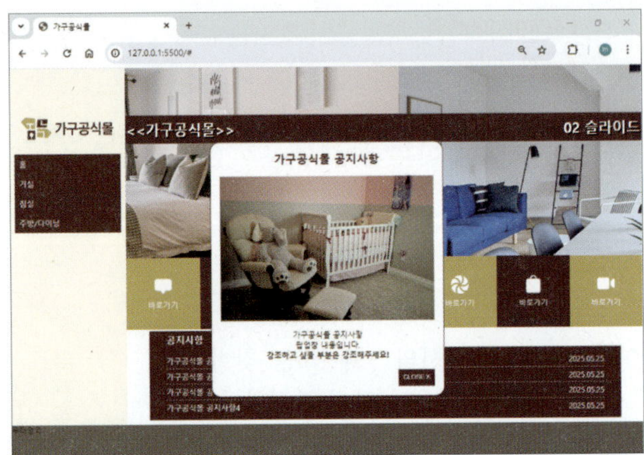

- **.popup .text** : .popup의 하위 요소 .text를 지정하여 팝업 내 텍스트 스타일 지정
  - **margin:20px 0** : 위 · 아래 바깥 여백 20픽셀 설정
- **.popup .close** : .popup의 하위 요소 .close를 지정하여 팝업 내 버튼을 감싸는 영역
  - **text-align:right** : 인라인 블록 요소인 〈button〉 오른쪽 정렬
- **.popup .close button** : .popup의 하위 요소 .close 하위 요소 〈button〉 지정
  - **border:0** : 〈button〉의 기본 테두리를 제거
- **.popup .close button:hover** : .popup의 하위 요소 .close 하위 요소 button에 마우스를 올렸을 때 스타일 지정
- **.popup .close button** : .popup의 하위 요소 .close 하위 요소 〈button〉 지정

04 작업한 모든 파일을 저장하고 'index. html' 문서가 활성화된 상태에서 상태표시줄에 Go Live를 선택하여 웹 브라우저인 '크롬(Chrome)'으로 작업 결과를 확인합니다. 팝업창의 스타일 작업이 완료되었다면 팝업창을 숨깁니다.

```css
.popup {
  position:absolute;
  width:500px;
  top:50%;
  left:50%;
  transform:translate(-50%, -50%);
  background:#fff;
  text-align:center;
    padding:20px;
  border:2px solid #5a343c;
  border-radius:20px;
  z-index:9999;
  display:none;
}
```

```css
242  .popup {
243    position:absolute;
244    width:500px;
245    top:50%;
246    left:50%;
247    transform:translate(-50%, -50%);
248    background:□#fff;
249    text-align:center;
250    padding:20px;
251    border:2px solid ■#5a343c;
252    border-radius:20px;
253    z-index:9999;
254    display:none;
255  }
```

[style.css]

08 팝업창 스크립트 작업하기

세부 지시사항의 C.3 공지사항 팝업 효과를 구현합니다. 공지사항의 첫 번째 게시글을 클릭(Click) 시 레이어 팝업(Layer Popup)이 나오도록 작업하며, 레이어 팝업의 Close 버튼을 클릭하면 해당 레이어 팝업이 닫히도록 작업합니다.

01 'script.js' 문서에서 마지막 줄에 팝업창 스크립트를 다음과 같이 작성합니다.

```
//팝업
$(".pop").click(function( ){
    $(".popup").show( );
    return false;
})
$(".close button").click(function( ){
    $(".popup").hide( );
})
```

```
34   //팝업
35   $(".pop").click(function(){
36       $(".popup").show();
37       return false;
38   })
39   $(".close button").click(function(){
40       $(".popup").hide();
41   })
```

[script.js]

💬 요소 TIP

- $(".pop") : jQuery 선택자로, HTML 문서 내 공지사항의 첫 번째 게시물 .pop 지정
- .click(function( ){ ... }) : jQuery에서 제공하는 이벤트 메서드로 클릭 시 {}(중괄호) 내 실행문을 실행
- $(".popup") : jQuery 선택자로, 숨겨 놓은 팝업창의 .popup 요소 지정
- show( )/hide( ) : show( )는 요소를 표시하는 이벤트, hide( )는 요소를 숨기는 이벤트

02 작업한 모든 파일을 저장하고 'index.html' 문서가 활성화된 상태에서 상태표시줄에 Go Live를 선택하여 웹 브라우저인 '크롬(Chrome)'으로 작업 결과를 확인합니다. 공지사항 첫 번째 게시글을 클릭하면 팝업창이 열리고, Close 버튼을 클릭하면 팝업창이 닫힙니다.

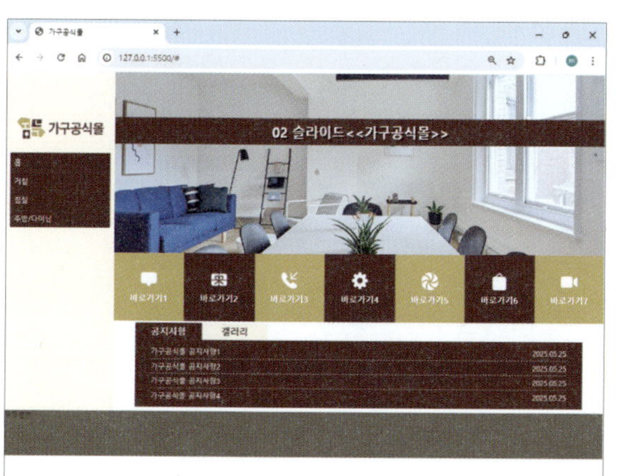

ⓐ 푸터 영역 구조 작업하기

제공된 텍스트와 이미지를 이용하여 하단 메뉴와 패밀리사이트, Copyright를 작업합니다.

01 'index.html' 문서 '<footer></footer>' 영역 내 텍스트를 지우고 하단 메뉴와 패밀리사이트, Copyright 순으로 다음과 같이 작성합니다.

```html
<footer>
    <ul class="fmenu">
        <li><a href="#">하단 메뉴1</a></li>
        <li><a href="#">하단 메뉴2</a></li>
        <li><a href="#">하단 메뉴3</a></li>
        <li><a href="#">하단 메뉴4</a></li>
        <li><a href="#">하단 메뉴5</a></li>
    </ul>
    <select name="familysite">
        <option>Family Site1</option>
        <option>Family Site2</option>
        <option>Family Site3</option>
    </select>
    <p class="fcopy">
        It is a long established fact that a reader will be distracted by the readable content.<br>
        COPYRIGHT &copy; by WEB DESIGN DEVELOPMENT. ALL RIGHTS RESERVED.
    </p>
</footer>
```

```html
206  <footer>
207      <ul class="fmenu">
208          <li><a href="#">하단메뉴1</a></li>
209          <li><a href="#">하단메뉴2</a></li>
210          <li><a href="#">하단메뉴3</a></li>
211          <li><a href="#">하단메뉴4</a></li>
212          <li><a href="#">하단메뉴5</a></li>
213      </ul>
214      <select name="familysite">
215          <option>Family Site1</option>
216          <option>Family Site2</option>
217          <option>Family Site3</option>
218      </select>
219      <p class="fcopy">
220          It is a long established fact that a reader will be distracted by the readable
             content.<br>
221          COPYRIGHT &copy; by WEB DESIGN DEVELOPMENT. ALL RIGHTS RESERVED.
222      </p>
223  </footer>
```

[index.html]

02 푸터 영역 스타일 작업하기

01 'style.css' 문서에서 'footer'를 찾아 푸터 영역 스타일을 다음과 같이 작성합니다.

```css
footer {
    height:100px;
    background:#333;
    color:#fff;
    position:relative;
    padding-left:300px;
    padding-top:20px;
}
select{
    position: absolute;
    top: 40px;
    right: 20px;
    width: 150px;
    height:30px
}
```

```css
238  footer {
239      height:100px;
240      background: #333;
241      color: #fff;
242      position:relative;
243      padding-left:300px;
244      padding-top:20px;
245  }
246  select{
247      position: absolute;
248      top: 40px;
249      right: 20px;
250      width: 150px;
251      height:30px
252  }
```

[style.css]

02 하단 메뉴를 나열하기 위해 'footer' 다음
줄에 다음과 같이 작성합니다.

```css
footer ul {
    display:flex;
    gap:20px;
}

footer ul li {
    border-right:1px solid #fff;
    padding-right:20px;
    font-size:14px;
}

footer ul li:last-child {
    border-right:none
}

footer .fcopy {
    margin-top:10px;
    font-size:14px;
}
```

```css
238    footer {
239        height:100px;
240        background: #333;
241        color:#fff;
242        position:relative;
243        padding-left:300px;
244        padding-top:20px;
245    }
246    footer ul {
247        display:flex;
248        gap:20px;
249    }
250    footer ul li {
251        border-right:1px solid #fff;
252        padding-right:20px;
253        font-size:14px;
254    }
255    footer ul li:last-child {
256        border-right:none
257    }
258    footer .fcopy {
259        margin-top:10px;
260        font-size:14px;
261    }
```

[style.css]

💬 요소 TIP

- **footer ul** : 〈footer〉의 하위 요소 〈ul〉 선택자로 하단 메뉴 스타일 설정
  - **display:flex** : footer ul를 플렉스 컨테이너로 설정, 자식 요소(〈li〉)들을 수평으로 나열
  - **gap:20px** : flex로 나열된 자식 요소(〈li〉)의 사이 간격 20픽셀 지정
- **footer ul li** : 〈footer〉의 하위 요소 〈ul〉의 하위 요소 〈li〉 지정
  - **border-right:1px solid #fff** : 1픽셀 두께의 색상 #fff 우측 실선 테두리 설정
  - **padding-right:20px** : 오른쪽 내부 여백 20픽셀 설정
- **footer ul li:last-child** : footer의 하위 요소 〈ul〉의 하위 요소 〈li〉 중 마지막 〈li〉 지정
  - **border-right:none** : 우측 테두리 제거
- **footer .fcopy** : 〈footer〉의 하위 요소 〈p class="fcopy"〉선택자로 Copyright 스타일 지정
  - **margin-top:10px** : .fcopy의 위쪽 바깥 여백 10픽셀 설정하여 하단 메뉴와 .fcopy 사이 간격 설정

---

03 작업한 모든 파일을 저장하고 'index.
html' 문서가 활성화된 상태에서 상태표
시줄에 Go Live를 선택하여 웹 브라우
저인 '크롬(Chrome)'으로 작업 결과를
확인합니다.

04 웹 브라우저에서 작업 결과를 확인할 때 브라우저 창을 줄여 레이아웃을 점검합니다. 이때 웹 페이지가 반응하며 가로 스크롤이 나타났으면 하는 지점을 확인하고, 다음과 같이 '.wrap'에 최소 너비 값을 입력합니다.

```
.wrap {
    height: 850px;
    position: relative;
    min-width: 1200px;
}
```

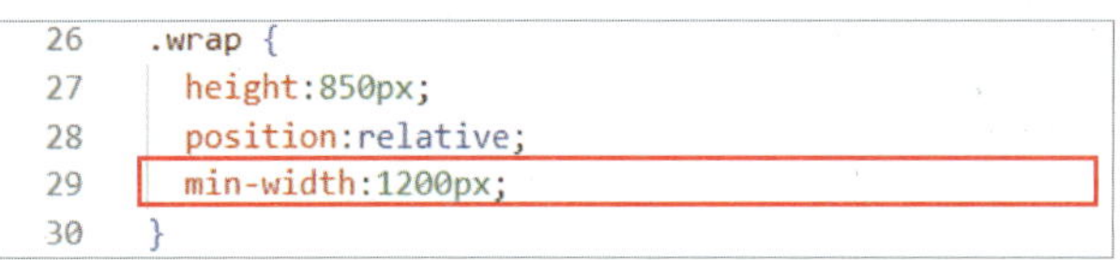

```
26    .wrap {
27      height:850px;
28      position:relative;
29      min-width:1200px;
30    }
```

[style.css]

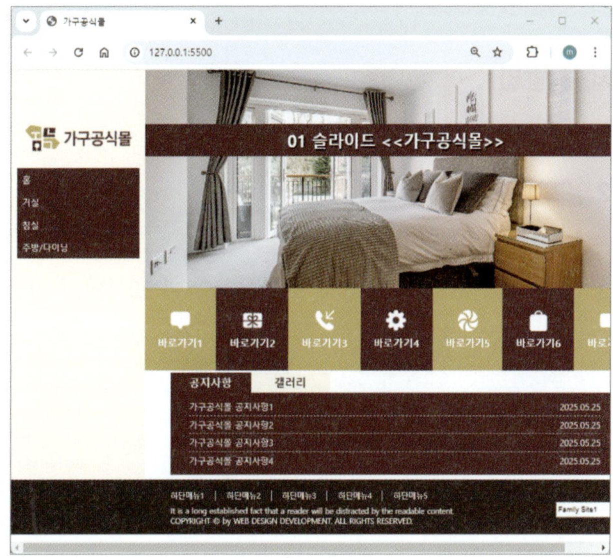

➕ 더 알기 TIP

브라우저 창의 너비를 확인하려면 개발자 도구(F12)를 열어놓은 상태에서 창을 줄여, 웹 브라우저 우측 상단에서 너비를 확인할 수 있습니다.

💬 요소 TIP

min-width: 1,200px : 요소(.wrap)의 최소 너비를 1,200px로 설정하여, 브라우저 창이 1,200px 이하일 때 가로 스크롤이 생기면서 웹 페이지가 반응하지 않도록 함

최종 결과물 Check!

작업을 완료했다면 최종 결과물을 확인합니다.

제출 방법

1. 수험자의 비번호로 된 폴더를 제출합니다.

2. 비번호로 된 폴더 안에 'index.html', 'images', 'js', 'css' 폴더와 작업한 파일이 저장되어 있는지 확인합니다.

3. 'index.html'를 열었을 때 모든 리소스가 표시되고 정상 작동해야 합니다.

4. 비번호로 된 폴더의 용량이 10MB가 초과되지 않아야 합니다. (ai, psd 파일은 제출하지 않습니다.)

기술적 준수사항

1. HTML5 기준 웹 표준을 준수해야 합니다. 현장에서 인터넷 사용이 불가하므로 연습 시 HTML 유효성 검사로 오류가 있는지 확인합니다.

2. CSS3 기준 오류가 없도록 작업해야 합니다. 현장에서 인터넷 사용이 불가하므로 연습 시 CSS 유효성 검사로 오류가 있는지 확인합니다.

3. 스크립트 오류가 표시되지 않아야 합니다. 웹 브라우저에서 F12를 눌러 개발자 도구를 실행한 후, 콘솔 (Console) 탭에서 오류가 있는지 확인합니다.

4. 'index.html'을 열었을 때 Tab으로 요소를 이동, 선택할 수 있어야 합니다.

5. 'index.html'을 열었을 때 다양한 화면 해상도에서 페이지 레이아웃이 정상적으로 표시되어야 합니다.

6. 페이지 전체는 CSS를 이용해 레이아웃을 구성해야 합니다.

7. 브라우저에서 CSS를 '사용 안 함'으로 설정하면 콘텐츠가 기본적으로 세로로 나열되어 표시됩니다.

8. 모든 이미지는 대체 텍스트(alt 속성)를 포함하여 이미지의 의미나 용도를 명확히 전달해야 합니다.

9. 텍스트 간의 위계질서를 직관적으로 알 수 있어야 합니다.

10. 제작된 사이트의 최신 버전의 Google Chrome 브라우저에서 레이아웃, 구성 요소의 크기 및 위치 등이 정상적으로 표시되어야 합니다.